MEGA REVISÃO OAB

RESUMOS E TABELAS ESQUEMATIZADAS

COORDENADORES:
José Vilaça Neto e
Laryssa Cavalcanti

Vilaça Cursos

MEGA REVISÃO OAB

RESUMOS E TABELAS ESQUEMATIZADAS

2ª EDIÇÃO

EDITORA RIDEEL
Quem tem Rideel tem mais.

EXPEDIENTE

FUNDADOR **Italo Amadio (*in memoriam*)**
DIRETORA EDITORIAL **Katia Amadio**
EDITORAS **Giovanna Homma**
Mônica Ibiapino
COLABORADORAS **Cleane Amorim Sibaldo Pergentino Vieira**
Maria Eduarda Rodrigues Teles Ferreira
PROJETO GRÁFICO **Sergio A. Pereira**
DIAGRAMAÇÃO **WK Comunicação**

Dados Internacionais de Catalogação na Publicação (CIP)
(BENITEZ Catalogação Ass. Editorial, MS, Brasil)

Mega revisão OAB : resumos e tabelas esquematizadas / coordenadores José Vilaça Neto, Laryssa Cavalcanti. – 2.ed. – São Paulo : Rideel, 2025.

ISBN 978-85-339-6695-6

1. Direito – Estudo e ensino. 2. Legislação – Direito – Brasil. 3. Ordem dos Advogados do Brasil (OAB) – Exames, questões etc. I. Vilaça Neto, José. II. Cavalcanti, Laryssa.

CDD 340.981
05-2025/168 CDU 347.965.8(81)

Índice para catálogo sistemático:
1. Exames de Ordem : Ordem dos Advogados do Brasil : Direito
Aline Graziele Benitez – Bibliotecária – CRB-1/3129

EDITORA RIDEEL

EDITORA AFILIADA

e-mail: sac@rideel.com.br
www.editorarideel.com.br

1 3 5 7 9 8 6 4 2
0 6 2 5

SOBRE OS COORDENADORES

José de Souza Vilaça Neto

CEO do Vilaça Cursos e mentor na aprovação de mais de 35 mil alunos no Exame de Ordem. Bacharel em Direito e Pós-graduado em Direito Processual Penal pela Universidade Federal de Alagoas - UFAL. Advogado especialista na seara criminal há 10 anos.

Laryssa Cavalcanti de Barros e Silva

Bacharel em Direito pela Universidade Federal de Alagoas - UFAL, com atuação especializada em Crime Organizado. Advogada com ênfase na seara penal e consumerista. Pós-graduanda em Direito Penal e Direito Processual Penal. Coordenadora-geral no Vilaça Cursos, especialista em aprovação na OAB com mais de 31 mil alunos aprovados sob sua coordenação.

SOBRE OS AUTORES

Alik Silva de Santana Lages

Advogada, Graduada em Direito pelo Centro Universitário CESMAC. Pós-graduada em Direito Penal e Direito Processual Penal pela Universidade Tiradentes - UNIT. Pós-graduanda em Direitos Humanos pelo Legale Educacional.

André Lucas Silva Santos

Mestre pela Universidade Federal de Sergipe - UFS. Especialista em Direito Público pela Universidade Estácio de Sá - UNESA. Professor de Direito Constitucional em cursos de graduação, pós-graduação, preparatórios para OAB e concursos públicos. Policial Civil. Doze aprovações em concursos públicos e inúmeras reprovações.

Fernanda Alves Machado de Mattos

Advogada na área de Direito Público. Professora de Direitos Humanos e Direito Constitucional para concurso público e exame de ordem. Pós-graduada em Direito Constitucional e em Direito Constitucional aplicado.

Flávia Caroline Fonseca Amorim

Professora de Direito Administrativo (em graduação, pós-graduação e cursos preparatórios para concursos públicos e Exame da OAB, desde o ano de 2005). Pós-graduada em Licitações, Contratos Administrativos e Convênios (2022) e em Direito Processual Civil (2005). Analista Judiciária do Tribunal Regional do Trabalho da 19ª Região - Alagoas. Diretora da Secretaria de Licitações e Contratos do TRT 19ª Região - Alagoas. Presidente do Grupo de Trabalho da Implantação da Lei nº 14.133/2021 no TRT 19ª Região - Alagoas. Sócia efetiva e atual Diretora de Marketing do Instituto de Direito Administrativo e Alagoas - IDAA. Palestrante e Consultora de Licitações e Contratos Administrativos. Autora de diversos artigos na área de Licitações e Contratos Administrativos.

Flávio Luiz da Costa

Juiz do Trabalho. Doutor em Ciências Jurídicas pela Universidade Autônoma de Lisboa - UAL. Mestre em Direto das Relações Sociais pela Universidade Federal do Pará - UFPA. Pós-graduado em Direito Processual Civil e Direito Trabalhista pela ESA-OAB/AL. Professor na Universidade Federal de Alagoas - UFAL e no Centro Universitário de Maceió - UNIMA.

José de Souza Vilaça Neto

CEO do Vilaça Cursos e mentor na aprovação de mais de 35 mil alunos no Exame de Ordem. Bacharel em Direito e Pós-graduado em Direito Processual Penal pela Universidade Federal de Alagoas - UFAL. Advogado especialista na seara criminal há 10 anos.

José Wemerson Fradique Daniel

Bacharel em Direito pela Universidade Federal de Alagoas - UFAL. Professor de Direito Penal e Criminologia. Advogado.

Laryssa Cavalcanti de Barros e Silva

Bacharel em Direito pela Universidade Federal de Alagoas - UFAL, com atuação especializada em Crime Organizado. Advogada com ênfase na seara penal e consumerista. Pós-graduanda em Direito Penal e Direito Processual Penal. Coordenadora-geral no Vilaça Cursos, especialista em aprovação na OAB com mais de 20 mil alunos aprovados sob sua coordenação.

Laryssa Juliana Cesar da Silva

Advogada especialista em Direito Civil e Direito Empresarial pelo Complexo Educacional Damásio de Jesus.

Mayra Leite Costa

Bacharel em Direito pela Universidade Federal de Alagoas - UFAL. Advogada com ênfase na seara trabalhista. Pós-graduanda em Direito Trabalhista e mentora para o preparatório da OAB no Vilaça Cursos, onde auxilia os alunos a serem aprovados no Exame da Ordem.

Renata Monik Alcantara

Advogada. Pós-graduada em Direito Tributário. Professora de Direito Tributário no Vilaça Cursos. Sócia efetiva da Associação de Tributaristas do Estado de Alagoas - ATRIAL. Chefe de Gabinete da Controladoria-Geral do Estado de Alagoas.

Ricardo André Monteiro

Bacharel em Direito pela Universidade Federal de Alagoas - UFAL. Pós-graduado em Direito Processual Civil. Advogado desde 2011, com ênfase na seara penal. Ensina as matérias de Ética, Direito Penal e Direito Processual Penal em cursos preparatórios para o Exame da OAB desde 2017. Aprovado no XIII Concurso Público para o cargo de Promotor de Justiça do Ministério Público do Estado do Pará.

Thiago André Gomes Antunes

Mestre em Direito Público pela Universidade Federal de Alagoas - UFAL. Especialista em Direito Processual pela Universidade Integrada Tiradentes - UNIT. Professor de Direito Processual Civil em cursos de graduação, pós-graduação, preparatórios para OAB e concursos públicos. Advogado e consultor jurídico.

APRESENTAÇÃO

Ao longo dos últimos anos, nós nos dedicamos diariamente ao acompanhamento de alunos que buscam aprovação na OAB. Já foram mais de 100 mil alunos estudando em nossa plataforma, o que permitiu a identificação de padrões de estudo, com a constatação das melhores e piores técnicas na preparação para a OAB.

Infelizmente, a maioria dos reprovados insiste em repetir os mesmos erros e demora a enxergar que precisa de um direcionamento adequado para aprovação no Exame de Ordem.

Ficamos extremamente felizes quando recebemos o convite da Editora Rideel para disponibilizar ao público amante dos livros físicos a nossa metodologia de ensino.

Alguns podem até se assustar, mas você não irá encontrar aqui o conteúdo de todas as matérias. E isso foi intencional. Não é preciso estudar todo o conteúdo para passar na OAB, além de ser uma tarefa praticamente impossível diante da realidade de pouco tempo da maioria dos alunos.

O aluno que tiver o prazer de estudar conosco irá focar nas principais disciplinas, por meio de uma metodologia resumida, descomplicada, com tabelas esquematizadas, tudo isso construído especificamente para a OAB.

Esperamos que esse livro seja o seu fiel companheiro até o dia da prova. Lembre-se que um dos grandes segredos do aprovado na OAB é o comprometimento de estudar com foco e disciplina.

Bons estudos e rumo à aprovação!

TEMOS UM RECADO PRA VOCÊ!

ENTENDA A PROVA DA OAB

Entender o que vem pela frente é essencial para que você se sinta mais seguro rumo à aprovação. Por isso, vamos te dar algumas informações que serão seu guia para compreender a prova da OAB.

Os apontamentos serão breves, pois já lapidamos todas as informações da prova e essa obra já foi desenvolvida de modo a contemplar: as disciplinas mais cobradas, os conteúdos mais cobrados e as pegadinhas que costumam cair na OAB.

Então, você apenas precisa se atentar às informações principais:

A prova de 1ª fase da OAB conta com 80 questões com 4 alternativas (A, B, C e D), deve ser realizada sem consulta a qualquer tipo de material e possui caráter eliminatório.

O ponto positivo é que não existe concorrência: você precisa acertar 50% da prova, o que corresponde a 40 das 80 questões.

As 80 questões da prova são dispostas ordenadamente e da seguinte forma:

Matéria	Sequência	Quantidade de questões
Ética	01 - 08	8 questões
Filosofia	09 - 10	2 questões
Constitucional	11 - 16	6 questões
Direitos Humanos	17 - 18	2 questões
Eleitoral	19 - 20	2 questões
Direito Internacional	21 - 22	2 questões
Direito Financeiro	23 - 24	2 questões
Direito Tributário	25 - 29	5 questões
Direito Administrativo	30 - 34	5 questões
Direito Ambiental	35 - 36	2 questões
Direito Civil	37 - 42	6 questões
ECA	43 - 44	2 questões
Direito do Consumidor	45 - 46	2 questões
Direito Empresarial	47 - 50	4 questões
Processo Civil	51 - 56	6 questões
Direito Penal	57 - 62	6 questões
Processo Penal	63 - 68	6 questões
Previdenciário	69 - 70	2 questões
Direito do Trabalho	71 - 75	5 questões
Processo do Trabalho	76 - 80	5 questões

Desse modo, podemos separar as disciplinas em dois grupos:

1º GRUPO	
DISCIPLINAS MAIS RELEVANTES	
ÉTICA	8 questões
DIREITO CONSTITUCIONAL	6 questões
DIREITO CIVIL	6 questões
DIREITO PROCESSUAL CIVIL	6 questões
DIREITO PENAL	6 questões
DIREITO PROCESSUAL PENAL	6 questões
DIREITO TRIBUTÁRIO	5 questões
DIREITO ADMINISTRATIVO	5 questões
DIREITO DO TRABALHO	5 questões
DIREITO PROCESSUAL DO TRABALHO	5 questões
TOTAL	58 questões

2º GRUPO	
DISCIPLINAS MENOS RELEVANTES	
FILOSOFIA	2 questões
DIREITOS HUMANOS	2 questões
DIREITO ELEITORAL	2 questões
DIREITO INTERNACIONAL	2 questões
DIREITO FINANCEIRO	2 questões
DIREITO AMBIENTAL	2 questões
ESTATUTO DA CRIANÇA E DO ADOLESCENTE	2 questões
DIREITO DO CONSUMIDOR	2 questões
DIREITO EMPRESARIAL	4 questões
DIREITO PREVIDENCIÁRIO	2 questões
TOTAL	22 questões

Os critérios de maior e menor relevância são puramente técnicos, com base nas disciplinas com maior número de questões na prova, sendo o nosso livro produzido justamente com base nisso.

Por que estudar 10 matérias?

Em primeiro lugar, lembre-se: você não precisa estudar todas as disciplinas dispostas no Exame da Ordem para obter sua aprovação. Até porque, para alcançar esse objetivo, faz-se necessário acertar 40 questões, ou seja, 50% da prova!

Dessa forma, estudando para as 10 matérias principais temos um quantitativo de 72% da prova. Bem mais do que você precisa para ser aprovado!

Como o estudo para o exame é feito em poucos meses, ele precisa ser estratégico, por isso produzimos o material voltado às principais disciplinas.

PILARES PARA A PREPARAÇÃO

Os estudos para a OAB são concentrados em três pilares: teoria, prática e revisão.

PILARES DA APROVAÇÃO NA OAB	
	Teoria
	Prática
	Revisão

Teoria

Nesse sentido, a parte de teoria será contemplada pelo estudo do conteúdo da matéria, que você terá acesso por meio deste livro, com enfoque nos pontos mais relevantes das disciplinas mais importantes para o Exame de Ordem, de forma esquematizada.

É por isso que torna-se essencial ter um material de base para concentrar os assuntos mais importantes e sempre poder revisitar para revisar o conteúdo. Então, fiquem tranquilos, pois fizemos esse trabalho por vocês.

Neste livro, de forma compacta e esquematizada, reunimos os resumos das 10 matérias mais relevantes: Ética, Direito Constitucional, Direito Tributário, Direito Administrativo, Direito Civil, Direito Processual Civil, Direito Penal, Direito Processual Penal, Direito do Trabalho e Direito Processual do Trabalho.

Nosso material traz como diferencial a organização dos assuntos que são mais cobrados no Exame e a organização deles em tabelas, juntamente com a legislação pertinente. Dessa forma, você, aluno, não precisa de inúmeros materiais. Juntamos todo o conteúdo que você necessita em um só lugar!

A leitura da "lei seca" (legislações) pode ser cansativa e às vezes pouco produtiva. Mas é muito importante para a prova, não podendo ser negligenciada. Por isso, tivemos o trabalho de deixá-la mais didática.

Outro diferencial do livro é a esquematização dos assuntos por meio de grifos, recortes estratégicos e tabelas para facilitar a fixação do conteúdo.

Prática

A prática também é muito importante, por isso, ao final de cada assunto por disciplina, foque em resolver questões. Recomendamos que você use a plataforma do nosso curso, por meio do *site* <www.estudarparaoab.com.br>. Lá, você poderá responder gratuitamente 10 (dez) questões por dia, ou adquirir nosso plano para ter acesso ilimitado à resolução de mais de 3,6 mil questões da OAB comentadas em texto e em vídeo – e, ainda, ter acesso a questões inéditas.

Revisão

A revisão é essencial para você revisitar o conteúdo e fixá-lo. No livro, recomendamos que você revisite suas marcações das leituras que fez nos últimos 7 (sete) dias a cada semana.

Assim, você revisita o conteúdo de tempos em tempos e consegue solidificar os assuntos. Iremos te explicar melhor sobre como ser estratégico nas marcações no próximo tópico.

COMO FAZER MARCAÇÕES NO LIVRO

Atenção, alunos!

Aqui vai uma dica valiosa sobre como você pode marcar/grifar seu livro:

1. Atente-se às partes principais dos assuntos, como títulos, exceções, prazos etc.;
2. Nunca grife muita coisa, pois os grifos servem para deixar a impressão de que aquele conteúdo é importante e caso você grife tudo, logo, nada se torna importante.

Por isso, atente-se a grifar palavras-chave, como no seguinte exemplo:

> "O inquérito é procedimento administrativo inquisitorial e preliminar presidido por autoridade pública, no bojo do qual são realizadas diligências investigatórias, com a finalidade de colher elementos de informação acerca da materialidade e autoria delitivas..."

No nosso livro, fizemos alguns grifos estratégicos, mas recomendamos ainda que você faça uso de marca textos coloridos e canetinhas, risque e rabisque, faça do seu estudo um estudo ativo, e marque tópicos que você errou em questões para ter mais atenção a eles na hora de revisar.

CRIE SUA ROTINA

Não menos importante, antes de começar os estudos, é criar uma rotina de estudos.

A rotina é essencial para ter uma boa preparação. Não adianta ter os melhores materiais, se você não tiver disposto a se organizar e manter a constância nos estudos.

Por isso, não se preocupe com ocupações, grande parte dos estudantes que prestam a OAB têm, além da faculdade, pelo menos uma ocupação (emprego ou estágio). Inclusive, segundo os dados da própria OAB, a maior parte dos aprovados tem mais de uma ocupação.

Por isso, foque no seu processo e em constância. Para isso, você precisará seguir três passos:

1. Entenda seu horário

Antes de te dizer para determinar seu horário de estudo, recomendamos que você, primeiro, observe seus horários ocupados. Aqui, é importante colocar suas ocupações, como: faculdade, família, trabalho e/ou estágio.

Atenção: nesse momento, observe também o que efetivamente é importante para você, a depender do tempo até a prova, abdique de ocupações que não são realmente relevantes e foque nos seus estudos com maior qualidade.

2. Defina em qual período você irá se dedicar

Depois de observar suas ocupações, é hora de descrever qual dos períodos do dia é melhor para você, aquele que você mais tem tempo ou mesmo aquele em que você sabe que melhor fixa o conteúdo.

Para isso, você pode, inclusive, pensar em mudanças de rotina que possibilitem um estudo mais continuado. Deixar tudo isso às claras é essencial. Este começo é simples, você deve decidir entre qual dos períodos do dia será aquele no qual você irá estudar (é possível que o período mude ao longo dos dias).

3. Foco

Mais do que nunca, você precisa focar. O tempo é curto e precioso. Uma hora bem estudada ou de enrolação é uma hora do seu dia. Aproveite o tempo que você separou com foco. Às vezes, pode parecer difícil, mas existem algumas coisas simples que podem te ajudar:

1. Organize seu espaço de estudo: defina um local em que você irá estudar, coloque tudo que você precisa nele, para que não precise se levantar a toda hora;
2. Hora sagrada: avise a todos da sua casa sobre sua rotina de estudos, eles precisam entender que, nesse momento, essa hora é só sua e interrupções devem ser a máxima exceção;
3. Tire o olho do celular: deixe seu celular desligado ou no modo avião, nada de ver o *feed* do *Instagram* ou ficar respondendo *Whatsapp*, essas interrupções atrapalham muito o seu desempenho, te aconselhamos a deixar ele em outro cômodo, diferente daquele que você delimitou para ser seu espaço de estudos.

COMO ORGANIZAR SEU CRONOGRAMA DE ESTUDOS

Cronograma

É importante diversificar as matérias na hora dos seus estudos, mas calma! Não é para estudar de forma desorganizada. Nossa sugestão é que você não estude uma matéria por completo para, então iniciar a próxima, e sim as mescle, porém, seguindo uma lógica.

Você não pode estudar só o que quiser ou somente as matérias que mais se identifica, nem mesmo recomendamos que você finalize as matérias por completo, para, em seguida, seguir na próxima.

Seguir uma técnica é importante para fixar melhor os conteúdos e para o cérebro não ficar exausto com uma matéria sendo estudada ininterruptamente.

Caso você disponha de mais de 3 (três) meses de estudos, recomendamos que você separe a leitura diária em 1 (uma) disciplina por dia, sempre variando entre as matérias. Conforme exemplo a seguir:

DIA 1	Ética
DIA 2	Direito Constitucional
DIA 3	Direito Processual do Trabalho
DIA 4	Direito Administrativo
DIA 5	Direito Processual Penal
DIA 6	Direito Tributário
DIA 7	Direito Penal
DIA 8	Direito Civil
DIA 9	Direito do Trabalho
DIA 10	Direito Processual Civil
Continue os ciclos das matérias até finalizá-las	

Caso disponha de menos 3 (três) meses de estudo, recomendamos que você agrupe para estudar por duplas de disciplinas, assim, você garante um melhor rendimento, por exemplo:

DIA 1	Ética e Direito Tributário
DIA 2	Direito Processual do Trabalho e Direito Administrativo
DIA 3	Direito Constitucional e Direito Processual Penal
DIA 4	Direito Penal e Direito Civil
DIA 5	Direito do Trabalho e Direito Processual Civil
Continue os ciclos das matérias até finalizá-las	

Nesse caso, recomendamos que você divida os seus estudos em períodos. Por exemplo, se você possui 3 (três) horas de estudo por dia, estude uma hora e meia uma disciplina, faça uma pausa curta para descansar: ir ao banheiro, comer um pouco, tomar uma água e depois retorne com uma hora e meia de dedicação para outra disciplina.

Quantidade de estudo

Quantidade de estudo não significa qualidade de estudos, por isso, não se preocupe com uma grande quantidade de horas disponíveis por dia, foque na qualidade. Não adianta, por exemplo, ter mais de 4 (quatro) horas disponíveis se o estudo não for estratégico, seguindo uma ordem, um cronograma ou se você não fizer questões.

É preciso que você mentalize que vai precisar abdicar de alguns momentos para conseguir manter o foco e que essa fase é transitória, mas vai te trazer ganhos perpétuos e uma felicidade imensurável com sua aprovação.

E lembre-se: fazer um pouco todo dia é melhor do que deixar de fazer porque não há o tempo ideal disponível.

COMO FUNCIONA A PLATAFORMA DO VILAÇA CURSOS?

Nosso método consiste numa preparação completa para sua aprovação. Na plataforma, contamos com cursos completos, videoaulas, cronograma e questões.

Assim, além desse livro, contamos com um sistema de questões e diversos cursos que você pode adquirir para impulsionar os estudos.

Não se esqueça de agregar a resolução de questões após a leitura de cada assunto dentro das disciplinas!

Nosso *site* possui as questões separadas por assunto e com comentários em texto e em vídeo, e você pode responder 10 (dez) delas gratuitamente por dia, ou adquirir nosso plano para ter acesso ilimitado.

Tudo isso está concentrado em um único lugar: www.vilacacursos.com.br

SUMÁRIO

Estatuto e Ética

Ricardo André Monteiro

DA ATIVIDADE DA ADVOCACIA

Inicialmente, a Lei nº 8.906/1994 (Estatuto da Advocacia e a Ordem dos Advogados do Brasil) delimita:

a) A atividade e função do advogado;
b) A figura do advogado.

Conforme o art. 1º da previsão do Estatuto da Advocacia, consistem em atividades privativas da advocacia:

> Art. 1º São atividades privativas de advocacia:
> I – a postulação a ~~qualquer~~ órgão do Poder Judiciário e aos juizados especiais; (*vide* ADIN 1.127-8)
> II – as atividades de consultoria, assessoria e direção jurídicas
> § 1º Não se inclui na atividade privativa de advocacia a impetração de *habeas corpus* em qualquer instância ou tribunal.
> § 2º Os atos e contratos constitutivos de pessoas jurídicas, sob pena de nulidade, só podem ser admitidos a registro, nos órgãos competentes, quando visados por advogados.
> § 3º É vedada a divulgação de advocacia em conjunto com outra atividade.

Isto posto, destrincham-se cada uma das atividades privativas da advocacia:

a) Postulação a órgão do Poder Judiciário e aos juizados especiais

Em regra, a capacidade postulatória é PRIVATIVA do advogado – ou seja, somente o profissional apto e qualificado legalmente poderá postular em juízo e reivindicar o provimento jurisdicional do Estado.

Contudo, existem exceções legais de dispensa da necessidade do advogado para a postulação em juízo, como é o caso:

EXCEÇÕES LEGAIS DE DISPENSA DA NECESSIDADE DO ADVOGADO PARA A POSTULAÇÃO EM JUÍZO	• *Habeas Corpus*; • Causas de até 20 salários mínimos nos Juizados Especiais Cíveis; • Causas de até 60 salários mínimos nos Juizados Especiais Federais Cíveis; • Ações de Alimentos; • Na defesa de Processo Administrativo Disciplinar (conforme a Súmula Vinculante nº 05 do STF); • No âmbito trabalhista (*Jus postulandi*, previsto no art. 791 da CLT e na Súmula nº 425 do TST), dentre outras.

b) Atividades de consultoria, assessoria e direção jurídicas

As atividades de consultoria e assessoria consistem em uma atuação extrajudicial do advogado, manejando situações fáticas fora do âmbito do Poder Judiciário.

Nesse ponto, relevante remeter ao art. 5º, § 4º, que prevê a possibilidade dessas atividades serem exercidas de modo verbal ou por escrito:

> Art. 5º, § 4º: As atividades de consultoria e assessoria jurídicas podem ser exercidas de modo verbal ou por escrito, a critério do advogado e do cliente, e independem de outorga de mandato ou de formalização por contrato de honorários.

As atividades de direção e gerência jurídica consistem na administração de temáticas majoritariamente jurídicas em setores, departamentos ou órgãos em qualquer empresa pública, privada ou paraestatal, inclusive em instituições financeiras.

c) Atos e contratos constitutivos de pessoas jurídicas

Devem ser obrigatoriamente visados por advogados os atos e contratos constitutivos de pessoas jurídicas apresentados para registro no órgão competente. O visto deve ser dado após a efetiva constatação, pelo advogado que os examinar, de que os respectivos instrumentos preenchem as exigências legais pertinentes.

Contudo, a exceção legal a essa obrigatoriedade consiste no caso de microempresas e empresas de pequeno porte (art. 9º, § 2º, da Lei Complementar nº 123/2006).

ATENÇÃO!

É importante observar que existe uma hipótese de impedimento para a prática desse ato (visto) prevista no regulamento geral do estatuto da OAB (art. 2º, parágrafo único):

- Estão impedidos de exercer o ato de advocacia referido neste artigo os advogados que prestem serviços a órgãos ou entidades da Administração Pública, da mesma unidade federativa das repartições administrativas competentes para o registro da pessoa jurídica.

O objetivo desse impedimento é evitar conflito de interesses (entre as funções do advogado perante a Administração e o ato de "visar" o ato constitutivo com a necessária isenção técnica) e a exploração de prestígio ou favorecimento, garantido, assim, a integridade do processo de registro de pessoas jurídicas.

EXEMPLO: o advogado João presta serviços jurídicos a uma empresa pública do estado X. Nesse caso, João NÃO poderá apor seu "visto" nos atos constitutivos de uma empresa que pretenda ser registrada na Junta Comercial desse mesmo estado X.

1 A FIGURA DO ADVOGADO

O advogado é o profissional responsável por levar as demandas jurídicas da sociedade ao Poder Judiciário, contribuindo para o objetivo do direito em si, que é o apaziguamento social. Por essa razão, afirma-se que o advogado presta uma espécie de "serviço público", afinal, o atingimento da paz social é de interesse público e deve ser objetivo de todos.

É nesse sentido que a função do advogado é permeada por um *munus público*, ou seja, pela existência de uma obrigação, um dever e um compromisso social pela promoção da paz social e a manutenção da ordem jurídica (em oposição ao estado de "barbárie" e a desordem).

Nesse sentido, prevê o Estatuto da Advocacia:

> Art. 2º O advogado é indispensável à administração da justiça.
>
> § 1º No seu ministério privado, o advogado presta serviço público e exerce função social.
>
> § 2º No processo judicial, o advogado contribui, na postulação de decisão favorável ao seu constituinte, ao convencimento do julgador, e seus atos constituem múnus público.

> § 2º-A. No processo administrativo, o advogado contribui com a postulação de decisão favorável ao seu constituinte, e os seus atos constituem *múnus público*.
>
> § 3º No exercício da profissão, o advogado é inviolável por seus atos e manifestações, nos limites desta lei.
>
> Art. 2º-A. O advogado pode contribuir com o processo legislativo e com a elaboração de normas jurídicas, no âmbito dos Poderes da República.

São advogados os que possuem inscrição na Ordem dos Advogados, constituindo os defensores do Estado Democrático de Direito.

> Art. 3º O exercício da atividade de advocacia no território brasileiro e a denominação de advogado são privativos dos inscritos na Ordem dos Advogados do Brasil (OAB)
>
> § 1º Exercem atividade de advocacia, sujeitando-se ao regime desta lei, além do regime próprio a que se subordinem, os integrantes da Advocacia-Geral da União, da Procuradoria da Fazenda Nacional, da Defensoria Pública e das Procuradorias e Consultorias Jurídicas dos Estados, do Distrito Federal, dos Municípios e das respectivas entidades de administração indireta e fundacional.

ATENÇÃO!

Acerca dos membros da Defensoria Pública, o STF, por meio da ADI 4636, em interpretação conforme à Constituição, declarou que a capacidade postulatória dos membros da Defensoria Pública não depende de inscrição na OAB, sendo suficiente a sua nomeação e posse no cargo de defensor.

Sobre a atuação do advogado, ainda, nova redação recente no Código de Ética prevê a necessidade de atuação sob a perspectiva interseccional, vejamos:

> Art. 3º-A. O advogado e a advogada devem atuar com perspectiva interseccional de gênero e raça em todas as etapas dos procedimentos judicial, administrativo e disciplinar, afastando estereótipos, preconceitos e problemas estruturais que possam causar indevido desequilíbrio na relação entre os sujeitos.

Nesse ponto, diferencia-se os advogados privados dos advogados públicos.

ADVOGADOS PRIVADOS	ADVOGADOS PÚBLICOS
Profissionais da iniciativa privada, que realizam uma atuação particular. Referem-se aos advogados autônomos e aos advogados que possuam vínculo com empresas, escritórios ou sociedades de advocacia.	Aqueles que possuem direta conexão com a Administração Pública.

2 ATUAÇÃO DO ESTAGIÁRIO DE ADVOCACIA

Os atos privativos da advocacia poderão ser subscritos por estagiário inscrito na OAB, desde que em conjunto com o advogado ou o defensor público e sob a responsabilidade do advogado.

> § 2º O estagiário de advocacia, regularmente inscrito, pode praticar os atos previstos no art. 1º, na forma do regimento geral, em conjunto com advogado e sob responsabilidade deste.

Isto posto, embora não seja advogado (e desde que esteja devidamente inscrito na Ordem como estagiário) o art. 29 do Regulamento Geral permite a atuação do estagiário de advocacia para os seguintes fins:

> I - Retirar e devolver autos em cartório com carga;
> II - Obter certidões processos em curso ou findos;
> III - Assinar petições de juntada de documentos a processos judiciais ou administrativos.
> § 2º Atos extrajudiciais com autorização ou substabelecimento do advogado.

3 ADVOGADO OU SOCIEDADE COM NOTÓRIA ESPECIALIZAÇÃO

A partir de uma inserção legislativa de 2020, garantiu-se a possibilidade da contratação pela administração pública de advogados ou escritórios de advocacia que tenham notória especialização via contratação direta (havendo comprovação da condição de escritório de notória especialização, a licitação torna-se dispensável).

Comprova-se a notória especialização dos serviços profissionais de advogado (considerando, assim, a sua natureza técnica e singular), quando o profissional ou a sociedade de advogados possuir conceito no campo de sua especialidade, sendo possível concluir pela essencialidade do seu trabalho, passando a ser compreendido como indiscutivelmente o mais adequado para a plena satisfação do objeto daquele contrato.

Importante apontar que o reconhecimento dos serviços de advocacia como referência será consequência de:

Desempenho anterior	Estudos
Experiências	Publicações
Organização	Aparelhamento
Equipe técnica	Ou ainda outros requisitos relacionados com suas atividades.

Dessa forma, versa o Estatuto da Advocacia:

> Art. 3º-A. Os serviços profissionais de advogado são, por sua natureza, técnicos e singulares, quando comprovada sua notória especialização, nos termos da lei.
> Parágrafo único. Considera-se notória especialização o profissional ou a sociedade de advogados cujo conceito no campo de sua especialidade, decorrente de desempenho anterior, estudos, experiências, publicações, organização, aparelhamento, equipe técnica ou de outros requisitos relacionados com suas atividades, permita inferir que o seu trabalho é essencial e indiscutivelmente o mais adequado à plena satisfação do objeto do contrato.

4 NULIDADES DOS ATOS PRIVATIVOS DE ADVOGADO

Conforme previsão do Estatuto da Advocacia:

> Art. 4º São nulos os atos privativos de advogado praticados por pessoa não inscrita na OAB, sem prejuízo das sanções civis, penais e administrativas.
>
> Parágrafo único. São também nulos os atos praticados por advogado impedido – no âmbito do impedimento – suspenso, licenciado ou que passar a exercer atividade incompatível com a advocacia.

5 IMPEDIMENTO E SUSPENSÃO DA ATUAÇÃO DO ADVOGADO

Advogado impedido

O impedimento do advogado consiste em uma vedação parcial à representação do advogado, de maneira a restringir a sua atuação.

Consistem em hipóteses de impedimento para o exercício da advocacia:

> Art. 30. São impedidos de exercer a advocacia:
>
> I – os servidores da administração direta, indireta e fundacional, contra a Fazenda Pública que os remunere ou à qual seja vinculada a entidade empregadora;
>
> II – os membros do Poder Legislativo, em seus diferentes níveis, contra ou a favor das pessoas jurídicas de direito público, empresas públicas, sociedades de economia mista, fundações públicas, entidades paraestatais ou empresas concessionárias ou permissionárias de serviço público.
>
> Parágrafo único. Não se incluem nas hipóteses do inciso I os docentes dos cursos jurídicos.

EXEMPLO: O indivíduo é eleito parlamentar. Ou seja, infere-se que ele defenderá os interesses públicos e o patrimônio social. Desse modo, configura-se um conflito de interesses em eventuais litígios. Por isso, ele estará impedido de exercer a advocacia.

Advogado suspenso

O advogado será suspenso por meio de punição disciplinar, sendo uma penalidade que acarreta a interdição do exercício profissional, ficando o advogado impossibilitado de praticar quaisquer atos privativos de advogado.

Essa suspensão pode acontecer pelo prazo de 30 dias a 12 meses.

ATENÇÃO!

Existem duas hipóteses em que a suspensão durará por tempo indeterminado, como no caso em que o advogado se recusa, injustificadamente, a prestar contas ao cliente (a suspensão persistirá até que sejam efetivamente prestadas as contas), e no caso de inépcia profissional (a suspensão persistirá até que o advogado "preste novas provas de habilitação" ao exercício profissional).

Ainda, há na lei uma terceira previsão legal de suspensão por tempo indeterminado, a qual, porém, foi julgada inconstitucional pelo STF na ADI 7020. Tratava-se da hipótese de suspensão por inadimplência de contribuições (anuidades), multas e preços de serviços devidos à OAB. Assim, diante do entendimento do STF, tal possibilidade não mais existe em nosso ordenamento jurídico.

Advogado licenciado

O licenciamento do advogado consiste na interrupção da sua inscrição como advogado, situação em que permanecerá impedido do exercício profissional por um determinado período.

Consiste em um ato discricionário, que poderá ser indeferido pela seccional da OAB.

Se licenciado, o advogado fica desobrigado de determinados deveres, como o pagamento de anuidades ou a necessidade de votar, por exemplo, mas também não usufrui dos benefícios da Ordem. Desse modo:

> Art. 12. Licencia-se o profissional que:
>
> I - assim o requerer, por motivo justificado;
>
> II - passar a exercer, em caráter temporário, atividade incompatível com o exercício da advocacia;
>
> III - sofrer doença mental considerada curável.

Indivíduo que passa a exercer atividade incompatível com a advocacia

A incompatibilidade consiste na proibição total do exercício da advocacia, ou seja, nesse caso, a inscrição não será permitida e caso a incompatibilidade seja superveniente e definitiva, a inscrição do advogado será cancelada.

Assim, conforme o art. 28 do Estatuto da Advocacia, essa atividade será incompatível, mesmo em causa própria, com as seguintes atividades:

ATIVIDADES INCOMPATÍVEIS COM A ADVOCACIA
Chefe do Poder Executivo e membros da Mesa do Poder Legislativo e seus substitutos legais;
Membros de órgãos do Poder Judiciário, do Ministério Público, dos tribunais e conselhos de contas, dos juizados especiais, da justiça de paz, juízes classistas, bem como de todos os que exerçam função de julgamento em órgãos de deliberação coletiva da administração pública direta e indireta;
Ocupantes de cargos ou funções de direção em Órgãos da Administração Pública direta ou indireta, em suas fundações e em suas empresas controladas ou concessionárias de serviço público;
Ocupantes de cargos ou funções vinculados direta ou indiretamente a qualquer órgão do Poder Judiciário e os que exercem serviços notariais e de registro;
Ocupantes de cargos ou funções vinculados direta ou indiretamente a atividade policial de qualquer natureza;
Militares de qualquer natureza, na ativa;
Ocupantes de cargos ou funções que tenham competência de lançamento, arrecadação ou fiscalização de tributos e contribuições parafiscais;
Ocupantes de funções de direção e gerência em instituições financeiras, inclusive privadas.

ATENÇÃO! A incompatibilidade permanece mesmo que o ocupante do cargo ou função deixe de exercê-lo temporariamente.

ATIVIDADE INCOMPATÍVEL *versus* CONDUTA INCOMPATÍVEL

As atividades incompatíveis à inscrição do advogado estão previstas no art. 28 (já expostas no tópico referente às "Nulidades dos atos privativos de advogado") e dizem respeito às atividades relacionadas à função ou cargo.

Entretanto, é relevante que elas não sejam confundidas com o conceito de "conduta incompatível" previsto no art. 34, XXV, que trata sobre infrações disciplinares. O Estatuto da Advocacia não estabelece uma definição específica para a "conduta incompatível", de modo a empregar um conceito vago que será interpretado de acordo com as circunstâncias individuais. Assim, em linhas gerais, compreende-se que "conduta incompatível" refere-se a qualquer ação que afete negativamente a reputação e a integridade da profissão de advocacia.

Porém, esse conceito vago não permite avaliações baseadas em valores subjetivos. Toda conduta pode ser objetivamente avaliada, pois está relacionada a padrões de comportamento considerados valiosos pela comunidade profissional em um determinado momento (comportamento do "homem médio").

A Lei nº 8.906/1994 enuncia alguns exemplos, que não esgotam as espécies, incluindo na conduta incompatível a prática reiterada de jogos de azar, a incontinência pública e escandalosa e a embriaguez ou toxicomania habituais. Confira:

> Art. 34. Constitui infração disciplinar:
> [...]
> XXV - manter conduta incompatível com a advocacia;
> [...]
> § 1º Inclui-se na conduta incompatível:
> a) prática reiterada de jogo de azar, não autorizado por lei;
> b) incontinência pública e escandalosa;
> c) embriaguez ou toxicomania habituais.

Por todo o exposto, sintetizam-se as hipóteses de impedimento e suspensão da atuação do advogado:

ADVOGADO IMPEDIDO	Indivíduo que, por ocupar algum cargo/função, é parcialmente proibido de atuar como em alguns casos.
ADVOGADO SUSPENSO	Indivíduo que sofreu uma punição disciplinar e que, por isso, temporariamente, não pode praticar nenhum ato de advocacia.
ADVOGADO LICENCIADO	Indivíduo impossibilitado de atuar como advogado por um determinado período de tempo, em decorrência de 1) vontade própria; 2) estar exercendo temporariamente uma atividade incompatível com a advocacia ou 3) estar em tratamento de doença mental curável.
EXERCÍCIO DE ATIVIDADE INCOMPATÍVEL COM A ADVOCACIA	Hipóteses de vedação total do exercício da advocacia.

6 APRESENTAÇÃO DE PROCURAÇÃO

Para postular, em juízo ou fora dele, deverá o advogado fazer prova do seu mandato. Essa comprovação é realizada por meio da procuração, que consiste em um instrumento por meio do qual o advogado recebe poderes de outrem para, em seu nome, praticar atos ou administrar interesses.

É dessa maneira a previsão do Estatuto da Advocacia, que prevê que:

> Art. 5º O advogado postula, em juízo ou fora dele, fazendo prova do mandato.
> § 1º O advogado, afirmando urgência, pode atuar sem procuração, obrigando-se a apresentá-la no prazo de quinze dias, prorrogável por igual período.

Porventura, se o advogado não apresentar essa procuração dentro desse período de 30 dias (prazo de 15 dias prorrogável por 15 dias), os atos praticados serão considerados ineficazes (isto é, não produzirão efeitos) e o advogado responderá por perdas e danos.

Em relação ao mandato, a procuração para foro geral permite ao advogado praticar todos os atos, porém, há aqueles em que se exigem poderes especiais, que nada mais são do que autorizações específicas exigidas pela lei, concedidas por uma pessoa (outorgante) a outra (outorgado/procurador) para agir em seu nome em determinadas situações ou para realizar certos atos jurídicos específicos. É nessa linha que determina o Estatuto da Advocacia:

> Art. 5º [...] § 2º A procuração para o foro em geral habilita o advogado a praticar todos os atos judiciais, em qualquer juízo ou instância, salvo os que exijam poderes especiais.

7 RENÚNCIA DO MANDATO

O advogado não é obrigado a continuar exercendo o mandato se não for mais do seu interesse. Desse modo, em um ato unilateral, o advogado pode renunciar, isto é, pode abdicar do seu mandato, sendo a renúncia o ato pelo qual manifesta que não mais prosseguirá patrocinando os interesses do cliente, seja por motivos de divergência estratégica, conflito de interesses, discordância no pagamento de honorários, dentre outros.

Entretanto, deve-se atentar que o profissional não poderá mencionar o motivo pelo qual está renunciando. O código de ética da advocacia (art. 16) proíbe essa prática, constituindo infração disciplinar a sua inobservância.

Além disso, não poderá prejudicar o cliente com a renúncia e, por isso, após notificá-lo da sua recusa em prosseguir no mandato, continuará responsável pelo acompanhamento integral do caso durante os 10 dias seguintes à notificação da renúncia, exceto se tiver sido substituído pelo cliente antes do término desse prazo. Essa é a determinação do Estatuto da Advocacia:

> Art. 5º [...] § 3º O advogado que renunciar ao mandato continuará, durante os dez dias seguintes à notificação da renúncia, a representar o mandante, salvo se for substituído antes do término desse prazo.

8 DOS DIREITOS (PRERROGATIVAS) DO ADVOGADO

As autoridades e os servidores devem resguardar *de ofício* a imagem, reputação e integridade do advogado. Dessa forma, não há hierarquia ou subordinação.

Adicionalmente, considerando a posição física-espacial do juiz como ponto de referência, a legislação estipula que os advogados do autor e do requerido devem estar posicionados no mesmo "plano topográfico", ou seja, no mesmo nível em relação ao chão, sendo proibido que estejam em alturas distintas. A lei também determina que ambos os advogados devem ficar equidistantes do juiz.

A partir dessa introdução exposta, passa-se a destrinchar os direitos e prerrogativas do profissional no exercício da advocacia.

9 EXERCÍCIO DA PROFISSÃO EM TODO O TERRITÓRIO NACIONAL

> Art. 7º São direitos do advogado:
> I - exercer a profissão em todo o território nacional.

É importante apontar que o advogado deve promover a inscrição suplementar nos Conselhos Seccionais em cujos territórios passar a exercer habitualmente a profissão (isto é, que exceda 5 causas por ano), conforme o art. 10, § 2º.

ATENÇÃO!

A inscrição suplementar só se faz necessária no caso de atuação habitual em unidade federativa (UF) diversa daquela em que o advogado tem a inscrição principal. Desse modo, a mera atuação em outro Município da mesma UF da inscrição principal não enseja obrigatoriedade de inscrição suplementar.

Nesse contexto, todo advogado terá a sua inscrição principal, mas nem todo profissional fará a sua inscrição suplementar - sendo obrigatória quando passar a exercer de forma reiterada a advocacia em outro território que não aquele de sua inscrição principal.

Importante notar que existe outra hipótese de obrigatoriedade de inscrição suplementar. Ela ocorre para os sócios de uma sociedade de advocacia que instala uma filial em território diverso daquele da sua sede. Em síntese:

- HIPÓTESE NUMÉRICA PARA A INSCRIÇÃO SUPLEMENTAR: o advogado precisa exceder de cinco intervenções judiciais por ano - relevante destacar que essa contagem é realizada por ano, ou seja, quando se passa o ano, a contagem zera. Então, leva-se em consideração a quantidade de atuações que o advogado teve naquele ano e, a partir da 6ª causa que ele atue naquele território, surgirá a necessidade de realizar a sua inscrição suplementar.

- HIPÓTESE DA ABERTURA DE FILIAL DA SOCIEDADE DE ADVOGADOS EM UF DIVERSA DA SEDE: não há necessidade de contagem do número de causas, basta que a sociedade tenha efetivamente constituído uma filial. Nesse caso, todos os sócios precisarão realizar a sua inscrição suplementar (nesse caso, não é relevante saber que advogado ficará responsável pela filial naquele estado. De forma independente, todos os sócios precisarão realizar a inscrição suplementar).

ATENÇÃO!
A necessidade de inscrição suplementar é restrita do advogado, não se estendendo aos estagiários

Para além dessas hipóteses, no caso de haver mudança efetiva de domicílio profissional, cabe ao advogado realizar a sua inscrição por transferência.

IMPORTANTE: essa inscrição por transferência só se realiza no caso de mudança de entidade federativa! A mera mudança de Município não enseja essa necessidade.

10 INVIOLABILIDADE DO ESCRITÓRIO, LOCAL OU INSTRUMENTOS DE TRABALHO, E CORRESPONDÊNCIA

Em regra, o local, os instrumentos e a comunicação de trabalho do advogado são invioláveis, tendo por intuito a preservação do sigilo entre o cliente e o advogado (afinal, essa é a base que sustenta a confiança no exercício profissional).

Essa inviolabilidade terá por intuito resguardar o sigilo das informações e engloba, nos termos do Estatuto da Advocacia:

> Art. 7º [...] II – a inviolabilidade de seu escritório ou local de trabalho, bem como de seus instrumentos de trabalho, de sua correspondência escrita, eletrônica, telefônica e telemática, desde que relativas ao exercício da advocacia.

O descumprimento desse dispositivo enseja no delito de violação de prerrogativa, cuja pena consiste na detenção de 2 a 4 anos e multa (art. 7º-B).

Entretanto, há a possibilidade de violação dessa inviolabilidade em hipóteses específicas, afinal, nenhum direito é absoluto (e essa prerrogativa não pode ser utilizada para a prática de crimes). Porém, mesmo no momento da quebra dessa inviolabilidade, alguns cuidados deverão ser tomados (e essa violação somente se justifica a partir do preenchimento de alguns requisitos).

Desse modo, é possível que haja BUSCA E APREENSÃO EM ESCRITÓRIO DE ADVOGADO, desde que cumpridos alguns requisitos presentes no art. 7º, § 6º-A, do Estatuto, é possibilitada a busca e apreensão em escritório de advogado, tendo por intuito a análise e apreensão de documentos pertinentes.

Isto posto, poderá ser realizada busca e apreensão em escritório de advogado, desde que:

a) Ela não seja fundamentada exclusivamente na palavra de delator (art. 7º, § 6º-B);
b) Estejam presentes indícios de autoria e materialidade da prática de crime por advogado;
c) Tenha sido expedido um mandado de busca específico e pormenorizado;
d) Esteja presente um representante da OAB;
e) E que não se utilizem as provas coletadas contra outros clientes que não estejam sendo investigados naquela mesma operação.

- Pode haver busca e apreensão em escritório de advogado? (SIM)

Indícios de autoria e materialidade da prática de crime por advogado	+	Mandado de busca específico e pormenorizado	+	Representante da OAB	+	Vedada a utilização de provas contra outros clientes que não estejam sendo investigados naquela mesma operação

11 ANÁLISE E CUSTÓDIA DO MATERIAL APREENDIDO

- O representante da OAB que acompanhará a busca terá o direito (e dever) de impedir que quaisquer materiais não relacionados com a investigação sejam analisados, fotografados, filmados, retirados ou apreendidos do escritório de advocacia;
- O advogado investigado terá o direito de acompanhar a análise dos documentos apreendidos, com o intuito de indicar quais não possuem relação com os fatos investigados;
- Se não for possível a análise do material no momento da execução da diligência:
  - Será observada a cadeia de custódia das provas (art. 158-A do CPP);
  - Com antecedência mínima de 24 horas, a autoridade responsável informará a Seccional para que haja o acompanhamento do representante da OAB e do advogado investigado (se for de urgência, essa comunicação poderá ocorrer em menos de 24h);
- Na hipótese de inobservância do regramento exposto, o representante da OAB enviará relatório ao Juiz e à OAB, pretendendo a elaboração de notícia-crime.

12 ACESSO AO CLIENTE PRESO

> Art. 7º [...] III – comunicar-se com seus clientes, pessoal e reservadamente, mesmo sem procuração, quando estes se acharem presos, detidos ou recolhidos em estabelecimentos civis ou militares, ainda que considerados incomunicáveis.

Para comunicar-se com seus clientes presos, o advogado:

- Não precisa de procuração;
- Tem o direito de se comunicar pessoal e reservadamente;
- Pode ter acesso a qualquer estabelecimento prisional (civil ou militar), ainda que seus clientes sejam considerados incomunicáveis (dessa forma, a comunicação do advogado

com seu cliente preso não poderá ser limitada sob o pretexto de incomunicabilidade do preso, sendo essa uma ação inconstitucional, que viola a garantia constitucional acerca da comunicação do preso, prevista no art. 5º, LXIII).

O descumprimento desse dispositivo enseja no delito de violação de prerrogativa, cuja pena consiste na detenção de 2 a 4 anos e multa (art. 7º - B).

13 PRERROGATIVAS DO ADVOGADO PRESO EM FLAGRANTE

Conforme previsão do Estatuto de Ética:

> Art. 7º São direitos do advogado:
>
> (...)
>
> IV – ter a presença de representante da OAB, quando preso em flagrante, por motivo ligado ao exercício da advocacia, para lavratura do auto respectivo, sob pena de nulidade e, nos demais casos, a comunicação expressa à seccional da OAB
>
> V – não ser recolhido preso, antes de sentença transitada em julgado, senão em sala de Estado Maior, com instalações e comodidades condignas, ~~assim reconhecidas pela OAB,~~ e, na sua falta, em prisão domiciliar; (*vide* ADIN 1.127-8)

DETIDO NO EXERCÍCIO DA PROFISSÃO	DETIDO FORA DO EXERCÍCIO DA PROFISSÃO
Deve haver a presença de representante da OAB.	Basta a comunicação expressa à seccional.
Só poderá ser preso em flagrante no caso de crime inafiançável.	Não há restrição de flagrante.
Será detido em Prisão em Sala de Estado-Maior ou, em sua falta, em Prisão domiciliar (aplicável para qualquer prisão cautelar).	Será detido em Prisão em Sala de Estado-Maior ou, em sua falta, em Prisão domiciliar (aplicável para qualquer prisão cautelar).

ATENÇÃO!

Essas prerrogativas NÃO são extensíveis à prisão-pena, isto é, aquela após o trânsito em julgado da decisão condenatória.

O descumprimento desse dispositivo enseja no delito de violação de prerrogativa, cuja pena consiste na detenção de 2 a 4 anos e multa (art. 7º-B).

14 LIBERDADE DE ATUAÇÃO DO ADVOGADO

As garantias a seguir guardam relação com a necessidade de livre e desembaraçado desempenho da função do advogado enquanto portadores das demandas da sociedade.

Nessa linha, dispõe o Estatuto da Advocacia:

> Art. 7º São direitos do advogado:
>
> [...]
>
> VI – ingressar livremente:
>
> a) nas salas de sessões dos tribunais, mesmo além dos cancelos que separam a parte reservada aos magistrados;
>
> b) nas salas e dependências de audiências, secretarias, cartórios, ofícios de justiça, serviços notariais e de registro, e, no caso de delegacias e prisões, mesmo fora da hora de expediente e independentemente da presença de seus titulares;
>
> c) em qualquer edifício ou recinto em que funcione repartição judicial ou outro serviço público onde o advogado deva praticar ato ou colher prova ou informação útil ao exercício da atividade profissional, dentro do expediente ou fora dele, e ser atendido, desde que se ache presente qualquer servidor ou empregado;
>
> d) em qualquer assembleia ou reunião de que participe ou possa participar o seu cliente, ou perante a qual este deva comparecer, desde que munido de poderes especiais;
>
> VII – permanecer sentado ou em pé e retirar-se de quaisquer locais indicados no inciso anterior, independentemente de licença.

O ADVOGADO PODE INGRESSAR LIVREMENTE EM	
	• Salas de audiências, secretarias, cartórios; • Salas de sessões dos tribunais, mesmo na parte reservada aos magistrados; • Delegacias e prisões, mesmo fora da hora de expediente e independentemente da presença de seus titulares; • Qualquer lugar onde funcione repartição judicial ou outro serviço público, *mesmo fora da hora de expediente, desde que se ache presente qualquer servidor ou empregado;* • Qualquer reunião privada de que participe ou possa participar o seu cliente, desde que munido de poderes especiais).

Em todos esses recintos, o advogado ainda poderá:

a) Ficar sentado ou em pé;
b) Retirar-se independentemente de licença;
c) Dirigir-se diretamente aos magistrados, independentemente de horário marcado ou outra condição, observando-se a ordem de chegada.

15 USO DA PALAVRA

Dispõe o Estatuto da Advocacia:

> Art. 7º São direitos do advogado:
>
> [...]

Estatuto e Ética

> X – usar da palavra, pela ordem, em qualquer tribunal judicial ou administrativo, órgão de deliberação coletiva da administração pública ou comissão parlamentar de inquérito, mediante intervenção pontual e sumária, para esclarecer equívoco ou dúvida surgida em relação a fatos, a documentos ou a afirmações que influam na decisão;

ATENÇÃO!
Após alteração legislativa no ano de 2022, suprimiu-se o direito do advogado para replicar acusação ou censura que lhe forem feitas, mas se adicionou a possibilidade de uso da palavra, pela ordem, na via administrativa.

16 DIREITO À RECLAMAÇÃO

Reclamar é um direito do advogado. Ou seja, diante da inobservância da legislação, o advogado poderá reclamar de maneira verbal ou por escrito. Como versa o Estatuto da Advocacia:

> Art. 7º São direitos do advogado:
> [...]
> XI – reclamar, verbalmente ou por escrito, perante qualquer juízo, tribunal ou autoridade, contra a inobservância de preceito de lei, regulamento ou regimento;

17 SALA "DA OAB"

Prevê o estatuto da advocacia:

> Art. 7º [...] § 4º O Poder Judiciário e o Poder Executivo devem instalar, em todos os juizados, fóruns, tribunais, delegacias de polícia e presídios, salas especiais permanentes para os advogados, com uso ~~e controle~~ assegurados à OAB.

Constitui dever do Poder Judiciário e do Poder Executivo estruturarem uma Sala "da OAB" em todos os fóruns, prisões e delegacias.

ATENÇÃO!
De acordo com o entendimento do STF (ADI 1.127-8), o "controle" dessas salas não é conferido à OAB, tendo em vista tratarem-se de patrimônio pertencente à Administração Pública.

18 EXAME DE PROCESSOS

No caso de os processos estarem sujeitos ao sigilo ou segredo de justiça, haverá a necessidade de o advogado possuir procuração para acessá-lo, como determina o Estatuto da Advocacia:

> Art. 7º São direitos do advogado:
> [...]

> XIII - examinar, em qualquer órgão dos Poderes Judiciário e Legislativo, ou da Administração Pública em geral, autos de processos findos ou em andamento, mesmo sem procuração, quando não estiverem sujeitos a sigilo ou segredo de justiça, assegurada a obtenção de cópias, com possibilidade de tomar apontamentos;
>
> [...]
>
> § 10. Nos autos sujeitos a sigilo, deve o advogado apresentar procuração para o exercício dos direitos de que trata o inciso XIV.

Assim, esquematiza-se:

Para acessar processos sujeitos ao sigilo ou segredo de justiça

↓

Necessidade de o advogado possuir procuração

19 EXAME DAS INVESTIGAÇÕES

Versa o Estatuto da Advocacia:

> Art. 7º São direitos do advogado:
>
> [...]
>
> XIV - examinar, em qualquer instituição responsável por conduzir investigação, mesmo sem procuração, autos de flagrante e de investigações de qualquer natureza, findos ou em andamento, ainda que conclusos à autoridade, podendo copiar peças e tomar apontamentos, em meio físico ou digital;
>
> XV - ter vista dos processos judiciais ou administrativos de qualquer natureza, em cartório ou na repartição competente, ou retirá-los pelos prazos legais;
>
> XVI - retirar autos de processos findos, mesmo sem procuração, pelo prazo de dez dias;

No caso de as investigações estarem sujeitas ao sigilo ou segredo de justiça, haverá a necessidade de procuração para acessá-la (art. 7º, § 10).

Além disso, no caso de diligências em andamento e ainda não documentadas, o acesso a elas pode ser negado ao advogado, se entendido que isso irá comprometer as investigações (art. 7º, § 11). Contudo, se as investigações já estiverem concluídas e lhe for negado acesso completo, configura-se o abuso de autoridade (art. 7º, § 12). Nesse caso, há direito subjetivo do advogado de requerer acesso aos autos ao juiz competente.

20 DIREITO AO DESAGRAVO PÚBLICO

O desagravo público consiste em uma manifestação de apoio ao advogado que foi ofendido em razão ou no exercício da sua profissão. Assim, a partir dessa ofensa ao advogado, os membros da Ordem organizam uma manifestação de repúdio ao ato violador, tendo por intuito apoiar, enquanto instituição de classe, o advogado ofendido e, ao mesmo tempo, repudiar o ato violador das prerrogativas e da dignidade da advocacia.

Por isso, prevê o Estatuto da Advocacia:

> Art. 7º São direitos do advogado:
> [...]
> XVII - ser publicamente desagravado, quando ofendido no exercício da profissão ou em razão dela

O desagravo:

- Não depende de vontade/concordância do advogado;
- Será promovido de ofício ou a requerimento de qualquer pessoa;
- Não caberá se for o caso de ofensa pessoal (sem nexo com a advocacia);
- Em caso de URGÊNCIA e NOTORIEDADE, a Diretoria do Conselho poderá conceder o agravo de maneira IMEDIATA (*ad referendum* do órgão competente do Conselho);
- Será realizado no local da ofensa, podendo ser promovido pela diretoria ou conselho da Subseção com representação do Conselho Seccional;
- Quando o ofendido for Conselheiro Federal ou Presidente de Conselho Seccional, no exercício das atribuições de seus cargos, ou ainda, quando a ofensa tomar repercussão nacional, será promovido pelo Conselho Federal da OAB;
- O desagravo não exime o ofensor da respectiva responsabilidade criminal;
- Será anotado no Registro Nacional de Violação de Prerrogativas.

21 IMUNIDADE DOS ADVOGADOS

Devido à natureza notadamente conflituosa da profissão, até o ano de 2022, o estatuto da OAB previa, no art. 7º, § 2º, imunidade penal aos advogados em relação aos crimes de injúria e difamação, sem prejuízo de sanções disciplinares por eventuais excessos.

Porém, a Lei nº 14.365/2022 revogou tal dispositivo. Eis o texto do dispositivo:

> ~~§ 2º O advogado tem imunidade profissional, não constituindo injúria, difamação ou desacato puníveis qualquer manifestação de sua parte, no exercício de sua atividade, em juízo ou fora dele, sem prejuízo das sanções disciplinares perante a OAB, pelos excessos que cometer.(Vide ADIN 1.127-8)~~

Ocorre que se tratou de erro material da equipe técnica da Casa na elaboração da redação final do texto legal. Ficou evidenciado que tais modificações não constavam de qualquer emenda apresentada ao projeto e não foram alvo de deliberação pelo plenário da Casa Parlamentar.

Diante desse cenário, o Conselho Federal da OAB tem atuado para que seja desfeito o equívoco.

Não obstante, vale dizer que a imunidade penal para estes mesmos crimes ainda está prevista no art. 142, I, do Código Penal (CP), embora com menor abrangência que aquela que era prevista no estatuto da OAB, o qual previa a imunidade em juízo ou fora dele, enquanto o CP exclui os crimes apenas se a ofensa for "irrogada em juízo".

Por fim, vale dizer que nunca houve imunidade quanto à calúnia. Quanto ao desacato previsto originalmente no texto, a imunidade foi julgada inconstitucional. Portanto, mesmo no exercício profissional, o advogado pode vir a ser responsabilizado por tais crimes.

22 SIGILO PROFISSIONAL DA ADVOCACIA

O art. 7º, XIX, do Estatuto estabelece o direito do advogado de recusar-se a depor como testemunha em um processo no qual ele tenha atuado, ou em um processo no qual deverá atuar, ou ainda em relação a fatos relacionados a uma pessoa da qual ele seja ou tenha sido advogado. Essa recusa também se estende a fatos que estejam protegidos pelo sigilo profissional, mesmo que o cliente autorize ou solicite que o advogado deponha. É nesse sentido que determina o Estatuto da Advocacia:

> Art. 7º São direitos do advogado:
> [...]
> XIX – recusar-se a depor como testemunha em processo no qual funcionou ou deva funcionar, ou sobre fato relacionado com pessoa de quem seja ou foi advogado, mesmo quando autorizado ou solicitado pelo constituinte, bem como sobre fato que constitua sigilo profissional.

Essa proteção é fundamental para garantir a confiança entre advogado e cliente, bem como a integridade do sigilo profissional, que é um dos pilares éticos da advocacia. Além disso, essa medida visa a evitar possíveis conflitos de interesse ou situações em que o advogado possa ser constrangido a revelar informações confidenciais obtidas em razão de sua função profissional.

Vale dizer que o Código de Ética da Advocacia prevê hipóteses excepcionais em que o sigilo profissional poderá ser relativizado pelo advogado. Isto é, em face de "*circunstâncias excepcionais que configurem justa causa, como nos casos de grave ameaça ao direito à vida e à honra ou que envolvam defesa própria*".

Ainda no que diz respeito à importância e ao dever de resguardar o sigilo e a relação de confiança, a Lei diz que o advogado não pode delatar cliente (ou ex-cliente), sob pena de exclusão da Ordem e incorrência no crime previsto no art. 154 do Código Penal.

> § 6º-I. É vedado ao advogado efetuar colaboração premiada contra quem seja ou tenha sido seu cliente, e a inobservância disso importará em processo disciplinar, que poderá culminar com a aplicação do disposto no inciso III do *caput* do art. 35 desta Lei, sem prejuízo das penas previstas no art. 154 do Decreto-Lei nº 2.848, de 7 de dezembro de 1940 (Código Penal).

23 DIREITO A RETIRAR-SE DO RECINTO NO CASO DE ATRASOS

Pelo art. 7º, XX, o advogado possui o direito a retirar-se do recinto após 30 (trinta) minutos do horário designado, desde que o juiz ainda não tenha comparecido.

Nesse caso, será necessário protocolar petição informando o ocorrido.

24 ACOMPANHAMENTO DE CLIENTES NA APURAÇÃO DE INFRAÇÕES

Sob pena de nulidade absoluta do ato e das provas derivadas direta ou indiretamente, é direito do advogado acompanhar o depoimento e/ou interrogatório do seu cliente, podendo apresentar razões e quesitos se achar pertinente.

25 SUSTENTAÇÃO ORAL

A sustentação oral é um importante recurso de defesa por meio do qual o advogado terá a oportunidade de apresentar as suas argumentações, alegações orais ou contrarrazões no âmbito do julgamento do recurso.

> § 2º-B. Poderá o advogado realizar a sustentação oral no recurso interposto contra a decisão monocrática de relator que julgar o mérito ou não conhecer dos seguintes recursos ou ações:
> I - recurso de apelação;
> II - recurso ordinário;
> III - recurso especial;
> IV - recurso extraordinário;
> V - embargos de divergência;
> VI - ação rescisória, mandado de segurança, reclamação, *habeas corpus* e outras ações de competência originária.

26 PRERROGATIVAS DA ADVOGADA MÃE

Reservam-se algumas prerrogativas à mulher advogada em razão de estarem em gestação, serem lactantes, adotantes ou após darem à luz.

ADVOGADA GESTANTE

- Tem direito a não ser submetida a detector de metais;
- Tem direito à vaga especial de garagem;
- Enquanto estiver grávida, tem direito a preferência em sustentações orais ou em audiências.

ADVOGADA LACTANTE

- Enquanto estiver amamentando, tem direito ao acesso à creche ou a um local adequada às necessidades do bebê;
- Enquanto estiver amamentando, tem direito a preferência em sustentações orais ou em audiências.

ADVOGADA ADOTANTE

- Tem direito à preferência em sustentações orais ou em audiências pelo período de 120 dias;
- Tem direito à preferência em sustentações orais ou em audiências pelo período de 120 dias;
- Tem direito à suspensão de prazos quando única patrona (sendo necessário o aviso ao cliente) pelo prazo de 30 dias.

ADVOGADA QUE DER À LUZ

- Tem direito a preferência em sustentações orais ou em audiências pelo período de 120 dias;
- Tem direito a preferência em sustentações orais ou em audiências pelo período de 120 dias;
- Tem direito à suspensão de prazos quando única patrona (sendo necessário o aviso ao cliente) pelo prazo de 30 dias.

ATENÇÃO!

A lei garante a suspensão dos prazos e não a interrupção.

Vale rememorar as diferentes consequências:

- Suspensão de prazos processuais: quando a causa suspensiva desaparece, o prazo é retomado contando apenas o tempo restante que havia quando ocorreu a suspensão. Em outras palavras, o prazo volta a correr a partir do ponto em que parou.
- Interrupção de prazos processuais: Quando ocorre a interrupção, o prazo em andamento é completamente reiniciado após a ocorrência do evento interruptivo. Isso significa que, quando a causa da interrupção é resolvida, o prazo recomeça do zero, sem levar em conta o tempo que já havia transcorrido antes da interrupção.

EM RESUMO:

	Não ser submetida a detector de metais/Raio-X	Vaga especial de garagem	Creche/local adequado às necessidades do bebê	Preferência em sustentações orais/ audiências	Suspensão de prazos quando única patrona (necessário aviso ao cliente)
GESTANTE	Sim	Sim	----------------	Sim (enquanto estiver grávida)	----------------
LACTANTE	----------------	----------------	Sim (enquanto estiver amamentando)	Sim (enquanto estiver amamentando)	----------------

	Não ser submetida a detector de metais/Raio-X	Vaga especial de garagem	Creche/local adequado às necessidades do bebê	Preferência em sustentações orais/ audiências	Suspensão de prazos quando única patrona (necessário aviso ao cliente)
ADOTANTE	----------------	----------------	Sim (por 120 dias)	Sim (por 120 dias)	Sim (30 dias)
QUE DER À LUZ	----------------	----------------	Sim (por 120 dias)	Sim (por 120 dias)	Sim (30 dias)

27 PRERROGATIVAS DO ADVOGADO PAI

Em relação ao advogado que for pai, o Estatuto não prevê prerrogativas, mas o Código de Processo Civil prevê uma prerrogativa (com um prazo menor, comparada às prerrogativas previstas para a advogada mulher, em virtude da razão de ser dessas prerrogativas).

Isto posto, versa o Código de Processo Civil:

> Art. 313. Suspende-se o processo:
>
> (...)
>
> X – quando o advogado responsável pelo processo constituir o único patrono da causa e tornar-se pai.
>
> (...)
>
> § 7º No caso do inciso X, o período de suspensão será de 8 (oito) dias, contado a partir da data do parto ou da concessão da adoção, mediante apresentação de certidão de nascimento ou documento similar que comprove a realização do parto, ou de termo judicial que tenha concedido a adoção, desde que haja notificação ao cliente.

28 COMPETÊNCIA CONCORRENTE DOS PRESIDENTES DE ÓRGÃOS DA OAB NO CASO DE VIOLAÇÕES ÀS PRERROGATIVAS

No caso de violações às prerrogativas dos advogados, a adoção das providências cabíveis competirá concorrentemente ao:

- Presidente do Conselho Federal;
- Presidente do Conselho Seccional;
- Presidente da Subseção.

Fundamenta-se essa competência concorrente no art. 15 do Regulamento Geral, que prevê:

> Compete ao Presidente do Conselho Federal, do Conselho Seccional ou da Subseção, ao tomar conhecimento de fato que possa causar, ou que já causou, violação de direitos ou prerrogativas da profissão, adotar as providências judiciais

> e extrajudiciais cabíveis para prevenir ou restaurar o império do Estatuto, em sua plenitude, inclusive mediante representação administrativa.
> Parágrafo único. O Presidente pode designar advogado, investido de poderes bastantes, para as finalidades deste artigo.

29 INSCRIÇÃO

29.1 Inscrição do advogado

Os requisitos necessários para a inscrição como advogado constam no art. 8º do Estatuto, sendo eles:

> I - capacidade civil;
> II - diploma ou certidão de graduação em direito, obtido em instituição de ensino oficialmente autorizada e credenciada;
> III - título de eleitor e quitação do serviço militar, se brasileiro;
> IV - aprovação em Exame de Ordem;
> V - não exercer atividade incompatível com a advocacia;
> VI - idoneidade moral;
> VII - prestar compromisso perante o conselho.

ATENÇÃO!

a) O indivíduo que ainda não possui o diploma em mãos poderá apresentar uma certidão de graduação em Direito. Nesse caso, deverá apresentar também uma cópia autenticada do histórico escolar.

b) Se o diploma da graduação foi obtido em uma faculdade estrangeira, ele deverá ser revalidado em território brasileiro.

Além disso, o ato de prestar compromisso perante o Conselho, compreendido como o ato de "prestar juramento", consiste em um ato:

- Indelegável;
- Solene;
- Personalíssimo.

29.2 Documento de identidade profissional

Por meio do documento de identidade profissional faz-se a prova da identidade civil do advogado para todos os fins legais, sendo documento de uso obrigatório.

> Art. 13. O documento de identidade profissional, na forma prevista no regulamento geral, é de uso obrigatório no exercício da atividade de advogado ou de estagiário e constitui prova de identidade civil para todos os fins legais.

29.3 Tipos de inscrição do advogado

TIPOS DE INSCRIÇÃO DO ADVOGADO		
	EXPLICAÇÃO	OBSERVAÇÃO
PRINCIPAL	Realizado no Conselho Seccional em cujo território o advogado pretende estabelecer o seu domicílio profissional (ou seja, é a sede principal da sua atividade).	Na dúvida da localidade, deve-se inscrever no domicílio da pessoa física do advogado.
SUPLEMENTAR	Essa inscrição é justificada pelo: a) Exercício habitual concreto (considerado no caso de intervenções judiciais do advogado em uma localidade não abrangida pelo Conselho Seccional de sua inscrição principal, quando exceda cinco causas por ano - até 5 não precisa inscrição suplementar, mas se houver a 6ª intervenção naquele ano, a inscrição suplementar será obrigatória). b) Exercício habitual presumido (no caso de constituição de filial de sociedade em uma localidade não abrangida pelo Conselho Seccional de sua sede, caso em que todos os sócios são obrigados à inscrição suplementar).	Essa previsão de inscrição suplementar é restrita aos advogados, não sendo estendida aos estagiários.
POR TRANSFERÊNCIA	O advogado deverá requerer a transferência da sua inscrição no caso de mudança efetiva de domicílio profissional para outra unidade federativa.	A mera mudança para outro Município dentro do mesmo estado não torna necessária a inscrição por transferência.

29.4 Licença e cancelamento da inscrição

Assim que deferido o licenciamento, a inscrição do advogado não estará mais ativa, ficando o profissional, desse modo, impossibilitado de praticar atos de advocacia durante o período de licenciamento.

Em contraponto, o cancelamento da inscrição do advogado significa a sua exclusão dos quadros da OAB.

ATENÇÃO!

Para ser concedida a licença, será necessária justificativa - diferentemente do cancelamento, ato que não prescinde de justificativa.

Licença - Art. 12 EOAB	Cancelamento - Art. 11 EOAB
Lecencia-se o profissional que: I - assim o requerer, por motivo justificado; II - passar a exercer, em caráter temporário da advocacia; III - sofrer doença mental considerada curável.	Art. 11, EAOAB: Cancela-se a inscrição do porfissional que: I - assim o requerer; II - sofrer penalidade de exclusão; III - falecer; IV - passar a exercer, em caráter definitivo, atividade incompatível com a advocacia; V - perder qualquer um dos requisitos necessários para inscrição.

ATENÇÃO!
Uma vez cancelada, é possível pedir novamente a inscrição nos quadros da OAB. Contudo, o número da inscrição da OAB não permanecerá o mesmo.

Para requerer essa nova inscrição, não será necessário fazer exame da OAB novamente. Contudo, deverá o indivíduo comprovar:

a) Capacidade civil;
b) Que não exerce atividade incompatível;
c) Idoneidade moral;
d) A nova prestação de compromisso.

29.5 Estágio profissional

Conforme o art. 9º do Estatuto da Ordem, alguns requisitos da inscrição do advogado são comuns à inscrição como estagiário. Obviamente, não será exigido o diploma de graduação em direito e tampouco aprovação em Exame de Ordem.

Quantos aos demais, todos são aplicáveis, inclusive a proibição de inscrição caso ocupe algum cargo ou exerça função incompatível com a advocacia. Perceba, portanto, que as mesmas hipóteses de incompatibilidade com a advocacia (proibição total) se estendem à inscrição do estagiário perante a OAB.

Assim, para a efetivação dessa inscrição, o estagiário deverá:

REQUISITOS PARA A INSCRIÇÃO COMO ESTAGIÁRIO	
	Possuir capacidade civil;
	Comprovar título de eleitor e quitação do serviço militar, se brasileiro
	Não exercer atividade incompatível com a advocacia;
	Ter idoneidade moral;
	Prestar compromisso perante o conselho.

Além disso, deverá ser admitido em estágio profissional de advocacia que:

- Tenha duração de dois anos;
- Seja realizado nos últimos anos do curso jurídico;
- Seja mantido pelas instituições de ensino superior, Conselhos da OAB, Setores, Órgãos Jurídicos e Escritórios de Advocacia
- Sejam credenciados pela OAB
- Requisitem o estudo obrigatório do Estatuto e do Código de Ética.

A inscrição como estagiário é requerida no Conselho Seccional em cujo território se localize seu curso jurídico.

Se o estudante exercer uma atividade incompatível com a advocacia, poderá frequentar o estágio ministrado pela respectiva instituição, com o intuito de aprendizagem, mas será vedada a sua inscrição na OAB.

OBSERVAÇÕES:

Art. 9º (...)

§ 5º Em caso de pandemia ou em outras situações excepcionais que impossibilitem as atividades presenciais, declaradas pelo poder público, o estágio profissional poderá ser realizado no regime de teletrabalho ou de trabalho a distância em sistema remoto ou não, por qualquer meio telemático, sem configurar vínculo de emprego a adoção de qualquer uma dessas modalidades.

§ 6º Se houver *concessão*, pela parte contratante ou conveniada, de *equipamentos, sistemas* e *materiais* ou *reembolso* de despesas de infraestrutura ou instalação, todos destinados a viabilizar a realização da atividade de estágio prevista no § 5º deste artigo, essa informação *deverá constar, expressamente, do convênio* de estágio e do *termo* de estágio.

29.6 O Estagiário e o Código de Ética

O Código de Ética pertinente ao exercício da advocacia obrigará também os estagiários no que lhes for aplicável.

EXEMPLOS		
Os estagiários devem manter a confidencialidade das informações dos clientes, assim como os advogados.	Os estagiários devem agir com lealdade aos interesses dos clientes e evitar conflitos de interesse, assim como os advogados. Eles devem se abster de representar interesses que possam prejudicar ou entrar em conflito com os interesses dos clientes da firma ou escritório de advocacia onde estão estagiando.	Os estagiários devem buscar manter e aprimorar sua competência profissional, assim como os advogados. Isso inclui a realização de pesquisas adequadas, a preparação de documentos legais com precisão e a busca contínua por conhecimento jurídico.

30 HONORÁRIOS ADVOCATÍCIOS

30.1 Espécies de honorários

Art. 22. A prestação de serviço profissional assegura aos inscritos na OAB o direito aos honorários convencionados, aos fixados por arbitramento judicial e aos de sucumbência.

[...]

§ 8º Consideram-se também honorários convencionados aqueles decorrentes da indicação de cliente entre advogados [...].

HONORÁRIOS ADVOCATÍCIOS	
CONVENCIONADOS	O advogado define os honorários por meio de contrato com o seu cliente. • Consideram-se também convencionados os honorários decorrentes da indicação de clientes entre advogados. • Salvo estipulação em contrário: • dos honorários é devido no início; • até a decisão de primeira instância; • no final. • e o contrato for juntado aos autos, o juiz deve determinar que lhe sejam pagos diretamente, por dedução da quantia a ser recebida pelo constituinte. • e convencionados com entidades de classe para atuação em substituição processual, poderão prever a faculdade de indicar os beneficiários que, ao optarem por adquirir os direitos, assumirão as obrigações decorrentes do contrato originário, sem a necessidade de mais formalidades.
ARBITRADOS JUDICIALMENTE	No caso dos honorários advocatícios não terem sido estipulados, eles serão definidos por arbitramento. • Exemplo dessa hipóteses é o advogado que atua em defesa de pessoa hipossuficiente no caso de impossibilidade da defensoria pública (defensor dativo). • Remuneração compatível com o trabalho e o valor econômico da causa. • Observadas obrigatoriamente as regras do CPC (art. 85) sobre a fixação dos honorários de sucumbência. • Não inferiores à tabela da OAB.
SUCUMBENCIAIS	Pagos pela parte que deu causa ao processo e/ou sucumbiu (isto é, que perdeu a causa). • Em regra, pertencem ao advogado (e não ao cliente ou ao empregador) • Por se tratar de direito disponível, pode ser negociado. • O advogado tem direito autônomo para executar a sentença na parte referente aos honorários sucumbenciais.
ASSISTENCIAIS	Fixados em ações coletivas propostas por entidades de classe em substituição processual, sem prejuízo aos honorários convencionais.

30.2 Honorários no Código de Processo Civil

Acerca da fixação de honorários advocatícios, conforme previsão do Código de Processo Civil:

> Art. 85 [...] § 2º Os honorários serão fixados entre o mínimo de dez e o máximo de vinte por cento sobre o valor da condenação, do proveito econômico obtido ou, não sendo possível mensurá-lo, sobre o valor atualizado da causa, atendidos:
>
> I – o grau de zelo do profissional;
>
> II – o lugar de prestação do serviço;
>
> III – a natureza e a importância da causa;
>
> IV – o trabalho realizado pelo advogado e o tempo exigido para o seu serviço.
>
> § 3º Nas causas em que a Fazenda Pública for parte, a fixação dos honorários observará os critérios estabelecidos nos incisos I a IV do § 2º e os seguintes percentuais:

I - mínimo de dez e máximo de vinte por cento sobre o valor da condenação ou do proveito econômico obtido até 200 (duzentos) salários mínimos;

II - mínimo de oito e máximo de dez por cento sobre o valor da condenação ou do proveito econômico obtido acima de 200 (duzentos) salários mínimos até 2.000 (dois mil) salários mínimos;

III - mínimo de cinco e máximo de oito por cento sobre o valor da condenação ou do proveito econômico obtido acima de 2.000 (dois mil) salários mínimos até 20.000 (vinte mil) salários mínimos;

IV - mínimo de três e máximo de cinco por cento sobre o valor da condenação ou do proveito econômico obtido acima de 20.000 (vinte mil) salários mínimos até 100.000 (cem mil) salários mínimos;

V - mínimo de um e máximo de três por cento sobre o valor da condenação ou do proveito econômico obtido acima de 100.000 (cem mil) salários mínimos.

§ 4º Em qualquer das hipóteses do § 3º :

I - os percentuais previstos nos incisos I a V devem ser aplicados desde logo, quando for líquida a sentença;

II - não sendo líquida a sentença, a definição do percentual, nos termos previstos nos incisos I a V, somente ocorrerá quando liquidado o julgado;

III - não havendo condenação principal ou não sendo possível mensurar o proveito econômico obtido, a condenação em honorários dar-se-á sobre o valor atualizado da causa;

IV - será considerado o salário mínimo vigente quando prolatada sentença líquida ou o que estiver em vigor na data da decisão de liquidação.

§ 5º Quando, conforme o caso, a condenação contra a Fazenda Pública ou o benefício econômico obtido pelo vencedor ou o valor da causa for superior ao valor previsto no inciso I do § 3º, a fixação do percentual de honorários deve observar a faixa inicial e, naquilo que a exceder, a faixa subsequente, e assim sucessivamente.

§ 6º Os limites e critérios previstos nos §§ 2º e 3º aplicam-se independentemente de qual seja o conteúdo da decisão, inclusive aos casos de improcedência ou de sentença sem resolução de mérito.

§ 6º-A. Quando o valor da condenação ou do proveito econômico obtido ou o valor atualizado da causa for líquido ou liquidável, para fins de fixação dos honorários advocatícios, nos termos dos §§ 2º e 3º, é proibida a apreciação equitativa, salvo nas hipóteses expressamente previstas no § 8º deste artigo.

§ 8º Nas causas em que for inestimável ou irrisório o proveito econômico ou, ainda, quando o valor da causa for muito baixo, o juiz fixará o valor dos honorários por apreciação equitativa, observando o disposto nos incisos do § 2º.

§ 8º-A. Na hipótese do § 8º deste artigo, para fins de fixação equitativa de honorários sucumbenciais, o juiz deverá observar os valores recomendados pelo Conselho Seccional da Ordem dos Advogados do Brasil a título de honorários advocatícios ou o limite mínimo de 10% (dez por cento) estabelecido no § 2º deste artigo, aplicando-se o que for maior. (Incluído pela Lei nº 14.365, de 2022)

§ 9º Na ação de indenização por ato ilícito contra pessoa, o percentual de honorários incidirá sobre a soma das prestações vencidas acrescida de 12 (doze) prestações vincendas.

§ 10. Nos casos de perda do objeto, os honorários serão devidos por quem deu causa ao processo.

Além disso, também permite-se a dedução de honorários advocatícios contratuais dos valores acrescidos, a título de juros de mora, ao montante repassado aos Estados e aos Municípios na forma de precatórios como complementação de fundos constitucionais (dispositivo esse que não se estende aos advogados nas causas que decorram da execução de título judicial constituído em ação civil pública ajuizada pelo Ministério Público Federal).

ATENÇÃO!

Entende-se que não existe caso de renúncia presumida de honorários. Nesse sentido, prevê o Estatuto da Advocacia:

> § 5º Salvo renúncia expressa do advogado aos honorários pactuados na hipótese de encerramento da relação contratual com o cliente, o advogado mantém o direito aos honorários proporcionais ao trabalho realizado nos processos judiciais e administrativos em que tenha atuado, nos exatos termos do contrato celebrado, inclusive em relação aos eventos de sucesso que porventura venham a ocorrer após o encerramento da relação contratual.
> § 6º O distrato e a rescisão do contrato de prestação de serviços advocatícios, mesmo que formalmente celebrados, não configuram renúncia expressa aos honorários pactuados.

Ademais, no caso de o patrimônio do cliente estar totalmente bloqueado por decisão judicial, garante-se ao advogado a liberação de até 20% dos bens bloqueados para fins de recebimento de honorários e reembolso de gastos com a defesa, EXCETO nas causas relacionadas aos crimes previstos na Lei de Drogas.

Além disso, o Estatuto da Advocacia ainda prevê, em seu art. 24-A, § 1º, que o pedido de desbloqueio de bens será feito em AUTOS APARTADOS, que permanecerão em SIGILO, mediante a APRESENTAÇÃO DO RESPECTIVO CONTRATO.

O DESBLOQUEIO DOS BENS OBSERVARÁ UMA ORDEM DE PREFERÊNCIA, DEFINIDA PELO CÓDIGO DE PROCESSO CIVIL:	1) dinheiro, em espécie ou em depósito ou aplicação em instituição financeira; 2) títulos da dívida pública da União, dos Estados e do Distrito Federal com cotação em mercado; 3) títulos e valores mobiliários com cotação em mercado; 4) veículos de via terrestre; 5) bens imóveis; 6) bens móveis em geral; 7) semoventes; 8) navios e aeronaves; 9) ações e quotas de sociedades simples e empresárias; 10) percentual do faturamento de empresa devedora; 11) pedras e metais preciosos; 12) direitos aquisitivos derivados de promessa de compra e venda e de alienação fiduciária em garantia; 13) outros direitos.

Acerca desta transferência de recursos, ressalta-se que:

> Art. 24-A. (...) § 3º Quando se tratar de dinheiro em ESPÉCIE, de DEPÓSITO ou de APLICAÇÃO em instituição financeira, os valores serão transferidos

> diretamente para a conta do advogado ou do escritório de advocacia responsável pela defesa.
> § 4º Nos demais casos, o advogado poderá optar pela adjudicação do próprio bem ou por sua venda em hasta pública para satisfação dos honorários devidos, nos termos do art. 879 e seguintes da Lei nº 13.105, de 16 de março de 2015 (Código de Processo Civil).
> § 5º O valor excedente deverá ser depositado em conta vinculada ao processo judicial.

30.3 Honorários no caso de substabelecimento

Em regra, proíbe-se a cobrança de honorários (sem a intervenção do advogado que conferiu o substabelecimento) pelo advogado substabelecido, com reserva de poderes.

EXCEÇÃO: o advogado substabelecido, com reserva de poderes, que possua contrato celebrado com o cliente.

30.4 Honorários convencionados (ou contratuais)

O contrato não exige forma especial, mas deverá ser definido *preferencialmente por escrito.*

MESMO SEM EXIGIR FORMA ESPECIAL, O CONTRATO DEVERÁ ESTABELECER	
	O seu objeto.
	O valor dos honorários e forma de pagamento.
	A extensão do patrocínio, esclarecendo se este abrangerá todos os atos do processo ou limitar-se-á a determinado grau de jurisdição.
	Além disso, deve dispor sobre a hipótese em que a causa encerre-se mediante transação ou acordo.

Ademais, define-se algumas DISPOSIÇÕES CONTRATUAIS FACULTATIVAS, tais quais:

- O contrato poderá dispor sobre a forma de contratação de profissionais para serviços auxiliares;
- O contrato poderá dispor sobre o pagamento de custas e emolumentos.

OBSERVAÇÃO: no caso do contrato silenciar sobre essa questão, o cliente deverá arcar com essas despesas. Contudo, no caso do advogado adiantar esse pagamento, poderá reter valor na prestação de contas.

- Pode haver a previsão do pagamento no cartão de crédito;
- O contrato poderá dispor sobre a emissão de fatura, mas evidencia-se que não pode protestar a fatura em caso de inadimplência;
- Admite-se também o recebimento de honorários por meio de cheque e nota promissória (salienta-se que, nesse caso, é possível o protesto em caso de inadimplência, porém somente depois de frustrada a tentativa de recebimento amigável);
- É proibida a emissão de duplicata (ou ainda de qualquer título de crédito que seja emitido contra o devedor).

SE NÃO FOR DEFINIDA A MANEIRA DE PAGAMENTO DOS HONORÁRIOS	Deverá ser pago ⅓ no início do serviço +
	Deverá ser pago ⅓ até a decisão de 1ª instância +
	Deverá ser pago ⅓ no final do serviço.

ATENÇÃO!
O Estatuto da Advocacia prevê a possibilidade de dedução de honorários da quantia a ser recebida pelo constituinte. Desse modo, há a previsão de:

> Art. 22 (...) § 4º Se o advogado fizer juntar aos autos o seu contrato de honorários antes de expedir-se o mandado de levantamento ou precatório, o juiz deve determinar que lhe sejam pagos diretamente, por dedução da quantia a ser recebida pelo constituinte, salvo se este provar que já os pagou.

Sobre essa possibilidade de dedução de honorários da quantia a ser recebida pelo constituinte, aponta-se o EXEMPLO de que, caso o cliente ainda não tenha pagado os honorários advocatícios estabelecidos em contrato, o juiz pode determinar que esses honorários sejam retirados diretamente da quantia a ser recebida pelo cliente na ação judicial em questão (em que o contrato de honorários tenha sido apresentado previamente aos autos). Entretanto, nesse caso, o cliente pode contestar essa dedução se conseguir provar que já efetuou o pagamento dos honorários ao advogado.

30.5 Honorários incluídos na condenação

Por arbitramento ou sucumbência, os honorários pertencem ao advogado (e não ao seu cliente). Registre-se também que no caso de advogado empregado, os honorários de sucumbência também lhe pertencem (e não ao seu empregador), salvo se houver um acordo prévio entre eles.

Ademais, os honorários de sucumbência serão obrigatoriamente partilhados entre o advogado empregado e o seu empregador se o empregador for uma Sociedade de Advogados.

A QUEM PERTENCEM OS HONORÁRIOS DE SUCUMBÊNCIA	Se o empregador for uma sociedade de advocacia:	Os honorários serão obrigatoriamente partilhados entre o profissional e a sociedade;
	Se o empregador NÃO for uma sociedade de advocacia:	Em regra, os honorários sucumbenciais pertencem ao advogado empregado. Só haverá partilha, se houver acordo entre patrão e advogado empregado.

Isto posto, consideram-se como características dos honorários incluídos na condenação o fato de que eles:

CARACTERÍSTICAS DOS HONORÁRIOS	Constituem crédito privilegiado;
	Se for do desejo do advogado, a sua execução pode-se dar nos mesmos autos da ação principal em que tenha atuado e gerado o crédito;
	Possuem a característica da transmissibilidade aos sucessores/herdeiros.

ATENÇÃO! O acordo feito pelo CLIENTE do advogado e a PARTE CONTRÁRIA, não lhe prejudica os honorários (salvo aquiescência do profissional).

30.6 Revogação do mandato pelo constituinte

Abordam-se as hipóteses de desistência do mandato por parte do constituinte.

Nesse caso, a revogação do mandato:

Não o desobriga do pagamento dos honorários contratados.
Não retira direito à verba de sucumbência proporcional ao serviço efetivamente prestado.

30.7 Prescrição da cobrança de honorários

A prescrição da cobrança de honorários consiste na perda do direito de ingressar com uma ação para a cobrança dos honorários não pagos.

PRESCRIÇÃO DA COBRANÇA DE HONORÁRIOS	
A prescrição da cobrança de honorários se dá em 5 anos	
ESSE TEMPO É CONTADO	Do vencimento do contrato, se houver;
	Do trânsito em julgado da decisão que os fixar;
	Da ultimação (conclusão) do serviço extrajudicial;
	Da desistência ou transação;
	Da renúncia ou revogação do mandato.

ATENÇÃO!

Para realizar a cobrança ou arbitramento, o advogado deve renunciar (afinal, a partir do momento de cobrança do cliente, o advogado passa a ter interesses conflitantes com o cliente, que acaba abalando a relação de confiança que existe).

Por outro lado, é necessário enfatizar que a ação de prestação de contas também prescreve em 5 anos.

30.8 Cláusula *quota litis* (em relação à porcentagem de êxito)

A cláusula *quota litis* (cota da lide) corresponde a uma cláusula contratual por meio da qual se acorda que uma parte do proveito econômico obtido pelo cliente com o resultado da demanda será destinada ao pagamento dos honorários (ex. um contrato de prestação de serviços advocatícios no qual é previsto que 20% do que o cliente receber será devido ao advogado).

Apontam-se algumas características dessa cláusula:

- Deve ser necessariamente representada em pecúnia;

IMPORTANTE: Deve-se evitar participação em bens do cliente, salvo quando: 1) cliente não dispuser de condições pecuniárias e 2) tenha havido contratação por escrito nesse sentido.

- Quando acrescida dos honorários da sucumbência, não pode ser superior às vantagens advindas a favor do cliente;
- Pode ser definida em prestações vencidas e vincendas.

30.9 Retenção de honorários contratuais em execução de demanda coletiva

Os honorários ajustados com sindicatos, tendo por intuito a atuação em substituição processual (legitimação extraordinária), podem incluir a opção de indicar os beneficiários que, ao escolherem adquirir os direitos, assumirão as responsabilidades decorrentes do contrato original desde a sua celebração (esclarecendo-se que esse ato independe da realização de procedimentos adicionais).

Um EXEMPLO desse tipo de acordo pode ser observado em situações em que o advogado firma contrato de prestação de serviços com um sindicato que será parte em uma ação judicial coletiva defendendo direitos da categoria.

Nesse caso, o contrato de honorários convencionado entre o sindicato e o escritório de advocacia pode incluir uma cláusula que obriga trabalhadores individuais que desejam aderir aos resultados do processo, a assumir as obrigações decorrentes do contrato original entre o sindicato e o escritório de advocacia.

Assim, se um trabalhador optar por aderir ao processo e assumir os direitos e obrigações, ele se tornará parte do contrato original entre o sindicato e o escritório de advocacia, sem a necessidade de mais formalidades além de sua expressa concordância com os termos e condições estabelecidos.

Nessa linha, prevê o Estatuto da Advocacia:

> Art. 22. (...) § 7º Os honorários convencionados com entidades de classe para atuação em substituição processual poderão prever a faculdade de indicar os beneficiários que, ao optarem por adquirir os direitos, assumirão as obrigações decorrentes do contrato originário a partir do momento em que este foi celebrado, sem a necessidade de mais formalidades.

31 DA ADVOCACIA *PRO BONO*

ADVOCACIA *PRO BONO*	
CONSISTE NA **ADVOCACIA GRATUITA, EVENTUAL E VOLUNTÁRIA** DE SERVIÇOS JURÍDICOS EM FAVOR DE	a) instituições sociais sem fins econômicos; b) pessoas sem recursos.
NÃO PODE SER EXERCIDA	a) para fins político-partidários ou eleitorais; b) para captação de clientela.

32 INCOMPATIBILIDADES E IMPEDIMENTOS AO EXERCÍCIO DA ADVOCACIA

INCOMPATIBILIDADE	IMPEDIMENTO
Refere-se a uma proibição total (ou seja, casos em que o advogado não pode exercer o seu ofício nem mesmo em causa própria).	Diz respeito a uma proibição parcial do exercício da advocacia.

32.1 Hipóteses de incompatibilidade (proibição total)

As hipóteses de incompatibilidade do exercício da advocacia relacionam-se ao exercício de cargo ou função específica pelo profissional, quais sejam:

- Chefe do Poder Executivo (e vice);
- Membros da Mesa do Poder Legislativo e seus substitutos legais;
- Membros de órgãos do Poder Judiciário (IMPORTANTE: essa incompatibilidade não alcança advogados que compõem a Justiça Eleitoral);
- Ocupantes de cargos ou funções vinculados a qualquer órgão do Poder Judiciário;
- Membros do Ministério Público;
- Membros dos tribunais e conselhos de contas;
- Juiz de paz;
- Todos os que exerçam função de julgamento em órgãos de deliberação coletiva da administração pública direta e indireta;

OBSERVAÇÃO: Segundo o art. 8º do Regulamento Geral da OAB esta incompatibilidade não se aplica aos advogados que participam dos órgãos nele referidos, na qualidade de titulares ou suplentes, como representantes dos advogados.
Porém, eles não podem exercer a advocacia perante os órgãos em que atuam, enquanto durar a investidura.

- Diretor de Órgão na Administração Pública ou empresas concessionárias de serviço público (EXCETO no caso de diretor sem poder de decisão relevante sobre interesses de terceiro, a juízo do conselho competente da OAB, bem como a administração acadêmica diretamente relacionada ao magistério jurídico);
- Os que exercem serviços notariais e de registro;
- Ocupantes de cargos ou funções que tenham competência de lançamento, arrecadação ou fiscalização de tributos e contribuições parafiscais;
- Diretor/gerente de instituições financeiras, inclusive privadas;
- Atividade policial e militares na ativa (obs. os dispositivos incluídos no estatuto da OAB que permitiam a advocacia em causa própria aos policiais e militares da ativa foi julgado inconstitucional pelo STF. Portanto continuam incompatíveis).

IMPORTANTE: ACERCA DOS MEMBROS DO LEGISLATIVO

INCOMPATIBILIDADE	IMPEDIMENTO (se não for membro da Mesa)
Membros da Mesa (órgão diretor, que comanda os trabalhos parlamentares e administrativos) do Poder Legislativo e seus substitutos legais.	Os membros do Poder Legislativo, em seus diferentes níveis (municipal, estadual e federal) contra ou a favor das: • Pessoas jurídicas de direito público; • Empresas públicas; • Sociedades de economia mista • Fundações públicas; • Entidades paraestatais (SESI, SESC, SENAI, SENAC...); • Empresas concessionárias ou permissionárias de serviço público (aeroportos, rodovias, telefonia etc.).

32.2 Hipóteses de impedimento (proibição parcial)

- Servidores da administração direta, indireta e fundacional contra a Fazenda Pública que os remunere ou à qual seja vinculada a entidade empregadora (EXCETO no caso de docentes dos cursos jurídicos, ou seja, o advogado que também ocupa cargo público de professor de direito pode demandar contra a Fazenda Pública que o remunera).

ATENÇÃO!

SITUAÇÃO DE IMPEDIMENTO "ESPECIAL" (DEDICAÇÃO EXCLUSIVA)

Diz respeito aos indivíduos que são exclusivamente legitimados para o exercício da ADVOCACIA VINCULADA À FUNÇÃO que exerçam, durante o período da investidura:

- Procuradores GERAIS;
- Advogados GERAIS;
- DIRIGENTES de órgãos jurídicos da Administração Pública.

ATENÇÃO!

Serão nulos os atos praticados por advogado impedido – no âmbito do impedimento – suspenso, licenciado ou que passar a exercer atividade incompatível com a advocacia.

Será cancelada a inscrição do profissional que passe a exercer definitivamente atividade incompatível com a advocacia.

Licencia-se o profissional que passe a exercer temporariamente atividade incompatível com a advocacia.

Constituirá infração disciplinar:

a) o exercício da advocacia, quando estiver impedido de fazê-lo;

b) a manutenção de conduta incompatível com a advocacia.

33 ÉTICA DO ADVOGADO

DIRECIONAMENTO DA ATUAÇÃO DO ADVOGADO

A atuação do advogado deve ser pautada:

a) No respeito;

b) Preservando o prestígio da classe;

c) Mantendo a sua independência;

d) Sem receio de desagradar ou de incorrer em impopularidade.

Desse modo, prevê o art. 31 do Estatuto da Advocacia:

> Art. 31. O advogado deve proceder de forma que o torne merecedor de respeito e que contribua para o prestígio da classe e da advocacia.
>
> § 1º O advogado, no exercício da profissão, deve manter independência em qualquer circunstância.
>
> § 2º Nenhum receio de desagradar a magistrado ou a qualquer autoridade, nem de incorrer em impopularidade, deve deter o advogado no exercício da profissão.

RESPONSABILIDADE DO ADVOGADO

A partir do descumprimento do regramento que permeia a atuação do advogado, ele pode incorrer em diferentes esferas de responsabilização. Desse modo, o advogado poderá ser responsabilizado nas esferas civil, ético-disciplinar e penal (levando em consideração as circunstâncias do caso concreto).

RESPONSABILIDADE DO ADVOGADO	
RESPONSABILIDADE CIVIL DO ADVOGADO	• Responsabilidade subjetiva (há a aferição de dolo ou culpa); • Se tiver se coligado com o cliente, para lesar a parte contrária, estará configurada responsabilidade solidária com o cliente. Tal situação deverá ser apurada em uma ação específica para esse fim.
RESPONSABILIDADE DISCIPLINAR DO ADVOGADO	Tem por consequência: • Censura; • Suspensão; • Exclusão; • Multa.
RESPONSABILIDADE PENAL DO ADVOGADO	Em situações de conduta profissional violadora do regramento penal, um advogado pode enfrentar acusações criminais. Isto posto, o Código Penal tipifica algumas condutas que ensejam a responsabilização do advogado, tais quais: • Violação de segredo profissional (art. 154 do CP) • Exercício de atividade com infração de decisão administrativa (art. 205 do CP) • Sonegação de papel ou objeto de valor probatório (art. 356 do CP) • Patrocínio infiel (art. 355 do CP) • Patrocínio simultâneo ou tergiversação (art. 355, parágrafo único, do CP)

PRINCÍPIOS DO CÓDIGO DE ÉTICA E DISCIPLINA

PRINCÍPIOS QUE FORMAM A CONSCIÊNCIA PROFISSIONAL, DIRETRIZES IMPERATIVAS BASILARES PARA A SUA CONDUTA	• Primazia da Justiça; • Cumprimento da Constituição; • Fidelidade com a verdade; • Lealdade e boa-fé; • Empenho na defesa das causas; • Independência e altivez; • Aprimoramento constante; • Dignidade; • Jamais permitindo que o anseio de ganho material sobreleve à finalidade social; • Conduta compatível com os princípios da moral individual, social e profissional; • Defesa do Estado Democrático de Direito; • Defesa dos direitos humanos e garantias fundamentais; • Conformidade com a sua elevada função pública.

OBRIGAÇÃO LEGAL DE CUMPRIR O CÓDIGO DE ÉTICA

Considerando o princípio da legalidade (em que ninguém será obrigado a fazer ou deixar de fazer senão em virtude de Lei), temos a previsão do Estatuto da Advocacia (Lei nº 8.906/1994) sobre a obrigatoriedade da observância ao Código de Ética. Nessa linha, determina-se:

> Art. 33. O advogado obriga-se a cumprir rigorosamente os deveres consignados no Código de Ética e Disciplina.

DEVERES DO ADVOGADO

O art. 2º, parágrafo único, do Código de Ética prevê rol de deveres do advogado, de forma não exaustiva:

DEVERES DO ADVOGADO	• Preservação da honra, nobreza e dignidade da profissão; • Zelar pelo caráter de essencialidade e indispensabilidade da advocacia • Atuação com destemor, independência, honestidade, decoro, veracidade, lealdade, dignidade e boa-fé; • Preservação da reputação pessoal e profissional; • Aperfeiçoamento pessoal e profissional; • Aprimoramento das instituições, do Direito e das leis; • Estímulo à conciliação e à mediação; • Desaconselhamento de lides temerárias; • Preservação de valores institucionais; • Zelar pela sua liberdade e independência, ainda que vinculado por relação empregatícia ou por contrato, ou que atue como integrante de departamento jurídico ou órgão de assessoria jurídica. • Cumprir os encargos assumidos no âmbito da Ordem dos Advogados do Brasil ou na representação da classe; • Pugnar pela solução dos problemas da cidadania e pela efetivação dos direitos individuais, coletivos e difusos; • O advogado deverá abster-se de: a) utilizar de influência indevida, em seu benefício ou do cliente; b) vincular seu nome ou nome social a empreendimentos sabidamente escusos;

DEVERES DO ADVOGADO	c) emprestar concurso aos que atentem contra a ética, a moral, a honestidade e a dignidade da pessoa humana; d) entender-se diretamente com a parte adversa que tenha patrono constituído, sem o assentimento deste; e) ingressar ou atuar em pleitos administrativos ou judiciais perante autoridades com as quais tenha vínculos negociais ou familiares; f) contratar honorários advocatícios em valores aviltantes.

34 SIGILO PROFISSIONAL

O advogado TEM O DEVER DE GUARDAR SIGILO de fatos que tenha tido conhecimento:

- No exercício da profissão;
- Em virtude de funções desempenhadas na OAB;
- Em virtude de funções de mediador, conciliador e árbitro.

Presumem-se confidenciais as comunicações de qualquer natureza entre advogado e cliente.

O sigilo profissional é de ordem pública, independente de solicitação de reserva que lhe seja feita pelo cliente.

ATENÇÃO!

O sigilo profissional NÃO é absoluto e cederá em circunstâncias excepcionais que configurem justa causa.

EXEMPLOS: grave ameaça ao direito à vida, grave ameaça ao direito à honra, ou circunstâncias que envolvem a própria defesa do advogado.

A violação, sem justa causa, do sigilo profissional constitui infração disciplinar (art. 34 da Lei nº 8.906/1994)

Além disso, como já visto, o advogado não é obrigado a depor sobre fatos a cujo respeito deva guardar sigilo profissional, mesmo quando autorizado ou solicitado pelo constituinte.

DAS RELAÇÕES COM O CLIENTE

Essa relação se baseará na confiança recíproca.

No caso do advogado sentir a quebra na confiança entre o cliente e o advogado, ele deverá, primeiramente, externar a sua impressão ao cliente. Caso a situação de desconfiança persista, deverá substabelecer ou renunciar à causa.

RECUSA LEGÍTIMA

De acordo com a previsão do art. 4º, parágrafo único, do Código de Ética e Disciplina, o advogado pode recusar o patrocínio de causa e de manifestação, no âmbito da consultoria, de pretensão concernente a direito que também lhe seja aplicável OU contrarie orientação que tenha manifestado anteriormente.

Essa recusa será legítima, ainda que o profissional esteja vinculado por relação de emprego ou mesmo contrato permanente de prestação de serviço. Isso se dá visando manter a independência funcional, a coerência intelectual e integridade ética de sua atuação.

CONDUÇÃO DA CAUSA

Ainda sobre a relação com o cliente, o advogado terá liberdade para:

- Conduzir a causa com orientação que lhe pareça mais adequada;
- Esclarecer ao cliente quanto à estratégia traçada;
- Não se subordinar a intenções contrárias do cliente.

A conclusão ou desistência da causa, tenha havido, ou não, extinção do mandato (art. 682 do CC + art. 13 do Código de Ética):

- Obriga a devolver ao cliente bens, valores e documentos que lhe hajam sido confiados e ainda estejam em seu poder,
- bem como a prestar-lhe contas, pormenorizadamente, sem prejuízo de esclarecimentos complementares que se mostrem pertinentes e necessários.

ATENÇÃO! A parcela dos honorários pagos pelos serviços até então prestados não se inclui entre os valores a serem devolvidos.

O ADVOGADO AINDA	
	Não deve aceitar procuração de quem já tenha patrono constituído, sem prévio conhecimento deste, EXCETO se for por motivo plenamente justificável ou para adoção de medidas judiciais urgentes e inadiáveis.
	Não deve deixar ao abandono ou ao desamparo as causas sob seu patrocínio.
	Não será responsabilizado por omissão do cliente.

ATENÇÃO!

Em caso de inércia do cliente quanto a providências que lhe tenham sido solicitadas ou outras dificuldades insuperáveis, o Código de Ética recomenda a RENÚNCIA AO MANDATO.

Acerca dessa renúncia ao mandato:

- Ela se dará sem menção ao motivo;
- Cessará a responsabilidade pela causa após 10 dias da notificação ao cliente, EXCETO se substituído antes do fim do prazo;
- Não excluirá a responsabilidade por danos eventualmente causados ao cliente ou a terceiros.

CONFLITO (SUPERVENIENTE) DE INTERESSES ENTRE CLIENTES

No caso de surgimento de conflito de interesses de maneira superveniente, deve-se: tentar harmonizá-los. Se não conseguir, deve optar, com prudência e discrição, por um dos mandatos. A partir disso, deverá renunciar aos demais mandatos.

Durante todo esse procedimento, cabe ao advogado o resguardo do sigilo profissional.

Nessa linha, prevê o Código de Ética e Disciplina:

> Art. 20. Sobrevindo conflito de interesses entre seus constituintes e não conseguindo o advogado harmonizá-los, caber-lhe-á optar, com prudência e discrição, por um dos mandatos, renunciando aos demais, resguardado sempre o sigilo profissional.

SUBSTABELECIMENTO

O substabelecimento consiste em um ato formal em que o advogado confere poderes recebidos pelo outorgante para outro Advogado no processo.

SUBSTABELECENTE	O advogado que transfere os poderes
SUBSTABELECIDO	O advogado que recebe os poderes

Importante compreender que:

a) O advogado não precisa se sujeitar à imposição do cliente para que ele trabalhe com outros advogados. Desse modo, o advogado terá liberdade para atuar naquela causa com a ajuda de outro advogado ou não.

b) É defeso (proibido) ao advogado funcionar no mesmo processo, simultaneamente, como patrono e preposto do empregador ou cliente.

IMPORTANTE!

O substabelecimento pode ser realizado com ou sem reserva de poderes, conforme tabela a seguir:

COM RESERVA	SEM RESERVA
Compartilhamento de poderes	Transferência total de poderes
O substabelecente continua na causa junto com o substabelecido	O Substabelecente sai da causa. O substabelecido a assume.
É ato pessoal do advogado	Exige o prévio e inequívoco conhecimento do cliente
O substabelecido deve ajustar antecipadamente seus honorários, pois não poderá cobrá-los diretamente sem a intervenção do substabelecente.	Substabelecido poderá cobrar os honorários do cliente sem a intervenção do substabelecido.

35 INFRAÇÕES E SANÇÕES DISCIPLINARES

Em síntese, o art. 34 do Estatuto prevê as seguintes penalidades do caso de violação do seu regramento:

CENSURA

Em síntese, acerca da penalidade de censura:

- É a sanção mais leve;
- Não pode ser objeto de publicidade;

- Pode ser convertida em simples advertência, que não é uma sanção disciplinar, sem registro nos assentamentos do inscrito, quando presente circunstância atenuante;
- Será aplicável no caso de qualquer violação ao Código de Ética;
- Constitui uma penalidade residual (isto é, aplica-se quando não prevista pena mais grave)

> Art. 34. Constitui infração disciplinar:
>
> I - exercer a profissão, quando impedido de fazê-lo, ou facilitar, por qualquer meio, o seu exercício aos não inscritos, proibidos ou impedidos;
>
> II - manter sociedade profissional fora das normas e preceitos estabelecidos nesta lei;
>
> III - valer-se de agenciador de causas, mediante participação nos honorários a receber;
>
> IV - angariar ou captar causas, com ou sem a intervenção de terceiros;
>
> V - assinar qualquer escrito destinado a processo judicial ou para fim extrajudicial que não tenha feito, ou em que não tenha colaborado;
>
> VI - advogar contra literal disposição de lei, presumindo-se a boa-fé quando fundamentado na inconstitucionalidade, na injustiça da lei ou em pronunciamento judicial anterior;
>
> VII - violar, sem justa causa, sigilo profissional;
>
> [...].

OBSERVAÇÃO: acerca do mencionado no art. 34, VII ("Constitui infração disciplinar: violar, sem justa causa, sigilo profissional"), entende-se por justa causa a "grave ameaça ao direito à vida, honra ou auto defesa".

> Art. 34. Constitui infração disciplinar:
>
> [...]
>
> VIII - estabelecer entendimento com a parte adversa sem autorização do cliente ou ciência do advogado contrário;
>
> IX - prejudicar, por culpa grave, interesse confiado ao seu patrocínio;
>
> X - acarretar, conscientemente, por ato próprio, a anulação ou a nulidade do processo em que funcione;
>
> XI - abandonar a causa sem justo motivo ou antes de decorridos dez dias da comunicação da renúncia;
>
> XII - recusar-se a prestar, sem justo motivo, assistência jurídica, quando nomeado em virtude de impossibilidade da Defensoria Pública;
>
> XIII - fazer publicar na imprensa, desnecessária e habitualmente, alegações forenses ou relativas a causas pendentes;
>
> XIV - deturpar o teor de dispositivo de lei, de citação doutrinária ou de julgado, bem como de depoimentos, documentos e alegações da parte contrária, para confundir o adversário ou iludir o juiz da causa;
>
> XV - fazer, em nome do constituinte, sem autorização escrita deste, imputação a terceiro de fato definido como crime;
>
> XVI - deixar de cumprir, no prazo estabelecido, determinação emanada do órgão ou de autoridade da Ordem, em matéria da competência desta, depois de regularmente notificado;
>
> XXIX - praticar, o estagiário, ato excedente de sua habilitação.

TERMO DE AJUSTAMENTO DE CONDUTA

Em relação às infrações puníveis com censura, é possível ser celebrado um Termo de Ajustamento de Conduta (TAC), que é uma espécie de acordo celebrado entre o advogado infrator e a OAB para regularizar uma situação relacionada ao descumprimento das normas éticas, evitando, assim, a instauração de um processo disciplinar.

Trata-se de um benefício que somente será admitido nas situações de infrações ético-disciplinares puníveis com censura, desde que o fato analisado não tenha gerado repercussão negativa à advocacia.

Acrescenta-se que também será cabível o TAC para a regularização de publicidade profissional que esteja em desacordo com as normas éticas.

SUSPENSÃO

Determina-se as hipóteses passíveis de punição com suspensão do exercício profissional. Tratam-se de condutas de média gravidade que, em regra, podem acarretar a interdição por 30 dias a 12 meses. Nesse sentido, prevê o Estatuto da Advocacia:

> Art. 34. Constitui infração disciplinar:
> [...]
> XVII - prestar concurso a clientes ou a terceiros para realização de ato contrário à lei ou destinado a fraudá-la;
> XVIII - solicitar ou receber de constituinte qualquer importância para aplicação ilícita ou desonesta;
> XIX - receber valores, da parte contrária ou de terceiro, relacionados com o objeto do mandato, sem expressa autorização do constituinte;
> XX - locupletar-se, por qualquer forma, à custa do cliente ou da parte adversa, por si ou interposta pessoa;
> XXI - recusar-se, injustificadamente, a prestar contas ao cliente de quantias recebidas dele ou de terceiros por conta dele.

OBSERVAÇÃO: no caso de recusa injustificada da prestação de contas, o advogado será suspenso por tempo indeterminado até prestar as contas.

> Art. 34. Constitui infração disciplinar:
> [...]
> XXII - reter, abusivamente, ou extraviar autos recebidos com vista ou em confiança;
> XXIII - deixar de pagar as contribuições, multas e preços de serviços devidos à OAB, depois de regularmente notificado a fazê-lo;
> (...)
> § 2º Nas hipóteses dos incisos XXI e XXIII do art. 34, a suspensão perdura até que satisfaça integralmente a dívida, inclusive com correção monetária

ATENÇÃO!

O Supremo Tribunal Federal declarou inconstitucional o inciso XXIII do art. 34 ("Constitui infração disciplinar: deixar de pagar as contribuições, multas e preços de serviços devidos à OAB, depois de regularmente notificado a fazê-lo"). Portanto, um advogado não pode ser punido disciplinarmente pelo simples fato de estar em dívida perante a OAB.

Seguindo a análise das demais condutas passíveis de suspensão:

> XXIV - incidir em erros reiterados que evidenciem inépcia profissional

O supramencionado inciso XXIV aborda mais um caso em que a suspensão se dará por tempo indeterminado. Dessa maneira, no caso de erros reiterados, o advogado será suspenso até novas provas de habilitação.

Sigamos com as condutas passíveis de suspensão:

> Art. 34. [...]
> XXV - manter conduta incompatível com a advocacia;
> Parágrafo único. Inclui-se na conduta incompatível:
> a) prática reiterada de jogo de azar, não autorizado por lei;
> b) incontinência pública e escandalosa;
> c) embriaguez ou toxicomania habituais
> XXX - praticar assédio moral, assédio sexual ou discriminação.

Como visto, a prática de assédio moral, assédio sexual e discriminação no exercício da advocacia constituem infrações disciplinares. Logo, é imprescindível distinguir as suas características:

Tipo de comportamento	Definição	Exemplo
ASSÉDIO MORAL	Repetição de gestos, palavras ou comportamentos humilhantes e constrangedores no ambiente profissional, visando a prejudicar emocionalmente a vítima e deteriorar o ambiente de trabalho.	Zombar constantemente de um estagiário até que ele se sinta inadequado para suas funções.
ASSÉDIO SEXUAL	Conduta de teor sexual que ocorre no contexto profissional e é proposta ou importa à pessoa sem seu consentimento, causando constrangimento e violando sua liberdade sexual.	Fazer avanços sexuais indesejados em um colega de trabalho.
DISCRIMINAÇÃO	Tratamento desrespeitoso ou humilhante com base em características pessoais, como deficiência, raça, cor, sexo, origem étnica, idade, religião etc.	Recusar-se a dar oportunidades de promoção a alguém com base em sua religião.

ATENÇÃO!
Além de todas condutas acima listadas no art. 34, *caput*, XVII a XXV e XXX, também será punido com suspensão o advogado que for reincidente em infração disciplinar.

PENALIDADE DE EXCLUSÃO

Passa-se à análise das condutas mais graves que podem gerar exclusão.

A priori, relevante observar que, em todos os casos que ensejam a penalidade de exclusão é necessário o voto de 2/3 do Conselho Seccional para a sua aplicação.

Constituem situações fáticas puníveis com a sanção de exclusão:

1) Fazer falsa prova de qualquer dos requisitos para inscrição na OAB;
2) Tornar-se moralmente inidôneo para o exercício da advocacia;
3) Praticar crime infamante (isto é, praticar crimes que tragam má fama à classe da advocacia).;
4) Fazer colaboração premiada contra cliente ou ex-cliente (além da sanção disciplinar, será passível de responsabilização criminal pelo art. 154 do CP).

Para além dessas hipóteses de exclusão constantes no art. 34 e no art. 7º, § 6º, I, do Estatuto, em caso de suspensão por três vezes, também será cabível a exclusão.

ATENÇÃO!

Fica impedido de exercer a profissão o advogado a quem forem aplicadas as sanções disciplinares de suspensão ou exclusão. Por sua vez, a censura não impede o exercício da profissão.

PENALIDADE DE MULTA

Por fim, o Estatuto prevê a sanção de multa a ser aplicada de forma acessória, cumulativamente com as sanções de censura ou suspensão.

Ela pode variar de 1 a 10 vezes o valor da anuidade e somente será aplicada se presentes circunstâncias agravantes.

DOSIMETRIA: ATENUANTES

No momento de aplicação das penalidades, serão consideradas as seguintes circunstâncias atenuantes:

1) Falta cometida na defesa de prerrogativa profissional;
2) Ausência de punição disciplinar anterior;
3) Exercício assíduo e proficiente de mandato ou cargo em qualquer órgão da OAB;
4) Prestação de relevantes serviços à advocacia ou à causa pública.

Além disso, ainda sobre as atenuantes na aplicação das sanções disciplinares, serão sopesados para fins de aplicação da multa a outra sanção e o tempo de suspensão imposto:

> Art. 40. [...]
> Parágrafo único. Os antecedentes profissionais do inscrito, as atenuantes, o grau de culpa por ele revelada, as circunstâncias e as consequências da infração são considerados para o fim de decidir:
> a) sobre a conveniência da aplicação cumulativa da multa e de outra sanção disciplinar;
> b) sobre o tempo de suspensão e o valor da multa aplicáveis.

REABILITAÇÃO

A reabilitação é um instrumento que busca evitar uma penalização perpétua. Ou seja, a reabilitação proporciona uma limpeza no histórico disciplinar do profissional. Esse estatuto está previsto no art. 41 do Estatuto da Advocacia.

CARACTERÍSTICAS DA REABILITAÇÃO	Pode-se dar em relação a **qualquer** sanção disciplinar;
	Pode ser requerida **um ano após o cumprimento da sanção;**
	Pode ser requerida em face de **provas efetivas de bom comportamento.**

Sobre a competência e o procedimento para o deferimento da reabilitação, tem-se a seguinte previsão:

> Art. 69. [...]
>
> § 1º A competência para processar e julgar o pedido de reabilitação é do Conselho Seccional em que tenha sido aplicada a sanção disciplinar. Nos casos de competência originária do Conselho Federal, perante este tramitará o pedido de reabilitação.
>
> § 2º Observar-se-á, no pedido de reabilitação, o procedimento do processo disciplinar, no que couber.

ATENÇÃO!

Quando a sanção disciplinar resultar da prática de crime, o pedido de reabilitação depende também do deferimento prévio de reabilitação criminal perante o Poder Judiciário.

É válido ainda salientar que o advogado que sofreu a sanção máxima de exclusão poderá voltar a pedir inscrição, após reabilitação, conforme previsão do art. 11, § 3º do Estatuto (sem a necessidade de nova aprovação em Exame de Ordem).

PRESCRIÇÃO

A prescrição consiste na perda do direito de punir da OAB diante da sua inércia durante o transcurso do prazo legal.

Nesse sentido, existem duas modalidades de prescrição: a prescrição geral e a prescrição intercorrente. Sobre elas, destaca-se:

PRESCRIÇÃO GERAL	PRESCRIÇÃO INTERCORRENTE (durante o processo)
5 anos contados da data da constatação oficial do fato.	Se estiver paralisado por mais de 3 anos, pendente de despacho ou julgamento, será arquivado de ofício, ou a requerimento. Obs.: Independentemente do arquivamento do processo, a OAB deverá apurar as responsabilidades pela paralisação.

ATENÇÃO!

São CAUSAS INTERRUPTIVAS DA PRESCRIÇÃO, ou seja, que ensejam o reinício da contagem do prazo prescricional:

1) Instauração de processo disciplinar;

2) Notificação válida feita diretamente ao representado;

3) Decisão condenatória recorrível de qualquer órgão julgador da OAB.

Estatuto e Ética

36 DOS FINS E DA ORGANIZAÇÃO DA OAB

Segundo a lei, a existência da OAB não se justifica como mera entidade de classe voltada aos advogados. Ela tem na verdade uma finalidade dúplice que também se volta à defesa dos interesses da sociedade enquanto defensora do ordenamento jurídico. Confira:

> Art. 44. A Ordem dos Advogados do Brasil (OAB), serviço público, dotada de personalidade jurídica e forma federativa, tem por finalidade:
>
> I - defender a Constituição, a ordem jurídica do Estado democrático de direito, os direitos humanos, a justiça social, e pugnar pela boa aplicação das leis, pela rápida administração da justiça e pelo aperfeiçoamento da cultura e das instituições jurídicas;
>
> II - promover, com exclusividade, a representação, a defesa, a seleção e a disciplina dos advogados em toda a República Federativa do Brasil.

Inclusive, considerando a função de defensora da ordem jurídica, os Presidentes dos Conselhos da OAB e das Subseções têm poder requisitório (cogente) quanto a cópias de peças de autos e documentos a qualquer tribunal, magistrado, cartório e órgão da Administração Pública direta, indireta e fundacional. Ressalta-se que deve haver motivação para isso, compatibilizando com as finalidades da lei e o atendimento de custos desta requisição (COM EXCEÇÃO dos documentos cobertos por sigilo).

Ainda, é importante apontar que a OAB não possui com órgãos da Administração Pública qualquer vínculo funcional ou hierárquico. Suas receitas provêm exclusivamente das contribuições pagas anualmente pelos inscritos.

Além disso, a OAB goza de imunidade tributária total em relação a seus bens, rendas e serviços, tendo em vista constituir serviço público.

Ainda, é de competência da própria OAB a fixação e a cobrança de contribuições, preços de serviços e multas dos seus inscritos, sendo que cada Conselho Seccional tem autonomia para fixar esses valores. Portanto, não se trata de valor uniforme nacionalmente.

ATENÇÃO!

A certidão passada pela diretoria do Conselho competente, relativa a esses créditos, constituirá título executivo extrajudicial.

ÓRGÃOS DA OAB

A Ordem dos Advogados do Brasil (OAB) é constituída por quatro órgãos, que desempenham funções específicas dentro da instituição. São eles:

CONSELHO FEDERAL	CONSELHOS SECCIONAIS
SUBSEÇÃO	CAIXA DE ASSISTÊNCIA DOS ADVOGADOS

Apesar de serem nomeados como "órgãos", possuem personalidade jurídica própria, à exceção das subseções.

A partir disso, destrincha-se cada um desses órgãos.

36.1 Conselho Federal

Primeiramente, o Conselho Federal da Ordem dos Advogados do Brasil (OAB) é o órgão máximo de representação da advocacia brasileira, possuindo atribuições regulamentares, disciplinares, administrativas e representativas em relação aos advogados em todo o território nacional.

COMPOSIÇÃO DO CONSELHO FEDERAL DA OAB

Conforme o art. 51 do Estatuto da Advocacia, o Conselho Federal da OAB é composto:

- Pelos conselheiros federais, integrantes das delegações de cada unidade federativa. Cada delegação é formada por três conselheiros federais.
- Pelos seus ex-presidentes, na qualidade de membros honorários vitalícios.
- Pelo Instituto dos Advogados Brasileiros e pela Federação Nacional dos Institutos dos Advogados do Brasil na condição de membros honorários.

ATENÇÃO!

Os ex-presidentes (anteriores ao Estatuto), possuem direito a voz e voto. Contudo, os ex-presidentes posteriores ao Estatuto continuaram sendo membros do CFOAB na condição de honra, porém somente terão direito a voz, isto é, não poderão votar nas deliberações. Além disso, quando estiverem presentes às sessões terão direito a voz: Presidentes de Seccionais, Presidente do Instituto dos Advogados Brasileiros e os advogados agraciados com a "Medalha Rui Barbosa". Sobre isso, prevê o Estatuto da Advocacia e da OAB (Lei nº 8.906/1994):

> Art. 51.
>
> [...]
>
> § 3º O Instituto dos Advogados Brasileiros e a Federação Nacional dos Institutos dos Advogados do Brasil são MEMBROS HONORÁRIOS, somente com direito a VOZ nas sessões do Conselho Federal.
>
> (...)
>
> Art. 85. O Instituto dos Advogados Brasileiros, a Federação Nacional dos Institutos dos Advogados do Brasil e as instituições a eles filiadas têm qualidade para promover perante a OAB o que julgarem do interesse dos advogados em geral ou de qualquer de seus membros.

COMPETÊNCIAS DO CONSELHO FEDERAL DA OAB

Dentre as competências do Conselho Federal da OAB, destacam-se:

- Garantir o cumprimento das finalidades da OAB;
- Representar os interesses dos advogados;
- Zelar pela dignidade e independência da advocacia;
- Editar normas como o Regulamento Geral e o Código de Ética;
- Intervir nos Conselhos Seccionais em casos de violações graves;
- Julgar recursos contra decisões dos Conselhos Seccionais;
- Homologar relatórios e contas;
- Elaborar listas para cargos judiciários;
- Propor ações judiciais;

- Colaborar com cursos jurídicos;
- Autorizar alienação de bens;
- Participar de concursos públicos e resolver casos omissos no estatuto.

É importante apontar que a intervenção em Conselhos Seccionais, por ser uma medida extrema, requer aprovação prévia de dois terços das delegações, assegurando amplo direito de defesa e nomeando diretoria provisória, se necessário.

ATENÇÃO!

A intervenção em Conselhos Seccionais da OAB é uma medida excepcional que pode ser tomada pelo Conselho Federal em situações em que haja graves irregularidades ou disfunções na administração ou funcionamento de um determinado Conselho Seccional, tendo por objetivo restabelecer a ordem, garantir o cumprimento das normas estatutárias e assegurar o regular funcionamento da OAB em nível estadual. Visualiza-se a íntegra das competências legais do CFOAB:

> Art. 54. Compete ao Conselho Federal:
> I – dar cumprimento efetivo às finalidades da OAB;
> II – representar, em juízo ou fora dele, os interesses coletivos ou individuais dos advogados;
> III – velar pela dignidade, independência, prerrogativas e valorização da advocacia;
> IV – representar, com exclusividade, os advogados brasileiros nos órgãos e eventos internacionais da advocacia;

ATENÇÃO!

Embora a lei preveja a exclusividade de representação por parte do Conselho Federal no art. 80, IV, do Regulamento Geral do Estatuto da OAB prevê uma exceção para que os Conselhos Seccionais possam representar a OAB em geral ou os advogados brasileiros em eventos internacionais ou no exterior: nesse caso, será necessária a autorização pelo Presidente Nacional da OAB. Além disso, configuram-se como competências do CFOAB:

> Art. 54. Compete ao Conselho Federal:
> [...]
> V – editar e alterar o Regulamento Geral, o Código de Ética e Disciplina, e os Provimentos que julgar necessários;
> [...].

Para isso, importante compreender a necessidade de quórum qualificado, isto é, do voto de ⅔ das delegações, para editar e alterar o Regulamento Geral, o Código de Ética e Disciplina, e os Provimentos que julgar necessários.

> Art. 54. Compete ao Conselho Federal:
> [...]
> VI – adotar medidas para assegurar o regular funcionamento dos Conselhos Seccionais;

> VII - intervir nos Conselhos Seccionais, onde e quando constatar grave violação desta lei ou do regulamento geral;
> VIII - cassar ou modificar, de ofício ou mediante representação, qualquer ato, de órgão ou autoridade da OAB, contrário a esta lei, ao regulamento geral, ao Código de Ética e Disciplina, e aos Provimentos, ouvida a autoridade ou o órgão em causa;
> IX - julgar, em grau de recurso, as questões decididas pelos Conselhos Seccionais, nos casos previstos neste estatuto e no regulamento geral;
> X - dispor sobre a identificação dos inscritos na OAB e sobre os respectivos símbolos privativos;
> XI - apreciar o relatório anual e deliberar sobre o balanço e as contas de sua diretoria;
> XII - homologar ou mandar suprir relatório anual, o balanço e as contas dos Conselhos Seccionais;
> XIII - elaborar as listas constitucionalmente previstas, para o preenchimento dos cargos nos tribunais judiciários de âmbito nacional ou interestadual, com advogados que estejam em pleno exercício da profissão, vedada a inclusão de nome de membro do próprio Conselho ou de outro órgão da OAB;
> XIV - ajuizar ação direta de inconstitucionalidade de normas legais e atos normativos, ação civil pública, mandado de segurança coletivo, mandado de injunção e demais ações cuja legitimação lhe seja outorgada por lei;
> [...].

Sobre a legitimidade para ajuizamento de Ação Direta de Inconstitucionalidade, deve-se atentar para as disposições do art. 82 do Regulamento Geral:

- Há juízo prévio de admissibilidade da Diretoria para aferição da relevância da defesa dos princípios e normas constitucionais, exceto quando a indicação for feita por Seccional, delegação do Conselho Federal ou entidade de caráter nacional;
- Em caso aprovação pelo juízo prévio pela Diretoria, será designado um Relator, o qual não está vinculado ao parecer prévio da Diretoria;
- Após esse juízo de admissibilidade, se aprovado o ajuizamento da ADI pela Diretoria, ela deverá ser proposta pelo Presidente do Conselho Federal.

Ainda dispõe-se:

> Art. 54. Compete ao Conselho Federal:
> [...]
> XV - colaborar com o aperfeiçoamento dos cursos jurídicos, e opinar, previamente, nos pedidos apresentados aos órgãos competentes para criação, reconhecimento ou credenciamento desses cursos;
> XVI - autorizar, pela maioria absoluta das delegações, a oneração ou alienação de seus bens imóveis;
> XVII - participar de concursos públicos, nos casos previstos na Constituição e na lei, em todas as suas fases, quando tiverem abrangência nacional ou interestadual;
> XVIII - resolver os casos omissos neste estatuto.
> XIX - fiscalizar, acompanhar e definir parâmetros e diretrizes da relação jurídica mantida entre advogados e sociedades de advogados ou entre escritório de

advogados sócios e advogado associado, inclusive no que se refere ao cumprimento dos requisitos norteadores da associação sem vínculo empregatício;
XX - promover, por intermédio da Câmara de Mediação e Arbitragem, a solução sobre questões atinentes à relação entre advogados sócios ou associados e homologar, caso necessário, quitações de honorários entre advogados e sociedades de advogados, observado o disposto no inciso XXXV do *caput* do art. 5º da Constituição Federal.
Parágrafo único. A intervenção referida no inciso VII deste artigo depende de prévia aprovação por dois terços das delegações, garantido o amplo direito de defesa do Conselho Seccional respectivo, nomeando-se diretoria provisória para o prazo que se fixar.

ATENÇÃO!
As duas últimas competências acima (incisos XIX e XX) poderão ser delegadas ao Conselho Seccional.

36.2 Conselhos Seccionais

A composição dos conselheiros dos Conselhos Regionais deverá ser proporcional ao número de seus inscritos.

Conforme o art. 106 do Regulamento Geral:

I - abaixo de 3.000 (três mil) inscritos, até 30 (trinta) membros;

II - a partir de 3.000 (três mil) inscritos, mais um membro por grupo completo de 3.000 (três mil) inscritos, até o total de 80 (oitenta) membros.

COMPETÊNCIAS PRIVATIVAS AO CONSELHO SECCIONAL

Dentre as competências privativas ao Conselho Seccional, englobam-se a edição de regimento interno e resoluções; a criação de Subseções e a Caixa de Assistência dos Advogados; o julgamento, em grau de recurso, das questões decididas pelo Presidente, diretoria, Tribunal de Ética e Disciplina, diretorias das Subseções e Caixa de Assistência dos Advogados; e a fiscalização da aplicação da receita, apreciação do relatório anual e deliberação sobre o balanço e as contas de sua diretoria, das diretorias das Subseções e da Caixa de Assistência dos Advogados.

Para além dessas atribuições, prevê o Estatuto da Advocacia:

Art. 58. Compete privativamente ao Conselho Seccional:
[...]
V - fixar a tabela de honorários, válida para todo o território estadual;
VII - decidir os pedidos de inscrição nos quadros de advogados e estagiários;
VIII - manter cadastro de seus inscritos;
IX - fixar, alterar e receber contribuições obrigatórias, preços de serviços e multas;
X - participar da elaboração dos concursos públicos, em todas as suas fases, nos casos previstos na Constituição e nas leis, no âmbito do seu território;

> XI - determinar, com exclusividade, critérios para o traje dos advogados, no exercício profissional;
>
> XII - aprovar e modificar seu orçamento anual;
>
> XIII - definir a composição e o funcionamento do Tribunal de Ética e Disciplina, e escolher seus membros;
>
> XIV - eleger as listas, constitucionalmente previstas, para preenchimento dos cargos nos tribunais judiciários, no âmbito de sua competência e na forma do Provimento do Conselho Federal, vedada a inclusão de membros do próprio Conselho e de qualquer órgão da OAB;
>
> XV - intervir nas Subseções e na Caixa de Assistência dos Advogados;
>
> XVI - desempenhar outras atribuições previstas no regulamento geral.

COMPETÊNCIAS DAS SECCIONAIS NO REGULAMENTO GERAL

Compete às Seccionais:

Ação direta de inconstitucionalidade de leis ou atos normativos estaduais e municipais, em face da Constituição Estadual ou da Lei Orgânica do Distrito Federal;
Ação civil pública, para defesa de interesses difusos de caráter geral e coletivos e individuais homogêneos;
Mandado de segurança coletivo, em defesa de seus inscritos, independentemente de autorização pessoal dos interessados;
Mandado de injunção, em face da Constituição Estadual ou da Lei Orgânica do Distrito Federal.

Nessas situações, o ajuizamento será decidido pela Diretoria, se for o caso de urgência ou recesso do Conselho Seccional.

COMISSÕES OBRIGATÓRIAS

O Conselho Seccional pode dividir-se em órgãos deliberativos, e instituir diversas Comissões especializadas para aprimorar o desempenho de suas atividades. Porém, será obrigatória a instalação e o funcionamento das seguintes comissões (tanto no Conselho Seccional, quanto nas Subseções que disponham de Conselho):

1. Comissão de Direitos Humanos;
2. Comissão de Orçamento e Contas;
3. Comissão de Estágio e Exame de Ordem.

36.3 Subseção

Acerca das Subseções (que não possuem personalidade jurídica própria), é o Conselho Seccional que cria, determina a sua área territorial e os seus limites de competência e autonomia.

ATENÇÃO!

1) A área territorial da Subseção pode abranger um ou mais municípios, ou parte de município, inclusive da capital do Estado, contando com um mínimo de quinze advogados, nela profissionalmente domiciliados.

2) Havendo mais de cem advogados, a Subseção pode ser integrada, também, por um conselho em número de membros fixado pelo Conselho Seccional.

No âmbito do seu território, competirá à Subseção:

Dar cumprimento efetivo às finalidades da OAB;
Velar pela dignidade, independência e valorização da advocacia, e fazer valer as prerrogativas do advogado;
Representar a OAB perante os poderes constituídos;
Desempenhar as atribuições previstas no regulamento geral ou por delegação de competência do Conselho Seccional.

Acerca do Conselho da Subseção, quando houver, competirá o exercício das funções do Conselho Seccional (conforme o regimento interno deste), mas também engloba as atribuições de:

Editar seu regimento interno, a ser referendado pelo Conselho Seccional;
Editar resoluções, no âmbito de sua competência;
Instaurar e instruir processos disciplinares, para julgamento pelo Tribunal de Ética e Disciplina;
Receber pedido de inscrição nos quadros de advogado e estagiário, instruindo e emitindo parecer prévio, para decisão do Conselho Seccional.

36.4 Caixa de assistência dos advogados

Consistindo em um dos órgãos da OAB, as Caixas de Assistência dos Advogados são criadas pelos Conselhos Seccionais que tiverem mais de 1.500 inscritos, sendo dotadas de personalidade jurídica própria.

FINALIDADE	Prestar assistência aos inscritos no Conselho Seccional.
POSSIBILIDADE	Em benefício dos advogados, a Caixa poderá promover a seguridade complementar.
RECEITA	Caberá à Caixa a metade da receita das anuidades recebidas pelo Conselho Seccional, considerado o valor resultante após as deduções regulamentares obrigatórias.
EXTINÇÃO	Em caso de extinção ou desativação da Caixa, seu patrimônio se incorpora ao do Conselho Seccional respectivo.
INTERVENÇÃO PELO CONSELHO SECCIONAL	O Conselho Seccional, mediante voto de 2/3 de seus membros, pode intervir na Caixa de Assistência dos Advogados, no caso de descumprimento de suas finalidades, designando diretoria provisória, enquanto durar a intervenção.

36.5 Alienação, oneração e aquisição de bens da OAB

O Estatuto prevê as situações de afetação ao patrimônio da OAB. Em regra, tanto no Conselho Federal quanto no Seccional, é a própria Diretoria que decidirá sobre estas transações. A exceção se configura no caso da *alienação ou oneração de bens imóveis*. Apenas nesse caso não bastará a decisão da Diretoria, mas sim a autorização da maioria do Conselho Pleno.

Pode-se sintetizar da seguinte forma:

ALIENAR/ONERAR	ADQUIRIR
IMÓVEIS: autorização da maioria absoluta das delegações do CFOAB ou maioria dos membros do C. Seccional.	IMÓVEIS: Diretoria.
MÓVEIS: Diretoria	MÓVEIS: Diretoria.

37 PROCESSO NA OAB

O processo na OAB bifurca-se em processos em geral e processos disciplinares.

O processo disciplinar da OAB é o instrumento pelo qual a entidade investiga as violações éticas cometidas por seus membros. Esse processo também tem como objetivo impor as sanções apropriadas aos infratores. Em relação a ele, o Estatuto da OAB traz a previsão de que, quando houver lacuna, ela deverá ser suprida pelas regras do processo penal (tendo em vista tratar-se de direito sancionador na área administrativa).

Em contraponto, quando se tratar de processos em geral (ou seja, não disciplinar), a legislação processual penal não será utilizada como parâmetro para suprir lacunas, mas sim as regras gerais do procedimento administrativo no âmbito do direito administrativo. Se persistir a lacuna, utilizam-se as regras do processo civil, nessa ordem.

Sobre isso, sintetiza-se:

- Processo penal: serve como fundamento suplementar para os processos disciplinares.
- Procedimento administrativo e processo civil (nessa ordem): servem como fundamento para os demais tipos de processos.

ATENÇÃO!
Os prazos processuais no processo na OAB são uniformes, sendo unificados em 15 dias.

Sobre a contagem desse prazo, ela é disciplinada nos termos do art. 69 do Estatuto:

> Art. 69
> [...]
> § 1º Nos casos de comunicação por ofício reservado ou de notificação pessoal, considera-se dia do começo do prazo o primeiro dia útil imediato ao da juntada aos autos do respectivo aviso de recebimento.
> § 2º No caso de atos, notificações e decisões divulgados por meio do *Diário Eletrônico da Ordem dos Advogados* do Brasil, o prazo terá início no primeiro dia útil seguinte à publicação, assim considerada o primeiro dia útil seguinte ao da disponibilização da informação no Diário.

TERMO DE AJUSTAMENTO DE CONDUTA

No âmbito caso de infração ético-disciplinar punível com censura praticada por advogados e estagiários, também será admitida a celebração de termo de ajustamento de conduta no âmbito dos Conselhos Seccionais e do Conselho Federal, desde que o fato apurado não tenha gerado repercussão negativa à advocacia.

Estatuto e Ética

SIGILO DO PROCESSO DISCIPLINAR

Ao contrário dos processos judiciais e administrativos em geral, que, em regra, são públicos, os processos disciplinares tramitam SEMPRE em sigilo até que seja concluído. Nesse caso, só terá acesso às suas informações as partes, os seus defensores e, eventualmente, a autoridade judiciária competente.

Uma vez finalizado o processo disciplinar, as punições de suspensão e exclusão serão tornadas públicas (a de censura não).

COMPETÊNCIA PARA O PROCESSO DISCIPLINAR

Em regra, o processamento e julgamento do processo disciplinar será de competência do Conselho Seccional em cuja base territorial tenha ocorrido a infração.

COMPETÊNCIA DO CONSELHO FEDERAL DA OAB POR PRERROGATIVA DE FUNÇÃO (*ratione personae*)

Por outro lado, alguns indivíduos possuem prerrogativa de foro, casos em que o processo disciplinar tramitará desde o início perante o Conselho Federal.

Isto posto, independentemente do local em que ocorram as infrações, serão processados e julgados perante o Conselho Federal as seguintes pessoas:

1) Membros do Conselho Federal
2) Presidentes de Conselhos Seccionais
3) Detentores da Medalha Rui Barbosa

Além desses casos, se a falta for praticada perante o Conselho Federal da OAB, a competência para esse processamento será do próprio órgão máximo.

SUSPENSÃO PREVENTIVA DO ADVOGADO

A suspensão é a medida por meio da qual o advogado é afastado cautelarmente durante o curso do processo disciplinar, sendo uma ação tomada de maneira excepcional quando houver repercussão prejudicial à dignidade da advocacia. Não se trata de sanção, mas sim de uma medida instrumental, semelhante à natureza da prisão preventiva do processo penal, por exemplo.

ATENÇÃO!

Diferentemente da competência para processar e punir (que, em regra, segue o critério territorial) compete ao Tribunal de Ética e Disciplina (TED) do Conselho Seccional da inscrição principal a determinação da cautelar de suspensão preventiva.

Saliente-se que, antes de ser decretada a medida, será concedida oportunidade de defesa ao advogado representado (acusado) para que seja ouvido em sessão especial (para a qual deve ser notificado a comparecer, EXCETO se não atender à notificação).

ATENÇÃO!
Se a suspensão preventiva for decretada, o processo disciplinar deve ser concluído em um prazo máximo de 90 dias.

INSTAURAÇÃO DE PROCESSO DISCIPLINAR

O processo disciplinar pode ser instaurado:

De ofício

O processo disciplinar será instaurado de ofício quando houver uma por fonte idônea (por exemplo, autoridade competente, como o Ministério Público ou o juiz de Direito, encaminha a solicitação para a OAB).

ATENÇÃO!
Denúncia anônima não é válida para instauração do procedimento disciplinar.

Pela representação de qualquer pessoa interessada

Qualquer pessoa tem legitimidade para a representação, que pode ser verbal ou escrita, seja um advogado que se sentiu prejudicado ou que soube da falta disciplinar, seja o próprio cliente ou outra pessoa do povo (só não será considerada a denúncia anônima).

REQUISITOS DA REPRESENTAÇÃO DISCIPLINAR

A representação disciplinar deverá conter:

1. A identificação do representante, com a sua qualificação civil e endereço;
2. Narração dos fatos que a motivam, de forma que permita verificar a existência, em tese, de infração disciplinar;
3. Os documentos que eventualmente a instruam e a indicação de outras provas a ser produzidas, bem como, se for o caso, o rol de testemunhas, até o máximo de cinco;
4. A assinatura do representante ou a certificação de quem a tomou por termo, na impossibilidade de obtê-la.

RECURSOS

JULGADOS PELO CONSELHO SECCIONAL

Serão julgados pelo Conselho Seccional todos os recursos contra todas as decisões proferidas por:

1) Seu Presidente;
2) Tribunal de Ética e Disciplina;
3) Diretoria da Subseção;
4) Diretoria da Caixa de Assistência dos Advogados.

JULGADOS PELO CONSELHO FEDERAL

Serão julgados pelo Conselho Federal os recursos contra todas as decisões definitivas proferidas pelo Conselho Seccional que tenham sido:

a) NÃO UNÂNIMES (maioria de votos);
b) UNÂNIMES, mas que contrariam o Estatuto da Advocacia, o Código de ética, o Regulamento Geral, Provimentos ou jurisprudência do CFOAB ou de outras Seccionais.

EFEITOS RECURSAIS

Em regra, todos os recursos possuirão duplo efeito:

a) Efeito devolutivo: diz respeito ao efeito de "devolver" toda a matéria para a sua reanálise em uma instância superior.

b) Efeito suspensivo: nesse caso, até que o recurso seja julgado, a sentença proferida não poderá ser executada em virtude de terem sido suspensos os seus efeitos.

ATENÇÃO!

Mesmo diante de interposição de recurso, não serão suspensas as decisões que tratarem de:

1) Eleições;
2) Suspensão preventiva decidida pelo Tribunal de Ética e Disciplina (TED);
3) Cancelamento da inscrição obtida com falsa prova.

REVISÃO DO PROCESSO DISCIPLINAR

No intuito de reverter a decisão final (assim como no processo civil é cabível a ação rescisória e no processo penal é cabível a revisão criminal), ao processo disciplinar é cabível a revisão da condenação em caso de:

- Erro de julgamento ou
- Condenação fundada em prova falsa.

Ao contrário dos recursos que em regra possuem efeito suspensivo, a protocolização do requerimento de revisão disciplinar não implica, em regra, a suspensão dos efeitos da decisão condenatória que está vigente.

Na revisão, o efeito suspensivo somente será alcançado se concedido pelo Relator ante a relevância dos fundamentos e o risco de consequências irreparáveis para o requerente.

Nessa linha, prevê o Código de Ética e Disciplina da OAB:

> Art. 68. Cabe revisão do processo disciplinar, na forma prevista no Estatuto da Advocacia e da Ordem dos Advogados do Brasil (art. 73, § 5º).
>
> [...]
>
> § 6º O pedido de revisão não suspende os efeitos da decisão condenatória, salvo quando o relator, ante a relevância dos fundamentos e o risco de consequências irreparáveis para o requerente, conceder tutela cautelar para que se suspenda a execução.

Quanto à competência para processar e julgar a revisão, esta será do órgão de que emanou a condenação final. O procedimento será o mesmo do processo disciplinar, no que couber.

A parte representante (aquele que provocou a atuação da OAB) somente será notificada para integrar o processo de revisão quando o relator entender que o resultado poderá gerar dano ao interesse jurídico que tenha motivado a representação.

PROIBIÇÃO DA "DECISÃO SURPRESA"

Prevê-se a proibição da decisão surpresa, visando ao respeito ao princípio do contraditório e ao processo dialógico (dialogal). Como versa o Regulamento geral:

> Art. 144-B. Não se pode decidir, em grau algum de julgamento, com base em fundamento a respeito do qual não se tenha dado às partes oportunidade de se manifestar anteriormente, ainda que se trate de matéria sobre a qual se deva decidir de ofício, salvo quanto às medidas de urgência previstas no Estatuto.

FORMAS DE EXERCER A ADVOCACIA

Autônomo	Sociedade unipessoal	Sociedade de advogados (pluripessoal)
Advogado empregado (CLT)	Advogado Associado	Advocacia Pública

SOCIEDADE DE ADVOGADOS

Prevê o art. 15 do Estatuto da Advocacia a existência da sociedade simples de prestação de serviços de advocacia (também compreendida como a sociedade pluripessoal) e a sociedade unipessoal de advocacia.

Acerca dessas sociedades de advogados, é necessário enfatizar que o Código de Ética e Disciplina é aplicável à sociedade de advocacia, conforme previsão do art. 15, § 2º, do Estatuto da Advocacia e dos arts. 53 e 76 do Código de Ética e Disciplina.

Aliás, a sociedade de advogados adquirirá personalidade jurídica no momento do registro aprovado dos seus atos constitutivos no Conselho Seccional da OAB em cuja base territorial tiver sede.

ATENÇÃO!
É vedada a inscrição da sociedade de advogados em Junta Comercial/Cartório de Pessoas Jurídicas.
Em relação à sociedade de advogados, as procurações dos clientes devem ser outorgadas individualmente aos advogados e indicar a sociedade de que façam parte.

TIPOS DE SOCIEDADE DE ADVOGADOS

Como visto, dispõe o *caput* desse dispositivo legal:

> Art. 15. Os advogados podem reunir-se em sociedade simples de prestação de serviços de advocacia ou constituir sociedade unipessoal de advocacia, na forma disciplinada nesta Lei e no regulamento geral.

1) Sociedade **pluripessoal de advocacia (ou sociedade simples de prestação de serviços de advocacia)**

Configura-se esse tipo de sociedade quando se constatar a existência de pelo menos dois sócios (como a própria denominação explícita, pois trata-se de uma sociedade pluripessoal).

2) Sociedade **unipessoal de advocacia**

É a sociedade formada por apenas um sócio.

ATENÇÃO!
Uma das vantagens de se constituir uma sociedade de advocacia (ainda que unipessoal) é a redução da carga tributária. Além disso, por se tratar de pessoa jurídica, a quem o ordenamento jurídico confere existência própria, incide o princípio da autonomia

Estatuto e Ética

patrimonial em relação a seus sócios, o que mitiga os riscos da atividade em caso de responsabilização civil.

ATOS PRATICADOS PELA SOCIEDADE DE ADVOGADOS

> Art. 42 do Regulamento Geral: Podem ser praticados pela sociedade de advogados, com uso da razão social, os atos indispensáveis às suas finalidades, que não sejam privativos de advogado.

Desse modo, engloba a sua:

a) Atividade meio (PJ): contratar empregados, serviços de internet, telefone, aluguel etc.
b) Atividade fim (PF): atividades privativas de advogado.

ATENÇÃO!

- O advogado pode ser "sócio" de mais de uma sociedade de advocacia, porém nunca na mesma área territorial do respectivo Conselho Seccional.
- Por outro lado, pode ser "associado" de mais de uma sociedade de advocacia (enfatizando que não há qualquer vedação para que essa associação se dê na mesma área territorial do respectivo Conselho Seccional).

Portanto, há claras distinções entre as condições de sócio e associado, não havendo que se confundir as duas figuras.

> Art. 17-A. O advogado poderá associar-se a uma ou mais sociedades de advogados ou sociedades unipessoais de advocacia, sem que estejam presentes os requisitos legais de vínculo empregatício, para prestação de serviços e participação nos resultados, na forma do Regulamento Geral e de Provimentos do Conselho Federal da OAB.

ADVOGADO ASSOCIADO

Para associar-se em uma sociedade de advogados, cabe o registro do contrato de associação no Conselho Seccional da OAB da sede da sociedade, que será definido com um caráter geral ou restrito a determinada causa, devendo ser livremente estipulados os critérios para a partilha dos resultados.

CONTEÚDO MÍNIMO DO CONTRATO DE ASSOCIAÇÃO

Qualificação das partes, com referência expressa à inscrição no Conselho Seccional da OAB competente;
Especificação e delimitação do serviço a ser prestado;
Forma de repartição dos riscos e das receitas entre as partes, vedada a atribuição da totalidade dos riscos ou das receitas exclusivamente a uma delas;
Responsabilidade pelo fornecimento de condições materiais e pelo custeio das despesas necessárias à execução dos serviços;
Prazo de duração do contrato.

PARÂMETROS E DIRETRIZES DAS RELAÇÕES ENTRE:

ADVOGADOS X SOCIEDADES	SOCIEDADES X ADVOGADO ASSOCIADO

- Cabe ao Conselho Federal da OAB definir e fiscalizar tais parâmetros (para diferenciar de uma relação de emprego);
- Não será admitida a averbação do contrato de associação que contenha os elementos caracterizadores de relação de emprego;

Isto posto, vamos relembrar algumas características que identificam uma relação de emprego (e que são vedadas nos contratos de associação):

1) Subordinação (o empregado prestará serviços de maneira subordinada ao empregador).
2) Habitualidade (o serviço não pode ser prestado de maneira meramente não eventual).
3) Onerosidade (diz respeito ao pagamento devido ao empregado, sendo uma contraprestação pelos serviços prestados).
4) Pessoalidade (o serviço deve ser prestado pessoalmente pelo empregado, tendo em vista ter sido ele contratado em virtude de suas qualidades pessoais).
5) Se o empregado for pessoa natural (para ser empregado, o indivíduo deve ser pessoa física).

FORMALIDADES PARA INSTITUIÇÃO DE FILIAL DE SOCIEDADE DE ADVOCACIA

- O ato deve ser averbado no registro da sociedade (SEDE) + arquivado no conselho onde se instalar;
- Sócios devem obter a inscrição suplementar.

ATENÇÃO!
Os sócios da mesma sociedade de advogados não podem representar o autor e o réu. Por outro lado, ainda que não sejam formalmente sócios, também incide esta proibição aos advogados "reunidos em caráter permanente para cooperação recíproca".
Esse é um regramento previsto no art. 19 do Código de Ética:

> Art. 19. Os advogados integrantes da mesma sociedade profissional, OU reunidos em caráter permanente para cooperação recíproca, não podem representar, em juízo ou fora dele, clientes com interesses opostos.

"CONVERSÃO" DA SOCIEDADE PLURIPESSOAL EM UNIPESSOAL

O Estatuto da Advocacia prevê a possibilidade da modificação da sociedade pluripessoal em sociedade unipessoal, conforme se constata no art. 15, § 7º, que aduz que:

> Art. 15 do Estatuto.
> [...]
> § 7º A sociedade unipessoal de advocacia pode resultar da concentração por um advogado das quotas de uma sociedade de advogados, independentemente das razões que motivaram tal concentração.

FORMA DE ADMINISTRAÇÃO SOCIAL E O "SÓCIO-GERENTE/ADMINISTRADOR"

Permite-se, em qualquer forma de administração social, a existência de sócios-gerentes, com indicação dos poderes atribuídos.

ATENÇÃO!

Exige-se que somente advogados certificados e regularizados sejam sócios de sociedade de advocacia, como depreende-se do art. 16 da sociedade de advocacia:

> Art. 16. Não são admitidas a registro nem podem funcionar todas as espécies de sociedades de advogados que apresentem forma ou características de sociedade empresária, que adotem denominação de fantasia, que realizem atividades estranhas à advocacia, que incluam como sócio ou titular de sociedade unipessoal de advocacia pessoa não inscrita como advogado ou totalmente proibida de advogar.

Além disso, no que diz respeito aos servidores públicos, poderão ser sócios-administradores desde que não estejam sujeitos ao regime de dedicação exclusiva em seu vínculo perante a Administração Pública.

RECOLHIMENTO DE TRIBUTOS

O Estatuto prevê que o recolhimento de tributos dar-se-á apenas sobre a receita que couber ao advogado, com a exclusão da receita que for transferida a outros advogados ou a sociedades que atuem em forma de parceria.

COWORKING

É admitido local de trabalho compartilhado com outras sociedades de advocacia, mesmo que com sociedades empresariais, desde que seja respeitado o sigilo profissional.

CASOS DE INDEFERIMENTO DO REGISTRO DA SOCIEDADE

As sociedades devem ser registrados, porém, há um juízo sobre elas, que pode ocasionar o indeferimento dos registros da sociedade nos casos de sociedades:

- que apresentem forma ou características de sociedade empresária;
- que adotem denominação de fantasia;
- que realizem atividades estranhas à advocacia;
- que incluam como sócio pessoa não inscrita como advogado OU totalmente proibida de advogar (incompatibilidade - *vide* art. 28 do EOAB).

RAZÃO SOCIAL

RAZÃO SOCIAL DA SOCIEDADE PLURIPESSOAL DE ADVOCACIA (OU SOCIEDADE SIMPLES DE PRESTAÇÃO DE SERVIÇOS DE ADVOCACIA

> Art. 16 do Estatuto.
>
> [...]
>
> § 1º deve ter, obrigatoriamente, o nome de, pelo menos, um advogado responsável pela sociedade, podendo permanecer o de sócio falecido, desde que prevista tal possibilidade no ato constitutivo.

EXEMPLO: se o nome dos sócios forem Adão Marques, Pedro Carvalho e Mariana Lins, a razão social da sociedade simples de advocacia poderá ser Marques, Carvalho e Lins Sociedade de Advogados.

RAZÃO SOCIAL DA SOCIEDADE UNIPESSOAL DE ADVOCACIA

Será obrigatoriamente formada pelo nome do seu titular, completo ou parcial, com a expressão 'Sociedade Individual de Advocacia'.

EXEMPLO: se o nome do advogado for José Silva Peixoto, a razão social da sociedade unipessoal de advocacia poderá ser *José Silva Peixoto Sociedade Individual de Advocacia* ou, ainda, *Peixoto Sociedade Individual de Advocacia*.

ATENÇÃO!

A incompatibilidade temporária (EXEMPLO: o caso do advogado eleito prefeito) não o exclui da sociedade. Porém, obviamente, ele não poderá atuar, sendo vedada a exploração do seu nome e imagem em favor da sociedade de advogados, como prevê o Estatuto da Advocacia:

> Art. 16.
>
> § 2º O impedimento ou a incompatibilidade em caráter temporário do advogado não o exclui da sociedade de advogados à qual pertença e *deve ser averbado* no registro da sociedade, observado o disposto nos arts. 27, 28, 29 e 30 desta Lei é proibida, em qualquer hipótese, a exploração de seu nome e de sua imagem em favor da sociedade.

RESPONSABILIDADE CIVIL E DISCIPLINAR

A responsabilidade civil do advogado é subjetiva, isto é, é necessária a demonstração no mínimo de culpa.

Em caso de danos causados aos clientes, se houver sido constituída sociedade de advocacia, é o patrimônio desta que primeiro será afetado em caso de responsabilização civil. Porém, caso o patrimônio da pessoa jurídica seja insuficiente, responderão SUBSIDIÁRIA e ILIMITADAMENTE pelos danos causados aos clientes:

a) Os sócios;
b) O titular da sociedade individual de advocacia;
c) O associado nos limites do contrato de associação (combinação dos arts. 17 do Estatuto com o art. 40 do Regulamento Geral).

38 ADVOGADO EMPREGADO

CARACTERÍSTICAS

Isenção técnica e independência (será o advogado quem decidirá qual é o recurso, a tese, a testemunha, o caminho jurídico-processual a ser seguido etc., independentemente da relação firmada entre o advogado e o seu empregador, podendo ser uma relação de emprego, contrato de prestação de serviços, integrante de departamento jurídico, órgão de assessoria jurídica, público ou privado etc.).

Em relação ao seu empregador, não está obrigado a prestar serviços que não sejam objeto do contrato firmado (por exemplo, não está obrigado a defender os interesses de um amigo ou familiar do patrão, em uma ação que nada tem a ver com o objeto do seu contrato).

Possui a prerrogativa da legítima recusa, que garante que, mesmo que o advogado seja empregado, ela possa recusar atuar em causas e manifestações que:

- Envolvam direito que também lhe seja aplicável;

OU

- Contrariem a orientação que tenha manifestado anteriormente.

REGIMES DE TRABALHO

O regime de trabalho do advogado empregado será definido a critério do empregador, podendo ser modificado na vigência da relação de emprego, por meio de acordo individual simples.

Os regimes de trabalho podem ser:

1) EXCLUSIVAMENTE PRESENCIAL: desde o início da contratação, realizará o trabalho nas dependências ou locais indicados pelo empregador.
2) NÃO PRESENCIAL, TELETRABALHO OU TRABALHO À DISTÂNCIA: desde o início da contratação, o trabalho será preponderantemente realizado fora das dependências do empregador, observado que o comparecimento nas dependências de forma não permanente, variável ou para participação em reuniões ou em eventos presenciais não descaracterizará o regime não presencial.
3) MISTO: as atividades poderão ser presenciais ou não presenciais, conforme as condições definidas pelo empregador em seu regulamento empresarial, independentemente de preponderância ou não.

SALÁRIO MÍNIMO DO ADVOGADO EMPREGADO

É fixado em sentença normativa, salvo se ajustado em acordo ou convenção coletiva de trabalho.

ATENÇÃO!

Não obstante o disposto no art. 44, II, do Estatuto, o qual confere exclusividade da OAB na representação dos advogados, quem representa os advogados em convenções, acordos ou dissídios coletivos é o sindicato de advogados, e na sua falta, federação ou confederação de advogados, conforme o art. 45 do Regulamento Geral:

> Art. 45. A exclusividade da representação dos advogados pela OAB, prevista no art. 44, II, do Estatuto, não afasta a competência própria dos sindicatos e associações sindicais de advogados, quanto à defesa dos direitos peculiares da relação de trabalho do profissional empregado

JORNADA DE TRABALHO DO ADVOGADO EMPREGADO

DURAÇÃO DIÁRIA MÁXIMA	8 horas contínuas
DURAÇÃO SEMANAL MÁXIMA	40 horas
PERÍODO NOTURNO	Entre 20h e 05h

HORA EXTRA E ADICIONAL NOTURNO

- Se a jornada regular do trabalhador for ultrapassada, a ele lhe é devido um adicional mínimo de 100% por hora extra;
- Existe adicional noturno para advogado empregado;

O valor da hora noturna corresponde ao valor da hora normal somado a um adicional de 25%;

- O período noturno corresponde ao período entre 20h e 05h;
- O tempo à disposição é computado como período de trabalho, quer seja aguardando ou executando ordens; ou no escritório ou em atividades externas.

ATENÇÃO!
As despesas com transporte, hospedagem e alimentação relacionadas ao exercício da advocacia devem ser reembolsadas.

HONORÁRIOS DE SUCUMBÊNCIA DO ADVOGADO EMPREGADO

> Art. 21. Nas causas em que for parte o empregador, ou pessoa por este representada, os honorários de sucumbência são devidos aos advogados empregados. (MAS PODEM SER PARTILHADOS SE ASSIM FOR ACORDADO, POIS É DIREITO DISPONÍVEL - ADIN 1194)

EMPRESÁRIO		
Advogados empregados	→	Honorários sucumbenciais dos advogados somente

> Parágrafo único. Os honorários de sucumbência, percebidos por advogado empregado de sociedade de advogados são partilhados entre ele e a empregadora, na forma estabelecida em acordo.

SOCIEDADE DE ADVOGADOS		
Advogados empregados	→	Honorários sucumbenciais devem ser partilhados

ATENÇÃO!
Os honorários de sucumbência NÃO integram salário ou remuneração para efeitos trabalhistas ou previdenciários, pois decorrem precipuamente do exercício da advocacia e só acidentalmente da relação de emprego.

39 PUBLICIDADE PROFISSIONAL

PUBLICIDADE PROFISSIONAL	
A PUBLICIDADE DO ADVOGADO DEVE	• Possuir um caráter meramente informativo; • Ser pautada na discrição e sobriedade.
A PUBLICIDADE DO ADVOGADO NÃO PODE:	• Configurar captação de clientela; • Servir como modo de mercantilização da profissão; • Ser veiculada por meio de rádio, cinema e televisão; • Ser veiculada por meio de *outdoors*, painéis luminosos ou formas assemelhadas de publicidade; • Ser veiculada por meio de inscrições em muros, paredes, veículos, elevadores ou em qualquer espaço público.

ATENÇÃO!

Exclusivamente para fins de IDENTIFICAÇÃO DOS ESCRITÓRIOS de advocacia, é permitida a utilização de placas, painéis luminosos e inscrições em suas fachadas, desde que respeitadas as diretrizes gerais.

Ainda sobre a publicidade do advogado, é proibido:

Divulgar ou vincular a advocacia a outras atividades.	Fornecer ENDEREÇO e TELEFONE em qualquer atividade publicada na imprensa (seja pela TV, Rádio, Internet, artigos jurídicos ou literários, COM EXCEÇÃO do *e-mail*). OBS.: as diretrizes deste quadro estão dispostas no art. 40, V, do Código de Ética da OAB. Porém, o Provimento nº 205/2021 do CFOAB equipara ao *e-mail*, todos os dados de contato e meios de comunicação do escritório ou advogado(a), inclusive os endereços dos *sites*, das redes sociais e os aplicativos de mensagens instantâneas.	Mala direta ou distribuição de panfletos.
Abordar tema de modo a comprometer a dignidade da profissão e da instituição que o congrega.	Formas assemelhadas de publicidade.	Insinuar-se para reportagens e declarações públicas.
Divulgar ou deixar que sejam divulgadas listas de clientes e demandas.	Responder com habitualidade a consulta sobre matéria jurídica, nos meios de comunicação social.	Debater, em qualquer meio de comunicação, causa sob o patrocínio de outro advogado.

O advogado pode manter coluna nos meios de comunicação social e divulgar textos, desde que não induza o leitor a litigar ou promova a captação de clientela.

Da mesma forma, o advogado pode participar de programa de televisão, de rádio, de entrevista na imprensa, de reportagem televisionada ou veiculada por qualquer outro meio, para manifestação profissional.

Contudo, essa participação deve ser de maneira eventual e visando aos objetivos exclusivamente ilustrativos, educacionais e instrutivos.

Em outras palavras, o advogado não poderá:

- Incentivar promoção pessoal ou profissional;
- Tratar dos métodos de trabalho usados por seus colegas de profissão;
- Engajar em debates de caráter sensacionalista.

NOME + Nº DE INSCRIÇÃO

Veda-se o anúncio de qualquer atividade relacionada com o exercício da advocacia ou o uso da expressão "escritório de advocacia", sem indicação expressa do nome e do número de inscrição dos advogados que o integrem ou o número de registro da sociedade de advogados na OAB.

Sobre a indicação do nome e do número de inscrição, entende-se que deve ser inserido:

NOS CARTÕES, MATERIAL DE ESCRITÓRIO OU QUALQUER PUBLICIDADE	Nome, nome social ou o da sociedade de advogados + Número ou os números de inscrição na OAB Poderão ser referidos apenas • Títulos acadêmicos • Distinções honoríficas profissionais • Instituições jurídicas de que faça parte (ex. IBDFAM, IBCCRIM, IBDP, etc.) • Especialidades • Endereço, o horário e os idiomas de atendimento • *E-mail*, *site*, página eletrônica, *QR code*, logotipo • Fotografia do escritório. Nos cartões de visita, não podem: • Fotografias pessoais • Fotografias de terceiros • Menção a qualquer emprego, cargo ou função ocupado, atual ou pretérito, em qualquer órgão ou instituição (EXCETO o cargo de professor universitário).
NOS DOCUMENTOS ASSINADOS PELO ADVOGADO, NO EXERCÍCIO DE SUA ATIVIDADE	Nome + Número de inscrição

FORMAS DE PUBLICIDADE ADMISSÍVEIS

- Patrocínio de eventos ou publicações de caráter científico ou cultural;
- Divulgação de boletins, por meio físico ou eletrônico, sobre matéria cultural de interesse dos advogados (desde que sua circulação fique adstrita a clientes e a interessados do meio jurídico);
- A telefonia e a internet podem ser utilizadas como veículo de publicidade, inclusive para o envio de mensagens a destinatários certos (desde que estas não impliquem o oferecimento de serviços ou representem forma de captação de clientela).

40 ELEIÇÕES E MANDATOS

A eleição dos membros de todos os órgãos da OAB será realizada na 2ª quinzena do mês de novembro do último ano do mandato.

Essa eleição será realizada mediante cédula única e votação direta dos advogados regularmente inscritos.

CARÁTER OBRIGATÓRIO DAS ELEIÇÕES

A eleição é de comparecimento obrigatório para todos os advogados inscritos na OAB.

REQUISITOS PARA A CANDIDATURA (CAPACIDADE ELEITORAL PASSIVA)

O candidato deverá comprovar:

1) Situação regular junto à OAB;
2) Não ocupar cargo exonerável *ad nutum* (aqueles de livre nomeação e livre exoneração);
3) Não ter sido condenado por infração disciplinar, salvo reabilitação;
4) Que exerce efetivamente a profissão há mais de 3 anos, nas eleições para os cargos de Conselheiro Seccional e Conselheiro da Subseção (quando houver) e há mais de 5 anos para os demais cargos.

COMPOSIÇÃO DAS CHAPAS

Como prevê o Estatuto da Advocacia:

> Art. 64. [...]
> § 1º A chapa para o Conselho Seccional deve ser composta dos candidatos ao conselho e à sua diretoria e, ainda, à delegação ao Conselho Federal e à Diretoria da Caixa de Assistência dos Advogados para eleição conjunta.
> § 2º A chapa para a Subseção deve ser composta com os candidatos à diretoria, e de seu conselho quando houver.

A Composição das Diretorias do Conselho Federal, do Conselho Seccional e das Subseções são equivalentes:

> Art. 55. A diretoria do Conselho Federal é composta de um Presidente, de um Vice-Presidente, de um Secretário-Geral, de um Secretário-Geral Adjunto e de um Tesoureiro.
> Art. 59. A diretoria do Conselho Seccional tem composição idêntica e atribuições equivalentes às do Conselho Federal, na forma do regimento interno daquele.
> Art. 60. § 2º A Subseção é administrada por uma diretoria, com atribuições e composição equivalentes às da diretoria do Conselho Seccional.

Quanto à composição da diretoria das Caixas de Assistência, o Estatuto dispõe:

> Art. 62.
> [...]
> § 4º A diretoria da Caixa é composta de cinco membros, com atribuições definidas no seu regimento interno.

Com relação às denominações dos cargos das Diretorias dos diferentes órgãos, o art. 49 do Regulamento Geral diz que os cargos da Diretoria do Conselho Seccional têm as mesmas denominações atribuídas aos da Diretoria do Conselho Federal.

Além disso, os cargos da Diretoria da Subseção e da Caixa de Assistência dos Advogados têm as seguintes denominações: Presidente, Vice-Presidente, Secretário, Secretário Adjunto e Tesoureiro. Como se nota, a única diferença está na denominação dos Secretários.

COMPOSIÇÃO DAS CHAPAS PARA AS ELEIÇÕES

1. DIRETORIA DO CONSELHO SECCIONAL • Presidente • Vice-Presidente • Secretário-Geral • Secretário-Geral Adjunto • Tesoureiro. 2. ROL DOS CONSELHEIROS SECCIONAIS 3. DIRETORIA DA CAA • Presidente • Vice-Presidente • Secretário • Secretário Adjunto • Tesoureiro 4. DELEGAÇÃO DO CFOAB	1. DIRETORIA DA SUBSEÇÃO • Presidente • Vice-Presidente • Secretário • Secretário Adjunto • Tesoureiro 2. ROL DOS CONSELHEIROS DA SUBSEÇÃO (quando houver)

INÍCIO DO MANDATO

1º de janeiro do ano seguinte ao da eleição (exceto os Conselheiros Federais, que iniciam dia 1º de fevereiro do ano seguinte ao da eleição).

DURAÇÃO DO MANDATO

3 anos.

EXTINÇÃO DO MANDATO ANTES DO TÉRMINO

O mandato é extinto automaticamente, antes do seu término, quando:

Ocorrer qualquer hipótese de cancelamento de inscrição ou de licenciamento do profissional;
O titular sofrer condenação disciplinar;
O titular faltar, sem motivo justificado, a três reuniões ordinárias consecutivas de cada órgão deliberativo do conselho ou da diretoria da Subseção ou da Caixa de Assistência dos Advogados, não podendo ser reconduzido no mesmo período de mandato.

Direito Constitucional

André Lucas Silva Santos e
Fernanda Alves Machado de Mattos

1 TEORIA DA CONSTITUIÇÃO

A Constituição, norma de maior hierarquia do ordenamento jurídico, é o objeto de estudo do Direito Constitucional, esta por sua vez pode ser definida como a lei suprema de um Estado que determina a organização político-jurídica deste, as limitações ao poder estatal e os direitos e garantias fundamentais.

A Constituição pode ser classificada conforme as seguintes categorias:

QUANTO À ORIGEM	OUTORGADA Imposta por uma autoridade superior ao povo, sem a participação popular.
	PROMULGADA Resulta de um processo democrático de elaboração, promulgada por uma assembleia constituinte eleita pelo povo.
QUANTO À EXTENSÃO	SINTÉTICA Concisa, breve, que aborda de forma sucinta os princípios fundamentais do Estado.
	ANALÍTICA Constituição detalhada, extensa, que trata minuciosamente dos diversos aspectos da organização do Estado.
QUANTO AO CONTEÚDO	MATERIAL Define os valores, princípios e fins do Estado, independentemente de estarem expressos em um documento formal.
	FORMAL Documento escrito que contém as normas fundamentais do Estado, podendo ser codificada ou não.
QUANTO AO MODO	DOGMÁTICA Reflete princípios teóricos e ideais, baseados em doutrinas e ideologias.
	HISTÓRICA Constituição que reflete as tradições, costumes e evolução histórica de um país.
QUANTO À IDEOLOGIA	ORTODOXA Pautada rigidamente por determinadas doutrinas ou ideologias, sem flexibilidade interpretativa.
	ECLÉTICA Combina diferentes elementos, influências ou ideologias em sua elaboração.
QUANTO À ALTERABILIDADE	RÍGIDA Exige um procedimento especial e mais complexo para sua alteração ou reforma.
	FLEXÍVEL Pode ser alterada ou reformada por legislação ordinária, sem procedimentos especiais.
	SEMI-RÍGIDA Possui alguns dispositivos que exigem procedimento especial para alteração, enquanto outros podem ser modificados por legislação ordinária.

PARA GRAVAR:

A CF/1988 é promulgada, analítica, formal, dogmática, eclética, rígida.

Outras classificações: social, normativa, dirigente, principiológica, orgânica.

1.2 Poder Constituinte

O Poder Constituinte é o poder de elaborar ou atualizar uma Constituição, mediante a supressão, modificação ou acréscimo de normas constitucionais.

Divide-se em Originário (poder de criar uma nova Constituição) e Derivado (poder de modificar a Constituição Federal, bem como o poder de elaborar as Constituições Estaduais). O derivado, por sua vez, subdivide-se em decorrente, revisor e reformador.

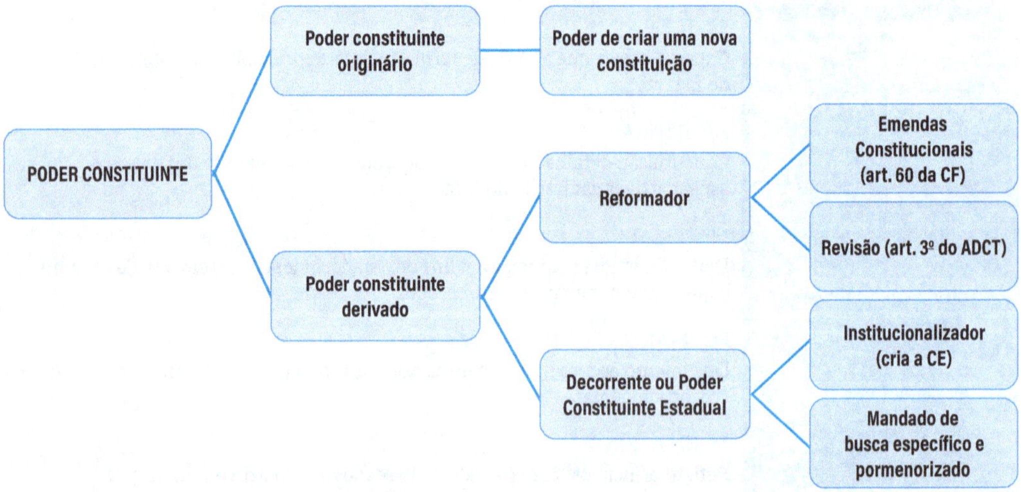

1.3 Poder Constituinte Originário (PCO)

É o poder responsável pela elaboração da Constituição, norma jurídica superior que inicia a ordem jurídica e lhe confere fundamento de validade.

Quando o Estado é novo, abrange o poder de criar uma Constituição e, dessa forma, recebe o nome de poder constituinte originário histórico.

Quando uma Constituição é substituída por outra, em um Estado já existente, será denominado poder constituinte revolucionário.

São características do Poder Constituinte Originário:

- Inicial: instaura uma nova ordem jurídica, rompendo com a ordem jurídica anterior;
- Autônomo: a estruturação da nova Constituição será determinada autonomamente, por quem exercer o poder constituinte originário;
- Incondicionado e Soberano: não tem de se submeter a qualquer forma prefixada de manifestação;

- Ilimitado juridicamente: ele não tem de respeitar os limites postos na Constituição anterior. É exatamente daí que vem a afirmação segundo a qual não se pode invocar direito adquirido à época da Constituição anterior perante o novo texto constitucional.

Embora haja o caráter ilimitado sob o ponto de vista jurídico, a Doutrina mais moderna vem apontando para a necessidade de respeitar as conquistas sociais e políticas daquela nação, vedando o retrocesso social (efeito *cliquet*).

1.4 Poder Constituinte Derivado (PCD)

Ao contrário do Originário, o Poder Constituinte Derivado obedece a certos limites impostos pelo PCO.

Por essa razão, é correto dizer que ele é limitado e condicionado, visto que é criado pelo Poder Constituinte Originário.

Como explicitado anteriormente, o Poder Derivado se subdivide em três: decorrente, revisor e reformador.

ESPÉCIES DE PODER CONSTITUINTE DERIVADO	
DECORRENTE	A CF/1988 confere poder aos Estados de se auto-organizarem, por meio da elaboração de suas próprias Constituições.
REVISOR	O art. 3º do ADCT determinou que, após pelo menos cinco anos da promulgação da Constituição Federal de 1988, fosse feita uma revisão no texto constitucional. Assim, o dispositivo encontra-se com eficácia exaurida e aplicabilidade esgotada, pois já se passou o tempo disposto.
REFORMADOR	Consiste no poder de modificar a Constituição Federal através de emendas.

✳ **Existe Poder Constituinte Derivado Decorrente nos municípios e no DF?**

NÃO! O Poder Constituinte Derivado Decorrente não foi estendido aos Municípios, uma vez que a lei orgânica do município se submete a um duplo grau de imposição legislativa, devendo ser compatível com a Constituição Federal e com a Estadual.

✳ **Existe Poder Constituinte Derivado Decorrente no DF?**

Segundo o STF: "o Distrito Federal está bem mais próximo da estruturação dos Estados-membros do que da arquitetura constitucional dos Municípios (STF, ADI 3.756)". Desse modo, a doutrina fala que ela seria uma verdadeira "Constituição distrital".

Vale mencionar que o confronto entre uma lei distrital x lei orgânica distrital configura inegável controle de constitucionalidade. Logo, o Governador do DF e a Mesa da Câmara Legislativa do DF figuram entre os legitimados para a propositura das ferramentas do controle concentrado (ADI, ADO, ADC e ADPF) perante o STF.

1.4.1 Limitações ao Poder Constituinte Derivado Reformador

Conforme explicitado anteriormente, o Poder Constituinte Derivado Reformador altera o texto constitucional por meio de emendas. Considerando a necessidade de garantir a estabilidade e a segurança jurídica, é um processo mais rigoroso que se submete às limitações circunstanciais, formais e materiais.

LIMITAÇÕES AO PODER CONSTITUINTE DERIVADO REFORMADOR	
LIMITAÇÕES CIRCUNSTANCIAIS	Nas situações de: • Intervenção federal; • Estado de defesa; • Estado de sítio. NÃO são permitidas emendas à CF/1988.
LIMITAÇÕES FORMAIS	Diz respeito ao procedimento formal de aprovação de uma EC. Faz-se necessário: • Passar pelas duas casas do Congresso Nacional; • Em dois turnos de votação; • Com um quórum de aprovação de ⅗ dos membros.
LIMITAÇÕES MATERIAIS	Art. 60, § 4º Não será objeto de deliberação a proposta de emenda tendente a abolir: I - a forma federativa de Estado; II - o voto direto, secreto, universal e periódico; III - a separação dos Poderes; IV - os direitos e garantias individuais. As hipóteses acima são exemplos expressos de Cláusulas Pétreas, dispositivos que APENAS podem ser alterados para melhor, jamais poderão sofrer restrições.

✳ **O quórum de ⅗ deve ser respeitado pelas Constituições Estaduais?**

SIM! Por conta disso, declarou-se a inconstitucionalidade de norma estadual que previa o quórum de 4/5 para a modificação da Constituição daquele Estado. Tal exigência acabaria engessando a Constituição Estadual (STF, ADI 486).

✳ Qual o intervalo temporal mínimo entre os dois turnos de votação?

O STF entende que a Constituição não fixou um intervalo temporal mínimo entre os dois turnos de votação para fins de aprovação de emendas à Constituição (art. 60, § 2º, da CF). Assim, ficaria a cargo do Legislativo a definição do momento em que a matéria estaria 'madura' para nova votação (STF, ADI 4.425).

✳ **As cláusulas pétreas podem sofrer modificação?**

SIM! A Constituição não permite que as cláusulas pétreas sejam abolidas/retiradas. Mais do que isso: se proíbe que as matérias sejam objeto de deliberação. Assim, as cláusulas pétreas listadas no art. 60, § 4º, da CF podem tão somente ser melhoradas.

Interessante mencionar que o art. 5º foi alterado pela EC nº 45/2004, que inseriu três novos direitos ao seu já extenso rol:

1. Princípio da razoável duração do processo;
2. Adesão ao Tribunal Penal Internacional - TPI;
3. Equiparação dos Tratados Internacionais sobre Direitos Humanos às Emendas Constitucionais, se aprovados em dois turnos, três quintos de votos em cada Casa do Congresso Nacional.

1.5 Poder Constituinte Difuso

O Poder Constituinte Difuso recebe várias denominações, tais como procedimento de mudança informal da Constituição ou mutação constitucional.

Segundo parte da doutrina, seria um poder que decorre de fatores sociais, políticos e econômicos. Consiste na alteração informal de uma norma da Constituição. Em outras palavras, seria a modificação da interpretação sem alteração no texto.

1.6 Poder Constituinte Supranacional

Seria o poder que cria uma Constituição, em que cada Estado cede uma parcela de sua soberania para que uma Constituição comunitária seja criada. O titular deste poder não é o povo, mas o cidadão universal.

Ele tem por fundamentos:

- A cidadania universal;
- Pluralismo de ordenamentos jurídicos;
- Vontade de integração;
- Soberania remodelada.

1.7 Princípios Fundamentais

> Art. 1º A República Federativa do Brasil, formada pela união indissolúvel dos Estados e Municípios e do Distrito Federal, constitui-se em Estado Democrático de Direito e tem como fundamentos:
>
> I - a soberania;
>
> II - a cidadania;
>
> III - a dignidade da pessoa humana;
>
> IV - os valores sociais do trabalho e da livre iniciativa;
>
> V - o pluralismo político.
>
> Parágrafo único. Todo o poder emana do povo, que o exerce por meio de representantes eleitos ou diretamente, nos termos desta Constituição.

MEMORIZE! FUNDAMENTOS: SO CI DI VA PLU

> Art. 2º São Poderes da União, independentes e harmônicos entre si, o Legislativo, o Executivo e o Judiciário.
>
> Art. 3º Constituem objetivos fundamentais da República Federativa do Brasil:
>
> I - construir uma sociedade livre, justa e solidária;
>
> II - garantir o desenvolvimento nacional;
>
> III - erradicar a pobreza e a marginalização e reduzir as desigualdades sociais e regionais;
>
> IV - promover o bem de todos, sem preconceitos de origem, raça, sexo, cor, idade e quaisquer outras formas de discriminação.

MEMORIZE! OBJETIVOS: CON - GARRA- ERRA- POUCO

O art. 4º da CF define os fundamentos que orientam a conduta dos Estados em relações internacionais, com o intuito de manter a ordem e estabilidade no sistema internacional:

> Art. 4º A República Federativa do Brasil rege-se nas suas relações internacionais pelos seguintes princípios:
> I – independência nacional;
> II – prevalência dos direitos humanos;
> III – autodeterminação dos povos;
> IV – não intervenção;
> V – igualdade entre os Estados;
> VI – defesa da paz;
> VII – solução pacífica dos conflitos;
> VIII – repúdio ao terrorismo e ao racismo;
> IX – cooperação entre os povos para o progresso da humanidade;
> X – concessão de asilo político.
> Parágrafo único. A República Federativa do Brasil buscará a integração econômica, política, social e cultural dos povos da América Latina, visando à formação de uma comunidade latino-americana de nações.

2 TEORIA GERAL DOS DIREITOS E GARANTIAS FUNDAMENTAIS

Os direitos e garantias fundamentais são um gênero, cujas espécies são:

- Direitos e deveres individuais e coletivos;
- Direitos sociais;
- Direitos de nacionalidade;
- Direitos políticos;
- Partidos Políticos.

Assim, é necessário distinguir direitos e garantias fundamentais:

DIREITOS	GARANTIAS
Os direitos fundamentais são os bens jurídicos tutelados pela Constituição Federal, de cunho declaratório.	As garantias fundamentais são instrumentos de proteção de um determinado direito também previstos na Constituição, de cunho assecuratório.

Os direitos fundamentais encontram-se previstos na Constituição Federal de um determinado Estado, ou seja, são normas jurídicas internas de um certo País. Por sua vez, os direitos humanos, universalmente adotados, estão assegurados em Tratados Internacionais, isto é, são normas jurídicas internacionais.

CARACTERÍSTICAS DOS DIREITOS E GARANTIAS FUNDAMENTAIS	
UNIVERSALIDADE	Destinam-se a todos os indivíduos.
RELATIVIDADE	Não são absolutos, logo, podem ser limitados em certas circunstâncias quando entrarem em conflito com outros direitos, interesses coletivos ou a ordem pública.

CARACTERÍSTICAS DOS DIREITOS E GARANTIAS FUNDAMENTAIS	
IRRENUNCIABILIDADE	Não podem ser objeto de renúncia, ou seja, o indivíduo não pode abrir mão/ dispor destes.
INALIENABILIDADE	Não podem ser negociados por não possuírem conteúdo patrimonial.
IMPRESCRITIBILIDADE	Não deixam de existir pelo decurso do tempo.

Os princípios fundamentais sofreram mudanças ao longo do tempo, por meio da mudança dos parâmetros e ideais que permearam as sociedades, oriundos dos fatos sociais, guerras e o papel do estado. Nesse sentido, os doutrinadores passaram a desenvolver dimensões dos direitos fundamentais, em uma perspectiva comparativa acerca dos princípios ao longo do tempo.

Para a prova da OAB, podemos considerar como sinônimos os termos geração e dimensão para designar a "evolução" dos direitos e garantias fundamentais no tempo.

ATENÇÃO!
GERAÇÃO = DIMENSÃO

Assim, as gerações dos direitos fundamentais representam fases ou etapas de reconhecimento de direitos ao longo da história. São elas:

1ª GERAÇÃO	**Direitos Civis e Políticos**	Liberdade de expressão, liberdade de religião, direito à vida, igualdade...
2ª GERAÇÃO	**Direitos Econômicos, Sociais e Culturais**	Direito ao trabalho, à educação, à saúde...
3ª GERAÇÃO	**Direitos Coletivos ou de Solidariedade**	Direito à paz, autodeterminação dos povos, ao meio ambiente ecologicamente equilibrado...
4ª GERAÇÃO	**Direitos Digitais e da Tecnologia**	Direito à privacidade *on-line*, proteção de dados pessoais, neutralidade da rede...
5ª GERAÇÃO	**Direitos Ambientais e de Sustentabilidade**	Desenvolvimento Sustentável, Economia Verde...

A eficácia das normas refere-se à capacidade de as regras e princípios estabelecidos em um sistema jurídico produzirem os efeitos desejados na prática, também conhecida como graus de aplicabilidade. Nesse sentido, uma norma é considerada eficaz quando consegue atingir seus propósitos de maneira efetiva.

As normas, quanto à eficácia, são definidas, segundo o que preleciona o doutrinador José Afonso da Silva, em normas de eficácia plena, normas de eficácia contida e normas de eficácia limitada.

APLICABILIDADE DAS NORMAS CONSTITUCIONAIS

PLENA - a norma está pronta, independe de legislação infraconstitucional para ter inteira operatividade:

- Autoaplicáveis;
- Não restringíveis;
- Aplicabilidade direta, imediata e integral.

EXEMPLO:
Art. 44. O Poder Legislativo é exercido pelo Congresso Nacional, que se compõe da Câmara dos Deputados e do Senado Federal.

Direito Constitucional

APLICABILIDADE DAS NORMAS CONSTITUCIONAIS
CONTIDA - A norma está pronta para produzir seus efeitos, mas pode sofrer restrições por outra norma constitucional ou infraconstitucional. • Autoaplicáveis; • Restringíveis; • Aplicabilidade direta, imediata e não integral. EXEMPLO: *Art. 5º, XIII, da CF - é livre o exercício de qualquer trabalho, ofício ou profissão, atendidas as qualificações profissionais que a lei estabelecer*
LIMITADA - a norma constitucional depende de lei para a efetivação do direito. • Não autoaplicáveis; • Aplicabilidade indireta, mediata e reduzida; • A norma limitada pode ser de: - Princípio institutivo ou organizacional: conteúdo eminentemente organizatório e regulativo, dependem da intermediação legislativa; - Princípio programático ou dirigente: fixam diretrizes indicativas de fins e objetivos a serem perseguidos pelos poderes públicos; EXEMPLO: *Art. 33 da CF A lei disporá sobre a organização administrativa e judiciária dos Territórios.*

ATENÇÃO!

É incorreto dizer que as normas são de eficácia limitada. Mesmo sem a edição da lei regulamentadora, as normas limitadas possuem eficácia jurídica imediata. Isso significa que elas contam com a chamada eficácia mínima ou efeito paralisante e também o efeito revogador. Exemplo disso seria, considerando o art. 37, VII, da CF/1988, que prevê o direito de greve aos servidores, seria inconstitucional uma lei editada hoje dizendo que os servidores públicos em geral não teriam direito de fazer greve. Assim, o efeito paralisante impediria a nova lei.

2.1 Conflito entre Direitos Fundamentais

Os direitos fundamentais não são absolutos e, conforme a situação concreta, poderão ser relativizados, isto é, alguns direitos serão limitados a fim de viabilizar outros. Como não há hierarquia entre direitos fundamentais, não há de se falar em escolher um dos direitos para ser integralmente aplicado ao ponto de aniquilar o outro.

Um exemplo de conflito ocorre quando há um embate entre o direito à liberdade de expressão e o direito à privacidade. Por exemplo, em situações onde um veículo de comunicação divulga informações pessoais sensíveis de um indivíduo, como sua saúde, vida íntima ou dados pessoais, em nome do direito à liberdade de imprensa.

Os conflitos entre direitos fundamentais devem ser resolvidos sempre por meio da interpretação do caso, a partir de um juízo de ponderação dos bens jurídicos envolvidos.

2.2 Enumeração Aberta de Direitos Fundamentais

Depreende-se do art. 5º, § 2º, da CF que a enumeração dos direitos fundamentais é aberta, não exaustiva, de forma que há direitos e garantias fundamentais espalhados:

- Na Constituição Federal (e não só no título II);
- Nas leis infraconstitucionais;
- Nos tratados internacionais.

2.3 Aplicabilidade Imediata

O art. 5º, § 1º, da CRFB/1988, define que *"as normas definidoras dos direitos e garantias fundamentais têm aplicação imediata"*. Isto é, os direitos fundamentais não têm conteúdo meramente programático, não têm dependência de lei infraconstitucional que os regulamentem. Os direitos fundamentais são autoexecutáveis, porque inerentes à condição humana.

No entanto, a aplicabilidade imediata dos direitos não significa dizer que todos eles são normas de eficácia plena ou contida. Há os que têm eficácia limitada e estão condicionados à regulamentação infraconstitucional.

É o caso, por exemplo, do art. 5º, XXXII, que traz a seguinte afirmação: *"o Estado promoverá, na forma da lei, a defesa do consumidor"* ou ainda art. 6º, que lista uma série de direitos sociais, nos quais, a maioria tem conteúdo programático, ou seja, dependem da atuação do estatal por meio de políticas públicas para a sua efetivação.

3 DIREITOS E DEVERES INDIVIDUAIS E COLETIVOS

Os direitos e garantias individuais e coletivos estão previstos no art. 5º da CF/1988:

> Art. 5º Todos são iguais perante a lei, sem distinção de qualquer natureza, garantindo-se aos brasileiros e aos estrangeiros residentes no País a inviolabilidade do direito à vida, à liberdade, à igualdade, à segurança e à propriedade, nos termos seguintes:

Assim, estabelece-se que todos que estão no Brasil possuem direitos fundamentais. Inclusive, pessoas jurídicas podem desfrutar de alguns deles, tais como o direito à liberdade de expressão e o direito à propriedade. É válido mencionar que, apesar da proteção constitucional, os animais não possuem direitos fundamentais.

3.1 Princípio da Igualdade

Em sua dimensão objetiva, a igualdade impõe ao Poder Público a adoção de medidas que reduzam as desigualdades sociais e regionais e de medidas que amparem a todos quantos estiverem em situação de desigualdade.

Por outro lado, em sua dimensão subjetiva, o princípio da igualdade assegura prestações negativas (o indivíduo tem o direito de defesa perante o Estado, de modo que este não aja arbitrariamente por meio de igualizações) e prestações positivas (grupos têm o direito de exigir políticas públicas que minimizem a desigualdade de fato, como por exemplo, quotas para negros nas universidades e quotas para deficientes na Administração Pública).

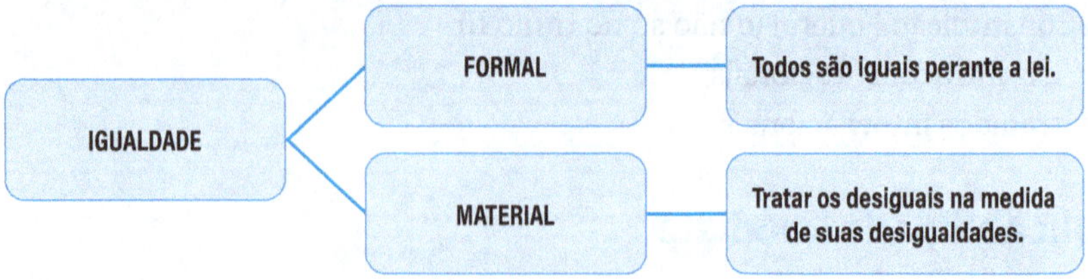

3.2 Princípio da Legalidade

O princípio da legalidade assevera a submissão à lei, ou seja, o Estado só pode agir conforme o que está expressamente autorizado pela legislação e que os indivíduos não podem ser obrigados a fazer ou deixar de fazer algo se houver previsão legal específica para tal.

O princípio da legalidade não se confunde com o princípio da reserva legal. Quando o texto constitucional exige expressamente a regulação de algum assunto por lei formal (quer seja complementar ou ordinária), tem-se a chamada "reserva legal".

A reserva legal pode ser classificada a partir de dois parâmetros:

1. Absoluta ou relativa;
2. Simples ou qualificada.

3.3 Direito de Resposta

> Art. 5º
> (...)
> V – é assegurado o direito de resposta, proporcional ao agravo, além da indenização por dano;

Nos termos da lei, qualquer notícia, nota ou reportagem divulgada em meio de comunicação social gera o direito de resposta, quando atentatória à honra, à intimidade, à reputação, ao nome, à marca ou à imagem de alguém, quer seja pessoa natural ou pessoa jurídica. A Lei nº 13.188/2015 regulamentou o direito de resposta e fixou prazo decadencial de 60 dias para que o ofendido o requeira.

PONTOS RELEVANTES SOBRE O TEMA

- Para o STF, é inconstitucional dispositivo da lei que proíbe as emissoras de rádio e televisão de usarem montagem ou brincadeiras que, de alguma forma, degradem ou ridicularizem candidato, partido ou coligação;
- De igual modo, não poderá haver restrição legal à difusão de opinião favorável ou contrária a candidato ou partido (ADI 4.451). Para o Tribunal, a intervenção do Estado seria censura prévia;
- É inconstitucional a proibição judicial de eventos públicos de defesa da legalização ou da descriminalização do uso de entorpecentes, porque ofende o direito fundamental de reunião, o direito de informação e as liberdades de expressão e manifestação do pensamento (ADI 4.274)

3.4 Liberdade de Crença Religiosa e Escusa de Consciência

A liberdade de pensamento permite a exteriorização da fé religiosa, que não é exercida apenas em âmbito privado, mas também no espaço público, e inclui o direito de tentar convencer os outros, por meio do ensinamento, a aderir uma religião.

O serviço de radiodifusão comunitária pode ser utilizado para divulgar discurso proselitista - sendo este o inerente à liberdade de expressão religiosa (ADI 2.556).

Imperioso é, pois, diferenciar Estado laico de Estado laicista.

ESTADO LAICO	ESTADO LAICISTA
Não adota uma religião oficial, mas uma neutralidade perante a religião.	É aquele Estado imparcial em relação às questões religiosas, não apoiando nem se opondo a nenhuma religião.

O Brasil é apenas laico. Há boa convivência entre Estado e a religião, por isso são preservados feriados e símbolos religiosos em lugares públicos e as referências a Deus na moeda e no preâmbulo da Constituição.

ATENÇÃO!

É de se notar que a escusa de consciência é garantida sem a necessidade de regulamentação infraconstitucional. Assim, o exercício da liberdade será amplo, até que uma lei fixe a prestação alternativa que o restrinja.

> Art. 143. O serviço militar é obrigatório nos termos da lei.
>
> § 1º Às Forças Armadas compete, na forma da lei, atribuir serviço alternativo aos que, em tempo de paz, após alistados, alegarem imperativo de consciência, entendendo-se como tal o decorrente de crença religiosa e de convicção filosófica ou política, para se eximirem de atividades de caráter essencialmente militar.
>
> (...)

Depreende-se do dispositivo, que em tempo de guerra declarada, a escusa de consciência não poderá ser arguida, pois tal liberdade não é absoluta e, na ponderação dos bens jurídicos, deve prevalecer a defesa do Estado.

Agora, em tempos de paz, a fim de que o indivíduo não sofra grave tormento moral causado pelo cumprimento da obrigação legal, a prestação alternativa deverá ser ofertada. Todavia, caso haja ainda a negativa de cumprimento do serviço alternativo, haverá como consequência a aplicação da restrição de direitos políticos, nos termos do art. 15, IV, da Constituição.

3.5 inviolabilidade da casa

O texto constitucional define a inviolabilidade domiciliar como princípio fundamental do direito que garante a proteção da intimidade, da privacidade e da segurança das pessoas em seu espaço residencial, sendo um dos pilares do Estado Democrático de Direito.

Estabelece que o domicílio é inviolável, ou seja, não pode ser violado ou invadido sem o consentimento do morador, exceto em situações excepcionais previstas na lei:

> XI – a casa é asilo inviolável do indivíduo, ninguém nela podendo penetrar sem consentimento do morador, salvo em caso de flagrante delito ou desastre, ou para prestar socorro, ou, durante o dia, por determinação judicial;

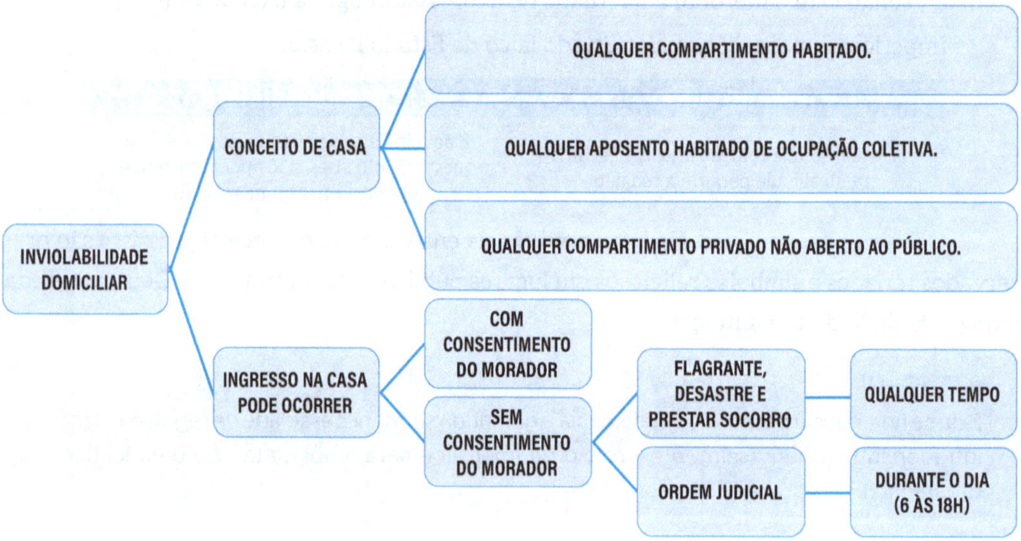

Quando o advogado é o investigado, pode ser alvo de busca e apreensão, nos termos da decisão judicial. Todavia, por ser um escritório de advocacia, local onde existem documentos que dizem respeito a outros sujeitos não investigados, é indispensável a especificação do âmbito de abrangência da medida, que não poderá ser executada sobre a esfera de direitos de não investigados. (HC 91.610).

A entrada à noite, em escritório de advocacia, mediante ordem judicial, para instalação de equipamento de escuta ambiental, quando o advogado é suspeito da prática de crime, sobretudo concebido e consumado em seu escritório profissional, não configura prova ilícita e não fere a inviolabilidade domiciliar. (Inquérito 2.424).

Qualquer que seja a espécie de flagrante, próprio ou impróprio, é permitida a prisão, mediante entrada forçada na casa do indivíduo, sem ordem judicial. (RHC 91.189).

3.6 Direito de Associação

O direito de associação assegura aos indivíduos o direito de se reunirem voluntariamente em grupos ou associações com interesses comuns, buscando objetivos específicos. Diferencia-se do direito ao sindicato, forma específica de associação relacionada à organização dos trabalhadores para a defesa dos interesses laborais.

ASSOCIAÇÃO	SINDICATO
Direito individual de expressão coletiva	Direito social
Direito de primeira geração	Direito de segunda geração
Finalidade ampla, desde que lícita	Representação profissional
Não depende de autorização para criação	Não depende de autorização para criação
Não há restrição numérica	Um sindicato, por categoria, por base territorial
Não há obrigatoriedade de associação	Não há obrigatoriedade de sindicalização
Não intervenção estatal	Não intervenção estatal
Depende de autorização dos associados para representá-los judicialmente e extrajudicialmente.	Não depende de autorização dos sindicalizados para representá-los judicialmente e extrajudicialmente.
Não depende de autorização dos filiados para atuar em substituição processual.	Não depende de autorização dos filiados para atuar em substituição processual.
Precisa estar em funcionamento há um ano para impetrar mandado de segurança coletivo e mandado de injunção coletivo (substituição processual).	Não precisa estar em funcionamento há um ano para impetrar mandado de segurança coletivo e mandado de segurança.

4 REMÉDIOS CONSTITUCIONAIS

Os remédios constitucionais são instrumentos previstos na Constituição de um país para proteger os direitos fundamentais dos cidadãos e assegurar o cumprimento das normas.

No ordenamento jurídico brasileiro, estão previstos 5 mecanismos. São eles:

REMÉDIO CONSTITUCIONAL	BEM TUTELADO	PECULIARIDADE
***Habeas Corpus* (HC)**	Protege o direito de locomoção – ir, vir e permanecer	É gratuito. Único que não precisa de advogado
***Habeas Data* (HD)**	Protege o direito de informação de caráter pessoal	É gratuito, mas precisa de advogado
Mandado de Segurança (MS)	Protege direito líquido e certo, não amparado por HC ou HD	Pode ser individual ou coletivo
Mandado de Injunção (MI)	É utilizado para sanar omissões legislativas	Pode ser individual ou coletivo
Ação Popular (AP)	É utilizado para combater atos lesivos	É gratuito, salvo comprovada má-fé

4.1 *Habeas Corpus*

> LXVIII – conceder-se-á *habeas corpus* sempre que alguém sofrer ou se achar ameaçado de sofrer violência ou coação em sua liberdade de locomoção, por ilegalidade ou abuso de poder;

✱ **Juiz pode conceder HC de ofício?**

Sim!

- O *Habeas Corpus* é gratuito e, ao contrário do *Habeas Data*, não exige a presença de advogado;

- Magistrados podem conceder a ordem de *Habeas Corpus*, de ofício, diante de uma ilegalidade patente, ou seja, quando, no curso de processo, verificarem que alguém sofre ou está na iminência de sofrer coação ilegal;
- Magistrados e delegados de polícia não podem impetrar *habeas corpus* no exercício de suas funções;
- Pode ser impetrado por qualquer pessoa em proveito próprio ou de terceiros, incluindo estrangeiros, incapazes e pessoas jurídicas;
- A petição deve ser assinada pelo impetrante, pelo paciente ou por alguém a seu pedido, não sendo admitido *habeas corpus* apócrifo;
- A petição deve ser escrita em português, o idioma oficial do país.

Súmula nº 693 do STF:
Não cabe *habeas corpus* contra decisão condenatória à pena de multa ou relativo a processo em curso por infração penal a que a pena pecuniária seja a única cominada.

O art. 142, § 2º, da CF/1988 estabelece que não cabe *habeas corpus* em relação a punições disciplinares militares. A justificativa para essa vedação é o fato de o meio militar seguir regras próprias de conduta, mais rígidas que as do âmbito civil, não sendo possível questionar o mérito da punição disciplinar militar, mas sim sendo possível questionar os pressupostos de legalidade da prisão.

O STF definiu o cabimento do *habeas corpus* coletivo e confirmou a excepcionalidade da prisão de mulheres gestantes, mães de crianças de até doze anos, deficientes. Exceções à proibição incluem casos de crimes praticados por elas mediante violência ou grave ameaça contra seus descendentes ou em situações excepcionalíssimas.

O STF entendeu que a legitimação para o *habeas corpus* coletivo era a mesma prevista para o mandado de injunção coletivo, prevista no art. 12 da Lei nº 13.300/2016:

- partido político com representação no Congresso Nacional;
- organização sindical;
- entidade de classe ou associação legalmente constituída há pelo menos um ano.

4.2 Mandado de Segurança

LXIX – conceder-se-á mandado de segurança para proteger direito líquido e certo, não amparado por *habeas corpus* ou *habeas data*, quando o responsável pela ilegalidade ou abuso de poder for autoridade pública ou agente de pessoa jurídica no exercício de atribuições do Poder Público;

✳ O que significa "direito líquido e certo"?

Direito líquido é aquele que exige prova pré-constituída, de natureza meramente documental.

LXX – o mandado de segurança coletivo pode ser impetrado por:

a) Partido político com representação no congresso nacional (um deputado ou um senador)
b) Organização sindical, entidade de classe, associação legalmente constituída há pelo menos um ano.

É certo falar que o Mandado de Segurança tem natureza residual, pois funciona de forma subsidiária, quando não for caso de manejar o *Habeas Corpus* ou o *Habeas Datas*. Assim como o HC, o MS também pode ser impetrado antes (preventivo) ou após (repressivo) à violação ao direito líquido e certo.

A Lei nº 12.016/2009, que regulamenta o dispositivo constitucional, prevê o prazo decadencial de 120 dias para a impetração, mas esse prazo só se aplica ao MS repressivo.

> Súmula nº 632 do STF.
> É constitucional a lei que fixa o prazo de decadência para a impetração de mandado de segurança.
> Súmula nº 629 do STF.
> A impetração de mandado de segurança coletivo por entidade de classe em favor dos associados independe da autorização destes.

4.3 Mandado de Injunção

> LXXI – conceder-se-á mandado de injunção sempre que a falta de norma regulamentadora torne inviável o exercício dos direitos e liberdades constitucionais e das prerrogativas inerentes à nacionalidade, à soberania e à cidadania

O uso do MI está relacionado com as normas de eficácia limitada, uma vez que essas normas possuem aplicabilidade imediata, indireta e dependente de complementação legislativa. O Impetrado nunca será particular, pois só o poder público tem o dever de elaborar a norma que falta.

O MI coletivo pode ser impetrado por:

- Partido político com representação no Congresso Nacional;
- Organização sindical, entidade de classe ou associação constituída e, em pleno funcionamento, *há, pelo menos, um ano*;
- Ministério Público, quando a tutela requerida for especialmente relevante para a defesa da ordem jurídica, do regime democrático ou dos interesses sociais ou individuais indisponíveis;
- Defensoria Pública, quando a tutela requerida for especialmente relevante para a promoção dos direitos humanos e a defesa dos direitos individuais e coletivos dos necessitados.

4.4 *Habeas Data*

> LXXII – conceder-se-á *habeas data*:
> a) para assegurar o conhecimento de informações relativas à pessoa do impetrante, constantes de registros ou bancos de dados de entidades governamentais ou de caráter público;
> b) para a retificação de dados, quando não se prefira fazê-lo por processo sigiloso, judicial ou administrativo

* **A recusa na expedição de certidões, ainda que nelas haja informação de caráter pessoal, é combatida por meio de *Habeas Data*?**

Não! Isso porque o direito de certidão (ainda que de interesse pessoal) não se confunde com direito de informação.

Embora o *habeas data* seja gratuito, é necessária a presença de advogado. A pessoa jurídica também pode ser a beneficiária da ação constitucional (também tem informação).

O HD pode ser impetrado contra autoridade pública ou particular detentor de banco de dados de caráter público (SPC, Serasa). O *habeas data* é apenas repressivo. Esse entendimento decorre do fato de que se exige o prévio indeferimento na via administrativa da autoridade detentora da informação.

4.5 Ação Popular

> LXXIII – qualquer cidadão é parte legítima para propor ação popular que vise a anular ato lesivo ao patrimônio público ou de entidade de que o Estado participe, à moralidade administrativa, ao meio ambiente e ao patrimônio histórico e cultural, ficando o autor, salvo comprovada má-fé, isento de custas judiciais e do ônus da sucumbência;

A legitimidade para o ajuizamento da ação popular é conferida aos cidadãos, ou seja, brasileiro no gozo da capacidade eleitoral ativa (quem pode votar).

Não se exige a capacidade eleitoral passiva (possibilidade de ser votado). Assim, mesmo as pessoas entre 16 e 18 anos podem ajuizar a ação popular.

A condição de cidadão é demonstrada por meio do título de eleitor ou de documento a ele correspondente (documento de quitação eleitoral, obtido por meio da internet).

ATENÇÃO!
Não confunda iniciativa popular de lei (forma de exercício da democracia direta) com ação popular, remédio constitucional.

NÃO PODEM PROPOR AÇÃO POPULAR: Estrangeiros (excetuando-se os portugueses, desde que haja reciprocidade); Apátridas; Inalistáveis; Inalistados; Partidos políticos; Organizações sindicais; Outras pessoas jurídicas; Brasileiros com direitos políticos suspensos ou que os tenham perdido (art. 15 da CF/1988).

A ação popular pode ser ajuizada antes ou após a ocorrência do ato lesivo. De igual modo, será cabível contra atos de autoridade pública ou de particular, desde que esteja configurada uma das hipóteses de sua incidência.

As Ações Populares ou as Ações Civis Públicas ajuizadas contra quaisquer autoridades (presidente da República, CNJ, governadores, CNMP, prefeitos etc.) não são julgadas no STF, mas sim pelo juízo de 1º grau (PET nº 3.674, STF), ou seja, não há foro privilegiado.

ATENÇÃO!
Se a ação popular envolver conflito federativo (União x estado; estado x estado; estado x DF), haverá a competência originária do STF.

5 DIREITOS SOCIAIS

Os Direitos Sociais estão inseridos dentro da segunda geração/dimensão dos direitos fundamentais, isso significa que demandam prestações positivas do poder público.

Esses direitos encontram respaldo em princípios constitucionais como o mínimo existencial e limitações como no princípio da reserva do possível, expressando que nenhum direito fundamental é absoluto, como já explicado. Vejamos sobre o que se trata cada um dos princípios:

- Mínimo existencial: conjunto de situações materiais indispensáveis à existência humana digna. Não apenas "sobreviver", mas ter uma vida realmente digna, com suporte físico e intelectual necessário.
- Reserva do Financeiramente Possível: disponibilidade financeira do Estado em concretizar os direitos sociais - ponderação entre a razoabilidade da pretensão individual/ social e a existência de disponibilidade financeira do Estado.

ATENÇÃO!
Segundo o STF, a reserva financeiramente possível não pode ser obstáculo à concretização do mínimo existencial.

A suprema corte entendeu que dentro do mínimo existencial estaria inserido o oferecimento de vagas em creches e pré-escolas (educação), além de leitos em UTI, remédios, mesmo de alto custo e tratamentos, desde que comprovada a sua eficácia.

Em se tratando da ponderação do mínimo existencial e da reserva do financeiramente possível entende-se que é necessário encontrar o justo equilíbrio entre a promoção dos direitos sociais e a disponibilidade financeira do Estado.

O texto constitucional dispõe acerca dos Direitos Sociais no art. 6º da CF:

> Art. 6º São direitos sociais a educação, a saúde, a alimentação, o trabalho, a moradia, o transporte, o lazer, a segurança, a previdência social, a proteção à maternidade e à infância, a assistência aos desamparados, na forma desta Constituição.

Por sua vez, o art. 7º da CF/1988 apresenta vários direitos dos trabalhadores, estabelecidos ao longo de 34 incisos. Ainda assim, esse rol de direitos seria meramente exemplificativo, não impedindo o reconhecimento de outros (ADI nº 639, STF).

6 DIREITOS DA NACIONALIDADE

A nacionalidade determina os vínculos jurídicos entre o indivíduo e o Estado, conferindo-lhes direitos e deveres relacionados a uma nação. Desse modo, a CF/1988 estabelece critérios e formas de aquisição, perda e reaquisição da nacionalidade.

6.1 Formas de aquisição da nacionalidade

Esta pode ser originária (primária/de primeiro grau/nato) e derivada (secundária/segundo grau/naturalizado).

De acordo com o art. 12 da CF/1988, são brasileiros:

I – NATOS:	II – NATURALIZADOS:
• *IUS SOLI* (regra) Todos aqueles nascidos no Brasil, salvo se os pais forem estrangeiros a serviço de seu país.	• ORDINÁRIA Válida para os estrangeiros oriundos de países de língua portuguesa. Requisitos: i) residir no Brasil por 1 ano ininterrupto; ii) idoneidade moral.
• *IUS SANGUINI* (exceção) Aqueles que nasceram fora do território brasileiro, mas que podem ser considerados brasileiros natos. 1) nascidos no estrangeiro, mas com pai e/ou mãe brasileiros à serviço da República Federativa do Brasil; 2) nascidos no estrangeiro e registrados em repartição brasileira competente; 3) nascidos no estrangeiro, que passaram a residir na República Federativa do Brasil e optaram, em qualquer tempo, depois de atingida a maioridade, pela nacionalidade brasileira.	EXTRAORDINÁRIA Válida para estrangeiros oriundos de qualquer outro país. Requisitos: i) residir no Brasil por 15 anos ininterruptos; ii) não ter condenação penal; iii) requisitar a nacionalidade brasileira.
OBS: STF entende que no instante em que o filho de pais brasileiros nascido no exterior ingressar em nosso território, automaticamente adquirirá a nacionalidade brasileira, passando à condição de nato até que atinja a maioridade. A partir daí, como ele já pode fazer a opção voluntariamente, a sua nacionalidade ficará suspensa, aguardando confirmação (RE nº 418.096, STF).	OBS: Em relação à naturalização extraordinária, a orientação prevalente é a de que, uma vez satisfeitas as diretrizes constitucionais, a pessoa possui direito público subjetivo à naturalização extraordinária. Assim, não haveria a possibilidade da negativa pelo Estado brasileiro, tendo a decisão de reconhecimento da nacionalidade natureza declaratória, retroativa à data do pedido (RE nº 264.848, STF). OBS: a Nova Lei de Migração (Lei nº 13.445/2017) traz a possibilidade de naturalização provisória e especial – arts. 68 a 70 da Lei nº 13.445/2017.

6.2 Distinções entre brasileiros natos e naturalizados na CF

Conforme o art. 12, § 2º, da CF/1988 a lei não poderá estabelecer distinção entre brasileiros natos e naturalizados, salvo nos casos previstos na CF. Logo, é necessário notar que quem não pode diferenciar é a lei.

A própria Constituição pode e faz isso em quatro hipóteses:

HIPÓTESE	DISPOSITIVO	TRATAMENTO
EXTRADIÇÃO	Art. 5º, LI	O brasileiro nato não pode ser extraditado pelo Brasil. Já o naturalizado pode ser extraditado em duas hipóteses: a) crime antes da naturalização; e b) envolvimento com tráfico de drogas, antes ou depois da naturalização.

HIPÓTESE	DISPOSITIVO	TRATAMENTO
CARGOS PÚBLICOS	Art. 12, § 3º	Cargos ligados à segurança do Estado, relações internacionais e aqueles que estejam na linha de vocação sucessória só podem ser ocupados por natos.
FUNÇÕES PÚBLICAS	Art. 89	O Conselho da República conta com diversos integrantes. Entre eles, há previsão de seis cidadãos natos, escolhidos pelo presidente da República, pela Câmara dos Deputados e pelo Senado Federal - dois cada um. ATENÇÃO! Nem todos os componentes do Conselho precisam ser natos!
PROPRIEDADE DE EMPRESA JORNALÍSTICA	Art. 222	A propriedade é permitida a natos e a naturalizados há mais de 10 anos.

6.3 Cargos privativos de brasileiro nato

Segundo o art. 12, § 3º, deverão ser natos os cargos de:

MEMORIZE! MP_3. COM

Ministro do STF (11 ministros)

Presidente e Vice-presidente da República

Presidente da Câmara dos Deputados

Presidente do Senado Federal

Carreira diplomática

Oficial das Forças Armadas - Marinha/ exército / aeronáutica - (capitão, tenente, major etc.)

Ministro da Defesa

ATENÇÃO!

- O Superior Tribunal Militar possui 15 cargos, sendo 10 natos, pois são Oficiais das Forças Armadas;
- No Conselho da República existem 6 cargos para cidadãos brasileiros natos;
- O presidente do Conselho Nacional de Justiça é nato, pois é o presidente do STF;
- O presidente e o vice do Tribunal Superior Eleitoral são natos, pois são ministros do STF.

6.4 Perda da Nacionalidade

É possível que aqueles brasileiros naturalizados venham a perder a sua nacionalidade brasileira, deixando de ser cidadão, são hipóteses raras e acontecem em situações expressas em lei.

Conforme o art. 12, § 4º, da CF:

- Se naturalizado - sua naturalização é cancelada por sentença judicial se:
  - em virtude de fraude relacionada ao processo de naturalização ou de atentado contra a ordem constitucional e o Estado Democrático;
  - fizer pedido expresso de perda da nacionalidade brasileira perante autoridade brasileira competente, ressalvadas situações que acarretem apatridia.

Nesse caso, a única forma de se readquirir a nacionalidade é por meio da ação rescisória. Não será possível um novo procedimento administrativo de naturalização, mesmo que preenchidos os requisitos constitucionais, anteriormente explicitados.

- Se nato ou naturalizado - perde ao adquirir outra nacionalidade, salvo se de forma originária ou por condição para permanecer no país ou exercer direitos civis;

O indivíduo poderá readquirir a nacionalidade ou ter revogado o ato que declarou a sua perda, retornando à condição de brasileiro nato (art. 254 do Decreto nº 9.199/2017).

7 DIREITOS POLÍTICOS

Os direitos políticos conferem aos cidadãos a capacidade de participar ativamente do processo político, garantindo a representatividade, a pluralidade e a legitimidade das instituições políticas. Alguns desses direitos são o direito ao voto, o direito de ser votado, o direito de associação política e de manifestação política. A CF estabelece as bases do sistema político democrático brasileiro:

> Art. 14. A soberania popular será exercida pelo sufrágio universal e pelo voto direto e secreto, com valor igual para todos, e, nos termos da lei, mediante:
> I - plebiscito;
> II - referendo;
> III - iniciativa popular.
> • 1% do eleitorado nacional;
> • Pelo menos em 5 estados;
> • Pelo menos 0,3% do eleitorado em cada estado;

Neste contexto, a Constituição garante a participação ativa e igualitária dos cidadãos no processo político, ao definir plebiscito e referendo:

PLEBISCITO	REFERENDO
Consulta prévia aos cidadãos	Consulta posterior aos cidadãos

Conceitua, ainda, o que seria o sufrágio universal, o voto direto e secreto e o escrutínio:

SUFRÁGIO	VOTO	ESCRUTÍNIO
Direito público e subjetivo de participar ativamente dos destinos políticos da nação.	Exercício concreto do direito de sufrágio.	Modo do exercício do sufrágio. 1) contagem + apuração dos votos de determinada eleição; 2) modo de votação: aberta/fechada

✷ **Quais características do voto são cláusulas pétreas?**

- Direto
- Secreto
- Universal
- Periódico

ATENÇÃO!
A OBRIGATORIEDADE do voto não constitui cláusula pétrea.

CAPACIDADE ELEITORAL ATIVA	CAPACIDADE ELEITORAL PASSIVA
Direito de VOTAR, sendo em eleições, plebiscitos ou referendos.	Direito de SER VOTADO.

ALISTAMENTO E VOTO

O alistamento e o voto são:

- Obrigatórios aos maiores de 18 anos;
- Facultativos aos: a) maiores de 16 e menores de 18 anos, b) maiores de 70 anos e c) analfabetos.

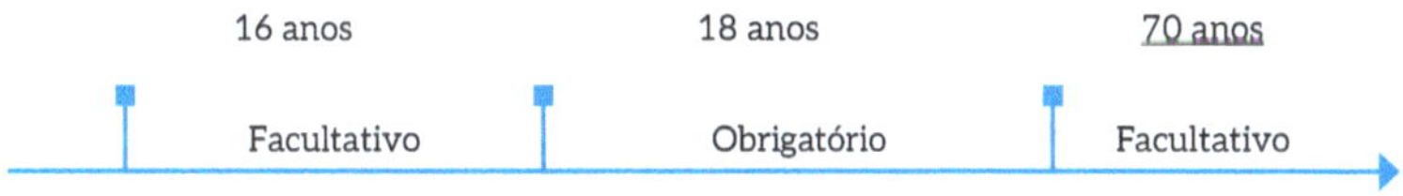

1. Também é facultativo para os **analfabetos**;
2. São **inalistáveis**;
    - Estrangeiros;
    - Conscritos (aqueles que forem alistados ou recrutados) **enquanto** estiverem no serviço militar obrigatório;

Tanto os analfabetos quantos os inalistáveis são também inelegíveis. E os outros casos de inegebilidade serão estabelecidos em uma lei complementar que trará também os prazos da cessação deste impedimento.

ATENÇÃO!
Todo inalistável é inelegível, mas nem todo inelegível é inalistável – o analfabeto é inelegível (não pode ser votado), mas é alistável (pode votar, sendo seu voto facultativo).

7.1 Condições de elegibilidade

Segundo o art. 14, § 3º, são condições de elegibilidade:

> I. a nacionalidade brasileira;
>
> II. o pleno exercício dos direitos políticos;
>
> III. o alistamento eleitoral;
>
> IV. o domicílio eleitoral na circunscrição;
>
> V. a filiação partidária;
>
> VI. a idade mínima.

MEMORIZE! BRASILEIRO PLENAMENTE FALIDO

BRASILEIRO	PLENAMENTE	F	AL	I	DO
Nacionalidade brasileira	Pleno exercício dos direitos políticos	Filiação partidária	Alistamento eleitoral	Idade mínima	Domicílio eleitoral na circunscrição

O STF entende que as condições de elegibilidade, bem como as hipóteses de inelegibilidade também se aplicam às eleições indiretas (ADI nº 1.057, STF).

7.2 Idades mínimas para os cargos

IDADE MÍNIMA PARA O EXERCÍCIO DE MANDATO ELETIVO	
18 ANOS	Vereador
21 ANOS	Prefeito, Vice-Prefeito, Deputado Federal, Deputado Estadual ou Distrital (também o juiz de paz)
30 ANOS	Governador e Vice-Governador de Estado e DF
35 ANOS	Presidente, Vice-Presidente da República e Senador

7.3 Inelegibilidade absoluta e relativa

Além das idades mínimas, a CF estabelece condições que impedem uma pessoa de se candidatar a determinados cargos eletivos. Tais limitações buscam garantir a moralidade, a probidade e a lisura no processo eleitoral e podem ser classificadas em inelegibilidades absolutas e inelegibilidades relativas:

INELEGIBILIDADES ABSOLUTAS	INELEGIBILIDADES RELATIVAS
As inelegibilidades absolutas impedem o cidadão de disputar qualquer mandato eletivo. Em outras palavras, o candidato não poderia concorrer a nada. Hipóteses: • inalistáveis; • analfabetos.	Já as inelegibilidades relativas apresentam vedações mais pontuais, restringindo o acesso a alguns cargos, ou situações ligadas a parentesco, ou ainda temporárias. Só podem ser tratadas em leis complementares, nunca ordinárias. Um exemplo é a restrição aos prefeitos para se candidatarem à reeleição para um terceiro mandato consecutivo no mesmo cargo.

Aliás, a conhecida "Lei da Ficha Limpa" - LC nº 135/2010 - veio para alterar a LC nº 64/1990, chamada de Lei das Inelegibilidades (relativas).

> Art. 14. § 9º Lei complementar estabelecerá outros casos de inelegibilidade e os prazos de sua cessação, a fim de proteger a probidade administrativa, a moralidade para exercício de mandato considerada vida pregressa do candidato, e a normalidade e legitimidade das eleições contra a influência do poder econômico ou o abuso do exercício de função, cargo ou emprego na administração direta ou indireta;

INELEGIBILIDADES RELATIVAS
INELEGIBILIDADE REFLEXA • Só ocorre para parentes de "Chefes do Executivo" (Presidente, Governador e Prefeito). Por exemplo, João, prefeito de Maceió, é pai de Maria e Pedro. Logo, Maria e Pedro são inelegíveis, isto é, não podem concorrer a cargos naquele município; • o parentesco tem que ser até o segundo grau; • Só ocorre dentro do território de jurisdição do Chefe do Executivo.

INELEGIBILIDADES RELATIVAS
Art. 14. § 7º São inelegíveis, no território de jurisdição do titular, o cônjuge e os parentes consanguíneos ou afins, até o segundo grau ou por adoção, do Presidente da República, de Governador de Estado ou Território, do Distrito Federal, de Prefeito ou de quem os haja substituído dentro dos seis meses anteriores ao pleito, salvo se já titular de mandato eletivo e candidato à reeleição. O STF entendeu que a Súmula Vinculante nº 18 não se aplicaria em caso de morte do titular do mandato, ou seja, havendo a morte do titular, nada impede que seu cônjuge/companheiro se candidate para um novo mandato (RE nº 758.461, STF).
Proibição de o chefe do Executivo disputar outro cargo, seja no Legislativo, seja no próprio Executivo, a não ser que se afaste do mandato ao menos seis meses antes do pleito, é a chamada desincompatibilização. Caso ele dispute o mesmo cargo, ou seja, se for tentar a reeleição, não precisará se afastar. Art. 14. § 6º Para concorrerem a outros cargos, o Presidente da República, os Governadores de Estado e do Distrito Federal e os Prefeitos devem renunciar aos respectivos mandatos até seis meses antes do pleito.
Possibilidade de reeleição apenas uma vez, quando a disputa envolver mandatos no Executivo. Art. 14, § 5º O Presidente da República, os Governadores de Estado e do Distrito Federal, os Prefeitos e quem os houver sucedido, ou substituído no curso dos mandatos poderão ser reeleitos para um único período subsequente.

* **O prefeito ocupa dois mandatos consecutivos e, como não pode ir para um terceiro, lança sua esposa em seu lugar. É possível? E se eles se separarem ou divorciarem durante o mandato?**

NÃO! De acordo com a Súmula Vinculante nº 18, o rompimento do vínculo conjugal durante o curso do mandato não afasta a inelegibilidade reflexa ou reflexiva.

* **O prefeito de uma grande capital, após ocupar dois mandatos – e diante da impossibilidade de um terceiro mandato consecutivo – aproveita-se do fato de ser conhecido em toda a região e altera seu domicílio eleitoral. Então, se candidata ao cargo de prefeito no pleito seguinte. Essa situação é permitida pela legislação eleitoral ou pela jurisprudência?**

NÃO! Esse é o chamado prefeito itinerante ou profissional, um candidato nômade, figura proibida pela legislação eleitoral (RE nº 637.485, STF).

7.4 Eleição do militar

O art. 142, § 3º, V, da CF/1988 proíbe aos membros das Forças Armadas, enquanto no serviço ativo, estarem filiados a partidos políticos. Essa proibição também se estende aos militares das forças auxiliares.

* **Como o militar concorrerá a um cargo eletivo se não pode estar filiado a qualquer partido?**

A filiação partidária contida no art. 14, § 3º, V, da Constituição Federal não é exigível ao militar da ativa que pretenda concorrer a cargo eletivo, bastando o pedido de registro de candidatura após prévia escolha em convenção partidária (Res.-TSE nº 21.608/2004, art. 14, § 1º).

Caso o militar seja eleito, o art. 14, § 8º, da CF define:

- Se < 10 anos de serviço – deverá afastar-se da atividade;
- Se > 10 anos de serviço – será agregado pela autoridade superior e, se eleito, passará automaticamente, no ato da diplomação, para a inatividade.

7.5 Ação de impugnação de mandato eletivo (AIME)

> Art. 14. § 10. O mandato eletivo poderá ser impugnado ante a Justiça Eleitoral no prazo de quinze dias contados da diplomação, instruída a ação com provas de abuso do poder econômico, corrupção ou fraude.
>
> § 11. A ação de impugnação de mandato tramitará em segredo de justiça, respondendo o autor, na forma da lei, se temerária ou de manifesta má-fé.

- Prazo de 15 dias contados da diplomação;
- Deverá ser instruída com provas de abuso do poder econômico, corrupção ou fraude;
- Tramitará em segredo de justiça.

7.6 Hipóteses de perda e de suspensão de direitos políticos

Estão previstas no art. 15 da CF:

> Art. 15. É vedada a cassação de direitos políticos, cuja perda ou suspensão só se dará nos casos de:
>
> I - cancelamento da naturalização por sentença transitada em julgado;
>
> II - incapacidade civil absoluta;
>
> III - condenação criminal transitada em julgado, enquanto durarem seus efeitos;
>
> IV - recusa de cumprir obrigação a todos imposta ou prestação alternativa, nos termos do art. 5º, VIII;
>
> V - improbidade administrativa, nos termos do art. 37, § 4º.

PERDA DE DIREITOS POLÍTICOS	SUSPENSÃO DE DIREITOS POLÍTICOS
Cancelamento da naturalização por sentença transitada em julgado.	Incapacidade civil absoluta.
	Condenação criminal transitada em julgado, enquanto durarem seus efeitos.
	Improbidade administrativa.
	Recusa de cumprir a obrigação a todos imposta ou prestação alternativa (apesar de haver divergência doutrinária, a FGV tem entendido como hipótese de perda de direitos políticos).

7.7 Princípio da anterioridade eleitoral

Segundo o art. 16 da CF, a lei que altera o Processo Eleitoral:

- Entra em vigor – na data de sua publicação;
- Será aplicada – somente nas eleições que ocorram após 1 ano do início da sua vigência.

O STF entendeu que o princípio da anterioridade eleitoral é uma cláusula pétrea, inserindo-se entre os direitos e as garantias individuais (ADI nº 3.685, STF).

8 DOS PARTIDOS POLÍTICOS

> Art. 17. É livre a criação, fusão, incorporação e extinção de partidos políticos, resguardados a soberania nacional, o regime democrático, o pluripartidarismo, os direitos fundamentais da pessoa humana e observados os seguintes preceitos:
>
> I - caráter nacional;
>
> II - proibição de recebimento de recursos financeiros de entidade ou governo estrangeiros ou de subordinação a estes;
>
> III - prestação de contas à Justiça Eleitoral;
>
> IV - funcionamento parlamentar de acordo com a lei.

Os partidos políticos possuem total autonomia para definir suas estruturas internas e deliberar sobre sua organização e funcionamento, bem como para adotar os critérios de escolha e o regime de suas coligações nas eleições majoritárias.

Possuem personalidade jurídica e, portanto, devem registrar seus estatutos no Tribunal Superior Eleitoral.

Na ADI nº 4.451, o STF liberou veículos de comunicação a fazerem sátiras e montagens com candidatos, bem como emitir opiniões favoráveis ou contrárias a políticos durante as eleições.

As regras da fidelidade partidária só são aplicáveis às eleições proporcionais (deputados e vereadores). Assim, nas eleições majoritárias (chefes do Executivo e senadores), pode haver a troca de partido político sem a perda do mandato, não se discutindo justa causa (ADI nº 5.081, STF).

9 ORGANIZAÇÃO DO ESTADO

> Art. 18. A organização político-administrativa da República Federativa do Brasil compreende a União, os Estados, o Distrito Federal e os Municípios, todos autônomos, nos termos desta Constituição.

A República Federativa do Brasil possui soberania, enquanto os entes que a compõem (União, estados, Distrito Federal e municípios) gozam apenas de autonomia. Desse modo, os entes federativos contam com a tríplice autonomia: financeira, administrativa e política (autonomia FAP).

Quanto à autonomia do DF, ela é parcialmente tutelada pela União, porque cabe à União organizar e manter o TJDFT, o MPDFT, a PCDF, a PMDF, PPDF, e o CBMDF - art. 21, XIII e XIV, da CF.

ATENÇÃO!

A defensoria já foi, mas, hoje, não é mais mantida pela União, e sim é pelo próprio DF

Os territórios federais, acaso sejam criados (atualmente não existe nenhum), não serão dotados de autonomia. Ao contrário, eles pertencerão à União, integrando a sua Administração indireta, na condição de autarquias.

9.1 Classificação da República Federativa do Brasil

A classificação da República Federativa do Brasil é:

CLASSIFICAÇÃO DA REPÚBLICA FEDERATIVA DO BRASIL	
FORMA DE GOVERNO	REPÚBLICA Forma de governo na qual o povo é soberano, sendo governando o Estado por meio de representantes investidos nas suas funções em poderes distintos.
FORMA DE ESTADO	FEDERAÇÃO Há distribuição do poder político de modo que há um ente soberano e os demais entes autônomos.
REGIME DE GOVERNO	DEMOCRÁTICO Regime de Governo em que o poder político é exercido pelo povo por intermédio de representantes eleitos.
SISTEMA DE GOVERNO	PRESIDENCIALISTA Sistema de Governo em que o presidente exerce a função de chefe de Estado e de chefe do governo.

ORGANIZAÇÃO DO ESTADO	
UNIÃO	Possui dupla personalidade jurídica, tendo em vista que assume um papel interno e outro internacional. O Presidente da República é, ao mesmo tempo, Chefe do Governo e Chefe de Estado. É uma pessoa jurídica de direito público interno, compondo a República Federativa do Brasil - RFB juntamente com os estados, o DF e os municípios. Possui autonomia financeira, administrativa e política.
DISTRITO FEDERAL	Com a promulgação da CF/1988, o Distrito Federal deixou de ser a capital federal, missão atribuída desde então a Brasília. O DF é um ente federado que possui apenas dois poderes, o Executivo e o Legislativo. A fiscalização (controle externo) no âmbito do DF é feita pela Câmara Legislativa (CLDF), com o auxílio do Tribunal de Contas do DF - (TCDF).
TERRITÓRIOS FEDERAIS	Art. 18. § 2º Os Territórios Federais integram a União, e sua criação, transformação em Estado ou reintegração ao Estado de origem serão reguladas em lei complementar. Os territórios não gozam de autonomia política, pois o seu governador será nomeado pelo presidente da República, após aprovação do Senado Federal. A fiscalização de contas dos Territórios Federais caberá ao Congresso Nacional, após prévio parecer do TCU. Se possuir mais de 100 mil habitantes, o território terá Poder Judiciário de 1ª e 2ª instâncias, além de Ministério Público e Defensoria Pública Federal. Não possuem senador; Possuem 4 Deputados Federais; Pode possuir municípios.

ORGANIZAÇÃO DO ESTADO	
ESTADOS	Art. 18. § 3º Os Estados podem incorporar-se entre si, subdividir-se ou desmembrar-se para se anexarem a outros, ou formarem novos Estados ou Territórios Federais, mediante aprovação da população diretamente interessada, por meio de plebiscito, e do Congresso Nacional, por lei complementar. Durante o trâmite no Congresso Nacional haverá audiência das Assembleias Legislativas interessadas (art. 48, VI, da CF/1988). O parecer das assembleias, entretanto, não tem força vinculante. Assim, mesmo que as casas legislativas estaduais opinem contrariamente, o Congresso Nacional poderá criar o novo estado.
MUNICÍPIOS	Art. 18. § 4º A criação, a incorporação, a fusão e o desmembramento de Municípios, far-se-ão por lei estadual, dentro do período determinado por Lei Complementar Federal, e dependerão de consulta prévia, mediante plebiscito, às populações dos Municípios envolvidos, após divulgação dos Estudos de Viabilidade Municipal, apresentados e publicados na forma da lei. Esse plebiscito é convocado pela Assembleia Legislativa.

De acordo com o art. 19 da CF, é vedado à União, aos Estados, ao DF e aos Municípios:

> I - estabelecer cultos religiosos ou igrejas, subvencioná-los, embaraçar-lhes o funcionamento ou manter com eles ou seus representantes relações de dependência ou aliança, ressalvada, na forma da lei, a colaboração de interesse público;
>
> II - recusar fé aos documentos públicos;
>
> III - criar distinções entre brasileiros ou preferências entre si.

9.2 Competências administrativas e legislativas

O critério adotado para repartição de competências é a "predominância do interesse". A competência da União abrange o âmbito nacional (e relações internacionais), aos Estados competem as matérias de âmbito regional, e a competência municipal trata do âmbito local.

A competência pode ser:

EXCLUSIVA	A União possui competência para executar determinadas funções administrativas, ou seja, apenas ela pode realizar certas atividades no âmbito da administração pública sem a participação dos estados, Distrito Federal ou municípios.
PRIVATIVA	A União legisla sobre determinadas matérias, ou seja, apenas o Congresso Nacional pode elaborar leis em determinados temas, sem a possibilidade de interferência dos estados, Distrito Federal ou municípios.
COMUM	A competência é compartilhada entre a União, os estados, o Distrito Federal e os municípios para realizar determinadas atividades administrativas.
CONCORRENTE	A capacidade de legislar é compartilhada entre União, estados e o Distrito Federal, podendo agir de forma simultânea, desde que não haja conflito entre as normas produzidas por esses entes federativos.

O Estado detém a competência residual (art. 25, § 1º). Em outras palavras, o Estado poderia legislar quando aquele assunto não estivesse dentro das competências da União (art. 22) ou dos municípios (art. 30).

DISTINÇÃO DE COMPETÊNCIAS SEMELHANTES	
PRIVATIVA DA UNIÃO	**CONCORRENTE**
Direito Processual	Procedimentos em matéria processual
Seguridade social	Previdência Social, bem como a proteção e defesa da saúde
Diretrizes e bases da educação nacional	Educação

9.3 Composição das casas legislativas estaduais

> Art. 27. O número de Deputados à Assembleia Legislativa corresponderá ao triplo da representação do Estado na Câmara dos Deputados e, atingido o número de trinta e seis, será acrescido de tantos quantos forem os Deputados Federais acima de doze.

O mandato dos deputados estaduais será de 4 anos e estes devem possuir a idade mínima de 21 anos.

9.4 Municípios

> Art. 29. O Município reger-se-á por lei orgânica, votada em dois turnos, com o interstício mínimo de dez dias, e aprovada por dois terços dos membros da Câmara Municipal, que a promulgará, atendidos os princípios estabelecidos nesta Constituição, na Constituição do respectivo Estado e os seguintes preceitos:

A LOM (Lei Orgânica do Município) não caracteriza uma expressão do Poder Constituinte Derivado, ao contrário do que acontece com a Constituição Estadual e com a Lei Orgânica do DF. Também por essa razão, quando uma lei municipal viola a Lei Orgânica daquela localidade, haverá controle de legalidade, e não de constitucionalidade.

Nos Municípios, ao contrário do que acontece nos demais entes da federação, não há Poder Judiciário. O Poder Legislativo, assim como nos Estados-membros, é unicameral.

9.4.1 Eleições

> Art. 29. I – eleição do Prefeito, do Vice-Prefeito e dos Vereadores, para mandato de quatro anos, mediante pleito direto e simultâneo realizado em todo o País;
>
> II – eleição do Prefeito e do Vice-Prefeito realizada no primeiro domingo de outubro do ano anterior ao término do mandato dos que devam suceder, aplicadas as regras do art. 77, no caso de Municípios com mais de duzentos mil eleitores;
>
> III – posse do Prefeito e do Vice-Prefeito no dia 1º de janeiro do ano subsequente ao da eleição;

A Lei Federal nº 13.165/2015 prevê que, na dupla vacância, nas esferas municipal e estadual, provocada por razões eleitorais - indeferimento de registro, cassação do diploma e perda do mandato de candidato, independentemente do número de votos anulado -, só haverá eleições indiretas se faltar menos de seis meses para o término do mandato.

As eleições para vereadores estão ligadas ao sistema proporcional, assim como acontece nas eleições de deputados. Nelas, foi vedada a formação de coligações partidárias a partir das eleições de 2020, por conta da mudança inserida pela EC nº 97/2017.

De outro lado, a eleição para prefeito segue o sistema/princípio majoritário, como também acontece na escolha do presidente da República, dos governadores e dos senadores.

9.4.2 Sistema eleitoral

PREFEITO E VICE-PREFEITO	Município com até 200 mil eleitores - Majoritário simples. Município com +200 mil eleitores - Majoritário Absoluto;
VEREADOR	Sistema Proporcional

Para a composição das Câmaras Municipais, será observado o limite mínimo de 9 e máximo de 55 habitantes, havendo uma variação que se relaciona ao número de habitantes do município nos termos do art. 29, IV, da CF.

O mandato dos vereadores será de 4 anos e estes devem possuir a idade mínima de 18 anos.

No mesmo sentido, o texto constitucional garante a inviolabilidade dos vereadores por suas opiniões, palavras e votos no exercício do mandato e *na circunscrição do município.*

Em relação aos crimes de responsabilidade, o Decreto-lei nº 201/1967 determina o julgamento do Prefeito. A norma faz a diferenciação em crimes de responsabilidade próprios e impróprios:

CRIMES DE RESPONSABILIDADE PRÓPRIOS	CRIMES DE RESPONSABILIDADE IMPRÓPRIOS
São as infrações político-administrativas punidas com a cassação do mandato. A competência para julgamento seria da Câmara Municipal.	São punidos com penas privativas de liberdade - reclusão ou detenção. A competência caberia ao Poder Judiciário - Tribunal de 2ª instância (TJ, TRF, TRE).

Desse modo, constitui crime de responsabilidade do Prefeito Municipal:

> I. Efetuar repasse que supere os limites definidos no art. 29-A da CF;
>
> II. Não enviar o repasse até o dia vinte de cada mês; ou
>
> III. Enviá-lo a menor em relação à proporção fixada na Lei Orçamentária.

A Súmula nº 703 do STF diz que a extinção do mandato de prefeito não impede a instauração de processo pela prática dos crimes previstos no art. 1º do Decreto-lei nº 201/1967. Nessas situações, o processo tramita na 1ª instância, como consequência natural da perda do foro especial.

9.4.3 Fiscalização no âmbito municipal

No âmbito municipal, a fiscalização é realizada pela Câmara dos Vereadores, com auxílio do Tribunal de Contas dos estados ou dos municípios, *vide* art. 31 da CF.

É inválida a regra que permita à Câmara dos Vereadores julgar as contas dos prefeitos *sem o parecer do respectivo Tribunal de Contas*, se este não for apresentado dentro do prazo de 180 dias (STF, ADI nº 3.077).

A Constituição Estadual não pode afastar a competência do Tribunal de Contas para julgar as contas do próprio Poder Legislativo (STF, ADI nº 3.077).

O STF entende que a palavra final sobre as contas do prefeito cabe à Câmara dos Vereadores, e não ao Tribunal de Contas. Portanto, os prefeitos candidatos à reeleição só podem ser considerados inelegíveis com base na Lei das Inelegibilidades se suas contas forem rejeitadas pelos legislativos locais, não apenas pelas cortes de contas (STF, RE nº 848.826).

10 INTERVENÇÃO

Trata-se de uma medida excepcional em que o Poder Público, por meio de autoridades específicas, interfere nos Estados-membros ou no Distrito Federal para garantir o cumprimento da Constituição Federal.

É um ato de natureza política excepcional, que ocorre em virtude da necessidade que consiste na supressão temporária da autonomia de um ente em virtude de hipóteses taxativamente previstas na Constituição.

Quando a intervenção é decretada pelo Chefe do Poder Executivo este decreto de intervenção será submetido à apreciação do Poder Legislativo (Congresso Nacional ou da Assembleia Legislativa do Estado), no prazo de 24 horas e especificará:

- Amplitude;
- Prazo;
- Condições de execução; e
- Se couber, nomeará o interventor.

Se não estiver funcionando o Congresso Nacional ou a Assembleia Legislativa, far-se-á convocação extraordinária, no mesmo prazo de 24 horas.

Ocorre sempre do ente mais amplo para o menos amplo:

- União nos estados e DF;
- Estados nos municípios;
- União em município de Território Federal;

Cessados os motivos da intervenção, as autoridades afastadas de seus cargos a estes voltarão, salvo impedimento legal.

10.1 Intervenção federal nos estados / DF

INTERVENÇÃO FEDERAL NOS ESTADOS/DF	
ESPONTÂNEA	O Presidente toma a iniciativa da intervenção;
PROVOCADA POR SOLICITAÇÃO	Pedido feito por pessoa do Poder Executivo ou do Legislativo para que o Presidente intervenha (e este tem a discricionariedade para intervir ou não);
PROVOCADA POR REQUISIÇÃO	Pedido feito pelo Poder Judiciário (STF, STJ ou TSE);
PROVOCADA POR PROVIMENTO DA REPRESENTAÇÃO	Trata-se de uma representação que a PGR faz no STF pedindo a intervenção. Se o STF der provimento (acatar), ele ordenará que o Presidente intervenha.

Ela será espontânea nas hipóteses de:

- Manter a integridade nacional;
- Repelir invasão estrangeira ou de uma unidade da Federação em outra;
- Pôr termo a grave comprometimento da ordem pública;
- Reorganizar as finanças da unidade da Federação que:
  - Suspender o pagamento da dívida fundada por mais de 2 anos consecutivos, salvo motivo de força maior;
  - Deixar de entregar aos Municípios receitas tributárias fixadas nesta Constituição, dentro dos prazos estabelecidos em lei.

Veja que são hipóteses, em sua maioria, urgentes. Assim, verificadas, o Presidente deve de pronto decretar a intervenção.

Será solicitada a intervenção no caso de necessidade de:

- Garantir o livre exercício de qualquer dos Poderes nas unidades da Federação.

EXEMPLO: quando o Governador de algum Estado ou Assembleia Legislativa (ou Câmara Legislativa no caso do DF) estiver sofrendo ofensa ao seu livre exercício, então, solicitará ao Presidente da República que intervenha. Se quem estiver sendo coagido for o Poder Judiciário, a autoridade deverá solicitar ao STF e não ao Presidente, e cairá, assim, na hipótese que veremos abaixo.

Será requisitada uma intervenção para:

- Garantir o livre exercício do Poder Judiciário; a requisição será realizada pelo STF, após receber a solicitação da autoridade judiciária local que está sendo coagida.
- Prover a execução de ordem ou decisão judicial; a requisição será feita pelo STF, STJ ou TSE, de acordo com a matéria.

Em se tratando de matérias trabalhistas e militares, caberá ao STF fazer a requisição.

Teremos uma intervenção provocada, dependente de provimento da representação do PGR, nas hipóteses de:

- Prover a execução de lei federal;
- Assegurar a observância dos princípios constitucionais sensíveis (Este é o caso da ADI interventiva):

- Forma republicana, sistema representativo e regime democrático;
- Direitos da pessoa humana;
- Autonomia municipal;
- Prestação de contas da administração pública, direta e indireta;
- Aplicação do mínimo exigido da receita resultante de impostos estaduais, compreendida a proveniente de transferências, na manutenção e desenvolvimento do ensino e nas ações e serviços públicos de saúde.

Neste tipo de intervenção e no caso de requisitada para fazer cumprir ordem ou decisão judicial, a Constituição determina que será dispensada a apreciação do decreto pelo Congresso Nacional, limitando-se a suspender a execução do ato impugnado, caso essa medida bastar ao restabelecimento da normalidade.

10.2 Intervenção do estado nos seus municípios ou da União nos municípios do território federal

O Estado irá intervir em um Município do seu território ou a União intervirá em um Município do Território Federal no caso de:

- Deixar de ser paga, sem motivo de força maior, por 2 anos consecutivos, a dívida fundada (salvo, obviamente, motivo de força maior);
- Não forem prestadas contas devidas, na forma da lei;
- Não tiver sido aplicado o mínimo exigido da receita municipal na manutenção e desenvolvimento do ensino e nas ações e serviços públicos de saúde.

Neste último caso, quando o TJ der provimento à representação do Procurador-Geral de Justiça, será dispensada a apreciação pela Assembleia Legislativa, e o decreto limitar-se-á a suspender a execução do ato impugnado, se essa medida bastar ao restabelecimento da normalidade.

O Tribunal de Justiça deve dar provimento à representação para assegurar a observância de princípios indicados na Constituição Estadual, ou para prover a execução de lei, de ordem ou de decisão judicial.

11 PODER LEGISLATIVO

O Poder Legislativo é uma das três funções essenciais do Estado e tem como atribuições legislar/fiscalizar. Assim, desempenha um papel crucial na democracia ao garantir a participação popular na tomada de decisões políticas e na criação de normas que reflitam os interesses e valores da sociedade.

O sistema legislativo federal é bicameral, logo, é composto por duas casas: a Câmara dos Deputados e o Senado Federal. Os sistemas legislativos estaduais e municipais são unicamerais.

11.1 Composição das casas legislativas

CÂMARA DOS DEPUTADOS	SENADO FEDERAL
Representantes do povo;	Representantes dos Estados e do DF.
Nº de membros varia de acordo com a população (não eleitores) Total: 513 deputados	Nº fixo de membros - Estados/DF - 3 Total: 81 senadores
Eleição pelo sistema proporcional;	Eleição pelo sistema majoritário;
Renovação total da casa a cada 4 anos	Renovação parcial a cada 4 anos;
Mandato: 4 anos (1 legislatura);	Mandato: 8 anos (2 legislaturas);
Idade mínima: 21 anos;	Idade Mínima: 35 anos;
Territórios Federais: nº fixo de 4 representantes;	Não tem representantes dos Territórios Federais;
Em regra, aplicam-se as regras da fidelidade partidária e haverá perda do mandato se houver troca de legenda.	Não se aplicam as regras da fidelidade partidária.

Cada Senador é eleito com 2 suplentes. De acordo com o art. 55, § 2º, da Constituição, ocorrendo vaga de Senador e não havendo suplente, será feita eleição para preenchê-la se faltarem mais de quinze meses para o término do mandato.

11.2 Congresso Nacional

O Congresso Nacional é a junção das duas Casas Legislativas (Câmara dos Deputados e Senado Federal). O presidente do Senado Federal será o presidente do Congresso Nacional.

De acordo com o art. 48 da Constituição, cabe ao Congresso Nacional, com a sanção do Presidente da República, não exigida esta para o especificado nos arts. 49, 51 e 52, dispor sobre todas as matérias de competência da União, especialmente sobre:

> I - sistema tributário, arrecadação e distribuição de rendas;
>
> II - plano plurianual, diretrizes orçamentárias, orçamento anual, operações de crédito, dívida pública e emissões de curso forçado;
>
> III - fixação e modificação do efetivo das Forças Armadas;
>
> IV - planos e programas nacionais, regionais e setoriais de desenvolvimento;
>
> V - limites do território nacional, espaço aéreo e marítimo e bens do domínio da União;
>
> VI - incorporação, subdivisão ou desmembramento de áreas de Territórios ou Estados, ouvidas as
> respectivas Assembleias Legislativas;
>
> VII - transferência temporária da sede do Governo Federal;
>
> VIII - concessão de anistia;
>
> IX - organização administrativa, judiciária, do Ministério Público e da Defensoria Pública da União
> e dos Territórios e organização judiciária e do Ministério Público do Distrito Federal;
>
> X - criação, transformação e extinção de cargos, empregos e funções públicas, observado o que estabelece o art. 84, VI, *b*;

> XI – criação e extinção de Ministérios e órgãos da administração pública;
> XII – telecomunicações e radiodifusão;
> XIII – matéria financeira, cambial e monetária, instituições financeiras e suas operações;
> XIV – moeda, seus limites de emissão, e montante da dívida mobiliária federal.
> XV – fixação do subsídio dos Ministros do Supremo Tribunal Federal, observado o que dispõem os arts. 39, § 4º; 150, II; 153, III; e 153, § 2º, I.

11.3 Competências

Competências definem quais são as atribuições legais de cada órgão ou entidade, estabelecendo seus poderes, deveres e limites de atuação.

A Constituição atribui as seguintes competências para o Congresso Nacional, da Câmara dos Deputados e do Senado Federal.

11.3.1 Competência exclusiva do Congresso Nacional

A competência exclusiva do Congresso Nacional é geralmente exercida por meio de decreto legislativo. Há hipóteses, porém, de que será executada por intermédio de resolução. É o caso da autorização dada ao presidente da República para a edição de lei delegada – art. 68, § 2º.

- Decreto Legislativo: editados exclusivamente pelo Congresso Nacional;
- Resolução Legislativa: pode ser editada tanto pelo Congresso Nacional (exceção), quanto pela Câmara e pelo Senado.

> Art. 49. É da competência exclusiva do Congresso Nacional:
> I – resolver definitivamente sobre tratados, acordos ou atos internacionais que acarretem encargos ou compromissos gravosos ao patrimônio nacional;
> II – autorizar o Presidente da República a declarar guerra, a celebrar a paz, a permitir que forças estrangeiras transitem pelo território nacional ou nele permaneçam temporariamente, ressalvados os casos previstos em lei complementar;
> III – autorizar o Presidente e o Vice-Presidente da República a se ausentarem do País, quando a ausência exceder a quinze dias;
> IV – aprovar o estado de defesa e a intervenção federal, autorizar o estado de sítio, ou suspender qualquer uma dessas medidas;
> V – sustar os atos normativos do Poder Executivo que exorbitem do poder regulamentar ou dos limites de delegação legislativa;
> VI – mudar temporariamente sua sede;
> VII – fixar idêntico subsídio para os Deputados Federais e os Senadores, observado o que dispõem os arts. 37, XI, 39, § 4º, 150, II, 153, III, e 153, § 2º, I;
> VIII – fixar os subsídios do Presidente e do Vice-Presidente da República e dos Ministros de Estado, observado o que dispõem os arts. 37, XI, 39, § 4º, 150, II, 153, III, e 153, § 2º, I;
> IX – julgar anualmente as contas prestadas pelo Presidente da República e apreciar os relatórios sobre a execução dos planos de governo;

X - fiscalizar e controlar, diretamente, ou por qualquer de suas Casas, os atos do Poder Executivo, incluídos os da administração indireta;

XI - zelar pela preservação de sua competência legislativa em face da atribuição normativa dos outros Poderes;

XII - apreciar os atos de concessão e renovação de concessão de emissoras de rádio e televisão;

XIII - escolher dois terços dos membros do Tribunal de Contas da União;

XIV - aprovar iniciativas do Poder Executivo referentes a atividades nucleares;

XV - autorizar referendo e convocar plebiscito;

XVI - autorizar, em terras indígenas, a exploração e o aproveitamento de recursos hídricos e a pesquisa e lavra de riquezas minerais;

XVII - aprovar, previamente, a alienação ou concessão de terras públicas com área superior a dois mil e quinhentos hectares;

XVIII - decretar o estado de calamidade pública de âmbito nacional previsto nos arts. 167-B, 167-C, 167-D, 167-E, 167-F e 167-G desta Constituição.

11.3.2 Competência privativa da Câmara dos Deputados

Art. 51. Compete privativamente à Câmara dos Deputados:

I - autorizar, por dois terços de seus membros, a instauração de processo contra o Presidente e o Vice-Presidente da República e os Ministros de Estado;

II - proceder à tomada de contas do Presidente da República, quando não apresentadas ao Congresso Nacional dentro de sessenta dias após a abertura da sessão legislativa;

III - elaborar seu regimento interno;

IV - dispor sobre sua organização, funcionamento, polícia, criação, transformação ou extinção dos cargos, empregos e funções de seus serviços, e a iniciativa de lei para fixação da respectiva remuneração, observados os parâmetros estabelecidos na lei de diretrizes orçamentárias;

V - eleger membros do Conselho da República, nos termos do art. 89, VII.

11.3.3 Competência privativa do Senado Federal

Art. 52. Compete privativamente ao Senado Federal:

I - processar e julgar o Presidente e o Vice-Presidente da República nos crimes de responsabilidade, bem como os Ministros de Estado e os Comandantes da Marinha, do Exército e da Aeronáutica nos crimes da mesma natureza conexos com aqueles;

II - processar e julgar os Ministros do Supremo Tribunal Federal, os membros do Conselho Nacional de Justiça e do Conselho Nacional do Ministério Público, o Procurador-Geral da República e o Advogado-Geral da União nos crimes de responsabilidade;

III - aprovar previamente, por voto secreto, após arguição pública, a escolha de:

a) Magistrados, nos casos estabelecidos nesta Constituição;

b) Ministros do Tribunal de Contas da União indicados pelo Presidente da República;

c) Governador de Território;

d) Presidente e diretores do Banco Central;

> e) Procurador-Geral da República;
> f) titulares de outros cargos que a lei determinar;
> IV – aprovar previamente, por voto secreto, após arguição em sessão secreta, a escolha dos chefes de missão diplomática de caráter permanente;
> V – autorizar operações externas de natureza financeira, de interesse da União, dos Estados, do Distrito Federal, dos Territórios e dos Municípios;
> VI – fixar, por proposta do Presidente da República, limites globais para o montante da dívida consolidada da União, dos Estados, do Distrito Federal e dos Municípios;
> VII – dispor sobre limites globais e condições para as operações de crédito externo e interno da União, dos Estados, do Distrito Federal e dos Municípios, de suas autarquias e demais entidades controladas pelo Poder Público federal;
> VIII – dispor sobre limites e condições para a concessão de garantia da União em operações de crédito externo e interno;
> IX – estabelecer limites globais e condições para o montante da dívida mobiliária dos Estados, do Distrito Federal e dos Municípios;
> X – suspender a execução, no todo ou em parte, de lei declarada inconstitucional por decisão definitiva do Supremo Tribunal Federal;
> XI – aprovar, por maioria absoluta e por voto secreto, a exoneração, de ofício, do Procurador-Geral da República antes do término de seu mandato;
> XII – elaborar seu regimento interno;
> XIII – dispor sobre sua organização, funcionamento, polícia, criação, transformação ou extinção dos cargos, empregos e funções de seus serviços, e a iniciativa de lei para fixação da respectiva remuneração, observados os parâmetros estabelecidos na lei de diretrizes orçamentárias;
> XIV – eleger membros do Conselho da República, nos termos do art. 89, VII.
> XV – avaliar periodicamente a funcionalidade do Sistema Tributário Nacional, em sua estrutura e seus componentes, e o desempenho das administrações tributárias da União, dos Estados e do Distrito Federal e dos Municípios.
> Parágrafo único. Nos casos previstos nos incisos I e II, funcionará como Presidente o do Supremo Tribunal Federal, limitando-se a condenação, que somente será proferida por dois terços dos votos do Senado Federal, à perda do cargo, com inabilitação, por oito anos, para o exercício de função pública, sem prejuízo das demais sanções judiciais cabíveis.

* **Os parlamentares estão sujeitos aos chamados crimes de responsabilidade?**

Não! Havendo quanto a eles uma sistemática própria, da quebra de decoro, ocasião em que cada um responde na respectiva Casa.

Desse modo, a quebra de decoro consiste no comportamento inadequado, antiético ou desonrosa praticado por um membro do Poder Legislativo ou Executivo que viola as normas de conduta esperadas para o exercício do cargo público. Um exemplo seria a utilização de linguagem ofensiva, discriminatória ou injuriosa em suas manifestações públicas.

* **Ministros do STF podem sofrer *impeachment*?**

Sim! Quem irá julgar será o Senado, de acordo com o art. 52, II, da CF.

* A condenação no crime de responsabilidade é política ou penal?

Política.

✳ **Quais consequências pode gerar a condenação por crime de responsabilidade?**

A perda da função pública e inabilitação, por oito anos, para qualquer cargo ou função pública.

✳ A sessão conjunta e a sessão unicameral ocorrem concomitantemente, mas qual a diferença entre elas?

SESSÃO CONJUNTA	SESSÃO UNICAMERAL
Reúnem os deputados e senadores numa única sessão; Continuarão havendo dois resultados: o da votação da Câmara e o da votação do Senado. É conjunta apenas a reunião para conhecer do tema a deliberar, mas a votação ocorre em separado.	A votação é conjunta, sendo contada VOTOS JUNTOS sobre o total de 594 parlamentares (513 da Câmara e 81 do Senado). Não existe mais sessão unicameral. A sessão unicameral existiu apenas uma vez, para a elaboração das emendas constitucionais de revisão (ADCT, art. 3º).

SESSÃO EXTRAORDINÁRIA

QUEM PODE CONVOCAR	HIPÓTESES
Presidente da República Presidente do Senado Federal Presidente da Câmara do Deputados Requerimento da maioria dos membros de ambas as Casas	Em caso de urgência ou interesse público relevante, sempre com aprovação da maioria absoluta de cada uma das Casas do Congresso Nacional.
Presidente do Senado	Decretação de estado de defesa; decretação de intervenção federal; Pedido de autorização para a decretação de estado de sítio; Compromisso e a posse do Presidente e Vice-Presidente da República.

11.4 Imunidades parlamentares

As imunidades parlamentares são prerrogativas inerentes à função parlamentar, garantidoras do exercício do mandato, com plena liberdade. Visam a garantir que os parlamentares possam desempenhar seu papel de representantes do povo sem interferências externas indevidas, contribuindo para o bom funcionamento do sistema democrático. As imunidades parlamentares são irrenunciáveis, aqui não está se referindo ao cargo, mas às imunidades decorrentes dele.

Dividem-se em imunidade material ou formal:

IMUNIDADE MATERIAL	IMUNIDADE FORMAL
Protege os parlamentares de serem responsabilizados civil ou criminalmente por opiniões, palavras e votos proferidos no exercício do mandato.	Garante a inviolabilidade do parlamentar, impedindo sua prisão, salvo em flagrante delito, durante o período de sessão legislativa.

✳ **O suplente possui imunidades parlamentares?**

O suplente não gozará de imunidade, a não ser no período em que esteja substituindo o titular. Nesse período, ele possuirá a imunidade e o foro especial. Voltando à condição de suplente, o processo deixa de ser julgado pelo STF (INQ nº 2.421).

✳ **O corréu possui imunidades parlamentares?**

Não! A imunidade parlamentar não se estende ao corréu sem essa prerrogativa (Súmula nº 245 do STF).

11.5 Imunidade material

Também chamada de imunidade real, substantiva ou inviolabilidade, essa imunidade garante que não há responsabilidade penal ou civil em relação às opiniões, palavras e votos dos parlamentares.

Desse modo, no exercício de suas funções, não podem os parlamentares responder por crimes contra a honra - calúnia, injúria e difamação - ou ser condenados a pagar indenização por danos morais (STF, RE nº 577.785).

DENTRO DO PARLAMENTO	FORA DO PARLAMENTO
A imunidade é absoluta, afastando a responsabilização penal e civil. No entanto, o parlamentar pode responder por quebra de decoro.	A imunidade é relativa, abrangendo as opiniões, palavras e votos SOMENTE se tiverem relação com a atividade parlamentar.

11.6 Imunidade formal

Também chamada de imunidade processual ou adjetiva, é responsável por definir as regras sobre prisão dos parlamentares, bem como ao processo instaurado contra eles.

Desde a expedição do diploma - ou seja, antes mesmo da posse -, os parlamentares não poderão ser presos, salvo em flagrante delito por crime inafiançável.

✳ **E se houver flagrante de crime inafiançável?**

Os autos serão remetidos em 24 horas à respectiva Casa Legislativa, para que ela resolva sobre a prisão, pelo voto da maioria absoluta de seus membros. Isso significa que poderá o próprio Legislativo relaxar a prisão. Essa regra, no entanto, pode ser relativizada. Em um julgado que cai bastante nas provas, relacionado à Operação Dominó, o STF entendeu que não haveria a necessidade de comunicar à Casa, pois a quase totalidade dos deputados estaduais (23 dos 24) respondia a inquéritos e ações penais (STF, HC nº 89.417).

Logo, o STF entendeu que a comunicação à Casa deveria acontecer nos casos de restrições relacionadas ao exercício do mandato, e não apenas em caso de prisão. Assim, vê-se que houve um alargamento do que consta na Constituição.

✳ **Existe a necessidade de prévia licença para a abertura de processo contra parlamentares?**

Após a EC nº 35/2001, não há mais necessidade de prévia licença para a abertura de processo contra parlamentares.

FATOS ANTERIORES À DIPLOMAÇÃO	FATOS POSTERIORES À DIPLOMAÇÃO
O processo tramitará sem a necessidade de prévia licença e sem a possibilidade de determinarem a suspensão.	Não haverá a necessidade de prévia licença. A Casa pode determinar a sustação do processo, desde que haja, no prazo de 45 dias, iniciativa de partido político e decisão de maioria dos membros da Casa.

11.7 Imunidades nas esferas estadual e distrital

Aos parlamentares estaduais e distritais são atribuídas as mesmas imunidades asseguradas no âmbito federal.

11.8 Imunidades na esfera municipal

ATENÇÃO!

Os vereadores, possuem apenas imunidade material, sendo invioláveis por suas opiniões, palavras e votos no exercício do mandato e na circunscrição do Município.

✳ **Vereador possui foro especial?**

Quanto ao foro especial, entendia o STF que, embora ele não tenha sido dado pela Constituição Federal, nada impediria que fosse conferido por Constituição Estadual (STF, ADI nº 2.587). No entanto, em 2019, o STF mudou a sua orientação, para deixar claro que *não caberia à Constituição Estadual conceder foro especial a autoridades,* indo além daqueles casos já disciplinados na Constituição Federal.

INCOMPATIBILIDADES E IMPEDIMENTOS PARA DEPUTADOS E SENADORES (art. 54, I e II)

I – DESDE A EXPEDIÇÃO DO DIPLOMA	II – DESDE A POSSE
FIRMAR ou manter contrato com pessoa jurídica de direito público, autarquia, empresa pública, sociedade de economia mista ou empresa concessionária de serviço público, salvo quando o contrato obedecer a cláusulas uniformes;	PATROCINAR causa em que seja interessada qualquer das entidades a que se refere o primeiro quadro desta tabela;
ACEITAR ou exercer cargo ou emprego remunerado, inclusive os que sejam demissíveis *ad nutum*, nas entidades constantes na alínea anterior.	OCUPAR cargo ou função de que sejam demissíveis *ad nutum*, nas entidades referidas no primeiro quadro desta tabela;
	SER proprietários, controladores ou diretores de empresa que goze de favor decorrente de contrato com pessoa jurídica de direito público, ou nela exercer função remunerada;
	SER titulares de mais de um cargo ou mandato público eletivo.

11.9 Hipóteses de perda do mandato

PERDA DECIDIDA	PERDA DECLARADA
A perda não é mais automática, devendo a decisão ser tomada por maioria absoluta de votos na respectiva Casa.	Perda automática, dependendo de iniciativa da Mesa da Casa. Pode ser de ofício ou mediante provocação de qualquer de seus membros ou de partido político.
a) infração de qualquer das proibições do art. 54 (quadro anterior); b) quebra de decoro parlamentar; c) condenação criminal transitada em julgado.	a) que deixar de comparecer, em cada sessão legislativa, à terça parte das sessões ordinárias da Casa a que pertencer, salvo licença ou missão por esta autorizada; b) que perder ou tiver suspensos os direitos políticos; c) quando o decretar a Justiça Eleitoral, nos casos previstos nesta Constituição.

Direito Constitucional

O parlamentar não perderá o mandato nas seguintes hipóteses:

- Quando estiver investido em cargo de ministro de Estado, governador de território, secretário de Estado, do DF, de Território, de prefeitura de capital ou chefe de missão diplomática temporária;
- Quando licenciado por motivo de doença (sem prazo);
- Quando licenciado pela respectiva Casa para tratar, sem remuneração, de interesse particular, desde que o afastamento não ultrapasse 120 dias por sessão legislativa.

11.10 Comissões parlamentares

As comissões parlamentares são órgãos, com número restrito de membros, encarregados de estudar e examinar as proposições legislativas (projetos de leis, projetos de emendas) e apresentar pareceres.

COMISSÕES PARLAMENTARES	
COMISSÃO TEMÁTICA OU EM RAZÃO DA MATÉRIA	• Discutem e votam projeto de lei que dispensam a competência do Plenário; • Realizam audiências; • Convocam Ministros para prestar depoimentos etc. Ex.: Comissão de Constituição e Justiça (CCJ).
COMISSÃO ESPECIAL OU TEMPORÁRIA	• Apreciam matéria específica, extinguindo-se com o término da legislatura ou cumprida a finalidade para a qual foi criada. Ex.: comissões que representam a Casa durante congressos, solenidades ou CPI.
COMISSÃO MISTA	• Apreciam assuntos que devem ser examinados em sessão conjunta pelo Congresso Nacional.
COMISSÃO REPRESENTATIVA	• Durante o recesso parlamentar, funcionará uma comissão representativa, eleita pela Câmara e pelo Senado na última sessão legislativa do período legislativo.

11.11 Comissão parlamentar de inquérito

A CPI nasce em decorrência de uma das atividades típicas do Legislativo, a saber, a função fiscalizatória.

> Art. 58, § 3º As comissões parlamentares de inquérito, que terão poderes de investigação próprios das autoridades judiciais, além de outros previstos nos regimentos das respectivas Casas, serão criadas pela Câmara dos Deputados e pelo Senado Federal, em conjunto ou separadamente, mediante requerimento de um terço de seus membros, para a apuração de fato determinado e por prazo certo, sendo suas conclusões, se for o caso, encaminhadas ao Ministério Público, para que promova a responsabilidade civil ou criminal dos infratores.

A exigência de assinatura de apenas 1/3 dos Membros da Casa Legislativa para a abertura de CPI caracteriza direito subjetivo das minorias.

* **A existência de procedimento penal investigatório, em tramitação no Judiciário impede a instalação e atuação de uma CPI?**

Não! Pois cada qual possui amplitude distinta, delimitada constitucional e legalmente, além de finalidades diversas (STF, HC nº 100.341).

* **A CPI busca apurar a existência de um fato determinado, isso impede a investigação de fatos conexos?**

  Não!

* **Na CPI o prazo é certo, isso impede que haja prorrogações?**

  Não! A duração da CPI só não poderá ultrapassar o final da legislatura em que ela foi constituída.

11.12 Poderes da CPI

PODERES DA CPI	A CPI NÃO PODERÁ
• Decretar a quebra de sigilos das correspondências e de dados (bancários, fiscais e telefônicos); • Determinar busca e apreensão de bens, objetos e computadores em repartições públicas; • Decretar prisão em flagrante; • Ouvir testemunhas e investigados; • Requerer ao TCU a realização de inspeções e auditorias; • Requisitar de órgãos públicos informações ou documentos de qualquer natureza, bem como obter provas emprestadas do Judiciário, inclusive utilizando documentos oriundos de inquéritos sigilosos; • Convocar ministros de Estado.	• Decretar a quebra do sigilo das comunicações telefônicas; • Determinar busca e apreensão domiciliar; • Decretar prisões preventiva e temporária; • Impedir que o advogado esteja ao lado do cliente dando instruções; • Impor que o investigado assine termo de compromisso de dizer a verdade; • Pode decretar indisponibilidade de bens; • Convocar o Presidente da República ou Magistrado para prestar esclarecimentos sobre ato jurisdicional praticado.

* **Todas as CPIs podem quebrar os sigilos bancários, fiscais ou telefônicos?**

  Não! A CPI municipal não pode.

O Relatório pode ser encaminhado ao MP, à AGU e a outros órgãos públicos, enviando inclusive documentação que possibilite a instauração de inquérito policial contra pessoas envolvidas nos fatos que foram apurados (STF, MS nº 35.216).

PODER LEGISLATIVO

AUTORIDADE	CRIMES COMUNS	QUEBRA DE DECORO (NÃO HÁ CRIME DE RESPONSABILIDADE PARA PARLAMENTARES)
Deputados federais e senadores	STF	Respectiva Casa
Deputados estaduais e distritais	TJ	Respectiva Casa
Vereadores	Não têm foro especial	Respectiva Casa

A Ação Penal nº 937 no STF determinou que, em relação aos Parlamentares Federais, o foro especial no STF estava limitado a fatos praticados durante o mandato e que tivessem relação com o mandato.

11.13 Tribunal de Contas

O Tribunal de Contas é um órgão de natureza técnica, independente e autônomo. Este não integra o Poder Legislativo e a sua função é auxiliar o Poder Legislativo no exercício do controle externo, isto é, na atividade de fiscalização da execução do orçamento e do uso do dinheiro público.

Os conselheiros do Tribunal de Contas dos Estados são detentores das mesmas garantias que os magistrados possuem, notadamente a prerrogativa jurídica referente à vitaliciedade (art. 75 c/c art. 73, § 3º, da CF), que representa a garantia constitucional destinada a impedir a perda do cargo, exceto por sentença judicial transitada em julgado.

No âmbito municipal, é exclusiva da Câmara de Vereadores a competência para julgar as contas de governo e as contas de gestão dos Prefeitos, cabendo ao Tribunal de Contas auxiliar o Poder Legislativo municipal, emitindo parecer prévio e opinativo, que somente poderá ser derrubado por decisão de dois terços dos Vereadores.

A CF/1988 vedou que um Município crie um Tribunal de Contas do Município, isto é, um órgão municipal responsável por auxiliar uma única Câmara Municipal no exercício do controle externo em relação a um determinado Município.

Todavia, o texto constitucional não determinou a extinção dos Tribunais de Contas do Município previamente existentes, sendo esses órgãos funcionais atualmente. Porém, a CF permite que os Estados-membros, mediante autônoma deliberação, instituam órgão estadual denominado Conselho ou Tribunal de Contas dos Municípios (RTJ 135/457).

O TCU é formado por nove ministros, sendo escolhidos:

- Poder Legislativo indicará 2/3 dos Ministros (6); Executivo indicará 1/3 (3);
- 2/3 (6 Ministros) escolhidos pelo Congresso Nacional, na forma de seu regimento;
- 1/3 (3 Ministros) escolhidos pelo Pres. da República: 1 vaga deve ser destinada a auditor e 1 a membro do Ministério Público Especial, sendo 1 livre.

O art. 75 da CF/1988, em conformidade ao princípio da simetria, define a organização, a composição e a atividade fiscalizatória dos Tribunais de Contas dos Estados, do DF e dos Municípios deverão observar a Constituição Federal.

Nos Estados, serão sete Conselheiros, sendo:

- 4 escolhidos pela Assembleia Legislativa;
- 3 pelo Chefe do Poder Executivo estadual, cabendo a este indicar 1 dentre auditores e 1 dentre membros do Ministério Público, e 1 terceiro é de livre escolha (Súmula nº 653, STF).

As atribuições do TCU estão dispostas no art. 71 da CF:

> Art. 71. O controle externo, a cargo do Congresso Nacional, será exercido com o auxílio do Tribunal de Contas da União, ao qual compete:
> I – apreciar as contas prestadas anualmente pelo Presidente da República, mediante parecer prévio que deverá ser elaborado em sessenta dias a contar de seu recebimento;

> II – julgar as contas dos administradores e demais responsáveis por dinheiros, bens e valores públicos da administração direta e indireta, incluídas as fundações e sociedades instituídas e mantidas pelo Poder Público federal, e as contas daqueles que derem causa a perda, extravio ou outra irregularidade de que resulte prejuízo ao erário público;

Os membros do TCU, TCE, TCDF e TCM serão julgados por órgãos distintos de acordo com os crimes cometidos, sejam comuns ou crimes de responsabilidade:

Autoridade	Crimes Comuns	Crimes de Responsabilidade
Membros do TCU	STF	STF
Membros do TCE/TCDF/TCM	STJ	STJ

12 PROCESSO LEGISLATIVO

O processo legislativo é um conjunto de regras (fases e atos), que visam à produção de normas jurídicas em nosso ordenamento.

ATENÇÃO!
Nem todas as normas jurídicas são fruto do processo legislativo, por exemplo, no Direito Administrativo há uma série de normas jurídicas derivadas do Poder Executivo, que vinculam condutas, mas que não são frutos do processo legislativo, como os decretos regulamentares.

O processo legislativo está disposto no art. 59 da CF:

> Art. 59. O processo legislativo compreende a elaboração de:
> I – emendas à Constituição;
> II – leis complementares;
> III – leis ordinárias;
> IV – leis delegadas;
> V – medidas provisórias;
> VI – decretos legislativos;
> VII – resoluções.

12.1 Lei ordinária e complementar

12.1.1 Fases do processo legislativo

1ª FASE	Iniciadora
2ª FASE	Constitutiva (discussão + votação + sanção/veto)
3ª FASE	Complementar (promulgação + publicação)

12.1.2 Fase iniciativa

> Art. 61. A iniciativa das leis complementares e ordinárias cabe a qualquer membro ou Comissão da Câmara dos Deputados, do Senado Federal ou do Congresso Nacional, ao Presidente da República, ao Supremo Tribunal Federal, aos Tribunais Superiores, ao Procurador-Geral da República e aos cidadãos (...).

São de iniciativa privativa do Presidente da República as leis que:

> I - fixem ou modifiquem os efetivos das Forças Armadas;
> II - disponham sobre:
> a) criação de cargos, funções ou empregos públicos na administração direta e autárquica ou aumento de sua remuneração;
> b) organização administrativa e judiciária, matéria tributária e orçamentária, serviços públicos e pessoal da administração dos Territórios;
> c) servidores públicos da União e Territórios, seu regime jurídico, provimento de cargos, estabilidade e aposentadoria;
> d) organização do Ministério Público e da Defensoria Pública da União, bem como normas gerais para a organização do Ministério Público e da Defensoria Pública dos Estados, do Distrito Federal e dos Territórios;
> e) criação e extinção de Ministérios e órgãos da administração pública, observado o disposto no art. 84, VI;
> f) militares das Forças Armadas, seu regime jurídico, provimento de cargos, promoções, estabilidade, remuneração, reforma e transferência para a reserva.

12.1.2.1 Iniciativa popular (art. 61, § 2º)

A possibilidade do povo apresentar projeto de lei é uma das formas de exercício do poder de forma direta.

- No âmbito federal, a proposta na Câmara dos Deputados deve ser subscrita por, no mínimo, 1% do eleitorado em pelo menos 05 estados, com no mínimo 0,3% de votos em cada um.
- No âmbito estadual/distrital, os requisitos deverão ser definidos na legislação local.
- No âmbito municipal, deve ser subscrito por 5% do eleitorado.

12.1.2.2 Deliberação parlamentar

Sob o aspecto técnico jurídico, há três espécies de processo legislativo:

- O processo legislativo ordinário, aquele que visa à produção das leis ordinárias, sendo este o processo legislativo mais comum;
- O processo legislativo sumário é similar ao ordinário, porém, dotado de maior celeridade, também chamado de regime de urgência constitucional, presente no art. 64 da Constituição;
- E, por fim, os processos legislativos especiais.

Em razão da existência do bicameralismo federativo, os projetos de lei, na esfera federal, devem ser apreciados pelas duas Casas: iniciadora e revisora.

CASA INICIADORA	CASA REVISORA
Câmara ou Senado (se for projeto de Senador ou comissão de Senadores); OBS: Após a sua iniciação, o projeto pode passar por algumas comissões, destacando-se a Comissão de Constituição e Justiça → CCJ. Nela, será analisado se a proposta é constitucional ou não, trata-se de controle político de constitucionalidade, na forma preventiva. Se rejeitado → arquivado; Se aprovado → encaminhado para Casa revisora.	Emendou o projeto → Volta à iniciadora; CUIDADO! Somente as emendas que alterem substancialmente o projeto vindo da Casa Iniciadora precisam voltar. Se a alteração for apenas meramente redacional, essa necessidade não existirá. Rejeitou o projeto → Arquiva; Aprovou sem emendas - Segue para Sanção/Veto do Presidente.

✳ **Existe hierarquia entre lei ordinária e complementar?**

Não!

LEI COMPLEMENTAR E LEI ORDINÁRIA

	LEI COMPLEMENTAR (LC)	LEI ORDINÁRIA (LO)
QUÓRUM	Maioria absoluta	Maioria simples
MATÉRIA	Rol taxativo na CF/1988. Exemplos: art. 7º, I; 14, § 9º; 21, IV.	Natureza residual: tudo o que não for LC, Decreto Legislativo e Resoluções.

PROCESSO LEGISLATIVO SUMÁRIO OU REGIME DE URGÊNCIA CONSTITUCIONAL (art. 64, § 1º)

É um processo legislativo abreviado que consiste em um pedido formulado pelo Presidente da República para que projeto de sua iniciativa seja votado com brevidade.

Cada uma das Casas terá 45 dias para apreciar o projeto. Se houver emenda na Casa revisora, a iniciadora deverá analisar a emenda no prazo de 10 dias. Fazendo-se a somatória desses prazos, chega-se ao prazo máximo para este procedimento de 100 dias.

Não havendo manifestação do Congresso dentro do período mencionado, haverá o sobrestamento das demais deliberações (exceto as medidas provisórias), caracterizando o trancamento de pauta.

ATENÇÃO!
Existe uma exceção prevista na Constituição em que as matérias com prazo constitucionalmente determinado não irão ter sua tramitação interrompida (como é o caso das MPs, que têm o prazo de 60 dias, prorrogáveis por mais 60 dias).

DELIBERAÇÃO EXECUTIVA

A deliberação executiva consiste na demonstração da concordância - ou não - do Presidente da República. Essa fase só acontece nas leis ordinárias e complementares, além das medidas provisórias aprovadas com modificações pelo Congresso Nacional.

Não haverá sanção ou veto:

- Nas emendas à Constituição;
- Nas resoluções e nos decretos legislativos;
- Nas leis delegadas;
- Nas medidas provisórias aprovadas sem modificação pelo Congresso Nacional.

SANÇÃO	VETO
Manifestação de concordância do Presidente da República ao projeto de lei, podendo ser total ou parcial.	Manifestação de discordância, será sempre expressa e feita no prazo de 15 dias úteis. Veto Jurídico → quando o projeto for considerado inconstitucional, no todo ou em parte; Veto Político → quando o projeto for considerado contrário ao interesse público, no todo ou em parte. ATENÇÃO! o veto pode alcançar toda a proposta legislativa ou, ainda, restringir-se a apenas determinado artigo, parágrafo, inciso ou alínea.

PRAZOS DO VETO

15 DIAS ÚTEIS	Prazo para vetar/sancionar, se o Presidente não se manifestar, importará em sanção tácita.
48 HORAS	Prazo para comunicar ao Presidente do Senado os motivos do veto, caso ocorra.
30 DIAS	O Congresso Nacional apreciará o veto em sessão conjunta a contar de seu recebimento, só podendo ser rejeitado pelo voto da maioria absoluta dos Deputados e Senadores, em voto ABERTO. Se nesse prazo não acontecer a deliberação, o veto será colocado na ordem do dia da sessão imediata, sobrestadas as demais proposições, até sua votação final.

FASE COMPLEMENTAR

Nesta fase são analisadas a promulgação e a publicação.

✳ **O que se promulga? A lei ou o projeto de lei?**

O que se promulga é a lei! A promulgação é citada na doutrina como "atestado de existência válida da lei".

✳ **Quando nasce a Lei?**

A lei nasce com a sanção presidencial ou com derrubada de veto por parte dos parlamentares.

✳ **O presidente promulga emendas constitucionais? Existe prazo para promulgar?**

A Promulgação das emendas à Constituição cabe às Mesas da Câmara e do Senado, em conjunto, com o respectivo número de ordem. Na Constituição, não há prazo para a promulgação de emendas. Quanto às resoluções e aos decretos legislativos, a promulgação cabe aos presidentes das respectivas Casas (Câmara, Senado ou Congresso).

PUBLICAÇÃO

A publicação é o ato por meio do qual a lei é levada ao conhecimento de todos. É nesse momento que o cumprimento da lei pode começar a ser exigido. A Lei de Introdução às Normas do Direito Brasileiro (LINDB) prevê em seu art. 1º que, salvo disposição em contrário, a lei começa a vigorar, no Brasil, 45 dias após a publicação e, no exterior, três meses após a publicação.

EMENDAS À CONSTITUIÇÃO (EC)

As ECs são alterações feitas pelo Poder Constituinte Derivado Reformador ao trabalho feito pelo Poder Constituinte Originário. Elas podem fazer acréscimos, supressões ou modificações do texto constitucional.

Conforme explicado anteriormente no tópico Teoria da Constituição, o Poder Constituinte Reformador encontra limitações de natureza circunstancial, material e formal, detalhadas nas páginas 73 e 74.

LEI DELEGADA

A lei delegada é elaborada pelo Presidente da República, após prévia autorização dada pelo Congresso Nacional, delimitando o assunto sobre o qual pretende legislar.

Assim, o Congresso recebe iniciativa solicitadora do Presidente, avalia e, se acatá-la, externa sua aceitação por meio de uma Resolução. Na resolução deve constar (de forma específica e explícita) o conteúdo e os termos de exercício da delegação, afinal, não se admite "delegação em branco".

Na resolução constará a necessidade, ou não, de o Poder Legislativo apreciar o projeto eventualmente elaborado pelo Poder Executivo (art. 68, § 3º, CF/1988) - definindo se a Lei Delegada será típica ou atípica:

DELEGAÇÃO TÍPICA	DELEGAÇÃO ATÍPICA
O Congresso Nacional concede a autorização ao Presidente da República por Resolução e este a elabora, promulga e publica.	O Presidente da República obterá do Congresso Nacional a autorização para editar primeiro um projeto de lei delegada. O CN vai apreciar o projeto (em votação única, na qual é vedada a inserção de emendas); Se o CN aprovar o projeto, o Presidente poderá promulgar e publicar a Lei Delegada; Se o CN rejeitar o projeto, o mesmo será enviado para o arquivo.

MEDIDA PROVISÓRIA

A medida provisória é uma espécie normativa que tem força de lei ordinária e não conta com a participação do legislativo em sua formação, pois o Legislativo intervirá depois que a MP estiver produzindo seus efeitos jurídicos.

As medidas provisórias têm caráter excepcional e devem ser utilizadas apenas quando presentes os requisitos constitucionais de urgência e relevância.

✱ A edição de uma MP revoga Lei anterior?

Não! Apenas suspende seus efeitos no ordenamento jurídico, em face do seu caráter transitório e precário.

Embora a Constituição diga respeito às MPs editadas apenas pelo Presidente da República, nada impede que elas sejam editadas pelos demais Chefes do Executivo (Governadores e Prefeitos), desde que haja previsão na Constituição Estadual e na Lei Orgânica Municipal (STF, ADI nº 2.391).

✱ Depois de editar a Medida Provisória, o Presidente da República pode retirá-la?

Não! Já que o ato normativo estará submetido ao Legislativo, o que ele pode fazer é editar nova MP, revogando a anterior (STF, ADI nº 2.984).

Casa Iniciadora da Medida Provisória

A Câmara dos Deputados sempre será a Casa iniciadora e o Senado Federal a **Casa revisora.** Antes de a MP ser apreciada pela Casa Iniciadora ela deverá passar pela apreciação e parecer de uma Comissão mista formada por Deputados e Senadores.

Prazo de eficácia

A MP terá eficácia pelo prazo de 60 dias, prorrogável uma única vez por igual período (60+60 dias). O prazo da MP poderá ser mais amplo que 120 dias nas hipóteses previstas no art. 62, §§ 4º, 11 e 12, da CF/1988:

- Recesso parlamentar
- Não edição do decreto legislativo
- Projeto de lei de conversão alterando o texto original da MP

Durante o recesso parlamentar a MP continuará produzindo seus efeitos, no entanto, o prazo de eficácia ficará suspenso. Se ao final do prazo de eficácia (60+60 dias) a MP nem foi aprovada como lei e nem foi rejeitada expressamente, teremos a rejeição tácita ou por decurso de prazo.

TRANCAMENTO DE PAUTA

O prazo ideal de votação da MP é de 45 dias, sendo este um prazo comum para as duas Casas. Não haverá trancamento de pauta em nenhuma das Casas se a votação for concluída dentro de 45 dias.

Se o prazo de 45 dias transcorrer sem que haja conclusão de votação, a pauta da Casa Legislativa em que a MP estiver tramitando ficará trancada (ou seja, com parte das proposições legislativas suspensas).

CONVERSÃO DA MP

- Conversão em lei sem alterações do texto: deriva da aprovação da Medida nas duas Casas Legislativas sem a incidência de nenhuma modificação engendrada na Câmara ou no Senado. Neste caso, depois de aprovado, o texto será encaminhado ao Presidente da Mesa do Congresso Nacional para que ele promova a promulgação da lei, por autorização do art. 12 da Resolução nº 1/2002-CN.
- Conversão em lei com alterações do texto: ocorrerá se qualquer das Casas Legislativas apresentar emendas ao texto da MP, promovendo modificações no mesmo. Neste caso, esta se tornará um projeto de lei de conversão, que seguirá o trâmite legislativo.

ATENÇÃO!

As emendas parlamentares podem prever mudanças ao texto da MP, desde que a alteração tenha efetiva relação com a matéria segundo a qual se reputa haver urgência e relevância (STF, ADI nº 5.127).

Ainda que a MP seja alterada pelo Congresso Nacional, o texto original (aquele elaborado pelo Presidente) permanecerá em vigor até sanção ou veto, *vide* art. 62, § 12, da Constituição.

Algumas matérias são proibidas na elaboração de Medida Provisória. São elas:

> É vedada a edição de medidas provisórias sobre matéria:
> I – relativa a:
> a) nacionalidade, cidadania, direitos políticos, partidos políticos e direito eleitoral;

> b) direito penal, processual penal e processual civil;
>
> c) organização do Poder Judiciário e do Ministério Público, a carreira e a garantia de seus membros;
>
> d) planos plurianuais, diretrizes orçamentárias, orçamento e créditos adicionais e suplementares, ressalvado o previsto no art. 167, § 3º;
>
> II – que vise a detenção ou sequestro de bens, de poupança popular ou qualquer outro ativo financeiro;
>
> III – reservada a lei complementar;
>
> IV – já disciplinada em projeto de lei aprovado pelo Congresso Nacional e pendente de sanção ou veto do Presidente da República.

13 PODER EXECUTIVO

A função típica do Poder Executivo é administrar. O Presidente da República é o único que acumula as funções de Chefe de Estado e de Chefe de Governo em nosso sistema atual. Os demais são considerados apenas chefes de governo.

PRESIDENCIALISMO	PARLAMENTARISMO
Independência entre os Poderes nas funções governamentais.	Regime de colaboração; de corresponsabilidade entre Legislativo e Executivo.
Governantes (Executivo e Legislativo) possuem mandato certo.	Primeiro-ministro só permanece na chefia de governo enquanto possuir maioria parlamentar. Mandato dos parlamentares pode ser abreviado, caso haja a dissolução do parlamento.
Há um só chefe do executivo (presidente ou monarca), que acumula as funções de chefe de Estado e chefe de governo.	Chefia do Executivo é dual, já que exercida pelo Primeiro-ministro (chefe de governo), juntamente com o presidente ou monarca (chefes de estado).
A responsabilidade do governo é perante o povo.	A responsabilidade do governo é perante o parlamento.

São requisitos constitucionais para ocupar o cargo de Presidente da República:

- Ser brasileiro nato;
- Possuir alistamento eleitoral;
- Estar no pleno gozo dos direitos políticos;
- Ter mais de 35 anos (Comprovada na data da posse);
- Não se enquadrar em nenhuma das inelegibilidades previstas na Constituição;
- Possuir filiação partidária.

Nesse sentido, as eleições presidenciais estão regulamentadas no art. 77 da CF:

> Art. 77. A eleição do Presidente e do Vice-Presidente da República realizar-se-á, simultaneamente, no primeiro domingo de outubro, em primeiro turno, e no último domingo de outubro, em segundo turno, se houver, do ano anterior ao do término do mandato presidencial vigente.
>
> § 1º A eleição do Presidente da República importará a do Vice-Presidente com ele registrado.
>
> § 2º Será considerado eleito Presidente o candidato que, registrado por partido político, obtiver a maioria absoluta de votos, não computados os em branco e os nulos.

> § 3º Se nenhum candidato alcançar maioria absoluta na primeira votação, far-se-á nova eleição em até vinte dias após a proclamação do resultado, concorrendo os dois candidatos mais votados e considerando-se eleito aquele que obtiver a maioria dos votos válidos.
>
> § 4º Se, antes de realizado o segundo turno, ocorrer morte, desistência ou impedimento legal de candidato, convocar-se-á, dentre os remanescentes, o de maior votação.
>
> § 5º Se, na hipótese dos parágrafos anteriores, remanescer, em segundo lugar, mais de um candidato com a mesma votação, qualificar-se-á o mais idoso.

Podem ocorrer eleições indiretas, aquelas em que os eleitores não votam diretamente nos candidatos que ocuparão os cargos eletivos, mas sim em representantes que usufruem do poder de escolher os ocupantes desses cargos. Nessas hipóteses, não há a obrigação de os Estados-membros (ou o DF) seguirem o modelo federal. Assim, cada um dos entes federados editará norma própria, observada sua autonomia, não havendo a obrigação de seguir os parâmetros do art. 81, § 1º, da Constituição (STF, ADI-MC nº 4.298).

13.1 Sistema eleitoral

O sistema eleitoral para Presidente será o majoritário absoluto ('sistema de dois turnos').

Importa diferenciar os sistemas:

SISTEMA MAJORITÁRIO	SISTEMA PROPORCIONAL
Sistema em que quem obtiver mais votos será eleito.	Sistema em que os votos são computados para cada partido ou coligação e, em uma segunda etapa, são computados os de cada candidato.
Presidente da República, Governadores, Senadores e Prefeitos.	Deputados e Vereadores.

O Presidente e o Vice-Presidente tomarão posse em sessão conjunta do Congresso Nacional, caso não assumam o cargo em 10 dias da data fixada para posse, este será declarado vago, salvo se tiver havido força maior.

✳ **Quando o Vice-presidente sucederá o Presidente?**

1. Na situação de ausência do Presidente no país;
2. Nos casos de impedimento (impossibilidade temporária de exercer a função, como: doença, viagem, suspensão das funções etc.);
3. Duplo impedimento/vacância (afastamento definitivo, decorrente de morte, de renúncia ou/e perda do cargo).
   - Se a vacância for somente do Presidente: o vice exerce integralmente o mandato faltante sozinho, se a vacância for do vice, o presidente exerce o restante do mandato sozinho;
   - Se houver dupla vacância: o Presidente da Câmara, do Senado ou do STF assumem a presidência temporariamente e convoca novas eleições (diretas ou indiretas), apenas para completar o mandato, chamado mandato-tampão; nessa hipótese, o povo vota em 90 dias e o Congresso vota em 30 (trinta) dias.

ATENÇÃO!
O STF entendeu que se uma das autoridades presentes na ordem de vocação sucessória tiver contra si denúncia recebida pela Suprema Corte, esta poderá continuar exercendo sua função, porém ficará IMPEDIDA apenas de ocupar a Presidência da República, ainda que temporariamente (STF, ADPF nº 402).

13.2 Imunidades presidenciais

O Presidente da República não dispõe de imunidade material (opiniões e palavras), apenas de imunidade formal. Vejamos as hipóteses:

1. Em relação ao processo

   O Presidente da República somente será processado por crime comum no STF ou crime de responsabilidade no Senado Federal, se a Câmara dos Deputados autorizar por 2/3 de seus membros (CD = 513; 2/3= 342).

2. Em relação à prisão

   Impede as prisões em flagrante, temporária e preventiva ou em razão da prática de um crime de responsabilidade.

   > Art. 86
   > § 3º Enquanto não sobrevier sentença condenatória, nas infrações comuns, o Presidente da República não estará sujeito a prisão.

3. Em relação às cláusulas de irresponsabilidade penal relativa;

   Na vigência de seu mandato o Presidente da República não responderá pela prática de atos estranhos ao exercício de suas funções presidenciais.

ATENÇÃO!
- Não é qualquer demanda contra o presidente que será julgada em um foro especial. Exemplificando, ações cíveis e trabalhistas não contam com regra diferenciada, sendo julgadas na 1ª instância.
- Não há foro especial para o julgamento de Ação Popular ou Ação Civil Pública. Desse modo, mesmo que elas sejam propostas contra autoridades, a tramitação ocorrerá perante um juiz de 1ª instância (STF, PET nº 3.087).

13.3 Processo de responsabilização

CRIME COMUM	CRIME DE RESPONSABILIDADE
Infrações penais comuns	Infrações político-administrativas
Processado e julgado perante o STF	Processado e julgado no Senado Federal
A câmara deve autorizar por 2/3 dos membros;	A câmara deve autorizar por 2/3 dos membros;

CRIME COMUM	CRIME DE RESPONSABILIDADE
Após autorização da câmara, o STF receberá a denúncia e o presidente ficará suspenso de suas funções pelo prazo máximo de 180 dias;	Após autorização da câmara, o processo será instaurado no SENADO e o presidente ficará suspenso de suas funções pelo prazo máximo de 180 dias;
A decisão condenatória pode acarretar: • Pena de prisão.	A decisão condenatória acarreta: • Perda do cargo • Inabilitação por 8 anos.

> Art. 85. São crimes de responsabilidade os atos do Presidente da República que atentem contra a Constituição Federal e, especialmente, contra:
>
> I - a existência da União;
>
> II - o livre exercício do Poder Legislativo, do Poder Judiciário, do Ministério Público e dos Poderes constitucionais das unidades da Federação;
>
> III - o exercício dos direitos políticos, individuais e sociais;
>
> IV - a segurança interna do País;
>
> V - a probidade na administração;
>
> VI - a lei orçamentária;
>
> VII - o cumprimento das leis e das decisões judiciais.
>
> Parágrafo único. Esses crimes serão definidos em lei especial, que estabelecerá as normas de processo e julgamento.

Dentro da locução "crimes comuns" (ou infrações penais comuns) se inserem os crimes comuns propriamente ditos e também as contravenções penais e os crimes eleitorais (STF, RCL nº 511).

A Constituição prevê que não pode haver prisão do Presidente antes da prolação de sentença. Por sua vez, a Lei nº 1.079/1950, em seu art. 14 prevê que cabe a qualquer cidadão denunciar o Presidente da República nos crimes de responsabilidade.

13.4 Imunidades dos governadores e dos prefeitos

Não possuem as imunidades conferidas ao Presidente. Assim, estabelece-se que a regra da imunidade relativa não se estende às outras autoridades, pois ela abrange unicamente o Chefe de Estado.

13.5 Responsabilização dos governadores

Os governadores serão responsabilizados conforme o crime cometido, sendo desnecessária a autorização do Poder Legislativo para o processamento:

CRIME COMUM	CRIME DE RESPONSABILIDADE
STJ	Tribunal Especial • Composto por 11 membros; Sendo: • 5 membros do legislativo; • 5 desembargadores; • O presidente é o presidente do TJ.

13.6 Responsabilização dos prefeitos

O art. 4º, do Decreto-lei nº 201/1967, menciona as infrações político-administrativas que o Prefeito pode cometer. São verdadeiros crimes de responsabilidade (próprios), por isso o julgamento é realizado na Câmara dos Vereadores.

Por outro lado, art. 1º, do Decreto-lei nº 201/1967, menciona infrações penais comuns que o Prefeito pode cometer. Não são verdadeiramente crimes de responsabilidade, por isso o julgamento é realizado pelo Poder Judiciário e são chamados de crimes de responsabilidade impróprios.

> Súmula nº 702 do STF: A competência do Tribunal de Justiça para julgar prefeitos restringe-se aos crimes de competência da Justiça comum estadual; nos demais casos, a competência originária caberá ao respectivo Tribunal de segundo grau.
> Súmula nº 208 do STJ: Compete à Justiça Federal processar e julgar Prefeito municipal por desvio de verba sujeita a prestação de contas perante órgão federal.
> Súmula nº 209 do STJ: Compete à Justiça Estadual processar e julgar Prefeito por desvio de verba transferida e incorporada ao patrimônio municipal.

13.7 Ministros de Estado

O Ministros de Estado é o título dado a um cargo político do Poder Executivo do Brasil que responde diretamente ao Presidente da República a quem compete delinear e liderar estrategicamente as áreas de interesse da nação, como educação, saúde, cultura, trabalho etc.

- Escolhidos livremente e demissíveis sem necessidade de motivação;
- Idade mínima de 21 anos;
- Podem ser brasileiros natos ou naturalizados - exceção: o ministro da defesa deve ser brasileiro nato;
- Deve estar em pleno exercício de seus direitos políticos.

13.8 Atribuições do presidente da República

As competências ordenadas no artigo não são exaustivas, mas sim meramente exemplificativas (o próprio art. 84, XXVII, da CF/1988 determina que o Presidente exercerá outras atividades delineadas na Constituição).

O art. 84, parágrafo único, da CF/1988, diz que somente são delegáveis as atividades previstas nos incisos VI, XII e XXV 1ª parte, a saber:

> VI - dispor, mediante decreto, sobre: a) organização e funcionamento da administração federal, quando não implicar aumento de despesa nem criação ou extinção de órgãos públicos; b) efetuar a extinção de funções ou cargos públicos, quando vagos;
> XII - conceder indulto e comutar penas, com audiência, se necessário, dos órgãos instituídos em lei;
> XXV, 1ª parte - prover os cargos públicos federais, na forma da lei.

O Presidente pode fazer uso de três tipos de decretos:

DECRETO DE EXECUÇÃO	Impõe a prática de um ato concreto, como uma nomeação.
DECRETO REGULAMENTAR	É um ato normativo para regulamentar uma lei, contudo este não pode extrapolar os limites traçados pela lei a qual ele está regulamentando.
DECRETO AUTÔNOMO	O nome é "autônomo" pois este retira o seu fundamento direto da Constituição e não de uma lei, é uma norma primária, que tem força inclusive para revogar leis anteriores a ele que estejam dispondo em sentido contrário. Porém, o seu uso é limitado, só podendo ser usado naquilo que a Constituição permite, ou seja: a) Organização e funcionamento da administração federal, quando não implicar: • Aumento de despesa; • Criação ou extinção de órgãos públicos. b) Extinção de funções ou cargos públicos, quando VAGOS.

13.9 Formas de extinção de punibilidade concedidas pelo presidente

INDULTO	Perdão coletivo, dado pelo Presidente da República em forma de Decreto.
GRAÇA	Perdão dado a um indivíduo específico, concedido pelo Presidente da República por meio de Decreto.
ANISTIA	Perdão concedido pelo Congresso Nacional por meio de lei, e produz como efeito apagar todo o fato histórico, inclusive as punições.

13.10 Conselho da República e de Defesa Nacional

CONSELHO DA REPÚBLICA	CONSELHO DE DEFESA NACIONAL
Órgão superior de consulta; Competência: • Pronunciar-se na intervenção federal, estado de defesa e estado de sítio; • Pronunciar-se nas questões relevantes para a estabilidade das instituições democráticas.	Órgão de consulta; Competência: • Opinar na decretação do estado de defesa, do estado de sítio e da intervenção federal; • Opinar na declaração de guerra e de celebração da paz; • Propor os critérios de utilização de áreas indispensáveis à segurança do território nacional; • Estudar, propor e acompanhar o desenvolvimento de iniciativas necessárias a garantir a independência nacional e a defesa do Estado democrático.
Componentes singulares: • Líderes da maioria e minoria de ambas as Casas; • 6 cidadãos brasileiros natos.	Componentes singulares: • Ministro da Defesa; • Ministro das Relações Exteriores; • Ministro do Planejamento; • Comandantes das FFAA.
Componentes comuns aos dois conselhos: Vice-Presidente; Presidentes de ambas as Casas; Ministro da Justiça.	

14 PODER JUDICIÁRIO

O Poder Judiciário é responsável por aplicar a lei, solucionar conflitos de forma imparcial e garantir a observância da Constituição Federal. Além disso, o Judiciário tem o papel de proteger os direitos individuais e coletivos, julgando casos de acordo com a legislação vigente e respeitando os princípios fundamentais da Justiça.

O Supremo Tribunal Federal (STF) é o órgão máximo do Judiciário, cabendo a ele a guarda da Constituição.

14.1 Funções essenciais à justiça

14.1.1 Ministério Público

É incumbência do MP defender:

- A ordem jurídica;
- O regime democrático
- Os interesses sociais e individuais indisponíveis.

São princípios desse órgão:

- Unidade → Cada MP (MPU, MPE) integra um único órgão, sob chefia única de seu procurador-geral;
- Indivisibilidade → Dentro de cada MP, os membros poderão, sem arbitrariedades, ser substituídos uns pelos outros, não há divisibilidade de seus membros.
- Independência funcional → Não existe vinculação dos órgãos do MP a pronunciamentos processuais anteriores de outros membros que o antecederam.

14.1.2 Estrutura do Ministério Público

Ministério Público da União	Ministério Público Estadual
• MP federal • MP trabalho • MP militar • MP Distrito federal e territórios	• MP dos estados
CHEFE: PGR	CHEFE: PGJ

Os membros do MP desfrutam das mesmas garantias reservadas aos magistrados:

- Vitaliciedade
  - Adquirida após 2 anos de efetivo exercício;
  - Só perde o cargo mediante sentença judicial transitada em julgado.
- Inamovibilidade
  - Não pode ser removido de ofício, SALVO motivo de interesse público, mediante:
    - Maioria absoluta do CNMP; ou
    - Maioria absoluta do órgão colegiado do MP.
- Irredutibilidade do benefício
  - Proteção do valor nominal do subsídio.

O ingresso na carreira ocorre mediante aprovação em concurso público com prova e títulos, participação da OAB e atividade jurídica de 3 (três) anos.

14.1.3 Chefia do Ministério Público

PROCURADOR-GERAL DA REPÚBLICA	Chefe do MPU; Nomeado pelo Presidente da República; Aprovação prévia do senado (votação secreta e arguição pública); Não há lista tríplice para escolha do PGR; São requisitos para ser PGR: → Mais de 35 anos → Integrantes da carreira (MPU) • Mandato de 2 anos - Permitida sucessivas reconduções; • Destituição do PGR - Depende de aprovação do senado;
PROCURADOR-GERAL DE JUSTIÇA	Chefe do MPE; Nomeado pelo governador (livre nomeação); Há lista tríplice para escolha do governador; • Mandato de 2 anos, admitida uma recondução • Destituição do PGJ - depende de aprovação da assembleia legislativa;
PROCURADOR-GERAL DE JUSTIÇA DO DF	Quem nomeia é o presidente da república.

14.1.4 Vedações

- Exercer a advocacia;

OBS: Da mesma forma que os juízes, será vedado exercer a advocacia antes de decorridos 3 anos do afastamento do cargo por aposentadoria ou exoneração.

- Participar de sociedade comercial, na forma da lei;
- Exercer, ainda que em disponibilidade, qualquer outra função pública, salvo uma de magistério;
- Exercer atividade político-partidária.

14.1.5 Conselho Nacional do MP (CNMP)

- Órgão de controle externo do MP;
- Composição (14 membros)
  - Nomeados pelo presidente da República;
  - Aprovação prévia do senado federal;
  - Mandato de 2 anos - admitida 1 recondução;

PGR	4 MPU	3 MPE	2 JUÍZES	2 ADVOGADOS	2 CIDADÃOS

14.2 Advocacia pública

- Ingresso mediante concurso público de provas e títulos;
- Organização e funcionamento mediante lei complementar;
- São requisitos para os cargos de Advogado-Geral da União e Procurador:

ADVOGADO-GERAL DA UNIÃO	PROCURADOR
• Nomeado pelo presidente da República; • Não precisa de aprovação do senado; • Não precisa ser integrante da carreira da advocacia pública; • Deve ter mais de 35 anos; • Notável saber jurídico e reputação ilibada.	• Provas e títulos; • Participação da OAB em todas as fases; • Estabilidade após 3 anos de efetivo exercício; • Princípio da unidade.

14.2.1 Defensoria pública

- Prestação de assistência jurídica integral e gratuita aos que comprovarem insuficiência de recursos;
- Instituição permanente;
- Princípios:
  - Unidade;
  - Indivisibilidade;
  - Independência funcional;
- O ingresso na carreira é mediante aprovação em concurso público de provas e títulos;
- São garantias dos defensores a inamovibilidade e irredutibilidade de subsídio (não tem vitaliciedade);
- Organização e funcionamento definidos mediante lei complementar;
- A Defensoria pública do DF é organizada e mantida pelo DF.

15 CONTROLE DE CONSTITUCIONALIDADE

Pelo princípio da supremacia da Constituição, todas as normas de um país devem se compatibilizar com a Constituição Federal, norma de maior estatura jurídica de um ordenamento. Isto é, todas as normas devem ser compatíveis formal e materialmente com o conteúdo disposto na Constituição.

Nesse cenário, surge o bloco de constitucionalidade, ou seja, a junção entre as normas materialmente constitucionais, que estão fora da CF, com o texto formal da Constituição.

O STF adota o conceito restrito do bloco de constitucionalidade, segundo o qual servem de parâmetro para a análise de compatibilidade de leis ou atos normativos em relação à nossa Constituição o próprio texto e os tratados internacionais sobre direitos humanos aprovados no rito previsto pelo art. 5º, § 3º, da CF.

15.1 Recepção de normas infraconstitucionais

- Se a norma anterior é materialmente compatível com a nova Constituição, dizemos que ela foi recebida (recepcionada) pela nova ordem constitucional;
- Se a norma anterior não é materialmente compatível com o texto constitucional, temos que ela não foi recepcionada (revogada).

Não é correto falar que elas se tornaram inconstitucionais, na medida em que *o Brasil não admite a teoria da inconstitucionalidade superveniente* (STF, ADI 7).

No controle relacionado às normas infraconstitucionais anteriores à Constituição (juízo de recepção/revogação) só se analisa a sua compatibilidade material com o novo texto. Assim, ainda que não haja a compatibilidade formal, a norma pode ser recebida.

EXEMPLO: 1º) A partir da Constituição de 1988, não existe mais a figura do decreto-lei. Em seu lugar, foram criadas as medidas provisórias. O detalhe é que o Código Penal é o Decreto-lei nº 2.848/1940.

15.2 Constituição anterior X Constituição atual

A Constituição anterior será revogada pela nova.

Não importa se há trechos da Constituição anterior de acordo com a Constituição atual, na medida em que ocorre a ab-rogação (revogação total), e não derrogação (revogação parcial).

DESCONSTITUCIONALIZAÇÃO	RECEPÇÃO MATERIAL
A desconstitucionalização acontece quando a nova Constituição, em vez de revogar a anterior, opta por recebê-la com *status* de lei (infraconstitucional). CUIDADO: Em regra, a desconstitucionalização não é admitida; para que ela exista, deve haver uma ordem explícita na nova Constituição, o que não aconteceu com a Constituição de 1988.	Na recepção material, as disposições da Constituição anterior são recebidas com *status* de norma constitucional. Esse mecanismo foi utilizado no art. 34 do ADCT, que trouxe a seguinte previsão: Art. 34. O sistema tributário nacional entrará em vigor a partir do primeiro dia do quinto mês seguinte ao da promulgação da Constituição, mantido, até então, o da Constituição de 1967, com a redação dada pela Emenda nº 1, de 1969, e pelas posteriores.

A desconstitucionalização e a recepção material são exceções à regra, segundo a qual a nova Constituição revoga totalmente a anterior, mesmo nos dispositivos compatíveis entre elas.

15.3 Espécies de inconstitucionalidade

Fala-se em inconstitucionalidade por ação e por omissão. Na primeira, a norma existe e é inconstitucional, enquanto na segunda é exatamente na falta da norma que reside a inconstitucionalidade.

INCONSTITUCIONALIDADE POR OMISSÃO	INCONSTITUCIONALIDADE POR AÇÃO
A inconstitucionalidade por omissão decorre da inércia legislativa na regulamentação de normas constitucionais de eficácia limitada.	A inconstitucionalidade por ação será verificada sempre que a norma for elaborada em desrespeito à Constituição. O vício (defeito) pode ser de natureza formal (nomodinâmico) ou material (nomoestático).

15.3.1 Inconstitucionalidade por omissão

Como explicitado, a inconstitucionalidade por omissão caracteriza-se pela falta de uma norma, isto é, ocorre quando o Poder Legislativo não versar sobre matéria relevante no âmbito constitucional.

Esse tipo de inconstitucionalidade pode ser reconhecida pelo Poder Judiciário, que pode corrigir a omissão mediante o uso dos seguintes remédios constitucionais:

MANDADO DE INJUNÇÃO	ADI POR OMISSÃO
Controle difuso de constitucionalidade (pode ser feito por qualquer juiz ou Tribunal).	Controle concentrado de constitucionalidade.
A competência para julgamento dependerá da autoridade que está sendo omissa. Pode ser do STF, do STJ, da Justiça Militar, Eleitoral, do Trabalho e Federal.	A competência para julgamento será sempre do STF em relação a omissões de normas previstas na CF.
O MI individual pode ser impetrado por qualquer pessoa, física ou jurídica, que esteja impossibilitada de exercer direito constitucional por falta de norma regulamentadora. O MI coletivo pode ser impetrado pelos mesmos legitimados do MS coletivo + Ministério Público e Defensoria Pública.	Só pode ser ajuizada por entes previstos no art. 103, I a IX, da CF/1988.
Foi regulamentado pela Lei nº 13.300/2016.	Foi regulamentada pela Lei nº 12.063/2009, que alterou a Lei nº 9.868/1999.

15.3.2 Inconstitucionalidade por ação

O vício formal, também chamado de vício no procedimento ou vício nomodinâmico, ele pode ser de três ordens:

INCONSTITUCIONALIDADE FORMAL ORGÂNICA	INCONSTITUCIONALIDADE FORMAL PROPRIAMENTE DITA	INCONSTITUCIONALIDADE FORMAL POR VIOLAÇÃO A PRESSUPOSTOS OBJETIVOS DO ATO NORMATIVO
É a que decorre da inobservância da competência legislativa para a elaboração do ato. EXEMPLO: Legislar sobre trânsito e transporte é competência da União. Então, leis estaduais, distritais ou municipais sobre esse tema serão inconstitucionais, mesmo quando tragam conteúdo como a determinação de instalação de cinto de segurança em veículos de transporte coletivo (STF, ADI 874).	a) Vício formal subjetivo: nesse caso, quem propõe o projeto de lei não é a pessoa certa, há um vício quanto ao sujeito b) Vício formal objetivo: o vício está nas demais fases do processo legislativo. Ou seja, ocorre em um momento posterior à fase de iniciativa. EXEMPLO: Se em uma das votações na Câmara (ou no Senado) a PEC for aprovada pelo quórum de maioria absoluta – em vez da maioria qualificada de 3/5 –, inevitavelmente estaremos diante de inconstitucionalidade formal, por vício objetivo	O defeito ocorre em virtude de desrespeito ao pressuposto determinado pela Constituição. EXEMPLO: As leis estaduais que criam municípios sem respeitar as etapas exigidas no art. 18, § 4º, da Constituição (STF, ADI nº 2.240).

O vício material também recebe o nome de vício de conteúdo ou vício substancial ou vício nomoestático. O que é analisado é o conteúdo, para saber se ele está ou não de acordo com o texto constitucional.

EXEMPLO: Suponha que uma PEC tramita regularmente, sendo aprovada em dois turnos de votação, em cada Casa do Congresso Nacional, obtendo o quórum qualificado de 3/5 de votos. Em seguida, ela é promulgada e publicada. Há algum problema com a nova EC promulgada? Sim! É que uma das limitações materiais ao poder de emenda (cláusulas pétreas) se refere aos direitos e às garantias individuais.

O vício de decoro parlamentar ocorre quando há o pagamento de verbas espúrias para a obtenção da aprovação de projetos de lei de interesse do Executivo. Os projetos não apresentam nenhum vício formal, respeitando a Casa Legislativa, a iniciativa adequada e os trâmites procedimentais prescritos na Constituição, também não ofendem a Constituição com seu conteúdo. Exemplos desse vício são o "mensalão" e o "mensalinho".

15.4 Momentos de controle

CONTROLE PREVENTIVO	CONTROLE REPRESSIVO
O controle preventivo é feito antes de o projeto entrar em vigor. Tratando-se de uma lei, por exemplo, seria feito na fase de tramitação no Congresso ou ainda na deliberação executiva (sanção/veto). No direito brasileiro, o controle preventivo é exceção, pois a regra é o controle jurisdicional posterior/ repressivo. Começando pelo Legislativo, o controle preventivo é feito especialmente por meio da CCJ (Comissão de Constituição, Justiça e Cidadania). No Executivo, o controle preventivo cabe ao chefe do Executivo, por ocasião da fase de sanção/veto - mais especificamente no veto. É no veto jurídico que ocorre o controle de constitucionalidade, na forma preventiva, pois a manifestação recai sobre o projeto de lei, e não sobre a lei. O controle preventivo jurisdicional ocorre para barrar a tramitação de PEC que viole cláusula pétrea ou quando o projeto de lei contiver vício formal, é feito somente por meio do mandado de segurança a ser impetrado por parlamentares, sendo estes os únicos legitimados.	O controle repressivo acontece quando a norma já está em vigor. Ele pode ser feito pelo Judiciário, pelo Executivo, pelo Legislativo e pelo Tribunal de Contas. O controle repressivo jurisdicional é feito pela via difusa ou concentrada. No âmbito do Executivo, poderia o presidente (ou governador ou prefeito) orientar os seus subordinados para não aplicarem a norma que ele entende inconstitucional (STF, ADI nº 221). Dentro do Legislativo, surgem três possibilidades de controle repressivo: A primeira está no art. 49, V, da Constituição, em que o Congresso Nacional pode sustar os atos normativos editados pelo Poder Executivo que exorbitem do poder regulamentar ou dos limites da delegação legislativa. A segunda é encontrada no art. 52, X, da Constituição, oportunidade em que se atribui ao Senado Federal a prerrogativa de suspender, no todo ou em parte, norma declarada inconstitucional pelo STF, dentro do controle difuso de constitucionalidade. A terceira está prevista no art. 62, § 5º, da Constituição, que permite ao Congresso rejeitar medida provisória quando não estiverem presentes os requisitos constitucionais de urgência e relevância. O Tribunal de Contas também faz o controle repressivo de constitucionalidade dos atos, consoante prevê a Súmula nº 347 do STF. "O Tribunal de Contas, no exercício de suas atribuições, pode apreciar a constitucionalidade das leis e dos atos do poder público Esse controle será feito incidentalmente ("no exercício de suas atribuições"), sempre no caso concreto, de forma difusa (e não concentrada).

Existem basicamente dois modelos de controle, a saber, o controle político - realizado pelo Poderes Executivo e Legislativo - e o controle jurisdicional - feito pelo Poder Judiciário. Como visto, há também a possibilidade de o TCU fazer controle (sempre repressivo) de constitucionalidade dos atos, que terá natureza não jurisdicional.

15.5 Controle jurisdicional de constitucionalidade

O controle jurisdicional de constitucionalidade pode ser feito a partir de dois sistemas, o difuso, originado nos Estados Unidos da América, e o concentrado, nascido no continente europeu.

CONTROLE DIFUSO	CONTROLE CONCENTRADO
Modelo norte-americano.	Modelo austríaco-alemão.
Surgido a partir do caso Marbury vs Madison.	Idealizado por Hans Kelsen.
Controle incidental (*incidenter tantum*).	Controle principal.
Via de exceção ou de defesa.	Via de ação.
Inconstitucionalidade da norma é a causa de pedir, e não o pedido.	Inconstitucionalidade da norma é o pedido.
No Brasil, adotado desde a Constituição de 1891.	No Brasil, adotado de forma mais robusta a partir da EC nº 16/1965 - ADI, a ser proposta, perante o STF, exclusivamente pelo PGR. No entanto, na Constituição de 1934 já havia a previsão da ADI Interventiva.
A Constituição atual manteve a previsão de controle difuso, introduzindo importantes ferramentas como o MI, o manejo do MI e do MS coletivos, a delimitação do RE. Quanto ao RE, a EC nº 45/2004 previu o filtro da repercussão geral, trazendo racionalidade ao sistema.	CF/1988 trouxe as seguintes inovações: a) ampliação dos legitimados para a ADI (antes era só o PGR); b) criação do controle das omissões constitucionais (ADO); c) previsão da ADPF. * a ADC só foi introduzida pela EC nº 03/1993; ** a EC nº 45/2004 inseriu o governador do DF e a CLDF como legitimados e equiparou os legitimados da ADI, ADO, ADC e ADPF.
A inconstitucionalidade pode ser arguida em qualquer tipo de ação (ações ordinárias, trabalhistas, cíveis, penais, ações civis públicas), por meio de recursos ou remédios constitucionais (HC, MS, MI, HD e ação popular).	A inconstitucionalidade só pode ser arguida por meio de cinco ferramentas (cabem nos dedos de minha mão): a) ação direta de inconstitucionalidade - ADI; b) ação declaratória de constitucionalidade - ADC; c) ação direta de inconstitucionalidade por omissão - ADO; d) arguição por descumprimento a preceito fundamental - ADPF; e e) representação interventiva - ADI Interventiva.
Pode ser utilizado por qualquer pessoa, no bojo do processo.	No plano federal, a ADI, ADO, ADC e ADPF somente podem ser ajuizadas por nove legitimados, previstos no art. 103 da Constituição: *presidente da República; Mesas da Câmara dos Deputados ou do Senado; PGR; governadores dos estados e do DF; Mesa das Assembleias ou da Câmara Legislativa; partidos políticos com representação no Congresso; Conselho Federal da OAB; e confederação sindical ou entidade de classe de âmbito nacional.* No âmbito estadual, o art. 125 da Constituição de 1988 previu a impossibilidade de existir somente um legitimado, embora deixe para o Constituinte estadual a tarefa de definir o rol. Já a ADI Interventiva possui apenas um legitimado, que é o PGR no cenário federal, e o PGJ perante o TJ.

CONTROLE DIFUSO	CONTROLE CONCENTRADO
Na origem, adoção da teoria da nulidade. No Brasil, ambos seguem a teoria da nulidade, com a declaração de inconstitucionalidade operando, em regra, efeitos retroativos.	Na origem, adota a teoria da anulabilidade. No Brasil, ambos seguem a teoria da nulidade, com a declaração de inconstitucionalidade operando, em regra, efeitos retroativos.
Pode ser feito por qualquer juízo ou Tribunal do País, inclusive o STF.	Só pode ser feito pelo STF (guardião da CF) e pelos TJs (guardião da CE ou da LODF).
Em regra, a decisão produz efeitos *inter partes* (entre as partes).	Decisão produz efeitos *erga omnes* (para todos).
Pela redação da Constituição (art. 52, X), ao declarar a inconstitucionalidade, o STF deveria comunicar ao Senado, para possível suspensão, total ou parcial, da execução da lei. No entanto, a orientação atual é de mutação constitucional desse dispositivo, passando a decisão do Plenário do STF, mesmo em controle difuso, a valer *erga omnes*. O papel do Senado seria de dar publicidade à decisão.	Ao declarar a inconstitucionalidade, o STF não precisa comunicar ao Senado, uma vez que a decisão já é dotada de efeitos *erga omnes*

Nos controles concentrado e difuso o julgador pode fazer a modulação de efeitos, é cabível a participação de ***amicus curiae*** e é possível a realização de audiências públicas para tratar do tema objeto da ação.

15.6 Controle difuso

No controle difuso, há um caso concreto em estudo e dentro desse processo se apura, incidentalmente, a inconstitucionalidade da norma. Ou seja, a inconstitucionalidade não é o pedido, mas sim a causa de pedir.

Em outras palavras, quando ingressa com uma ação, a parte não busca a declaração de inconstitucionalidade. No entanto, para chegar ao resultado pretendido, ela acaba fundamentando o seu pedido em algumas alegações. Então, surge a narrativa de que uma norma seria inconstitucional.

O STF passou a aceitar a teoria da abstrativização/ objetivação do controle difuso de constitucionalidade. Assim, as decisões proferidas pelo Plenário do STF no controle difuso e no controle concentrado têm eficácia vinculante contra todos (*erga omnes*).

15.7 Cláusula de reserva de plenário

A cláusula de reserva de plenário está prevista no art. 97 da Constituição.

Embora um juiz de primeira instância possa, isoladamente, declarar a inconstitucionalidade de uma norma (controle difuso), nos Tribunais a regra é diferente.

Isso porque se prevê que somente pelo voto da maioria absoluta de seus membros (Plenário) ou dos membros do órgão especial poderão os Tribunais declarar a inconstitucionalidade de lei ou ato normativo do poder público.

Súmula Vinculante nº 10:
Viola a cláusula de reserva de plenário (CF, artigo 97) a decisão de órgão fracionário de tribunal que, *embora não declare expressamente a inconstitucionalidade de lei ou ato normativo do poder público, afasta sua incidência, no todo ou em parte.*

ATENÇÃO!
Tanto a interpretação conforme a Constituição quanto a declaração de inconstitucionalidade parcial sem redução de texto são técnicas de manipulação situadas entre os limites constitucionalidade/inconstitucionalidade.

INTERPRETAÇÃO CONFORME A CONSTITUIÇÃO	DECLARAÇÃO DE INCONSTITUCIONALIDADE PARCIAL
Se faz um juízo positivo de constitucionalidade. Em outras palavras, afirma-se a constitucionalidade, o que conduz à desnecessidade de remeter o caso ao Plenário (ou órgão especial, se houver).	Há um juízo negativo. Nesse caso, como se profere um juízo de inconstitucionalidade (negativo), será necessária a observância da regra do art. 97 da CF, ora em estudo.

15.8 Declaração de Inconstitucionalidade em Ação Civil Pública (ACP)

Na ação civil pública versando sobre direitos difusos, a decisão proferida terá eficácia *erga omnes*. Ou seja, os efeitos da decisão serão equivalentes àqueles observados nas ferramentas do controle concentrado de constitucionalidade (ADI, ADO, ADC, ADPF).

ACP pertence ao controle difuso - que, em regra, produz efeitos *inter partes*. Em regra, é julgada na primeira instância. Na ACP pode ser discutida a inconstitucionalidade, desde que ela seja a questão incidental, a causa de pedir, nunca o pedido (STF, RE nº 424.993).

15.9 Legitimados para ajuizamento de ações de controle concentrado

Tanto a ADI, quanto a ADO, a ADC e a ADPF podem ser ajuizadas pelos legitimados do art. 103 da Constituição. Veja o rol:

I. presidente da República;
II. Mesa do Senado Federal;
III. Mesa da Câmara dos Deputados;
IV. Procurador-Geral da República - PGR;
V. Governador de Estado ou do DF;
VI. Mesa de Assembleia Legislativa ou da Câmara Legislativa do DF;
VII. Conselho Federal da Ordem dos Advogados do Brasil;
VIII. Partido político com representação no Congresso Nacional; e
IX. Confederação sindical ou entidade de classe de âmbito nacional.

15.10 Ação Direta de Inconstitucionalidade – ADI

Conforme o art. 102, I, *a*, da Constituição, que prevê o cabimento da ADI no STF para questionar lei ou ato normativo federal ou estadual ante a Constituição Federal. Pela leitura do dispositivo constitucional, fica evidente que não cabe ao STF julgar ADI para questionar lei municipal diante da Constituição Federal (nesse caso, é cabível ADPF).

Um tema recorrente nas provas é o cabimento de ADI para leis distritais. O DF acumula as competências legislativas, administrativas e tributárias dos estados e dos municípios. Em virtude disso, a Câmara Legislativa do Distrito Federal (CLDF) elabora normas de natureza estadual e municipal. Logo, somente as leis distritais de natureza estadual poderão ser questionadas no STF por meio de ADI.

Estão incluídos dentro desse conceito todos os atos primários previstos no art. 59 da Constituição.

CABE ADI	NÃO CABE ADI
Emendas à Constituição; Lei complementares; Leis Ordinárias; Leis Delegadas; Medidas Provisórias; Resoluções; Decretos Legislativos; Regimentos Internos; Deliberações Administrativas e Resoluções Administrativas dos Tribunais; Resoluções do CNJ e CNMP; Decretos autônomos; Tratados Internacionais;	Súmulas, mesmo vinculantes; Normas antes da Constituição; Decisões Judiciais; Leis já revogadas ou normas com eficácia exaurida; Normas constitucionais originárias Decretos regulamentares Respostas do TSE Leis municipais Convenção coletiva de trabalho

15.11 Ação de Descumprimento de Preceito Fundamental (ADPF)

É um instrumento jurídico previsto no texto constitucional e regulamentado pela Lei nº 9.882/1999, que tem como objetivo proteger os princípios essenciais da ordem constitucional. Logo, é cabível quando um ato normativo está em desacordo com os princípios fundamentais.

De acordo com o art. 2º da Lei nº 9.882/1999, são legitimados para propor a ADPF:

- Presidente da República;
- Mesa do Senado Federal;
- Mesa da Assembleia Legislativa ou da Câmara Legislativa do Distrito Federal;
- Governador de estado ou do Distrito Federal;
- Procurador-Geral da República;
- Conselho Federal da Ordem dos Advogados do Brasil;
- Partido Político com representação no Congresso Nacional;
- Confederação sindical ou entidade de classe de âmbito nacional.

Trata-se de uma ação inserida no âmbito do controle concentrado e abstrato de constitucionalidade e possui caráter subsidiário. Possuem efeito vinculante e eficácia *erga omnes*.

São decisões irrecorríveis, que não podem ser objeto de ação rescisória, por expressa previsão legal, de acordo com o art. 12 da Lei nº 9.882/1999.

16 DEFESA DO ESTADO E DAS INSTITUIÇÕES DEMOCRÁTICAS

16.1 Estado de defesa

O estado de defesa é uma resposta do Estado diante de crises, permitindo a adoção de medidas restritivas de direitos fundamentais por um período limitado e sob condições específicas.

> Art. 136. O Presidente da República pode, ouvidos o Conselho da República e o Conselho de Defesa Nacional, decretar estado de defesa para preservar ou prontamente restabelecer, em locais restritos e determinados, a ordem pública ou a paz social ameaçadas por grave e iminente instabilidade institucional ou atingidas por calamidades de grandes proporções na natureza.

ESTADO DE DEFESA		
QUEM DECRETA	OBJETIVO	PRAZO
O Presidente da República, após ouvir o Conselho da República e o Conselho de Defesa Nacional.	Preservar ou prontamente restabelecer, em locais restritos e determinados a ordem pública ou a paz social ameaçada por: - Grave e iminente instabilidade institucional; - Atingidas por calamidades de grandes proporções na natureza.	Deverá durar até 30 dias, sendo prorrogável uma vez por igual período.

> § 1º O decreto que instituir o estado de defesa determinará:
>
> - O tempo de sua duração;
> - Especificará as áreas a serem abrangidas e;
> - Indicará, nos termos e limites da lei, as medidas coercitivas a vigorarem, dentre as seguintes:
>
> I – restrições aos direitos de:
>
> a) reunião, ainda que exercida no seio das associações;
>
> b) sigilo de correspondência;
>
> c) sigilo de comunicação telegráfica e telefônica;
>
> II – ocupação e uso temporário de bens e serviços públicos, na hipótese de calamidade pública, respondendo a União pelos danos e custos decorrentes.
>
> § 2º O tempo de duração do estado de defesa não será superior a trinta dias, podendo ser prorrogado uma vez, por igual período, se persistirem as razões que justificaram a sua decretação;
>
> § 3º Na vigência do estado de defesa:
>
> I – a prisão por crime contra o Estado, determinada pelo executor da medida, será por este comunicada imediatamente ao juiz competente, que a relaxará, se não for legal, facultado ao preso requerer exame de corpo de delito à autoridade policial;

> II - a comunicação será acompanhada de declaração, pela autoridade, do estado físico e mental do detido no momento de sua autuação;
>
> III - a prisão ou detenção de qualquer pessoa não poderá ser superior a dez dias, salvo quando autorizada pelo Poder Judiciário;
>
> IV - é VEDADA a incomunicabilidade do preso.
>
> § 4º Decretado o estado de defesa ou sua prorrogação, o Presidente da República, dentro de vinte e quatro horas, submeterá o ato com a respectiva justificação ao Congresso Nacional, que decidirá por maioria absoluta.
>
> § 5º Se o Congresso Nacional estiver em recesso, será convocado, extraordinariamente, no prazo de cinco dias.
>
> § 6º O Congresso Nacional apreciará o decreto dentro de dez dias contados de seu recebimento, devendo continuar funcionando enquanto vigorar o estado de defesa.
>
> § 7º Rejeitado o decreto, cessa imediatamente o estado de defesa.

16.2 Estado de sítio

O estado de sítio é uma das medidas excepcionais previstas na CF para enfrentar situações extremas que coloquem em risco a ordem pública, a segurança nacional ou o funcionamento regular das instituições democráticas.

Trata-se de uma intervenção mais drástica do Estado, que permite a adoção de medidas ainda mais restritivas de direitos fundamentais do que o estado de defesa.

> Art. 137. O Presidente da República pode, ouvidos o Conselho da República e o Conselho de Defesa Nacional, SOLICITAR ao Congresso Nacional autorização para decretar o estado de sítio nos casos de:
>
> I - comoção grave de repercussão nacional ou ocorrência de fatos que comprovem a ineficácia de medida tomada durante o estado de defesa;
>
> II - declaração de estado de guerra ou resposta a agressão armada estrangeira.
>
> Parágrafo único. O Presidente da República, ao solicitar autorização para decretar o estado de sítio ou sua prorrogação, relatará os motivos determinantes do pedido, devendo o Congresso Nacional decidir por maioria absoluta.

ESTADO DE SÍTIO		
QUEM DECRETA	**HIPÓTESES**	**PRAZO**
Conforme o art. 137 da CF, o Presidente da República solicita autorização ao Congresso Nacional para a decretação do Estado de Sítio ouvidos o Conselho da República e o Conselho de Defesa Nacional.	O Estado de Sítio pode ser decretado nos casos: • Comoção grave de repercussão nacional; ou • Ocorrência de fatos que comprovem a ineficácia de medida tomada durante o estado de defesa; • Declaração de estado de guerra; ou • Resposta a agressão armada estrangeira;	No caso de estado de sítio previsto no art. 137, I (comoção grave de repercussão nacional ou ocorrência de fatos que comprovem a ineficácia do estado de defesa) deverá durar até 30 dias, sem prorrogações. Quando se tratar da hipótese prevista no art. 137, II (declaração de estado de guerra e resposta a agressão armada estrangeira), o estado de sítio poderá durar por todo o tempo que perdurar a guerra ou a agressão armada estrangeira.

> Art. 139. Na vigência do estado de sítio decretado com fundamento no art. 137, I, só poderão ser tomadas contra as pessoas as seguintes medidas:
> I - obrigação de permanência em localidade determinada;
> II - detenção em edifício não destinado a acusados ou condenados por crimes comuns;
> III - restrições relativas à inviolabilidade da correspondência, ao sigilo das comunicações, à prestação de informações e à liberdade de imprensa, radiodifusão e televisão, na forma da lei;
> IV - suspensão da liberdade de reunião;
> V - busca e apreensão em domicílio;
> VI - intervenção nas empresas de serviços públicos;
> VII - requisição de bens.
> Parágrafo único. Não se inclui nas restrições do inciso III a difusão de pronunciamentos de parlamentares efetuados em suas Casas Legislativas, desde que liberada pela respectiva Mesa.
> Art. 140. A Mesa do Congresso Nacional, ouvidos os líderes partidários, designará Comissão composta de cinco de seus membros para acompanhar e fiscalizar a execução das medidas referentes ao estado de defesa e ao estado de sítio.
> Art. 141. Cessado o estado de defesa ou o estado de sítio, cessarão também seus efeitos, SEM PREJUÍZO da responsabilidade pelos ilícitos cometidos por seus executores ou agentes.
> Grifo nosso

IMPORTANTE!

SIMILARIDADES DAS MEDIDAS	DIFERENÇAS ENTRE AS MEDIDAS
• Decretados pelo Presidente da República. • Necessário ouvir o Conselho da República e o Conselho de Defesa Nacional. • Fiscalização das medidas é feita por uma comissão. • Os efeitos das medidas cessam tão logo cessem o estado de defesa ou de sítio. • O fim das medidas não interfere em uma possível responsabilidade por ilícitos dos executores ou agentes. • Ao término das medidas, o Presidente deve de imediato relatar ao CN as medidas aplicadas em sua vigência de modo detalhado. • O Congresso Nacional deve permanecer funcionando até a medida terminar.	• No estado de defesa, o Presidente decreta e só depois submete o decreto ao Congresso para este referendar. No estado de sítio, o Presidente tem que pedir a autorização do Congresso para só depois decretar. • O estado de defesa é decretado em locais restritos, o de sítio é decretado em âmbito nacional. • Direitos que podem ser restringidos ou medidas que podem ser tomadas;

17 ORDEM SOCIAL

O conjunto de normas que busca a concretização dos direitos sociais é denominado de ordem social. Segundo o art. 193 da CF:

> Art. 193. A ordem social tem como base o primado do trabalho, e como objetivo o bem-estar e a justiça sociais.

> Parágrafo único. O Estado exercerá a função de planejamento das políticas sociais, assegurada, na forma da lei, a participação da sociedade nos processos de formulação, de monitoramento, de controle e de avaliação dessas políticas.
> Grifo nosso

17.1 Seguridade social

A Seguridade Social é formada pela sigla:

PAS = Previdência Social + Assistência Social + Saúde.

O art. 194 da Constituição diz que a seguridade social compreende um conjunto integrado de ações de iniciativa dos poderes públicos e da sociedade, destinadas a assegurar os direitos relativos à saúde, à previdência e à assistência social.

Compete ao Poder Público, nos termos da lei, organizar a seguridade social, com base nos seguintes objetivos:

1. Universalidade da cobertura e do atendimento;
2. Uniformidade e equivalência dos benefícios e serviços às populações urbanas e rurais;
3. Seletividade e distributividade na prestação dos benefícios e serviços;
4. Irredutibilidade do valor dos benefícios;
5. Equidade na forma de participação no custeio;
6. Diversidade da base de financiamento;
7. Caráter democrático e descentralizado da administração, mediante gestão quadripartite, com participação nos órgãos colegiados dos trabalhadores, empregadores, aposentados e governo.

17.2 Meio ambiente

O direito ao meio ambiente equilibrado integra os direitos de terceira geração/dimensão. Trata-se de um direito intergeracional, visto que o meio ambiente deve ser preservado para as futuras gerações.

> Art. 225. Todos têm direito ao meio ambiente ecologicamente equilibrado, bem de uso comum do povo e essencial à sadia qualidade de vida, impondo-se ao Poder Público e à coletividade o dever de defendê-lo e preservá-lo para as presentes e futuras gerações.

17.3 Família, criança, adolescente, idoso

De acordo com o art. 226 da CF e seguintes, a família é a base da sociedade.

- O casamento civil pode ser dissolvido pelo divórcio;
- Os direitos e deveres da sociedade conjugal são exercidos igualmente pelo homem e mulher;
- Os pais têm o dever de assistir os filhos menores, e os filhos maiores têm o dever de amparar os pais na velhice, carência ou enfermidade;
- Os maiores de 65 anos serão considerados idosos e desfrutarão da gratuidade dos transportes coletivos urbanos.

Quanto às pessoas com deficiência, serão elaborados programas de prevenção e atendimento especializado, bem como de integração social do adolescente portador de deficiência, mediante o treinamento para o trabalho e a convivência, e a facilitação do acesso aos bens e serviços coletivos, com a eliminação de preconceitos e obstáculos arquitetônicos.

A adoção será assistida pelo Poder Público, na forma da lei, que estabelecerá casos e condições de sua efetivação por parte de estrangeiros. Entre os filhos havidos ou não da relação do casamento, ou por adoção, são proibidas quaisquer designações discriminatórias relativas à filiação.

São penalmente inimputáveis os menores de 18 anos, sujeitos às normas da legislação especial.

17.4 Indígenas

Os indígenas são os povos originários brasileiros e possuem direitos inscritos no texto constitucional. As terras tradicionalmente ocupadas pelos indígenas são indisponíveis, e os direitos sobre elas, imprescritíveis.

É vedada a remoção dos grupos indígenas de suas terras, salvo:

- Por referendo do Congresso Nacional → Em caso de catástrofe ou epidemia que ponha em risco sua população;
- No interesse da soberania do País → após deliberação do Congresso Nacional, garantido, em qualquer hipótese, o retorno imediato logo que cesse o risco.

> Art. 231. São reconhecidos aos índios sua organização social, costumes, línguas, crenças e tradições, e os direitos originários sobre as terras que tradicionalmente ocupam, competindo à União demarcá-las, proteger e fazer respeitar todos os seus bens.

Em seguida, o art. 232 da CF determina a legitimidade ativa (índios, suas comunidades e organizações) para ingressar em juízo em defesa dos seus direitos e interesses, com a observação de que o MP deve intervir em todos os atos do processo.

18 ORDEM ECONÔMICA E FINANCEIRA

Por sua vez, a ordem econômica está sedimentada na valorização do trabalho humano e na livre iniciativa e tem como objetivo assegurar a existência digna, conforme a justiça social.

Os princípios da ordem econômica estão elencados no art. 170 da CF:

> Art. 170. A ordem econômica, fundada na valorização do trabalho humano e na livre iniciativa, tem por fim assegurar a todos existência digna, conforme os ditames da justiça social, observados os seguintes princípios:
> I – soberania nacional;
> II – propriedade privada;
> III – função social da propriedade;
> IV – livre concorrência;

> V – defesa do consumidor;
> VI – defesa do meio ambiente, inclusive mediante tratamento diferenciado conforme o impacto ambiental dos produtos e serviços e de seus processos de elaboração e prestação;

Nesse sentido, é relevante o seguinte entendimento sumular:

> Súmula Vinculante nº 49
> Ofende o princípio da livre concorrência lei municipal que impede a instalação de estabelecimentos comerciais do mesmo ramo em determinada área.

Conforme o art. 173 da CF, o Estado poderá explorar atividade econômica quando necessária aos imperativos da segurança nacional ou a relevante interesse coletivo.

Empresas públicas e sociedades de economia mista não poderão gozar de privilégios fiscais não extensivos às do setor privado.

O texto constitucional determina que a lei reprimirá o abuso do poder econômico que vise:

- À dominação dos mercados;
- À eliminação da concorrência;
- Ao aumento arbitrário dos lucros.

Segundo a ADI 234 do STF, é inadmissível que a norma de constituição estadual proíba, no estado-membro, que este possa reordenar, no âmbito da própria competência, sua posição na economia, transferindo à iniciativa privada atividades indevidas ou, sem qualquer necessidade, exploradas pelo setor público.

18.1 Política urbana

A política de desenvolvimento urbano é de responsabilidade do Município, *vide* o art. 182 da CF, e busca ordenar o pleno desenvolvimento das funções sociais da cidade e garantir o bem-estar dos habitantes.

O instrumento básico para a execução da política de desenvolvimento e de expansão urbana é o plano diretor, aprovado pela Câmara Municipal e obrigatório para cidades com mais de 20 mil habitantes.

Assim, é facultado ao Poder Público municipal, mediante lei específica para área incluída no plano diretor, exigir, nos termos da lei federal, do proprietário do solo urbano não edificado, subutilizado ou não utilizado, que promova seu adequado aproveitamento sob pena, sucessivamente, de:

> I. parcelamento ou edificação compulsórios.
> II. imposto sobre a propriedade predial e territorial urbana progressivo no tempo;
> III. desapropriação com pagamento mediante títulos da dívida pública de emissão previamente aprovada pelo Senado Federal, com prazo de resgate de até dez anos, em parcelas anuais, iguais e sucessivas, assegurados o valor real da indenização e os juros legais.

18.2 Política agrícola e fundiária e da reforma agrária

Compete à União desapropriar por interesse social, para fins de reforma agrária, o imóvel rural que não esteja cumprindo sua função social, mediante prévia e justa indenização da dívida agrária, com cláusula de preservação do valor real, resgatáveis no prazo de até 20 anos, a partir do segundo ano de sua emissão, e cuja utilização será definida em lei. As benfeitorias úteis e necessárias serão indenizadas em dinheiro.

O decreto que declarar o imóvel como de interesse social, para fins de reforma agrária, autoriza a União a propor a ação de desapropriação.

Cabe à lei complementar estabelecer procedimento contraditório especial, de rito sumário, para o processo judicial de desapropriação.

São insuscetíveis de desapropriação para fins de reforma agrária:

> I. a pequena e média propriedade rural, assim definida em lei, desde que seu proprietário não possua outra;
>
> II. a propriedade produtiva;

A lei garantirá tratamento especial à propriedade produtiva e fixará normas para o cumprimento dos requisitos relativos à sua função social.

18.3 Sistema Financeiro Nacional

É estruturado de forma a promover o desenvolvimento equilibrado do país e a servir aos interesses da coletividade, em todas as partes que o compõem, abrangendo as cooperativas de crédito, será regulado por leis complementares que disporão, inclusive, sobre a participação do capital estrangeiro nas instituições que o integram.

Desse modo, destaca-se o seguinte entendimento:

> Súmula Vinculante nº 3:
> Nos processos perante o Tribunal de Contas asseguram-se o contraditório e a ampla defesa quando da decisão puder resultar anulação ou revogação de ato administrativo que beneficie o interessado, excetuada a apreciação da legalidade do ato de concessão inicial de aposentadoria, reforma e pensão.

Direito Tributário

Renata Monik Silva Alcântara

1 TEORIA GERAL DO DIREITO TRIBUTÁRIO

O Direito Tributário é a área do direito público que estabelece as regras para a instituição, cobrança, fiscalização e arrecadação dos tributos, que são os impostos, taxas, contribuições de melhoria e contribuições especiais. A disciplina abrange as normas constitucionais relacionadas à competência tributária dos entes federativos e as leis ordinárias que disciplinam os tributos.

2 PODER DE TRIBUTAR

O poder de tributar, assegurado constitucionalmente, é uma maneira de manifestação da soberania estatal.

Em outras palavras, garante-se ao Estado o direito de exigir dos cidadãos contribuintes parte do seu próprio patrimônio, tendo por finalidade o custeio das atividades estatais. Assim, por meio do seu poder de tributar, o Estado conseguirá manter seus cofres e receitas públicas, que serão utilizadas para suprir as necessidades da população.

A partir disso, sintetizam-se algumas características do poder de tributar:

TITULAR	Povo
EXEQUENTE	Estado
FINALIDADE	Captar recursos que viabilizem o custeio.
OBJETO	Tributo (compreendido como "toda prestação pecuniária, compulsória, em moeda ou cujo valor nela se possa exprimir, que não constitua sanção de ato ilícito, instituída em lei e cobrada mediante atividade administrativa plenamente vinculada", conforme previsão do art. 3º do Código Tributário).

3 ESPÉCIES TRIBUTÁRIAS

Os tributos podem ser categorizados de cinco modos no Sistema Tributário Nacional:

Direito Tributário

Para iniciar os estudos, serão agrupadas algumas características gerais de cada espécie tributária, que posteriormente serão melhor aprofundadas ao longo do livro levando-se em consideração a incidência na prova da OAB.

3.1 Impostos

- Imposição Compulsória;
- Incidem sobre situações em que pessoas revelam riqueza;
- Finalidade para custear despesas genéricas, ordinárias, previsíveis e habituais;
- Principal espécie de receita pública;
- Não depende de uma contraprestação estatal.

3.1.1 Espécies de impostos

<table>
<tr><th></th><th colspan="3">ORDINÁRIA</th><th>EXTRAORDINÁRIA</th><th>RESIDUAL</th></tr>
<tr><td>Impostos</td><td>IPTU
ITBI
ISS</td><td>IPVA
ITCMD
ICMS</td><td>II
IE
IR
IPI
ITR
IOF
IGF</td><td>I. EXTRAODINÁRIOS DE GUERRA</td><td>Novos impostos
Requisitos:
1. Lei Complementar
2. Novos FG e BC
3. Não Cumulatividade</td></tr>
<tr><td rowspan="2">Competência</td><td>MUNICÍPIOS
(Art. 156, CF)</td><td>ESTADOS e DF
(Art. 155, CF)</td><td rowspan="2">UNIÃO
(Arts. 153 e 154, I e II)</td><td rowspan="2"></td><td rowspan="2"></td></tr>
<tr><td colspan="2">DF - COMPET. CUMULATIVA
(CF - Art. 147)</td></tr>
</table>

3.2 Taxas

- Competência comum;
- Tributo Retributivo;
- Dividem-se em duas espécies: taxa de serviço e taxa de polícia;

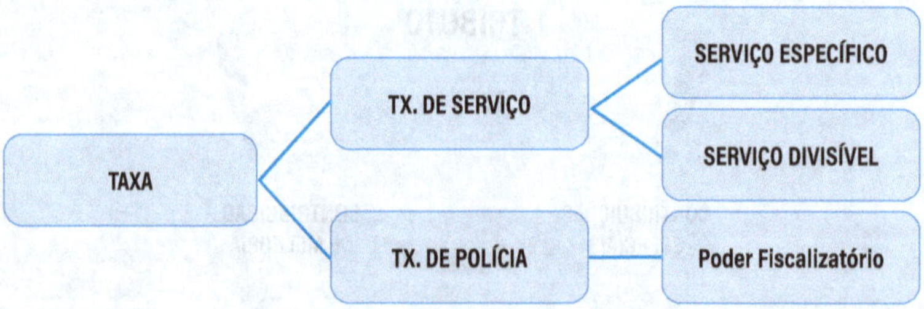

TAXA DE POLÍCIA (art. 78, *caput*, do CTN)	TAXA DE SERVIÇO (art. 79, II e III do CTN)
Exercício regular do poder de polícia administrativa. Exemplos de atividades fiscalizatórias que podem ensejar a cobrança do tributo: • Taxa de alvará (ou de funcionamento); • Taxa de fiscalização dos mercados de títulos e valores mobiliários pela CVM; • Taxa de controle e fiscalização ambiental (TCFA); • Taxa de fiscalização dos serviços de cartórios extrajudiciais.	1º - Serviço público; 2º - Específico; e 3º - Divisível. Uso efetivo ou potencial.

Taxas declaradas constitucionais e inconstitucionais

CONSTITUCIONAL SERVIÇO DIVISÍVEL	INSCONSTITUCIONAL SERVIÇO INDIVISÍVEL
• Taxa de Coleta de lixo domiciliar - TCLD	• Taxa de Conservação de vias e logradouros públicos - TCVLP (TLP - tx. de limpeza Pub) SÚM. VINC. Nº 19 DO STF
• Taxa de serviço preventivo de combate e incêndios e sinistros "Tx de incêndio"	• Taxa de segurança pública - TSP
• Taxa Judiciária - SÚM. Nº 667 DO STF	• Taxa de iluminação pública. SÚM. VINC. Nº 41 DO STF OBS.: É possível aos Municípios e DF instituírem CONTRIBUIÇÃO DE ILUMINAÇÃO PÚBLICA (Art. 149-A, CF)

A base de cálculo das taxas está descrita no art. 145, § 2º, da CF;

> § 2º As taxas não poderão ter base de cálculo própria de impostos.

A base de cálculo própria de Imposto será determinada conforme o entendimento sumular do STF:

> Súmula Vinculante nº 29 do STF
> É constitucional a adoção, no cálculo do valor de taxa, de um ou mais elementos da base de cálculo própria de determinado imposto, desde que não haja integral identidade entre uma base e outra.

Nesse contexto, faz-se necessário distinguir taxa e tarifa:

TAXA	PREÇO PÚBLICO (TARIFA)
Receita derivada (ingresso tributário);	Receita originária (ingresso patrimonial);
Não há autonomia de vontade (cobrança compulsória);	Decorre da autonomia da vontade do usuário (é facultativa);
Regime jurídico tributário (legal);	Regime jurídico contratual;
Não admite rescisão;	Admite rescisão;
Regime jurídico de direito público;	Regime jurídico de direito privado;
Pode ser cobrada por utilização potencial do serviço;	Só a utilização efetiva enseja cobrança;

TAXA	PREÇO PÚBLICO (TARIFA)
Cobrança não necessariamente proporcional à utilização;	Pagamento proporcional à utilização;
Sujeito aos princípios tributários (legalidade, anterioridade - noventena).	Não sujeita aos princípios tributários.

ATENÇÃO!

Súmula nº 545 do STF: Preços de serviços públicos e taxas não se confundem, porque estas, diferentemente daqueles, são compulsórias e têm sua cobrança condicionada a prévia autorização orçamentária, em relação à lei que as instituiu.

3.3 Contribuição de melhoria

- Tributos de competência comum, vinculados e retributivos;
- Baseada na valorização imobiliária em imóveis do domínio privado decorrentes de obras custeadas com o dinheiro público;
- Está fundamentada no art. 145, III, da CF - art. 81 do CTN e Decreto-lei nº 195/1967;
- O fato gerador está delimitado no art. 2º do Decreto-lei nº 195/1967;
- O sujeito passivo é o proprietário do imóvel, nos termos do art. 3º, § 3º, do Decreto-lei nº 195/1967;
- Os limites de cobrança podem ser:
  - Limite geral/total: o custo geral da obra é o limite total da arrecadação;
  - Limite individual: nenhum proprietário pode ser tributado com valor superior ao benefício auferido;
  - Limite do pagamento anual: o art. 12 do Decreto-lei nº 195/1967 determina que "a Contribuição de Melhoria será paga pelo contribuinte da forma que a sua parcela anual não exceda a 3% (três por cento) do maior valor fiscal do seu imóvel, atualizado à época da cobrança";

ATENÇÃO!

Este limite visa a evitar que a cobrança anual seja desproporcional em relação ao valor do imóvel.

- Os requisitos mínimos para a cobrança estão especificados no art. 82 do CTN e art. 5º do Decreto-lei nº 195/1967:

> Art. 82. (...)
> I - publicação prévia dos seguintes elementos:
> a) memorial descritivo do projeto;
> b) orçamento do custo da obra;
> c) determinação da parcela do custo da obra a ser financiada pela contribuição;
> d) delimitação da zona beneficiada;
> e) determinação do fator de absorção do benefício da valorização para toda a zona ou para cada uma das áreas diferenciadas, nela contidas.

Prazo para impugnação do edital

Em relação à instituição da contribuição de melhoria, é possível a sua impugnação, dentro do **prazo de 30 dias** corridos, contados da publicação do edital que contém os elementos essenciais da cobrança (art. 82, II, CTN).

3.4 Empréstimos compulsórios

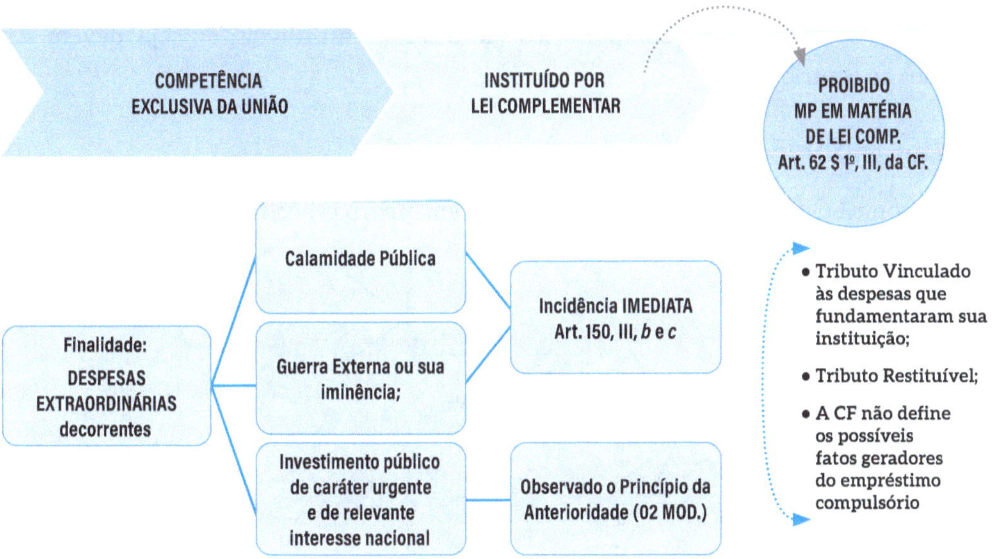

Segundo o art. 148 da CF c/c art. 15 do CTN, será instituído nos seguintes casos excepcionais:

- Guerra Externa;
- Calamidade Pública;
- Investimento Público de relevante interesse nacional.

> Art. 148. A União, mediante lei complementar, poderá instituir empréstimos compulsórios:
>
> I – para atender a despesas extraordinárias, decorrentes de calamidade pública, de guerra externa ou sua iminência;
>
> II – no caso de investimento público de caráter urgente e de relevante interesse nacional, observado o disposto no art. 150, III, *b*.

As vedações do art. 150 do CF não se aplicam aos empréstimos compulsórios:

> Art. 150. Sem prejuízo de outras garantias asseguradas ao contribuinte, é vedado à União, aos Estados, ao Distrito Federal e aos Municípios:
>
> (...)
>
> III – cobrar tributos:
>
> b) no mesmo exercício financeiro em que haja sido publicada a lei que os instituiu ou aumentou;

> c) antes de decorridos noventa dias da data em que haja sido publicada a lei que os instituiu ou aumentou, observado o disposto na alínea *b;*
> (...)
> § 1º A vedação do inciso III, *b*, não se aplica aos tributos previstos nos arts. 148, I, 153, I, II, IV e V; e 154, II; e a vedação do inciso III, c, não se aplica aos tributos previstos nos arts. 148, I, 153, I, II, III e V; e 154, II, nem à fixação da base de cálculo dos impostos previstos nos arts. 155, III, e 156, I.

Ainda, os empréstimos compulsórios são tributos restituíveis, ou seja, devem ser devolvidos ao contribuinte.

3.5 Contribuições especiais

As contribuições especiais são subdivididas em quatro espécies:

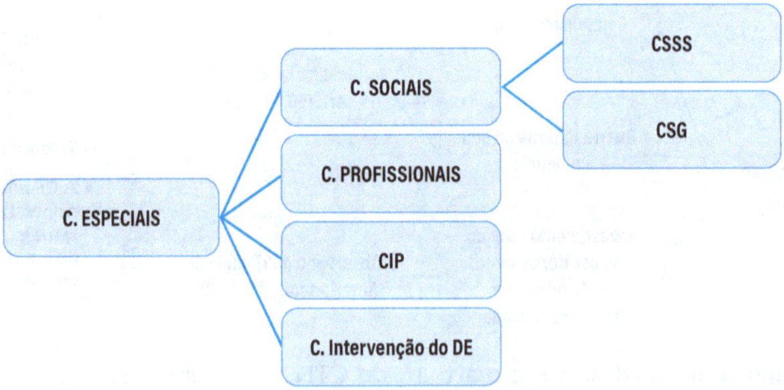

REGRA GERAL	EXCEÇÕES
Compete EXCLUSIVAMENTE a União instituir Contribuições Especiais	Os Estados, Municípios e DF podem instituir CONTRIBUIÇÃO PARA O CUSTEIO DE SEUS REGIMES PRÓPRIOS DE PREVID. SOCIAL (§ 1º do Art. 149 CF) 2º Os Municípios e o DF poderão instituir COSIMP (Art. 149 A)

PREVISÃO	ESPÉCIES	FINALIDADE
art. 149 da CF	Contribuições Sociais	Custeio das despesas do Estado Social (Implementação de políticas públicas).
art. 149 da CF	Contribuições Profissionais	Manutenção dos conselhos profissionais
art. 149 da CF	Contribuições de Intervenção no Domínio Econômico - CIDE	Custeio das despesas que a União suporta quando promove intervenções no Domínio Econômico.
art. 149-A da CF	Contribuição de Iluminação Pública - CIP	Custeio da rede de Iluminação pública das vias e logradouros.

O QUE MUDA COM A EC nº 132/2023?

A EC nº 132/2023 introduziu a CBS, que substituirá o PIS e a COFINS, visando a simplificar o sistema tributário.

Contribuição sobre Bens e Serviços (CBS)	
Natureza:	Contribuição social de competência federal
Substitui	PIS e COFINS
Base de cálculo	Receita decorrente da venda de bens e serviços;
Alíquota	A ser definida em lei ordinária
Não cumulatividade	Permite a dedução de valores pagos em etapas anteriores da cadeia produtiva

3.5.1 Contribuições Sociais

- Tríade constitucional:

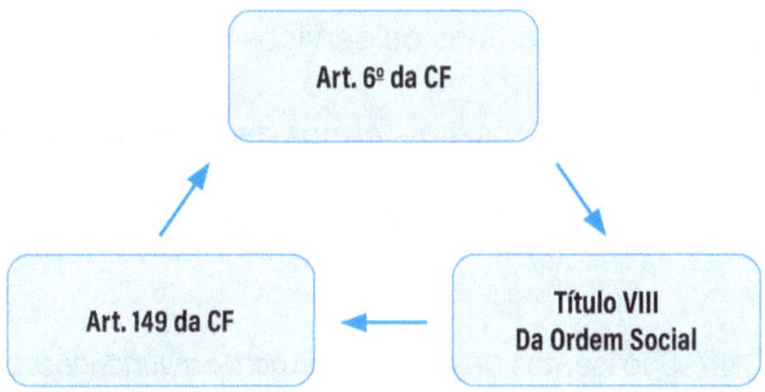

> Art. 6º São direitos sociais a educação, a saúde, a alimentação, o trabalho, a moradia, o transporte, o lazer, a segurança, a previdência social, a proteção à maternidade e à infância, a assistência aos desamparados, na forma desta Constituição.
>
> Art. 149. Compete exclusivamente à União instituir contribuições sociais, de intervenção no domínio econômico e de interesse das categorias profissionais ou econômicas, como instrumento de sua atuação nas respectivas áreas, observado o disposto nos arts. 146, III, e 150, I e III, e sem prejuízo do previsto no art. 195, § 6º, relativamente às contribuições a que alude o dispositivo.

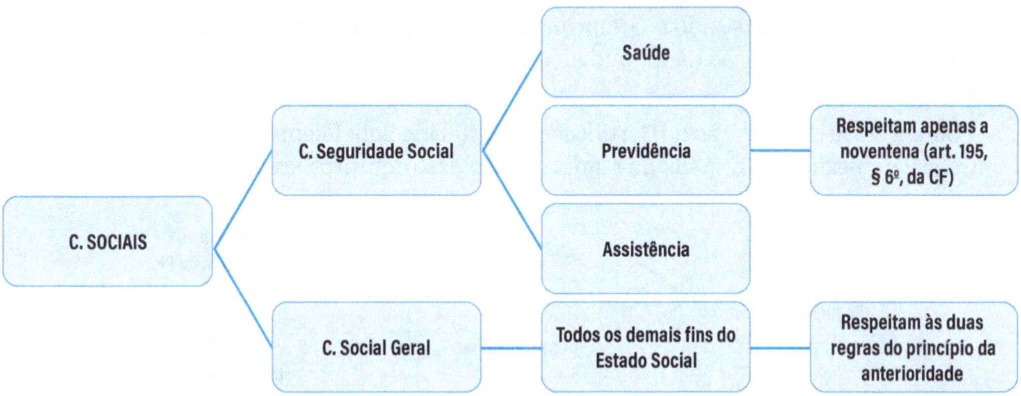

> Art. 195. A seguridade social será financiada por toda a sociedade, de forma direta e indireta, nos termos da lei, mediante recursos provenientes dos orçamentos da União, dos Estados, do Distrito Federal e dos Municípios, e das seguintes contribuições sociais:
>
> I - do empregador, da empresa e da entidade a ela equiparada na forma da lei, incidentes sobre:
>
> a) a folha de salários e demais rendimentos do trabalho pagos ou creditados, a qualquer título, à pessoa física que lhe preste serviço, mesmo sem vínculo empregatício;
>
> b) a receita ou o faturamento;
>
> c) o lucro;
>
> II - do trabalhador e dos demais segurados da previdência social, podendo ser adotadas alíquotas progressivas de acordo com o valor do salário de contribuição, não incidindo contribuição sobre aposentadoria e pensão concedidas pelo Regime Geral de Previdência Social;
>
> III - sobre a receita de concursos de prognósticos;
>
> IV - do importador de bens ou serviços do exterior, ou de quem a lei a ele equiparar;
>
> V - sobre bens e serviços, nos termos de lei complementar.

As Entidades Beneficentes de Assistência Social são isentas de contribuição para a seguridade social:

> Art. 195, § 7º São isentas de *contribuição para a seguridade social* as entidades beneficentes de assistência social que atendam às exigências estabelecidas em lei.

- Requisitos:
  - Sem fins lucrativos;
  - Atuar para todos, indistintamente;
  - Gratuitamente.

Súmulas Relevantes:

Súmula nº 612 do STJ

O certificado de entidade beneficente de assistência social (Cebas), no prazo de sua validade, possui natureza declaratória para fins tributários, retroagindo seus efeitos à data em que demonstrado o cumprimento dos requisitos estabelecidos por lei complementar para a fruição da imunidade.

Súmula nº 352 do STJ

A obtenção ou a renovação do Certificado de Entidade Beneficente de Assistência Social (Cebas) não exime a entidade do cumprimento dos requisitos legais supervenientes.

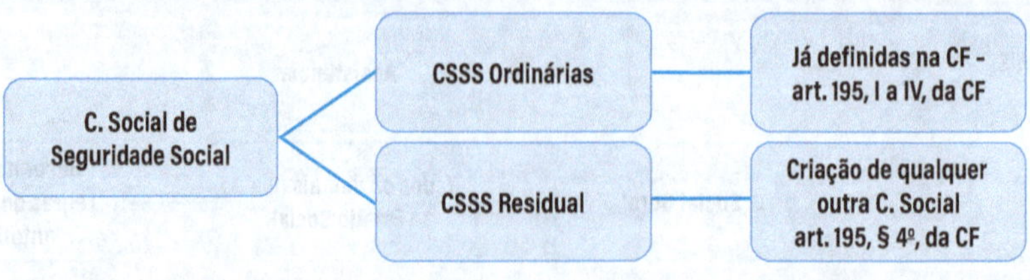

3.5.2 Contribuições Profissionais

- A finalidade é custear a manutenção e atividade das Entidades de Classes;

ATENÇÃO! O pagamento de anuidade da OAB não tem natureza tributária.

3.5.3 Contribuição De Iluminação Pública e de Sistemas de Monitoramento para Segurança e Preservação de Logradouros Públicos - COSIP

- Art. 149-A da CF - Município e DF.
- Surgiu com a EC nº 132/2023, dentro do contexto da Reforma Tributária.
- Lei Ordinária;
- CIP substitui a antiga TIP (inconstitucional - Súmula nº 670 do STF).

3.5.4 Contribuição de Intervenção no Domínio Eletrônico

São contribuições especiais previstas no art. 149 da CF, criadas para permitir que a União intervenha e regule setores estratégicos da economia brasileira.

Características das CIDEs	
Competência	Exclusiva da União
Finalidade	Intervenção estatal no domínio econômico
Arrecadação	Vinculada à finalidade específica
Exemplo principal	CIDE-Combustíveis
Possibilidade de gestão flexível	Alíquotas podem ser alteradas por decreto (CF, art. 177, § 4º)

> Art. 177.
>
> § 4º A lei que instituir contribuição de intervenção no domínio econômico relativa às atividades de importação ou comercialização de petróleo e seus derivados, gás natural e seus derivados e álcool combustível deverá atender aos seguintes requisitos:
>
> I - a alíquota da contribuição poderá ser:
>
> a) diferenciada por produto ou uso;
>
> b) reduzida e restabelecida por ato do Poder Executivo, não se lhe aplicando o disposto no art. 150, III, *b*;
>
> II - os recursos arrecadados serão destinados:
>
> a) ao pagamento de subsídios a preços ou transporte de álcool combustível, gás natural e seus derivados e derivados de petróleo;
>
> b) ao financiamento de projetos ambientais relacionados com a indústria do petróleo e do gás;
>
> c) ao financiamento de programas de infraestrutura de transportes.

4 LIMITAÇÕES CONSTITUCIONAIS AO PODER DE TRIBUTAR

A importância de se compreender as particularidades do poder de tributação reside no fato de que a própria Constituição Federal determina limites a esse poder, servindo como forma de evitar que o Estado invada a parcela de liberdade reservada ao contribuinte e retire do seu patrimônio além do que é de direito do Estado (o que poderia configurar um confisco tributário).

ATENÇÃO!

O confisco tributário corresponde ao ato estatal por meio do qual o Estado não presta a contraprestação financeira devida ao contribuinte em virtude da assunção de determinado bem.

Assim, compreende-se que o poder de tributar não é ilimitado.

O art. 150 da Constituição Federal prevê algumas limitações ao poder de tributar dos entes federativos. Conforme esse dispositivo:

> Art. 150 Sem prejuízo de outras garantias asseguradas ao contribuinte, é vedado à União, aos Estados, ao Distrito Federal e aos Municípios:
>
> I – exigir ou aumentar tributo sem lei que o estabeleça;
>
> II – instituir tratamento desigual entre contribuintes que se encontrem em situação equivalente, proibida qualquer distinção em razão de ocupação profissional ou função por eles exercida, independentemente da denominação jurídica dos rendimentos, títulos ou direitos;

Isto posto, entende-se que esse rol de limitações não é exaustivo, pois a Constituição Federal ainda prevê outras situações que restringem o poder de tributação estatal:

> **EXEMPLO:** Art. 5º, XXXIV – São a todos assegurados, independentemente do pagamento de taxas:
>
> a) o direito de petição aos Poderes Públicos em defesa de direitos ou contra ilegalidade ou abuso de poder;
>
> b) a obtenção de certidões em repartições públicas, para defesa de direitos e esclarecimento de situações de interesse pessoal;

5 PRINCÍPIOS TRIBUTÁRIOS

A partir dessa necessidade de limitação do poder de tributar do Estado, concebem-se os princípios tributários como uma das formas de restrição aos entes federativos (em conjunto com a previsão de imunidades tributárias, que serão destrinchadas posteriormente), tendo por finalidade o respeito a determinadas situações.

Desse modo, compreende-se os princípios tributários como garantias fundamentais do contribuinte.

Assim, passa-se à análise dos diferentes princípios previstos em matéria tributária.

5.1 Princípio da legalidade tributária

O primeiro princípio que merece destaque é o princípio da legalidade tributária, previsto no art. 150 da Constituição Federal, que aduz que:

> Art. 150. Sem prejuízo de outras garantias asseguradas ao contribuinte, é vedado à União, aos Estados, ao Distrito Federal e aos Municípios:
>
> I - exigir ou aumentar tributo sem lei que o estabeleça;

Sobre isso, o art. 97 do Código Tributário Nacional ainda prevê que:

> Art. 97. Somente a lei pode estabelecer:
>
> I - a instituição de tributos, ou a sua extinção;
>
> II - a majoração de tributos, ou sua redução, ressalvado o disposto nos arts. 21, 26, 39, 57 e 65;

Isto posto, a partir da conceituação de tributo (enquanto "prestação pecuniária compulsória em moeda cujo valor nela se possa exprimir, que não constitua sanção por contrato ilícito e instituída em lei"), o princípio da legalidade tributária aborda a necessidade de existência de lei ordinária (lei em sentido estrito) para a instituição ou o aumento de um tributo.

Esse princípio da legalidade tributária pretende assegurar a segurança jurídica do sistema tributário, pois determina a exigência de lei para:

- Criação de tributo;
- Extinção de tributo;
- Majoração de tributo;
- Redução de tributo;
- Definição do fato gerador de tributo;
- Definição do sujeito passivo de tributo;
- Definição da base de cálculo;
- Definição da alíquota;
- Definição de infrações e penalidades;
- Hipóteses de suspensão, extinção e exclusão do crédito tributário.

Possibilidade de edição de medida provisória em matéria tributária

Em regra, a matéria tributária pode ser veiculada por meio de Medida Provisória, tendo em vista não ter sido expressamente incluída entre as vedações à edição de matéria tributária previstas no art. 62, I, da Constituição:

> Art. 62. Em caso de relevância e urgência, o Presidente da República poderá adotar medidas provisórias, com força de lei, devendo submetê-las de imediato ao Congresso Nacional.
> § 1º É vedada a edição de medidas provisórias sobre matéria:
> I – relativa a:
> a) nacionalidade, cidadania, direitos políticos, partidos políticos e direito eleitoral;
> b) direito penal, processual penal e processual civil;
> c) organização do Poder Judiciário e do Ministério Público, a carreira e a garantia de seus membros;
> d) planos plurianuais, diretrizes orçamentárias, orçamento e créditos adicionais e suplementares, ressalvado o previsto no art. 167, § 3º;
> II – que vise a detenção ou sequestro de bens, de poupança popular ou qualquer outro ativo financeiro;
> III – reservada a lei complementar;
> IV – já disciplinada em projeto de lei aprovado pelo Congresso Nacional e pendente de sanção ou veto do Presidente da República.

Ou seja, em regra, as Medidas Provisórias podem criar ou majorar tributos, desde que atentas à previsão do art. 62, § 2º, da Constituição, que versa que:

> § 2º Medida provisória que implique instituição ou majoração de impostos, exceto os previstos nos arts. 153, I, II, IV, V, e 154, II, só produzirá efeitos no exercício financeiro seguinte se houver sido convertida em lei até o último dia daquele em que foi editada.

Contudo, existe uma exceção à possibilidade de edição de Medida Provisória em matéria tributária em relação às temáticas que necessitam ser instituídas por lei complementar, como prevê o art. 62, § 1º, III, da Constituição Federal:

> Art. 62 Em caso de relevância e urgência, o Presidente da República poderá adotar medidas provisórias, com força de lei, devendo submetê-las de imediato ao Congresso Nacional.
> § 1º É vedada a edição de medidas provisórias sobre matéria:
> [...]
> III – reservada a lei complementar;

Dessa maneira, evidenciam-se as matérias que exigem a sua veiculação por meio de Lei Complementar:

- Empréstimos Compulsórios;
- Impostos Residuais;
- Contribuições Residuais para a Seguridade Social;
- Definir o que são "grandes fortunas" para a previsão do Imposto de Grandes Fortunas;
- Instituição do ITCMD – nas hipóteses do art. 155, § 1º, III, da CF (doação e herança internacional).

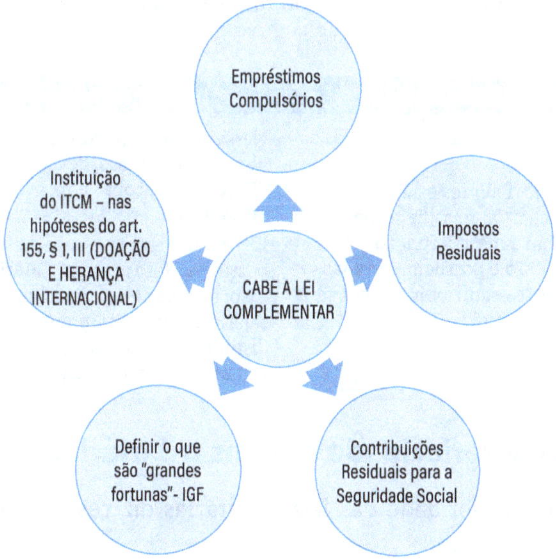

Outras exceções ao princípio da legalidade tributária

Ainda, existem outras exceções à necessidade de edição de lei ordinária para a veiculação de matéria tributária. Por exemplo:

- Há a possibilidade de majorar e reduzir as alíquotas do II, IE, IPI e IOF mediante ATO DO PODER EXECUTIVO – art. 153, § 1º, da CF;
- Também, pode-se reduzir e restabelecer as alíquotas da CIDE/Combustíveis – art. 177, § 4º, I, *b*, da CF e ICMS Combustíveis;
- O art. 113, § 2º, do CTN versa sobre a possibilidade de criar, regular e extinguir as obrigações acessórias;
- Permite-se a modificação da data de recolhimento de tributo; e
- Por fim, prevê-se a possibilidade de atualização monetária da base de cálculo dos tributos (art. 97, § 2º, do CTN).

5.2 Princípio da isonomia

O princípio da isonomia visa a proibir que seja dado tratamento diferenciado a contribuintes que se encontrem em situação equivalente. Esse previsto tem embasamento constitucional no art. 150 da Constituição, que versa que:

> Art. 150 Sem prejuízo de outras garantias asseguradas ao contribuinte, é vedado à União, aos Estados, ao Distrito Federal e aos Municípios:
>
> [...]
>
> II – instituir tratamento desigual entre contribuintes que se encontrem em situação equivalente, proibida qualquer distinção em razão de ocupação profissional ou função por eles exercida, independentemente da denominação jurídica dos rendimentos, títulos ou direitos;

Esse princípio possui duas acepções de análise: uma acepção horizontal e uma acepção vertical:

ACEPÇÃO HORIZONTAL	ACEPÇÃO VERTICAL
Nesse entendimento, os contribuintes estarão nivelados na mesma situação. Ou seja, diz respeito a contribuintes que exercem a mesma função, possuem o mesmo rendimento e possuem despesas parecidas. Desse modo, a esses contribuintes lhes será assegurado tratamento igualitário.	Nessa situação, os contribuintes estão em situações distintas e, por isso, devem ser tratados de maneira diferente de acordo e na medida em que se diferenciam. EXEMPLO: tem-se o caso do Imposto de Renda, que possui por fato gerador a aferição de renda. Nesse caso, mesmo se os contribuintes possuíssem o mesmo salário, as suas diferentes despesas em razão dos distintos aspectos da sua vida pessoal lhes garantiriam tratamento diferenciado.

5.3 Princípio da anterioridade das leis tributárias

O princípio da anterioridade das leis tributárias diz respeito ao "Princípio da Não Surpresa".

Esse princípio impõe a proibição de aplicação imediata de uma norma criadora ou majoradora de tributo.

Desse modo, prevê o art. 150 da Constituição da República:

> Art. 150 Sem prejuízo de outras garantias asseguradas ao contribuinte, é vedado à União, aos Estados, ao Distrito Federal e aos Municípios:
>
> [...]
>
> III - cobrar tributos:
>
> [...]
>
> b) no mesmo exercício financeiro em que haja sido publicada a lei que os instituiu ou aumentou;
>
> c) antes de decorridos noventa dias da data em que haja sido publicada a lei que os instituiu ou aumentou, observado o disposto na alínea *b*.

Ou seja, em síntese, a aplicação da norma criadora ou majoradora de tributo deve respeitar as seguintes cláusulas temporais:

- Só poderá ser aplicada no exercício financeiro seguinte;
- Mesmo que já esteja em um exercício financeiro seguinte, deverá respeitar o tempo mínimo de 90 dias para a sua aplicação.

Esse princípio possui por objetivo a proteção ao direito do contribuinte de não ser surpreendido de maneira lesiva no âmbito fiscal, tendo por intuito assegurar que os contribuintes não se submeterão à aplicação imediata de uma nova carga tributária quando recém implementada.

Entretanto, existem algumas exceções ao princípio da anterioridade, como se esquematiza:

EXCEÇÕES AO PRINCÍPIO DA ANTERIORIDADE		
TRIBUTOS DE INCIDÊNCIA IMEDIATA	**TRIBUTOS QUE RESPEITAM APENAS A NOVENTENA**	**TRIBUTOS QUE RESPEITAM APENAS O EXERC. FIN. SEGUINTE**
• II - IE - IOF	• IPI	• IR
• Criação EC para Guerra ou Calamidade	• Criação e Majoração de Contribuições Sociais de Seguridade Social	• Modificação da BC do IPTU e IPVA
• Imposto Extraordinário de Guerra	• Restabelecimento de alíquotas reduzidas das CIDE/Combustíveis e do ICMS interestadual combustíveis na origem	
Súmula nº 669 - Norma legal que altera o prazo de recolhimento da obrigação tributária não se sujeita ao princípio da anterioridade.		

5.4 Princípio da irretroatividade das leis tributárias

O princípio da irretroatividade das leis tributárias versa que, em regra, as leis que criam ou majoram os tributos não poderão retroagir. Ou seja, a lei que criou e majorou tributos somente alcançará fatos geradores presentes e futuros, não alcançando fatos geradores que já passaram.

Entretanto, há algumas exceções que autorizam a retroatividade das leis tributárias em alguns casos, como sistematiza-se na tabela abaixo:

REGRA	EXCEÇÃO
As leis que CRIAM ou MAJORAM tributos não retroagem (art. 150, III, *a*, da CF).	Poderão retroagir as leis tributárias que são: • Leis Interpretativas (art. 106, I, do CTN); • Leis que alteram aspectos meramente formais do lançamento (critérios para o procedimento da cobrança, conforme o art. 144 do CTN); • Leis benéficas em penalidade (art. 106, II, do CTN). IMPORTANTE: As leis benéficas em penalidades não retroagirão se já houver pagamento ou coisa julgada.

5.5 Princípio do não confisco

Esse princípio visa a proibir que a tributação seja estabelecida em patamar exorbitante (conforme fundamento no art. 150, IV, da Constituição), de modo que inviabilize a atividade profissional da empresa ou ameace a subsistência da pessoa física.

ATENÇÃO!

A tributação é considerada confiscatória, e, portanto, vedada, quando induz os sujeitos passivos a terem que abrir mão de suas riquezas, de seus empreendimentos, de seu patrimônio, em razão da densidade elevada em excesso da carga fiscal exigida.

5.6 Princípio de liberdade de trânsito

O princípio da liberdade de trânsito assegura aos cidadãos a liberdade de deslocamento e o direito de transitar livremente, como prevê o art. 150 da Constituição Federal, que aborda que:

> Art. 150 Sem prejuízo de outras garantias asseguradas ao contribuinte, é vedado à União, aos Estados, ao Distrito Federal e aos Municípios:
>
> [...]
>
> V – estabelecer limitações ao tráfego de pessoas ou bens, por meio de tributos interestaduais ou intermunicipais, ressalvada a cobrança de pedágio pela utilização de vias conservadas pelo Poder Público.

5.7 Princípio da uniformidade geográfica da tributação federal

O princípio da uniformidade geográfica da tributação federal consolida o entendimento de que é proibido à União o estabelecimento de impostos diferentes nos estados da federação, tendo por intuito evitar uma violação ao pacto federativo, garantindo a definição de tributos de maneira uniforme em todo o território nacional.

É nesse sentido que versa o art. 151 da Constituição da República, que prevê que:

> Art. 151. É vedado à União:
> I – instituir tributo que não seja uniforme em todo o território nacional ou que implique distinção ou preferência em relação a Estado, ao Distrito Federal ou a Município, em detrimento de outro, admitida a concessão de incentivos fiscais destinados a promover o equilíbrio do desenvolvimento socioeconômico entre as diferentes regiões do País

5.8 Princípio da vedação de concessão de benefícios fiscais heterônomos

Em síntese, esse princípio determina que a nenhum ente federado é dado o direito de invadir a autonomia de outro ente, seja no que tange à perspectiva tributária, seja no que diz respeito à nuance orçamentária. Do contrário, seria configurada flagrante invasão de autonomia.

É dessa forma que dispõe o art. 151, III, da Constituição da República, ao vedar que a União determine isenções de tributos da competência dos Estados, do Distrito Federal ou dos Municípios.

5.9 Princípio da não discriminação pela procedência ou destino

Esse princípio veda a distinção do perfil e da intensidade da tributação de acordo com o critério da localidade, o que poderia incentivar a ruptura da harmonia na Federação globalmente considerada. Assim, prevê o art. 152 da Constituição da República:

> Art. 152 É vedado aos Estados, ao Distrito Federal e aos Municípios estabelecer diferença tributária entre bens e serviços, de qualquer natureza, em razão de sua procedência ou destino.

5.10 Princípio da universalidade

O princípio da universalidade garante que a tributação alcance todas as formas de renda – e ainda garante a igualdade no seu tratamento.

Essa regra comporta algumas exceções, como é o caso das imunidades e isenções.

5.11 Princípio do *non olet*

O princípio do *non olet* (que significa, em síntese, que "*o dinheiro não tem cheiro*") aborda que o imposto incidirá na renda, independentemente desses rendimentos serem originados em atividades ilícitas.

Isso porque caso o tributo não incidisse sob produtos de origem ilícita, haveria uma espécie de benefício ao produto originário do crime. Sobre o tema, no Informativo de nº 637 em relação ao jogo do bicho, dispôs o STF:

> É possível a incidência de tributação sobre valores arrecadados em virtude de atividade ilícita, consoante o art. 118 do CTN [...] seria contraditório o não pagamento do imposto proveniente de ato ilegal, pois haveria locupletamento da própria torpeza em detrimento do interesse público da satisfação das necessidades coletivas, a qual se daria por meio da exação tributária.

6 IMUNIDADES TRIBUTÁRIAS

Imunidades tributárias são delimitações negativas da competência tributária, isto é, situações que não podem ser atingidas por determinados tributos.

Devem ser definidas exclusivamente pela Constituição Federal, logo, não é cabível às constituições estaduais e nem as leis orgânicas municipais prever hipóteses de imunidade além das estabelecidas na CF, *vide* o julgamento da ADI 773 pelo STF.

As imunidades tributárias distinguem-se das isenções nos seguintes aspectos:

IMUNIDADE	ISENÇÃO
Não incidência;	Dispensa legal do tributo;
Atua no âmbito da delimitação da competência tributária;	Atua no âmbito do exercício da competência tributária;
Não há formação da obrigação tributária;	Há formação da obrigação tributária, no entanto, a isenção impede o lançamento tributário;
Amparo constitucional;	Amparo legal;
Interpretação ampla;	Interpretação literal;
Heterônoma.	Autônoma, em regra.

Tais imunidades somente abarcam a obrigação tributária principal, ou seja, as obrigações tributárias acessórias não são acobertadas.

A classificação das imunidades relaciona-se a quem ou o que é destinada:

Subjetiva	Objetiva	Mista
Art. 150, VI, *a*, *b*, *c*, da CF	Art. 150, VI, *d*, da CF	Art. 153, § 4º, II, da CF
Exemplo: instituições de educação e de assistência sem fins lucrativos.	Exemplo: livros, jornais, periódicos e seus papéis para impressão.	Exemplo: ITR "não incide" sobre pequenas glebas rurais, definidas em lei, quando as explore o proprietário que não possua outra.

6.1 Imunidade recíproca

A imunidade recíproca é aquela que veda aos entes políticos instituírem impostos sobre o patrimônio, renda ou serviços de outros. É considerada uma cláusula pétrea e está prevista no art. 150, VI, da CF:

> Art. 150. Sem prejuízo de outras garantias asseguradas ao contribuinte, é vedado à União, aos Estados, ao Distrito Federal e aos Municípios:
> (...)
> VI – instituir impostos sobre:
> a) patrimônio, renda ou serviços, uns dos outros;

Portanto, atua como um verdadeiro instrumento de calibragem do pacto federativo, visto que impede que um ente utilize a carga tributária para pressionar outro ente ou, ao contrário, conceda quaisquer tipos de benefícios.

Contempla apenas os entes políticos e suas autarquias e fundações públicas, excluindo as empresas públicas e as sociedades de economia que atuam em regime concorrencial.

ATENÇÃO! Conforme o julgamento do RE nº 405.267/MG, o STF compreendeu que a Caixa de Assistência dos Advogados da OAB é acobertada pela imunidade tributária recíproca.

6.2 Imunidade dos templos religiosos

É a imunidade conferida aos templos religiosos de qualquer culto, sendo proibido aos entes federativos instituir impostos sobre o patrimônio, a renda e os serviços, relacionados com as finalidades essenciais das entidades mencionadas.

A imunidade tributária religiosa alcança apenas os impostos, incluindo a nova Contribuição sobre Bens e Serviços (CBS), conforme prevê o art. 149-B, parágrafo único, da Constituição Federal.

Essa proteção não se estende a outras espécies tributárias, como taxas ou demais contribuições especiais. Com a EC nº 132/2023, o art. 150, VI, *b*, da CF trouxe uma redação mais apropriada:

> Art. 150. Sem prejuízo de outras garantias asseguradas ao contribuinte, é vedado à União, aos Estados, ao Distrito Federal e aos Municípios:
>
> [...]
>
> VI – instituir impostos sobre:
>
> [...]
>
> b) entidades religiosas e templos de qualquer culto, *inclusive suas organizações assistenciais e beneficentes*;

ATENÇÃO!

1. O imóvel locado a entidade religiosa se torna imune ao IPTU durante todo o período de locação – Art. 156, § 1º-A, da CF, OU SEJA, a imunidade não exige que o imóvel seja de propriedade da entidade religiosa – basta que seja utilizado diretamente nas suas atividades essenciais.
2. Cemitério tem imunidade tributária religiosa?

Pode ter sim – mas precisa preencher requisitos.

O cemitério pode ser alcançado pela imunidade tributária religiosa prevista no art. 150, VI, *b*, da CF, desde que:

1. Seja de titularidade de entidade religiosa (igreja, templo etc.);
2. Esteja diretamente vinculado ao exercício das finalidades essenciais da religião – como ritos funerários, cultos, preservação da fé.

Não tem imunidade se...

- O cemitério for administrado por empresa privada com fins lucrativos; ou
- For utilizado com finalidade comercial, sem relação direta com a prática religiosa.

Nesse sentido, alguns pontos relevantes definidos pelo Supremo Tribunal Federal:

- RE nº 129.930: a imunidade dos templos não impede que o município cobre a taxa de coleta de lixo;
- RE nº 325.822: define que o templo consiste em uma entidade, nos termos do art. 44, IV, do CC;
- RE nº 562.351: determina que o templo de qualquer culto é a fé dos praticantes, desde que presentes três características da religião:
  - elevação espiritual;
  - profissão da fé;
  - prática de virtudes.
- Também se admite a imunidade tributária à casa do padre, ao veículo utilizado para o atendimento, ao local de estacionamento para os fiéis desde que pertencente à entidade e ao IOF;
- O STF compreende que a maçonaria é uma filosofia de vida, não uma religião.

6.3 Imunidade dos partidos políticos, sindicatos dos trabalhadores, entidades educacionais e de assistência social

A imunidade tributária prevista no art. 150, VI, *c*, da CF é uma limitação ao poder de tributar dos entes federativos, que proíbe a cobrança de impostos sobre determinados entes ou situações em razão da sua relevância social ou política.

Trata-se de imunidades consideradas subjetivas, gerais e explícitas e estão previstas no art. 150, VI, *c*, da CF:

> Art. 150. Sem prejuízo de outras garantias asseguradas ao contribuinte, é vedado à União, aos Estados, ao Distrito Federal e aos Municípios:
> (...)
> VI – instituir impostos sobre:
> (...)
> c) patrimônio, renda ou serviços dos partidos políticos, inclusive suas fundações, das entidades sindicais dos trabalhadores, das instituições de educação e de assistência social, sem fins lucrativos, atendidos os requisitos da lei;

Com relação às entidades educacionais e as de assistência social, a finalidade é a promoção do desenvolvimento social, a erradicação da pobreza e das desigualdades sociais, sendo classificada como ontológica ou política. Quanto aos partidos políticos e sindicatos dos trabalhadores, é considerada política.

Por conta do art. 149-B, parágrafo único, a imunidade também impede a incidência da CBS.

> Súm. Vinc. nº 52 – Imunidade ao IPTU mesmo com imóvel alugado
> "Ainda quando alugado a terceiros, permanece imune ao IPTU o imóvel pertencente a qualquer das entidades referidas pelo art. 150, VI, c, da CF, desde que o valor dos aluguéis seja aplicado nas atividades essenciais de tais entidades."
> O que você precisa lembrar para a prova:
> - O imóvel continua imune ao IPTU, mesmo alugado;
> - Condição essencial: o valor do aluguel deve ser reinvestido nas atividades-fim da entidade imune;
> - Essa súmula confere objetividade ao conceito de "atividades essenciais", evitando interpretações subjetivas.
>
> A jurisprudência do STF também reconhece a imunidade sobre rendimentos obtidos com o aluguel de imóvel e a exploração de estacionamento, desde que haja vínculo com a finalidade institucional da entidade (RE 390.451/MG e RE 449.003/SP).

6.4 Imunidade cultural ou de imprensa

Está relacionada à promoção da liberdade de expressão e à promoção cultural, previstas no art. 5º, XIV, da Constituição. Importa destacar que não contempla a renda auferida pela editora a partir da comercialização, nos termos do art. 150, VI, *d*, da CF:

> Art. 150. Sem prejuízo de outras garantias asseguradas ao contribuinte, é vedado à União, aos Estados, ao Distrito Federal e aos Municípios:
> (...)
> VI – instituir impostos sobre:
> (...)
> d) livros, jornais, periódicos e o papel destinado a sua impressão;

Alguns pontos relevantes são:

- para fins de imunidade tributária, o livro deve ter:
  - uma base física, seja em papel ou mídia eletrônica;
  - uma finalidade de difundir conhecimento de qualquer natureza;
- revistas e periódicos são contemplados independentemente de conteúdo, podendo ser, inclusive, revista pornográfica, de piadas ou infantil;
- o STF garantiu a imunidade de álbuns de figurinha e de figurinhas, das listas telefônicas e do atlas geográfico;
- Quanto aos livros eletrônicos, o STF definiu a mesma imunidade e sumulou o seguinte entendimento:

> Súmula Vinculante nº 57
>
> A imunidade tributária constante do art. 150, VI, *d*, da CF aplica-se a importação e comercialização, no mercado interno, do livro eletrônico (*e-book*) e dos suportes exclusivamente utilizados para fixá-los, como os leitores de livros eletrônicos (*e-readers*), ainda que possuam funcionalidades acessórias.

6.5 Imunidade musical

A imunidade musical está delimitada pelo art. 150, VI, *e*, acrescida pela EC nº 75/2023:

> Art. 150. Sem prejuízo de outras garantias asseguradas ao contribuinte, é vedado à União, aos Estados, ao Distrito Federal e aos Municípios:
>
> (...)
>
> VI – instituir impostos sobre:
>
> (...)
>
> e) fonogramas e videofonogramas musicais produzidos no Brasil contendo obras musicais ou literomusicais de autores brasileiros e/ou obras em geral interpretadas por artistas brasileiros bem como os suportes materiais ou arquivos digitais que os contenham, salvo na etapa de replicação industrial de mídias ópticas de leitura a laser.

Por conta do art. 149-B, parágrafo único, a imunidade também impede a incidência da CBS.

7 IMPOSTOS ESTADUAIS

A partir de agora, serão destrinchadas as diferentes espécies de impostos estaduais, que, em síntese, correspondem a:

IPVA	ITCMD	ICMS

7.1 IPVA – Imposto sobre a Propriedade de Veículos Automotores

A primeira espécie de imposto estadual que será abordada será o Imposto sobre a Propriedade de Veículos Automotores. Sobre ele, pormenorizam-se as seguintes características:

IPVA	
PREVISÃO LEGAL	Esse imposto está previsto no art. 155, III, e § 6º combinado com o art. 158, III, ambos da Constituição Federal (a base primordial desse imposto estará na Constituição, mas levando em consideração que as leis estaduais de cada estado abordam a temática).
ORIGEM DO IPVA	Taxa Rodoviária Única (TRU).
FATO GERADOR DO IPVA	A conduta de ser proprietário de veículos automotores terrestres, aquáticos e aéreos. III - incidirá sobre a propriedade de veículos automotores terrestres, aquáticos e aéreos, excetuados: a) aeronaves agrícolas e de operador certificado para prestar serviços aéreos a terceiros; b) embarcações de pessoa jurídica que detenha outorga para prestar serviços de transporte aquaviário ou de pessoa física ou jurídica que pratique pesca industrial, artesanal, científica ou de subsistência; c) plataformas suscetíveis de se locomoverem na água por meios próprios, inclusive aquelas cuja finalidade principal seja a exploração de atividades econômicas em águas territoriais e na zona econômica exclusiva e embarcações que tenham essa mesma finalidade principal; d) tratores e máquinas agrícolas.
SUJEITO PASSIVO DESSA RELAÇÃO JURÍDICA OBRIGACIONAL	O proprietário do veículo. OBSERVAÇÃO: Em casos de alienação desse veículo: aplica-se a regra de sucessão tributária, em que serão pessoalmente responsáveis o adquirente ou remitente pelos tributos relativos aos bens que foram adquiridos ou remidos. Ainda, possibilita-se a responsabilidade solidária entre o antigo proprietário e o eventual adquirente, afinal, são solidariamente obrigadas as pessoas expressamente designadas por lei (ou seja, essa responsabilização solidária decorrerá do que estiver estabelecido em lei estadual que disciplina o IPVA).
BASE DE CÁLCULO	O valor venal do automóvel.
ALÍQUOTA	Permite aos Estados e ao DF instituírem alíquotas diferenciadas de IPVA conforme: tipo de veículo, valor, finalidade, efeito ambiental (seletividade de alíquota) (art. 155, § 6º, II, da CF/1988). Terá alíquotas mínimas fixadas pelo Senado Federal (art. 155, § 6º, I, da CF/1988).
IMUNIDADES	Algumas pessoas são imunes à incidência do IPVA. São elas: • Templos de qualquer culto; • Partidos políticos e suas fundações; • Entidades sindicais de trabalhadores; • Instituições de educação sem fins lucrativos; • Instituições de saúde sem fins lucrativos; • Autarquias e órgãos estaduais e federais; • Empresas Públicas e sociedades de economia mista estaduais e federais que sejam prestadoras de serviço público exclusivo.
LANÇAMENTO	Esse lançamento poderá ser realizado de ofício ou direto.

Ainda sobre as hipóteses de lançamento, aproveita-se o espaço para ressaltar um esquema explicativo a seguir:

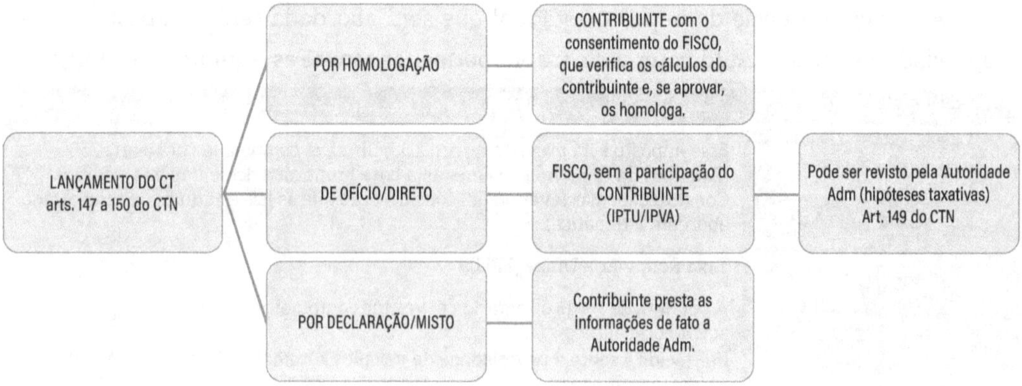

7.2 ITCMD – Imposto de Transmissão *Causa Mortis* e Doação

A segunda espécie de imposto estadual que será abordada será o Imposto de Transmissão *Causa Mortis* e Doação. Assim, destrincham-se as suas características:

ITCMD	
PREVISÃO LEGAL	Art. 155, I, da CF e art. 38 do CTN.
FATO GERADOR	São dois: Transmissão *causa mortis* de bens e direitos ou Doações de bens e direitos.
SUJEITO PASSIVO	Para se determinar quem será o sujeito passivo do ITCMD, precisa-se, primeiramente, compreender: • Se estiver diante de uma doação: o sujeito passivo será determinado por cada lei do seu estado. Nesse caso, pode ser o doador (quem está doando) ou o donatário (quem está recebendo), pois o art. 124 do CTN traz a possibilidade de uma relação solidária entre essas duas pessoas. • Se estiver diante de uma transmissão *causa mortis*: o sujeito passivo será ou o herdeiro ou os legatários.
BASE DE CÁLCULO	O valor venal dos bens ou direitos que estão sendo transmitidos, ora por meio de uma doação, ora por meio de uma *causa mortis*.
ALÍQUOTA	Compete a cada estado instituir o imposto sobre transmissão causa mortis de quaisquer direitos ou bens. E o imposto previsto neste inciso terá sua alíquota máxima fixada pelo Senado Federal, que corresponde a 8%.
LOCAL DE PAGAMENTO	Quando estiver diante de uma doação: analisa-se se estará sendo doado um bem móvel ou um bem imóvel. • Se estiver doando um bem imóvel: será devido para o estado onde estiver situado este bem imóvel. • Se estiver doando um bem móvel é necessário fazer uma distinção. Quando estiver diante de uma transmissão *causa mortis*, compete ao Estado onde o falecido tinha domicílio. • Se a trasmissão decorrer de doação, competente sera o Estado ou DF em que tiver domicilio o doador.

ITCMD	
RELAÇÕES INTERNACIONAIS	Cabe a uma Lei Complementar (que ainda não foi editada) regular a incidência do ITCMD quando o doador tiver domicílio ou uma residência no exterior, bem como quando o de cujus possuía bens, era residente ou domiciliado, ou teve o seu inventário processado no exterior.
LANÇAMENTO	O lançamento do ITCMD é um lançamento por declaração, isto é, o contribuinte que vai prestar as informações do ocorrido para a autoridade administrativa.

Sobre o local do pagamento, ainda, segue um quadro resumo:

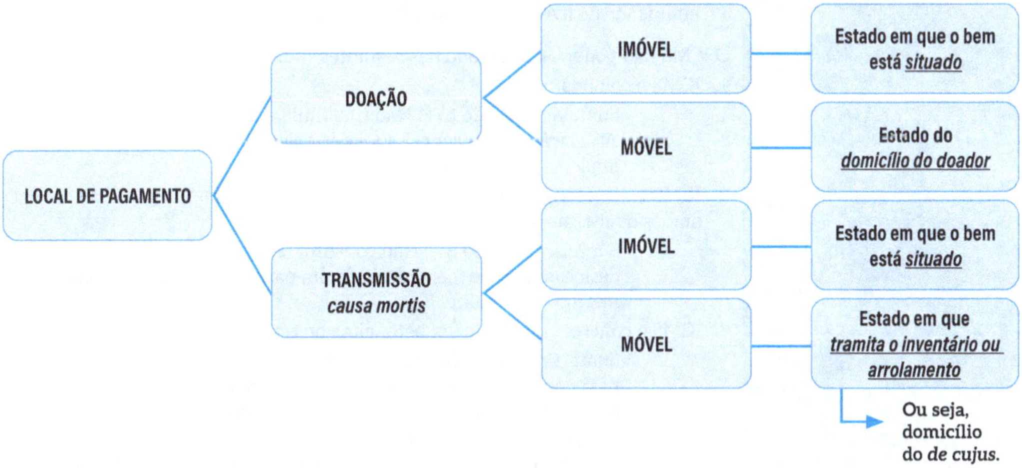

7.3 ICMS – Imposto sobre Circulação de Mercadorias e Serviços

Com a Reforma Tributária, viabilizada pela EC nº 132/2023, o ICMS e o ISS serão substituídos pelo IBS. A terceira espécie de imposto estadual que será abordada será o Imposto sobre Circulação de Mercadorias e Serviços. Isto posto, expõem-se as suas características:

ICMS	
PREVISÃO LEGAL	Esse imposto é previsto no art. 155, II, e §§ 2º a 5º, da CF, além de ser regulado pela Lei Complementar nº 87/1996 (Lei Kandir, que é a lei específica para a regulação do ICMS).
FATO GERADOR	O fato gerador do ICMS vai ocorrer: • Na operação e circulação de mercadoria (que configuram operações econômicas, atos de mercante, atos de empresa, que ocorrerão com habitualidade, onerosidade, organização e com fins lucrativos), e • Na prestação de dois serviços (serviço de comunicação e serviço de transporte intermunicipal e interestadual).
SUJEITO PASSIVO	Será o fornecedor da mercadoria ou o prestador daqueles dois serviços específicos.
BASE DE CÁLCULO	O preço do serviço de comunicação ou transporte, bem como o valor da operação da circulação daquela mercadoria.

ICMS	
IMUNIDADES DO ICMS	Algumas situações de imunidade são garantidas em relação ao ICMS: • Imunidades das exportações; • Imunidades para operações interestaduais (em relação a 5 mercadorias: petróleo, lubrificante, combustível líquido derivado do petróleo, combustível gasoso derivado do petróleo e energia elétrica); • Ouro (não incide ICMS quando o OURO é comercializado como ativo financeiro, pois incidirá o IOF); • Imunidade para empresas de TV que produzem sons e imagens em emissoras de rádio; • Imunidade de livros, jornais, periódicos, CDs e DVDs.
VEDAÇÃO À COBRANÇA DO ICMS	O ICMS não poderá ser cobrado nas seguintes situações: 1. ICMS e comodato Súmula nº 573 do STF: Não constitui fato gerador do imposto de circulação de mercadorias a saída física de máquinas, utensílios e implementos a título de comodato. 2. ICMS e deslocamento de mercadoria de um estabelecimento para outro, ambos do mesmo dono: Súmula nº 166 do STJ: Não constitui fato gerador do ICMS o simples deslocamento de mercadoria de um para outro estabelecimento do mesmo contribuinte. 3. ICMS e concreto fabricado em betoneiras no trajeto da obra: Súmula nº 167 do STJ: O fornecimento de concreto, por empreitada, para construção civil, preparado no trajeto até a obra em betoneiras acopladas a caminhões, é prestação de serviço, sujeitando-se apenas à incidência do ISS. 4. ICMS e aquisição interestadual de materiais de construção como insumos para utilização em obras; 5. ICMS e *leasing* interno; 6. ICMS e serviço de provimento de acesso à internet - Súm. nº 334 do STJ; 7. ICMS e serviço de habilitação de telefonia celular - Súm. nº 350 doSTJ; 8. ICMS e demanda de potência de energia contratada e não utilizada.

Sobre o FATO GERADOR DO ICMS, esquematiza-se:

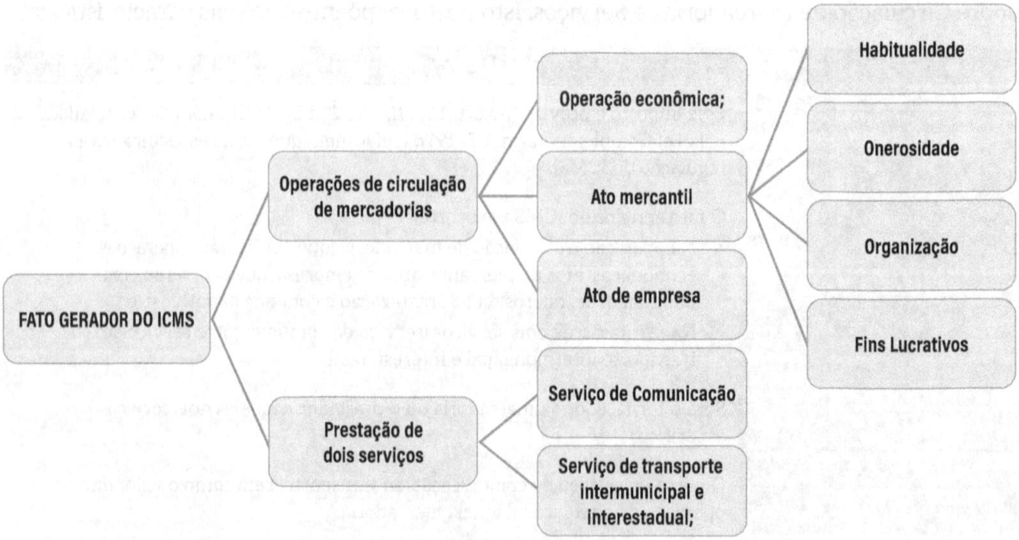

Ademais, sobre a INCIDÊNCIA DO ICMS, esse imposto incidirá sobre:

a) O fornecimento de alimentos e bebidas, conforme previsão do art. 2º da Lei Kandir:

> Art. 2º O imposto incide sobre:
> I - operações relativas à circulação de mercadorias, inclusive o fornecimento de alimentação e bebidas em bares, restaurantes e estabelecimentos similares.

b) A comercialização de licença de usos de *software* de prateleira (dependendo de qual finalidade esse *software* está sendo utilizado);

c) Os contratos internacionais de importação (o ICMS não incidirá na exportação);

d) O desembaraço aduaneiro, conforme os seguintes entendimentos do Supremo Tribunal Federal:

> Súmula nº 661 do STF: Na entrada de mercadoria importada do exterior, é legítima a cobrança do ICMS por ocasião do desembaraço aduaneiro.
> Súmula Vinculante nº 48: Não incide o ICMS na operação de arrendamento mercantil internacional, salvo na hipótese de antecipação da opção de compra, quando configurada a transferência da titularidade do bem.

ATENÇÃO!

DEFINIÇÃO DO SUJEITO ATIVO NO CASO DA IMPORTAÇÃO

O Estado que será responsável por arrecadar e cobrar esse imposto (o Estado do domicílio ou do estabelecimento do destinatário da mercadoria, do bem ou do serviço).

Nessa linha, prevê a Constituição da República:

> Art. 155, § 2º, IX (...)
> a) sobre a entrada de bem ou mercadoria importados do exterior por pessoa física ou jurídica, ainda que não seja contribuinte habitual do imposto, qualquer que seja a sua finalidade, assim como sobre o serviço prestado no exterior, cabendo o imposto ao Estado onde estiver situado o domicílio ou o estabelecimento do destinatário da mercadoria, bem ou serviço.

No que se refere à ISENÇÃO CONCEDIDA AO ICMS, como a isenção é um benefício fiscal, ela só pode ser concedida quando se tratar ao ICMS por meios de Convênios do CONFAZ ou Tratados Internacionais.

Sobre isso, sintetiza-se:

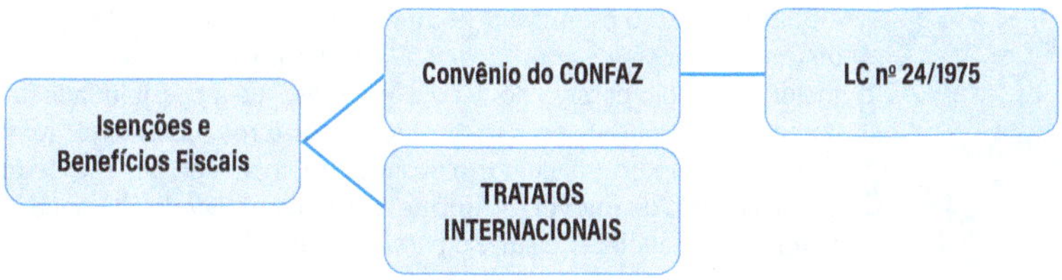

8 IMPOSTOS MUNICIPAIS

A partir de agora, serão destrinchadas as diferentes espécies de impostos municipais.

IPTU	ITBI	ISSQN

8.1 IPTU – Imposto Predial e Territorial Urbano

A primeira espécie de imposto estadual que será abordada será o Imposto Predial e Territorial Urbano. Assim, pormenorizam-se as suas particularidades:

IPTU	
PREVISÃO LEGAL	Esse imposto é previsto no art. 156, I e § 1º, da Constituição da República, e nos arts. 32, 33 e 34 do Código Tributário Nacional.
FATO GERADOR	O Imposto Predial e Territorial Urbano terá como fato gerador: • Propriedade; • Domínio útil; • Posse com *animus domini*; • Bem imóvel, por natureza ou ascensão; • Localizado na zona urbana do município. Art. 32. O imposto, de competência dos Municípios, sobre a propriedade predial e territorial urbana tem como fato gerador a propriedade, o domínio útil ou a posse de bem imóvel por natureza ou por acessão física, como definido na lei civil, localizado na zona urbana do Município. § 1º Para os efeitos deste imposto, entende-se como zona urbana a definida em lei municipal; observado o requisito mínimo da existência de melhoramentos indicados em pelo menos 2 (dois) dos incisos seguintes, construídos ou mantidos pelo Poder Público: I - meio-fio ou calçamento, com canalização de águas pluviais; II - abastecimento de água; III - sistema de esgotos sanitários; (...) IMPORTANTE: o imposto que deve incidir sobre a propriedade de um imóvel RURAL em área URBANA é o ITR (Imposto Territorial Rural), conforme entendimento do STF e previsão do Decreto-lei nº 57/1966).
SUJEITO PASSIVO	Serão sujeitos passivos do IPTU: • Proprietário daquele imóvel; • Titular do domínio útil; • Possuidor a qualquer título. Evidencia-se que *o locatário não é sujeito passivo de IPTU*, porque ele é possuidor, ou seja, é desprovido do ânimo de ser dono (*animus domini*). OBSERVAÇÃO: o promitente comprador figura em uma situação específica de uma promessa de compra e venda, o que poderia fazer com que fosse incluído no polo passivo do IPTU. Nesse caso, há a possibilidade da Fazenda tributar o promitente comprador (possuidor direto do imóvel), mas em caso de inadimplemento, executar o promitente vendedor, por ser ele formalmente o proprietário do imóvel (conforme a Súmula nº 399 do STJ, cabe à legislação municipal estabelecer o sujeito passivo do IPTU).

IPTU	
BASE DE CÁLCULO	O valor venal do imóvel, não importando os bens presentes naquele imóvel, como determina o Código Tributário Nacional: Art. 33 [...] Parágrafo único. Na determinação da base de cálculo, não se considera o valor dos bens móveis mantidos, em caráter permanente ou temporário, no imóvel, para efeito de sua utilização, exploração, aformoseamento ou comodidade. A EC nº 132/2023 incluiu o inc. III ao § 1º do art. 156 da CF, que autoriza os municípios a atualizarem a base de cálculo do IPTU por meio de decreto do Poder Executivo, desde que observados os critérios estabelecidos em lei municipal.
LANÇAMENTO DO IPTU	O lançamento do IPTU será realizado de ofício, tendo em vista ser o seu fato gerador visível pelo fisco. Desse modo: Súmula nº 397 do STJ: O contribuinte do IPTU é notificado do lançamento pelo envio do carnê ao seu endereço.

Ademais, destrincham-se outras das características:

8.1.1 Atualização X Majoração do IPTU

Há a possibilidade de atualização desse tributo por meio de um Ato do Executivo (ex.: o prefeito pode, por meio de um decreto, atualizar a base de cálculo do IPTU).

> Súmula nº 160 do STJ: "É defeso, ao Município, atualizar o IPTU, mediante decreto, em percentual superior ao índice oficial de correção monetária".

Contudo, evidencia-se que a majoração, diminuição ou extinção de tributos deve ser estabelecida por lei (art. 97 do CTN) e respeitar o Princípio da Anterioridade anual (art. 150 da CF).

> O art. 97, VI, § 2º, do CTN esclarece taxativamente que a atualização monetária da base de cálculo do imposto (valor venal + alíquota), não constitui modificação no tributo.

8.1.2 Alíquota

Será fixada por cada lei municipal. O IPTU pode ter alíquotas diferenciadas por 4 fundamentos:

1) Em relação ao desrespeito à função social da propriedade, progressividade e sanção: o contribuinte pode ser notificado para promover o devido adequamento do seu imóvel. Se não adequar, o contribuinte sofrerá a penalidade de uma alíquota mais pesada como sanção.
2) Em relação à diferença de valor venal do imóvel: é o que se chama de progressividade fiscal, sem prejuízo da progressividade no tempo. Em outras palavras, o imposto será progressivo em razão do valor do imóvel.

> Súmula nº 668 do STF: É inconstitucional a lei municipal que tenha estabelecido, antes da Emenda Constitucional nº 29/2000, alíquotas progressivas para o IPTU, salvo se destinada a assegurar o cumprimento da função social da propriedade urbana.

Em resumo, se tem-se imóveis localizados em bairros diferentes, em situações diferentes, o valor do IPTU sobre eles será diferenciado (tanto com base na sua localização como com base na sua razão do valor do imóvel).

3) Em relação à localização

> Art. 156 [...] § 1º Sem prejuízo da progressividade no tempo a que se refere o art. 182, § 4º, inciso II, o imposto previsto no inciso I poderá:
> [...]
> II – ter alíquotas diferentes de acordo com a localização e o uso do imóvel.

4) Em relação ao uso

> Art. 156 [...] § 1º Sem prejuízo da progressividade no tempo a que se refere o art. 182, § 4º, inciso II, o imposto previsto no inciso I poderá:
> [...]
> II – ter alíquotas diferentes de acordo com a localização e o uso do imóvel.

8.1.3 Imunidades

Conforme o art. 150, VI, da CF algumas pessoas são imunes ao IPTU. São elas:

PESSOAS DE DIREITO PÚBLICO	União; Estados; Autarquias; Fundação Pública; Empresas Públicas e sociedades de economia mista de serviço público.
PESSOAS DE DIREITO PRIVADO	Templos de qualquer culto (igreja); Partidos políticos e suas fundações; Entidades sindicais de trabalhadores; Instituição de educação sem fins lucrativos; Instituição de saúde sem fins lucrativos.

ATENÇÃO!

É obrigatória a vinculação do imóvel às finalidades essenciais para que a sua imunidade se justifique.

Nessa linha, conforme a Súmula nº 724 do STF acompanhada da Súmula Vinculante nº 52, o valor arrecadado dos aluguéis tem que ser revertido para as finalidades essenciais dessas pessoas de direito público ou de direito privado para que ele permaneça imune. Em outras palavras, o valor arrecadado dessa receita deve ser revertido para sua atividade fim. Desse modo, importante transcrever a mencionada Súmula nº 724:

> Súmula nº 724 do STF – Ainda quando alugado a terceiros, permanece imune ao IPTU o imóvel pertencente a qualquer das entidades referidas pelo art. 150, VI, c, da Constituição, desde que o valor dos aluguéis seja aplicado nas atividades essenciais de tais entidades.

8.2 ITBI (Imposto de Transmissão de Bens Imóveis)

A segunda espécie de imposto estadual que será abordada será o Imposto de Transmissão de Bens Imóveis. Logo, destrincham-se as suas particularidades:

<table>
<tr><th colspan="2">ITBI</th></tr>
<tr><td>FATO GERADOR</td><td>1) Transmissão inter vivos de bens imóveis e a título ONEROSO;
2) Aquisição ONEROSA de alguns direitos reais sobre imóveis (todos, salvo os de garantia - penhor, hipoteca e anticrese).
Não incidirá o ITBI nas seguintes hipóteses:
• No registro da promessa de compra e venda;
• Apenas na compra e venda de imóveis (exemplo desta situação consiste na troca ou permuta imobiliária);
• Na aquisição de bens imóveis por usucapião.
Em contraponto, incidirá o ITBI no caso de:
• arrematações judiciais (e a base de cálculo consistirá no valor da arrematação).</td></tr>
<tr><td>SUJEITO PASSIVO</td><td>Será a pessoa que a lei dispuser (art. 42 do CTN).
Em relação ao ALIENANTE e ao ADQUIRENTE, há a possibilidade de RESPONSABILIDADE SOLIDÁRIA:
Art. 124. São solidariamente obrigadas:
[...]
II - as pessoas expressamente designadas por lei.
Contudo, praticamente todas as leis de ITBI determinam que o sujeito passivo é o adquirente.</td></tr>
<tr><td>BASE DE CÁLCULO</td><td>É o valor de mercado do imóvel, e não o valor venal utilizado para fins de IPTU (Tema nº 1.113 de Repercussão Geral - STJ).
EXCEÇÃO: imóvel arrematado em HASTA PÚBLICA, cuja base de cálculo será o valor apurado no leilão ou o valor pago na arrematação.</td></tr>
<tr><td>ALÍQUOTA</td><td>Não há mandamento que haja alíquota máxima para o ITBI.
Súmula nº 656 do STF: É inconstitucional a lei que estabelece alíquotas progressivas para o imposto de transmissão inter vivos de bens imóveis - ITBI com base no valor venal do imóvel.</td></tr>
<tr><td>IMUNIDADES</td><td>Não incide ITBI sobre a transmissão de bens ou direitos incorporados ao patrimônio de pessoa jurídica em realização de capital;
Não incide ITBI sobre o adquirente em razão da extinção de pessoa jurídica, bem como, na mesma via, imuniza também as novas PJ resultantes de fusão ou cisão de outras, e ainda, aquela pessoa jurídica que incorpora outra.
Nessa linha, prevê o art. 156, § 2º, I:
Não incide sobre a transmissão de bens ou direitos incorporados ao patrimônio de pessoa jurídica em realização de capital, nem sobre a transmissão de bens ou direitos decorrente de fusão, incorporação, cisão ou extinção de pessoa jurídica, salvo se, nesses casos, a atividade preponderante do adquirente for a compra e venda desses bens ou direitos, locação de bens imóveis ou arrendamento mercantil.
ATENÇÃO! Imunizam-se as novas pessoas jurídicas resultantes de uma fusão ou de uma cisão, assim como aquela pessoa jurídica que incorpora a outra (nesse caso, a incorporada desaparece e todos os ativos e passivos são transferidos para a outra empresa, que adquirirá todos os bens e não pagará ITBI).</td></tr>
<tr><td>LOCAL DO PAGAMENTO</td><td>O município onde o imóvel estiver situado.</td></tr>
<tr><td>LANÇAMENTO</td><td>O lançamento do ITBI será realizado por declaração.</td></tr>
</table>

Direito Tributário

8.3 ISSQN – Imposto sobre Serviços de Qualquer Natureza

O ISS será substituído pelo **IBS**, um imposto **unificado** que também absorverá o **ICMS**. Essa mudança ocorrerá de forma **gradual**, respeitando um **período de transição até 2033**.

ISSQN	
PREVISÃO LEGAL	Esse imposto será previsto no art. 156, III, e § 3º, da Constituição Federal, além de se embasar na Lei Complementar nº 116/2003.
FATO GERADOR	Incide sobre contratos de prestação de serviços: Devem ser excluídas do campo de incidência do ISS (devendo, nesses casos, incidir o ICMS) duas modalidades de prestações de serviços: • Os serviços de transporte intermunicipal e interestadual; • Serviços de comunicação. OBSERVAÇÃO: Lista de serviços anexa à Lei Complementar nº 116, de 31 de julho de 2003. 1 - Serviços de informática e congêneres. 1.01 - Análise e desenvolvimento de sistemas. 1.02 - Programação. 4 - Serviços de saúde, assistência médica e congêneres. 6 - Serviços de cuidados pessoais, estética, atividades físicas e congêneres. 6.01 - Barbearia, cabeleireiros, manicuros, pedicuros e congêneres. 6.02 - Esteticistas, tratamento de pele, depilação e congêneres. 7 - Serviços relativos a engenharia, arquitetura, geologia, urbanismo, construção civil, manutenção, limpeza, meio ambiente, saneamento e congêneres. 9 - Serviços relativos a hospedagem, turismo, viagens e congêneres.
SUJEITO PASSIVO	Será o prestador do serviço (conforme no art. 5º da Lei Complementar nº 116/2003). Todavia, é possível que as leis municipais estabeleçam a responsabilidade tributária para o tomador do serviço, hipótese em que o mesmo atuará como substituto e deverá reter o montante do ISS devido quando do feitio do pagamento do preço ao prestador, suportando o dever legal de recolher o encargo fiscal em favor do Município credor.
SUJEITO ATIVO	Art. 3º LC: como regra, o imposto é devido para o Município no qual se situa o estabelecimento do prestador ou, na falta do estabelecimento, no local do domicílio do prestador. As exceções são as hipóteses previstas no art. 3º, I a XXV, ocasião em que cada inciso indicará o local devido.
BASE DE CÁLCULO	Será o preço do serviço. Art. 7º A base de cálculo do imposto é o preço do serviço. § 1º Quando os serviços descritos pelo subitem 3.04 da lista anexa forem prestados no território de mais de um Município, a base de cálculo será proporcional, conforme o caso, à extensão da ferrovia, rodovia, dutos e condutos de qualquer natureza, cabos de qualquer natureza, ou ao número de postes, existentes em cada Município. § 2º Não se incluem na base de cálculo do Imposto Sobre Serviços de Qualquer Natureza: I - o valor dos materiais fornecidos pelo prestador dos serviços previstos nos itens 7.02 e 7.05 da lista de serviços anexa a esta Lei Complementar.

<table>
<tr><th colspan="2">ISSQN</th></tr>
<tr><td rowspan="2">ALÍQUOTA</td><td>Em relação à alíquota do ISSQN, caberá à lei complementar:
<table><tr><td>Fixar as suas alíquotas máximas e mínimas.</td><td>Excluir da sua incidência exportações de serviços para o exterior.</td><td>Regular a forma e as condições como isenções, incentivos e benefícios fiscais serão concedidos e revogados.</td></tr></table>
<ul><li>A alíquota máxima corresponde a 5%;</li><li>A alíquota mínima corresponde a 2%.</li></ul>
OBSERVAÇÃO: existem 3 EXCEÇÕES PARA SERVIÇOS QUE PODEM SER TRIBUTADOS COM ALÍQUOTA INFERIOR A 2% OU ATÉ 0%, são eles:
<table><tr><td>Execução, por administração, empreitada ou subempreitada, de obras de construção civil, hidráulica ou elétrica e de outras obras semelhantes, inclusive sondagem, perfuração de poços, escavação, drenagem e irrigação, terraplanagem, pavimentação, concretagem e a instalação e montagem de produtos, peças e equipamentos (exceto o fornecimento de mercadorias produzidas pelo prestador de serviços fora do local da prestação dos serviços, que fica sujeito ao ICMS).</td></tr>
<tr><td>Reparação, conservação e reforma de edifícios, estradas, pontes, portos e congêneres (exceto o fornecimento de mercadorias produzidas pelo prestador dos serviços, fora do local da prestação dos serviços, que fica sujeito ao ICMS).</td></tr>
<tr><td>Serviços de transporte coletivo municipal rodoviário, metroviário, ferroviário e aquaviário de passageiros.</td></tr></table></td></tr>
</table>

9 IMPOSTOS FEDERAIS

A partir de agora, serão destrinchadas as diferentes espécies de impostos federais.

9.1 Impostos residuais

Inicialmente, evidencia-se que a União possui competência residual para a instituição de impostos que ainda não tenham sido previstos legalmente, por meio de lei complementar, como determina a Constituição Federal.

> Art. 154. A União poderá instituir:
>
> I - mediante lei complementar, impostos não previstos no artigo anterior, desde que sejam não cumulativos e não tenham fato gerador ou base de cálculo próprios dos discriminados nesta Constituição.
>
> [...]
>
> Art. 157. Pertencem aos Estados e ao Distrito Federal:
>
> [...]
>
> II - vinte por cento do produto da arrecadação do imposto que a União instituir no exercício da competência que lhe é atribuída pelo art. 154, I.

9.2 Imposto Extraordinário de Guerra (IEG)

Esse imposto é transitório e é de competência exclusiva da União.

> Art. 154, II, da CF
>
> [...]
>
> II – na iminência ou no caso de guerra externa, impostos extraordinários, compreendidos ou não em sua competência tributária, os quais serão suprimidos, gradativamente, cessadas as causas de sua criação.

9.3 Impostos ordinários

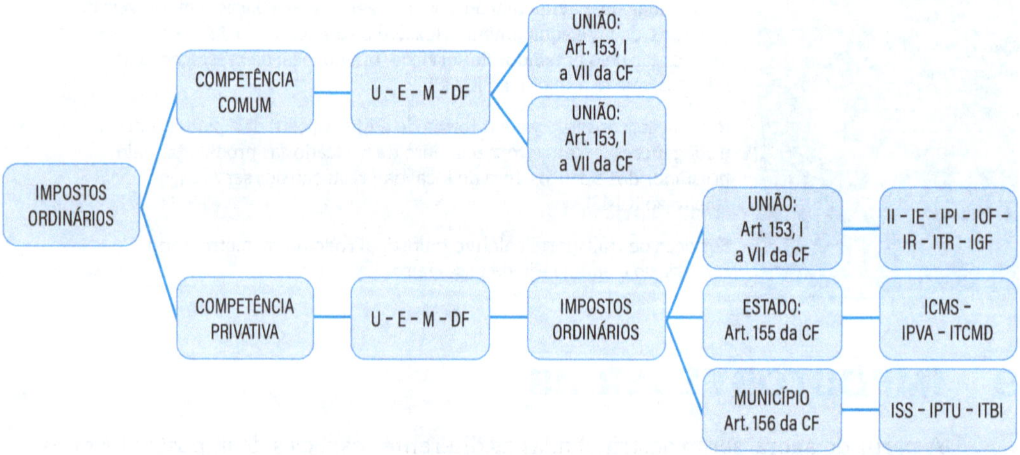

9.4 Imposto sobre grande fortuna

Esse é o único imposto que ainda não foi instituído.

Salienta-se que cabe à Lei Complementar a definição do que seriam "grandes fortunas".

9.5 ITR (Imposto Territorial Rural)

ITR	
FATO GERADOR DO ITR	Propriedade, domínio útil ou posse de imóveis da zona rural ou imóveis rurais da zona urbana, incidindo apenas sobre o solo, sobre a terra nua, não incidindo sobre as edificações.
BASE DE CÁLCULO	Valor da terra nua tributável (VTNt).
ALÍQUOTAS	Fixadas de forma progressiva em razão da improdutividade do imóvel (art. 153, § 4º, I, da CF).

ITR	
IMUNIDADE TRIBUTÁRIA DO ITR	Proprietários de pequenas glebas de terra quando comprovadamente não possuam outros imóveis e explorem a terra diminuta que possuem. Art. 153, § 4º, II, da CF: [...] II - não incidirá sobre pequenas glebas rurais, definidas em lei, quando as explore o proprietário que não possua outro imóvel.
FISCALIZAÇÃO DO ITR	A fiscalização do Imposto Territorial Rural é realizada pela União. Metade da receita arrecadada é da União e a outra metade corresponde ao Município onde o bem está localizado. Contudo, a União pode transferir essa fiscalização para os Municípios e deixá-los com toda a arrecadação (desde que o Município assuma os custos e o ônus dessa fiscalização).

Em relação à fiscalização do ITR, sintetiza-se

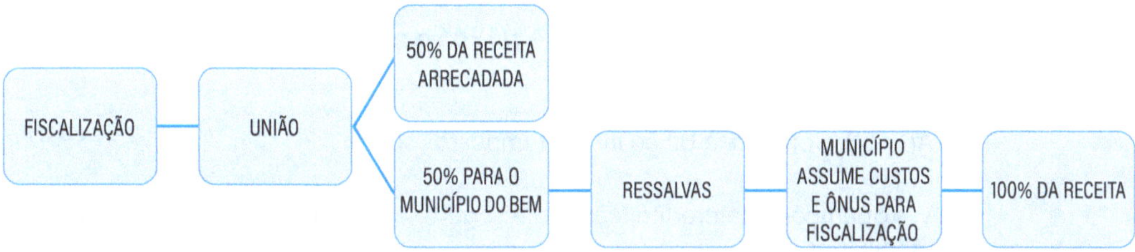

9.6 Imposto de Renda (IR)

IR	
FATO GERADOR DO IR	Auferir renda ou provento de qualquer natureza. Desse modo, conforme previsão do art. 43 do Código Tributário Nacional: Art. 43 do CTN: O imposto, de competência da União, sobre a renda e proventos de qualquer natureza tem como fato gerador a aquisição da disponibilidade econômica ou jurídica: I - de renda, assim entendido o produto do capital, do trabalho ou da combinação de ambos; II - de proventos de qualquer natureza, assim entendidos os acréscimos patrimoniais não compreendidos no inciso anterior.
ALÍQUOTA	É definida com base na progressividade da renda.

9.7 Impostos Federais Extrafiscais

1) Imposto de Importação (II);
2) Imposto de Exportação (IE);
3) Imposto sobre Produtos Industrializados (IPI);
4) Imposto sobre Operações Financeiras (IOF).

Esses impostos possuem a flexibilidade necessária ao mercado financeiro, podendo ser as suas alíquotas alteradas de uma forma que facilite o andamento do mercado (esse é o motivo da sua característica da extrafiscalidade).

ATENÇÃO!

Configura-se uma exceção à reserva legal, pois se permite que o Chefe do Executivo altere a alíquota desses quatro impostos mediante decreto.

A majoração das alíquotas do II, do IE e do IOF será imediata, ou seja, não respeitará o prazo de 90 dias e nem o prazo do exercício financeiro seguinte.

Na majoração do IPI, será respeitado apenas os 90 dias contados da data da publicação da lei que majorou este imposto.

9.7.1 Imposto Sobre Operações Financeiras – IOF

O Imposto sobre Operações Financeiras é um imposto federal que será devido por pessoas físicas e jurídicas diante da realização de qualquer operação financeira (como, por exemplo, mediante operações de crédito, câmbio, seguro ou operações de títulos e valores mobiliários).

Esse imposto fundamenta-se na Lei nº 5.143/1966 e no art. 153, V, da Constituição da República, que prevê que:

> Art. 153. Compete à União instituir impostos sobre:
>
> [...]
>
> V – operações de crédito, câmbio e seguro, ou relativas a títulos ou valores mobiliários.

ATENÇÃO!

Acerca da circulação de ouro, compreende-se que, se o ouro circular como um ativo financeiro ou como um instrumento de câmbio, a incidência será de IOF e não de ICMS.

Ou seja, a tributação que incidirá considerará como se essa circulação configura-se uma circulação de uma mercadoria.

Desse modo, esquematiza-se:

9.7.2 Imposto sobre Produtos Industrializados (IPI)

IPI	
CONCEITO	O Imposto sobre Produtos Industrializados corresponde a um tributo federal que incidirá sobre: • Operações que promovem a circulação de produtos industrializados; • Importações; • Quando ocorre a arrematação de produtos industrializados que forem apreendidos ou abandonados e levados a leilão (art. 46 do Código Tributário Nacional).

IPI	
FATO GERADOR	Conforme previsão do art. 46 do Código Tributário Nacional, será o fato gerador desse imposto: • O desembaraço aduaneiro dos produtos de procedência estrangeira; • A saída desses produtos dos estabelecimentos a que se refere o art. 51, parágrafo único, do Código Tributário Nacional ("Para os efeitos deste imposto, considera-se contribuinte autônomo qualquer estabelecimento de importador, industrial, comerciante ou arrematante"); • A arrematação do bem, quando apreendido ou abandonado e levado a leilão.
BASE DE CÁLCULO	A base de cálculo desse imposto está prevista no art. 47 do Código Tributário Nacional, que versa que: Art. 47. A base de cálculo do imposto é: I - no caso do inciso I do artigo anterior, o preço normal, como definido no inciso II do artigo 20, acrescido do montante: a) do imposto sobre a importação; b) das taxas exigidas para entrada do produto no País; c) dos encargos cambiais efetivamente pagos pelo importador ou dele exigíveis; II - no caso do inciso II do artigo anterior: a) o valor da operação de que decorrer a saída da mercadoria; b) na falta do valor a que se refere a alínea anterior, o preço corrente da mercadoria, ou sua similar, no mercado atacadista da praça do remetente; III - no caso do inciso III do artigo anterior, o preço da arrematação.

10 OBRIGAÇÃO TRIBUTÁRIA

A obrigação tributária diz respeito à relação jurídica obrigacional tributária que surge entre o contribuinte e o Fisco a partir da concretização do fato gerador.

A relação jurídica obrigacional tributária decorrerá da legislação, que disciplinará a hipótese de incidência e a norma jurídica de regência. Essa matéria é veiculada pelos art. 113 a 118 do Código Tributário Nacional.

Desse modo, o legislador vai descrever na legislação uma hipótese de incidência, isto é, uma situação hipotética, que, se concretizada no mundo dos fatos, será exteriorizada pelo fato gerador (que consiste no fato típico para hipótese de incidência descrita na lei).

Com isso, havendo a hipótese de incidência, ou seja, havendo a realização do fato gerador no mundo real, será gerada a relação jurídica obrigacional tributária.

Sobre essa relação, compreende-se:

- De um lado, haverá o SUJEITO ATIVO, que, em regra, são os entes federativos. Além disso, também configuram-se como exceções as entidades parafiscais dotadas de capacidade tributária ativa, podendo ser as agências reguladoras ou as autarquias. Esquematiza-se:

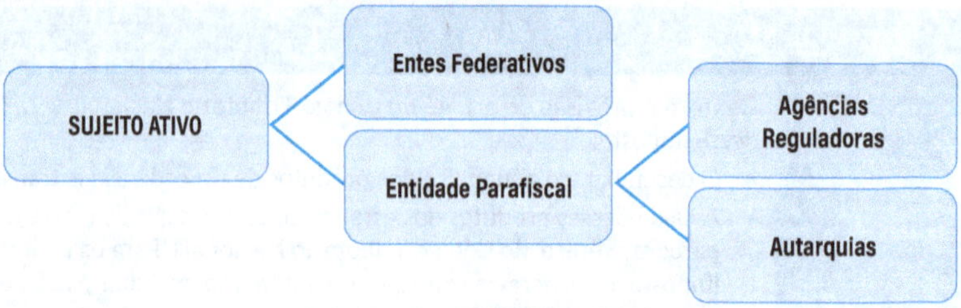

- De outro lado, tem-se as PRESTAÇÕES, que serão destrinchadas ao se abordar os tipos de obrigação tributária.

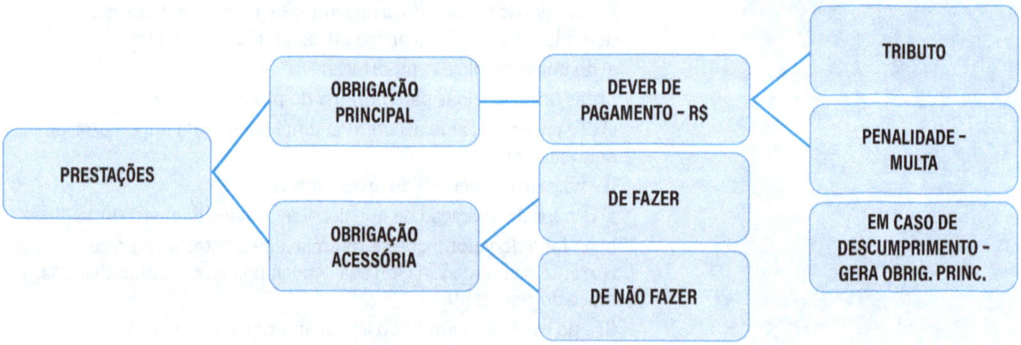

- Por fim, tem-se o SUJEITO PASSIVO, que é composto pelo contribuinte (que é o sujeito passivo direto e refere-se à pessoa que realmente realizou o fato gerador) e pelo responsável (que é o sujeito passivo indireto e refere-se à pessoa que, mesmo não tendo realizado o fato gerador, a lei determina que configure como sujeito passivo para aquela situação).

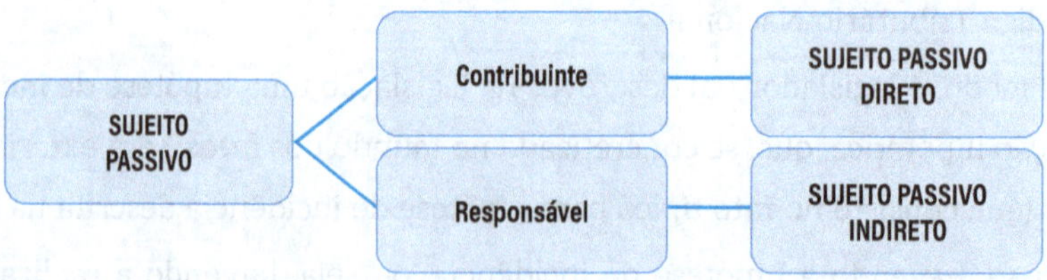

ELEMENTOS ESTRUTURAIS DA RELAÇÃO JURÍDICA OBRIGACIONAL

ELEMENTOS SUBJETIVOS	ELEMENTOS OBJETIVOS	ELEMENTO NORMATIVO
Consiste no sujeito ativo e no sujeito passivo.	Refere-se às prestações a serem cumpridas pelas partes.	Dizem respeito à norma que rege essa relação, imputando os efeitos jurídicos aos quais ela se submete.

11 COMPETÊNCIA TRIBUTÁRIA

A competência tributária consiste na habilitação para se criar (isto é, para instituir) tributos. Essa competência é definida sempre pela Constituição, sendo essa matéria veiculada entre os arts. 145 a 195 da Constituição Federal. Desse modo, a previsão constitucional concede a competência tributária aos entes federativos.

INDELEGÁVEL	O ente federativo competente para instituir um tributo não pode delegar essa competência a um outro ente ou a um outro órgão.
FACULTATIVA	O ente federativo pode criar ou não determinado tributo.
IRRENUNCIÁVEL	O ente federativo não pode renunciar da competência que ele recebeu por meio da Constituição Federal.
PRIVATIVA	É privativa da Constituição Federal a atribuição de determinar a competência tributária para os entes federativos.
INCADUCÁVEL	O ente federativo não poderá renunciar essa competência.

A capacidade tributária é a atividade de cobrar e arrecadar tributos e possui função administrativa. Pode ser exercida por uma pessoa física, uma pessoa jurídica de direito público ou de direito privado. Pode ser delegada mediante uma lei.

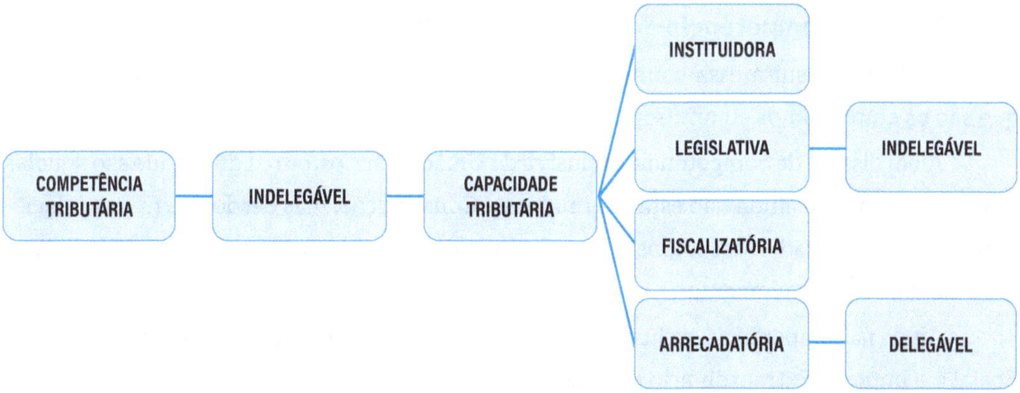

Isto posto, difere-se a competência tributária da capacidade tributária:

COMPETÊNCIA TRIBUTÁRIA	CAPACIDADE TRIBUTÁRIA
É a habilitação para criar e instituir determinados tributos;	É a atividade de cobrar e arrecadar tributos;
Função legislativa;	Função administrativa;
Poder Legislativo;	Poder Executivo (Fisco);
Exercida exclusivamente pelos entes federativos;	Exercida por uma pessoa física, uma pessoa jurídica de direito público ou privado;
Indelegável.	Passível de delegação por lei.

11.1 Classificação da competência tributária

Em síntese, a competência tributária pode ser classificada como:

COMPETÊNCIA COMUM

Diz respeito a uma competência comum a todos os entes federativos – ou seja, a União, os Estados, o Município e o Distrito Federal possuem competência para criar taxas e contribuições de melhoria.

COMPETÊNCIA PRIVATIVA

Relaciona-se ao fato de que cada ente federativo possua competência para instituir seus determinados impostos ordinários.

EXEMPLO: o Estado é competente para instituir o ICMS, o IPVA e o ITCMD. Assim, tendo em vista que somente o Estado pode instituir esses três impostos, diz-se que esses impostos são de competência privativa do Estado.

Além disso, é competência privativa dos municípios instituir o ISS, o IPTU e o ITBI.

Por fim, é competência privativa da União instituir o II, o IE, o IPI e o IOF, o Imposto de Renda, o ITR e o IGF.

11.1.1 Competência exclusiva, especial ou extraordinária

A União possuirá essa competência exclusiva para determinados tributos especiais, que são os empréstimos compulsórios e as contribuições especiais.

Além disso, é de competência exclusiva da União os impostos residuais (que são aqueles impostos novos que ainda não estão definidos na Constituição, mas desde que não se relacionem com o fato gerador dos impostos que já estão existentes), que só podem ser criados por meio de uma lei complementar.

Ainda na competência exclusiva da União, tem-se as contribuições sociais de Seguridade Social e o Imposto Extraordinário de Guerra.

11.1.2 Competência cumulativa

Diz respeito às competências acumuladas por diferentes entes federativos.

- A Contribuição de Iluminação Pública (CIP) é de competência do Município e do Distrito Federal;
- O Distrito Federal possui a competência cumulativa dos impostos municipais e estaduais.

Ainda quanto à classificação das competências, seguem os esquemas:

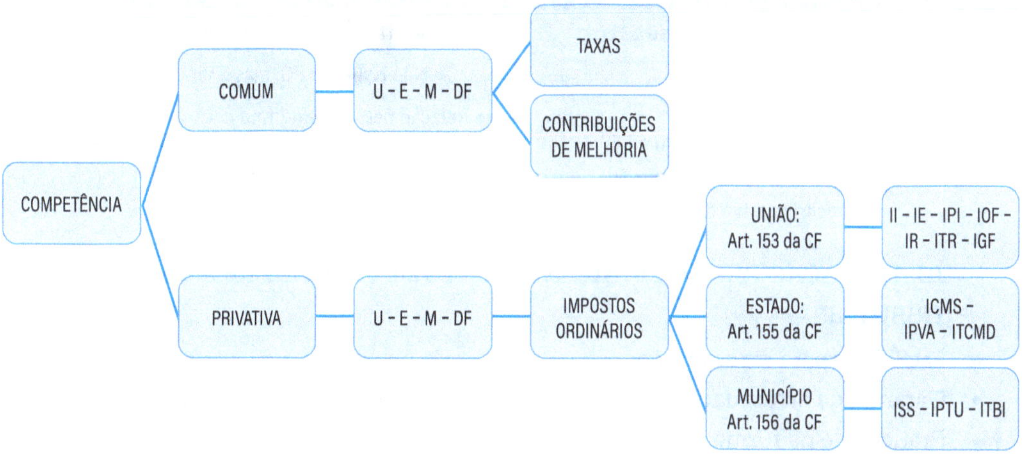

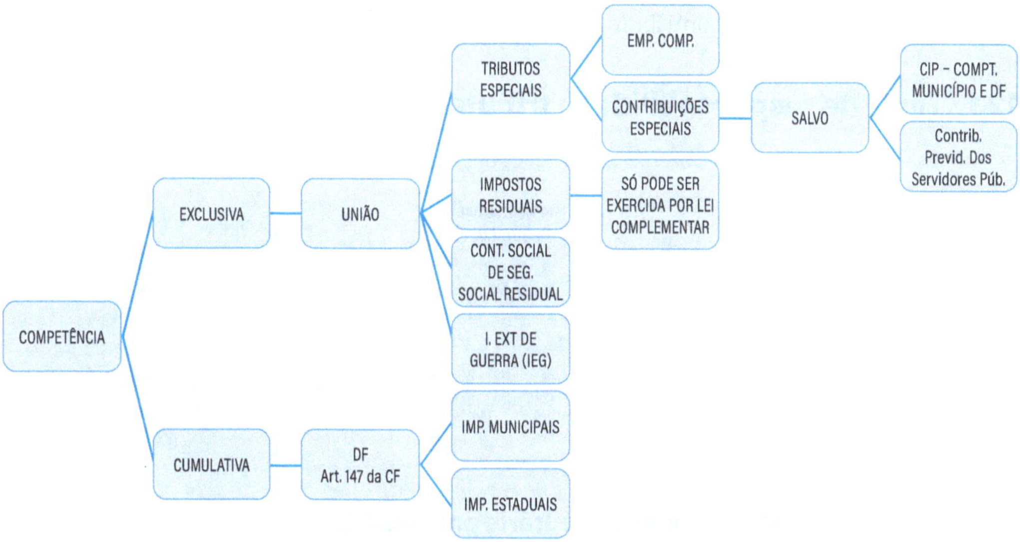

12 RESPONSABILIDADE TRIBUTÁRIA

A responsabilidade tributária refere-se a uma obrigação decorrente de lei que redireciona o dever de recolhimento do tributo. Essa responsabilidade tributária vincula-se ao fato gerador.

FUNDAMENTAÇÃO LEGAL: a responsabilidade tributária terá embasamento nos arts. 128 a 138 do Código Tributário Nacional.

> **IMPORTANTE:** O responsável tributário não se enquadra na condição de contribuinte.

CONTRIBUINTE *Versus* RESPONSÁVEL

CONTRIBUINTE	RESPONSÁVEL
• Art. 121, parágrafo único, I do CTN	• Art. 121, parágrafo único, II do CTN
• Realiza o FG	• Não realiza o FG, mas é vinculado ao FG
• Relação pessoal e direta com o FG	• Relação pessoal e indireta com o FG (sem revestir a condição de contribuinte, sua obrigação decorre da lei)
• Sujeito passivo direto	• Sujeito passivo indireto

JUSTIFICAÇÃO PARA O ESTABELECIMENTO DE CASOS DE RESPONSABILIDADE TRIBUTÁRIA

- Facilidade para arrecadação;
- Garantia da arrecadação na eventualidade de desaparecimento do contribuinte;
- Praticidade na forma da cobrança;
- Redução de risco de sonegação;
- Inadimplemento do contribuinte.

12.1 Tipos de responsabilidade tributária

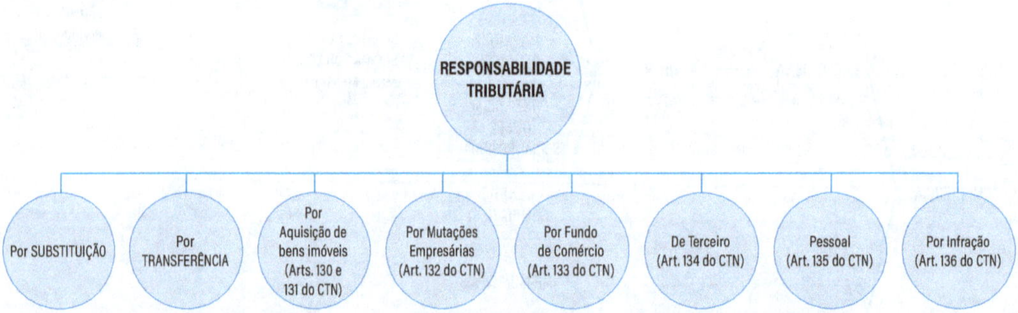

12.1.1 Responsabilidade tributária por substituição

É a hipótese em que alguém será responsabilizado por **débito tributário gerado por outrem** e sempre mediante expressa determinação legal.

O substituto tributário é o responsável legal que é colocado no polo passivo da obrigação tributária, sendo substituído aquele contribuinte que praticou o fato gerador. O dever de pagar os tributos desde a ocorrência do fato gerador. Assim, assume obrigação principal e acessória.

12.1.2 Responsabilidade por aquisição imobiliária

A responsabilidade tributária por aquisição imobiliária relaciona-se à transmissão de imóveis e aos impostos incidentes sobre essas operações.

Em outras palavras, no momento de aquisição de um imóvel, por qualquer forma, o indivíduo assumirá não apenas a propriedade do bem, mas também a responsabilidade pelo pagamento dos tributos incidentes sobre essa transação.

Desse modo, sintetiza-se que, conforme o Código Tributário Nacional, em REGRA:

> Art. 130. Os créditos tributários relativos a impostos cujo fato gerador seja a propriedade, o domínio útil ou a posse de bens imóveis, e bem assim os relativos a taxas pela prestação de serviços referentes a tais bens, ou a contribuições de melhoria, subrogam-se na pessoa dos respectivos adquirentes, salvo quando conste do título a prova de sua quitação.

EXCEÇÕES:

- Se for comprovada na aquisição a prova de quitação dos tributos (CERTIDÕES);
- Arrematação em hasta pública.

12.1.3 Responsabilidade por aquisição móvel

A responsabilidade tributária por aquisição móvel relaciona-se à transferência de propriedade de bens móveis.

Dessa forma, a partir da aquisição de um bem móvel, assume-se a posse física do bem e a responsabilidade pelo pagamento dos tributos incidentes sobre essa operação.

Em regra, a responsabilidade será pessoal (do adquirente ou remitente) pelos tributos relativos aos bens móveis adquiridos ou remidos. É nesse sentido a previsão do art. 131, I, do Código Tributário Nacional, como pode-se conferir:

> Art. 131. São pessoalmente responsáveis:
> I – o adquirente ou remitente, pelos tributos relativos aos bens adquiridos ou remidos.

POSSIBILIDADADE DE RESPONSABILIDADE PESSOAL ART. 131, I DO CTN — **O ADQUIRENTE OU REMITENTE** — **pelos tributos relativos aos bens adquiridos ou remidos** — **BENS MÓVEIS - JÁ QUE O ART. 130 TRATA DE BENS IMÓVEIS**

12.1.4 Responsabilidade por aquisição de fundo de comércio

A responsabilidade tributária por aquisição de fundo de comércio está prevista no art. 133 do Código Tributário Nacional e incide no momento de ocorrência da transferência de um estabelecimento comercial, industrial ou de outra atividade empresarial. Nesse caso, essa transação pode acarretar obrigações fiscais para o adquirente.

Em outras palavras, quem adquire estabelecimento comercial assume o passivo tributário, seja de maneira integral ou subsidiária.

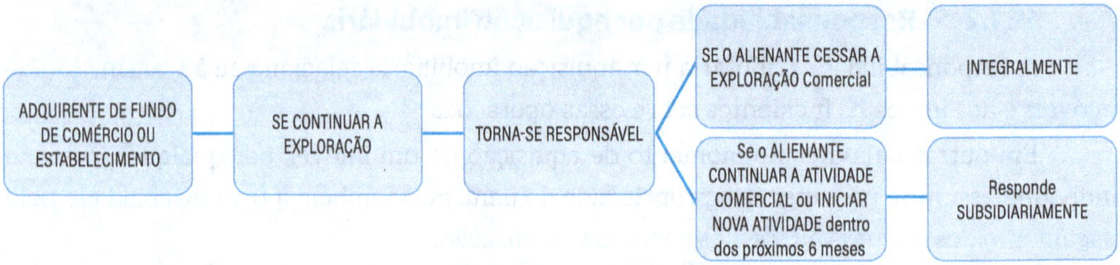

a) INTEGRALMENTE O ADQUIRENTE: se o alienante cessar a exploração comercial;

b) SUBSIDIARIAMENTE O ADQUIRENTE E O ALIENANTE: se o alienante continuar a atividade comercial ou iniciar nova atividade dentro dos próximos 6 meses.

Isto posto, prevê o art. 133 do Código Tributário Nacional:

> Art. 133. A pessoa natural ou jurídica de direito privado que adquirir de outra, por qualquer título, fundo de comércio ou estabelecimento comercial, industrial ou profissional, e continuar a respectiva exploração, sob a mesma ou outra razão social ou sob firma ou nome individual, responde pelos tributos, relativos ao fundo ou estabelecimento adquirido, devidos até à data do ato:
>
> I – integralmente, se o alienante cessar a exploração do comércio, indústria ou atividade;
>
> II – subsidiariamente com o alienante, se este prosseguir na exploração ou iniciar dentro de seis meses a contar da data da alienação, nova atividade no mesmo ou em outro ramo de comércio, indústria ou profissão.

EXCEÇÃO: NÃO HÁ RESPONSABILIDADE NA COMPRA DE EMPRESAS NA FALÊNCIA

Essa é uma previsão do art. 133, § 1º, do CTN, que prevê que:

> O disposto no *caput* deste artigo não se aplica na hipótese de alienação judicial:
> I – em processo de falência;
> II – de filial ou unidade produtiva isolada, em processo de recuperação judicial.

OBSERVAÇÃO: Haverá responsabilidade tributária nos casos previstos no art. 133, § 2º, do CTN, quais sejam:

> Não se aplica o disposto no § 1º deste artigo quando o adquirente for:
> I – sócio da sociedade falida ou em recuperação judicial, ou sociedade controlada pelo devedor falido ou em recuperação judicial;
> II – parente, em linha reta ou colateral até o 4º (quarto) grau, consanguíneo ou afim, do devedor falido ou em recuperação judicial ou de qualquer de seus sócios; ou
> III – identificado como agente do falido ou do devedor em recuperação judicial com o objetivo de fraudar a sucessão tributária.

12.1.5 Responsabilidade de terceiros

Conforme previsão do art. 134 do Código Tributário Nacional, nos casos de impossibilidade de exigência do cumprimento da obrigação principal pelo contribuinte, responderão solidariamente com este nos atos em que intervirem ou pelas omissões de que forem responsáveis:

Os pais, pelos tributos devidos por seus filhos menores;

Os tutores e curadores, pelos tributos devidos por seus tutelados ou curatelados;

Os administradores de bens de terceiros, pelos tributos devidos por estes;

O inventariante, pelos tributos devidos pelo espólio;

O síndico e o comissário, pelos tributos devidos pela massa falida ou pelo concordatário;

Os tabeliães, escrivães e demais serventuários de ofício, pelos tributos devidos sobre os atos praticados por eles, ou perante eles, em razão do seu ofício;

Os sócios, no caso de liquidação de sociedade de pessoas.

IMPORTANTE: essa responsabilização só se aplica, em matéria de penalidades, às de caráter moratório.

12.1.6 Responsabilidade pessoal (art. 135 do CTN)

Conforme previsão do art. 135 do Código Tributário Nacional:

> Art. 135. São pessoalmente responsáveis pelos créditos correspondentes a obrigações tributárias resultantes de atos praticados com excesso de poderes ou infração de lei, contrato social ou estatutos:
>
> I – as pessoas referidas no artigo anterior;
>
> II – os mandatários, prepostos e empregados;
>
> III – os diretores, gerentes ou representantes de pessoas jurídicas de direito privado.

Ou seja, compreende-se que poderão incorrer na hipótese de responsabilidade pessoal as seguintes pessoas:

1) As pessoas referidas no artigo anterior;
2) Os mandatários, prepostos e empregados;
3) Os diretores, gerentes ou representantes de pessoas jurídicas de direito privado (ADMINISTRADORES: sócios, poder de gestão).

Isto posto, enfatizam-se as exigências para se incidir na responsabilização pessoal, caso em que o agente deve:

- Agir com EXCESSO DE PODER;
- Cometer INFRAÇÃO À LEI OU CONTRATO/ESTATUTO SOCIAL.

Nesse ponto, importante enfatizar as súmulas pertinentes a esse tópico:

Súmula nº 430 do STJ: O inadimplemento da obrigação tributária pela sociedade não gera, *por si só*, a responsabilidade solidária do sócio-gerente.

Súmula nº 435 do STJ: Presume-se dissolvida irregularmente a empresa que deixar de funcionar no seu domicílio fiscal, sem comunicação aos órgãos competentes, legitimando o redirecionamento da execução fiscal para o sócio-gerente.

12.1.7 Responsabilidade por infrações

A responsabilidade por infrações possui um caráter de responsabilidade OBJETIVA, devendo ser responsabilizado quem praticou o ato (seja pessoa jurídica ou pessoa física). Desse modo, prevê o Código Tributário Nacional:

> Art. 136. Salvo disposição de lei em contrário, a responsabilidade por infrações da legislação tributária independe da intenção do agente ou do responsável e da efetividade, natureza e extensão dos efeitos do ato.

Ainda, é importante apontar outro dispositivo pertinente a esse assunto:

> Art. 137. A responsabilidade é pessoal ao agente:
>
> I – quanto às infrações conceituadas por lei como crimes ou contravenções, salvo quando praticadas no exercício regular de administração, mandato, função, cargo ou emprego, ou no cumprimento de ordem expressa emitida por quem de direito;
>
> II – quanto às infrações em cuja definição o dolo específico do agente seja elementar;
>
> III – quanto às infrações que decorram direta e exclusivamente de dolo específico:
>
> a) das pessoas referidas no artigo 134, contra aquelas por quem respondem;
>
> b) dos mandatários, prepostos ou empregados, contra seus mandantes, preponentes ou empregadores;
>
> c) dos diretores, gerentes ou representantes de pessoas jurídicas de direito privado, contra estas.

DENÚNCIA ESPONTÂNEA

A responsabilidade é excluída por meio da denúncia espontânea da infração. Aliás, se for o caso, essa denúncia deverá ser acompanhada do pagamento do tributo devido e dos juros de mora, ou ainda do depósito da importância arbitrada pela autoridade administrativa, quando o montante do tributo dependa de apuração.

Isto posto, serão requisitos para o gozo da denúncia espontânea:

REQUISITOS PARA O GOZO DA DENÚNCIA ESPONTÂNEA
Que ela seja apresentada antes do início de qualquer procedimento administrativo ou medida de fiscalização, relacionados com a infração;
Que ela esteja acompanhada do pagamento do tributo devido e dos juros de mora, ou do depósito da importância arbitrada pela autoridade administrativa, quando o montante do tributo dependa de apuração.

13 CRÉDITO TRIBUTÁRIO

O crédito tributário diz respeito ao valor exigível do constituinte pelo sujeito ativo da obrigação tributária, que nascerá a partir da ocorrência de um fato gerador.

Desse modo, conclui-se que o crédito tributário decorre da obrigação principal e terá a mesma natureza desta.

Previsão Legal: o crédito tributário é previsto nos arts. 139 a 141 do Código Tributário Nacional.

Nascimento do Crédito Tributário: conforme previsão do Código Tributário Nacional

> Art. 142. Compete privativamente à autoridade administrativa constituir o crédito tributário pelo lançamento, assim entendido o procedimento administrativo tendente a verificar a ocorrência do fato gerador da obrigação correspondente, determinar a matéria tributável, calcular o montante do tributo devido, identificar o sujeito passivo e, sendo caso, propor a aplicação da penalidade cabível.
>
> Parágrafo único. A atividade administrativa de lançamento é vinculada e obrigatória, sob pena de responsabilidade funcional.

14 MODALIDADE DE LANÇAMENTO TRIBUTÁRIO (ARTS. 147 A 150 DO CTN)

Em decorrência da ocorrência do fato gerador, será realizado o lançamento tributário, que dirá respeito a um procedimento que materializa e, portanto, embasa a cobrança de impostos.

Esse lançamento tributário pode ocorrer:

- POR HOMOLOGAÇÃO

Nesse caso, o CONTRIBUINTE indicará os seus cálculos ao FISCO que, a partir do seu consentimento e aprovação, os homologa.

- DE OFÍCIO/DIRETO

O lançamento tributário será realizado pelo FISCO, sem a participação do CONTRIBUINTE.

EXEMPLO: esse é o caso do IPTU e do IPVA.

Acerca do lançamento tributário de ofício, é possível a sua revisão pela autoridade administrativa nas hipóteses taxativas previstas no art. 149 do CTN, quais sejam:

> Art. 149. O lançamento é efetuado e revisto de ofício pela autoridade administrativa nos seguintes casos:
>
> I - quando a lei assim o determine;
>
> II - quando a declaração não seja prestada, por quem de direito, no prazo e na forma da legislação tributária;

> III - quando a pessoa legalmente obrigada, embora tenha prestado declaração nos termos do inciso anterior, deixe de atender, no prazo e na forma da legislação tributária, a pedido de esclarecimento formulado pela autoridade administrativa, recuse-se a prestá-lo ou não o preste satisfatoriamente, a juízo daquela autoridade;
>
> IV - quando se comprove falsidade, erro ou omissão quanto a qualquer elemento definido na legislação tributária como sendo de declaração obrigatória;
>
> V - quando se comprove omissão ou inexatidão, por parte da pessoa legalmente obrigada, no exercício da atividade a que se refere o artigo seguinte;
>
> VI - quando se comprove ação ou omissão do sujeito passivo, ou de terceiro legalmente obrigado, que dê lugar à aplicação de penalidade pecuniária;
>
> VII - quando se comprove que o sujeito passivo, ou terceiro em benefício daquele, agiu com dolo, fraude ou simulação;
>
> VIII - quando deva ser apreciado fato não conhecido ou não provado por ocasião do lançamento anterior;
>
> IX - quando se comprove que, no lançamento anterior, ocorreu fraude ou falta funcional da autoridade que o efetuou, ou omissão, pela mesma autoridade, de ato ou formalidade especial.

- **POR DECLARAÇÃO/MISTO**

Nessa forma de lançamento, o contribuinte presta as informações de fato à Autoridade Administrativa.

15 SUSPENSÃO, EXTINÇÃO E EXCLUSÃO DO CRÉDITO TRIBUTÁRIO

A suspensão, extinção e exclusão do crédito tributário tem por intuito a proporção do equilíbrio e do interesse do Estado na arrecadação de tributos e na salvaguarda dos direitos dos contribuintes.

15.1 Causas de suspensão do crédito tributário

Previstas no art. 151 do CTN, em síntese, as causas de suspensão do crédito tributário referem-se à interrupção temporária da exigibilidade do tributo, tendo em vista a ocorrência de certas circunstâncias previstas na legislação.

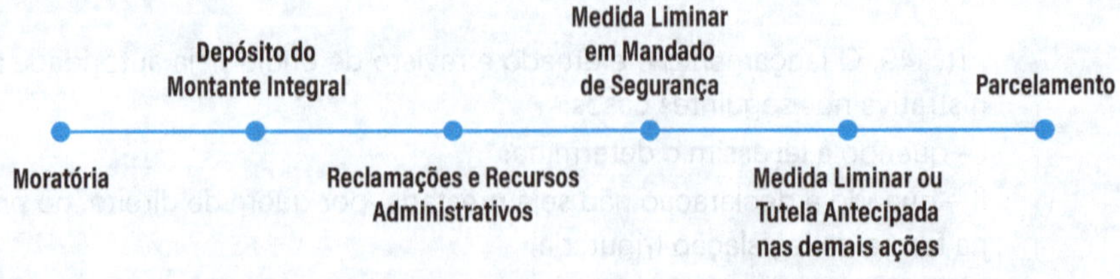

15.2 Causas de extinção do crédito tributário

Para além disso, a extinção do crédito tributário relaciona-se com o desaparecimento das obrigações tributárias, em virtude de diversas hipóteses previstas em lei.

- Pagamento;
- Compensação;
- Transação;
- Remissão;
- Prescrição e a decadência;
- Conversão de depósito em renda;
- Pagamento antecipado e a homologação do lançamento nos termos do disposto no artigo 150 e seus §§ 1º e 4º;
- Consignação em pagamento, nos termos do disposto no § 2º do artigo 164;
- Decisão administrativa irreformável, assim entendida a definitiva na órbita administrativa, que não mais possa ser objeto de ação anulatória;
- Decisão judicial passada em julgado;
- Dação em pagamento em bens imóveis, na forma e condições estabelecidas em lei.

15.3 Causas de exclusão do crédito tributário

Por fim, a exclusão do crédito tributário diz respeito à retirada do crédito tributário do mundo jurídico.

A exclusão do crédito tributário pode ocorrer em duas situações:

ISENÇÃO	ANISTIA
(consoante previsão dos arts. 176 a 179 do Código Tributário Nacional).	(conforme os arts. 180 a 182 do Código Tributário Nacional).

A partir do exposto, destrincham-se cada uma dessas causas:

15.3.1 Isenção

A isenção pode ser total ou parcial. Assim, pode decorrer de benefício fiscal, isto é, há a dispensa do dever de pagar o tributo ao contribuinte, como também pode decorrer da lei, sendo específica, *vide* o art. 150, § 6º, da CF.

O art. 178 do CTN define que a isenção, em regra, pode ser revogada. No entanto, existem exceções: quando for concedida por prazo certo e sob condição eventualmente descumprida.

15.3.2 Anistia

A anistia pode ser decorrente de concessão de benefício fiscal ou decorrente de lei.

Quando tratar-se de benefício fiscal, devem estar presentes os seguintes requisitos:

- Que a infração seja leve;
- Sem dolo;
- Sem fraude;
- Sem simulação;
- Não configure crime ou contravenção.

O perdão da infração pecuniária enseja multa.

A isenção e a anistia podem ser concedidas mediante lei, em regra, lei ordinária. A interpretação da legislação, por sua vez, deve ser estrita, em conformidade com o art. 111, II, do CTN.

Em síntese:

ANISTIA	ISENÇÃO	REMISSÃO
Causa de Exclusão do CT	Causa de Exclusão do CT	Causa de Extinção do CT
Perdão da MULTA	Dispensa de pagamento do TRIBUTO (que ainda incidiu)	Dispensa de pagamento do TRIBUTO devido e não pago
Concedida a infrações que já aconteceram	Concedida antes da ocorrência do FG	Concedida depois da ocorrência do FG

Por todo o exposto, sintetizam-se as causas de suspensão, extinção e exclusão do crédito tributário da seguinte forma:

SUSPENSÃO	EXTINÇÃO	EXCLUSÃO
Arts. 151 a 155-A do CTN	Arts. 156 a 174 do CTN	Arts. 175 a 182 do CTN
Características: Interrompe Temporariamente	Características: Eliminam definitivamente o crédito, após a sua constituição (salvo, decadiencia)	Características: Evitam a constituição do crédito
• MORATÓRIA; • DEPÓSITO DO MONTANTE INTEGRAL; • RECLAMAÇÕES E RECURSOS ADM; • CONCESSÃO DE MEDIDA LIMINAR EM MANDADO DE SEGURANÇA; • CONCESSÃO DE MEDINA LIMINAR OU DE TUTELA ANTECIPADA, EM OUTRAS ESPÉCIES DE AÇÃO JUDICIAL; TUTELA ANTECIPADA; • PARCELAMENTO.	• PAGAMENTO; • COMPENSAÇÃO; • TRANSAÇÃO; • REMISSÃO; • PRESCRIÇÃO; • DECADÊNCIA; • CONVERSÃO DO DEPÓSITO EM RENDA; • PAGAMENTO ANTECIPADO E HOMOLOGAÇÃO; • CONSIGNAÇÃO EM PAGAMENTO; • DECISÃO ADM. IRREFORMÁVEL; • DECISÃO JUDICIAL; TRANSITADA EM JULGADO; • DAÇÃO EM PAGAMENTO.	• ANISTIA • ISENÇÃO

16 GARANTIAS E PRIVILÉGIOS DO CRÉDITO TRIBUTÁRIO

As garantias e privilégios do crédito tributário dizem respeito a um conjunto de instrumentos e prerrogativas conferidos ao Estado para efetivar a cobrança dos tributos devidos pelos contribuintes.

Essas ferramentas são basilares para assegurar a arrecadação dos recursos necessários ao funcionamento do Estado e à prestação dos serviços públicos à sociedade.

17 PREFERÊNCIAS DO CRÉDITO TRIBUTÁRIO

Em regra, o crédito tributário será preferível em relação a qualquer outro, independente da sua natureza ou o tempo de sua constituição, ressalvados:

- Créditos trabalhistas e os decorrentes de acidente de trabalho;
- No caso específico de procedimento falimentar.

No caso da falência:

O crédito tributário não prefere aos créditos extraconcursais ou às importâncias passíveis de restituição, nos termos da lei falimentar, nem aos créditos com garantia real, no limite do valor do bem gravado.
A lei poderá estabelecer limites e condições para a preferência dos créditos decorrentes da legislação do trabalho.
A multa tributária prefere apenas aos créditos subordinados.

OBSERVAÇÃO: são extraconcursais os créditos tributários decorrentes de fatos geradores ocorridos no curso do processo de falência.

Havendo concorrência entre os fiscos, seguirão a ordem de garantias e privilégios do crédito tributário:

1) União;
2) Autarquias Federais;
3) Estado, DF e Autarquias;
4) Município e Autarquias;

18. EXECUÇÃO FISCAL

Constituição Federal → Lei → Hipótese de Incidência → Fato gerador → Lançamento → Crédito Tributário → Dívida Ativa → Certidão de dívida ativa → Execução Fiscal

A execução fiscal é o procedimento utilizado pelo Estado para cobrar judicialmente os créditos tributários não pagos pelos contribuintes. É um instrumento legal que permite ao Fisco buscar a satisfação de seus créditos por meio da penhora de bens do devedor, leilão judicial e outras medidas coercitivas previstas em lei.

Nesse sentido, durante a execução fiscal existem legitimados para ocupar o polo ativo e o polo passivo:

POLO ATIVO	POLO PASSIVO
Entes Federativos; Parafiscalidade (art. 7º do CTN); Autarquia - Entidade Sindical - Conselho de Classe.	Devedor; Fiador; Espólio; Massa Responsável; Sucessores.

No mesmo sentido, a Certidão de Dívida Ativa nos arts. 2º e 3º da LEF. Assim, a Dívida Ativa regularmente inscrita goza da presunção de certeza e liquidez. São requisitos da CDA:

> Art. 2º
> [...]
>
> § 5º - O Termo de Inscrição de Dívida Ativa deverá conter:
> I - o nome do devedor, dos co-responsáveis e, sempre que conhecido, o domicílio ou residência de um e de outros;
> II - o valor originário da dívida, bem como o termo inicial e a forma de calcular os juros de mora e demais encargos previstos em lei ou contrato;
> III - a origem, a natureza e o fundamento legal ou contratual da dívida;
> IV - a indicação, se for o caso, de estar a dívida sujeita à atualização monetária, bem como o respectivo fundamento legal e o termo inicial para o cálculo;
> V - a data e o número da inscrição, no Registro de Dívida Ativa; e
> VI - o número do processo administrativo ou do auto de infração, se neles estiver apurado o valor da dívida.

A competência é no domicílio do devedor. O art. 5º define ainda:

> Art. 5º A competência para processar e julgar a execução da Dívida Ativa da Fazenda Pública exclui a de qualquer outro Juízo, inclusive o da falência, da concordata, da liquidação, da insolvência ou do inventário.

Conforme o art. 6º, a petição inicial deverá indicar:

> Art. 6º A petição inicial indicará apenas:
> I - o Juiz a quem é dirigida;
> II - o pedido; e
> III - o requerimento para a citação.
> § 1º A petição inicial será instruída com a Certidão da Dívida Ativa, que dela fará parte integrante, como se estivesse transcrita.
> § 2º A petição inicial e a Certidão de Dívida Ativa poderão constituir um único documento, preparado inclusive por processo eletrônico.
> § 3º A produção de provas pela Fazenda Pública independe de requerimento na petição inicial.
> § 4º O valor da causa será o da dívida constante da certidão, com os encargos legais.

18.1 Garantia do juízo

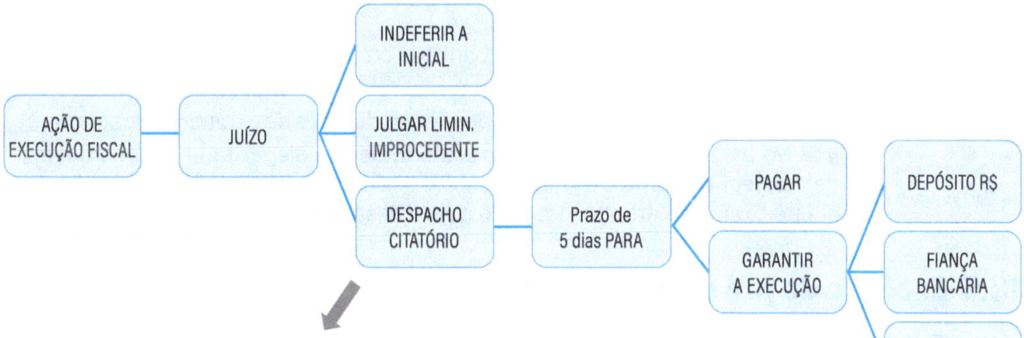

Art. 8º, § 2º da LEF
Interrompe a prescrição e retroage à data da propositura da ação.

SÚMULA Nº 106
Proposta a ação no prazo fizado para o seu exercício, a demora na citação, por motivos inerentes ao mecanismo da Justiça, não justifica o acolhimento da arguição de prescrição ou decadência.

18.2 Fraude à execução

Art. 185. Presume-se fraudulenta a alienação ou oneração de bens ou rendas, ou seu começo, por sujeito passivo em débito para com a Fazenda Pública, por crédito tributário regularmente inscrito como dívida ativa.

Parágrafo único. O disposto neste artigo não se aplica na hipótese de terem sido reservados, pelo devedor, bens ou rendas suficientes ao total pagamento da dívida inscrita.

18.3 Penhora

Art. 10. Não ocorrendo o pagamento, nem a garantia da execução de que trata o artigo 9º, a penhora poderá recair em qualquer bem do executado, exceto os que a lei declare absolutamente impenhoráveis.

Art. 11. A penhora ou arresto de bens obedecerá à seguinte ordem:

I - dinheiro;

II - título da dívida pública, bem como título de crédito, que tenham cotação em bolsa;

III - pedras e metais preciosos;

IV - imóveis;

V - navios e aeronaves;

VI - veículos;

VII - móveis ou semoventes; e

VIII - direitos e ações.

18.4 Embargos à execução fiscal

Os embargos à execução fiscal é um meio natural de defesa.

Art. 16 da LEF - O executado oferecerá embargos, no prazo de 30 (trinta) dias, contados:

I - do depósito;

II - da juntada da prova da fiança bancária ou do seguro garantia;

III - da intimação da penhora.

§ 1º Não são admissíveis embargos do executado antes de garantida a execução.

§ 2º No prazo dos embargos, o executado deverá alegar toda matéria útil à defesa, requerer provas e juntar aos autos os documentos e rol de testemunhas, até três, ou, a critério do juiz, até o dobro desse limite.

18.5 Exceção de pré executividade

Trata-se de uma defesa sem necessidade de garantir o juízo. É fundamentado pelo Princípio do Devido Processo Legal, Contraditório, Ampla Defesa e Direito de Petição. Não tem prazo, é cabível nas seguintes hipóteses:

Executado não tem patrimônio suficiente para garantir o juízo;
Nulidade da CDA;
Matérias de Ordem Pública conhecíveis de ofício e que não demandam dilação probatória;
Ilegitimidade de parte com redirecionamento da execução contra sócio que não consta na CDA.

Prescrição e decadência

RECEBIDOS OS EMBARGOS OU EXCEÇÃO DE PRÉ-EXECUTIVIDADE → JUIZ INTIMA A FAZENDA PARA → IMPUGNAÇÃO → PRAZO DE 30 DIAS → E DESIGNA AUDIÊNCIA DE INSTRUÇÃO E JULGAMENTO

Art. 18. Caso não sejam oferecidos os embargos, a Fazenda Pública manifestar-se-á sobre a garantia da execução.

[...]

Art. 32, § 2º Após o trânsito em julgado da decisão, o depósito, monetariamente atualizado, será devolvido ao depositante ou entregue à Fazenda Pública, mediante ordem do Juízo competente.

Direito Administrativo

Flávia Caroline Fonseca Amorim

1 NOÇÕES GERAIS DO DIREITO ADMINISTRATIVO

Os ramos do Direito, dentre as diversas classificações possíveis, podem ser divididos em dois grandes grupos de sumo relevo para a compreensão da dinâmica do direito administrativo, sendo eles: Direito Público e Direito Privado.

DIREITO PÚBLICO	DIREITO PRIVADO
Regula relações em que predomina o interesse público	Regula relações em que predomina o interesse privado
Supremacia do interesse público	Igualdade entre as partes
Relações jurídicas verticalizadas	Relação jurídica horizontalizadas
Indisponibilidade do interesse público	Disponibilidade do interesse privado
Legalidade	Liberdade contratual (autonomia da vontade)

O Direito Administrativo classifica-se como do ramo do Direito Público Interno, haja vista ser o responsável por regulamentar as relações em que o Estado brasileiro faz parte dentro do território nacional

1.1 Fontes do Direito Administrativo

Fonte é tudo aquilo que dá origem a algo. Segundo Alexandre Mazza[1], as fontes do Direito *são os fatos jurídicos de onde as normas emanam.* As fontes podem ser divididas em dois grupos: fontes primárias ou cogentes e fontes secundárias ou não cogentes. O referido autor considera que as fontes primárias seriam aquelas que servem como origem principal e imediata das normas jurídicas, enquanto as fontes secundárias são utilizadas como elementos acessórios na criação de novas normas.

Por fim, podemos classificar as fontes do Direito Administrativo da seguinte forma:

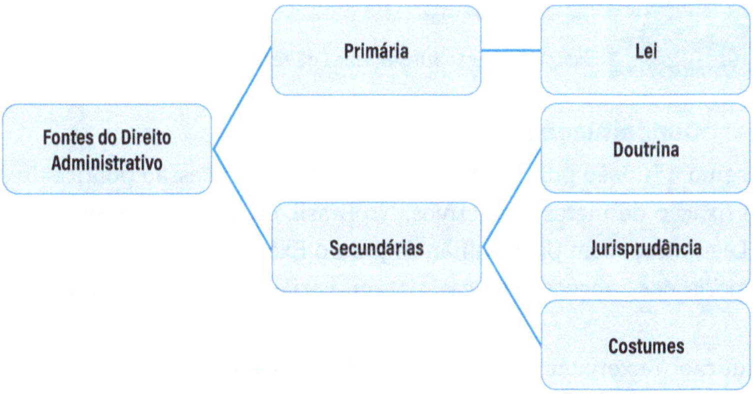

1 MAZZA, Alexandre. *Manual de direito administrativo.* 6. ed. São Paulo: Saraiva, 2016, p. 54.

1.2 Administração Pública

1.2.1 Estado

O Estado pode ser conceituado como pessoa jurídica de Direito Público externo, ou seja, um ente com personalidade jurídica própria, titular de direitos e obrigações sendo constituído por três elementos:

- Povo: elemento humano;
- Território: sua base geográfica;
- Governo Soberano: expressão de comando e a condução do Estado que não se submete a nenhum outro governo, e, portanto, exerce o poder que emana do povo de auto-organização e autodeterminação.

A nossa Constituição Federal de 1988 organizou o Estado Brasileiro sob a forma federativa, sendo o mesmo composto pelos seguintes entes políticos: União, Estados-membros, Distrito Federal e Municípios. Salienta-se que entre os entes políticos não há subordinação, todos possuem autonomia para exercerem as suas competências constitucionais.

Os Poderes do Estado na divisão clássica de Montesquieu, e previstos no art. 2º da CF, são: Executivo, Legislativo e Judiciário todos independentes e harmônicos entre si.

Quanto às funções do Estado, elas podem ser típicas (função precípua para qual o poder foi criado) ou atípicas (que são a função típica de outro Poder, mas que é exercida de forma secundária por outro Poder). Essa divisão de funções entre os Poderes não é estanque, cada Poder possui uma função típica e outras atípicas.

PODER	FUNÇÃO TÍPICA
PODER EXECUTIVO	Administrar;
PODER LEGISLATIVO	Legislar e Fiscalizar;
PODER JUDICIÁRIO	Exercer a função Jurisdicional, ou seja, dirimir conflitos;

1.2.2 Conceituação de Governo

Representa a função política do Estado, ou seja, a expressão política de comando, de iniciativa, de fixação de metas e objetivos. No Brasil, o Governo é exercido pelos Poderes Executivo e Legislativo, com predominância para o Executivo, visto que a Constituição lhe confere a maioria das funções políticas, porém, várias delas necessitam da aprovação do Legislativo.

Esta função é exercida por agentes políticos que foram escolhidos para tomarem decisões políticas de forma independente e discricionárias sempre com intuito de atender os interesses da coletividade.

1.2.3 Conceituação da Administração Pública

De acordo com a doutrina majoritária, existem dois critérios para conceituar a expressão "administração pública": o critério Subjetivo e Objetivo.

CRITÉRIO OBJETIVO, FUNCIONAL OU MATERIAL	CRITÉRIO SUBJETIVO, FORMAL OU ORGÂNICO:
A administração pública deve ser compreendida como a própria atividade administrativa exercida pelo Estado, ou seja, a função administrativa;	A expressão Administração Pública representa o conjunto de entes públicos, órgãos, entidades e pessoas jurídicas que tenham a responsabilidade de executar as funções administrativas, por força de Lei.

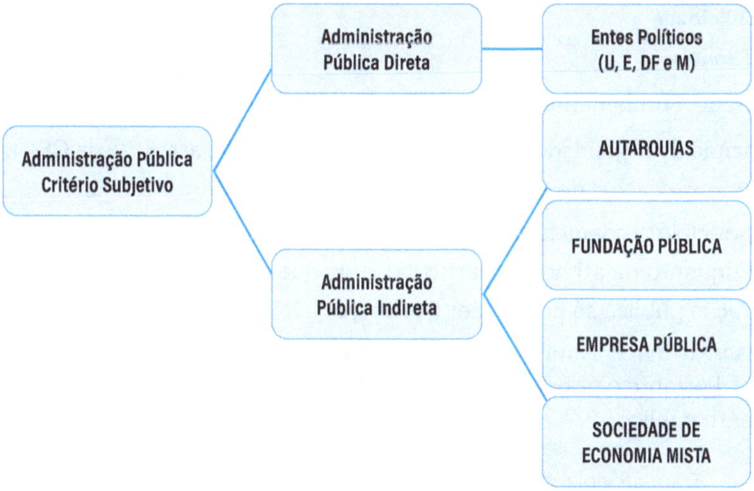

2 REGIME JURÍDICO ADMINISTRATIVO – PRINCÍPIOS

A Constituição Federal de 1988, no art. 3º, IV, estabelece como um dos objetivos fundamentais da República Federativa do Brasil a promoção do bem comum.

Justamente por visar ao bem comum e tendo suas atividades contornadas pela legalidade, é que a Administração Pública se submete a um regime jurídico próprio. Portanto, o regime jurídico administrativo será composto pelo conjunto de princípios constitucionais capazes de permitir o exercício da função Administrativa.

A maioria da doutrina aduz que regime jurídico administrativo se concretiza sob o amparo, principalmente, de dois princípios gerais do direito administrativo: Supremacia do Interesse Público sobre o privado e Indisponibilidade dos interesses Públicos (sendo considerados supraprincípios).

A Constituição Federal de 1988 no seu art. 37, *caput*, estabelece que:

> Art. 37. A administração pública direta e indireta de qualquer dos Poderes da União, dos Estados, do Distrito Federal e dos Municípios obedecerá aos princípios de legalidade, impessoalidade, moralidade, publicidade e eficiência e, também, ao seguinte: (Redação dada pela Emenda Constitucional nº 19, de 1998)"

Direito Administrativo

✳ PRINCÍPIOS CONSTITUCIONAIS POSITIVADOS OU EXPLÍCITOS DO DIREITO ADMINISTRATIVO

L egalidade
I mpessoalidade } art. 37, *caput*, da CF
M oralidade
P ublicidade
E ficiência

a) Legalidade: Fundamento do Estado Democrático de Direito.

O princípio da Legalidade tem seu conceito expresso no art. 5º, II, da CF: *"ninguém será obrigado a fazer ou deixar de fazer alguma coisa senão em virtude de lei".*

É um princípio fundamental de todo Direito Público e a doutrina costuma usar a seguinte expressão: "Enquanto na atividade particular tudo que não está proibido na lei é permitido, na Administração pública só pode fazer aquilo que a lei determina, autoriza".

b) Impessoalidade: A Administração Pública deve sempre atuar buscando o interesse público. Portanto o princípio da impessoalidade busca uma atuação impessoal, genérica do agente público.

> Trata-se violação ao princípio da impessoalidade a divulgação dos atos, programas, obras, serviços e campanhas dos órgãos públicos que não sejam de caráter educativo, informativo ou de orientação social, e que constem nomes, imagens, que caracterizem promoção pessoal de autoridade ou servidores públicos (art. 37, § 1º, da CF).

c) Moralidade Administrativa: O Direito Administrativo elaborou um conceito próprio de moral, diferente da moral comum, que podemos chamar de Moral jurídica.

A moral administrativa significa o dever do Administrador de não apenas cumprir a lei formalmente, mas cumpri-la substancialmente, procurando sempre o melhor resultado para a Administração de modo que a atuação do administrador é inspirada no interesse público.

> Súmula Vinculante nº 13:
>
> "A nomeação de cônjuge, companheiro ou parente em linha reta, colateral ou por afinidade, até o terceiro grau, inclusive, da autoridade nomeante ou de servidor da mesma pessoa jurídica investido em cargo de direção, chefia ou assessoramento, para o exercício de cargo em comissão ou de confiança ou, ainda, de função gratificada na administração pública direta e indireta em qualquer dos poderes da União, dos Estados, do Distrito Federal e dos Municípios, compreendido o ajuste mediante designações recíprocas, viola a Constituição Federal."
>
> A prática de Nepotismo, proibida pela Súmula Vinculante nº 13, viola frontalmente os princípios da Moralidade e Impessoalidade.
>
> A jurisprudência do Supremo Tribunal Federal tem majoritariamente afastado a aplicação da Súmula Vinculante nº 13 aos cargos de natureza política, conceito no qual se incluem os secretários municipais ou estaduais.

d) Publicidade: Trata-se da divulgação oficial dos atos praticados pela Administração Pública de modo a assegurar o conhecimento dos interessados diretos e do povo em geral. A publicidade é requisito de eficácia para alguns atos (início dos seus efeitos externos)

EXEMPLO: Ato de nomeação de cargo público só produz seus efeitos após publicação no *Diário Oficial*.

O princípio da publicidade somente poderá ser excepcionado quando o interesse público assim determinar, como nas situações em que o sigilo é garantido:

> Art. 5º, X, da CF - direito à intimidade;
>
> Art. 5º, XXXIII, da CF - garante o sigilo quando imprescindível à segurança da a sociedade e do Estado.
>
> Art. 5º, LX, da CF - ações que podem tramitar em segredo de justiça.
>
> [...]
>
> Art. 31, § 1º, da Lei nº 12.527/2011 - sigilo para proteção à intimidade, vida privada, honra e a imagem das pessoas.

e) Eficiência: Exige resultados positivos para Serviço Público e satisfatório atendimento das necessidades dos administrados, sempre busca qualidade na prestação no serviço evitando desperdícios e garantir uma rentabilidade social. Eficiência é a obtenção do melhor resultado com o uso racional dos meios. Há dois aspectos relevantes neste tema:

 a) Eficiência no serviço público: o Serviço Público tem que ser eficiente quanto aos meios e resultados.
 b) Eficiência como requisito para aquisição e perda da estabilidade: a eficiência será analisada no procedimento de Avaliação Periódica (art. 41, § 4º, da CF).

✱ PRINCÍPIOS CONSTITUCIONAIS NÃO POSITIVADOS OU IMPLÍCITOS DO DIREITO ADMINISTRATIVO

a) Razoabilidade: exige que a conduta da Administração seja apresentada dentro dos padrões normais de aceitabilidade. Trata-se do equilíbrio entre os meios utilizados pela Administração e os fins almejados.

b) Proporcionalidade: exige uma relação equilibrada entre a limitação imposta ao interesse de alguns e a vantagem final obtida.

✱ Princípios Gerais ou Reconhecidos pelo Direito Administrativo:

SUPREMACIA DO INTERESSE PÚBLICO SOBRE O PRIVADO

INDISPONIBILIDADE DO INTERESSE PÚBLICO

AUTOTUTELA

MOTIVAÇÃO

AMPLA DEFESA

CONTRADITÓRIO

a) Princípio da Supremacia do Interesse Público sobre o privado: é um pressuposto do convívio social, em que, por tutelar interesses coletivos, a Administração gozará de certos privilégios dentro de uma relação jurídica com os particulares.

No âmbito material, o regime jurídico-administrativo confere ao Estado diversos atributos ao ato administrativo, tais como: Presunção de legitimidade/veracidade, Autoexecutoriedade, Tipicidade e Imperatividade. (para decorar: PATI)

b) Indisponibilidade do Interesse Público

Em relação ao princípio da indisponibilidade do interesse público, é importante ressaltar que o administrador público exerce um encargo público, um *munus* público, administra em nome e em favor do povo, verdadeiro titular do patrimônio público.

Desta forma, ele não tem disponibilidade em relação ao patrimônio público. Deverá administrá-lo em conformidade com a lei e, não, segundo sua vontade, como acontece em relação aos administradores privados. A exigência de licitação, por exemplo, para a compra de bens pela Administração Pública demonstra cabalmente esta indisponibilidade do interesse público.

c) Princípio da Autotutela: a Administração Pública possui o dever de rever os seus próprios atos. Quando realiza essa revisão, se encontrar atos administrativos eivados de ilegalidade, a própria Administração pode ANULAR o ato. E, também poderá REVOGAR os atos administrativos legais, porém inconvenientes e inoportunos.

d) Princípio da Motivação: Os atos administrativos devem ser justificados, cabendo ao administrador sempre motivá-los

ATENÇÃO!

O motivo do ato e sua motivação não se confundem. O motivo como requisito do ato administrativo é a situação de fato ou de direito que autoriza a prática do ato. Exemplo: na aplicação de uma multa por excesso de velocidade, o motivo de fato é o excesso de velocidade.

Motivo	≠	Motivação
Requisito de ato administrativo. Situação de fato ou de direito que autoriza a prática do ato.		Princípio. Indicação dos fatos e fundamentos jurídicos que autorizam o ato. É a explicação da conduta.

e) Princípio da ampla defesa e do contraditório: trata-se de exigência constitucional, prevista no art. 5º, LV: *aos litigantes, em processo judicial ou administrativo, e aos acusados em geral são assegurados o contraditório e ampla defesa, com os meios e recursos a ela inerentes.*

Contraditório: é a garantia que cada parte tem de ser comunicada de todos os atos, provas e alegações produzidas pela parte contrária, bem como o direito de ser ouvida e pronunciar sua defesa.

Ampla Defesa: é a garantia que a parte tem de usar todos os meios legais para provar a sua inocência ou para defender as suas alegações.

3 ORGANIZAÇÃO DA ADMINISTRAÇÃO PÚBLICA

De acordo com o art. 4º do Decreto-Lei nº 200/1967 a Administração Pública Federal divide-se em Administração Pública Direta e Administração Pública Indireta. Essa estrutura estendeu-se para as demais Administrações Públicas Estaduais e Municipais

Administração pode atuar através da centralização, da descentralização ou da desconcentração.

A centralização consiste na execução da atividade administrativa pelas próprias pessoas políticas (União, Estados, Distrito Federal e Municípios), por meio dos órgãos das suas respectivas Administrações Diretas. Os órgãos internos que compõem a estrutura do Estado se organizam mediante uma relação de subordinação hierárquica. Portanto, a atividade administrativa centralizada é uma atividade hierarquizada.

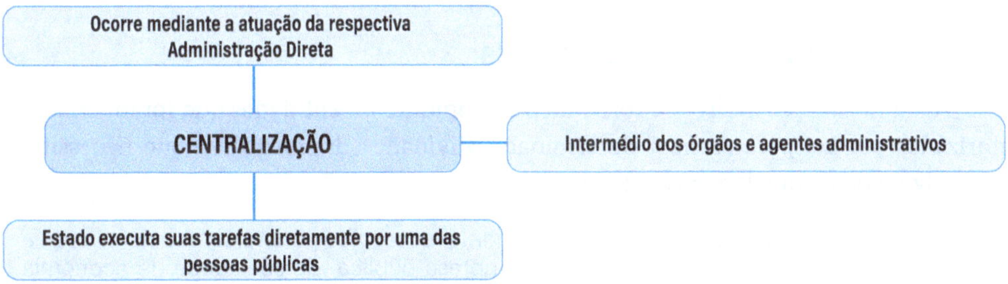

Na descentralização a Administração Pública transfere a execução de seus serviços para as entidades da Administração Pública Indireta ou para particulares. A descentralização pode ser feita por outorga ou delegação.

- A outorga transfere a titularidade e a execução do serviço público, feita por meio de lei para as entidades da Administração Indireta.
- Já a delegação transfere somente a execução do serviço público, realizada por meio de contrato administrativo para particulares.

DESCENTRALIZAÇÃO

A desconcentração administrativa consiste na distribuição interna de competências, no âmbito da mesma pessoa jurídica. Portanto, na DESCONCENTRAÇÃO ADMINISTRATIVA as atribuições são distribuídas entre órgãos que integram a mesma instituição, o que difere da DESCENTRALIZAÇÃO ADMINISTRATIVA, que pressupõe a distribuição de competências para outra pessoa física ou jurídica (entidade).

OBSERVAÇÃO: A desconcentração administrativa se dá tanto na administração direta quanto na administração indireta de todos os entes federativos.
EXEMPLO: desconcentração na Administração Direta da União temos os vários Ministérios, a AGU, a Casa Civil da Presidência da República; desconcentração na Administração Indireta federal as várias agências do Banco do Brasil (sociedade de economia mista) ou do INSS (autarquia) localizados em diversos estados da federação.

3.1 Administração Pública Direta

Administração Pública Direta é o conjunto de órgãos pertencentes à União, Estados, Municípios e DF que desempenham diretamente a atividade administrativa.

Os órgãos públicos são centros de competência, despersonalizados e instituídos por lei para o desempenho das funções estatais através dos seus agentes. Quanto à atuação dos órgãos, é imputada à pessoa jurídica que a integra - a que se chama Teoria do Órgão.

3.2 Administração Pública Indireta

A administração indireta é formada pelo conjunto de entidades que foram criadas ou autorizadas por Lei para realizar determinada atividade administrativa que necessita ser desenvolvida de forma descentralizada.

> Art. 37, XIX, da CF - "somente por lei específica poderá ser criada autarquia e autorizada a instituição de empresa pública, de sociedade de economia mista e de fundação, cabendo à lei complementar, neste último caso, definir as áreas de sua atuação."

As entidades da Administração Pública Indireta podem ser de direito público - Autarquias (INSS, IBAMA) e Fundações Públicas (FUNAI, IBGE) - ou de direito privado - Empresas Públicas (Caixa Econômica Federal) e Sociedade de Economia Mista (Banco do Brasil S.A., Petrobras S.A.).

Finalidade: são criadas para prestação de serviço público ou para exploração de atividades econômicas.

Características comuns às entidades da Administração Indireta:

a) Personalidade jurídica própria: são titulares de direitos e obrigações.

b) Criação ou autorização por lei específica

c) Vinculação à Administração Direta: o controle ou tutela feitos pela Administração Pública Direta são indispensáveis para assegurar que as entidades da administração indireta não se desviem de seus fins institucionais. Não existe subordinação hierárquica entre a entidade da administração Pública indireta criada para com o ente estatal que a criou, existe um controle de finalidade, chamado no âmbito federal - de Supervisão Ministerial.

3.2.1 Autarquias

Autarquias são consideradas pessoas jurídicas de direito público, dotadas de capital exclusivamente público, criadas para a prestação de serviço público (atividades típicas do Estado).

EXEMPLOS: Autarquia previdenciária: INSS - Instituto nacional de Seguro Social; Autarquia cultural e ensino: UFAL, Autarquia administrativa: Banco Central.

As autarquias possuem autonomia administrativa, financeira e técnica e são dotadas das mesmas prerrogativas públicas dos entes estatais.

Todos os privilégios e prerrogativas aplicáveis aos entes políticos também serão garantidos às autarquias, com a exceção da CAPACIDADE POLÍTICA ou também chamada de capacidade legislativa que é a capacidade de editar leis.

AUTARQUIA	
CRIAÇÃO E EXTINÇÃO	Diretamente por lei
OBJETO	Atividades típicas de Estado, sem fins lucrativos
REGIME JURÍDICO	Direito público
PRERROGATIVAS	a) Imunidade tributária - possuem imunidade de impostos sobre seu patrimônio, renda e serviços, vinculados a suas finalidades essenciais. (art. 150, § 2º, da CF) b) Impenhorabilidade de seus bens e rendas: seus bens não podem ser objetos de restrição judicial (penhora, arresto e sequestro) e, portanto, seus débitos serão pagos através de precatórios (art. 100, da CF). c) Imprescritibilidade de seus bens: seus bens não poderão ser adquiridos por terceiros através de usucapião (art. 183, § 3º, da CF). d) Prescrição quinquenal de suas dívidas passivas: dívidas e direitos de terceiros contra a autarquia prescrevem em 5 (cinco) anos. (art. 1º do Decreto-Lei nº 20.910/1932) e) Créditos sujeitos à execução fiscal: os créditos autárquicos são inscritos como dívida ativa e podem ser cobrados pelo processo especial das execuções. f) Situações processuais específicas: possuem prazo em dobro para todas as manifestações processuais (art. 183 do CPC) e pagamento das custas só no final do processo se vencidas (art. 91 do CPC). g) Prestação de contas ao Tribunal de Contas relacionado com o respectivo ente estatal que a criou. h) Juízo privativo: as autarquias federais têm suas causas julgadas e processadas pela Justiça Federal (art. 109, I, da CF).
PATRIMÔNIO	Bens públicos (impenhorabilidade, imprescritibilidade e restrições à alienação).
REGIME DO PESSOAL	Regime jurídico único (igual ao da Adm. Direta).

Direito Administrativo

AUTARQUIA	
FORO JUDICIAL	Justiça Federal (autarquias federais) (art. 109, I, da CF) e Justiça Estadual (autarquias estaduais e municipais)
OBRIGAÇÕES	a) Prestação de contas ao Tribunal de Contas relacionado com o respectivo ente estatal que a criou; b) Fazer Licitação para aquisição de bens e contratação de serviços; c) Realização de concurso público para preenchimento de cargos públicos efetivos.

3.2.2 Agências Reguladoras

Agências Reguladoras são autarquias de regime especial, ou seja, pessoas jurídicas de direito público, criadas por meio de lei que possuem o objetivo de regulamentar, controlar e fiscalizar a execução dos serviços públicos transferidos ao setor privado.

Seguem o mesmo regime jurídico das autarquias, com algumas características especiais, pelo fato de possuírem uma maior autonomia.

- Autonomia: possuem um poder de decisão maior do que as autarquias comuns;
- Poder normativo TÉCNICO: podem regulamentar os serviços públicos que são por elas fiscalizados;
- Investidura Especial de seus dirigentes: os dirigentes serão nomeados pelo Presidente da República após aprovação pelo Senado Federal para exercerem um mandato fixo de 5 cinco anos;
- Período de Quarentena de 6 (seis) meses: os ex-dirigentes de agências reguladoras ficarão impedidos por seis meses de exercer atividades ou de prestar qualquer serviço no setor regulado.

Durante o período de quarentena, o ex-dirigente segue vinculado à agência reguladora, com remuneração compensatória equivalente à do cargo de direção exercido e aos benefícios a ele inerentes. Essa previsão já consta da Lei nº 9.986/2000.

EXEMPLOS: ANEEL – Agência Nacional de Energia Elétrica; ANP – Agência Nacional de Petróleo; ANATEL – Agência Nacional de Telecomunicações; ANS – Agência Nacional de Saúde

3.2.3 Consórcios Públicos

São pessoas jurídicas criadas pelos entes consorciados, responsáveis por exercer de forma descentralizada a gestão associada de serviços públicos, bem como a transferência total ou parcial de encargos, serviços, pessoal e bens essenciais à continuidade dos serviços transferidos.

As normas gerais sobre a constituição de consórcios, aplicáveis a todos os entes federados, estão previstas na Lei nº Lei 11.107/2005. No âmbito federal foi editado o Decreto nº 6.107/2007, que regulamenta a Participação da União em consórcios públicos.

1. Natureza jurídica: podem ser pessoas públicas ou **privadas.**

   1.1. Se possuírem personalidade jurídica de direito público são chamadas de associações públicas de natureza autárquica. E fazem parte da Administração Pública Indireta de todos os entes consorciados.

   1.2. Quando o consórcio possuir personalidade jurídica de direito privado será regido pela legislação civil, e observará normas de direito público para licitar, contratar, prestar contas e admissão de pessoal será regido pela CLT (natureza jurídica de empresa pública.

OBSERVAÇÃO:

a) Formação: Somente formados por entes políticos (União, Estados, Distrito Federal e Municípios). Podem ser entes diferentes;

b) Instituição: dois requisitos: Protocolo de intenções e a ratificação por meio de lei de cada entidade consorciada;

c) Finalidade: Atender a interesse comum, por meio da gestão associada de serviços públicos;

d) Recursos: Os recursos serão entregues ao consórcio por meio do contrato de rateio (deve ser assinado um para cada exercício financeiro).

e) Competências – serão estabelecidas no Contrato de Programa que irá definir as obrigações entre um ente da federação para com o outro ente ou para com o consórcio público, no âmbito da gestão consorciada).

3.2.4 Fundação

Fundação é uma pessoa jurídica composta de um patrimônio personalizado, destinado pelo seu fundador para uma finalidade específica.

As Fundações Públicas, para maioria da doutrina, podem ser de direito público ou privado. Quando assumem personalidade de direito público, a fundação em tudo se assemelha ao regime jurídico de uma autarquia, podendo ser chamada de autarquia fundacional. E quando assumem personalidade jurídica de direito privado são chamadas de fundação governamental e seguem o regime jurídico igual ao de uma empresa pública. Ex.: Fundação Padre Anchieta do Estado de São Paulo.

FUNDAÇÕES PÚBLICAS	
CRIAÇÃO E EXTINÇÃO	Diretamente por lei (se de direito público) Autorizada por lei e com registro dos atos (se de direito privado)
OBJETO	Atividades que beneficiam a coletividade sem fins lucrativos
REGIME JURÍDICO	Direito público ou privado
PRERROGATIVAS	SE DE DIREITO PÚBLICO (mesmas que as de autarquia) a) Imunidade tributária: possuem imunidade de impostos sobre seu patrimônio, renda e serviços, vinculados a suas finalidades essenciais. (art. 150, § 2º, da CF) b) Impenhorabilidade de seus bens e rendas: seus bens não podem ser objetos de restrição judicial (penhora, arresto e sequestro) e, portanto, seus débitos serão pagos por meio de precatórios (art. 100 da CF). c) Imprescritibilidade de seus bens: seus bens não poderão ser adquiridos por terceiros mediante usucapião (art. 183, § 3º, da CF). d) Prescrição quinquenal de suas dívidas passivas: dívidas e direitos de terceiros contra a autarquia prescrevem em 5 (cinco) anos. (art. 1º do Decreto nº 20.910/1932) e) Créditos sujeitos à execução fiscal: os créditos autárquicos são inscritos como dívida ativa e podem ser cobrados pelo processo especial das execuções. f) Situações processuais específicas: possuem prazo em dobro para todas as manifestações processuais (art. 183 do CPC) e pagamento das custas só no final do processo se vencidas (art. 91 do CPC). g) Prestação de contas ao Tribunal de Contas relacionado com o respectivo ente estatal que a criou. h) Juízo privativo: as autarquias federais têm suas causas julgadas e processadas pela Justiça Federal (art. 109, I, da CF). SE DE DIREITO PRIVADO Apenas a imunidade tributária

FUNDAÇÕES PÚBLICAS	
PATRIMÔNIO	Bens públicos: se de direito público Bens privados: sendo que os bens empregados na prestação dos serviços públicos possuem prerrogativas de bens públicos

EXEMPLOS: Fundações Públicas de direito público (federais) – Conselho Nacional de Desenvolvimento Científico e Tecnológico (CNPq); Fundação Instituto Brasileiro de Geografia e Estatística (IBGE); Fundação Nacional de Saúde (FUNASA).

3.2.5 Agências Executivas

Agências Executivas são autarquias ou fundações públicas que celebram com Administração Direta um contrato de gestão, com prazo mínimo de um ano, estabelecendo um plano estratégico de modernização em troca de uma maior autonomia gerencial, orçamentária e financeira.

São criadas por decreto e seguem o regime jurídico das autarquias e devendo preencher dois requisitos:

- Apresentação do plano estratégico de modernização;
- Celebração do contrato de gestão com o ente estatal.

3.2.6 Empresas Estatais

EMPRESA PÚBLICA é a entidade dotada de personalidade jurídica de direito privado, com criação autorizada por lei e com patrimônio próprio, cujo capital social é integralmente detido pela União, pelos Estados, pelo Distrito Federal ou pelos Municípios. Art. 3º da Lei nº 13.303/2016.

EXEMPLOS: Empresa Brasileira de Correios e Telégrafos; FINEP (Financiadora de Estudos e Projetos); Caixa Econômica Federal; BNDES (Banco Nacional de Desenvolvimento Econômico e Social.

SOCIEDADE DE ECONOMIA MISTA é a entidade dotada de personalidade jurídica de direito privado, com criação autorizada por lei, sob a forma de sociedade anônima, cujas ações com direito a voto pertençam em sua maioria à União, aos Estados, ao Distrito Federal, aos Municípios ou a entidade da administração indireta. Art. 4º da Lei nº 13.303/2016.

Exs: Banco do Brasil S.A; Banco da Amazônia S.A; Instituto de Resseguros do Brasil; PETROBRAS (Petróleo Brasileiro S.A).

CARACTERÍSTICAS COMUNS ÀS EMPRESAS PÚBLICAS E SOCIEDADES DE ECONOMIA MISTA	
CRIAÇÃO E EXTINÇÃO	Autorizada por lei, sendo necessário o registro
SUBSIDIÁRIAS	Depende de autorização legislativa, que pode ser genérica, na lei que autorizou a criação da matriz.
OBJETO	Podem ser: (a) explorar atividades econômicas (apenas nos casos de segurança nacional ou relevante interesse coletivo; ou monopólio); (b) prestação de serviços públicos. Atividades econômicas: *sem fins lucrativos.*

CARACTERÍSTICAS COMUNS ÀS EMPRESAS PÚBLICAS E SOCIEDADES DE ECONOMIA MISTA	
PERSONALIDADE JURÍDICA	Direito privado
REGIME JURÍDICO	Híbrido. Podendo ser mais próximo direito privado (exploradoras de atividade empresarial); ou mais próximo direito público (prestadoras de serviço público)
SUJEIÇÕES AO DIREITO PÚBLICO	Controle pelo Tribunal de Contas; realização de concurso público e licitação;
ESTATUTO	Aplicável a ambas. Prevê sujeição ao regime próprio das empresas privadas e estatuto próprio de licitações e contratos.
PATRIMÔNIO	Bens privados. OBSERVAÇÃO: nas prestadoras de serviço público, os bens empregados na prestação dos serviços possuem prerrogativas de bens públicos.
PESSOAL	Celetista, sem estabilidade, a demissão exige motivação;
FALÊNCIA E EXECUÇÃO	Não se sujeitam à falência

DIFERENÇAS EMPRESAS PÚBLICAS E SOCIEDADES DE ECONOMIA MISTA		
	SOCIEDADES DE ECONOMIA MISTA	EMPRESAS PÚBLICAS
FORMA JURÍDICA	Sociedades anônimas	Qualquer forma admitida em direito
COMPOSIÇÃO DO CAPITAL	Público (majoritário) e privado	Exclusivo público, podendo participar mais de uma entidade pública
FORO	Sociedade Economia Mista federal = Justiça Estadual, regra; ou, se a União atuar como assistente ou oponente = Justiça Federal. (Súmula nº 517 do STF) SEM estadual ou municipal = Justiça Estadual. (Súmula nº 556 do STF)	EP federal = Justiça Federal, sempre EP estadual ou municipal = Justiça Estadual

4. ENTIDADES PARAESTATAIS OU ENTES DE COOPERAÇÃO

1. Organizações Sociais (OS): são pessoas jurídicas de direito privado, sem fins lucrativos, criadas por particulares, para desempenhar serviços sociais não exclusivos do Estado, previsto em Lei.

A Lei nº 9.637/1998 prevê o repasse dos seguintes serviços: pesquisa científica, ensino, meio ambiente, cultura e saúde.

Essa parceria é concretizada por meio de um contrato de gestão (pelo qual serão definidos os incentivos que essas pessoas receberão do Estado para a execução de tais atividades) podem receber:

- Recursos orçamentários
- Bens públicos – por meio de permissão de uso
- Servidores públicos
- Podem contratar sem licitação, seus atos devem ser publicados e estão sujeitos ao controle pelo Tribunal de Contas.
- Entes de Cooperação

2. Organização da sociedade civil de interesse público (OSCIP): instituída pela Lei nº 9.790/1999, trata-se de uma modalidade de qualificação jurídica a ser atribuída a algumas pessoas de direito privado, instituídas por particular, sem fins lucrativos, para a prestação de serviços sociais não exclusivos do Estado (serviços socialmente úteis), sob incentivo e fiscalização dele.

Esse regime de gestão por colaboração formaliza-se por meio do termo de parceria. Neste instrumento, serão discriminados os direitos, responsabilidades e obrigações das partes signatárias.

- Devem ter personalidade jurídica de direito privado;
- Não podem ter fins lucrativos.

Os objetivos que podem dar ensejo ao título jurídico de OSCIP são:

- Promoção da educação, da saúde, da cultura, da assistência social e da segurança alimentar e nutricional;
- Proteção e defesa do meio ambiente;
- Promoção do desenvolvimento econômico e social, incluindo o combate à pobreza;
- Experimentação de novos modelos socioprodutivos;
- Promoção de valores universais, como os da ética, da paz, da cidadania, dos direitos humanos e da democracia, e, também, a promoção de assistência jurídica complementar;

3. Serviços Sociais Autônomos: são todas as pessoas jurídicas de direito privado integrantes da iniciativa privada que foram criadas para ministrar assistência ou ensino a certas categorias sociais ou grupos profissionais, e que não tenham finalidade lucrativa.

- Atuam ao lado do Estado, em caráter de cooperação, não prestando serviço público delegado, mas atividades privadas que o poder público tem o interesse de incentivar.

4. Organizações da Sociedade Civil: são entidades integrantes do 3º setor da economia que podem estabelecer um regime de mútua cooperação, para a consecução de finalidades de interesse público e recíproco, mediante a execução de atividades ou de projetos previamente estabelecidos. Esse regime de cooperação foi instituído pela Lei nº 13.019/2014.

Este regime tem por objetivo ampliar a transparência, a eficiência e a segurança jurídica das parcerias, valorizando o papel das OSCs como parceiras importantes na execução de políticas públicas, sobretudo nas áreas sociais, culturais, educacionais, ambientais e de defesa de direitos.

Nos termos do art. 2º, I, da Lei nº 13.019/2014, são consideradas Organizações da Sociedade Civil (OSC):

- Pessoas jurídicas de direito privado sem fins lucrativos, que não distribuem resultados ou dividendos;
- Cooperativas sociais previstas na lei, que atuam com vulnerabilidade social; e
- Entidades religiosas que realizem ações de interesse público e de caráter social distintas das atividades religiosas propriamente ditas.

Não são consideradas OSCs, para efeitos desta lei, sindicatos, partidos políticos e entidades empresariais.

Principais instrumentos de formalização das parcerias:

a) Termo de Colaboração: utilizado quando a Administração Pública propõe um projeto e busca uma organização parceira para a sua execução, oferecendo recursos financeiros para tanto.
b) Termo de Fomento: adotado quando a iniciativa parte da organização civil, que apresenta um projeto inovador à Administração Pública para obter apoio financeiro público.
c) Acordo de Cooperação: firmado quando a parceria não envolve transferência de recursos financeiros, mas, sim, atuação conjunta entre Administração e OSC, visando objetivos comuns.

5. PODERES DA ADMINISTRAÇÃO PÚBLICA

5.1 Características dos Poderes da Administração

Poder-Dever: os poderes administrativos não são mera faculdade, são prerrogativas que devem ser efetivamente usadas para atender o interesse público.

Irrenunciável: em face do princípio da indisponibilidade do Interesse Público, os poderes administrativos não podem ser renunciados. O administrador de hoje não pode criar obstáculos para o administrador de amanhã.

Limitado: deve ser praticado nos limites da lei.

5.2 Poderes Administrativos em Espécie

5.2.1 Poder Hierárquico

CARACTERÍSTICA DO PODER HIERÁRQUICO	• Distribuir as funções entre seus órgãos públicos; • Estabelecer uma relação de hierarquia e subordinação entre os seus agentes; • Ordenar e rever a atuação de seus agentes; • Delegar (arts. 12 e 13 da Lei nº 9.784/1999) e avocar função (art. 15 da Lei nº 9.784/1999).

Por meio desse poder, a Administração Pública poderá:

DELEGAÇÃO

Art. 12. Um órgão administrativo e seu titular poderão, se não houver impedimento legal, delegar parte da sua competência a outros órgãos ou titulares, ainda que estes não lhe sejam hierarquicamente subordinados.

Art. 13. Não podem ser objeto de delegação:

I – a edição de atos de caráter normativo;

II – a decisão de recursos administrativos;

III – as matérias de competência exclusiva do órgão ou autoridade

CARACTERÍSTICA DA DELEGAÇÃO	• Pode ocorrer em situações do dia a dia; • Parcial e temporária; • Agentes da mesma hierarquia ou subordinados; • Revogável a qualquer tempo.

AVOCAÇÃO

Art. 15. Será permitida, em caráter excepcional e por motivos relevantes devidamente justificados, a avocação temporária de competência atribuída a órgão hierarquicamente inferior.

CARACTERÍSTICA DA AVOCAÇÃO	• Sempre em caráter excepcional, por motivos relevantes e justificados; • O superior atraindo para si atribuições de seu subordinado; • Necessário existir a relação de subordinação; • Temporária enquanto existir a situação excepcional.

5.2.2 Poder Disciplinar

Esse poder confere à Administração Pública a possibilidade de apurar e aplicar penalidades funcionais a seus agentes e demais pessoas que contratam com Administração Pública para execução de serviços públicos.

O poder disciplinar é considerado discricionário, no sentido de que não há regras rígidas fixadas para a apuração da infração e aplicação da penalidade, como encontradas na esfera penal, porém, deve-se respeitar na aplicação dessas normas os princípios gerais do direito.

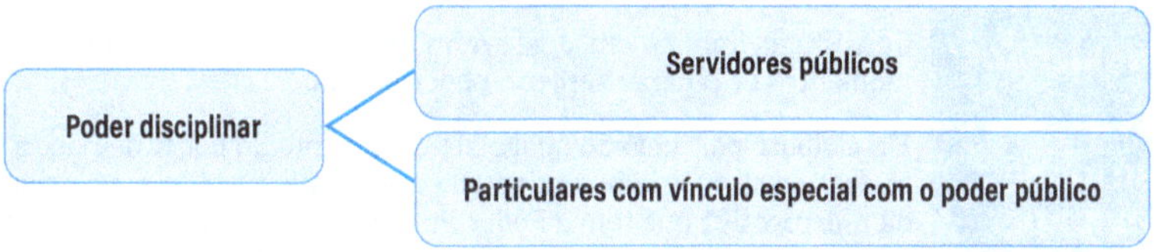

5.2.3 Poder Normativo

Poder utilizado para a Administração editar normas para a fiel execução da lei.

Expressão do poder normativo: decretos regulamentares ou regulamento, instruções, portarias, resoluções e regimentos

5.2.4 Poder de Polícia

Poder que permite à Administração Pública restringir, limitar, frear o exercício de direitos e liberdades dos particulares em nome do interesse público.

Esse poder tem a finalidade de compatibilizar os direitos individuais previstos na Constituição com o bem-estar social.

O poder de polícia exige uma abstenção do particular, ou seja, uma atuação negativa do administrado.

O PODER DE POLÍCIA ADMINISTRATIVO DURANTE A SUA APLICAÇÃO PODE PERCORRER 4 (QUATRO) CICLOS:

Ciclo do Poder de Polícia

Atributos do Poder de Polícia

AUTOEXECUTORIEDADE	Faculdade atribuída à Administração para decidir e executar diretamente as suas decisões, sem a necessidade de recorrer previamente ao Poder Judiciário. A autoexecutoriedade não existe em todos os atos do poder de polícia, apenas sendo possível quando expressamente previsto em lei e quando se trata de medida urgente que caso não seja adotada de imediato, possa ocasionar prejuízo maior para o interesse público, por exemplo: apreensão de mercadorias e fechamento de casas noturnas.

DISCRICIONARIEDADE	Consiste na livre escolha, pela Administração, dos meios adequados e do momento certo para exercer o poder polícia.
COERCIBILIDADE IMPERATIVIDADE	É o atributo por meio do qual o ato decorrente do poder de polícia é imposto aos administrados independentemente de sua vontade. Esse atributo decorre da prerrogativa que tem o Poder Público de impor unilateralmente obrigações a terceiros, chamado por Renato Alessi de Poder Extroverso do Estado.

Abuso de poder

1. Poderes e Deveres do Administrador

O administrador no exercício de suas funções tem deveres de: eficiência, probidade, prestar contas

O abuso de poder ocorre quando o agente público vai além do permitido e, desse modo, ultrapassa a sua competência ou não cumpre a finalidade prevista.

2. Modalidades de Abuso de Poder

Pela ação:

a) Excesso de poder: ocorre quando a autoridade, embora competente para praticar o ato, vai além do permitido e exorbita no uso de suas faculdades administrativas (ultrapassa seus limites).

b) Desvio de finalidade (de poder): o desvio de finalidade pode ocorrer em duas circunstâncias:

- Quando o ato administrativo viola o interesse público.
  - **EXEMPLO:** Prefeito desapropria terreno para construir a sua casa.
- Quando o ato administrativo viola a finalidade prevista na lei.
  - **EXEMPLO:** Delegado que prende seu desafeto na hora do casamento.

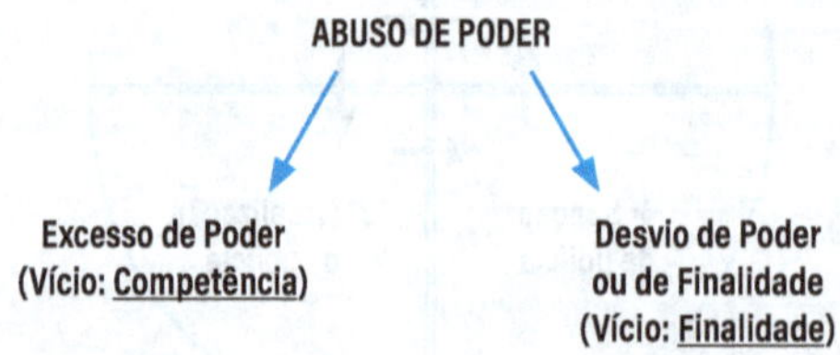

Por omissão:

a) Omissão da Administração: consiste na inércia da Administração, retardando ato ou fato que deva praticar, essa omissão enseja correção judicial e indenização ao prejudicado.

OBSERVAÇÃO: Instrumentos judiciais – ação ordinária, medida cautelar, mandado de injunção ou mandado de segurança.

CUIDADO! Não cabe ao Judiciário praticar o ato omitido pela Administração, mas impor sua prática por meio de uma decisão judicial.

6 ATOS ADMINISTRATIVOS

6.1 Conceitos

Fato administrativo é um fato jurídico relevante para Direito Administrativo, ou seja, fato descrito na lei que produz efeitos dentro da Administração Pública.

EXEMPLO: falecimento do servidor público = consequência vacância do cargo público.

Todo ato praticado no exercício da função administrativa é ato da Administração.

Atos da Administração tem sentido mais amplo do que a expressão ato administrativo, que abrange apenas determinada categoria de atos praticados no exercício da função administrativa.

Seguindo os ensinamentos de Hely Lopes Meirelles, podemos afirmar que "ato administrativo é toda manifestação unilateral de vontade da Administração Pública (ou quem lhe faça as vezes) que, agindo nesta qualidade, tenha por fim imediato adquirir, resguardar, transferir, modificar, extinguir e declarar direitos ou impor obrigações aos administrados ou a si própria", sempre regidos por normas de direito público e sujeito ao controle judicial.

6.2 Requisitos de Validade do ato administrativo

FO	FI	CO	M	O
FORMA	FINALIDADE	COMPETÊNCIA	MOTIVO	OBJETO

Para decorar: FOFICOMO

6.2.1 Competência

Representa "quem" pode executar o ato.

Competência administrativa é o poder atribuído ao agente da administração para o desempenho específico de suas funções. Por ser uma condição necessária de validade do ato administrativo, nenhum ato pode ser realizado validamente sem que o agente disponha de poder legal para praticá-lo.

Características da Competência: decorre sempre de Lei ou da CF, é obrigatória, irrenunciável, imodificável. Pode ser delegada ou avocada.

Quando a competência não é exercida nos termos da lei, configura-se a prática de atos de abuso de poder, na modalidade Excesso de poder.

Nesse sentido, a avocação consiste no ato pelo qual uma autoridade superior decide assumir para si a competência para decidir determinada questão que originalmente seria de responsabilidade de uma autoridade subordinada.

Por outro lado, a delegação é o ato pelo qual uma autoridade superior transfere a responsabilidade de decidir determinada questão para uma autoridade subordinada.

6.2.2 Forma

Representa "como" o ato foi feito, sendo o meio pelo qual se exterioriza os atos administrativos, os quais, em regra, são escritos; porém, excepcionalmente, quando a lei autoriza, também poderão ser gesticulados ou verbais.

6.2.3 Motivo

Representa "o porquê" do ato realizado, tratando-se do fato e do fundamento jurídico relevantes para o direito que justificam a prática de determinado ato administrativo.

Teoria dos Motivos Determinantes

Essa teoria relaciona-se com o motivo de ato administrativo. Motivo determinante é aquele que prende o administrador no momento da execução do ato. O motivo alegado durante a edição do ato administrativo, deve ser demonstrado, de modo que, se inexistente ou falso, implica a nulidade do ato.

Desta forma, quando o motivo não for exigido para perfeição do ato, fica o agente com a faculdade discricionária de praticá-lo sem motivação. Porém, quando a Administração motiva esse ato, mesmo que a lei não exija motivação, ele só será válido se os motivos forem verdadeiros.

6.2.4 Objeto

Objeto é o que o ato decide, opina, certifica. Assim como todo ato jurídico, requer: objeto lícito, possível, moral, determinado ou determinável;

Motivo + Objeto = MÉRITO DO ATO ADMINISTRATIVO

6.2.5 Finalidade

Finalidade é aquilo que sucede o ato administrativo, aquilo que se pretende alcançar, de acordo com a vontade da lei. Representa "o para que" o ato foi feito.

O ato de não atender à finalidade pública ou a finalidade específica estaremos diante do desvio de finalidade é uma espécie de abuso de poder.

A corrente majoritária orienta que esse controle não é possível. Na verdade, ao Poder Judiciário cabe o controle de legalidade, devendo esta ser compreendida em seu sentido amplo, incluindo-se a análise de obediência à lei, como também à Constituição e a todos os seus princípios.

ATRIBUTOS DO ATO ADMINISTRATIVO (PATI)

- Presunção de legitimidade: característica do ato administrativo que decorre do princípio da legalidade que informa toda atividade da Administração Pública. Trata-se de uma presunção relativa *iuris tantum*, admite prova em contrário e o ônus da prova cabe ao administrado.
- Autoexecutoriedade: consiste na possibilidade de certos atos administrativos serem executados pela própria Administração sem necessidade de intervenção do Poder Judiciário.
- A autoexecutoriedade não existe em todos os atos administrativos, apenas sendo possível quando expressamente previsto em lei e quando se trata de medida urgente

que, caso não seja adotada de imediato, pode ocasionar prejuízo maior para o interesse público. Tal atributo sofre limitações, eis que não se aplica às penalidades de natureza pecuniária como multas decorrentes de infrações e obrigações tributárias.

- Tipicidade: tipicidade é o quarto atributo do ato administrativo: "o ato administrativo deve corresponder a figuras definidas previamente pela lei". Este atributo decorre do princípio da legalidade, conforme os ensinamentos de Maria Sylvia Zanella Di Pietro.
- Imperatividade ou Coercibilidade: atributo por meio do qual a Administração, ao editar os seus atos, poderá impor de forma unilateral seu cumprimento aos particulares em vista dos interesses que representa, desse modo, sendo impostos aos administrados independentemente de sua vontade. Para não cumprir o ato, o particular só poderá fazê-lo com autorização judicial.

6.3 Formas de Extinção do ato administrativo

1. Pelo cumprimento dos seus efeitos jurídicos: uma vez cumprido os seus efeitos, não há mais razão de ser para a permanência dos atos administrativos. Logo o cumprimento dos seus efeitos o ato administrativo será extinto automaticamente.
2. Anulação: é a declaração de invalidade de um ato administrativo por razões de ilegalidade.

A anulação pode ser feita pela Administração Pública, com base no seu poder de autotutela sobre seus próprios atos, e pelo Poder Judiciário, os efeitos da anulação são *ex tunc* (retroagem até a origem do ato)

Súmula nº 346 do STF: a Administração Pública pode declarar a nulidade dos seus próprios atos.

A Administração tem o prazo de 05 anos para anular seus próprios atos. (art. 54 da Lei nº 9.784/1999)

3. Revogação: é instrumento jurídico por meio do qual a Administração extingue o ato válido, por razões de conveniência e oportunidade.

Porém esse poder de revogação sofre algumas limitações. Portanto, não podem ser revogados:

- Atos vinculados;
- Atos que exauriram os seus efeitos;
- Atos que geram direitos adquiridos;
- Atos enunciativos.

	ANULAÇÃO	REVOGAÇÃO
MOTIVO	Ilegalidade	Conveniência e oportunidade
ATOS SUSCETÍVEIS	Atos discricionários e vinculados	Atos discricionários
QUEM PODE ORDENAR	Administração e Judiciário	Administração
EFEITOS	*Ex tunc* (retroage)	*Ex nunc* (não retroage)
PRAZO	5 anos	Não tem prazo

É possível, ainda, retirar o ato administrativo do ordenamento por meio de:

CASSAÇÃO	Quando o destinatário descumprir condições que deveriam ser mantidas para o fim de continuar desfrutando da situação jurídica. EXEMPLO: uma prefeitura concedeu licença ambiental para a construção de um empreendimento imobiliário em uma área protegida por legislação ambiental. Diante da flagrante inobservância, será determinada a cassação do ato administrativo.
CADUCIDADE	Quando a superveniência de norma jurídica torna inadmissível a situação, antes permitida pelo direito e outorgada pelo ato precedente.
CONTRAPOSIÇÃO	Quando é editado um ato fundamentado em competência diversa do que gerou o ator anterior. Assim, os efeitos são contrapostos. EXEMPLO: cancelamento da inscrição do candidato a cargo público, anteriormente demitido pela prática de crime contra a Administração.

6.4 Classificação da invalidação

1. Inexistência: atos praticados que autorizam condutas criminosas.
2. Nulidade: os atos nulos não podem ser convalidados, sendo aqueles que apresentam vícios de motivo, objeto ou na finalidade. Possuem o prazo de 05 anos para serem retirados do ordenamento jurídico pela Administração Pública.
3. Anulabilidade: são os atos anuláveis os que podem ser convalidados, sendo os que têm vícios na competência ou forma.

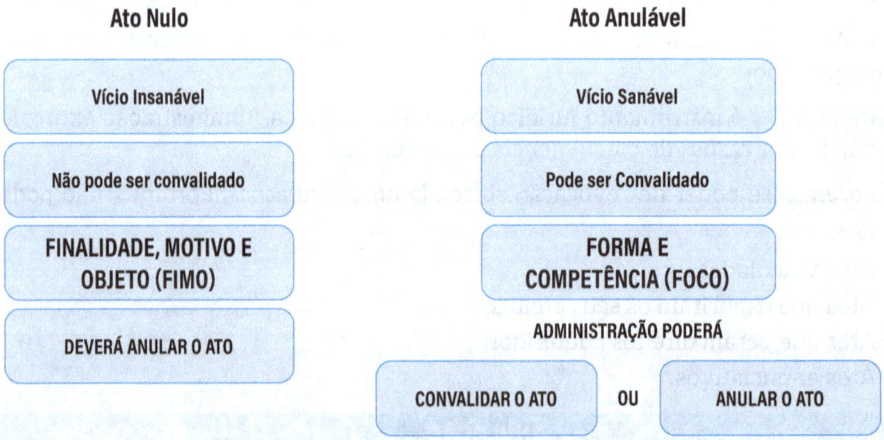

A convalidação opera-se retroativamente, pois apaga o vício que contaminou o ato administrativo desde a origem, ocorrendo mediante:

1. Ratificação: realizada pela mesma autoridade que praticou o ato viciado, que refaz o ato corretamente;
2. Reforma: retira o objeto inválido e mantém a parte do objeto que é válida;
3. Confirmação: quando realizada por outra autoridade, e não por aquela que praticou o ato.

7 SERVIÇOS PÚBLICOS

7.1 Conceito

Toda atividade material prestada pelo Estado ou por seus delegados, basicamente sob regime de direito público, com vistas à satisfação de necessidades essenciais e secundárias da coletividade.

7.2 Serviço público adequado (art. 6º, § 1º, da Lei nº 8.987/1995)

A lei prevê sobre a obrigação de manter serviço público adequado, o qual possuirá como características a regularidade, segurança, cortesia, continuidade, atualidade, modicidade, eficiência e generalidade.

a) Atualidade: compreende a modernidade das técnicas, do equipamento e das instalações e a sua conservação, bem como a melhoria e expansão do serviço.

b) Regularidade na prestação: é dever do Estado a prestação regular do serviço público, direta ou indiretamente.

c) Segurança na Prestação: o Estado e seus delegados deverão prestar o serviço público de forma a não colocar em perigo a integridade física e a vida do usuário.

7.3 Princípios informadores do Serviço Público

1) Princípio da continuidade do serviço público: Esse princípio indica que os serviços públicos não devem sofrer interrupção, isto é, sua prestação deve ser contínua para evitar que a paralisação provoque colapso nas atividades particulares.

Não se caracteriza como descontinuidade do serviço a sua interrupção em situação de emergência ou após prévio aviso, quando:

a) motivada por razões de ordem técnica ou de segurança das instalações; e,

b) por inadimplemento do usuário, considerado o interesse da coletividade.

ATENÇÃO! A interrupção do serviço na hipótese prevista na letra b) deste artigo não poderá iniciar-se na sexta-feira, no sábado ou no domingo, nem em feriado ou no dia anterior a feriado.

OBSERVAÇÃO: Atualmente, prevalece o entendimento de que não é possível a interrupção do serviço público essencial se o débito do consumidor é pretérito. Somente o inadimplemento de conta regular, entendida como a fatura referente ao mês do consumo, pode autorizar a interrupção do serviço público essencial, desde que previamente notificado o consumidor.

O art. 357 da Resolução nº 1000/2021/ANEEL prevê a possibilidade de suspensão do serviço de fornecimento de energia elétrica em razão de inadimplência de seu beneficiário. Veda tal suspensão, contudo, quando a dívida estiver vencida há mais de 90 (noventa) dias.

B) Princípio da eficiência: deve o Estado prestar seus serviços com a maior eficiência possível. O serviço eficiente é aquele que atinge o resultado pretendido, seja no tocante à qualidade, seja no aspecto da quantidade.

C) Princípio da Generalidade ou Universalidade (igualdade): a prestação deve ocorrer com a maior amplitude possível, a fim de beneficiar o maior número de pessoas. Ademais, não pode haver distinção entre os usuários que se encontram na mesma situação.

D) Princípio da Modicidade das tarifas: significa que, quando o serviço público for cobrado, as tarifas devem ter preços razoáveis. Portanto, o princípio da modicidade tem estreita relação com o da generalidade, na medida em que a imposição de cobrança de valores módicos ressalta a prestação ao maior número possível de pessoas, sem privar aqueles que necessitam usufruir o serviço público.

Visando a atender ao princípio da modicidade das tarifas, poderá o poder concedente prever, em favor da concessionária, no edital de licitação, a possibilidade de outras fontes provenientes de receitas alternativas.

E) Princípio da cortesia na prestação: O princípio da cortesia é sinônimo de urbanidade no tratamento. Noutro falar, significa o trato educado para com o público.

ATENÇÃO!

Não tem a ver com gratuidade. Como regra, os serviços públicos não precisam ser gratuitos.

7.4 Principais Classificações

1ª) Quanto à essencialidade:

a) Serviços públicos indelegáveis: são aqueles que somente podem ser prestados pela Administração, ou seja, não admitem delegação de sua execução a terceiros, em razão de estarem relacionados com as atividades inerentes do Poder Público. Ex.: serviço de segurança nacional.

b) Serviços públicos delegáveis: são aqueles que admitem a execução por meio de terceiros. Ex.: serviço de energia elétrica.

2ª) Quanto ao usuário

a) serviços públicos individuais (*uti singuli*): são aqueles prestados a usuários determinados ou determináveis. Ex.: serviços de energia ou de telefonia domiciliar.

b) serviços públicos gerais (*uti universi*): são aqueles prestados à coletividade como um todo. Ex.: serviço de segurança pública e serviço de iluminação pública.

7.5 Concessão de Serviço Público | Lei nº 8.987/1995

7.5.1 Conceito

Modalidade de delegação de serviço público feita pelo poder concedente, mediante licitação, na modalidade concorrência ou diálogo competitivo, à pessoa jurídica ou consórcio de empresas que demonstre capacidade para o desempenho, por sua conta e risco.

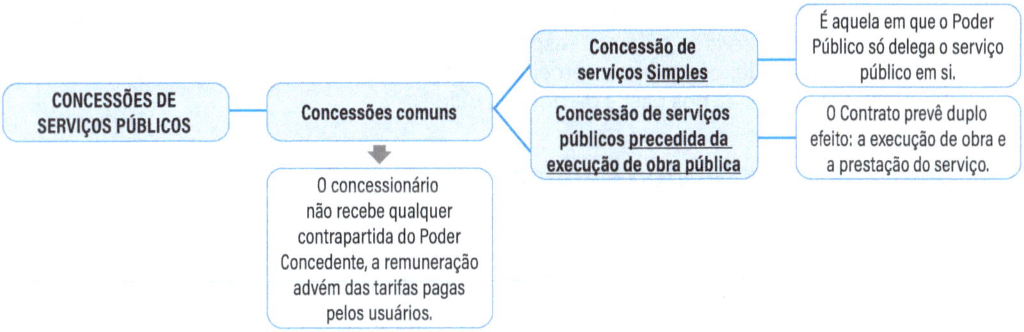

7.5.2 Principais características da Concessão

a) Somente Pessoa Jurídica pode ser beneficiada por concessão de serviço público;

b) Exige Lei autorizativa (art. 2º da Lei nº 9.074/1995);

c) Licitação Pública, na modalidade concorrência ou diálogo competitivo;

d) Concessão tem natureza personalíssima podendo haver subconcessão quando permitida por lei;

e) A concessionária tem a garantia do equilíbrio econômico-financeiro do Contrato de Concessão;

f) Os contratos de concessão são por prazo determinado, previsto em Lei.

EXEMPLO: Geração de energia elétrica = 35 anos (art. 4º, § 2º, da Lei nº 9.074/1995); distribuição de energia = 30 anos (art. 4º, § 3º, Lei nº 9.074/1995); Serviços de TV = 15 anos (art. 172 da Lei nº 9.472/1997); concessão de rádio: 10 anos;

g) O contrato de Concessão pode ser extinto unilateralmente pelo poder Concedente por meio de:

- Encampação: Prevista no art. 37 da Lei nº 8.987/1995 – A encampação é a retomada do serviço pelo poder concedente durante o prazo da concessão, por motivo de interesse público, mediante lei autorizativa específica e após prévio pagamento de indenização.
  - Caducidade: Está prevista no art. 38, § 1º, da Lei nº 8.987/1995 – A caducidade ocorre quando o concessionário descumpre as obrigações assumidas pela concessão.

Deve ser declarada por decreto e, ao contrário da encampação, não depende de indenização prévia, sendo descontado desta, o valor das multas contratuais e dos danos causados.

	ENCAMPAÇÃO	CADUCIDADE
FORMA	Precisa de lei autorizativa específica (posteriormente, há um decreto)	Não precisa de lei autorizativa feita mediante decreto
MOTIVO	Interesse público	Ato irregular praticado pelo concessionário
INDENIZAÇÃO	Prévia	Posterior, se houver

h) Responsabilidade por danos causados a terceiros é da Concessionária (Responsabilidade objetiva – art. 37, § 6º, da CF).

> § 6º As pessoas jurídicas de direito público e as de direito privado prestadoras de serviços públicos responderão pelos danos que seus agentes, nessa qualidade, causarem a terceiros, assegurado o direito de regresso contra o responsável nos casos de dolo ou culpa.

7.6 Permissão de Serviço Público

7.6.1 Conceito

Modalidade de delegação de serviço público feito pelo poder concedente mediante licitação à pessoa física ou jurídica, formalizada por meio de contrato de adesão que pode ser revogado a qualquer tempo. Nos termos do art. 2º, IV c/c art. 40 da Lei nº 8.987/1995.

7.6.2 Características da Permissão

a) Formaliza-se por meio do contrato de adesão;
b) Não exige lei autorizativa;
c) Licitação Pública, em qualquer modalidade;
d) Os riscos do serviço são da permissionária;
e) A permissão não assegura exclusividade, salvo cláusula expressa;
f) Pode ser delegada a pessoa física ou jurídica;
g) Revogação unilateral da Administração a qualquer tempo;
h) Responsabilidade por danos causados a terceiros é da Permissionária (responsabilidade objetiva)

A distinção entre concessão e permissão sempre se deu em razão da precariedade da permissão, esta entendida que o Poder Público pode extinguir a permissão a qualquer tempo por motivo de interesse público sem que caiba ao permissionário qualquer indenização. Para separar os conceitos de concessão e permissão é preciso considerar o contrato da permissão como *sui generis*, isto é, um contrato precário.

PRINCIPAIS DIFERENÇAS ENTRE CONCESSÃO E PERMISSÃO	
CONCESSÃO	PERMISSÃO
Caráter mais estável	Caráter mais precário
Licitação na modalidade concorrência ou diálogo competitivo	Licitação em qualquer modalidade
Pessoa Jurídica ou consórcio de empresas	Pessoa Física ou Pessoa Jurídica
Contrato administrativo	Contrato de Adesão

8 PARCERIA PÚBLICO-PRIVADA (PPP)

8.1 Conceito

Espécie de contrato de concessão que foi concebido para incentivar o investimento privado no setor público, por meio da repartição objetiva dos riscos entre o Estado (parceiro público) e o investidor privado (parceiro privado), criadas pela Lei nº 11.079/2004.

O objetivo das PPPs é atrair investimento nacional e estrangeiro para a realização de grandes projetos.

Exemplos de PPPs: Complexo penal em Minas Gerais, Construção do Hospital do Subúrbio, também em Salvador, Parte do metrô de São Paulo;

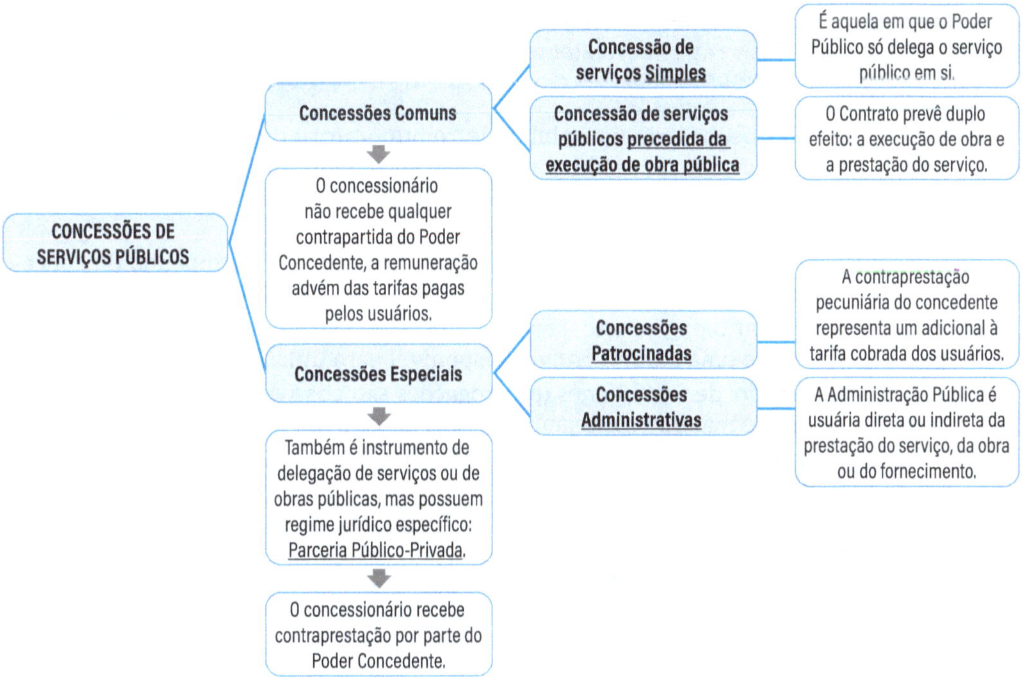

8.2 Modalidades de PPP

a) Concessão Patrocinada: é a concessão de serviços públicos ou de obras públicas de que trata a Lei nº 8.987/1995, quando envolver, adicionalmente, duas fontes de recursos: tarifa cobrada dos usuários e a contraprestação pecuniária do parceiro público ao parceiro privado. (*Art. 2º, § 1º, da Lei nº 11.079/2004*).

EXEMPLO: a concessão da exploração de uma rodovia, precedida de obras de duplicação da rodovia, considerando que o fluxo esperado de veículos não é suficiente para garantir a amortização dos investimentos, sendo a remuneração do concessionário Composta pela cobrança do pedágio (ao usuário) e contraprestação pecuniária (parceiro Público)

b) Concessão Administrativa: é o contrato de prestação de serviços em que a Administração Pública seja a usuária direta ou indireta, ainda que envolva execução de obra ou fornecimento e instalação de bens. *Art. 2º, § 2º, da Lei nº 11.079/2004.*

EXEMPLO: o parceiro privado constrói um presídio e a Administração é a usuária indireta, pois os presos são usuários diretos.

8.3 Características

a) Financiamento pelo setor privado;

b) Compartilhamento dos riscos: responsabilidade solidária, gerando risco para a Administração se ela não fizer um controle eficiente

ATENÇÃO! O contrato detém autonomia suficiente para definir a repartição de riscos entre as partes, inclusive aqueles referentes a caso fortuito, força maior, fato do príncipe e álea econômica extraordinária;

c) Pluralidade compensatória (variabilidade remuneratória): realizada por meio de: ordem bancária; cessão de créditos não tributários; outorga de direitos em face da Administração Pública; outorga de direitos sobre bens públicos dominicais; outros meios admitidos em lei;

d) Remuneração variável do Parceiro Privado: em face do seu desempenho do concessionário no cumprimento de metas e padrões de qualidade fixadas no contrato.

e) É facultado efetuar o pagamento da contraprestação em etapas, porém só podem ser pagas as etapas de uma parcela fruível (disponível para utilização).

f) Prazo determinado: de 5 a 35 anos (prorrogações são possíveis, desde que não ultrapassem esse limite máximo e estejam previstas não edital);

e) Valor do contrato superior a R$ 10.000.000,00 (dez milhões de reais) art. 2º, § 4º, I, da Lei nº 11.079/2004;

f) Criação da Sociedade de Propósito Específico: instituição de direito privado, criada com incumbência de implantar e gerir o objeto da parceria. Na forma de S.A., criada antes do Contrato de PPP art. 9º da Lei nº 11.079/2004;

g) O contrato pode prever os mecanismos privados de resolução de disputas (arbitragem) para dirimir conflitos entre os parceiros.

h) Garantias: devem ser respeitados os limites do art. 96, § 1º, da Lei nº 14.133/2021. As normas gerais estão contidas no art. 8º da Lei nº 11.079/2004. As obrigações pecuniárias contraídas pela Administração Pública admitem-se as seguintes garantias: seguro-garantia, garantia prestada por organismos internacionais criação ou utilização de fundos especiais, conforme a lei, fundo garantidor ou empresa estatal criada só para isso, além de outros definidos por lei.

8.4 Parceria Público-Privada (PPP) e Procedimento Licitatório (art. 10 da Lei nº 11.079/2004)

A parceria público-privada ocorrerá mediante licitação na modalidade concorrência ou diálogo competitivo, exigindo-se:

a) Previsão no Plano Plurianual do ente público;

b) Consulta pública;

c) Licença ambiental (quando o objeto do contrato exigir);

d) Autorização legislativa específica (nos casos em que o Poder Público arca com mais 70% da remuneração do Parceiro Privado);

e) Possibilidade de propostas escritas, seguidas de lances orais;

f) Faculdade para inversão das fases da licitação: realizando primeiro o julgamento e, em seguida, a habilitação, como ocorre na modalidade pregão.

Diretrizes das PPPs (art. 4º da Lei nº 11.079/2004)
Eficiência no cumprimento das missões do Estado;
Respeito aos interesses e direitos dos usuários do serviço;
Indelegabilidade das funções de regulação do serviço e do exercício do Poder de Polícia e outras atividades típicas do Estado;
Responsabilidade fiscal;
Transparência nas decisões;
Repartição dos riscos entre as partes;
Sustentabilidade Financeira e vantagens socioeconômicas no projeto de parceria.

9 CONTROLE DA ADMINISTRAÇÃO

9.1 Conceito e abrangência

Conforme dos ensinamentos da doutrinadora Maria Sylvia Zanella Di Pietro podemos conceituar Controle da Administração *"como o poder de fiscalização e correção que sobre ela exercem os órgãos do Poder Judiciário, Legislativo e Executivo, com o objetivo de garantir a conformidade de sua atuação com os princípios que lhe são impostos pelo ordenamento"*.

CONTROLE → **Corrigir os desvios** → **Tomada de medidas corretivas sempre que verificarem desvios significativos**

9.2 Espécies de Controle da Administração Pública

Vários critérios existem para classificar as modalidades de controle. Porém devemos destacar dos critérios de classificação:

a) Quanto ao órgão que o exerce, o controle pode ser administrativo, legislativo ou judicial.

b) O controle pode ser interno ou externo, consoante decorra de órgão integrante ou não da própria estrutura que se insere o órgão controlado.

   1. Controle Interno: é aquele que cada um dos Poderes exercerá sobre seus próprios atos e agentes.
   2. Controle Externo: é o controle exercido por um dos Poderes sobre o outro, como também o controle da Administração direta sobre a indireta.

c) Quanto ao momento:

CONTROLE PREVENTIVO	CONTROLE SIMULTÂNEO	CONTROLE POSTERIOR
Antecipa os problemas; Foco nos insumos; EXEMPLO: inspeção de matérias-primas.	Corrige problemas à medida que ocorrem; Foco nos processos; EXEMPLO: Supervisão direta dos trabalhadores;	Corrige problemas depois de ocorrerem; Foco nos resultados; EXEMPLO: Inspeção da qualidade dos bens;

A Constituição Federal, no capítulo da Fiscalização contábil, financeira e orçamentária, prevê o Controle Externo, a cargo do Congresso Nacional, com o auxílio do Tribunal de Contas (art. 71 da CF).

E o Controle Interno que os Poderes Legislativo, Executivo e Judiciário manterão, de forma integrada, sobre seus próprios atos com a finalidade de apoiar o controle externo no exercício de sua missão institucional.

9.3 Controle Administrativo (controle de legalidade e de mérito)

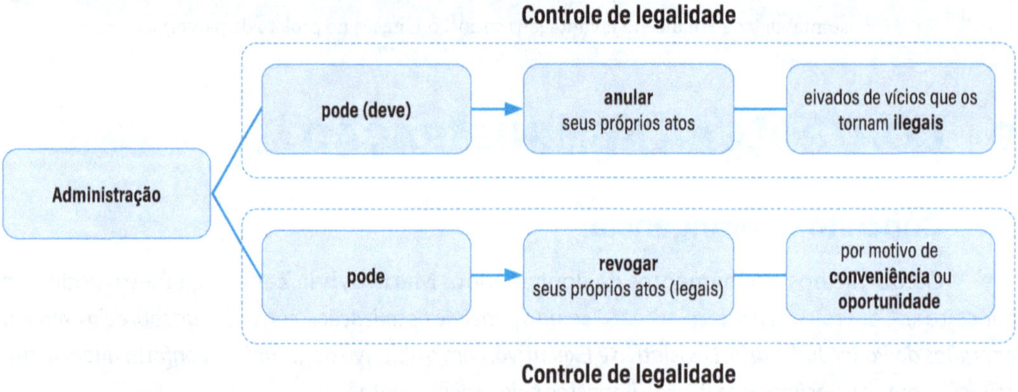

O Controle Administrativo é aquele exercido pelo Poder Executivo e pelos órgãos administrativos dos demais Poderes sobre suas próprias atividades, com objetivo de manter essas atividades dentro da lei, segundo a necessidade do serviço e as exigências técnicas e econômicas de sua realização. Podendo ser exercido por iniciativa própria ou mediante provocação e é decorrente da aplicação do princípio da autotutela.

Por meio desse controle a Administração pode anular, revogar ou alterar seus próprios atos e punir seus agentes com as penalidades estatutárias.

9.3.1 Meios de controle

Os meios de controle são instrumentos jurídicos que concretizam a possibilidade de ser efetuado o controle administrativo. Portanto, de modo geral, o controle administrativo é feito por meio de fiscalização hierárquica, de tutela finalística ou supervisão ministerial e de recursos administrativos.

- Fiscalização Hierárquica: é exercida pelos órgãos superiores sobre os inferiores integrantes da mesma Administração. É o meio de controle inerente ao poder hierárquico.
- Tutela de Finalidade ou Supervisão Ministerial: é o meio de controle administrativo aplicável nas entidades de administração indireta vinculadas a um Ministério (somente no âmbito federal – art. 19 do Dec.-Lei nº 200/1967). Observe-se que supervisão não é subordinação, trata-se de um controle finalístico.
- Recursos Administrativos: são todos os meios hábeis que podem ser utilizados para provocar o reexame do ato administrativo, pela própria Administração Pública. Tais recursos têm duplo fundamento constitucional – art. 5º, XXXIV e LV, da CF.

9.4 Controle Legislativo (Controle de legalidade, legitimidade, economicidade)

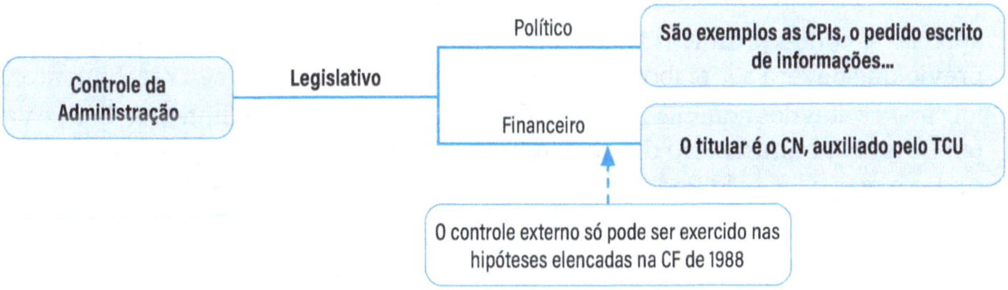

O controle que os órgãos do Legislativo (Congresso Nacional, Assembleias Legislativas e Câmara de Vereadores) exercem sobre a Administração Pública não pode exorbitar às hipóteses constitucionalmente previstas, sob pena de ofensa ao princípio da separação de poderes. O controle alcança os órgãos do Poder Executivo e suas entidades da Administração Indireta e o Poder Judiciário (quando executa função administrativa). Basicamente, são dois os tipos de controle: o político e o financeiro.

9.4.1 Controle político

A característica do controle político tem por base a possibilidade de fiscalização sobre atos ligados à função administrativa e organizacional.

Várias são as formas de controle político previstas na Constituição:

1. Competência do Congresso Nacional para apreciar os atos do Poder Executivo (art. 49, incisos I a XVIII, da CF);
2. Convocação de Ministro de Estado ou pedidos de esclarecimentos às autoridades do Poder Legislativo (art. 50, *caput* e § 2º, da CF);
3. Poder de sustar os atos normativos do Poder Executivo que exorbitem do poder regulamentar ou dos limites da delegação legislativa (art. 49, V, da CF);
4. Apuração de irregularidades pelas Comissões Parlamentares de Inquérito (art. 58, § 3º, da CF).

9.4.2 Controle financeiro

A Constituição disciplina, no capítulo da fiscalização contábil, financeira e orçamentária, que o controle financeiro abrange os Três Poderes da República, a Administração Direta e Indireta. E estabelece cinco áreas sujeitas ao controle de acordo art. 70, *caput*, da CF.

- Contábil: atua sobre o registro de receitas e despesas;
- Financeiro: incide sobre os depósitos bancários, os empenhos, o pagamento e o recebimento de valores;
- Orçamentário: visa ao acompanhamento do orçamento e à fiscalização dos registros das contas;
- Operacional: incide sobre a execução das atividades administrativas em geral;
- Patrimonial: recai sobre os bens do patrimônio público.

O Tribunal de Contas da União é órgão auxiliar do Congresso Nacional, que tem a função de ajudá-lo no controle financeiro externo da Administração Pública.

Compete ao Tribunal de Contas: (art. 71 da CF)

I. apreciar as contas prestadas anualmente pelo Presidente da República, mediante parecer prévio que deverá ser elaborado em sessenta dias a contar de seu recebimento;

II. julgar as contas dos administradores e demais responsáveis por dinheiros, bens e valores públicos da administração direta e indireta, incluídas as fundações e sociedades instituídas e mantidas pelo Poder Público federal, e as contas daqueles que derem causa a perda, extravio ou outra irregularidade de que resulte prejuízo ao erário público.

No âmbito estadual e municipal, aplicam-se, no que couber, aos respectivos Tribunais e Conselhos de Contas, as normas sobre fiscalização contábil, financeira e orçamentária. (art. 75 da CF).

9.5 Controle Judiciário (Controle de Legalidade em sentido amplo)

Controle Judicial é exercido privativamente pelos órgãos do Poder Judiciário, sobre os atos administrativos do Executivo, do Legislativo e do próprio Judiciário quando realiza atividade administrativa. No Brasil vigora o sistema de jurisdição única, onde assiste exclusivamente ao Poder Judiciário decidir, com força de definitividade, todos os litígios, administrativos ou de caráter privado. Assim, Poder Judiciário, a pedido da parte interessada, controla, *no* caso concreto, a legitimidade dos comportamentos da Administração Pública, anulando suas condutas ilegítimas, compelindo-a àquelas que seriam obrigatórias e condenando-a a indenizar os lesados, quando for o caso.

9.5.1 Meios de Controle

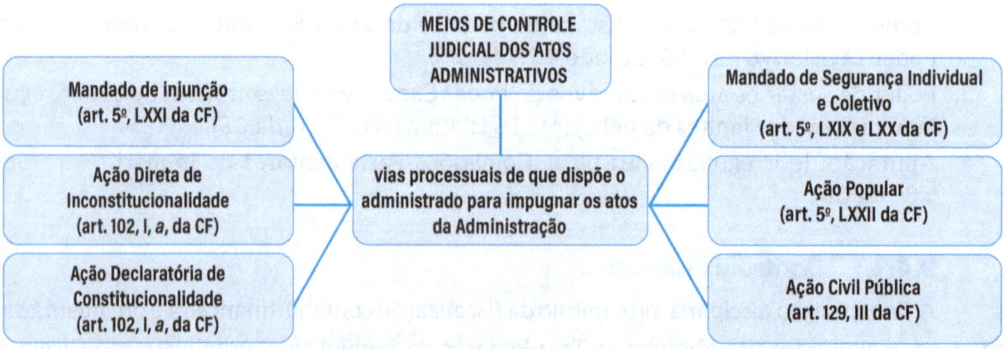

10 RESPONSABILIDADE CIVIL DO ESTADO

10.1 Conceito

Responsabilidade civil extracontratual do Estado é a obrigação que lhe incumbe de reparar os danos lesivos a terceiros e que lhe sejam imputáveis em virtude de comportamentos unilaterais, lícitos ou ilícitos, comissivos ou omissivos, materiais ou jurídicos;

Essa responsabilidade estatal pode decorrer de comportamentos administrativos (para essa hipótese alguns autores preferem chamar de responsabilidade civil da Administração Pública), de atos legislativos e de atos judiciais.

10.2 Classificação

a) Responsabilidade Subjetiva:

Elementos da Responsabilidade Subjetiva:

- Ação/ omissão
- Dano (material/moral)
- Nexo causal entre ação/omissão e o dano causado
- Prova da culpa ou dolo do agente causador do dano.

b) Responsabilidade Objetiva: hipóteses em que a culpa ou dolo é presumida, dispensando a sua prova.

Elementos da Responsabilidade Objetiva:

- Ação/ omissão (fato administrativo)
- Dano (material/moral)
- Nexo causal entre o fato e o dano causado.

10.3 Teoria do Risco

Essa teoria serve de fundamento para a ideia de responsabilidade objetiva. Por essa teoria a ideia de culpa é substituída pela de *nexo de causalidade* entre o *comportamento estatal* e o *dano sofrido pelo administrado*, sem se cogitar da culpa do serviço, tampouco da culpa do agente público.

A teoria do risco abrange duas modalidades: o *risco administrativo* e o *risco integral*, distinguindo-se apenas pelo fato de que a primeira modalidade admite causas excludentes de responsabilidade e a segunda não;

10.3.1 Teoria do Risco Integral

Em certas atividades previstas em lei, impõe-se uma responsabilidade do Estado de forma absoluta, reduzindo-se inclusive, a necessidade de comprovação de nexo causal, reduzindo as possibilidades de defesa do Estado. É o que ocorre nos casos de danos causados por acidentes nucleares (art. 21, XXIII, *d*, da CF) e, também, na hipótese de danos decorrentes de atos terroristas, atos de guerra ou eventos correlatos, contra aeronaves de empresas aéreas brasileiras, conforme previsto nas Leis nºs 10.309, de 22-11-2001, e 10.744, de 9-10-2003 e, também, o nos danos ambientais (STF)

RESPONSABILIDADE INTEGRAL

INDENIZA ATÉ MESMO NA CULPA EXCLUSIVA DA VÍTIMA

Adotada como exceção no Brasil

Não admite EXCLUDENTES

ADOTADA NOS CASOS:
DANOS NUCLEARES
DANOS AMBIENTAIS
ATAQUES TERRORISTAS (AERONAVES)

10.3.2 Teoria do risco administrativo

O Estado responde independente da culpa ou dolo, mas são possíveis algumas excludentes ou atenuantes na responsabilidade civil do Estado.

EXCLUDENTES DE RESPONSABILIDADE CIVIL DO ESTADO		
Caso fortuito ou força maior	Culpa exclusiva da vítima	Ato exclusivo de terceiros

10.4 Responsabilidade Civil da Constituição Federal

O art. 37, § 6º, da Constituição vigente, segundo o qual as pessoas jurídicas de direito público e as de direito privado prestadoras de serviços públicos responderão pelos danos que seus agentes, nessa qualidade, causarem a terceiros, assegurado o direito de regresso contra o responsável nos casos de dolo ou culpa.

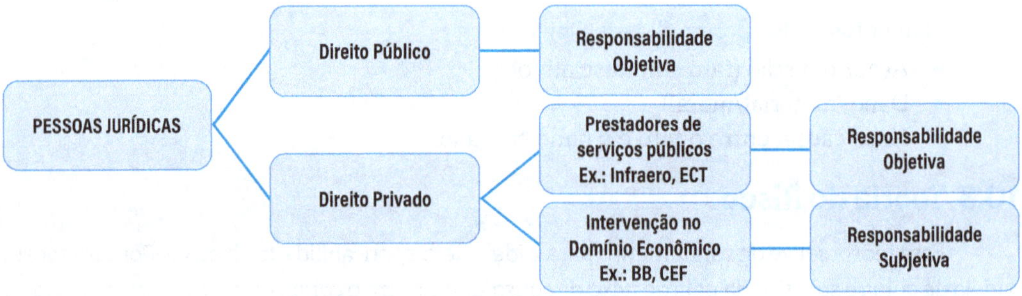

ATENÇÃO! A vítima NÃO pode cobrar diretamente do agente, devendo cobrar a reparação do Estado, o qual detém direito de regresso contra o agente nos casos de dolo ou culpa.

10.4.1 Responsabilidade civil decorrente da omissão

Vigora em nosso ordenamento a regra de que a responsabilização decorrente de ações do Poder Público é de caráter objetivo, ao passo que a responsabilização decorrente de omissões do Poder Público, por sua vez, é de caráter subjetivo.

OMISSÃO GENÉRICA	OMISSÃO ESPECÍFICA
São situações em que o Estado não atua especificamente em um caso concreto, de forma que sua possível omissão ou falha prejudica toda a população	Todas as situações em que o Estado está na condição de garante são situações de omissão específica: • Detentos de um presídio público, • Estudantes de escola pública e • Pacientes de um hospital público.

11 AGENTES PÚBLICOS

Esse assunto é tratado nos artigos 39 a 41 da CF. E, no âmbito federal, encontra-se na Lei nº 8.112/1990, sendo que esta última legislação se aplica apenas aos servidores públicos federais estatutários da administração direta e indireta autárquica e fundacional.

11.1 Conceito

Um agente público é toda pessoa física que exerce, de forma temporária ou permanente, com ou sem remuneração, função pública, seja na administração direta ou indireta.

11.2 Espécies de Agentes Públicos

I) AGENTES POLÍTICOS: são aqueles que representam a vontade do Estado e estão no topo da estrutura estatal. Os agentes políticos integrantes do executivo e legislativo possuem um vínculo de natureza política, porque são investidos em seus cargos por meio de eleição, nomeação ou designação. O Regime Jurídico do agente político é institucional, definido por lei.

EXEMPLO: Chefes do Executivo, representantes do Poder Legislativo e Judiciário e Tribunais de Contas.

II) AGENTES ADMINISTRATIVOS: são aqueles que exercem suas atividades dentro da Administração direta e indireta, possuem uma relação de trabalho de natureza profissional de caráter não eventual sob vínculo de dependência. Se dividem em:

1. Servidores públicos: são aqueles titulares de cargo público regidos por um estatuto próprio, ou seja, uma lei específica.
2. Empregados públicos: são os ocupantes de emprego e, portanto, submetidos ao regime trabalhista. Porém, a admissão deles nas empresas públicas e sociedades de economia mista necessita de aprovação em concurso público.
3. Agentes temporários: são contratados por um prazo determinado para atender necessidade temporária de excepcional interesse público, nos termos do art. 37, IX, da CF. Ingressam sem concurso público, mediante processo seletivo simplificado.

CUIDADO: os agentes temporários ou servidores temporários exercem função pública, mas não ocupam cargo, nem emprego público. Eles firmam contrato de direito público com a Administração Pública.

III) AGENTES HONORÍFICOS: cidadãos requisitados em função da condição cívica. Os honoríficos são convocados transitoriamente e não remunerados.

EXEMPLO: mesário eleitorais, e jurados do Tribunal do Júri.

IV) AGENTES DELEGADOS: são particulares que atuam no 2º setor e executam serviços públicos

1. Concessionárias e permissionárias de serviços públicos: seus agentes são considerados particulares em colaboração.
2. Delegados de função ou ofício público: serviço notarial.

V) AGENTES CREDENCIADOS: são os sujeitos que recebem a incumbência de representar, em determinadas atividades ou eventos, a Administração Pública.

EXEMPLO: um pesquisador representando o Brasil em algum evento internacional.

11.3 Cargo, funções e empregos públicos

Cargos Públicos

Conceito: conjunto de atribuições e responsabilidades atribuídas ao servidor mais um posto na estrutura organizacional do órgão. Segue o regime estatutário ou institucional, de índole não contratual. Os cargos públicos são sempre criados por lei.

Hoje a Administração Pública preconiza os cargos de carreira, para incentivar seus agentes.

Um outro ponto que irá diferenciar o servidor público do empregado público está disciplinado no art. 41 da CF, trata-se da estabilidade.

Estabilidade é a permanência no serviço público, conferida àquele nomeado para cargo de provimento efetivo em virtude de concurso público, após 3 (três) anos de efetivo exercício e que satisfaz as condições do estágio probatório. É por isso que se diz que a estabilidade se dá no serviço público e não no cargo para o qual o Servidor foi nomeado.

Portanto, aqueles que participam de processo seletivo e ingressam no serviço público como empregados públicos não possuem direito à estabilidade, haja vista que suas relações com a Administração Pública são disciplinadas pela Consolidação das Leis do Trabalho (CLT).

Outra condição prevista para aquisição da estabilidade é a avaliação obrigatória especial de desempenho por comissão que se instituiu para essa finalidade.

Situações da perda da estabilidade

Perda de estabilidade (Art. 42, § 1º C/C art. 169, III da CF/1988)

- **(Art. 169, § 4º, da CF) No caso de as medidas do § 3º do mesmo artigo para adequar a despesa com pessoal ativo e inativo não serem suficientes.**
- **mediante procedimento de avaliação periódica de desempenho, na forma de lei complementar, assegurada ampla defesa;**
- **mediante processo administrativo em que se assegure ampla defesa;**
- **em virtude de sentença judicial transitada em julgado;**
  - **caso da demissão seja invalidada por sentença judicial, o servidor será reintegrado, o eventual ocupante da vaga, se estável reconduzido ao cargo de origem, sem direito a indenização, aproveitado em outro cargo ou posto em disponibilidade com remuneração proporcional ao tempo de serviço.**

No caso de adequação de gastos com limite de pessoal, primeiro haverá a redução em pelo menos 20% das despesas com cargos em comissão e funções de confiança e a exoneração dos servidores não estáveis, caso não sejam suficientes para cumprir o limite de despesa com pessoal, o servidor estável que perder o cargo fará jus a indenização correspondente a um mês de remuneração por ano de serviço.

Função Pública

Conceito: conjunto de atribuições e responsabilidade do servidor. A Constituição estabelece que função pública corresponde aos encargos de direção, chefia ou assessoramento, a serem exercidas por titular de cargo efetivo da confiança da autoridade que as preenche (art. 37, V, da CF). A Função Pública também é criada por lei.

ATENÇÃO!

- Função de confiança só pode ser atribuída a quem tem cargo efetivo;
- Cargo de confiança pode ser atribuído a qualquer pessoa, mas sempre haverá um percentual reservado aos servidores de carreira do órgão.

Emprego Público

Conceito: são núcleos preenchidos por agentes, contratados para desempenhá-los, sob relação trabalhista (CLT).

Nas pessoas jurídicas de direito privado integrantes da Administração Pública Indireta (empresas públicas e sociedade de economia mista) só haverá emprego público.

11.4 Concurso Público

Requisito

Aprovação em concurso público é obrigatório para cargos públicos efetivos e empregos públicos. Exceções: cargos em comissão e contratações temporárias. Acessível a brasileiros e estrangeiros (estes, na forma da lei);

Validade

Pode ser de provas ou de provas e títulos com prazo de validade de até dois anos, prorrogável uma vez por igual período previsto no edital.

Restrições

Exigências no edital de concurso público relacionadas à idade ou altura, só podem ocorrer desde que haja uma lei específica e que seja observado a proporcionalidade com as atribuições do cargo.

Súmula nº 14 do STF: "Não é admissível, por ato administrativo, restringir, em razão da idade, inscrição em concurso para cargo público."

Súmula nº 683 do STF: "O limite de idade para a inscrição em concurso público só se legitima em face do art. 7º, XXX, da Constituição, quando possa ser justificado pela natureza das atribuições do cargo a ser preenchido."

Súmula Vinculante nº 44: "Só por lei se pode sujeitar a exame psicotécnico a habilitação de candidato a cargo público."

Súmula nº 15 do STF: "Dentro do prazo de validade do concurso, o candidato aprovado tem direito à nomeação, quando o cargo for preenchido sem observância da classificação."

Assim, o direito subjetivo à nomeação do candidato aprovado em concurso público exsurge nas seguintes hipóteses:

I - Quando a aprovação ocorrer dentro do número de vagas dentro do edital;

II - Quando houver preterição na nomeação por não observância da ordem de classificação;

III - Quando surgirem novas vagas, ou for aberto novo concurso durante a validade do certame anterior, e ocorrer a preterição de candidatos de forma arbitrária e imotivada por parte da administração nos termos acima.

11.5 Sistema remuneratório

O sistema remuneratório dos agentes públicos no Brasil é complexo e possui diversas nuances. A Constituição Federal de 1988 (CF) estabelece as bases desse sistema, definindo princípios, limites e critérios para a remuneração dos servidores públicos.

Os agentes públicos podem ser remunerados pelos seguintes sistemas:

SISTEMA DE REMUNERAÇÃO	
REMUNERAÇÃO	Retribuição dos empregados públicos, regida pela CLT.
VENCIMENTO	Remuneração básica dos servidores públicos, composta por um valor fixo e por vantagens, como adicional de hora extra, noturno, insalubridade, periculosidade dentre outros. Acerca do sistema Remuneratório dos servidores públicos: a) Art. 39, § 5º, da CF, determina que os vencimentos dos servidores públicos da União, dos Estados, do Distrito Federal e dos Municípios serão fixados em lei, com base nos princípios da isonomia, da impessoalidade, da moralidade, da razoabilidade e da proporcionalidade. E, o valor dos vencimentos deve ser compatível com a natureza do cargo, a complexidade das atribuições e o tempo de serviço; b) Art. 37, XIII, da CF, proíbe a vinculação ou equiparação de quaisquer espécies remuneratórias para o efeito de remuneração de pessoal do serviço público. Isto é, não posso vincular o aumento da remuneração dos servidores federais ao aumento do subsídio do ministro do STF; c) Art. 37, X, da CF, estabelece que a remuneração dos servidores públicos somente será fixada ou alterada através de lei, sendo assegurada uma revisão geral e anual. Essa revisão tem como objetivo repor as perdas inflacionárias do período anterior; d) Art. 39, § 8º, da CF, permite que a remuneração dos servidores públicos organizados em carreira poderá ser fixada nos termos do art. 39, § 4º, da CF, mediante lei específica. Isso significa que os servidores públicos organizados em carreira podem receber subsídio, desde que haja lei específica que o autorize.

SISTEMA DE REMUNERAÇÃO	
SUBSÍDIO	Parcela única fixada em lei, vedada a percepção de outras vantagens. Assegurada revisão geral anual (aumento impróprio). Inclui todas as vantagens, exceto de natureza indenizatória. O art. 39, § 4º, da CF, estabelece que os membros do Poder Legislativo, os membros do Poder Executivo, os Ministros de Estado e os Secretários Estaduais e Municipais receberão subsídio fixado em parcela única, vedado o acréscimo de qualquer gratificação, adicional, abono, prêmio, verba de representação ou outra espécie remuneratória. O valor do subsídio é fixado por lei e não pode ser superior ao subsídio dos Ministros do Supremo Tribunal Federal (STF). Destinatários: Agentes políticos (Presidente da República, Governadores). Membros do Poder Judiciário (Juízes, Desembargadores), Membros do Ministério Público. Defensores Públicos. Ministros e Conselheiros de Tribunais de Contas.

11.6 Teto remuneratório

O teto remuneratório é um limite máximo estabelecido pela Constituição Federal de 1988 (CF) para a remuneração dos agentes públicos no Brasil. O objetivo é garantir a isonomia, a razoabilidade e a proporcionalidade das remunerações, evitando disparidades excessivas entre os servidores públicos.

O valor do teto remuneratório é equivalente ao subsídio dos Ministros do Supremo Tribunal Federal (STF).

O art. 39, § 5º, da CF, dispõe que os Estados, o Distrito Federal e os Municípios podem fixar, por lei, limites de remuneração para seus servidores, observando o disposto no art. 39, § 4º, da CF, que não pode ser superior ao subsídio dos Ministros do Supremo Tribunal Federal (STF).

Além do teto geral, existem subtetos a serem observados pelos Estados, pelo Distrito Federal e pelos Municípios, sendo eles:

A. Nos Municípios, o subteto será o subsídio dos Prefeitos;

B. Nos Estados e no Distrito Federal, teremos subtetos em cada um dos Poderes:

  a. no Executivo, o limite será o subsídio do Governador;

  b. no Legislativo, o limite será o subsídio dos Deputados Estaduais ou Distritais;

  c. no Judiciário, teremos como limite remuneratório o subsídio dos Desembargadores dos Tribunais de Justiça.

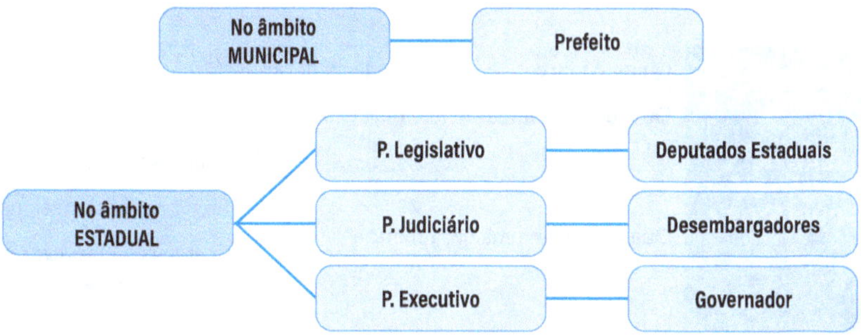

ATENÇÃO!

Art. 37, § 12, da CF. Faculta aos Estados e ao Distrito Federal fixarem, por meio de emenda à Constituição estadual ou à Lei Orgânica distrital, como limite único, o subsídio dos Desembargadores dos respectivos Tribunais de Justiça.

Isso significa que os Estados e o Distrito Federal podem estabelecer um único teto para a remuneração de todos os seus servidores, equivalente ao subsídio dos Desembargadores do Tribunal de Justiça.

Essa opção é facultativa, e os Estados e o Distrito Federal podem optar por estabelecer subtetos diferentes para cada poder (Executivo, Legislativo e Judiciário).

11.6.1 Submissão ao Teto Constitucional de Empresas Estatais

Questão interessante refere-se aos empregados das empresas públicas e das sociedades de economia mista. Como tais entidades, ainda que integrantes da administração indireta, são regidas, predominantemente, pelo Direito Privado, devem elas enfrentar a concorrência no âmbito de seu campo de atuação. Com isso, vigora a regra, em nosso ordenamento, de que os empregados públicos (tal como os empregados da iniciativa privada) não se submetem à regra da obrigatoriedade de observar o limite remuneratório constitucionalmente previsto.

ATENÇÃO! Caso as mencionadas entidades recebam subvenções do Poder Público para custear suas atividades ou para auxiliar no pagamento de pessoal, a observância do teto constitucional deverá ser mantida (art. 37, XI c/c 37, § 9º, da CF).

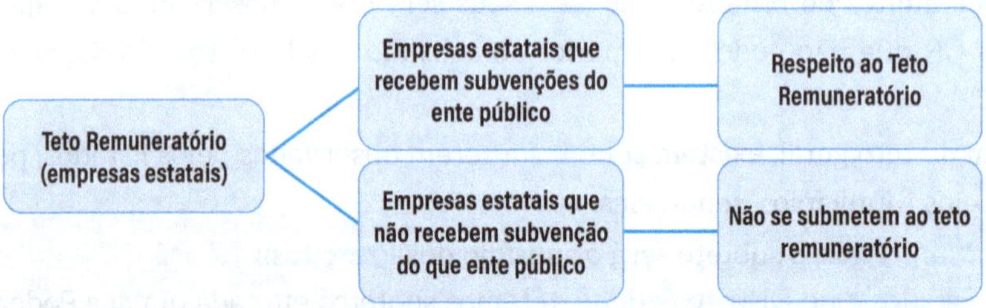

11.7 Acumulação de cargos públicos

A regra geral proíbe a acumulação remunerada de cargos, exceto (art. 37, XVI e XVII, da CF):

PERMISSÃO DE ACUMULAÇÃO DE CARGOS PÚBLICOS		
	Quando houver compatibilidade de horários	
	Quando a acumulação não ultrapassar o teto	
	Que recaia em uma das hipóteses	Dois cargos de professor
		Professor com outro técnico científico
		Dois cargos ou empregos privados de profissionais de saúde, com profissões regulamentadas

11.8 Acumulação de cargos públicos com mandato eletivo

Ao servidor público da administração direta, autárquica e fundacional, no exercício de mandato eletivo, aplicam-se as seguintes regras:

a) Mandato eletivo federal, estadual, e distrital: ficará afastado do cargo, emprego ou função, com prejuízo da remuneração, recebendo o correspondente ao mandato eletivo - art. 37, XVI e XVII, da CF.
b) Prefeito: ficará afastado do cargo, emprego ou função, sendo-lhe facultado optar pela remuneração anterior ou do mandato, art. 38, II, da CF.
c) Vereador: havendo compatibilidade de horário, perceberá as vantagens de seu cargo, emprego ou função sem prejuízo da remuneração do cargo eletivo - recebe ambas as remunerações-, não sendo compatível aplica-se o artigo anterior (opta por uma das remunerações).

11.9 Greve e sindicalização

O servidor público civil tem direito à livre associação sindical (art. 37, VI, da CF) e a greve nos termos e limites definidos em lei específica (art. 37, VII, da CF).

> Para o STF trata-se de uma norma de eficácia limitada dependendo de regulamentação ainda não existente (direito só pode ser plenamente exercido após a sua regulamentação);

ENTENDIMENTOS DO STF

1. A simples circunstância de o servidor público estar em estágio probatório não é justificativa para demissão com fundamento na sua participação em movimento grevista por período superior a trinta dias. A ausência de regulamentação do direito de greve não transforma os dias de paralisação em movimento grevista em faltas injustificadas. [RE nº 226.966 - rel. p/ o ac. Min. Cármen Lúcia - j. 11-11-2008 - 1ª T. - *DJe* de 21-8-2009];
2. A administração pública deve proceder ao desconto dos dias de paralisação decorrentes do exercício do direito de greve pelos servidores públicos, em virtude da suspensão do vínculo funcional que dela decorre, permitida a compensação em caso de acordo. O desconto será, contudo, incabível se ficar demonstrado que a greve foi provocada por conduta ilícita do Poder Público (RE nº 693.456/RJ - Pleno - rel. Min. Dias Toffoli - j. 27-10-2016 - Info. nº 845);
3. A tese aprovada pelo STF, em 5-4-2017, para fins de repercussão geral aponta que "o exercício do direito de greve, sob qualquer forma ou modalidade, é vedado aos policiais civis e a todos os servidores públicos que atuem diretamente na área de segurança pública"

11.10 Aposentadoria

De acordo com a Constituição Federal, ao entrar em exercício, os servidores públicos efetivos passam a ser regidos por um regime próprio de previdência social (RPPS), que, em diversos aspectos, se diferencia do regime geral de previdência social (RGPS), aplicável aos trabalhadores da iniciativa privada.

ATENÇÃO! Os servidores que ocupam exclusivamente cargo em comissão, os empregados públicos, os agentes temporários e os titulares de mandato eletivo estão regidos pelas regras do regime geral de previdência social.

De acordo com art. 40, § 1º, da CF, o servidor público titular de cargo efetivo terá direito a três formas de aposentadoria:

Aposentadoria

Art. 40, § 1º da CF/1988

I - Aposentadoria por incapacidade permanente para o trabalho

→ **incapacidade permanente e insuscetível de readaptação. É necessária comprovação por avaliações periódicas.**

II - Aposentadoria compulsória

→ **com proventos proporcionais ao tempo de contribuição, aos 70 anos de idade, ou aos 75 anos de idade, na forma de lei complementar*.**

***LC nº 152/2015 Todos os servidores aos 75 anos.**

III - Aposentadoria voluntária

→ **No âmbito da União: 25 anos de contribuição; 10 anos de serviço público e 5 anos no cargo da aposentadoria: Mulher: 62 anos; Homem: 65 anos.**

11.11 Servidor Público e os principais tópicos da Lei nº 8.112/1990

11.11.1 Disposições preliminares

Servidor é a pessoa legalmente investida em cargo público.

Cargo Público é conjunto de atribuições e responsabilidades previstas na estrutura organizacional que devem ser cometidas a um servidor.

Os cargos públicos, acessíveis a todos os brasileiros, são criados por lei, com denominação própria e vencimento pago pelos cofres públicos, para provimento em caráter efetivo ou em comissão.

É proibida a prestação de serviços gratuitos, salvo os casos previstos em lei.

11.11.2 Requisitos básicos para investidura

São requisitos básicos para ingresso no serviço público:

I - a nacionalidade brasileira;

II - o gozo dos direitos políticos;

III - a quitação com as obrigações militares e eleitorais;

IV - o nível de escolaridade exigido para o exercício do cargo;

V - a idade mínima de 18 (dezoito) anos;

VI - aptidão física e mental.

OBSERVAÇÃO: As atribuições do cargo podem justificar a exigência de outros requisitos estabelecidos em lei.

Às pessoas com deficiência é assegurado o direito de se inscrever em concurso público para provimento de cargo cujas atribuições sejam compatíveis com a deficiência de que são portadoras; para tais pessoas serão reservadas até 20% (vinte por cento) das vagas oferecidas no concurso.

11.11.3 Provimento

É o ato por meio do qual o servidor público é investido no exercício do cargo ou função pública, os cargos podem ser de provimento efetivo ou de provimento em comissão

A Lei nº 8.112/1990 apresenta, em seu art. 8º, as formas de provimento: nomeação, promoção, readaptação, reversão, aproveitamento, reintegração e recondução.

PROVIMENTO ORIGINÁRIO

Provimento originário é o primeiro ato de investidura do agente em um cargo.

O provimento originário no cargo público efetivo dá-se por meio da aprovação no concurso público com a exceção da nomeação para:

a) Cargo em comissão: livre nomeação e exoneração
b) Admissão de pessoal por contrato (emprego) por tempo determinado, para atender a necessidade transitória de excepcional interesse público (art. 37, IX, da CF);

A nomeação é a única forma de provimento originário. Trata-se de um ato complexo, por exigir o preenchimento de vários requisitos:

- Pré-requisito: Aprovação no Concurso Público.
- Publicação da Portaria de nomeação
- Posse: aceitação do cargo e um compromisso de bem servir - prazo para a posse é de 30 dias, sob de torna-se sem efeito a nomeação.

A Investidura do cargo público ocorrerá com a posse. (Art. 7º da Lei nº 8.112/1990)

- Exercício - 15 dias - sob pena de exoneração.

a) Pré-requisito: Aprovação no Concurso Público.

Art. 11. O concurso será:

- de provas ou de provas e títulos,
- podendo ser realizado em duas etapas, conforme dispuserem a lei e o regulamento do respectivo plano de carreira,

O concurso público terá validade de até 02 anos, podendo ser prorrogada uma única vez por igual período;

b) Posse: aceitação do cargo e um compromisso de bem servir.

> A Investidura do cargo público ocorrerá com a posse. (art. 7º da Lei nº 8.112/1990)

A posse dar-se-á pela assinatura do respectivo termo, no qual deverão constar as atribuições, os deveres, as responsabilidades e os direitos inerentes ao cargo ocupado, que não poderão ser alterados unilateralmente, por qualquer das partes, ressalvados os atos de ofício previstos em lei.

- Prazo para a posse é de 30 dias, contados da publicação do ato de provimento, sob de torna-se sem efeito a nomeação;
- A posse poderá dar-se mediante procuração específica;
- Só haverá posse nos casos de provimento de cargo por nomeação.

No ato da posse, o servidor apresentará: declaração de bens e valores que constituem o seu patrimônio e declaração quanto ao exercício ou não de outro cargo, emprego ou função pública;

c) Exercício é o efetivo desempenho das atribuições do cargo público ou da função de confiança.

- É de 15 dias o prazo para o servidor empossado em cargo público entrar em exercício, contados da data da posse, sob pena de exoneração.

O início do exercício de função de confiança coincidirá com a data de publicação do ato de designação, salvo quando o servidor estiver em licença ou afastado por qualquer outro motivo legal, hipótese em que recairá no primeiro dia útil após o término do impedimento, que não poderá exceder a trinta dias da publicação.

PROVIMENTO DERIVADO

O provimento derivado consiste num ato de investidura que pressupõe um provimento originário: pode ser vertical, horizontal e por reingresso.

Provimento derivado vertical: implica uma elevação funcional do servidor. Pode ser por:

- Promoção: pressupõe cargo escalonado em carreira.

A promoção é uma forma de provimento derivado vertical nos cargos da administração pública. É quando ocorre o provimento na carreira de cargos sucessivos e ascendentes.

> **EXEMPLO:** o auditor fiscal evolui do nível I para se tornar auditor fiscal do nível II.

Provimento derivado horizontal: não há mudança funcional do servidor.

- Readaptação: forma de provimento em cargo público no caso de limitação física ou mental sofrida e que o servidor se torna inapto para exercer funções do cargo que ocupa. Porém, seria possível exercer função em outro cargo, já que não foi considerada uma invalidez permanente. Desta forma, o servidor irá exercer atividades condizentes com a limitação sofrida. O cargo provido por readaptação deve ter atribuições, nível de escolaridade e vencimento equivalentes ao cargo ocupado anteriormente e independe da estabilidade do servidor. (art. 24 da Lei nº 8.112/1990)

Provimento derivado por reingresso: implica no retorno do servidor à atividade.

Pode ocorrer em quatro hipóteses: reversão, aproveitamento, reintegração e recondução.

- Reversão: é o reingresso do aposentado no serviço ativo, de ofício ou a pedido.
  - De ofício: Por não subsistirem, ou não mais subsistirem, as razões que lhe determinaram a aposentadoria por invalidez; a junta médica oficial declara insubsistentes os motivos da aposentadoria por invalidez.
  - A pedido do interessado e no interesse da Administração desde que preencha os seguintes requisitos:

1. Aposentadoria tenha sido voluntária - art. 25, II, *b* da Lei nº 8.112/1990;
2. Servidor era estável na atividade - art. 25, II, *c* da Lei nº 8.112/1990;
3. Aposentadoria tenha ocorrido nos cinco anos anteriores ao pedido - art. 25, II, *d* da Lei nº 8.112/1990;
4. Haja cargo vago - art. 25, II, *e* da Lei nº 8.112/1990

  - Aproveitamento: é o reingresso do servidor estável, que se encontrava em disponibilidade* (recebe proporcional ao tempo de serviço), no mesmo cargo antes ocupado ou em cargo de equivalentes atribuições e vencimentos compatíveis - arts. 30 a 32 da Lei nº 8.112/1990.

    ***Disponibilidade:** é o ato pelo qual o Poder Público transfere o servidor para a inatividade remunerada (proventos proporcionais ao tempo de serviço)
  - Reintegração: é o retorno do servidor ilegalmente desligado de seu cargo ao mesmo, que dantes ocupava, ou, não sendo possível, ao seu sucedâneo ou equivalente, com integral reparação dos prejuízos que lhe advieram do ato ilegal que o atingira. Tal decisão pode ser administrativa ou judicial - art. 28 da Lei nº 8.112/1990.

O eventual ocupante do cargo objeto de reintegração irá retornar para o seu cargo de origem somente se ele estiver vago (recondução).

Se o cargo estiver preenchido:

1. poderá ser aproveitado em cargo com atribuições semelhantes se houver;
2. não havendo cargo vago, será colocado em disponibilidade.

  - Recondução: é o retorno do servidor estável ao cargo que antes titularizava:
    a) quer por ter sido inabilitado no estágio probatório relativo a outro cargo para o qual subsequentemente fora nomeado;
    b) quer por haver sido desalojado dele em decorrência de reintegração do precedente ocupante

Não tem direito à indenização. art. 29 da Lei nº 8.112/1990.

PROVIMENTO DE CARGOS E EMPREGOS PÚBLICOS	
NOMEAÇÃO	A nomeação ocorre após aprovação prévia em concurso público de provas ou de provas e títulos, de acordo com a natureza e a complexidade do cargo ou emprego, e é uma forma originária de provimento
PROMOÇÃO	É a elevação de um servidor de uma classe para outra dentro de uma mesma carreira
READAPTAÇÃO	É a passagem do servidor para outro cargo compatível limitação física ou mental que ele venha a apresentar

PROVIMENTO DE CARGOS E EMPREGOS PÚBLICOS	
REVERSÃO	É o retorno do servidor aposentado por invalidez ao serviço ativo quando os motivos da aposentadoria não tiverem razão
APROVEITAMENTO	É o reingresso de servidor público em disponibilidade para preencher determinado cargo
REINTEGRAÇÃO	Ocorre quando a demissão do servidor é considerada ilegal via processo, seja ele administrativo ou judicial, e então ele é reintegrado ao serviço público
RECONDUÇÃO	É a volta do servidor estável ao cargo anteriormente ocupado

11.11.4 Forma de deslocamento

Remoção: é o deslocamento do servidor a pedido ou ofício, no âmbito do mesmo quadro com ou sem mudança de sede (art. 36 da Lei nº 8.112/1990).

Remoção pode ocorrer:

a) De ofício, no interesse da Administração;
b) A pedido, a critério da Administração;
c) A pedido, para outra localidade, independente do interesse da administração para:
   - Acompanhar cônjuge ou companheiro (também servidor público) deslocado no interesse da Administração;
   - Por motivos de saúde do servidor e dependentes;
   - Em virtude de processo seletivo;

Redistribuição: é o deslocamento de cargo de provimento efetivo, ocupado ou vago no âmbito do quadro geral de pessoal para outro órgão ou entidade do mesmo Poder. (Art. 37 da Lei nº 8.112/1990). Observados os seguintes preceitos:

- Interesse da Administração;
- Equivalência de vencimentos;
- Manutenção da essência das atribuições do cargo;
- Vinculação entre os graus de responsabilidade e complexidade das atividades;
- Mesmo nível e escolaridade ou habilitação profissional

11.11.5 Vacância

Situação do cargo público sem titular.

> Art. 33. A vacância do cargo público decorrerá de:
> I - exoneração;
> II - demissão;
> III - promoção;
> IV - *(Revogado pela Lei nº 9.527, de 10-12-1997)*
> V - *(Revogado pela Lei nº 9.527, de 10-12-1997)*
> VI - readaptação;
> VII - aposentadoria;
> VIII - posse em outro cargo inacumulável;
> IX - falecimento.

11.11.6 Exoneração e demissão

EXONERAÇÃO	DEMISSÃO
É o desligamento do servidor do cargo público sem caráter sancionatório. Pode ocorrer a pedido do servidor público que não pretende mais trabalhar naquele cargo da Administração, ou por iniciativa da Administração. Situações em que a Administração irá exonerar o servidor: a) Quando não há interesse da Administração em manter aquele servidor; b) Por falta de limite orçamentário; c) Quando após o estágio probatório o servidor não é considerado habilitado para a função; e d) Quando o servidor empossado em cargo público não entra em exercício no prazo estabelecido.	Desligamento do servidor da Administração Pública devido à prática de uma infração grave. A demissão tem caráter de punição e poderá ocorrer, por exemplo, em casos de abandono de cargo, inassiduidade habitual, crime contra a administração pública, dilapidação do patrimônio público. Para aplicação da penalidade demissão deve ser aberto um processo administrativo disciplinar.

11.11.7 Estabilidade

É a garantia constitucional de permanência no serviço público, e não no cargo, assegurada ao servidor público nomeado para cargo de provimento efetivo em virtude de concurso público, que tenha cumprido um período de prova, após ser submetido a avaliação especial de desempenho por comissão instituída para essa finalidade.

Uma característica que será atribuída ao servidor, que preencher os seguintes requisitos:

- Nomeação em caráter efetivo,
- Três anos de efetivo exercício
- Aprovação no procedimento de Avaliação de desempenho do art. 41, § 4º, da CF;
- Habilitação no estágio probatório.

Perda da estabilidade - art. 41, § 1º, da CF:

1) Em virtude de sentença judicial transitada em julgado;
2) Mediante processo administrativo em que lhe seja assegurada a ampla defesa;
3) Mediante procedimento de avaliação periódica de desempenho, na forma da lei complementar, assegurada a ampla defesa.

11.11.8 Estágio probatório

Período que visa avaliar se o servidor tem aptidão para exercer as atribuições do cargo efetivo para qual foi nomeado. (art. 20 da Lei nº 8.112/1990)

> Art. 20. Ao entrar em exercício, o servidor nomeado para cargo de provimento efetivo ficará sujeito a estágio probatório por período de 24 (vinte e quatro) meses, durante o qual a sua aptidão e capacidade serão objeto de avaliação para o desempenho do cargo, observados os seguintes fatores:
>
> I - assiduidade;
>
> II - disciplina;
>
> III - capacidade de iniciativa;
>
> IV - produtividade;

V – responsabilidade.

§ 1º 4 (quatro) meses antes de findo o período do estágio probatório, será submetida à homologação da autoridade competente a avaliação do desempenho do servidor, realizada por comissão constituída para essa finalidade, de acordo com o que dispuser a lei ou o regulamento da respectiva carreira ou cargo, sem prejuízo da continuidade de apuração dos fatores enumerados nos incisos I a V do *caput* deste artigo.

§ 2º O servidor não aprovado no estágio probatório será exonerado ou, se estável, reconduzido ao cargo anteriormente ocupado, observado o disposto no parágrafo único do art. 29.

§ 3º O servidor em estágio probatório poderá exercer quaisquer cargos de provimento em comissão ou funções de direção, chefia ou assessoramento no órgão ou entidade de lotação, e somente poderá ser cedido a outro órgão ou entidade para ocupar cargos de Natureza Especial, cargos de provimento em comissão do Grupo Direção e Assessoramento Superiores – DAS, de níveis 6, 5 e 4, ou equivalentes.

§ 4º Ao servidor em estágio probatório somente poderão ser concedidas as licenças e os afastamentos previstos nos arts. 81, incisos I a IV, 94, 95 e 96, bem assim afastamento para participar de curso de formação decorrente de aprovação em concurso para outro cargo na Administração Pública Federal.

§ 5º O estágio probatório ficará suspenso durante as licenças e os afastamentos previstos nos arts. 83, 84, § 1º, 86 e 96, bem assim na hipótese de participação em curso de formação, e será retomado a partir do término do impedimento.

12 PROCESSO ADMINISTRATIVO DISCIPLINAR E SINDICÂNCIA

A apuração de responsabilidade de servidores públicos por infrações praticadas no exercício de suas funções, ou que tenham relação com as atribuições do seu cargo, é realizada por meio de sindicância ou processo administrativo disciplinar (PAD).

Somente as penalidades administrativas são punidas em processo administrativo, sendo que as penas de natureza civil e penal devem ser apuradas e penalizadas por meio de instrumentos próprios, perante o Poder Judiciário.

12.1 Sindicância

A sindicância destina-se aos casos em que as penalidades são mais leves – advertência e suspensão de até 30 dias – e, portanto, trata-se de um procedimento mais célere para apurar as irregularidades praticadas por servidores.

De acordo com o art. 145 da Lei nº 8.112/1990, da sindicância poderá resultar:

a) Arquivamento do processo;
b) Aplicação de penalidade de advertência ou suspensão de até 30 (trinta) dias;
c) Instauração de PAD, caso for verificado que o caso enseja a aplicação de penalidade mais grave.

O prazo para conclusão da sindicância não excederá trinta dias, podendo ser prorrogado por igual período, a critério da autoridade superior (art. 145, parágrafo único, da Lei nº 8.112/1990).

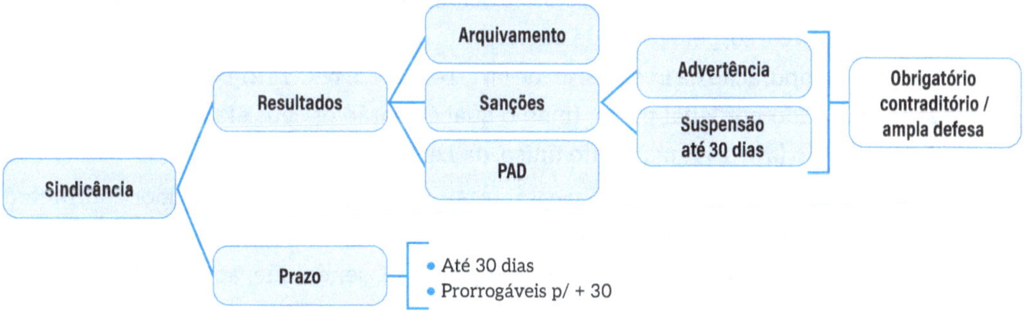

12.2 Processo administrativo disciplinar

O processo disciplinar se desenvolve nas seguintes fases (art. 151 da Lei nº 8.112/1990):

FASES DO PROCESSO ADMINISTRATIVO DISCIPLINAR	
	Instauração
	Inquérito administrativo, que compreende instrução, defesa e relatório
	Julgamento

A instauração dar-se-á com a publicação do ato que constituirá a comissão. Nesse contexto, o processo disciplinar será conduzido por comissão composta de três servidores estáveis designados pela autoridade competente. Esta autoridade indicará, dentre os três, o presidente da comissão, que deverá ser ocupante de cargo efetivo superior ou de mesmo nível, ou ter nível de escolaridade igual ou superior ao do indiciado (art. 149 da Lei nº 8.112/1990).

O prazo para a conclusão do processo disciplinar não poderá exceder sessenta dias, contados da data de publicação do ato que constituir a comissão, admitida a sua prorrogação por igual prazo, quando as circunstâncias o exigirem. Todavia, nesse prazo não se inclui o tempo destinado para a autoridade julgadora proferirá a sua decisão, que é de vinte dias, nos termos do art. 167 da Lei nº 8.112/1990).

Portanto, além dos sessenta dias, prorrogáveis uma única vez, há ainda mais vinte dias para que a autoridade tome sua decisão, totalizando 140 dias para conclusão do processo disciplinar e imposição de pena.

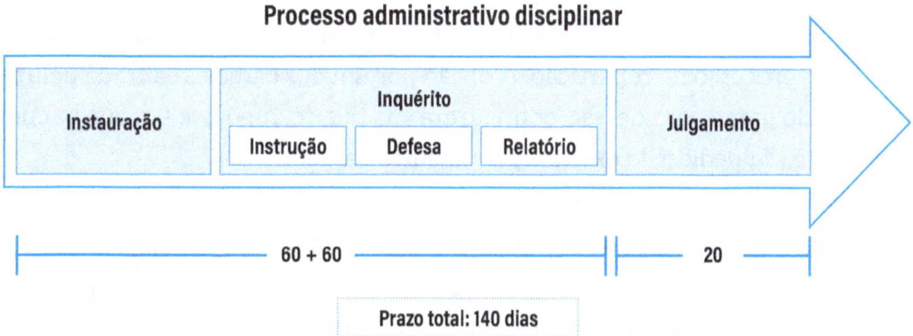

12.3 Afastamento temporário

A autoridade instauradora do processo disciplinar possui a faculdade de afastar o servidor do exercício do cargo, pelo prazo de até sessenta dias, como medida cautelar, para evitar que ele interfira na apuração da irregularidade (art. 147 da Lei nº 8.112/1990). O afastamento poderá ser prorrogado por igual prazo, findo o qual cessarão os seus efeitos, ainda que não concluído o processo (art. 147, parágrafo único, da Lei nº 8.112/1990).

Todavia, o afastamento não possui caráter punitivo e, portanto, o servidor continuará recebendo sua remuneração normalmente. Dessa forma, a finalidade do afastamento é simplesmente de evitar que o servidor interfira no processo, sendo que, ao final do prazo, ele retornará normalmente às suas atividades.

12.4 Rito sumário

A Lei nº 8.112/1990 apresenta um rito especial para investigação e julgamento dos casos de acumulação ilícita de cargos públicos e de abandono ou inassiduidade habitual. Trata-se do denominado rito sumário.

No caso de acumulação ilegal de cargos, empregos ou funções públicas, a autoridade competente notificará o servidor, por intermédio de sua chefia imediata, para apresentar opção no prazo improrrogável de dez dias, contados da data da ciência e, na hipótese de omissão, adotará procedimento sumário para a sua apuração e regularização imediata. O processo administrativo decorrente observará as seguintes fases:

a) instauração, com a publicação do ato que constituir a comissão, a ser composta por dois servidores estáveis, e simultaneamente indicar a autoria e a materialidade da transgressão objeto da apuração;
b) instrução sumária, que compreende indiciação, defesa e relatório;
c) julgamento.

O prazo para a conclusão do processo administrativo disciplinar submetido ao rito sumário não poderá exceder trinta dias, contados da data de publicação do ato que constituir a comissão, admitida a sua prorrogação por até quinze dias, quando as circunstâncias o exigirem.

A comissão lavrará, até três dias após a publicação do ato que a constituiu, termo de indiciação, promovendo a citação pessoal do servidor indiciado, ou por intermédio de sua chefia imediata, para, no prazo de cinco dias, apresentar defesa escrita, sendo assegurado ao servidor vista do processo na repartição. A opção por um dos cargos, realizada pelo servidor, até o último dia de prazo para defesa, configurará sua boa-fé, hipótese em que se converterá automaticamente em pedido de exoneração do outro cargo.

Após ser apresentada a defesa, a comissão elaborará relatório conclusivo quanto à inocência ou à responsabilidade do servidor, em que resumirá as peças principais dos autos, opinará sobre a licitude da acumulação em exame, indicará o respectivo dispositivo legal e remeterá o processo à autoridade instauradora, para julgamento.

A autoridade julgadora deverá proferir a sua decisão no prazo de cinco dias, contados do recebimento do processo. Caracterizada a acumulação ilegal e provada a má-fé, será aplicada a pena de demissão, destituição ou cassação de aposentadoria ou disponibilidade em relação aos cargos, empregos ou funções públicas em regime de acumulação ilegal, hipótese em que os órgãos ou entidades de vinculação serão comunicados.

O art. 140 da Lei nº 8.112/1990 determina que a apuração de abandono de cargo ou inassiduidade habitual também será realizada por meio de procedimento sumário, com as seguintes particularidades:

a) a indicação da materialidade dar-se-á, na hipótese de abandono de cargo, pela indicação precisa do período de ausência intencional do servidor ao serviço superior a trinta dias;
b) no caso de inassiduidade habitual, pela indicação dos dias de falta ao serviço sem causa justificada, por período igual ou superior a sessenta dias interpoladamente, durante o período de doze meses.

Após a apresentação da defesa, a comissão elaborará relatório conclusivo quanto à inocência ou à responsabilidade do servidor, em que resumirá as peças principais dos autos, indicará o respectivo dispositivo legal, opinará, na hipótese de abandono de cargo, sobre a intencionalidade da ausência ao serviço superior a trinta dias e remeterá o processo à autoridade instauradora para julgamento.

12.5 Revisão do PAD

A revisão é um novo processo, que poderá ser aberto a qualquer tempo, a pedido ou de ofício, quando se aduzirem fatos novos ou circunstâncias suscetíveis de justificar a inocência do punido ou a inadequação da penalidade aplicada (art. 174).

Não se trata, pois, de uma segunda instância, mas sim de uma nova apreciação em decorrência de fatos novos, ou seja, fatos que não foram analisados durante o processo administrativo original, que venham a demonstrar que o servidor era inocente ou que a penalidade era inadequada. No processo revisional, o ônus da prova cabe ao requerente (art. 175).

Deve-se lembrar que não há prazo extintivo para a revisão, que poderá ser instaurada a qualquer tempo. Após instaurada, a comissão revisora terá 60 (sessenta) dias para a conclusão dos trabalhos, aplicando-se, no que couber, as normas e procedimentos próprios da comissão do processo disciplinar (arts. 179 e 180).

O prazo de julgamento é de vinte dias, contados do recebimento do processo, devendo ser realizado pela mesma autoridade que aplicou a penalidade (art. 181, *caput* e parágrafo único). Julgada procedente a revisão, será declarada sem efeito a penalidade aplicada, restabelecendo-se todos os direitos do servidor, exceto em relação à destituição do cargo em comissão, que será convertida em exoneração (art. 182).

Por fim, o parágrafo único, do art. 182, veda a denominada *reformatio in pejus* no processo revisional, ou seja, da revisão do processo não poderá resultar agravamento de penalidade.

12.6 Processo Administrativo Federal - Lei nº 9.784/1999

12.6.1 Conceito

O processo administrativo pode ser entendido como o conjunto de atos coordenados e interdependentes necessários a produzir uma decisão final a respeito de alguma função ou atividade administrativa.

A Lei Federal nº 9.784/1999 que regula o processo administrativo no âmbito da Administração Pública Federal direta e indireta.

ATENÇÃO! Processo ≠ Procedimento

Procedimento é o conjunto de formalidades que devem ser observadas para a prática de certos atos administrativos; equivale a rito, a forma de proceder. O procedimento se desenvolve dentro de um processo administrativo.

12.6.2 Princípios

No âmbito do processo administrativo federal, diversos são os princípios que devem pautar a atuação do Poder Público. Em seu art. 2º, a norma elenca uma **lista exemplificativa de princípios e** no art. 2º, parágrafo único os critérios que estão presentes em praticamente toda a atividade administrativa.

a) Legalidade: o processo administrativo apenas pode ser instaurado com base na lei e para preservá-la.
b) Finalidade: o processo administrativo deve atender ao interesse público, sendo vedada a renúncia total ou parcial de poderes e competências, salvo autorização em lei.
c) Motivação: o processo administrativo tem que indicar os pressupostos de fato e de direito que determinam a decisão.

> Art. 50. Os atos administrativos deverão ser motivados, com indicação dos fatos e dos fundamentos jurídicos, quando:
> I - neguem, limitem ou afetem direitos ou interesses;
> II - imponham ou agravem deveres, encargos ou sanções;
> III - decidam processos administrativos de concurso ou seleção pública;
> IV - dispensem ou declarem a inexigibilidade de processo licitatório;
> V - decidam recursos administrativos;
> VI - decorram de reexame de ofício;
> VII - deixem de aplicar jurisprudência firmada sobre a questão ou discrepem de pareceres, laudos, propostas e relatórios oficiais;
> VIII - importem anulação, revogação, suspensão ou convalidação de ato administrativo.

d) O princípio da imparcialidade representa a não vinculação da atividade de instrução do processo administrativo à atividade decisória final, seja em favor do administrado, seja em favor da Administração.

Para garantir a imparcialidade na tomada das decisões administrativas, a Lei nº 9.784/1999 define regras de impedimento e suspeição.

O impedimento tem caráter objetivo, ao passo que a suspeição tem relação com o subjetivismo, estando diretamente ligada com a imparcialidade.

> Art. 18. É impedido de atuar em processo administrativo o servidor ou autoridade que:
>
> I – tenha interesse direto ou indireto na matéria;
>
> II – tenha participado ou venha a participar como perito, testemunha ou representante, ou se tais situações ocorrem quanto ao cônjuge, companheiro ou parente e afins até o terceiro grau;
>
> III – esteja litigando judicial ou administrativamente com o interessado ou respectivo cônjuge ou companheiro.
>
> Art. 19. A autoridade ou servidor que incorrer em impedimento deve comunicar o fato à autoridade competente, abstendo-se de atuar.
>
> Parágrafo único. A omissão do dever de comunicar o impedimento constitui falta grave, para efeitos disciplinares.

Com relação à suspeição, por outro lado, estamos diante de situações bastante subjetivas e que, por isso mesmo, devem ser objeto de avaliação em cada caso concreto.

Nesse sentido, a norma determina que "pode ser arguida a suspeição de autoridade ou servidor que tenha amizade íntima ou inimizade notória com algum dos interessados ou com os respectivos cônjuges, companheiros, parentes e afins até o terceiro grau". (Art. 20 da Lei nº 9.784/1999)

No impedimento há presunção absoluta (*juris et de jure*) de parcialidade da autoridade em determinado processo por ela analisado, enquanto na suspeição há apenas presunção relativa (*juris tantum*). Por essa razão da decisão de indeferimento de alegação de suspeição cabe recurso, sem efeito suspensivo. (Art. 21 da Lei nº 9.784/1999)

e) Oficialidade: Impõe à autoridade administrativa competente a obrigação de ordenar, de impulsionar os processos administrativos, agindo com o propósito de resolver adequadamente as questões. A oficialidade desdobra-se nos seguintes elementos:

a) Impulso oficial, que significa impulsionar, dar andamento ao processo independentemente da participação da outra parte;

b) Busca da verdade material, não se limitando à verdade formal, dado o caráter de indisponibilidade dos interesses públicos;

c) Poder de iniciativa investigatória, podendo produzir provas para proteger os direitos dos administrados, tendo em vista o satisfatório esclarecimento da matéria versada.

f) Publicidade: todos os atos do processo administrativo devem estar abertos ao conhecimento dos interessados, exceto quando o interesse público exigir o sigilo.

g) Gratuidade: no processo administrativo é vedada a cobrança de despesas processuais, ressalva as previstas por lei.

> Súmula Vinculante nº 21: "É inconstitucional a exigência de depósito ou arrolamento prévios de dinheiro ou bens para admissibilidade de recurso administrativo."
>
> Súmula nº 373 do STJ: "É ilegítima a exigência de depósito prévio para admissibilidade de recurso administrativo."

h) Informalismo: o processo administrativo não está sujeito a formas rígidas. Terá adoção de formas simples, suficientes para propiciar adequado grau de certeza, segurança e respeito aos direitos dos administrados.

O formalismo moderado, no processo administrativo, não implica ausência de forma, ou seja, os atos do processo administrativo devem ser produzidos por escrito, com data e local de sua realização e a assinatura da autoridade responsável.

i) Princípio do contraditório: previsto no art. 5º, LV, da CF, representa uma consequência do devido processo legal e é elemento essencial do processo, garante à parte o conhecimento da existência do processo e de todos os seus atos.

j) Princípio da ampla defesa: inerente ao direito de ação, expresso no art. 5º, LV, da CF também decorre do princípio do devido processo legal, porém tendo características próprias.

É exigência para um país democrático, o dever de assegurar à parte, em litígio judicial ou administrativo, o direito e a garantia da ampla defesa, conferindo ao cidadão o direito de alegar e provar o que alega, podendo se valer de todos os meios e recursos disponibilizados para a busca da verdade real, proibindo-se taxativamente qualquer cerceamento de defesa.

Súmula Vinculante nº 5: "a falta de defesa técnica por advogado no processo administrativo disciplinar não ofende a Constituição".

l) Princípios da razoabilidade e proporcionalidade:

O princípio da razoabilidade: este princípio diz que não pode o Administrador, a pretexto de cumprir a lei, agir de forma despropositada. Deve manter um certo padrão do razoável;

O princípio da proporcionalidade: alguns autores entendem que o princípio da proporcionalidade está embutido na razoabilidade, sendo decorrência daquele princípio. A palavra-chave é o equilíbrio entre os benefícios e os prejuízos ocorridos, além da adequação entre os meios e os fins.

k) Princípio da Segurança Jurídica:

O princípio da segurança jurídica possui dois sentidos: o primeiro, de natureza objetiva, tem a ver com a estabilização do ordenamento jurídico, a partir do respeito ao direito adquirido, ao ato jurídico perfeito e à coisa julgada; garante que a interpretação da norma administrativa ocorrerá sempre em prol da coletividade. (Sempre para atender o fim público), já o segundo, de caráter subjetivo, relaciona-se com a proteção da confiança do cidadão ante as expectativas geradas pela Administração Pública (princípio da confiança legítima).

O Princípio da Segurança Jurídica proíbe a aplicação retroativa de nova interpretação a decisões já tomadas.

12.6.3 Direitos e deveres dos administrados

No que se refere aos direitos e deveres dos administrados, temos que saber que a lista expressa pela Lei nº 9.784/1999 é meramente exemplificativa, de forma que o particular não pode alegar, a título de exemplo, que não cumpriu com uma determinada conduta por ela não estar prevista na norma legal. Assim, são direitos e deveres do administrado:

DIREITOS	DEVERES
I - ser tratado com respeito pelas autoridades e servidores, que deverão facilitar o exercício de seus direitos e o cumprimento de suas obrigações;	I - expor os fatos conforme a verdade;
II - ter ciência da tramitação dos processos administrativos em que tenha a condição de interessado, ter vista dos autos, obter cópias de documentos neles contidos e conhecer as decisões proferidas;	II - proceder com lealdade, urbanidade e boa-fé;
III - formular alegações e apresentar documentos antes da decisão, os quais serão objeto de consideração pelo órgão competente;	III - não agir de modo temerário;
IV - fazer-se assistir, facultativamente, por advogado, salvo quando obrigatória a representação, por força de lei.	IV - prestar as informações que lhe forem solicitadas e colaborar para o esclarecimento dos fatos.

Merece destaque, dos deveres relacionados, o presente no item IV, ou seja, o de "fazer-se assistir, facultativamente, por advogado, salvo quando obrigatória a representação, por força de lei". Os normativos que tratam sobre a presença de advogados em processos administrativos disciplinares devem levar em consideração a Súmula Vinculante nº 3.

12.6.4 Fases do processo

Em geral, o processo Administrativo compõe-se das seguintes fases, cuja realização obedece a essa ordem:

a) Instauração
b) Instrução
c) Relatório
d) Decisão

Nos processos de natureza punitiva, ainda há uma fase de defesa entre as fases da instrução e do relatório.

O processo, quando relacionado com a atividade jurisdicional, possui uma relação trilateral: parte autora, parte ré e juiz ou tribunal. Nos processos administrativos, a regra é a formação de uma relação bilateral, de forma que o particular, desejando fazer jus a algum direito, protocola pedido junto à administração.

Instauração

A fase da instauração é aquela em que a Administração Pública é chamada a se manifestar sobre determinada situação. Como o próprio nome sugere, é na instauração que o processo passa a existir, de forma que o administrado deve atender a todos os requisitos previstos em lei para que o seu pedido seja analisado pelo Poder Público.

A instauração do processo, em âmbito federal, pode ocorrer de duas formas: de ofício ou mediante pedido do interessado.

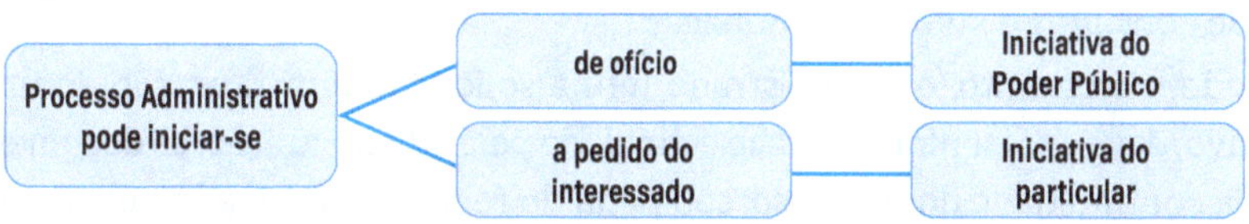

Neste sentido, a Lei nº 9.784/1999 estabelece, em seu art. 6º, os requisitos e condições que devem ser observados pelo particular quando do requerimento inicial.

> Art. 6º O requerimento inicial do interessado, salvo casos em que form admitida solicitação oral, deve ser formulado por escrito e conter os seguintes dados:
> I - órgão ou autoridade administrativa a que se dirige;
> II - identificação do interessado ou de quem o representa;
> III - domicílio do requerente ou local para recebimento de comunicações;
> IV - formulação do pedido, com exposição dos fatos e de seus fundamentos;
> V - data e assinatura do requerente ou de seu representante.

Não poderá a administração recusar sem motivo justificado o recebimento de qualquer tipo de documentos apresentados pelos administrados. Quando houver falhas nos documentos apresentados, deverá o servidor responsável orientar os interessados quanto à necessidade de suprimento das irregularidades encontradas, nos termos do art. 6º, parágrafo único, da Lei nº 9.784/1999

De acordo com a Lei nº 9.784/1999, as seguintes pessoas podem figurar como interessadas no processo administrativo:

> Art. 9º São legitimados como interessados no processo administrativo:
> I - pessoas físicas ou jurídicas que o iniciem como titulares de direitos ou interesses individuais ou no exercício do direito de representação;
> II - aqueles que, sem terem iniciado o processo, têm direitos ou interesses que possam ser afetados pela decisão a ser adotada;
> III - as organizações e associações representativas, no tocante a direitos e interesses coletivos;
> IV - as pessoas ou as associações legalmente constituídas quanto a direitos ou interesses difusos.
> Art. 10. São capazes, para fins de processo administrativo, os maiores de dezoito anos, ressalvada previsão especial em ato normativo próprio.

INSTRUÇÃO (ARTS. 29 A 47 DA LEI Nº 9.784/1999)

A instrução trata-se da fase onde o Poder Público procede à necessária averiguação e investigação com o objetivo de provar que os dados informados no requerimento inicial são ou não verídicos.

Cabe ao administrado que postulou o requerimento provar, por todos os meios de prova, as alegações por ele apresentadas.

É na instrução que são produzidas as provas e feitos os demais atos necessários à solução do processo, sendo provas obtidas por meios ilícitos inadmitidas no processo administrativo.

Como regra, todos os meios de provas são admitidos para o convencimento da autoridade que irá proferir a decisão. Poderá o Poder Público, por exemplo, abrir prazo para a realização de consultas e audiências públicas.

Quando, no entanto, o administrado tenha solicitado a instauração de um processo administrativo, deve apresentar, no prazo estipulado pela administração, os documentos necessários para a continuidade do processo, sob pena do feito ser arquivado pelo Poder Público.

> Art. 41. Os interessados serão intimados de prova ou diligência ordenada, com antecedência mínima de três dias úteis, mencionando-se data, hora e local de realização.

Outra regra importante da fase da instrução é a questão dos pareceres dos órgãos consultivos, que se dividem em vinculantes e não vinculantes.

Os pareceres podem ser entendidos como manifestações sem caráter decisório e que possuem o objetivo de auxiliar a autoridade competente na tomada de decisão. Um dos órgãos consultivos mais importantes de todo o serviço público são as comissões de ética, que, ainda que não possam aplicar sanções disciplinares, podem emitir pareceres recomendando que determinado servidor seja punido.

Todos os pareceres dos órgãos consultivos devem ser elaborados no prazo máximo de 15 dias, salvo se houver comprovada necessidade de um prazo maior ou se estivermos diante de norma especial.

DEFESA

Nos processos de natureza punitiva entre a fase de INSTRUÇÃO e RELATÓRIO haverá a fase de Defesa quando o interessado poderá manifestar-se no prazo de 10 dias, salvo se não houver outro prazo legalmente previsto.

RELATÓRIO

O relatório nada mais é do que a descrição de tudo aquilo que a autoridade competente apurou durante as investigações. Com o relatório, temos uma peça informativo-opinativa, ou seja, que admite que a autoridade julgadora expresse posição em sentido divergente do adotado no relatório.

O relatório é composto de três partes:

a) Descrição: com o detalhamento das fases do procedimento;
b) Fundamentação: com a apresentação dos elementos justificativos que servem de base para a solução proposta a autoridade;
c) Solução (proposta): que poderá ser acatada pela autoridade ou não.

DECISÃO

A Administração tem o prazo de até 30 (trinta dias) para decidir, salvo prorrogação por igual período expressamente motivada. Ultrapassado o prazo legal sem que a autoridade profira a decisão, será ela considerada omissa, tendo o interessado o direito de recorrer ao Judiciário para postular a condenação do omisso a obrigação de praticar o ato decisório.

Decisão Coordenada (arts. 49-A a 49-G da Lei nº 9.784/199, acrescidos pela Lei nº 14.210/2021)

No âmbito federal as decisões administrativas que exijam a participação de três ou mais setores, órgãos ou entidades poderão ser tomadas mediante decisão coordenada, desde que preenchidos os seguintes requisitos:

a) quando for justificável pela relevância da matéria;
b) quando houver discordância que prejudique a celeridade do processo

Conceito: é a instância de natureza interinstitucional e intersetorial que atua de forma compartilhada com a finalidade de simplificar o processo administrativo mediante participação concomitante de todas as autoridades e agentes decisórios e dos responsáveis pela instrução técnico-jurídica observada a natureza do objeto e a compatibilidade do procedimento e de sua formalização com a legislação pertinente.

Dito de outra forma, a decisão coordenada tem por objetivo conferir maior celeridade e simplicidade na resolução dos processos administrativos. E isso ocorre na medida em que, por meio deste instituto, estamos diante de uma instância de natureza interinstitucional ou intersetorial que atua de forma compartilhada.

Convém destacar que a decisão coordenada não exclui a responsabilidade originária de cada órgão ou autoridade envolvida. Assim, não se trata de uma escusa para determinada autoridade deixar de agir.

No entanto, não se aplica a decisão coordenada aos processos administrativos:

1. Licitação;
2. Relacionados ao poder sancionador; ou
3. Em que estejam envolvidas autoridades de Poderes distintos.

Poderão habilitar-se a participar da decisão coordenada, na *qualidade de ouvintes*, os interessados no processo administrativo, sendo eles: a) pessoas físicas ou jurídicas que o iniciem como titulares de direitos ou interesses individuais ou no exercício do direito de representação; b) aqueles que, sem terem iniciado o processo, têm direitos ou interesses que possam ser afetados pela decisão a ser adotada; c) as organizações e associações representativas, no tocante a direitos e interesses coletivos; d) as pessoas ou as associações legalmente constituídas quanto a direitos ou interesses difusos

RECURSO ADMINISTRATIVO E REVISÃO

Das decisões administrativas cabe recurso, em face de razões de legalidade e de mérito.

Os recursos administrativos serão encaminhados à autoridade que proferiu a decisão (chamada de reconsideração), a qual, se não a reconsiderar no prazo de cinco dias, o encaminhará à autoridade superior (Recurso propriamente dito).

Cabe destacar que, salvo exigência legal, a interposição de recurso administrativo independe de caução.

Súmula Vinculante nº 21: "*É inconstitucional a exigência de depósito ou arrolamento prévios de dinheiro ou bens para admissibilidade de recurso administrativo.*"

Além disso, caso o recorrente alegue que a decisão administrativa contraria enunciado de súmula vinculante:

- Caberá à autoridade prolatora da decisão impugnada, se não a reconsiderar: explicitar, antes de encaminhar o recurso à autoridade superior, as razões da aplicabilidade ou inaplicabilidade da súmula, conforme o caso.

O recurso administrativo tramitará no máximo por três instâncias administrativas, salvo disposição legal diversa.

Têm legitimidade para interpor recurso administrativo:

1. Os titulares de direitos e interesses que forem parte no processo;
2. Aqueles cujos direitos ou interesses forem indiretamente afetados pela decisão recorrida;
3. As organizações e associações representativas, no tocante a direitos e interesses coletivos;
   - Percebam que as instituições relacionadas representam pessoas imbuídas em um objetivo comum, coletivo. Seria o caso de uma associação de moradores, por exemplo.
4. Os cidadãos ou associações, quanto a direitos ou interesses difusos.
   - Os direitos difusos são aqueles cujos titulares são indeterminados e indetermináveis. São exemplos de direitos difusos os direitos a um meio ambiente sadio, à vedação à propaganda enganosa e o direito à segurança pública.

PRAZOS RECURSAIS

- 10 (dez) dias para a interposição de recurso administrativo, contado a partir da ciência ou divulgação oficial da decisão recorrida, salvo disposição legal específica.
- 5 (cinco) dias para alegação dos interessados, intimados após a interposição do recurso.
- 30 (trinta) dias para decisão de recurso, quando a lei não fixar prazo diferente, a partir do recebimento dos autos pelo órgão competente.
- Prazo prorrogável por mais 30 (trinta) dias, ante justificativa explícita.

INSTRUÇÃO RECURSAL

O recurso não tem efeito suspensivo, salvo disposição legal em contrário.

Entretanto, a autoridade recorrida ou a imediatamente superior poderá, de ofício ou a pedido, dar efeito suspensivo ao recurso quando houver justo receio de prejuízo de difícil ou incerta reparação decorrente da execução.

ATENÇÃO!

Em caráter de exceção, a Lei nº 9.784/1999 apresenta situações em que não será possível o conhecimento do recurso, sendo elas:

a) quando interposto fora do prazo;

b) quando interposto perante órgão incompetente (nesse caso, deverá será indicada ao recorrente a autoridade competente, sendo-lhe devolvido o prazo para recurso

c) quando interposto por quem não seja legitimado;

d) quando interposto após exaurida a esfera administrativa.

IMPORTANTE!

Do recurso administrativo contra decisão que não aplicou Súmula Vinculante a autoridade poderá:

- Reconsiderar a decisão impugnada;
- Explicitar a razão da aplicação ou não aplicação da Súmula antes de encaminhar para autoridade superior.

O órgão competente para decidir o recurso tem liberdade nos efeitos que pode conferir, ele poderá:

- Confirmar, modificar, anular ou revogar, total ou parcialmente, a decisão recorrida, se a matéria for de sua competência.

ATENÇÃO

É possível a *reformatio in pejus* (reforma para pior) no processo administrativo, em âmbito recursal.

Os processos administrativos de que resultem sanções poderão ser revistos

1. A qualquer tempo;
2. A pedido ou de ofício;
3. Quando surgirem fatos novos ou circunstâncias relevantes suscetíveis de justificar a inadequação da sanção aplicada.

Porém, da revisão do processo não poderá resultar em agravamento da sanção.

12.6.5 Sanções no âmbito da Lei nº 9.784/1999

As sanções terão natureza pecuniária ou consistirão em obrigação de fazer ou de não fazer, assegurado sempre o direito de defesa.

12.6.6 Prioridade de tramitação

Terão prioridade na tramitação, em qualquer órgão ou instância, os procedimentos administrativos em que figure como parte ou interessado:

1. Pessoa com idade igual ou superior a 60 (sessenta) anos;
2. Pessoa portadora de deficiência, física ou mental;
3. Portadores de doenças específicas (enumeradas na norma).

Tuberculose ativa, esclerose múltipla, neoplasia maligna, hanseníase, paralisia irreversível e incapacitante, cardiopatia grave, doença de Parkinson, espondiloartrose anquilosante, nefropatia grave, hepatopatia grave, estados avançados da doença de Paget (osteíte deformante), contaminação por radiação, síndrome de imunodeficiência adquirida, ou outra doença grave, com base em conclusão da medicina especializada, mesmo que a doença tenha sido contraída após o início do processo.

13 INTERVENÇÃO DO ESTADO NA PROPRIEDADE PRIVADA

13.1 Direito de Propriedade X Intervenção na Propriedade

Direito de propriedade é o direito individual que assegura a seu titular uma série de poderes cujo conteúdo constitui objeto do direito civil. Compreende os poderes de usar, gozar, usufruir, dispor e reaver um bem, de modo absoluto, exclusivo e perpétuo (art. 5º, XXII e XXIII, da CF).

13.2 Motivações para a intervenção do estado na propriedade privada

DESCUMPRIMENTO DA FUNÇÃO SOCIAL DA PROPRIEDADE	Desapropriação - art. 182, § 4º, III, da CF (Urbana) e art. 184 da CF (Rural)
EM RAZÃO DA SUPREMACIA DO INTERESSE PÚBLICO	Limitação Administrativa Servidão Administrativa Requisição Administrativa Tombamento Ocupação Provisória Desapropriação Ordinária

O Estado poderá intervir na propriedade privada por razão da supremacia do interesse público ou diante do descumprimento da função social da propriedade urbana ou rural.

Portanto, excepcionalmente, o Estado intervirá na propriedade, restringindo-lhe seu caráter absoluto, exclusivo ou perpétuo.

Há duas formas de intervenção: a restritiva de direitos (limitação administrativa, servidão administrativa, requisição, ocupação temporária e tombamento) e a supressiva de direitos (desapropriação).

13.3 Formas de intervenção na propriedade privada

São consideradas formas de intervenção na propriedade com restrições no domínio do proprietário:

LIMITAÇÃO ADMINISTRATIVA	É uma limitação imposta pelo Poder Público por meio do Poder de Polícia para garantir o interesse público.
SERVIDÃO ADMINISTRATIVA	É o direito de uso e gozo de um bem particular pela Administração, em favor do interesse público;
REQUISIÇÃO ADMINISTRATIVA	Ocorre quando a Administração faz uso da propriedade privada com urgência, diante de perigo iminente, para atender ao interesse público;
TOMBAMENTO	É o *status* conferido pela Administração ao bem (móvel ou imóvel) público ou privado para proteger o patrimônio histórico, cultural brasileiro;
OCUPAÇÃO PROVISÓRIA	Utilização de um imóvel particular para dar apoio à realização de obras públicas ou a prestação de serviços públicos.

13.3.1 Limitação administrativa

CONCEITO: impõe obrigações de caráter geral a proprietários indeterminados, em benefício do interesse geral abstratamente considerado, afetando o caráter absoluto do direito de propriedade;

CARACTERÍSTICAS:

- Imposta por normas gerais e abstratas;
- Representa exercício do poder de polícia;
- Restrições visando a conciliar o direito público e o privado (bem-estar social);
- Não está sujeita a controle, salvo ato ilegal.

EXEMPLOS: quando os proprietários de imóveis não edificados são obrigados a realizar a limpeza dos seus terrenos; quando há a imposição de construir calçadas nos seus imóveis urbanos; restrição de altura de edifícios, proibindo os proprietários de construir prédios acima de determinada altura.

13.3.2 Servidão administrativa

CONCEITO: é intervenção na propriedade que implica o direito de uso e gozo pela administração pública de um imóvel privado, sem desapropriá-lo, para viabilizar a execução de obras e serviços de interesse coletivo, de modo que o bem passe a servir ao interesse público, e não apenas mais ao seu proprietário.

Afeta a exclusividade do direito de propriedade, porque transfere o caráter absoluto, quando implica obrigação de não fazer. Acarreta gravame maior do que a ocupação temporária, porque tem caráter perpétuo.

CARACTERÍSTICAS:

- Natureza de direito real sobre coisa alheia;
- Para a maioria deve ser bem imóvel;
- Natureza pública;
- O titular do direito real é o Poder Público ou seus delegados (autorizados por lei ou contrato);
- Finalidade pública; e
- Exigência de autorização legislativa.

EXEMPLOS: placa como o nome da rua na fachada da casa; utilização de uma pequena parte de um terreno privado para instalar passagens de fios de energia elétrica para a sua distribuição à população local.

FORMAS DE CONSTITUIÇÃO: por lei, mediante acordo e por determinação judicial, condicionada ao registro nos dois últimos casos.

INDENIZAÇÃO: é possível a indenização, se houver dano efetivo.

CAUSAS EXTINTIVAS			
Perda da coisa gravada;	Transformação da coisa por fato que a torne incompatível com seu destino;	Desinteresse do Estado	Incorporação do imóvel serviente ao patrimônio público

13.3.3 Requisição administrativa

CONCEITO: é um ato unilateral e autoexecutório por meio do qual o Estado, em caso de iminente perigo público, utiliza bem móvel ou imóvel (art. 5º, XXV, da CF)

CARACTERÍSTICAS:

- Incide sobre bens móveis, imóveis e serviços; justifica-se em tempo de paz e de guerra;
- Competência da União para legislar sobre requisição civil ou militar;
- Procedimento unilateral e autoexecutório;
- Independe da aquiescência do particular;
- Independe da prévia intervenção do Poder Judiciário;
- Afeta a exclusividade do direito.

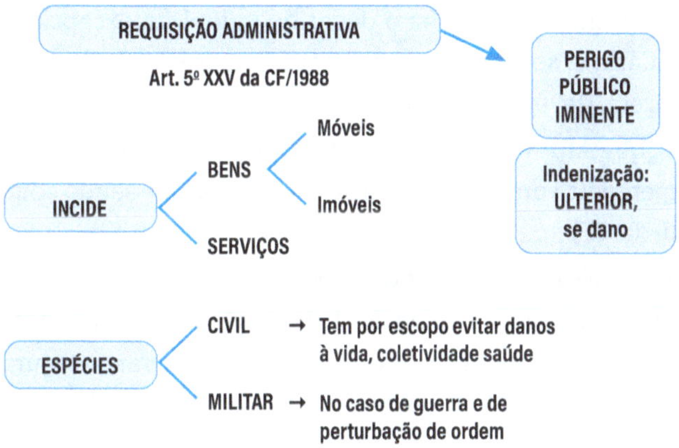

INDENIZAÇÃO: se houver dano, sendo a indenização *a posteriori*.

A requisição de bens móveis e fungíveis atinge a faculdade que tem o proprietário de dispor da coisa segundo sua vontade, implica a transferência compulsória para satisfazer interesse público, afeta o caráter perpétuo e irrevogável do direito de propriedade.

Assemelha-se à desapropriação, mas com ela não se confunde porque na requisição a indenização posterior e o fundamento é necessidade pública inadiável e urgente, enquanto na desapropriação, a indenização é prévia, o fundamento é necessidade, utilidade pública e interesse social.

EXEMPLO: essa forma de intervenção ocorre nos casos de calamidade pública como enchentes, incêndios, catástrofes ou pandemias como a do COVID-19, em que hospitais privados sofreram intervenção na busca de disponibilização de UTIS para rede pública do SUS, em meio ao colapso na rede de saúde.

ATENÇÃO!

STF entende que requisição administrativa de bens de uma unidade federativa por outra é inconstitucional, por ferir o pacto federativo. (ADI 3454, j. 21-6-2022).

13.3.4 Tombamento

CONCEITO: é uma intervenção restritiva do Estado na propriedade de acordo com regras adequadas a cada caso, quando sua conservação for de interesse público, quer por sua vinculação a fatos memoráveis da história do Brasil, quer por seu excepcional valor arqueológico, bibliográfico ou artístico (art. 216, § 1º, da CF e art. 4º e seguintes do Decreto-Lei nº 25/1937).

CARACTERÍSTICAS:

- Limitação perpétua ao direito de propriedade;
- A coisa tombada pode ser móvel ou imóvel, pública ou privada;
- Em benefício do interesse coletivo;
- Afeta o caráter absoluto do direito de propriedade;
- Trata-se de restrição parcial (se restrição total, é desapropriação);
- Se faz com a inscrição do bem nos chamados Livros do Tombo.

INDENIZAÇÃO: em regra não há o dever de indenizar, excepcionalmente é possível compensação pecuniária e, se o tombamento impedir o exercício da propriedade, é caso de desapropriação indireta, devendo atender às suas exigências.

COMPETÊNCIA PARA LEGISLAR: é concorrente. A União edita as normas gerais e os Estados têm a competência complementar (art. 24, VII, da CF), sendo comum a competência material (art. 23, III, da CF).

OBRIGAÇÕES: a coisa tombada continua pertencendo ao proprietário, passando, porém, a sofrer uma série de restrições por se tratar de bem de interesse público.

- Obrigações positivas entre as quais estão as de: conservar, assegurar direito de preferência a quem tombou, tornar inalienável o bem, se público;
- Já as obrigações negativas se resumem em: não pode destruir, demolir ou mutilar; nem as retirar do país, senão por curto prazo; não exportar, além do dever de suportar a fiscalização.

ATENÇÃO!
O art. 5º do Decreto-Lei nº 25/1937, permite o tombamento de bens públicos, isto é, os entes federativos podem tombar bens uns dos outros. Sem aplicar a chamada "hierarquia verticalizada", como ocorre na desapropriação (art. 2º, § 2º, do Decreto-Lei nº 3.365/1941).

13.3.5 Ocupação provisória

CONCEITO: é a forma de limitação do Estado à propriedade privada que se caracteriza pela utilização transitória, gratuita ou remunerada de imóvel de propriedade particular, para fins de interesse público. Afeta a exclusividade do direito de propriedade e independe de perigo público.

FUNDAMENTO: O fundamento constitucional para ocupação provisória é o princípio da função social da propriedade (art. 5º, XXIII, e art. 170, III, da CF).

HIPÓTESES:

a) Instituto complementar à desapropriação: (art. 36 do Decreto-Lei nº 3.365/1941) – permitindo ao Poder Público o uso provisório de terrenos não edificados, vizinhos à obra pública e necessários à sua realização, com indenização ao final e prestação de caução quando exigida;

b) Para pesquisa arqueológica ou de minérios para evitar desapropriação desnecessária (Lei nº 3.924/1961 – art. 13);

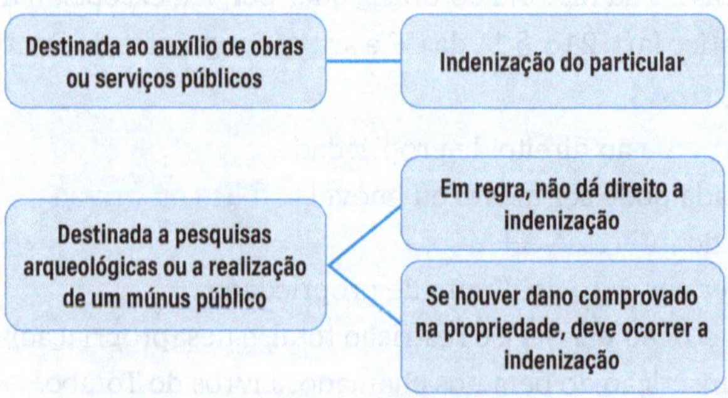

13.3.6 Desapropriação

CONCEITO: trata-se de forma de aquisição originária da propriedade que não depende de título anterior. Implica a transferência compulsória, mediante indenização, para satisfazer o interesse público; afeta o caráter perpétuo e irrevogável do direito de propriedade.

COMPETÊNCIA: para legislar é da União (art. 22, II, da CF), enquanto a competência para desapropriar, competência material, depende do campo de atuação e do fundamento da desapropriação.

Em regra, quem realiza são os entes políticos, que têm competência incondicionada para declarar e executar a desapropriação. De outro lado, a Administração Indireta e os delegados gozam de competência limitada, porque somente realizam a fase executiva da desapropriação.

COMPETÊNCIA LEGISLATIVA	A competência de legislar sobre o tema é privativa da União, nos termos do art. 22, II, da CF;
COMPETÊNCIA DECLARATÓRIA	É aquela garantida ao Poder Público para declarar a utilidade pública ou o interesse social de determinado bem, manifestando a intenção de desapropriá-lo e seus motivos. Essa competência declaratória pode ser executada por meio de decreto do chefe do Poder Executivo (Presidente da República, Governadores ou Prefeitos) ou por meio de lei de efeitos concretos aprovada pelo Poder Legislativo de qualquer dos entes da Federação (União, estados, Distrito Federal ou municípios).
COMPETÊNCIA EXECUTÓRIA	É aquela relacionada à execução de todas as medidas necessárias à efetivação da desapropriação, que compreende desde a negociação com o dono do bem até o ajuizamento da ação judicial. Essa competência pode ser exercida tanto pelos entes federativos (União, estados, Distrito Federal e municípios) quanto pelas entidades da administração pública indireta (autarquias, fundações públicas, empresas públicas e sociedades de economia mista) e, ainda, pelas empresas que executem serviços públicos por meio de concessão ou permissão.

OBJETO: móvel ou imóvel; corpóreo ou incorpóreo; público ou privado; espaço aéreo; subsolo.

ATENÇÃO!

HIPÓTESES DE EXCEÇÃO À DESAPROPRIAÇÃO

1. Impossibilidade Legal: Ex.: Pequena e média propriedade rural, desde que seu proprietário não possua outra.
2. Impossibilidade Material: Moeda Corrente (cuidado! Moedas antigas de valor histórico podem ser desapropriadas); os direitos personalíssimos (como a honra, a liberdade etc.).

DESAPROPRIAÇÃO DE PATRIMÔNIO PÚBLICO: será exigida autorização legislativa para a desapropriação dos bens de domínio dos Estados, dos Municípios e do Distrito Federal pela União e dos bens de domínio dos Municípios pelos Estados, que só será dispensada quando a desapropriação for realizada mediante acordo entre os entes federativos, no qual serão fixadas as respectivas responsabilidades financeiras quanto ao pagamento das indenizações correspondentes (art. 2º, § 2º, do Decreto-Lei nº 3.365/1941)

DESAPROPRIAÇÃO DE BENS PÚBLICOS é possível desde que cumpra os requisitos do art. 2º, § 2º, do Decreto-Lei nº 3.365/1941:	1º) que a desapropriação se dê dos entes federados de nível territorial mais abrangente para os de nível territorial menos abrangente; e 2º) que exista lei, editada pelo ente federado que procederá à desapropriação, autorizando que ele o faça.

MODALIDADES: marcam as modalidades caracterizando suas diferenças os seguintes aspectos: fundamento, objeto, procedimento, competência, forma de indenização e caducidade;

Ordinária	Confiscatória ou sancionatória	Descumprimento funcional social propriedade	
Art. 5º, XXIV, da CF/1988	Art. 243 da CF/2988	Urbana	Rural
Indenização	Ø Indenização	TÍTULOS DA DÍVIDA PÚBLICA	TÍTULOS DA DÍVIDA AGRÁRIA
→ Justa → Prévia → Dinheiro		↓ Art. 182, § 4º, III, da CF/1988	↓ Art. 184, da CF/1988

1. DESAPROPRIAÇÃO ORDINÁRIA OU COMUM

> Art. 5º, XXIV – a lei estabelecerá o procedimento para desapropriação por necessidade ou utilidade pública, ou por interesse social, mediante justa e prévia indenização em dinheiro, ressalvados os casos previstos nesta Constituição

COMPETÊNCIA DECLARATÓRIA: Todos os entes federativos.

Ela ocorre quando há:

- Utilidade Pública: a desapropriação é conveniente ao interesse coletivo (casos de alargamento de avenidas, por exemplo) – Decreto-Lei nº 3.365/1941.
- Necessidade Pública: situações emergenciais que demandam a incorporação pelo poder público de bens de terceiros ao seu domínio e uso para resolver o problema. (Para construção de hospital – Decreto-Lei nº 3.365/1941.
- Interesse Social: destina-se a resolver problemas sociais, para melhorar condições de vida e atenuar desigualdades sociais – Lei nº 4.132/1962.

INDENIZAÇÃO: Prévia, justa e em dinheiro

2. DESAPROPRIAÇÃO ESPECIAL URBANA

COMPETÊNCIA DECLARATÓRIA: dos Municípios que possuem Plano Diretor e DF

Nos termos do art. 182, § 4º, III, da CF, A desapropriação por descumprimento da função social (prevista na Lei do Plano Diretor da propriedade urbana) possui os seguintes procedimentos anteriores à realização da desapropriação:

1º Ordem de edificação ou parcelamento compulsório: Notificado para apresentar um projeto em 1 ano e 2 anos para executar;

2º Cobrança de IPTU progressivo no tempo: aumento da alíquota durante 5 anos até o máximo 15% (pode dobrar a cada ano)

3º Desapropriação urbanística sancionatória – indenização paga integralmente em títulos da dívida pública resgatáveis em até 10 anos

3. DESAPROPRIAÇÃO ESPECIAL RURAL

COMPETÊNCIA DECLARATÓRIA: União

Compete à União desapropriar por interesse social, para fins de reforma agrária, o imóvel rural que não esteja cumprindo sua função social, mediante prévia e justa indenização em títulos da dívida agrária, com cláusula de preservação do valor real, resgatáveis no prazo de até vinte anos, a partir do segundo ano de sua emissão, e cuja utilização será definida em lei.

> Art. 186. A função social é cumprida quando a propriedade rural atende, simultaneamente, segundo critérios e graus de exigência estabelecidos em lei, aos seguintes requisitos:
>
> I – aproveitamento racional e adequado;
>
> II – utilização adequada dos recursos naturais disponíveis e preservação do meio ambiente;
>
> III – observância das disposições que regulam as relações de trabalho;
>
> IV – exploração que favoreça o bem-estar dos proprietários e dos trabalhadores.

ATENÇÃO!

Na desapropriação para fins de reforma agrária sancionatória, há indenização em títulos da dívida rural resgatáveis em até 20 anos, porém serão pagas em dinheiro as benfeitorias úteis e necessárias.

4. DESAPROPRIAÇÃO CONFISCATÓRIA OU SANCIONATÓRIA

A desapropriação confiscatória tem o objetivo de expropriação, propriedade rurais e urbanas sem qualquer indenização, quando o proprietário utiliza o bem para o plantio ilegal de plantas psicotrópicas ou para a exploração de trabalho escravo.

Os bens serão expropriados e destinados à reforma agrária e a programas de habitação popular. (Art. 243, *caput*, da CF)

> Tema 399 do STF Repercussão geral
>
> "A expropriação prevista no art. 243 da CF pode ser afastada, desde que o proprietário comprove que não incorreu em culpa, ainda que *in vigilando ou in eligendo*". [RE 635.336 – rel. Min. Gilmar Mendes – j. 14-12-2016 – P. – *DJe* de 15-9-2017 – Tema 399, com mérito julgado]

PROCEDIMENTO DE DESAPROPRIAÇÃO

a) Fase declaratória: momento em que o Poder Público manifesta sua vontade na futura desapropriação.

Caracteriza-se pela declaração de utilidade ou interesse social, com a indicação do bem expropriado e a especificação de sua destinação.

O instrumento adequado é o decreto expropriatório, ato típico do Poder Executivo (art. 6º do Decreto-Lei nº 3.365/1941).

Trata-se de um ato administrativo discricionário, em que o administrador, conforme a conveniência e oportunidade do interesse público, decide quanto à necessidade da medida e a escolha do bem, só sendo vinculada a decisão no tocante à fundamentação, que ficará restrita às hipóteses legais.

Para a decretação realizada pelo Poder Legislativo, o instrumento apontado pelo Decreto-Lei é a lei de efeitos concretos, que significa um ato com formato de lei mas com características de ato administrativo, por exemplo, o fato de ser concreto e individual (art. 8º do Decreto-Lei nº 3.365/1941).

O ato de declaração não retira a propriedade, mas cria para o expropriante o direito subjetivo de, em determinado prazo, adquirir a propriedade, consumando a desapropriação.

Para o expropriado, apesar de continuar dono da propriedade, esse fato deixa de ser pleno e passa a ser sob condição, podendo a propriedade ser retirada a qualquer tempo, com a consumação do ato.

Quanto à legalidade do ato de decretação, o particular poderá recorrer à via judicial através de ação ordinária ou até de mandado de segurança, conforme o caso.

> Publicado o decreto, ele produzirá alguns efeitos:
> - O bem expropriado se submete à força do Estado o que decorre de certo controle que ele exerce sobre o bem;
> - O Poder Público também passa a ter direito de entrar no bem, com moderação e sem excessos, só para medição e verificação: se o proprietário não concordar, o Administrador terá que recorrer à via judicial, em razão do direito à inviolabilidade de domicílio, previsto no art. 5º, XI da CF, sendo vedada a entrada compulsória. Nesse caso, os abusos garantem ao proprietário direito à indenização por perdas e danos, além do cabimento de ação penal.

A decretação da desapropriação também representa um grande marco para as benfeitorias e para o prazo de caducidade.

- Quanto às benfeitorias realizadas após a declaração, só se indenizam as necessárias, ou as úteis quando previamente autorizadas pelo expropriante, conforme regra do art. 26, § 1º, do Decreto-Lei;
- No que tange ao prazo de caducidade, esse corresponde ao prazo entre a decretação e o acordo final ou a interposição da ação judicial, quando não for possível a composição.
- Esse prazo busca proteger o proprietário que, tendo a sua propriedade sofrido inúmeras restrições, aguarda a indenização e a perda definitiva do bem, o que só acontece na fase seguinte, a executiva, impedindo que ele fique no prejuízo por muitos anos. Esse intervalo é diferente em cada modalidade. Decai em 5 anos nos casos de Utilidade ou Necessidade Pública e em 2 anos quando há Interesse Social.

b) Fase executiva: Também chamada de fase executória, consiste no momento em que o Poder Público adota as providências para consumar a transferência do bem.

Para a integração do bem ao patrimônio público, é necessária a prévia indenização.

Essa fase pode ser amigável, quando houver acordo quanto ao valor da indenização; e judicial, quando inexistir composição ou se o proprietário for desconhecido.

Ocorrências no procedimento de desapropriação

a) TREDESTINAÇÃO

Ocorre quando o bem expropriado é aplicado para fins diversos daquele previsto no decreto de desapropriação.

Considera-se tredestinação lícita quando, apesar da mudança, persistir uma razão de interesse público para justificar o ato. Sendo assim, o bem expropriado deve ser aplicado para os fins previstos na desapropriação, sob pena de retrocessão, ou de nulidade, por desvio de finalidade.

Os Tribunais têm entendido que não há desvio de finalidade se o bem foi aplicado para algum outro fim público, ainda que diverso do alegado na desapropriação, o que caracteriza uma mudança de finalidade autorizada pelo ordenamento jurídico.

b) RETROCESSÃO

Na prática, retrocessão é o direito de o expropriado exigir a devolução do bem desapropriado que não foi utilizado pelo Poder Público para atende o interesse público pelo mesmo preço da desapropriação. Caso o expropriante não ofereça a devolução ao expropriado, resolve-se em perdas e danos, conforme o disposto no art. 35 do Decreto-Lei nº 3.365/1941:

> Art. 35. Os bens expropriados, uma vez incorporados à Fazenda Pública, não podem ser objeto de reivindicação, ainda que fundada em nulidade do processo de desapropriação. Qualquer ação, julgada procedente, resolver-se-á em perdas e danos

c) Desapropriação indireta

Desapropriação indireta é o fato administrativo pelo qual o Estado se apropria do bem particular, sem observância dos requisitos da declaração e da indenização prévia. Costuma ser equiparada ao esbulho podendo ser obstada por meio de ação possessória.

A ação de desapropriação indireta possui natureza real e, enquanto não transcorrido o prazo para aquisição da propriedade por usucapião, ante a impossibilidade de reivindicar a coisa, subsiste a pretensão indenizatória em relação ao preço correspondente ao bem objeto do apossamento administrativo. (REsp 1.300.442/SC-2013)

Com fundamento no art. 550 do Código Civil de 1916, o STJ firmou a orientação de que "a ação de desapropriação indireta prescreve em 20 anos" (Súmula nº 119 do STJ).

O Código Civil reduziu o prazo do usucapião extraordinário para 10 anos (art. 1.238, parágrafo único, do CC), na hipótese de realização de obras ou serviços de caráter produtivo no imóvel, devendo-se, a partir de então, observadas as regras de transição previstas no (art. 2.028 do CC), adotá-lo nas expropriatórias indiretas

14 LEI ANTICORRUPÇÃO – LEI Nº 12.846/2013

14.1 Considerações iniciais

A Lei nº 12.846/2013, já conhecida como Lei Anticorrupção (LAC), dispõe sobre a responsabilização objetiva administrativa e civil de pessoas jurídicas pela prática de atos contra a administração pública, nacional ou estrangeira.

A LAC, no geral, possui natureza nacional, aplicando-se à União, aos Estados, ao Distrito Federal e aos Municípios. Contudo, alguns de seus dispositivos são direcionados apenas à esfera federal.

14.2 Sujeito ativo

Para os fins da LAC, as pessoas jurídicas são os sujeitos ativos do ato lesivo causador do dano, ou seja, são as pessoas que praticam o ato de corrupção pública.

> As pessoas jurídicas podem ser nacionais ou estrangeiras e, segundo o art. 1º, parágrafo único da lei, abrangem as sociedades empresárias e as sociedades simples, personificadas ou não, independentemente da forma de organização ou modelo societário adotado, bem como a quaisquer fundações, associações de entidades ou pessoas, ou sociedades estrangeiras, que tenham sede, filial ou representação no território brasileiro, constituídas de fato ou de direito, ainda que temporariamente.

A doutrina ensina que as empresas estatais que exercem atividade econômica também se sujeitam à LAC, na qualidade de sujeitos ativos, embora a lei não o preveja expressamente. Assim, por exemplo, se a Petrobras ou uma concessionária de energia estadual praticar algum dos atos lesivos previstos na lei, tais entidades poderão sofrer as sanções previstas na mesma lei.

Para evitar brechas, a LAC estipula que a responsabilidade da pessoa jurídica subsiste na hipótese de "alteração contratual, transformação, incorporação, fusão ou cisão societária". Como se nota, a lei busca evitar que a empresa realize operações societárias (ex.: mudança de nome, troca de dono, fusão com outra empresa etc.) a fim de escapar das sanções.

ATENÇÃO!

Nas hipóteses de fusão e incorporação[2], a responsabilidade da sucessora será restrita à obrigação de pagamento de multa e reparação integral do dano causado, até o limite do patrimônio transferido, não lhe sendo aplicáveis as demais sanções previstas na lei, desde que decorrentes de atos e fatos ocorridos antes da data da fusão ou incorporação, exceto no caso de simulação ou evidente intuito de fraude, devidamente comprovados.

A lei prevê, ainda, que as sociedades controladoras, controladas ou coligadas serão solidariamente responsáveis pela prática de atos lesivos à administração pública. Igualmente, tal responsabilidade restringe-se à obrigação de pagamento de multa e reparação integral do dano causado. Por exemplo, imagine que a empresa A tenha participação acionária nas empresas B e C. Se a empresa A for multada com base na LAC, as empresas B e C serão solidariamente responsáveis pelo pagamento da dívida. Da mesma forma, se a empresa B for multada, a empresa A, sua controladora, será solidariamente responsável. Igual responsabilidade solidária também incide sobre as empresas que atuam em consórcio, no âmbito do respectivo contrato. A formação de consórcios de empresas é muito comum nas grandes licitações, a exemplo das realizadas previamente às concessões de rodovias e de aeroportos.

ATENÇÃO!

A LAC assegura que a responsabilização individual dos dirigentes ocorrerá na medida da culpabilidade de cada um (art. 3º, § 2º). Detalhe é que a pessoa jurídica será responsabilizada independentemente da responsabilização individual das pessoas naturais, ou seja, é possível que a pessoa jurídica seja punida e seus dirigentes, não.

14.3 Sujeito passivo

Quanto ao sujeito passivo do ato lesivo, ou seja, quem se prejudica com os atos de corrupção, pode ser a Administração Pública nacional ou estrangeira.

No âmbito da Administração Pública nacional, tanto a administração direta como a indireta pode ser sujeito passivo de atos danosos condenados pela Lei Anticorrupção.

Para os fins da LAC, considera-se administração pública estrangeira os órgãos e entidades estatais ou representações diplomáticas de país estrangeiro, de qualquer nível ou esfera de governo, bem como as pessoas jurídicas controladas, direta ou indiretamente, pelo poder público de país estrangeiro (art. 5º, § 1º). Ademais, equiparam-se à administração pública estrangeira as organizações públicas internacionais (art. 5º, § 2º).

Ressalte-se que a Lei Anticorrupção também se aplica aos atos lesivos praticados por pessoa jurídica brasileira *contra* administração pública estrangeira, ainda que cometidos no exterior (art. 28).

2 Na fusão, a empresa A se junta com a empresa B formando a empresa C; geralmente, a fusão ocorre com empresas de porte semelhante. Na incorporação, a empresa A aumenta seu patrimônio mediante a anexação do patrimônio da empresa B, que geralmente é menor que a empresa A; a empresa B deixa de existir, subsistindo apenas a empresa A.

SUJEITOS ATIVOS	SUJEITOS PASSIVOS
Pessoas jurídicas nacionais ou estrangeiras com representação no Brasil; Empresas estatais que exercem atividade econômica; Controladoras, controladas, coligadas e consorciadas.	Administração Pública Nacional - abrange adm. direta e indireta; Administração Pública estrangeira - abrange organizações públicas internacionais.

14.4 Requisitos da responsabilização

A Lei nº 12.846/2013 estabelece a responsabilidade objetiva da pessoa jurídica que pratica atos lesivos contra a Administração Pública e a responsabilidade subjetiva das pessoas físicas, quais sejam, os dirigentes, administradores ou qualquer pessoa natural, autora, coautora, coautora ou partícipe do ato ilícito.

A Lei anticorrupção, portanto, conferiu aos agentes privados o mesmo tratamento que a Constituição, no art. 37, § 6º, dá ao Estado e seus agentes: o Estado responde objetivamente pelos danos causados a terceiros, porém os agentes causadores do ato lesivo respondem subjetivamente.

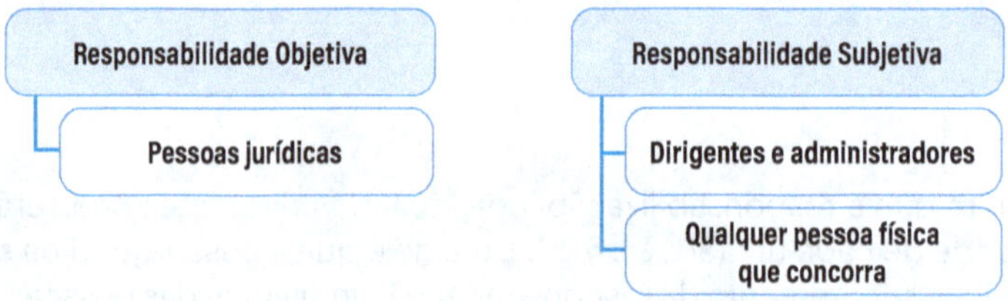

Dizer que a responsabilidade administrativa das pessoas jurídicas com base na LAC é de natureza objetiva significa que não é necessário provar a culpa ou dolo da empresa ou de seus administradores e dirigentes, bastando apenas a prova da existência ou ocorrência dos atos lesivos previstos na lei e o nexo de causalidade entre a conduta da pessoa jurídica, por intermédio de seus prepostos, e o resultado ilícito.

No que tange à responsabilidade subjetiva dos dirigentes ou administradores, portanto, a pessoa física só responde pelos ilícitos tipificados na LAC se ficar demonstrada sua culpa ou dolo.

14.5 Atos lesivos à administração pública

De acordo com o art. 5º da Lei nº 12.846/2013, o rol de situações consideradas lesivas à Administração pública compreende:

> I - prometer, oferecer ou dar, direta ou indiretamente, vantagem indevida a agente público, ou a terceira pessoa a ele relacionada;
>
> II - comprovadamente, financiar, custear, patrocinar ou de qualquer modo subvencionar a prática dos atos ilícitos previstos nesta Lei;
>
> III - comprovadamente, utilizar-se de interposta pessoa física ou jurídica para ocultar ou dissimular seus reais interesses ou a identidade dos beneficiários dos atos praticados;
>
> IV - no tocante a licitações e contratos:
>
> a) frustrar ou fraudar, mediante ajuste, combinação ou qualquer outro expediente, o caráter competitivo de procedimento licitatório público;

b) impedir, perturbar ou fraudar a realização de qualquer ato de procedimento licitatório público;

c) afastar ou procurar afastar licitante, por meio de fraude ou oferecimento de vantagem de qualquer tipo;

d) fraudar licitação pública ou contrato dela decorrente;

e) criar, de modo fraudulento ou irregular, pessoa jurídica para participar de licitação pública ou celebrar contrato administrativo;

f) obter vantagem ou benefício indevido, de modo fraudulento, de modificações ou prorrogações de contratos celebrados com a administração pública, sem autorização em lei, no ato convocatório da licitação pública ou nos respectivos instrumentos contratuais; ou

g) manipular ou fraudar o equilíbrio econômico-financeiro dos contratos celebrados com a administração pública;

V – dificultar atividade de investigação ou fiscalização de órgãos, entidades ou agentes públicos, ou intervir em sua atuação, inclusive no âmbito das agências reguladoras e dos órgãos de fiscalização do sistema financeiro nacional.

14.6 Processo administrativo de responsabilização

Apuração da responsabilidade administrativa de pessoa jurídica que possa resultar na aplicação das sanções previstas no art. 6º da Lei nº 12.846/2013, será efetuada por meio de Processo Administrativo de Responsabilização (PAR).

1. Competência para instaurar e julgar o PAR:
   - Administração Direta: Autoridade máxima do órgão
   - Administração Indireta: Autoridade máxima da entidade

> No Poder Executivo federal, a Controladoria-Geral da União – CGU terá competência concorrente para instaurar processos administrativos de responsabilização de pessoas jurídicas ou para avocar os processos instaurados com fundamento nesta Lei, para exame de sua regularidade ou para corrigir-lhes o andamento, sendo a CGU responsável por instaurar e julgar é da Controladoria-Geral da União – CGU.

2. Comissão: o processo administrativo para apuração da responsabilidade de pessoa jurídica será conduzido por comissão designada pela autoridade instauradora e composta por 2 (dois) ou mais servidores estáveis.
3. Prazos
   a) Apresentação da defesa no prazo de 30 dias;
   b) A comissão deverá concluir o processo e apresentar um relatório sobre os fatos apurados e eventual responsabilização da pessoa jurídica em 180 dias, prorrogáveis.
4. Sanções

É obrigatória a reparação integral do dano

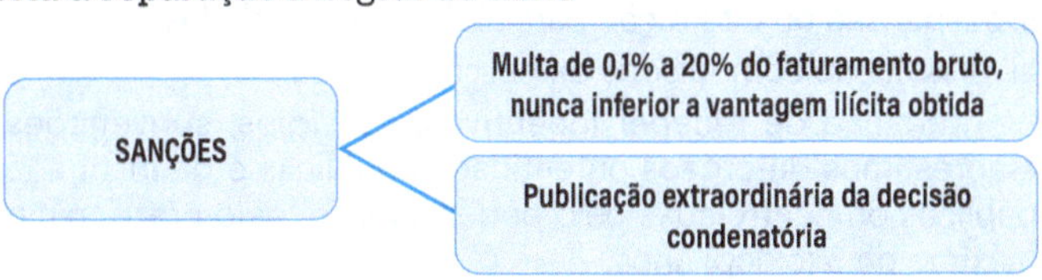

5. Acordo de leniência

A LAC prevê que a autoridade máxima de cada órgão ou entidade pública poderá celebrar acordo de leniência com as pessoas jurídicas responsáveis pela prática dos atos ilícitos, desde que elas colaborem efetivamente com as investigações e o processo administrativo.

REQUISITOS PARA O ACORDO DE LENIÊNCIA

- A Pessoa jurídica deve ser a primeira a manifestar o interesse de colaborar
- Cessar imediatamente o envolvimento com a infração investigada
- Pessoa jurídica deve confessar a sua participação no ilícito investigado

RESPONSABILIDADE SUBJETIVA

- Isenção da publicação extraordinária da decisão condenatória
- Vedação ao recebimento de incentivos, subsídios, subvenções, doações ou empréstimos de órgãos públicos ou de entidades financeiras públicas **de 1 a 5** anos
- Redução de até 2/3 da eventual multa aplicada

A celebração do acordo de leniência interrompe o prazo prescricional dos atos lesivos à administração pública nacional ou estrangeira.

Nos termos do art. 16, § 10, da Lei nº 12.846/2013, a Controladoria-Geral da União é o órgão competente para celebrar os acordos de leniência no âmbito do Poder Executivo federal, bem como no caso de atos lesivos praticados contra a Administração Pública estrangeira.

14.7 Responsabilização judicial

Legitimidade concorrente entre o Ministério Público e os entes federativos (União, Estados, DF e Municípios), por meio das respectivas Advocacias públicas para propor ação judicial de responsabilização:

O Rito da Ação Judicial de Responsabilização é o mesmo da Ação Civil Pública (Lei nº 7.347/1985), Pode ser solicitada de forma cautelar a indisponibilidade de bens, direitos ou valores necessários à garantia do pagamento.

Prescrição: em 5 anos as infrações previstas na norma em estudo.

O prazo este que terá início da data da ciência da infração ou, no caso de infração permanente ou continuada, do dia em que tiver cessado. Na esfera administrativa ou judicial, a prescrição será interrompida com a instauração de processo que tenha por objeto a apuração da infração.

SANÇÕES APLICADAS DE FORMA ISOLADA OU CUMULATIVA NO ÂMBITO JUDICIAL:

I. perdimento dos bens, direitos ou valores que representem vantagem ou proveito direta ou indiretamente obtidos da infração, ressalvado o direito do lesado ou de terceiro de boa-fé;

II. suspensão ou interdição parcial de suas atividades;

III. dissolução compulsória da pessoa jurídica;

IV. proibição de receber incentivos, subsídios, subvenções, doações ou empréstimos de órgãos ou entidades públicas e de instituições financeiras públicas ou controladas pelo poder público, pelo prazo mínimo de 1 (um) e máximo de 5 (cinco) anos.

A penalidade de dissolução compulsória da pessoa jurídica apenas poderá ser aplicada nas seguintes situações:

- Ter sido a personalidade jurídica utilizada de forma habitual para facilitar ou promover a prática de atos ilícitos;
- Ter sido constituída para ocultar ou dissimular interesses ilícitos ou a identidade dos beneficiários dos atos praticados

7. Cadastros: CNEP e CEIS

Com o intuito de dar transparência às sanções aplicadas com base na LAC, devem os órgãos e entidades dos Poderes Executivo, Legislativo e Judiciário de todas as esferas de governo informar e manter atualizados, no Cadastro Nacional de Empresas Punidas - CNEP, os dados relativos às sanções por eles aplicadas contra atos lesivos Administração Pública nacional e estrangeira.

A Lei Anticorrupção, também, determina que os órgãos ou entidades dos Poderes Executivo, Legislativo e Judiciário dc todas as esferas de governo deverão informar e manter atualizados, para fins de publicidade, no Cadastro Nacional de Empresas Inidôneas e Suspensas - CEIS, de caráter público, instituído no âmbito do Poder Executivo federal, os dados relativos às sanções por eles aplicadas nas infrações aplicadas no âmbito das licitações e contratos.

15 LICITAÇÕES - LEI Nº 14.133/2021

Preliminarmente, devemos lembrar que o dever de licitar está expresso no texto constitucional, a saber:

> Art. 37, XXI, da CF - ressalvados os casos especificados na legislação, as obras, serviços, compras e alienações serão contratados mediante processo de licitação pública que assegure igualdade de condições a todos os concorrentes, com cláusulas que estabeleçam obrigações de pagamento, mantidas as condições efetivas da proposta, nos termos da lei, o qual somente permitirá as exigências de qualificação técnica e econômica indispensáveis à garantia do cumprimento das obrigações

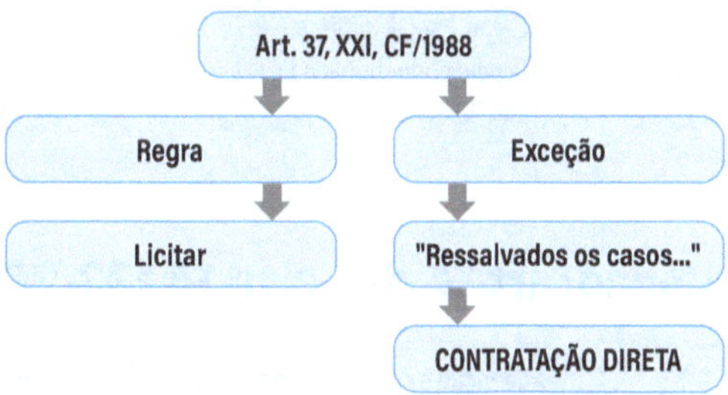

COMPETÊNCIA LEGISLATIVA

A União possui competência para tratar apenas das "normas gerais" (art. 22, XXVII, da CF). Por isso, os estados, DF e municípios podem dispor sobre normas específicas, independentemente da delegação prevista no art. 22, parágrafo único, da CF. Nesse caso, a única exigência é que os estados, o DF e os municípios observem o disposto nas normas gerais da União.

A União também pode legislar sobre normas específicas de licitações, mas estas disposições apenas serão aplicáveis à própria União.

Nos termos do art. 173, § 1º, III, da CF, compete à União elaborar o estatuto jurídico da empresa pública, da sociedade de economia mista e de suas subsidiárias que explorem atividade econômica de produção ou comercialização de bens ou de prestação de serviços. Tal estatuto consta na Lei nº 13.303/2016, que dispõe, entre outras coisas, sobre o regime de "licitação e contratação de obras, serviços, compras e alienações, observados os princípios da administração pública" específico para as empresas estatais.

Portanto, há 02 (duas) normas gerais sobre licitações e contratos administrativos:

- Lei nº 14.133/2021: estabelece normas gerais para administração direta, autárquica e fundacional;
- Lei nº 13.303/2016: estabelece normais gerais para empresas públicas e sociedades de economia mista;

15.1 Conceito

Procedimento administrativo formal por meio do qual a Administração Pública seleciona a melhor proposta para contrato de seu interesse.

15.2 Destinatários

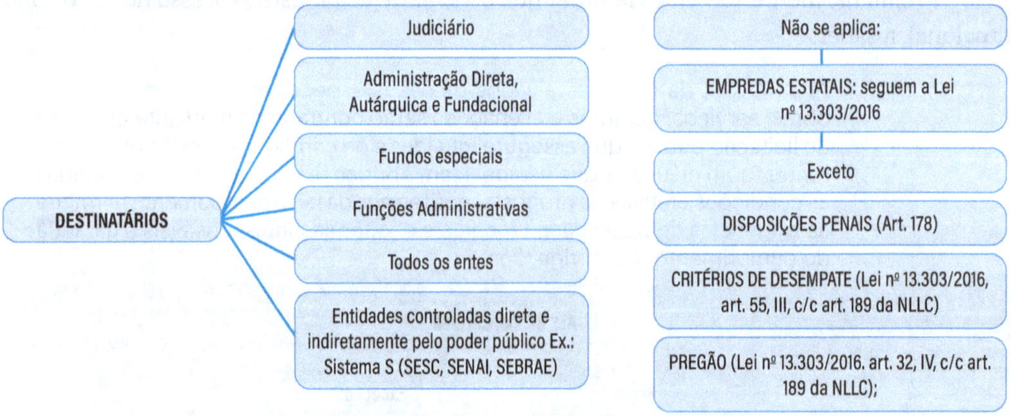

15.3 Objetos da licitação: art. 2º da Lei nº 14.133/2021

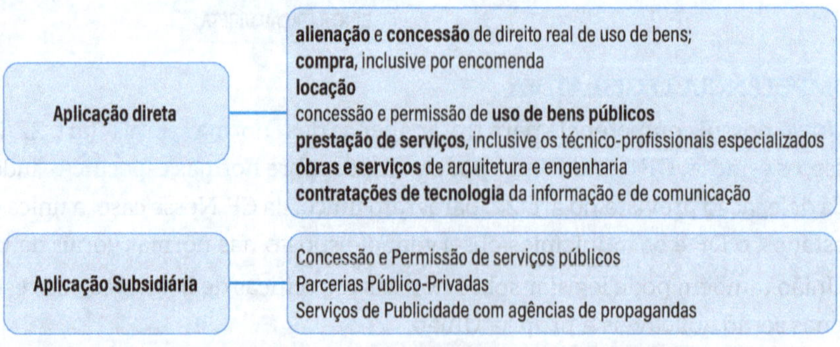

15.4 Objetivos da licitação

> Art. 11. O processo licitatório tem por objetivos:
>
> I – assegurar a seleção da proposta apta a gerar o resultado de contratação mais vantajoso para a Administração Pública, inclusive no que se refere ao ciclo de vida do objeto;
>
> II – assegurar tratamento isonômico entre os licitantes, bem como a justa competição;
>
> III – evitar contratações com sobrepreço ou com preços manifestamente inexequíveis e superfaturamento na execução dos contratos;
>
> IV – incentivar a inovação e o desenvolvimento nacional sustentável.
>
> Parágrafo único. A alta administração do órgão ou entidade é responsável pela governança das contratações e deve implementar processos e estruturas, inclusive de gestão de riscos e controles internos, para avaliar, direcionar e monitorar os processos licitatórios e os respectivos contratos, com o intuito de alcançar os objetivos estabelecidos no *caput* deste artigo, promover um ambiente íntegro e confiável, assegurar o alinhamento das contratações ao planejamento estratégico e às leis orçamentárias e promover eficiência, efetividade e eficácia em suas contratações.

15.5 Princípios expressos no art. 5º da Lei nº 14.133/2021

São princípios expressos: da legalidade, da impessoalidade, da moralidade, da publicidade, da eficiência, do interesse público, da probidade administrativa, da igualdade, do planejamento, da transparência, da eficácia, da segregação de funções, da motivação, da vinculação ao edital, do julgamento objetivo, da segurança jurídica, da razoabilidade, da competitividade, da proporcionalidade, da celeridade, da economicidade e do desenvolvimento nacional sustentável, assim como as disposições do Decreto-Lei nº 4.657, de 4 de setembro de 1942 (Lei de Introdução às Normas do Direito Brasileiro).

ATENÇÃO!

Destaque nos seguintes princípios:

Planejamento: as contratações devem ser planejadas, em todos os níveis.

Segregação de funções: o mesmo agente não pode praticar diversas atribuições relevantes e sujeitas a risco, especialmente quando ele puder cometer e ocultar fraudes.

Celeridade: a licitação pública deverá ser realizada dentro de prazo razoável.

Desenvolvimento nacional sustentável: as licitações públicas não se destinam apenas a selecionar propostas pelo aspecto econômico em sentido estrito, sendo necessário: adoção de requisitos ambientais (princípio da licitação sustentável) e desenvolvimento econômico (margem de preferência).

15.6 Agentes públicos da licitação

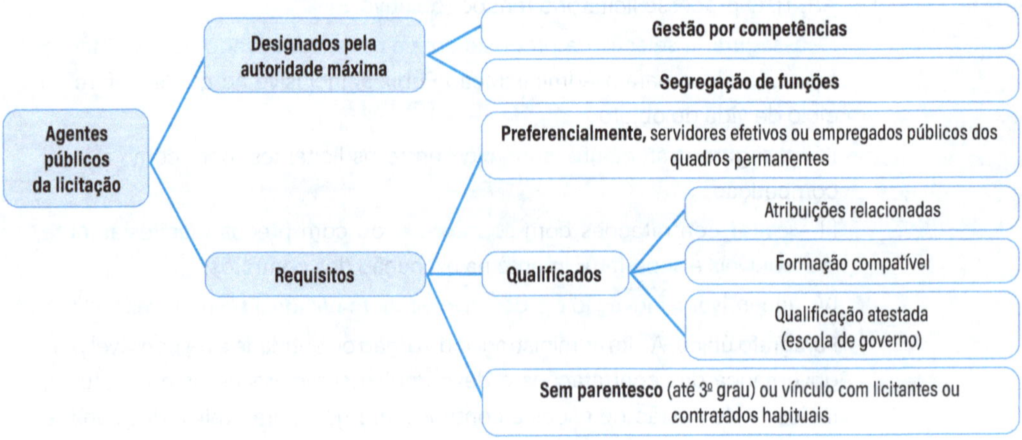

AGENTE DE CONTRATAÇÃO	COMISSÃO DE CONTRATAÇÃO
REGRA GERAL	PODE SUBSTITUIR O AGENTE DE CONTRATAÇÃO
Servidor efetivo designado para tomar decisões, acompanhar o trâmite da licitação até a homologação. Auxiliado pela Equipe de Apoio, mas responsabilidade individual. Na modalidade Pregão chamado Pregoeiro.	Composta por no mínimo, 3 (três) servidores preferencialmente efetivos, que responderão solidariamente por todos os atos praticados pela comissão. • FACULTATIVA: nas licitações de Bens e serviços Especiais • OBRIGATÓRIA: na modalidade Diálogo Competitivo

15.7 Modalidades de licitação

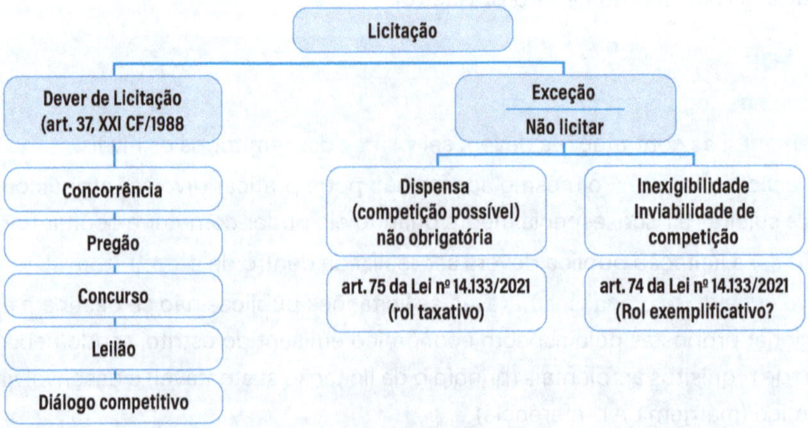

MODALIDADES DE LICITAÇÃO (ART. 28 DA LEI Nº 14.133/2021)	
CONCORRÊNCIA	Aplicável às contratações Obras, serviços de engenharia (comuns ou especiais) e para Bens e Serviços especiais;
PREGÃO	Modalidade obrigatória para contratação de bens ou serviços comuns;
CONCURSO	Visa à escolha de um trabalho técnico, artístico ou científico mediante concessão de prêmio ou remuneração ao vencedor. (art. 30 da Lei nº 14.133/2021)* Em projetos o autor tem que ceder todos os direitos patrimoniais.
LEILÃO	Modalidade para alienação de bens imóveis ou de bens móveis inservíveis ou legalmente apreendidos a quem oferecer o maior lance. (art. 31 da Lei nº 14.133/2021).
DIÁLOGO COMPETITIVO	Modalidade de licitação para contratação de obras, serviços e compras em que a Administração Pública realiza diálogos com licitantes previamente selecionados mediante critérios objetivos com o intuito de desenvolver uma ou mais alternativas capazes de atender às suas necessidades, devendo os licitantes apresentar proposta final após o encerramento do diálogo. (art. 32 da Lei nº 14.133/2021).

Diálogo Competitivo

→ **Contratação de obras, serviços e compras em que a Administração Pública realiza diálogos com licitantes previamente selecionados mediante critérios objetivos, com o intuito de desenvolver uma ou mais alternativas capazes de atender às suas necessidades.**

Condições
- **Inovação Tecnológica**
- **Impossibilidade de utilizar soluções disponíveis sem modificações**
- **Impossibilidade de definir as especificações técnicas adequadamente**

15.8 Critérios de julgamento

O art. 33 da Lei nº 14.133/2021 estabelece que o julgamento das propostas será realizado de acordo com os seguintes critérios: menor preço; melhor técnica ou conteúdo artístico; técnica e preço; maior retorno econômico; maior desconto; maior lance (para o leilão).

NOVOS CRITÉRIOS DE JULGAMENTO DE LICITAÇÃO (ART. 33 DA LEI Nº 14.133/2021):	
MELHOR TÉCNICA OU CONTEÚDO ARTÍSTICO	Considerará, exclusivamente, as propostas técnicas ou artísticas apresentadas pelos licitantes, devendo o edital definir o prêmio ou a remuneração que será atribuída aos vencedores.
MAIOR RETORNO ECONÔMICO	Utilizado exclusivamente para a celebração de contrato de eficiência, considerará a maior economia para a Administração e a remuneração deverá ser fixada em percentual que incidirá de forma proporcional à economia efetivamente obtida na execução do contrato. Esse critério poderá ser aplicado em contratos de ganho de eficiência no consumo de energia elétrica e de água.
MAIOR DESCONTO	Constitui um critério de julgamento decorrente do tipo de licitação menor preço. Na aplicação desse critério, o menor preço é apurado em razão de desconto oferecido pelos licitantes sobre o parâmetro de preços definido pela Administração no ato convocatório.

15.9 Definição das fases de licitação

Preparatória → Divulgação → Apresentação de propostas → Julgamento → Habilitação → Recurso → Homologação

15.10 Fases do processo de licitação no rito comum

Art. 17. O processo de licitação observará as seguintes fases, em sequência:
I – preparatória
II – de divulgação do edital de licitação;
III – de apresentação de propostas e lances, quando for o caso;
IV – de julgamento;
V – de habilitação;
VI – recursal;
VII – de homologação.

FASE DE DIVULGAÇÃO	
OBRIGATÓRIA	Divulgação e manutenção do inteiro teor do ato convocatório e de seus anexos no Portal Nacional de Contratações Públicas (PNCP); Divulgação e manutenção do extrato do edital no *Diário Oficial da União*, do Estado, do Distrito Federal ou do Município, ou, no caso de consórcio público, do ente de maior nível entre eles, bem como em jornal diário de grande circulação
FACULTATIVA	A divulgação adicional e a manutenção do inteiro teor do edital e de seus anexos em sítio eletrônico oficial do ente federativo do órgão ou entidade responsável pela licitação

15.11 Prazos para a apresentação de propostas e lances

Prazos mínimos para apresentação de propostas e lances Lei nº 14. 133/2021, art. 55				
Objeto	**Menor preço ou maior desconto**	**Técnica e preço / melhor técnica ou conteúdo artístico**	**Contratação Integrada**	**Contratação semi-Integrada ou demais hipóteses**
Bens	8 dias úteis	10 dias úteis	-	-
Serviço e obras	10 dias úteis (quando comuns) 25 dias úteis (quando especiais)	35 dias úteis	60 dias úteis	35 dias úteis

15.12 Contratação direta

Como regra geral, toda contratação feita pela Administração Pública deve ser precedida de licitação, excepcionalmente, em algumas situações, a lei permite que tal procedimento seja afastado, como nas hipóteses de dispensa e inexigibilidade. Em tais circunstâncias, haverá a chamada contratação direta nos termos do art. 72 da Lei nº 14.133/2021.

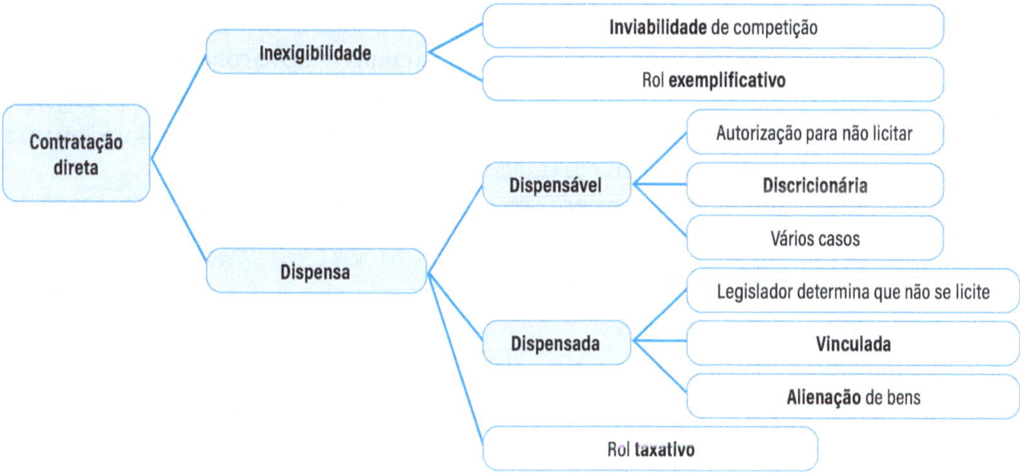

15.13 Dispensa de licitação

15.13.1 Licitação Dispensável

EM RAZÃO DO VALOR

A Lei nº 14.133/2021 em seu art. 75, I e II, considera a licitação dispensável para os seguintes valores:

- Para obras ou serviços de engenharia, ou serviços de manutenção de veículos automotores: com valores inferiores à R$ 100.000,00 (cem mil reais)
- Para compras e outros serviços com valores inferiores à R$ 50.000,00 (cinquenta mil reais)

ATENÇÃO!
O art. 182 da Lei nº 14.133/2021 dispõe sobre o dever do Poder Executivo Federal de atualizar, a cada dia 1º de janeiro, pelo IPCA, os valores que são fixados na Nova Lei de Licitações

Esses valores serão duplicados para compras, obras e serviços contratados por consórcio público ou por autarquia ou fundação qualificadas como agências executivas na forma da lei (art. 75, § 2º, da Lei nº 14.133/2021).

Em regra, estes valores são apurados por exercício financeiro e pela natureza do objeto.

As contratações por dispensa de licitação por baixo valor serão preferencialmente precedidas de divulgação em sítio eletrônico oficial, pelo prazo mínimo de três dias úteis, de aviso com a especificação do objeto pretendido e com a manifestação de interesse da administração em obter propostas adicionais de eventuais interessados, devendo ser selecionada a proposta mais vantajosa (art. 75, § 3º, da Lei nº 14.133/2021).

LICITAÇÕES DESERTAS OU FRACASSADAS

A licitação é dispensável para contratação que mantenha todas as condições definidas em edital de licitação realizada há menos de 1 (um) ano, quando se verificar que naquela licitação:

a) Não surgiram licitantes interessados (Licitação Deserta) ou não foram apresentadas propostas válidas (Licitação Fracassada);

b) As propostas apresentadas consignaram preços manifestamente superiores aos praticados no mercado ou incompatíveis com os fixados pelos órgãos oficiais competentes (Licitação Fracassada);

SITUAÇÕES EXCEPCIONAIS

Em situações excepcionais, é também dispensável a licitação:

- Art. 75, VII, da Lei nº 14.133/2021 – nos casos de guerra, estado de defesa, estado de sítio, intervenção federal ou de grave perturbação da ordem;
- Art. 75, VIII, da Lei nº 14.133/2021 – nos casos de emergência ou de calamidade pública, quando caracterizada urgência de atendimento de situação que possa ocasionar prejuízo ou comprometer a continuidade dos serviços públicos ou a segurança de pessoas, obras, serviços, equipamentos e outros bens, públicos ou particulares, e somente para aquisição dos bens necessários ao atendimento da situação emergencial ou calamitosa e para as parcelas de obras e serviços que possam ser concluídas no prazo máximo de 1 (um) ano, contado da data de ocorrência da emergência ou da calamidade, vedadas a prorrogação dos respectivos contratos e a recontratação de empresa já contratada com base no disposto neste inciso;

EM RAZÃO DA PESSOA QUE SERÁ CONTRATADA

- Art. 75, XIV, da Lei nº 14.133/2021– para contratação de associação de pessoas com deficiência, sem fins lucrativos e de comprovada idoneidade, por órgão ou entidade da Administração Pública, para a prestação de serviços, desde que o preço contratado seja compatível com o praticado no mercado e os serviços contratados sejam prestados exclusivamente por pessoas com deficiência;
- Art. 75, XV, da Lei nº 14.133/2021 – para contratação de instituição brasileira que tenha por finalidade estatutária apoiar, captar e executar atividades de ensino, pesquisa, extensão, desenvolvimento institucional, científico e tecnológico e estímulo à inovação, inclusive para gerir administrativa e financeiramente essas atividades, ou para contratação de instituição dedicada à recuperação social da pessoa presa, desde que o contratado tenha inquestionável reputação ética e profissional e não tenha fins lucrativos;

EM RAZÃO DO OBJETO

Art. 75, IV, da Lei nº 14.133/2021– para contratação que tenha por objeto. Ex.:

- a) bens, componentes ou peças de origem nacional ou estrangeira necessários à manutenção de equipamentos, a serem adquiridos do fornecedor original desses equipamentos durante o período de garantia técnica, quando essa condição de exclusividade for indispensável para a vigência da garantia;
- e) hortifrutigranjeiros, pães e outros gêneros perecíveis, no período necessário para a realização dos processos licitatórios correspondentes, hipótese em que a contratação será realizada diretamente com base no preço do dia.

15.13.2 Licitação Dispensada

A licitação dispensada compreende as hipóteses em que a própria Lei ordena a não realização de procedimento licitatório, as quais referem-se a casos específicos de alienação de bens públicos imóveis e móveis (art. 76, I e II, da Lei nº 14.133/2021).

15.14 Inexigibilidade de licitação

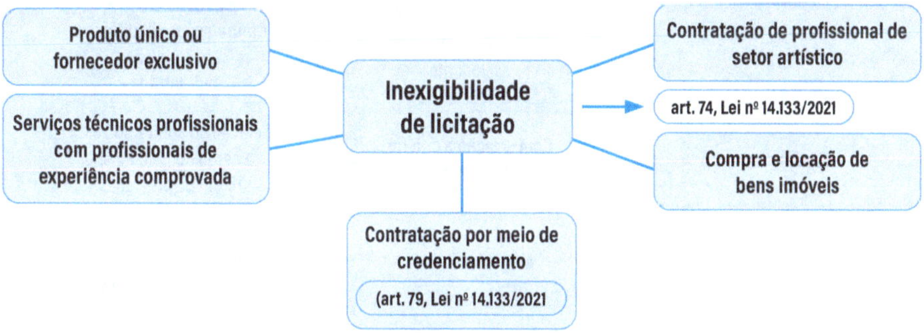

São situações exemplificadas no art. 74 da Lei nº 14.133/2021, em que não há possibilidade de competição, dada a singularidade do objeto ou do ofertante, portanto não há como se realizar o procedimento.

> Art. 74. É inexigível a licitação quando inviável a competição, em especial nos casos de:
>
> I - aquisição de materiais, de equipamentos ou de gêneros ou contratação de serviços que só possam ser fornecidos por produtor, empresa ou representante comercial exclusivos;
>
> II - contratação de profissional do setor artístico, diretamente ou por meio de empresário exclusivo, desde que consagrado pela crítica especializada ou pela opinião pública;
>
> III - contratação dos seguintes serviços técnicos especializados de natureza predominantemente intelectual com profissionais ou empresas de notória especialização, vedada a inexigibilidade para serviços de publicidade e divulgação:
>
> a) estudos técnicos, planejamentos, projetos básicos ou projetos executivos;
>
> b) pareceres, perícias e avaliações em geral;
>
> c) assessorias ou consultorias técnicas e auditorias financeiras ou tributárias;
>
> d) fiscalização, supervisão ou gerenciamento de obras ou serviços;
>
> e) patrocínio ou defesa de causas judiciais ou administrativas;
>
> f) treinamento e aperfeiçoamento de pessoal;
>
> g) restauração de obras de arte e de bens de valor histórico;
>
> h) controles de qualidade e tecnológico, análises, testes e ensaios de campo e laboratoriais, instrumentação e monitoramento de parâmetros específicos de obras e do meio ambiente e demais serviços de engenharia que se enquadrem no disposto neste inciso;
>
> IV - objetos que devam ou possam ser contratados por meio de credenciamento;
>
> V - aquisição ou locação de imóvel cujas características de instalações e de localização tornem necessária sua escolha.

ATENÇÃO!

CREDENCIAMENTO

O credenciamento trata-se de um procedimento em que a Administração poderá contratar com inúmeras pessoas, sem que haja concorrência entre elas. Ex.: O Detran quer cadastrar o máximo de clínicas para a realização de exames para concessão e renovação da habilitação. Ao invés de licitar e escolher uma única clínica, será fixado um valor para cada procedimento e lançado um edital de credenciamento.

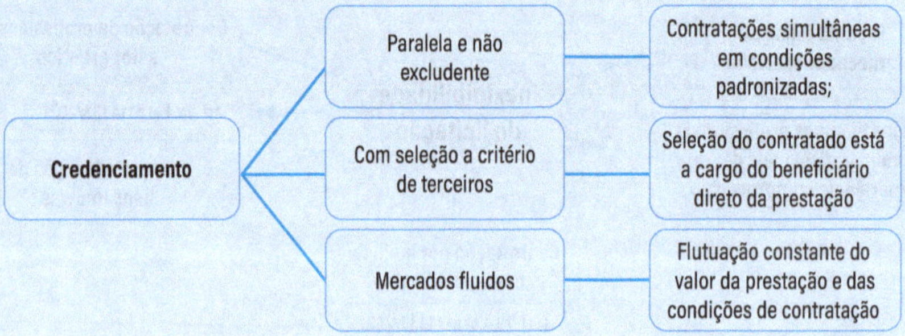

V – aquisição ou locação de imóvel cujas características de instalações e de localização tornem necessária sua escolha.

ATENÇÃO!

O caso é de inexigibilidade, já que não existe procedimento competitivo, pois, em tese, somente aquele imóvel atende adequadamente ao que a Administração precisa.

16 CONTRATOS ADMINISTRATIVOS

16.1 Conceito

Contrato Administrativo é o ajuste entre a Administração Pública e um particular, regulado por normas de Direito Público, e tendo por objetivo uma atividade que, de alguma forma, traduza o interesse público.

Dentro desta relação deve ser mantido o equilíbrio financeiro entre as partes, isto é, a relação de adequação entre o objeto do contrato e o preço que foi estabelecido pelas partes no momento da celebração do ajuste deve ser mantido durante a execução contratual.

Dentre os mecanismos para evitar o desequilíbrio nos contratos administrativos há a figura do REAJUSTE e REPACTUAÇÃO (durante a Execução contratual)

16.2 Características

CARACTERÍSTICAS DOS CONTRATOS ADMINISTRATIVOS	
PARTICIPAÇÃO DO PODER PÚBLICO	Participação do Poder Público e regido por normas de direito público;
APLICAÇÃO SUBSIDIÁRIA	Aplicação subsidiária das normas e princípios de direito privado.
CONSENSUAL	Por surgirem da vontade e consentimento mútuo entre as partes envolvidas
FORMAL	Por essa razão é nulo e de nenhum efeito o contrato de verbal, salvo para pequenas compras de pronto pagamento de até R$ 10.000,00* *valor atualizado anualmente
BILATERAIS	Realizado o acordo, surgem direitos e obrigações recíprocas para ambos os contratantes.
CONTRATO DE ADESÃO	Não negociação entre as partes;
ONEROSO	Porque é remunerado na forma convencionada.
COMUTATIVO	Estabelece compensações recíprocas para as partes.
NATUREZA PERSONALÍSSIMA (*INTUITU PERSONAE*)	Via de regra quem assina o contrato irá executar o serviço; Subcontratação na forma estabelecida no edital;
LICITAÇÃO PRÉVIA	É necessária a existência de licitação, sob pena de nulidade;
PUBLICAÇÃO	Do contrato no Porta Nacional das Contratações Públicas como requisito de eficácia. Art. 94, *caput*, § 1º e § 2º, da Lei nº 14.133/2021;
DURAÇÃO	Via de regra, prazo determinado e previsto no edital. (art. 105, *caput*, da Lei nº 14.133/2021); A Administração poderá celebrar contratos com prazo de até 5 (cinco) anos nas hipóteses (Art. 106 da Lei nº 14.133/2021): a) Serviços e fornecimentos contínuos. EXEMPLO: Serviço de manutenção predial e fornecimento de galão de 20L de água mineral b) Aluguel de equipamentos e utilização de programas de informática Exceção: Nos contratos em que a Administração pública é usuária de serviço público em regime de monopólio o contrato será por prazo indeterminado (art. 109 da Lei nº 14.133/2021) EXEMPLO: um órgão ou entidade poderá firmar um contrato de fornecimento de energia elétrica com concessionária distribuidora de serviço público. Se o serviço for prestado em regime de monopólio, o contrato poderá ter vigência indeterminada Os contatos podem ser prorrogados (alteração formalizada através de um termo aditivo). ATENÇÃO! Os contratos de serviços e fornecimentos contínuos poderão ter a sua vigência prorrogada por no máximo 10 (dez) anos nos termos do art. 107 da Lei nº 14.133/2021.

16.3 Garantias

Poderão ser exigidas a critério da autoridade competente, não sendo obrigatoriedade, sendo possível fornecer por quatro meios, disciplinados no art. 96, § 1º da Lei de Licitações:

> Art. 96, § 1º da Lei nº 14.133/2021
> Caberá ao contratado optar por uma das seguintes modalidades de garantia:
> I - caução em dinheiro ou em títulos da dívida pública,
> II - seguro-garantia;
> III - fiança bancária.

VALOR DA GARANTIA	REGRA	Até 5% do valor inicial do contrato, nos casos de obras, serviços e fornecimentos
	EXCEÇÃO	Até 10% mediante análise de complexidade técnica e dos riscos envolvidos
		Até 30% nas contratações de obras e serviços de engenharia de grande vulto, na modalidade seguro-garantia

16.4 Cláusulas exorbitantes

São prerrogativas e privilégios concedidos à Administração Pública em se tratando dos contratos administrativos com base no princípio da Supremacia do Interesse Público sobre o Privado, que poderá:

CLÁUSULAS EXORBITANTES	
MODIFICAR	Modificá-los, unilateralmente, para melhor adequação às finalidades de interesse público, respeitados os direitos do contratado;
	O contratado fica obrigado a aceitar, nas mesmas condições contratuais, os acréscimos ou supressões que se fizerem nas obras, serviços ou compras: • Até 25% (vinte e cinco por cento) do valor inicial atualizado do contrato, e • No caso particular de reforma de edifício ou de equipamento, até o limite de 50% (cinquenta por cento) para os seus acréscimos.
EXTINGUIR	Extinção administrativa. (arts. 137 e 138, I, da Lei nº 14.133/2021) Dá-se em razão de vários motivos: 1º) Quando o contratado descumpre obrigações contratuais; 2º) Quando não há mais interesse público (conveniência) na manutenção do contrato; 3º) No caso de falência, insolvência civil ou mudança na estrutura da empresa que prejudique a execução do contrato. Quando a rescisão ocorrer sem que haja culpa do contratado, este será ressarcido dos prejuízos devidamente comprovados.
FISCALIZAR	Fiscalizar-lhes a execução - art. 117 da Lei nº 14.133/2021. Art. 117. A execução do contrato deverá ser acompanhada e fiscalizada por 1 (um) ou mais fiscais do contrato, representantes da Administração especialmente designados conforme requisitos estabelecidos no art. 7º desta Lei, ou pelos respectivos substitutos, permitida a contratação de terceiros para assisti-los e subsidiá-los com informações pertinentes a essa atribuição.

APLICAR SANÇÕES	Aplicar sanções motivadas pela inexecução total ou parcial do ajuste (arts. 156 a 163 da Lei nº 14.133/2021)
OCUPAÇÃO PROVISÓRIA	Ocupar provisoriamente bens móveis e imóveis e utilizar pessoal e serviços vinculados ao objeto do contrato nas hipóteses de: a) risco à prestação de serviços essenciais; b) necessidade de acautelar apuração administrativa de faltas contratuais pelo contratado, inclusive após extinção do contrato.

16.5 Sanções (arts. 156 a 163 da Lei nº 14.133/2021)

SANÇÃO	INFRAÇÃO	PERÍODO E LIMITES	CUMULAÇÃO
ADVERTÊNCIA (art. 156, § 2º)	Art. 155, I, da Lei nº 14.133/2021	-	Poderá ser cumulada com multa
MULTA (art. 156, § 3º)	Art. 155, II, da Lei nº 14.133/2021	Fixada no edital entre 0,5% até 30%	-
IMPEDIMENTO DE LICITAR E CONTRATAR (art. 156, § 4º)	Art. 155, II a VII, da Lei nº 14.133/2021	Até 3 anos de impedimento no âmbito da entidade que aplicou a penalidade.	Poderá ser cumulada com multa
DECLARAÇÃO DE INIDONEIDADE PARA LICITAR E CONTRATAR (art. 156, § 5º)	Art. 155, VIII a XII, da Lei nº 14.133/2021. Com justificativa para sanção mais severa: art. 155, II a VII, da Lei nº 14.133/2021	De 3 anos a 6 anos de impedimento de licitar e contratar no âmbito da Administração Pública direta e indireta de todos os entes federativo.	Poderá ser cumulada com multa

16.6 Direito do contratado

Manutenção do equilíbrio financeiro do contrato: **equilíbrio econômico-financeiro do contrato é a relação de adequação entre o objeto e o preço que foi estabelecida pelas partes no momento da celebração do contrato deve ser mantida durante a execução.**

Mecanismos para evitar para o desequilíbrio com destaque:

REAJUSTE POR ÍNDICES	REPACTUAÇÃO	REVISÃO
Utilizado para remediar os efeitos da desvalorização da moeda e pode ocorrer por dois critérios: 1. Pela aplicação de índices previamente estabelecidos (IGPM ou INCC, p. ex.) ou, 2. Pela análise da variação dos custos na planilha de preços.	Somente é possível para serviços contínuos com dedicação exclusiva de mão de obra (limpeza e vigilância, p. ex.). É importante observar que as duas espécies de reajuste (reajuste por índices e a repactuação) somente podem ser utilizadas se houver previsão no edital e só podem ser concedidas após 1 (um) ano a contar da data da proposta ou do orçamento a que está se referir.	Decorre de fatos imprevisíveis ou previsíveis de consequências incalculáveis (como guerras, pandemias), que inviabilizem a execução do contrato tal como pactuado, respeitada, em qualquer caso, a repartição objetiva de risco estabelecida no contrato, podendo ser concedida a qualquer tempo ao longo do contrato.

17 IMPROBIDADE ADMINISTRATIVA

17.1 Conceito

Atos de Improbidade Administrativa são aqueles que violam a probidade na organização do Estado e no exercício de suas funções e a integridade do patrimônio público e social da Administração Direta e Indireta, no âmbito da União, dos Estados, dos Municípios e do Distrito Federal.

De acordo com art. 1º, § 4º, da Lei nº 8.429/1992, aplicam-se ao sistema da improbidade os princípios constitucionais do direito administrativo sancionador.

Portanto, a imputação de determinada conduta como ímproba precisa ser antecedida de um exame de:

1. Legalidade formal ou tipicidade,
2. Legalidade material ou lesividade,
3. Antijuridicidade e
4. Culpabilidade.

17.2 Natureza do ilícito de improbidade

A natureza das medidas previstas para improbidade administrativa, embora possa ter consequência na esfera criminal e na esfera administrativa, caracteriza um ilícito de natureza civil e política.

A legislação não impede a instauração de processos nas três instâncias – administrativa, civil e criminal, prevalecendo a regra da independência entre elas, ressalvada algumas exceções em que se aplica a regra da comunicabilidade de instâncias, em que a decisão proferida no juízo penal deve prevalecer, fazendo coisa julgada na área cível e na administrativa, são elas:

- INEXISTÊNCIA DO FATO OU NEGATIVA DE AUTORIA: Não se pode discutir na área cível e administrativa sobre a existência do fato ou quem seja o seu autor, quando estas questões se acharem decididas no crime (art. 935 do CC, art. 126 da Lei nº 8.112/1990 e art. 66 do CPP);
- CONDIÇÕES EM QUE O ATO FOI PRATICADO: o art. 65 do CPP e o art. 8º da Lei de Abuso de Autoridade determinam que faz coisa julgada no cível a sentença penal que reconhece ter sido o ato praticado em estado de necessidade, em legítima defesa, em estrito cumprimento de dever legal ou no exercício regular de direito.

ATENÇÃO! A absolvição por outros fundamentos não vincula. Exemplo: insuficiência de prova.

17.3 Elementos constitutivos do ato de improbidade

SUJEITO PASSIVO	Probidade na organização do Estado e no exercício de suas funções e a integridade do patrimônio público e social dos Poderes Executivo, Legislativo e Judiciário, bem como da administração direta e indireta, no âmbito da União, dos Estados, dos Municípios e do Distrito Federal;

SUJEITO ATIVO	Agente público, o agente político, o servidor público e todo aquele que exerce, ainda que transitoriamente ou sem remuneração, por eleição, nomeação, designação, contratação ou qualquer outra forma de investidura ou vínculo, mandato, cargo, emprego ou função nas entidades classificadas com sujeito passivo ou terceiro que induza ou concorra dolosamente para a prática do ato de improbidade (art. 2º e 3º);
CONDUTA DOLOSA	Ocorrência de CONDUTA DOLOSA descrita na lei (arts. 9º, 10 e 11 da Lei nº 8.429/1992);
ELEMENTO SUBJETIVO	DOLO (art. 1º, § 2º, da Lei 8.429/1992 "Considera-se dolo a vontade livre e consciente de alcançar o resultado ilícito tipificado nos arts. 9º, 10 e 11 desta Lei, não bastando a voluntariedade do agente".

ATENÇÃO! O mero exercício da função ou desempenho de competências públicas, sem comprovação de ato doloso com fim ilícito, afasta a responsabilidade por ato de improbidade administrativa.

SUJEITO PASSIVO	SUJEITO ATIVO
Poderes Executivo, Legislativo e Judiciário; Administração Pública Direta e Indireta Entidade privada que receba subvenção, benefício ou incentivo, fiscal ou creditício, de entes públicos ou governamentais. Entidade privada para cuja criação ou custeio o erário haja concorrido ou concorra no seu patrimônio ou receita atual, limitado o ressarcimento de prejuízos, nesse caso, à repercussão do ilícito sobre a contribuição dos cofres públicos	É o agente público ou terceiro que induza ou concorra dolosamente para a prática do ato de improbidade, como disposto no art. 3º da Lei nº 8.429/1992. Art. 2º da Lei nº 8.429/1992. "Consideram-se agente público o agente político, o servidor público e todo aquele que exerce, ainda que transitoriamente ou sem remuneração, por eleição, nomeação, designação, contratação ou qualquer outra forma de investidura ou vínculo, mandato, cargo, emprego ou função nas entidades referidas no art. 1º da Lei 8.429/1992". No caso de recursos de origem pública, sujeita-se às sanções previstas no art. 12 da Lei nº 8.429/1992 o particular, pessoa física ou jurídica, que celebra com a administração pública convênio, contrato de repasse, contrato de gestão, termo de parceria, termo de cooperação ou ajuste administrativo equivalente. Os sócios, os cotistas, os diretores e os colaboradores de pessoa jurídica de direito privado não respondem pelo ato de improbidade que venha a ser imputado à pessoa jurídica, salvo se, comprovadamente, houver participação e benefícios diretos, caso em que responderão nos limites da sua participação. As sanções previstas na lei de improbidade não se aplicarão à pessoa jurídica, caso o ato de improbidade administrativa seja também sancionado como ato lesivo à administração pública a administração pública, nacional ou estrangeira prevista na Lei nº 12.846/2013 (Lei Anticorrupção).

17.4 Modalidades

São três modalidades previstas na Lei nº 8.429/1992:

1. Atos de Improbidade Administrativa que Importam Enriquecimento Ilícito;
2. Atos de Improbidade Administrativa que Causam Prejuízo ao Erário;
3. Atos de Improbidade Administrativa que Atentam Contra os Princípios da Administração Pública.

Se o ato ímprobo ou omissão do agente se enquadra nos três tipos de improbidade administrativa previstos na lei, serão cabíveis as sanções previstas para a infração mais grave (enriquecimento ilícito).

ENRIQUECIMENTO ILÍCITO (ART. 9)	LESÃO AO ERÁRIO (ART. 10)	VIOLAÇÃO A PRINCÍPIOS (ART. 11)
Ação dolosa	Ação ou omissão dolosa	Ação ou omissão dolosa, como dolo específico
Rol exemplificativo	Rol exemplificativo (todos os casos deste artigo exigem perda patrimonial efetiva, não há mais dano *in re ipsa* (presumido)	Rol taxativo
Verbos que se repetem: adquirir, receber, perceber, aceitar	Verbos que se repetem: facilitar, concorrer, permitir, doar	Não há verbos que se repetem, mas sim casos mais relevantes

17.5 Dos atos de improbidade administrativa que importam enriquecimento ilícito

O art. 9º da Lei de Improbidade Administrativa considera que o enriquecimento ilícito ocorre mediante a obtenção de vantagem patrimonial indevida em razão do cargo, devendo, necessariamente, ter ocorrido por meio de prática dolosa.

Além da definição trazida no *caput*, o referido artigo traz 12 incisos que descrevem as práticas ilícitas. Entre eles, podemos destacar as seguintes condutas:

- Receber vantagem econômica (em dinheiro ou bens) para facilitar ou praticar qualquer ato que seja de interesse de terceiros dentro da administração pública;
- Utilizar, em benefício próprio, de quaisquer bens móveis, ou do trabalho do trabalho de servidores, empregados ou terceiros contratados pela administração pública, utilizar dos bens públicos para aumentar o patrimônio próprio;
- Adquirir, para si ou para outrem, no exercício de mandato, de cargo, de emprego ou de função pública, e em razão deles, bens de qualquer natureza, decorrentes dos atos descritos no *caput* deste artigo, cujo valor seja desproporcional à evolução do patrimônio ou à renda do agente público, assegurada a demonstração pelo agente da licitude da origem dessa evolução.

17.6 Dos atos de improbidade administrativa que causam prejuízo ao erário

O *caput* do art. 10 da Lei de Improbidade Administrativa considera atos de improbidade administrativa que causam lesão ao erário qualquer ação ou omissão dolosa que resulte em perda patrimonial, desvio, apropriação, malbaratamento ou dilapidação dos bens públicos.

Desse modo, entre os 21 incisos, podemos destacar as seguintes condutas:

- Facilitar a transferência de bens públicos para entidades privadas, realizar operações financeiras sem observar as normas adequada;
- Doar à pessoa física ou jurídica bem como ao ente despersonalizado, ainda que de fins educativos ou assistências, bens, rendas e verbas sem seguir as formalidades legais;
- Frustrar a licitude de processo licitatório ou de processo seletivo para celebração de parcerias com entidades sem fins lucrativos, ou dispensá-los indevidamente, acarretando perda patrimonial efetiva;

- Permitir ou concorrer para que pessoa física ou jurídica privada utilize bens, rendas, verbas ou valores públicos transferidos pela administração pública a entidade privada mediante celebração de parcerias, sem a observância das formalidades legais ou regulamentares aplicáveis à espécie.

ATENÇÃO!

1. Nos casos em que a inobservância de formalidades legais ou regulamentares não implicar perda patrimonial efetiva, não ocorrerá imposição de ressarcimento, vedado o enriquecimento sem causa das entidades referidas no art. 1º desta Lei;
2. A mera perda patrimonial decorrente da atividade econômica não acarretará improbidade administrativa, salvo se comprovado ato doloso praticado com essa finalidade.

17.7 Dos atos de improbidade administrativa que atentam contra os princípios da administração pública

A última modalidade prevista na lei abrange os atos que atentam contra os princípios da administração pública, tais como honestidade, imparcialidade e legalidade, conforme estabelecido no rol taxativo do art. 11 da Lei nº 8.429/1992.

Os incisos do artigo supracitado apresentam 8 (oito) condutas que caracterizam atos de improbidade contra os princípios da administração pública:

- Revelar fato ou circunstância de quem tem conhecimento e que deveria permanecer em segredo (informação privilegiada ou que coloca em risco a segurança);
- Negar publicidade aos atos oficiais, exceto em razão de sua imprescindibilidade para a segurança da sociedade e do Estado ou de outras hipóteses instituídas em lei;
- Frustrar, em ofensa à imparcialidade, o caráter concorrencial de concurso público, de chamamento ou de procedimento licitatório, com vistas à obtenção de benefício próprio, direto ou indireto, ou de terceiros;
- Deixar de prestar contas, quando estas são responsabilidade do agente, para ocultar irregularidades;
- Revelar, antes da respectiva divulgação oficial, o teor de medidas políticas ou econômicas capazes de afetar o preço de mercadoria, bem ou serviço;
- Descumprir as normas relativas à celebração, fiscalização e aprovação de contas de parcerias firmadas pela administração pública com entidades privadas;
- Nomear cônjuge, companheiro ou parente (até o terceiro grau) da autoridade nomeante ou de servidor da mesma pessoa jurídica investido em cargo de direção, chefia ou assessoramento, para o exercício de cargo em comissão, cargo de confiança ou função gratificada na administração pública direta ou indireta; (Nepotismo)
- Praticar, com recursos do erário, publicidade que contrarie o disposto no § 1º do art. 37 da CF, para promover ou enaltecer o agente público, com a personalização de atos, de programas, de obras, de serviços ou de campanhas dos órgãos públicos.

ATENÇÃO!

1. Somente haverá improbidade administrativa, por violação dos princípios da administração pública, quando for comprovado na conduta funcional do agente público o fim de obter proveito ou benefício indevido para si ou para outra pessoa ou entidade.

2. O enquadramento de conduta funcional pressupõe a demonstração objetiva da prática de ilegalidade no exercício da função pública, com a indicação das normas constitucionais, legais ou infralegais violadas.
3. Os Atos de Improbidade Administrativa que Atentam Contra os Princípios da Administração Pública exigem lesividade relevante ao bem jurídico tutelado para serem passíveis de sanção independente do reconhecimento da produção de danos ao erário e de enriquecimento ilícito dos agentes públicos.
4. Não se configura improbidade a mera nomeação ou indicação política por parte dos detentores de mandatos eletivos, sendo necessária a aferição de dolo com finalidade.

17.8 Sanções

A CF no art. 37, § 4º, indicou algumas medidas cabíveis ao ato improbidade: Suspensão dos direitos Políticos; Perda da função pública; Indisponibilidade de bens; e Ressarcimento ao erário.

O art. 12 da Lei nº 8.429/1992 ampliou o rol de sanções previstas na CF:

	ENRIQUECIMENTO ILÍCITO	PREJUÍZO AO ERÁRIO	VIOLAÇÃO AO PRINCÍPIO
Perda dos bens acrescidos	Sim	Sim (se ocorrer)	-
Perda da Função Pública	Sim	Sim	-
Suspensão dos Direitos Políticos	Até 14 anos;	Até 12 anos	-
Multa	Valor dos bens acrescidos;	Valor dos prejuízos causados;	Até 24 vezes a remuneração do agente;
Proibição de Contratar ou receber benefício	Até 14 anos;	Até 12 anos;	Até 4 anos

ATENÇÃO!

1. A sanção de perda da função pública, nas hipóteses dos incisos I e II do *caput* do art. 12 da Lei nº 8.429/1992, atinge apenas o vínculo de mesma qualidade e natureza que o agente público ou político detinha com o poder público na época do cometimento da infração, podendo o magistrado, na hipótese enriquecimento ilícito, e em caráter excepcional, estendê-la aos demais vínculos, consideradas as circunstâncias do caso e a gravidade da infração;
2. A multa pode ser aumentada até o dobro, se o juiz considerar que, em virtude da situação econômica do réu, o valor calculado é ineficaz para reprovação e prevenção do ato de improbidade;
3. Na responsabilização da pessoa jurídica, deverão ser considerados os efeitos econômicos e sociais das sanções, de modo a viabilizar a manutenção de suas atividades.
4. As sanções aplicadas a pessoas jurídicas com base Lei de improbidade e na Lei anticorrupção, deverão observar o princípio constitucional do *non bis in idem;*
5. As sanções previstas neste artigo somente poderão ser executadas após o trânsito em julgado da sentença condenatória.

6. É possível a caracterização do ato de improbidade e aplicação das penalidades ainda que:
   a) Não haja efetiva ocorrência de dano ao patrimônio público, salvo quanto à pena de ressarcimento e às condutas previstas no art. 10 da Lei nº 8.429/1992; e,
   b) Independente da aprovação ou rejeição das contas, pelo órgão de controle interno ou pelos Tribunais ou Conselhos de Contas. (Art. 21, II, da Lei nº 8.429/1992);

17.9 Do procedimento administrativo e do processo judicial

Apesar de a Lei de Improbidade Administrativa mencionar a apuração administrativa dos atos de improbidade, não podemos nos esquecer de que a aplicação das respectivas sanções somente pode ocorrer dentro de um processo judicial.

> Art. 14. Qualquer pessoa poderá representar à autoridade administrativa competente para que seja instaurada investigação destinada a apurar a prática de ato de improbidade.
>
> § 1º A representação, que será escrita ou reduzida a termo e assinada, conterá a qualificação do representante, as informações sobre o fato e sua autoria e a indicação das provas de que tenha conhecimento [...].

Atendidos os pressupostos do § 1º acima, a autoridade administrativa ficará obrigada a determinar sua apuração (art. 14, § 3º), em geral por meio da abertura de um processo administrativo disciplinar (PAD) e a designação de uma "comissão processante" (isto é, o órgão designado para conduzir a investigação).

A apuração desta "denúncia", portanto, consiste em poder-dever da Administração e, portanto, é irrenunciável. Todavia, não sendo admitida a representação, nada impede que o Ministério Público investigue o caso (art. 14, § 2º, parte final).

17.10 Do pedido de indisponibilidade

O art. 16 prevê a importante medida cautelar de indisponibilidade dos bens do indiciado quando houver necessidade de:

- ressarcimento ao erário;
- de perdimento dos bens acrescidos ilicitamente.

Perceba que este "congelamento" dos bens do acusado somente pode ser decretado pelo juiz (e não pelo MP ou pela autoridade administrativa). Além disso, tal decretação pode ocorrer antes de ajuizada a ação por improbidade (caráter antecedente) ou após ajuizada (caráter incidente).

Como a indisponibilidade é uma medida cautelar, dependerá da existência dos pressupostos clássicos do *periculum in mora* e do *fumus boni iuris*.

Vale ressaltar que a LIA exige a demonstração no caso concreto de perigo de dano irreparável ou de risco ao resultado útil do processo, não se admitindo mais a presunção do perigo da demora (art. 16, §§ 3º e 4º).

Além disso, a indisponibilidade poderá ser decretada com ou sem a oitiva prévia do réu. Apesar de a regra geral ser a oitiva prévia do réu (possibilitando seu contraditório e ampla defesa), é possível que a medida seja decretada sem a oitiva prévia, quando "o contraditório prévio puder comprovadamente frustrar a efetividade da medida ou houver outras circunstâncias que recomendem a proteção liminar".

Se houver mais de um réu na ação, a somatória dos valores congelados não poderá superar o montante indicado na petição inicial como dano ao erário ou como enriquecimento ilícito, a fim de não impor aos investigados uma restrição superior ao necessário.

Além disso, a Lei de Improbidade agora prevê que a indisponibilidade recairá sobre bens que assegurem o integral ressarcimento do dano e a recomposição do acréscimo patrimonial indevido, sem incidir sobre os valores a serem eventualmente aplicados a título de multa civil ou sobre acréscimo patrimonial decorrente de atividade lícita (art. 16, § 10).

Quanto aos bens que deverão ser "congelados", devem ser priorizados aqueles de menor liquidez, de modo que o bloqueio de contas bancárias deve ocorrer em último caso, até para se garantir a subsistência do acusado e a manutenção da atividade empresária ao longo do processo.

Nesse sentido, considerando-se a necessidade de subsistência do acusado, é vedada a decretação de indisponibilidade da quantia de até 40 salários mínimos depositados em conta corrente, em caderneta de poupança ou em outras aplicações financeiras. É, também, vedada a decretação de indisponibilidade sobre bem de família do acusado, salvo se comprovado que o imóvel seja fruto de vantagem patrimonial indevida.

17.11 Legitimidade para propor a ação

> Art. 17. A ação para a aplicação das sanções de que trata esta Lei será proposta pelo Ministério Público e seguirá o procedimento comum previsto na Lei nº 13.105, de 16 de março de 2015 (Código de Processo Civil), salvo o disposto nesta Lei.

Esse artigo precisa ser lido em conjunto com a jurisprudência do STF sobre o tema. Isto porque o STF considerou tal regra inconstitucional (ADI 7042), restabelecendo a redação anterior, quanto à "legitimidade ativa concorrente entre o Ministério Público e as pessoas jurídicas interessadas para a propositura da ação por ato de improbidade administrativa".

Portanto, são legitimados tanto o Ministério Público como a pessoa jurídica interessada, isto é, os sujeitos passivos do ato de improbidade.

A ação de improbidade deverá ser proposta perante o foro do local onde ocorrer o dano ou da pessoa jurídica prejudicada.

ATENÇÃO! AÇÃO DE IMPROBIDADE NÃO TEM NATUREZA JURÍDICA DE AÇÃO CIVIL PÚBLICA.

Buscando diferenciar as ações por improbidade de outras ajuizadas pelo Ministério Público - MP, o art. 17, § 19, da Lei nº 8.429/1992 deixa claro que não se aplicam na ação de improbidade administrativa:

- presunção de veracidade dos fatos alegados pelo autor em caso de revelia;
- imposição de ônus da prova ao réu;

- ajuizamento de mais de uma ação pelo mesmo fato, competindo ao Conselho Nacional do Ministério Público (CNMP) solucionar conflitos de atribuições dentro do MP;
- reexame obrigatório da sentença de improcedência ou extinção sem resolução de mérito;
- remessa necessária (art. 17-C, § 3º)

ATENÇÃO! O STF definiu entendimento judicial a respeito das mudanças promovidas pela Lei nº 14.230/2021. Em fevereiro de 2022, o STF suspendeu os efeitos do Art. 17, § 20 da Lei nº 8.429/1992, desobrigando a advocacia pública de promover a defesa dos agentes públicos acusados de improbidade.

17.12 Celebração de acordo de não persecução penal

A celebração do acordo está condicionada, ao menos, aos seguintes resultados (art. 17-B, *caput*):

> I. o integral ressarcimento do dano;
>
> II. a reversão da vantagem indevida obtida à pessoa jurídica lesada, ainda que oriunda de agentes privados.

Nesse sentido, para fins de apuração do valor do dano a ser ressarcido, deverá ser realizada a oitiva do Tribunal de Contas competente, que se manifestará, com indicação dos parâmetros utilizados, no prazo de 90 dias (art. 17-B, § 3º).

Momento:

- Durante a investigação de apuração do ilícito,
- No curso da ação de improbidade ou, até mesmo,
- No momento da execução da sentença condenatória.

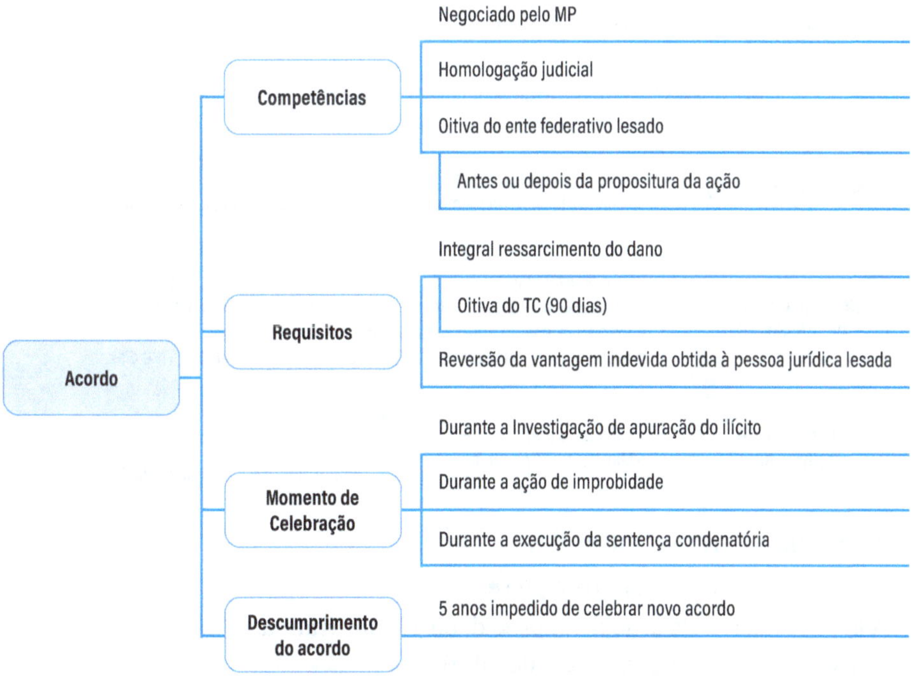

A ação por improbidade administrativa é repressiva, de caráter sancionatório, destinada à aplicação de sanções de caráter pessoal previstas nesta Lei, e não constitui ação civil, vedado seu ajuizamento para o controle de legalidade de políticas públicas e para a proteção do patrimônio público e social, do meio ambiente e de outros interesses difusos, coletivos e individuais homogêneos.

17.13 Prescrição

A ação para a aplicação das sanções previstas nesta Lei prescreve em 8 anos, contados a partir da ocorrência do fato ou, no caso de infrações permanentes, do dia em que cessou a permanência.

A instauração de inquérito civil ou de processo administrativo para apuração dos ilícitos referidos nesta Lei suspende o curso do prazo prescricional por, no máximo, 180 dias corridos, recomeçando a correr após a sua conclusão ou, caso não concluído o processo, esgotado o prazo de suspensão.

O inquérito civil para apuração do ato de improbidade será concluído no prazo de 365 dias corridos, prorrogável uma única vez por igual período, mediante ato fundamentado submetido à revisão da instância competente do órgão ministerial, conforme dispuser a respectiva lei orgânica.

Encerrado o prazo, a ação deverá ser proposta no prazo de 30 dias, se não for caso de arquivamento do inquérito civil.

ATENÇÃO! O STF também reforçou que o novo regime de prescrição, fundado no prazo de 8 anos a partir da ocorrência dos fatos, não tem aplicação retroativa.

TEMPO DE PRESCRIÇÃO DA AÇÃO DE IMPROBIDADE	O prazo é de 8 anos
OCORRÊNCIA DE FATO	Começa a contar a partir da ocorrência do fato (infração) Se a infração for permanente, começa do dia em que cessou a permanência
INQUÉRITO CIVIL OU PROCESSO ADM.	Com a abertura de inquérito ou processo, o prazo é suspenso por até 180 dias. A suspensão acaba quando terminam os 180 dias ou quando o processo é concluído. Após a suspensão, o prazo continua de onde parou. Deve ter a duração máxima de 365 dias, prorrogável por mais 365=730 dias.
ARQUIVAR OU PROPOR AÇÃO	Terminado o prazo do inquérito, o Min. Público é obrigado a → arquivar ou → propor ação de improbidade em 30 dias

PRESCRIÇÃO INTERCORRENTE

O prazo da prescrição interrompe-se:

1. Pelo ajuizamento da ação de improbidade administrativa;
2. Pela publicação da sentença condenatória;

3. Pela publicação de decisão ou acórdão de TJ, TRF, STJ OU STF que confirma sentença condenatória ou que reforma sentença de improcedência.

Interrompida a prescrição, o prazo recomeça a correr do dia da interrupção, pela metade (4 anos). O juiz ou o tribunal, deverá, de ofício ou a requerimento da parte interessada, reconhecer a prescrição intercorrente da pretensão sancionadora e decretá-la de imediato.

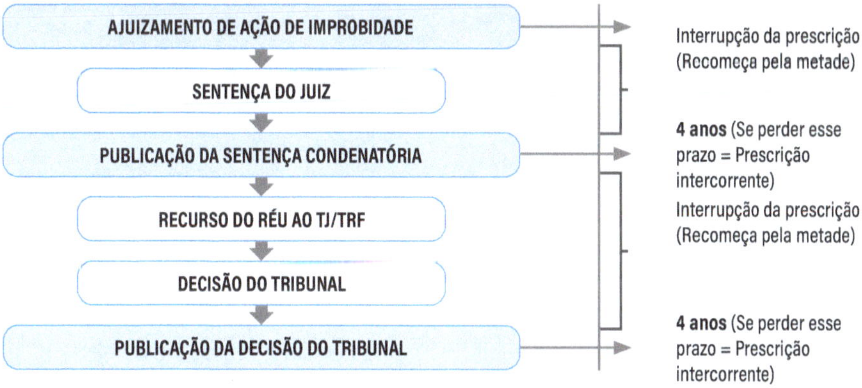

Direito Civil

Laryssa Juliana Cesar da Silva

1 PARTE GERAL

1.1 Pessoa natural

No âmbito do direito civil, PESSOA NATURAL é a expressão utilizada para se referir a uma pessoa física com personalidade jurídica e possuidora da capacidade para adquirir direitos e assumir obrigações na esfera jurídica.

Em outras palavras, a pessoa natural é o ser humano tratado como sujeito de direitos e deveres perante a lei.

Cada pessoa natural é única e apresenta características individuais que o diferenciam dos demais. Ele tem a faculdade de realizar atos no campo civil, como contrair matrimônio, comprar e vender propriedades, estabelecer contratos, entre outras ações, desde que possua capacidade jurídica, isto é, a habilidade de exercer direitos e cumprir obrigações por sua própria vontade, conforme estabelecido pela legislação do respectivo país.

1.2 Personalidade jurídica

A PERSONALIDADE JURÍDICA refere-se à capacidade de um indivíduo de ser titular de direitos e deveres na esfera jurídica.

Dessa maneira, a personalidade jurídica é reconhecida a entidades como empresas, associações e instituições, permitindo-lhes atuar como sujeitos de direito, celebrar contratos, adquirir bens e responder por obrigações.

No contexto dos sujeitos de direitos, segue breve organograma resumo de sujeitos com e sem personalidade jurídica.

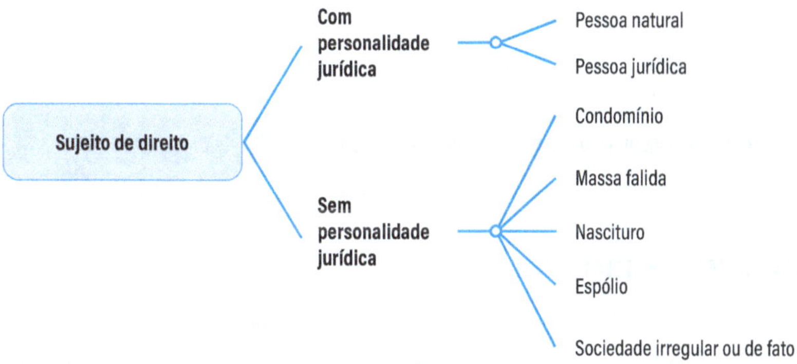

1.3 Capacidade jurídica

A CAPACIDADE JURÍDICA diz respeito à aptidão de uma pessoa física para exercer direitos e cumprir obrigações por meio de sua própria vontade.

Importante enfatizar que a capacidade jurídica pode ser dividida em:

CAPACIDADE DE GOZO (ou capacidade de direito)	A capacidade do indivíduo de ser titular de direitos e deveres
CAPACIDADE DE EXERCÍCIO (ou capacidade de fato)	A capacidade do sujeito para praticar atos jurídicos por si mesmo, consciente e voluntariamente

ATENÇÃO

No Brasil, todos que possuem personalidade jurídica detém, também, capacidade de direito, não existindo a figura do incapaz de direito

1.4 Personalidade jurídica x Capacidade jurídica

Diante do exposto, compreende-se que a personalidade jurídica e a capacidade jurídica relacionam-se com a capacidade de uma entidade ou indivíduo para participar de relações jurídicas. Desse modo, em relação a essas duas conceituações, sintetiza-se:

PERSONALIDADE JURÍDICA	CAPACIDADE JURÍDICA
Art. 2º do CC	Art. 1º do CC
É aptidão genérica para titularizar direitos e contrair obrigações.	Aptidão da pessoa para exercer direitos e assumir deveres na órbita civil
A personalidade civil da pessoa começa do nascimento com vida, mas a lei põe salvo os direitos do nascituro	• Capacidade de Direito: toda pessoa é capaz de direitos • Capacidade de Fato: a pessoa pode atuar pessoalmente

ATENÇÃO

CAPACIDADE DE DIREITO + CAPACIDADE DE FATO = CAPACIDADE PLENA

1.5 Incapacidade jurídica

A INCAPACIDADE JURÍDICA é uma condição em que o indivíduo não tem plena capacidade para exercer seus direitos e cumprir suas obrigações legais. Pode ser permanente ou temporária, determinada por critérios como idade, doença mental ou deficiência intelectual.

Indivíduos legalmente incapazes podem precisar de representação ou assistência para agir em seu nome, protegendo seus interesses e administrando seus recursos.

Esta medida visa a proteger os vulneráveis, garantindo que não sejam explorados legalmente, preservando sua dignidade e direitos.

Dessa maneira, acerca da incapacidade civil, sintetiza-se:

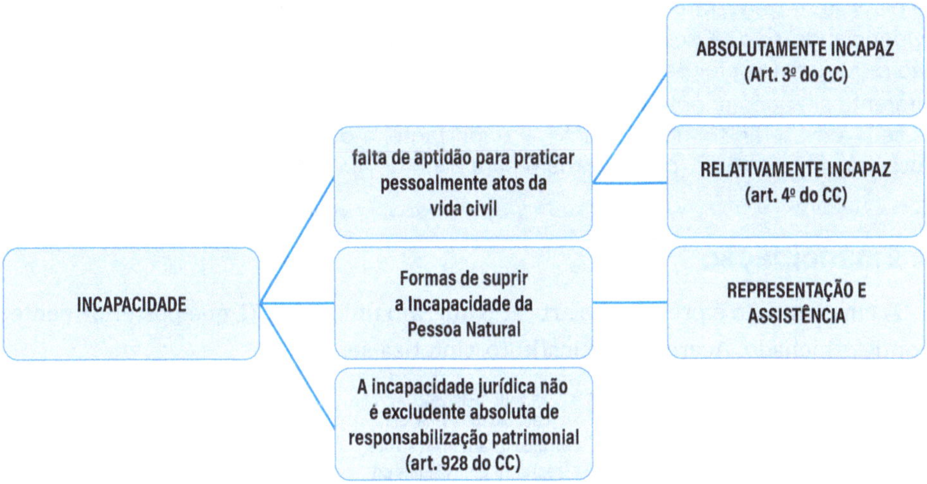

O instituto da incapacidade civil diferencia modalidades de incapacidade, que são previstas no Código Civil:

> Art. 3º São absolutamente incapazes de exercer pessoalmente os atos da vida civil os menores de 16 (dezesseis) anos.
>
> Art. 4º São incapazes, relativamente a certos atos ou à maneira de os exercer:
>
> I – os maiores de dezesseis e menores de dezoito anos;
>
> II – os ébrios habituais e os viciados em tóxico;
>
> III – aqueles que, por causa transitória ou permanente, não puderem exprimir sua vontade;
>
> IV – os pródigos.
>
> Parágrafo único. A capacidade dos indígenas será regulada por legislação especial.

Isto posto, sintetizam-se os tipos de incapacidade:

TIPOS DE INCAPACIDADE	
ABSOLUTAMENTE INCAPAZ	**RELATIVAMENTE INCAPAZ**
• menores de 16 (dezesseis) anos.	• maiores de dezesseis e menores de dezoito anos; • ébrios habituais; • viciados em tóxico; • aqueles que, por causa transitória ou permanente, não puderem exprimir sua vontade; • os pródigos.
Para os atos terem validade, deverão estar acompanhados do Representante Legal (Pais ou Tutor)	Para os atos terem validade, deverão estar acompanhados do Assistente Legal (Pais, Tutor ou Curador)
Os atos praticados pelo absolutamente incapaz sem o representante legal são NULOS (Efeito *EX TUNC*)	Os atos praticados pelo absolutamente incapaz sem o representante legal são ANULÁVEIS (Efeito *EX NUNC*)

ATENÇÃO

Se o assistente legal ratificar o ato do relativamente incapaz ele será considerado válido. Evidenciando-se que, se aquele ato for declarado nulo, o efeito dele é *ex nunc*, ou seja, não retroagirá (os efeitos que já tiverem sido produzidos permanecerão).

Diferente situação acontece com os atos das pessoas absolutamente incapazes, pois os seus atos serão totalmente nulos – e, portanto, a decisão que assim o reconhecer possuirá efeito *ex tunc*, pois retornará para o *status quo* antes.

1.6 Emancipação

A emancipação é prevista no art. 5º, parágrafo único, do CC, que posteriormente será melhor destrinchado. Acerca desse instituto, sintetiza-se:

- **EMANCIPAÇÃO**
  - **é a antecipação da capacidade plena, em virtude da autorização dos representantes legais do menor ou do juiz, ou pela superveniência de fato a que a lei atribui força para tanto.**
  - **Tipos de Emancipação (Art. 5º, parágrafo único, do CC)**
    - **EMANCIPAÇÃO VOLUNTÁRIA (inciso I)**
    - **EMANCIPAÇÃO JUDICIAL (inciso I)**
    - **EMANCIPAÇÃO LEGAL**

De acordo com a situação por meio da qual se concretiza a emancipação, distinguem-se os tipos de emancipação:

TIPOS DE EMANCIPAÇÃO		
VOLUNTÁRIA	**JUDICIAL**	**LEGAL**
Pelos pais, discricionariamente	Pelo juiz	Pela lei
Também chamada de por outorga, em que os pais dão diretamente no cartório por meio de escritura pública e em caráter irrevogável, quando o menor contar com, pelo menos, 16 anos completos	Por meio de sentença, dada em um processo judicial, em que se há a oitiva de tutor e do Ministério Público; Havendo divergência quanto aos pais em se tratando de dar emancipação ou não cabe ao juiz decidir sobre	Ocorre quando determinados atos ocorrem e ensejam a emancipação, sendo eles: • Casamento • Exercício de emprego público efetivo; • Colação de grau em curso superior (não exige os 16 anos); • Por estabelecimento civil ou comercial ou por relação de emprego que enseje economia própria OBS.: a Lei nº 13.811/2019 determina que não será permitido, em qualquer caso, o casamento de quem não atingiu a idade núbil, esta compreendida como a idade de 16 anos

TIPOS DE EMANCIPAÇÃO		
VOLUNTÁRIA	**JUDICIAL**	**LEGAL**
Não exige homologação judicial	x	É necessário, em alguns casos, uma declaração de emancipação, como o caso de economia própria; Trata-se de uma ação declaratória, apenas
Não acarreta exoneração dos alimentos, que somente ocorre por meio de exoneração judicial	x	x
Deve ser registrada no Registro Civil para ter efeitos	Deve ser registrada no Registro Civil para ter efeitos	Não precisa ser registrada no Registro Civil para que produza efeitos

FIM DA PERSONALIDADE DA PESSOA NATURAL

Considera-se a morte o fim da personalidade da pessoa natural.

É nesse sentido a previsão do art. 6º do CC, que prevê:

> Art. 6º A existência da pessoa natural termina com a morte; presume-se esta, quanto aos ausentes, nos casos em que a lei autoriza a abertura de sucessão definitiva.

A morte pode ser declarada a partir de algumas situações:

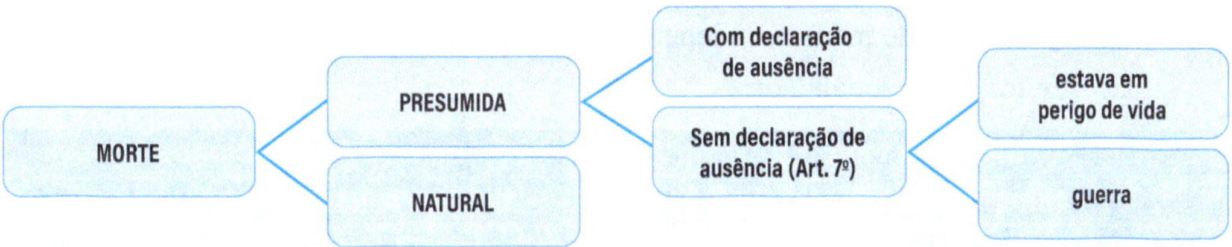

1.7 Presunção de ausência

Ausente é todo aquele que está fora de seu domicílio e sem fornecer notícias há tanto tempo a ponto de tornar incerta a sua existência.

A ausência pode determinada por declaração judicial, cujo procedimento segue a seguinte lógica:

Curadoria dos bens

Requerimento de qualquer interessado ou do Ministério Público, o juiz declarará a ausência e nomeará um curador (art. 22).
Ordem legal para ser curador (art. 25): 1. Cônjuge; 2. Pais; 3. Descendentes; 4. Juiz escolherá.

Sucessão provisória

1 ano da arrecadação dos bens ou 3 anos se deixou representante ou procurador (art. 26);
Sentença que determina a abertura da sucessão provisória somente produzirá efeitos em 180 dias (art. 28);

Sucessão definitiva

10 anos após o trânsito em julgado da sentença (art. 37)
5 anos se o ausente conta com 80 anos (art. 38)

Podem ser curadores desse procedimento de declaração de ausência:

a) O cônjuge do ausente
b) Os seus pais ou descendentes
c) Pessoa nomeada pelo juiz

A morte também pode ser presumida sem a declaração de ausência nos seguintes casos:

Se for extremamente provável a morte de quem estava em perigo de vida;
Se alguém, desaparecido em campanha ou feito prisioneiro, não for encontrado até dois anos após o término da guerra.

Nesses casos, conforme previsão do parágrafo único do art. 7º do CC:

> A declaração da morte presumida, nesses casos, somente poderá ser requerida depois de esgotadas as buscas e averiguações, devendo a sentença fixar a data provável do falecimento.

1.8 Direitos da personalidade

Os direitos da personalidade são um conjunto de direitos essenciais que protegem aspectos fundamentais da pessoa humana, assegurando, dessa forma, a sua dignidade, integridade física, moral e psicológica. Esses direitos são inerentes à própria existência do indivíduo e devem ser garantidos de maneira independente a qualquer interesse público ou privado.

São direitos da personalidade:

DIREITO À VIDA	DIREITO À PRIVACIDADE
DIREITO À LIBERDADE	DIREITO À INTEGRIDADE FÍSICA
DIREITO À IDENTIDADE CULTURAL	DIREITO À AUTODETERMINAÇÃO INFORMATIVA
DIREITO AO NOME	DIREITO À INTIMIDADE
DIREITO À IMAGEM	DIREITO À HONRA

Constituem características dos direitos da personalidade:

ABSOLUTOS	Pois são *erga omnes*, ou seja, oponíveis contra todos
INDISPONÍVEIS	Esses direitos não podem ser objeto de disposição, transação ou renúncia total ou parcial por parte da pessoa titular desses direitos, sendo, pois, intransmissíveis e irrenunciáveis, com exceção dos casos previstos em lei, conforme art. 11 do CC.
IMPRESCRITÍVEIS	Esses direitos não se extinguem pelo decurso do tempo.
IMPENHORÁVEIS	Esses direitos não podem ser objeto de penhora, ou seja, não podem ser tomados ou confiscados judicialmente como garantia de pagamento de dívidas ou obrigações.
INEXPROPRIÁVEIS	Esses direitos não podem ser objeto de expropriação ou tomada pelo Estado ou por terceiros sem o consentimento da pessoa a quem pertencem.
INALIENÁVEIS	Esses direitos não podem ser transferidos, cedidos ou alienados a outra pessoa.

Os direitos da personalidade são assegurados pela legislação e jurisprudência, podendo a sua violação acarretar responsabilidade civil ou penal, dependendo do caso concreto. Os direitos da personalidade são essenciais para garantir o controle dos indivíduos sobre a sua própria vida e o respeito à sua individualidade e integridade.

ATENÇÃO

Pessoa morta

A pessoa morta goza de proteção dos direitos da personalidade. Nessa linha, prevê o Código Civil:

> Art. 12. [...] Parágrafo único. Em se tratando de morto, terá legitimação para requerer a medida prevista neste artigo o cônjuge sobrevivente, ou qualquer parente em linha reta, ou colateral até o quarto grau.
>
> Art. 20. Salvo se autorizadas, ou se necessárias à administração da justiça ou à manutenção da ordem pública, a divulgação de escritos, a transmissão da palavra, ou a publicação, a exposição ou a utilização da imagem de uma pessoa poderão ser proibidas, a seu requerimento e sem prejuízo da indenização que couber, se lhe atingirem a honra, a boa fama ou a respeitabilidade, ou se se destinarem a fins comerciais.
>
> Parágrafo único. Em se tratando de morto ou de ausente, são partes legítimas para requerer essa proteção o cônjuge, os ascendentes ou os descendentes.

Disposição do próprio corpo

Sobre a disposição do próprio corpo, a legislação garante o direito do cidadão de dispor sobre o próprio corpo em situações que implicam a diminuição permanente da integridade física ou contrariem os bons costumes, salvo por motivo de exigência médica. Nessa linha, ainda prevê o Código Civil:

> Art. 13. [...]
>
> Parágrafo único. O ato previsto neste artigo será admitido para fins de transplante, na forma estabelecida em lei especial.
>
> Art. 14. É válida, com objetivo científico, ou altruístico, a disposição gratuita do próprio corpo, no todo ou em parte, para depois da morte.

Pseudônimo

O pseudônimo adotado para atividades lícitas goza da proteção que se dá ao nome.

1.9 Pessoa jurídica

As pessoas jurídicas consistem em um conjunto de pessoas dotadas de personalidade jurídica própria, tendo por intuito a realização de fins comuns ou a destinação patrimonial.

Sobre os requisitos para a criação das pessoas jurídicas, compreende-se que eles englobam:

REQUISITOS PARA A CRIAÇÃO DE PESSOAS JURÍDICAS	
	Vontade humana para a sua criação
	O registro do ato constitutivo em observância ao previsto no art. 45 do CC
	A Licitude do objeto

Direito Civil

ATENÇÃO

Aplica-se às pessoas jurídicas, no que couber, a proteção aos direitos da personalidade.

As pessoas jurídicas são diferenciadas em algumas classificações, quais sejam:

TIPOS DE PESSOAS JURÍDICAS		
DE DIREITO PÚBLICO EXTERNO	**DE DIREITO PÚBLICO INTERNO**	**DE DIREITO PRIVADO**
Art. 42 do CC	Art. 41 do CC	Art. 44 do CC
• Estados estrangeiros; • Todas as pessoas que forem regidas pelo direito internacional público; • Santa Sé.	• União; • Estados, Distrito Federal e Territórios; • Municípios; • Autarquias e Associações Públicas; • Demais entidades de caráter público criadas por lei.	• Associações; • Sociedades; • Fundações; • Organizações Religiosas; • Partidos Políticos. • Empreendimentos de economia solidária (novidade legislativa)

ATENÇÃO

A pessoa jurídica de direito privado surge a partir do registro dos atos constitutivos (teoria da realidade técnica). Já as pessoas jurídicas de direito público adquirem personalidade por força da lei ou do ato que a constituiu.

Ainda sobre as pessoas jurídicas, expõe-se outras particularidades:

1.10 Domicílio

O domicílio consiste no lugar onde a pessoa estabelece residência com ânimo definitivo, convertendo-o, em regra, em centro principal de seus negócios jurídicos ou suas atividades profissionais.

- Se a pessoa tiver Pluralidade de Domicílio (art. 71): considerar-se-á domicílio seu qualquer delas;
- Mudança de Domicílio (art. 74): transferindo a residência, com a intenção manifesta de o mudar.
- Teoria do Domicílio Aparente (art. 73): quem não tem residência habitual, o domicílio será o lugar onde for encontrada.
- Domicílio da Pessoa Jurídica de Direito Privado (art. 75):
  - Regra: onde está localizada a sua sede, indicado no seu estatuto, contrato social ou ato constitutivo (inciso IV);
  - Se não houver: onde funcionar a diretoria (inciso IV);
  - Se houver mais de uma filial: cada uma delas (§ 1º);
  - Se for estrangeira: lugar do estabelecimento no Brasil (§ 2º).
- Domicílio da Pessoa Jurídica de Direito Público (art. 75):
  - Regra: Distrito federal, capitais e administração municipal.

TIPOS DE DOMICÍLIO

Esquematizam-se as espécies de domicílio:

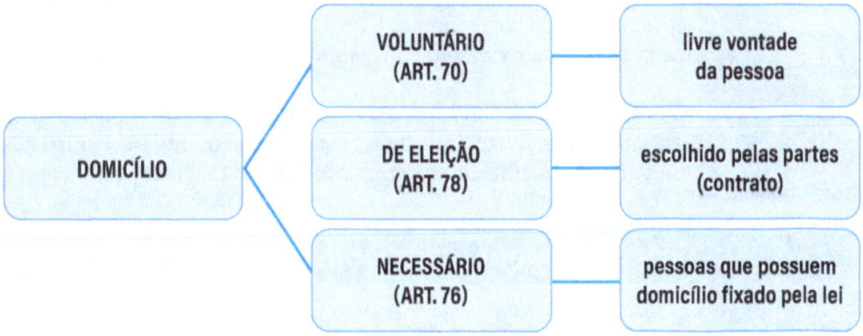

O domicílio necessário, conforme previsão do art. 76 do CC, é definido de forma diferente pela lei nos seguintes casos:

DOMICÍLIO NECESSÁRIO NO CASO DE		
S	SERVIDOR	Será o local onde exerce suas funções permanentemente
I	INCAPAZ	Será o domicílio do representante ou assistente
M	MARÍTIMO	Será o local onde o navio estiver matriculado OBS.: não é o navio ancorado!
P	PRESO	Será o local onde o preso está cumprindo a sentença
M	MILITAR	Será o local onde o militar servirá. Os militares da marinha ou aeronáutica terão domicílio na sede do comando

1.11 Bens

O conceito de bem perpassa pelo de coisa, sendo coisa tudo aquilo que existe objetivamente e é suscetível de valor. Bem, por sua vez, assume feição mais ampla, sendo objeto de uma relação jurídica, inclusive, alguns bens não são considerados como coisas, como por exemplo, o direito à imagem.

Os bens possuem a seguinte classificação:

BENS CONSIDERADOS EM SI MESMOS	
BENS CORPÓREOS E INCORPÓREOS	Bens corpóreos têm existência material (Ex. casa, carro) e bens incorpóreos não tem existência material (Ex.: direitos a personalidade).
BENS MÓVEIS E IMÓVEIS (ARTS. 79 E 80)	Bens imóveis não podem ser transportados de um lugar para outro sem alteração de sua substância (Ex. um lote urbano) e bens móveis (arts. 82 e 83): são os passíveis de deslocamento, sem perder sua qualidade (Ex. carro).
BENS FUNGÍVEIS E INFUNGÍVEIS (ART. 85)	Bens fungíveis são aqueles que podem ser substituídos por outros da mesma espécie, qualidade e quantidade (Ex.: café). Já os bens infungíveis são aqueles que não podem ser substituídos (ex.: uma obra de arte únicas).
BENS CONSUMÍVEIS E INCONSUMÍVEIS (ART. 86)	São considerados consumíveis os bens móveis cujo uso acaba com o bem, deixando de existir (Ex. alimento). São bens inconsumíveis aqueles que suportam uso continuado, sem prejuízo do seu perecimento progressivo e natural (Ex.: o automóvel).

BENS CONSIDERADOS EM SI MESMOS	
BENS DIVISÍVEIS E INDIVISÍVEIS (ART. 87 E 88)	Bens divisíveis são os que podem ser divididos em porções reais e distintas, formando cada parte um novo bem (Ex.: dinheiro). Se o bem não pode ser repartido, por óbvio, será considerado indivisível (Ex.: cavalo).
BENS SINGULARES E COLETIVOS (ARTS. 89, 90 E 91)	São considerados bens singulares coisas por sua individualidade - unidade autônoma (Ex. livro). Já os bens coletivos são os que são compostos pela união de vários bens singulares - conjunto (Ex. uma biblioteca).

BENS RECIPROCAMENTE CONSIDERADOS	
BEM PRINCIPAL (ART. 92)	É o bem que existe sem depender de outro bem (Ex. solo, crédito).
BENS ACESSÓRIOS	É aquele cuja existência supõe a existência do bem principal (Ex. árvore, juros). ATENÇÃO: em regra, o bem acessório deve seguir sempre o bem principal. São bens acessórios: • FRUTOS: são proveitos que a coisa principal periodicamente produz, cujo recolhimento não diminui a sua substância do bem principal. Exemplo: maçã de uma árvore. • PRODUTOS: são proveitos que o bem principal produz, cujo recolhimento diminui a sua quantidade e substância. Exemplo: pepita de ouro de uma mina. • RENDIMENTOS: são prestações periódicas em dinheiro, decorrentes da concessão do uso e gozo. Exemplo: aluguel. • PERTENÇAS (art. 93): São pertenças os bens que, não constituindo partes integrantes, se destinam, de modo duradouro, ao uso, ao serviço ou ao aformoseamento de outro (não seguem o principal, em regra). Exemplo: armários de uma casa. • BENFEITORIAS (art. 96): obra realizada na estrutura do bem principal. Essas benfeitorias poderão possuir o propósito de: - Conservá-la (benfeitorias necessárias); - Melhorá-la (benfeitorias úteis); - Embelezá-la (benfeitorias voluptuárias).

BENS EM RELAÇÃO AO TITULAR DO DOMÍNIO	
BENS PARTICULARES	São aqueles não pertencentes ao domínio público, mas sim à iniciativa privada.
BENS PÚBLICOS (ART. 98)	São aqueles materiais ou imateriais, cujo titular é uma pessoa jurídica de direito público (União, Estados, Municípios, com suas fundações e autarquias). ou de direito privado prestadora de serviço público. Bens de Uso Comum do Povo (art. 99, I, do CC): utilização não se submete a qualquer tipo de discriminação ou ordem especial de fruição, ou seja, pode ser utilizado por qualquer pessoa (praias, estradas). Bens de Uso Especial (art. 99, II, do CC): são os bens utilizados pelo próprio Estado para a execução de serviço público, havendo destinação especial denominada afetação (prédios que servem para escolas). Bens Dominicais (art. 99, III, do CC): não afetados à utilização direta e imediata do povo, nem aos usuários de serviços, mas que pertencem ao patrimônio estatal, podem ser alienados desde que na forma exigida em lei (terrenos de marinha).

1.12 Fatos jurídicos

Conforme definição do professor Pablo Stolze, o fato jurídico é todo acontecimento, natural ou humano, que determina a ocorrência de efeitos constitutivos, modificativos ou extintivos de direitos e obrigações.

Os fatos jurídicos são divididos da seguinte forma:

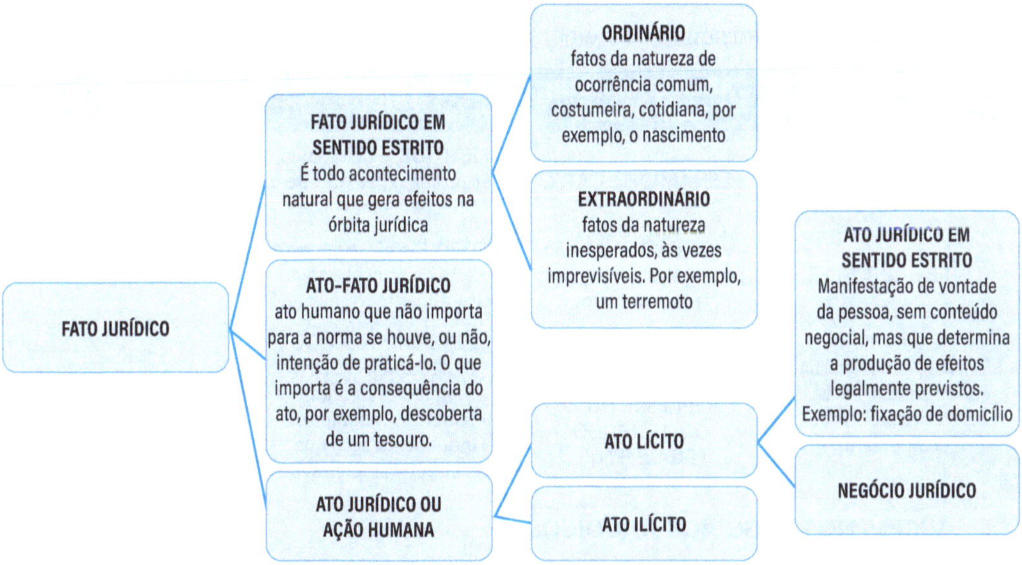

1.13 Negócio jurídico

O negócio jurídico consiste na composição de interesses das partes com a finalidade de adquirir, modificar, transferir ou extinguir direitos, respeitando os pressupostos de existência, validade e eficácia impostos pela norma jurídica que sobre ele incide.

Nessa linha, determina o Código Civil:

> Art. 112. Nas declarações de vontade se atenderá mais à intenção nelas consubstanciada do que ao sentido literal da linguagem.

PLANOS

Os planos de análise dos negócios jurídicos dizem respeito à existência, validade e eficácia.

ELEMENTOS DO NEGÓCIO JURÍDICO:

Em síntese, os elementos constitutivos do negócio jurídico correspondem a:

- Agente capaz;
- Proferindo uma manifestação de vontade livre e de boa-fé;
- Por meio de uma forma prescrita ou não defesa em lei;
- E acerca de um objeto possível e determinável ou determinado.

Desse modo, sintetizam-se os elementos constitutivos do negócio jurídico:

MANIFESTAÇÃO DE VONTADE	AGENTE EMISSOR DA VONTADE	OBJETO	FORMA
Forma EXPRESSA ou TÁCITA	PLENAMENTE CAPAZ	LICITUDE: o objeto não ser proibido pelo direito e pela moral	PRESCRITA ou NÃO DEFESA EM LEI
LIVRE e de BOA-FÉ	LEGÍTIMO, isto é, não pode ser impedido para praticar o ato	POSSÍVEL: não é válido o objeto de uma prestação naturalmente irrealizável	
SILÊNCIO em regra, não produz efeitos. Exceção na lei (ex. contrato de mandato)	Se o agente não for capaz, ele deve estar REPRESENTADO OU ASSISTIDO LEGALMENTE	DETERMINADO (OU DETERMINÁVEL): o objeto deve conter elementos mínimos de individualização que permitam caracterizá-lo	

VÍCIOS NOS NEGÓCIOS JURÍDICOS

Os vícios de consentimento e os vícios sociais correspondem aos vícios nos negócios jurídicos. A partir dessa compreensão, passa-se à análise de cada um deles:

1. VÍCIO DE CONSENTIMENTO:

Os vícios de consentimento dos negócios jurídicos correspondem aos defeitos que influenciam a validade dos negócios jurídicos, ocorrendo quando a vontade das partes que estão envolvidas naquele negócio jurídico é afetada de alguma maneira inadequada. Em vista disso, os negócios jurídicos ficarão passíveis de anulação.

Consideram-se vícios de consentimento aos negócios jurídicos:

ESTADO DE PERIGO (art. 156)	ERRO OU IGNORÂNCIA (arts. 138 a 144)	DOLO (arts. 145 a 150)	COAÇÃO (arts. 151 a 155)	LESÃO (art. 157)
O agente, diante de situação de perigo conhecido pela outra parte, emite declaração de vontade para salvaguardar direito seu, ou de pessoa próxima, assumindo obrigação excessivamente onerosa.	O agente, por desconhecimento ou falso conhecimento das circunstâncias, age de um modo que não seria a sua vontade, se conhecesse a verdadeira situação.	Todo artifício malicioso empregado por uma das partes ou por terceiro com o propósito de prejudicar outrem, quando da celebração do negócio jurídico.	Toda violência psicológica apta a influenciar a vítima a realizar negócio jurídico contra a sua vontade.	Prejuízo resultante da desproporção existente entre as prestações de um determinado negócio jurídico, em face do abuso da inexperiência, necessidade econômica ou leviandade de um dos declarantes.

ESTADO DE PERIGO (art. 156)	ERRO OU IGNORÂNCIA (arts. 138 a 144)	DOLO (arts. 145 a 150)	COAÇÃO (arts. 151 a 155)	LESÃO (art. 157)
	Só será anulável quando for ESSENCIAL (substancial) e ESCUSÁVEL (perdoável). Art. 138 do CC	DOLO DE TERCEIRO (art. 148): invalida o ato, não apenas quando a parte a quem aproveitou efetivamente soube do expediente astucioso, mas também se dele devesse ter conhecimento.	COAÇÃO EXERCIDA POR TERCEIRO (art. 154): haverá se o terceiro tivesse ou devesse ter conhecimento da coação, além de responder solidariamente.	Será verificada a lesão quando alguém obtém lucro exagerado, desproporcional, aproveitando-se da inexperiência ou da situação de necessidade do outro agente. A desproporção entre as prestações deve se verificar no momento do contrato e deve ser considerável.

2. VÍCIOS SOCIAIS

Os vícios sociais nos negócios jurídicos dizem respeito a situações que violam normas ou princípios sociais, possuindo um caráter mais amplo e envolvendo questões públicas, morais, econômicas ou éticas.

Consideram-se vícios sociais dos negócios jurídicos:

FRAUDE CONTRA CREDORES	SIMULAÇÃO
Ato de alienação ou oneração de bens, assim como de remissão de dívida, praticado pelo devedor insolvente, ou à beira da insolvência, com o propósito de prejudicar credor preexistente, em virtude da diminuição experimentada pelo seu patrimônio	É uma declaração enganosa de vontade, visando a produzir efeito diverso do ostensivamente indicado.
	• Absoluta: não gera efeito jurídico algum (exemplo: venda dos bens para fugir da partilha dos bens). • Relativo (dissimulação): declaração de vontade falsa para atingir efeitos jurídicos diversos. Pode ser: - Objetiva: que encobre ato de natureza diversa - Subjetiva: conferir direitos a uma pessoa, mas transferindo-os, em verdade, para terceiro
Pode ser anulado	A simulação é um negócio jurídico nulo, mas subsistirá o que se dissimulou, se válido for na substância e forma

NULIDADE DOS NEGÓCIOS JURÍDICOS

A nulidade dos negócios jurídicos incide diante de um contrato ou acordo que não preenche os requisitos necessários para sua validade, tornando-o ineficaz desde sua formação. Assim, a partir da declaração de nulidade dos negócios jurídicos, ele não produzirá efeitos legais, de modo que as partes retornarão ao estado anterior à celebração do contrato.

A nulidade do negócio jurídico **poderá ser:**

NULIDADE ABSOLUTA (nulidade)		NULIDADE RELATIVA (anulabilidade)	
CASOS	**CARACTERÍSTICAS**	**CASOS**	**CARACTERÍSTICAS**
Celebrado por pessoa absolutamente incapaz.	Ofende interesse público.	Por incapacidade relativa do agente.	Ofende interesse privado.
For ilícito, impossível ou indeterminável o seu objeto.	Não pode ser convalidado pelas partes.	Por vício resultante de erro, dolo, coação, estado de perigo, lesão ou fraude contra credores.	Pode ser convalidado pelas partes.
O motivo determinante, comum a ambas as partes, for ilícito.	Não se torna válido com o passar do tempo.		Torna-se válido com o tempo.
Não revestir a forma prescrita em lei.	O juiz pode e deve conhecer de ofício.		O juiz não pode conhecer de ofício.
For preterida alguma solenidade que a lei considere essencial para a sua validade.	Cabe ação declaratória por interessados ou MP.		É cabível ação anulatória e apenas pela parte.
Tiver por objetivo fraudar lei imperativa.	É imprescritível.		Constitui sentença constitutiva negativa, que possui prazo decadencial de 4 anos.
A lei taxativamente o declarar nulo, ou proibir-lhe a prática, sem cominar sanção.			

	NULIDADE ABSOLUTA (nulidade)	NULIDADE RELATIVA (anulabilidade)
INTERESSE LESADO	Ofende interesse público	Ofende interesse privado
POSSIBILIDADE DE CONVALIDAÇÃO	Não pode ser convalidado pelas partes	Pode ser convalidado pelas partes
CONSEQUÊNCIA DO DECURSO DO TEMPO	Não se torna válido com o passar do tempo	Torna-se válido com o tempo
RECONHECIMENTO PELO JUIZ	O juiz pode e deve conhecer de ofício	O juiz não pode conhecer de ofício
AÇÃO CABÍVEL	Cabe ação declaratória por interessados ou MP	É cabível ação anulatória e apenas pela parte, com sentença constitutiva negativa (ou desconstitutiva)
EFEITO DA SENTENÇA	Efeito *ex tunc*	Efeito *ex nunc*
PRESCRITIBILIDADE	É imprescritível	Possui prazo decadencial de 4 anos (art. 178 do CC), começando a contar da data da celebração nos casos do artigo, exceto nas hipóteses de coação e relativamente incapaz, que é da data em que cessar a coação/incapacidade Quando a lei dispuser que o ato é anulável e não estabelecer prazo para a anulatória, deve-se aplicar o prazo de 2 anos

EFICÁCIA DOS NEGÓCIOS JURÍDICOS

Analisa-se se o negócio jurídico é eficaz, ou seja, se repercute juridicamente no plano social. Em regra, o negócio jurídico existente e válido, produz efeitos no mundo jurídico.

ATENÇÃO
O ato negocial contaminado de nulidade absoluta também produz efeitos jurídicos.
EXEMPLO: casamento putativo, atos praticados por menores sem representação ou assistência.

Contudo, há a previsão dos elementos acidentais dos negócios jurídicos, que influenciam na eficácia do negócio jurídico. São eles: condição, termo e encargo.

Sobre esses elementos, sintetiza-se:

CONDIÇÃO	TERMO	ENCARGO
Evento futuro e incerto	Evento futuro e certo	Liberalidade + ônus
Identificado pelas conjunções "se" e "enquanto"	Identificado pelas conjunção "quando"	Identificado pelas conjunção "para que" e "com o fim de"
Suspende (condição suspensiva) ou resolve (condição resolutiva) os efeitos do negócio jurídico	Suspende (termo inicial) ou resolve (termo final) os efeitos do negócio jurídico	Não suspende, nem resolve a eficácia do negócio jurídico
Art. 121 do CC	Art. 131 do CC	Arts. 136 e 137 do CC

1.14 Prescrição e decadência

A prescrição corresponde à perda do direito de ação, isto é, diz respeito à impossibilidade do titular do direito exercê-lo em virtude da sua inatividade ao longo de um determinado período.

Já a decadência, que se refere à extinção do próprio direito em razão da ausência de gozo desse direito dentro de um certo prazo.

ATENÇÃO
Os prazos de prescrição serão determinados por lei. Os prazos de decadência são determinados na lei, mas podem ser convencionados entre as partes.

A prescrição e a decadência se caracterizam pelos seguintes elementos:

PRESCRIÇÃO	DECADÊNCIA
Extingue a pretensão	Extingue o direito
Direito Subjetivo	Direito Potestativo
Previsão Legal	Convencional e Legal
Renúncia: somente depois de consumada; expressa ou tácita	Renúncia: somente a convencional
Deve ser reconhecida de ofício pelo Juiz	Legal: deve ser reconhecida pelo juiz de ofício Convencional: não pode ser reconhecida de ofício
Não corre para determinadas pessoas	Não corre contra absolutamente incapazes

PRESCRIÇÃO	DECADÊNCIA
Impedimento, suspensão e interrupção	Somente nos casos previstos em lei
Prazo geral: 10 anos; Prazos especiais: 1,2, 3, 4 e 5 anos	Não há prazo geral.

PRAZOS PRESCRICIONAIS	
10 ANOS	Quando a lei não lhe haja fixado prazo menor.
1 ANO	I - a pretensão dos **hospedeiros ou fornecedores** de víveres destinados a consumo no próprio estabelecimento, para o pagamento da hospedagem ou dos alimentos; II - a pretensão do segurado contra o segurador, ou a deste contra aquele, contado o prazo: a) para o segurado, no caso de seguro de responsabilidade civil, da data em que é citado para responder à ação de indenização proposta pelo terceiro prejudicado, ou da data que a este indeniza, com a anuência do segurador; b) quanto aos demais seguros, da ciência do fato gerador da pretensão; III - a pretensão dos **tabeliães, auxiliares da justiça, serventuários judiciais, árbitros e peritos, pela percepção de emolumentos, custas e honorários;** IV - a **pretensão contra os peritos**, pela avaliação dos bens que entraram para a formação do capital de sociedade anônima, contado da publicação da ata da assembleia que aprovar o laudo; V - a pretensão dos credores não pagos contra os sócios ou acionistas e os liquidantes, *contado o prazo da publicação da ata de encerramento da liquidação da sociedade.*
2 ANOS	Pretensão para haver **prestações alimentares**, a partir da data em que se vencerem.
3 ANOS	I - a pretensão relativa a **aluguéis de prédios urbanos ou rústicos;** II - a pretensão para receber **prestações vencidas de rendas temporárias ou vitalícias**; III - a pretensão para haver **juros, dividendos ou quaisquer prestações acessórias, pagáveis, em períodos não maiores de um ano, com capitalização ou sem ela**; IV - a pretensão de ressarcimento de enriquecimento sem causa; V - a pretensão de reparação civil; VI - a pretensão de **restituição dos lucros ou dividendos** recebidos de má-fé, correndo o prazo da data em que foi deliberada a distribuição; VII - a pretensão **contra as pessoas em seguida indicadas por violação da lei ou do estatuto**, contado o prazo: a) para os fundadores, da publicação dos atos constitutivos da sociedade anônima; b) para os administradores, ou fiscais, da apresentação, aos sócios, do balanço referente ao exercício em que a violação tenha sido praticada, ou da reunião ou assembleia geral que dela deva tomar conhecimento; c) para os liquidantes, da primeira assembleia semestral posterior à violação; VIII - a pretensão para haver o **pagamento de título de crédito**, a contar do vencimento, ressalvadas as disposições de lei especial; IX - a pretensão do **beneficiário contra o segurador**, e a do terceiro prejudicado, no caso de seguro de responsabilidade civil obrigatório.
4 ANOS	Pretensão relativa à **tutela**, a contar da data da aprovação das contas.
5 ANOS	I - a pretensão de cobrança de dívidas líquidas **constantes de instrumento público ou particular;** II - a pretensão dos **profissionais liberais em geral, procuradores judiciais, curadores e professores pelos seus honorários,** contado o prazo da conclusão dos serviços, da cessação dos respectivos contratos ou mandato; III - a pretensão do **vencedor para haver do vencido o que despendeu em juízo.**

2 DIREITO DAS OBRIGAÇÕES

TEORIA GERAL DAS OBRIGAÇÕES

O direito das obrigações comporta uma variedade de normas (englobando regras e princípios jurídicos) que regulam as relações patrimoniais entre um CREDOR (sujeito ativo) e o seu DEVEDOR (sujeito passivo), que deverá cumprir, de maneira espontânea ou coativa, uma prestação de dar, fazer ou não fazer.

FIGURAS HÍBRIDAS ENTRE DIREITOS PESSOAIS E REAIS:

1. Obrigações *in rem, ob rem* ou *propter rem:* obrigações que decorrem de um direito real sobre determinada coisa, aderindo a essa e, por isso, acompanhando-a nas modificações do seu titular. Essas obrigações transmitem-se automaticamente para o novo titular da coisa.

EXEMPLO: a obrigação do condômino de pagar a taxa condominial.

2. Obrigações com eficácia real: podem ser transferidas e ser oponíveis a terceiro que adquira o bem sem que perder o caráter de uma prestação, desde que seja registrado no registro imobiliário.

EXEMPLO: contrato de locação imobiliária averbado na matrícula do imóvel.

ESTRUTURA DA RELAÇÃO JURÍDICA OBRIGACIONAL

Fazem parte da estrutura da relação jurídica obrigacional:

ELEMENTOS SUBJETIVOS	credor e devedor.
ELEMENTO OBJETIVO	prestação e o bem posto em circulação.

Portanto, expõe-se de maneira esquematizada a relação jurídica obrigacional:

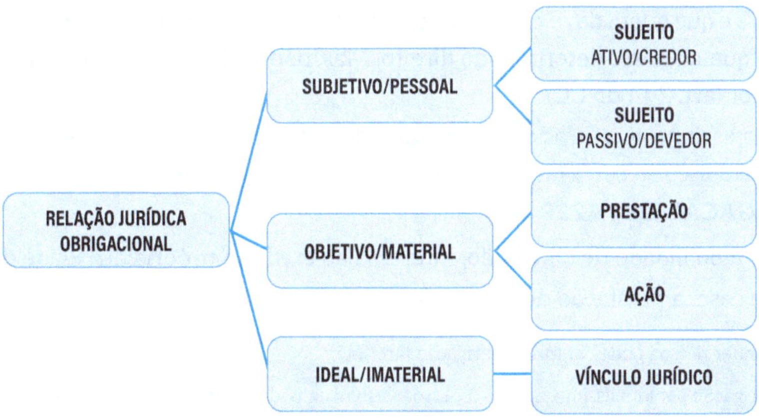

2.1 Classificação das obrigações

CLASSIFICAÇÃO BÁSICA

As obrigações podem ser classificadas em:

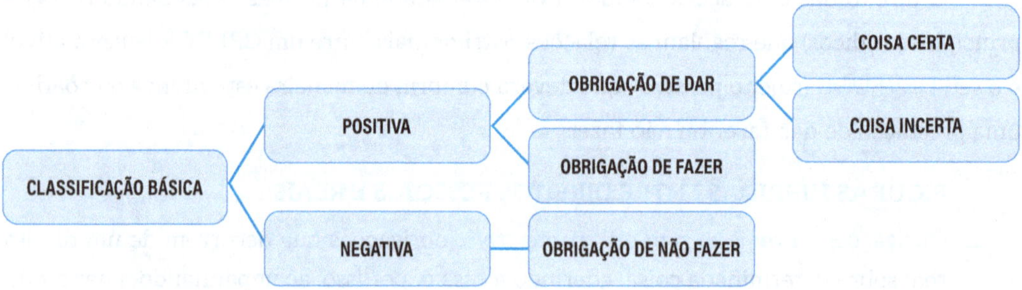

1. OBRIGAÇÃO DE DAR COISA CERTA

Diz respeito à obrigação de dar coisa específica, certa, determinada. Se a coisa não possuir essas características, o credor não é obrigado a receber (art. 313 do CC);

Nesse caso, o bem acessório seguirá o bem principal (conforme previsão do art. 233 do CC).

No caso de ocorrência, com a coisa, de:

PERECIMENTO (PERDA TOTAL)	DETERIORAÇÃO (PERDA PARCIAL)
Sem culpa do devedor: (antes da tradição ou pendente condição suspensiva), fica resolvida a obrigação para ambas as partes, suportando o prejuízo o proprietário da coisa que ainda não a havia alienado (art. 234, parte inicial, do CC);	Sem culpa do devedor: poderá o credor, a seu critério, resolver a obrigação, ou aceitar a coisa, abatido de seu preço o valor que perdeu (art. 235 do CC);
Por culpa do devedor: responderá este pelo equivalente (valor da coisa), mais perdas e danos (art. 234, parte final, do CC).	Por culpa do devedor: poderá o credor exigir o equivalente, ou aceitar a coisa no estado em que se acha, com direito a reclamar, em um ou em outro caso, a indenização pelas perdas e danos (art. 236 do CC).

2. OBRIGAÇÃO DE DAR COISA INCERTA

Nesse caso, consiste em coisa especificada apenas pela espécie e quantidade (art. 243 do CC);

A regra é que quem deve escolher é o devedor, quando a vontade das partes não houver estipulado a quem assiste determinado direito. Mas, não pode dar coisa pior, nem é obrigado a dar a melhor (art. 244 do CC).

Feita a escolha, as regras que passarão a ser aplicadas serão aquelas previstas para as obrigações de dar coisa certa (art. 245 c/c os arts. 233 a 242 do CC).

3. OBRIGAÇÃO DE FAZER

Nessa modalidade de obrigação, interessa ao credor a própria atividade do devedor;

Nesse caso, a prestação do fato poderá ser:

Fungível: qualquer pessoa pode cumprir a obrigação (art. 249)
Infungível: obrigação personalíssima, apenas a pessoa designada poderá cumprir a obrigação

O seu descumprimento pode se dar de duas maneiras (art. 248 do CC):

SEM CULPA DO DEVEDOR	Resolve-se a obrigação
COM CULPA DO DEVEDOR	Poderá ser condenado a indenizar a outra parte pelo prejuízo causado

4. OBRIGAÇÃO DE NÃO FAZER

Refere-se a uma prestação negativa, ou seja, requer o comportamento omissivo do devedor.

O seu descumprimento pode se dar de duas formas:

SEM CULPA DO DEVEDOR	resolve-se a obrigação (Art. 250)
COM CULPA DO DEVEDOR	poderá exigir que o desfaça e perdas e danos (Art. 251)

CLASSIFICAÇÃO ESPECIAL

1. OBRIGAÇÕES SOLIDÁRIAS (art. 264 e ss. do CC)

Solidariedade Ativa

Qualquer dos credores tem a faculdade de exigir do devedor a prestação por inteiro, e a prestação efetuada pelo devedor a qualquer deles libera-o em face de todos os outros credores (art. 267 do CC).

Se houver remissão de dívida (arts. 385 a 388 do CC) o credor remitente (que perdoou) responderá perante os demais credores pela parte que lhes caiba.

No caso de falecimento de um dos credores solidários, os herdeiros receberão sua quota de crédito, salvo se for obrigação indivisível (art. 270 do CC).

Não pode o devedor opor a todos os credores solidários a exceção pessoal oponível a apenas um deles (art. 273 do CC).

O julgamento contrário a um dos credores solidários não atinge os demais, mas o julgamento favorável aproveita-lhes (art. 274 do CC).

Solidariedade Passiva

O credor tem direito a exigir e receber de um ou de alguns dos devedores, parcial ou totalmente, a dívida comum; se o pagamento tiver sido parcial, todos os demais devedores continuam obrigados solidariamente pelo resto (art. 275 do CC).

Se um dos devedores pagar uma parte ou o credor perdoar um dos devedores (remissão), os demais responderão solidariamente pelo remanescente (art. 277 do CC).

No caso de falecimento de um dos devedores que deixou herdeiros, nenhum destes será obrigado a pagar senão a quota que corresponder ao seu quinhão hereditário, salvo se a obrigação por indivisível (art. 276 do CC).

O devedor pode opor as exceções pessoais e comuns a todos (art. 281 do CC).

Impossibilidade de execução da obrigação por culpa de um dos devedores, todos respondem pelo equivalente, mas perdas e danos só o culpado (art. 279 do CC).

Se o devedor pagar a dívida toda tem direito de ingressar com AÇÃO REGRESSIVA contra os demais devedores (art. 283 do CC).

2. OBRIGAÇÕES ALTERNATIVAS

Tem por objeto duas ou mais prestações, sendo elas excludentes entre si. A regra é que a escolha da prestação caberá ao devedor, exceto se estiver estipulado que o credor irá escolher (art. 252 do CC).

ATENÇÃO

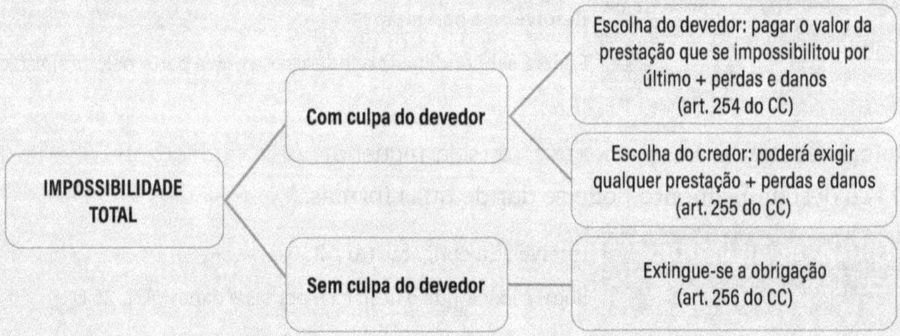

No caso da IMPOSSIBILIDADE DO CUMPRIMENTO DAS OBRIGAÇÕES ALTERNATIVAS, sintetiza-se:

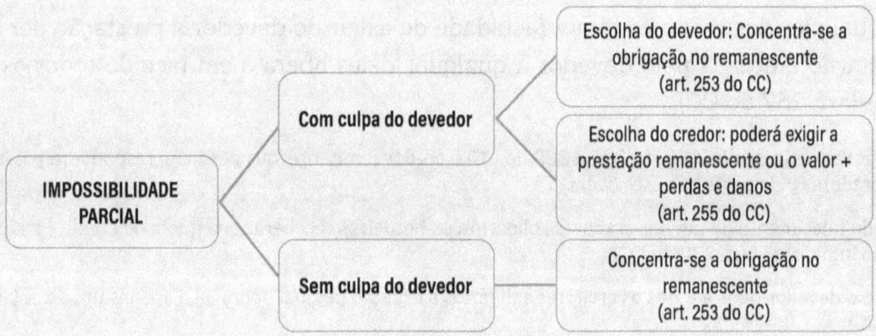

2.2 Transmissão das obrigações

As obrigações poderão ser transmitidas por alguns modos:

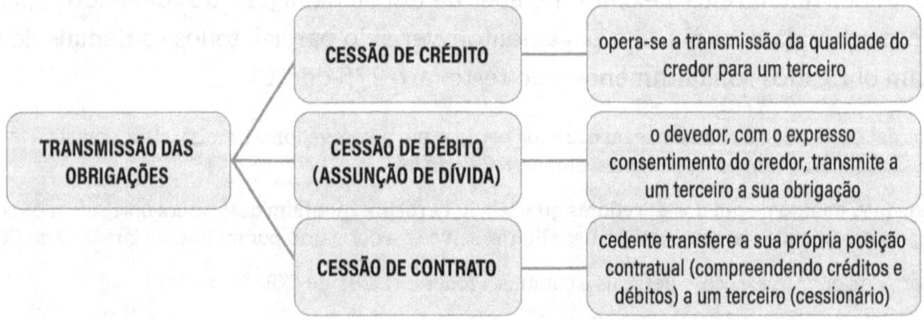

2.3 Adimplemento das obrigações

- Quem deve pagar: o devedor ou um terceiro (interessado ou não interessado), conforme o art. 304 do CC.
- Quem deve receber o pagamento (art. 308 do CC): o credor; representante do credor (legal ou convencional); terceiro (art. 310 do CC) – o credor poderá ratificá-lo ou reverter em seu proveito).

ATENÇÃO

Sobre o credor putativo, prevê o art. 309 do CC:

O pagamento feito de boa-fé ao credor putativo é válido, ainda que provado depois que não era credor.

- Prova do pagamento: o devedor tem o direito de exigir prova da QUITAÇÃO ao credor, por meio de instrumento público ou particular (art. 319 do CC).
- Lugar: Em regra, as obrigações deverão ser cumpridas no domicílio do devedor (art. 327 do CC);
- Tempo: em regra, todo pagamento deve ser efetuado no dia do vencimento da dívida.

2.4 Formas especiais de pagamento

Em suma, as formas especiais de pagamentos podem ser sintetizadas da seguinte forma:

Consignação em pagamento	o credor se nega a receber o cumprimento da obrigação pelo devedor ou surge outro fato que impede o pagamento direto da obrigação, o devedor poderá valer-se da consignação para se ver livre da obrigação assumida
Pagamento com sub-rogação	quando há o cumprimento da obrigação por terceiro, com a consequente substituição de sujeitos na relação jurídica obrigacional originária
Imputação do Pagamento	determinação feita pelo devedor, dentre dois ou mais débitos da mesma natureza, positivos e vencidos, devidos a um só credor, indicativa de qual dessas dívidas quer solver
Dação em pagamento	realização de uma prestação diferente da que é devida, com o fim de, mediante acordo do credor, extinguir imediatamente a obrigação
Novação	as partes criam uma nova obrigação, destinada a substituir e extinguir a obrigação anterior
Compensação	seus titulares são, reciprocamente, credores e devedores
Confusão	as qualidades de credor e devedor são reunidas em uma mesma pessoa, extinguindo-se, consequentemente, a relação jurídica obrigacional
Remissão	é o perdão da dívida, isto é, o credor renuncia a um direito seu, despojando-se da exigibilidade de seu crédito

2.5 Inadimplemento das obrigações

Em regra, as obrigações são extintas quando há o seu cumprimento nos termos determinados pelas partes (devedor e credor), seja pelo cumprimento do objeto principal da obrigação, seja pelas formas especiais de adimplemento das obrigações.

Contudo, quando há o descumprimento do que estava acordado por uma ou ambas as partes da obrigação, haverá o seu inadimplemento. Exemplos: em uma obrigação de dar, o devedor não entrega o objeto; em uma obrigação de fazer, o devedor não faz o que está acordado.

Sendo assim, o inadimplemento pode ser considerado pelo não cumprimento do objeto da obrigação, podendo ocorrer por atuação culposa das partes (absoluto ou relativo) ou por fatos não imputáveis às partes (fortuitos).

Vamos destrinchar os tipos de inadimplemento:

- FORTUITO: decorre de fato não imputável ao devedor que, por isso, não estará obrigado a indenizar (caso fortuito ou força maior), salvo se estipulado expressamente que haverá responsabilidade (art. 393 do CC)
- CULPOSO:

  a) Absoluto (art. 389 do CC): não há possibilidade de cumprir a obrigação, e a parte culpada responderá por perdas e danos, mais juros, atualização monetária e honorários do advogado;

  b) Relativo: ainda é possível cumprir a obrigação, caracterizando a mora.

Desse modo, podemos esquematizar o inadimplemento das obrigações de forma culposa da seguinte forma:

INADIMPLEMENTO RELATIVO (ART. 394)	INADIMPLEMENTO ABSOLUTO (ART. 389)
Quando a prestação não foi cumprida no tempo, lugar e forma convencionados, mas ainda possível de ser realizada, havendo o interesse do credor de que seja adimplida, sem prejuízo de exigir uma compensação pelo atraso causado (MORA).	Aquele que impossibilita o credor de receber a prestação devida, seja de maneira total, seja parcialmente, convertendo-se a obrigação, na falta de tutela jurídica específica, em obrigação de indenizar.
• Se a prestação, devido à mora, se tornar inútil ao credor, este poderá enjeitá-la, e exigir a satisfação das perdas e danos (art. 395) seguindo as regras do Inadimplemento absoluto; • A purgação ou emenda da mora consiste no ato jurídico por meio do qual a parte neutraliza os efeitos do seu retardamento, ofertando a prestação devida (*mora solvendi*) ou aceitando-a no tempo, lugar e forma estabelecidos pela lei ou pelo título da obrigação (*mora accipiendi*).	

Em razão do inadimplemento culposo, a parte culpada poderá sofrer as seguintes consequências:

PERDAS E DANOS	Conceito: Prejuízos (material ou moral), os danos, causados ante o descumprimento obrigacional. (art. 402) São divididos em: DANO EMERGENTE: é o desfalque no patrimônio; o que efetivamente se perdeu. LUCROS CESSANTES: o que o razoavelmente deixou de lucrar, não podendo ser hipotético. DANOS EM RICOCHETE: danos que atingem pessoas próximas e são indenizáveis, por derivarem diretamente da atuação ilícita do infrator
JUROS	Conceito: São os frutos civis correspondentes à remuneração devida ao credor em virtude da utilização do seu capital. São divididos em: JUROS COMPENSATÓRIOS: objetivam remunerar o credor pelo simples fato de haver desfalcado o seu patrimônio, concedendo o numerário solicitado pelo devedor. São, geralmente, convencionais, mas podem decorrer de lei ou de decisão jurisprudencial (Súmula nº 164 do STF - juros compensatórios na desapropriação). JUROS MORATÓRIOS: indenização devida ao credor por força do retardamento culposo no cumprimento da obrigação. Podem ser legais ou convencionais
CLÁUSULA PENAL OU PENA CONVENCIONAL	Conceito: É um pacto acessório, pelo qual as partes de determinado negócio jurídico fixam, previamente, a indenização devida em caso de descumprimento culposo da obrigação principal, de alguma cláusula do contrato ou em caso de mora (arts. 408 e 409). Pode ser classificada como: CLÁUSULA PENAL COMPENSATÓRIA: estipulada para o caso de descumprimento da obrigação principal. CLÁUSULA PENAL MORATÓRIA: estipulada para o caso de haver infringência de qualquer das cláusulas do contrato, ou inadimplemento relativo - mora.
ARRAS OU SINAL	Conceito: Tudo quanto uma das partes contratantes entrega à outra, como penhor da firmeza da obrigação contraída. Pode ser classificada como: ARRAS CONFIRMATÓRIAS: significam princípio de pagamento; é o sinal dado por uma das partes à outra, marcando o início da execução do negócio. ARRAS PENITENCIAIS: Quando há o direito de arrependimento, as arras ou sinal terão função unicamente indenizatória.

3 CONTRATOS

TEORIA GERAL DOS CONTRATOS

O contrato consiste em um negócio jurídico bilateral, por meio do qual as partes, visando a atingir determinados interesses patrimoniais, convergem as suas vontades, criando um dever jurídico principal (de dar, fazer ou não fazer), e, bem assim, deveres jurídicos anexos, decorrentes da boa-fé objetiva e do superior princípio da função social.

Os contratos devem respeitar os princípios da autonomia da vontade; força obrigatória; função social; boa-fé; dentre outros.

Vale ressaltar que existe a possibilidade de as partes estipularem avenças com o propósito de elaborar um contrato. Trata-se do contrato preliminar, que pode ser conceituado como o negócio jurídico que veicula a obrigação de fazer um contrato definitivo.

ESTIPULAÇÕES CONTRATUAIS EM RELAÇÃO A TERCEIROS

Em regra, os contratos geram obrigações entre as partes envolvidas. Todavia, a legislação permite que as partes estipulem obrigações ou direitos em relação à terceiros que não participaram da elaboração do contrato, são elas:

ESTIPULAÇÃO EM FAVOR DE TERCEIRO (ART. 436 DO CC)	PROMESSA DE FATO DE TERCEIRO (ART. 439 DO CC)	CONTRATO COM PESSOA A DECLARAR (ART. 467 DO CC)
É o negócio jurídico em que uma parte convenciona com o devedor que este realizará determinada prestação em benefício de outrem, alheio à relação jurídica-base (Ex.: seguro de vida)	É o negócio jurídico em que a prestação acertada não é exigida do estipulante, mas sim de um terceiro, estranho à relação jurídica obrigacional, o que também flexibiliza o princípio da relatividade subjetiva dos efeitos do contrato (Ex.: Agenciador faz contrato com a Prefeitura X para que o Cantor Caio cante na cidade)	É uma cláusula especial *pro amico eligendo* ou *pro amico electo*, pela qual uma das partes se reserva a faculdade de nomear quem assuma a posição de contratante. A pessoa designada toma, na relação contratual, o lugar da parte que a nomeou, tal como se ela própria houvesse celebrado o contrato. O designante sai da relação sem deixar vestígios.

VÍCIOS REDIBITÓRIOS (art. 441 do CC)

São defeitos ocultos que diminuem o valor ou prejudicam a utilização do objeto. Para a sua caracterização como vícios redibitórios, eles devem acompanhar a coisa, quando da sua tradição.

Consequências (art. 442 do CC):

a) Rejeitar a coisa, redibindo o contrato (ação redibitória)

b) Reclamar o abatimento do preço (ação estimatória)

A ação redibitória tem como objetivo o desfazimento do negócio jurídico, em que se rejeita a coisa com a intenção de receber de volta o valor dispendido.

Já a ação estimatória tem como objetivo diminuir o valor da aquisição do item com base no vício oculto descoberto, nela, estima-se a desvalorização provocada pelo vício e abate-se do valor. Em caso de culpa, é possível cumular ambas as ações com o pleito das perdas e danos.

> Art. 442. Em vez de rejeitar a coisa, redibindo o contrato (art. 441), pode o adquirente reclamar abatimento no preço.

O prazo para ambas as ações é decadencial e varia conforme o bem é móvel ou imóvel:

> Art. 445. O adquirente decai do direito de obter a redibição ou abatimento no preço no prazo de trinta dias se a coisa for móvel, e de um ano se for imóvel, contado da entrega efetiva; se já estava na posse, o prazo conta-se da alienação, reduzido à metade.
>
> § 1º Quando o vício, por sua natureza, só puder ser conhecido mais tarde, o prazo contar-se-á do momento em que dele tiver ciência, até o prazo máximo de cento e oitenta dias, em se tratando de bens móveis; e de um ano, para os imóveis [...].

EVICÇÃO (art. 447 do CC):

É perda, pelo adquirente (evicto), da posse ou propriedade do bem, por força de sentença judicial ou ato administrativo que reconheceu o direito anterior a terceiro (evictor).

Consiste na alienação da coisa não pertencente ao alienante.

PARTES

ALIENANTE	ADQUIRENTE (EVICTO)	TERCEIRO (EVICTOR)
Quem responde pelos riscos da evicção	Aquele que perde a posse ou propriedade do bem	Pessoa que prova direito anterior sobre o bem

ESPÉCIES

TOTAL	PARCIAL

São direitos do evicto, conforme o Código Civil:

> Art. 450. Salvo estipulação em contrário, tem direito o evicto, além da restituição integral do preço ou das quantias que pagou:
>
> I – à indenização dos frutos que tiver sido obrigado a restituir;
>
> II – à indenização pelas despesas dos contratos e pelos prejuízos que diretamente resultarem da evicção;
>
> III – às custas judiciais e aos honorários do advogado por ele constituído.
>
> Parágrafo único. O preço, seja a evicção total ou parcial, será o do valor da coisa, na época em que se evenceu, e proporcional ao desfalque sofrido, no caso de evicção parcial.

Há a possibilidade de cláusula de evicção nos contratos ser reforçada, diminuída ou extinta, nos termos do art. 448 do CC.

> Art. 448. Podem as partes, por cláusula expressa, reforçar, diminuir ou excluir a responsabilidade pela evicção.

EXTINÇÃO DO CONTRATO

A extinção do contrato pode se dar de diversas formas:

RESCISÃO	RESILIÇÃO	RESOLUÇÃO
Desfazimento do contrato por fato concomitante ou posterior à sua formação. É o gênero do qual fazem parte resilição e resolução.	Declaração da vontade, desfazimento imotivado de uma ou ambas as partes Quando fruto de vontade de ambas as partes se consubstanciará no distrato. Se da vontade de apenas uma das partes se opera pelo ato jurídico da denúncia	Desfazimento por conta do inadimplemento. Todo contrato bilateral possui uma cláusula resolutiva tácita. A vantagem de existir a cláusula de forma expressa é que, com o descumprimento será automaticamente resolvido o contrato, não havendo a cláusula, o prejudicado terá que comunicar a outra parte que o contrato está resolvido.

Direito Civil

Desse modo, compreende-se que o contrato pode ser extinto por:

- Naturalmente: pelo natural cumprimento da obrigação;
- Causas anteriores: nulidade ou anulabilidade; redibição ou direito de arrependimento;
- Causas supervenientes: resilição bilateral ou unilateral; resolução pela inexecução; rescisão; morte de um dos contratantes; etc.

Exceção do Contrato Não Cumprido (arts. 476 e 477 do CC): em resumo, a parte demandada pela execução de um contrato pode arguir que deixou de cumpri-lo pelo fato da outra ainda também não ter satisfeito a prestação correspondente.

> Art. 476. Nos contratos bilaterais, nenhum dos contratantes, antes de cumprida a sua obrigação, pode exigir o implemento da do outro.
> Art. 477. Se, depois de concluído o contrato, sobrevier a uma das partes contratantes diminuição em seu patrimônio capaz de comprometer ou tornar duvidosa a prestação pela qual se obrigou, pode a outra recusar-se à prestação que lhe incumbe, até que aquela satisfaça a que lhe compete ou dê garantia bastante de satisfazê-la.

Teoria da Imprevisão e a Onerosidade Excessiva (arts. 478 a 480 do CC): permite rediscutir os preceitos contidos em uma relação contratual, em face da ocorrência de acontecimentos novos, imprevisíveis pelas partes e a elas não imputáveis, com o objetivo de evitar a onerosidade excessiva e a dar continuidade a execução do contrato.

> Art. 478. Nos contratos de execução continuada ou diferida, se a prestação de uma das partes se tornar excessivamente onerosa, com extrema vantagem para a outra, em virtude de acontecimentos extraordinários e imprevisíveis, poderá o devedor pedir a resolução do contrato. Os efeitos da sentença que a decretar retroagirão à data da citação.
> Art. 479. A resolução poderá ser evitada, oferecendo-se o réu a modificar equitativamente as condições do contrato.
> Art. 480. Se no contrato as obrigações couberem a apenas uma das partes, poderá ela pleitear que a sua prestação seja reduzida, ou alterado o modo de executá-la, a fim de evitar a onerosidade excessiva.

3.1 Contratos em espécie

3.1.1 Contrato de Compra e Venda

Consiste em um negócio jurídico em que um dos contratantes se obriga a transferir o domínio de certa coisa, e o outro, a pagar-lhe certo preço em dinheiro (art. 481 do CC).

CARACTERÍSTICAS:

- Bilateral
- Sinalagmático
- Consensual
- Comutativo ou aleatório
- De execução instantânea ou diferida

DESPESAS (ART. 490)

Salvo cláusula em contrário:

DESPESAS DE ESCRITURA	A cargo do comprador
DESPESAS DE TRADIÇÃO	A cargo do vendedor

ATENÇÃO

A responsabilidade pela coisa é do vendedor até a tradição (art. 492), salvo se o comprador exigir o cumprimento em lugar diverso (art. 494).

CLÁUSULA DE RETROVENDA (ART. 505)

A cláusula de retrovenda diz respeito ao direito de o vendedor resolver o negócio, restituindo o preço e reembolsando as despesas.

CLÁUSULA DE DIREITO DE PREFERÊNCIA (ART. 513)

Hipótese em que fica estipulado previamente que, caso o comprador almeje vender o bem, terá que oferecer primeiro ao vendedor. Nos termos do parágrafo único, para exercer esse direito, o vendedor terá o prazo de 180 dias se for bens móveis ou 2 anos se for bens imóveis.

ALGUMAS PECULIARIDADES DA COMPRA E VENDA

O Código Civil ainda prevê algumas características inerentes ao contrato de compra e venda, como pode-se ver das transcrições a seguir:

Venda a descendente

Art. 496 do CC: É anulável a venda de ascendente a descendente, salvo se os outros descendentes e o cônjuge do alienante expressamente houverem consentido.

Falta de Legitimidade

Art. 497 do CC: Contempla as hipóteses em que não pode haver compra e venda entre as partes, por não serem partes legítimas para isso, sob pena de nulidade, ainda que em hasta pública. Exemplo: tutor comprar bem de tutelado:

> Art. 497. Sob pena de nulidade, não podem ser comprados, ainda que em hasta pública:
>
> I - pelos tutores, curadores, testamenteiros e administradores, os bens confiados a sua guarda ou administração;
>
> II - pelos servidores públicos, em geral, os bens ou direitos da pessoa jurídica a que servirem, ou que estejam sob sua administração direta ou indireta;
>
> III - pelos juízes, secretários de tribunais, arbitradores, peritos e outros serventuários ou auxiliares da justiça, os bens ou direitos sobre que se litigar em tribunal, juízo ou conselho, no lugar onde servirem, ou a que se estender a sua autoridade;
>
> IV - pelos leiloeiros e seus prepostos, os bens de cuja venda estejam encarregados.
>
> Parágrafo único. As proibições deste artigo estendem-se a cessão de crédito.

Venda entre cônjuges ou Companheiros

Art. 499 do CC: É lícita a compra e venda entre cônjuges, com relação a bens excluídos da comunhão.

Venda a condomínio	Art. 504 do CC: Não pode um condômino em coisa indivisível vender a sua parte a estranhos, se outro consorte a quiser, tanto por tanto. O condômino, a quem não se der conhecimento da venda, poderá, depositando o preço, haver para si a parte vendida a estranhos, se o requerer no prazo de cento e oitenta dias, sob pena de decadência [...].
Venda *Ad Mensuram*	Venda por medida de extensão (Art. 500 do CC): Se, na venda de um imóvel, se estipular o preço por medida de extensão, ou se determinar a respectiva área, e esta não corresponder, em qualquer dos casos, às dimensões dadas, o comprador terá o direito de exigir o complemento da área, e, não sendo isso possível, o de reclamar a resolução do contrato ou abatimento proporcional ao preço.
Venda *Ad Corpus*	Venda por Referência Meramente Enunciativa (Art. 500, § 3º, do CC): Não haverá complemento de área, nem devolução de excesso, se o imóvel for vendido como coisa certa e discriminada, tendo sido apenas enunciativa a referência às suas dimensões, ainda que não conste, de modo expresso, ter sido a venda *ad corpus*

3.1.2 Contrato de Doação

Consiste no negócio jurídico firmado entre dois sujeitos (doador e donatário), por força do qual o primeiro transfere bens, móveis ou imóveis para o patrimônio do segundo, animado pelo simples propósito de beneficência ou liberalidade.

CARACTERÍSTICAS

- Nominado;
- Unilateral;
- Gratuito ou oneroso;
- Formal (art. 541 do CC);
- *Animus donandi;*
- De adesão;
- Impessoal;
- Individual.

PECULIARIDADES DO CONTRATO DE DOAÇÃO

a) É necessária a expressa ACEITAÇÃO ou RENÚNCIA da doação.
b) A doação *MORTIS CAUSA (após a morte)* é possível.
c) DOAÇÃO INOFICIOSA (que excede a parte da legítima da herança) é NULA pois viola a legítima dos herdeiros necessários (arts. 544 e 549 do CC).
d) Doação Universal (art. 548 do CC) não é permitida!
e) A doação por procuração é possível, desde que seja um mandato com poderes específicos para isso.
f) Doação para nascituro (art. 542 do CC) deve ser aceita pelo representante legal e só terá eficácia com o nascimento com vida.

EXTINÇÃO DA DOAÇÃO

- Execução da doação;
- Revogação da doação (art. 555 do CC):
  1) Se dá por:
     a) Inexecução do encargo (art. 562 do CC);

b) Ingratidão do donatário (art. 557 do CC)

2) Efeito é *ex nunc*;

3) Não é imediata. Só pode ocorrer por meio de ação judicial (AÇÃO DE REVOGAÇÃO OU REVOGATÓRIA - art. 559 do CC)

Doações que não podem ser revogadas (art. 564 do CC):

> Art. 564. Não se revogam por ingratidão:
> I - as doações puramente remuneratórias;
> II - as oneradas com encargo já cumprido;
> III - as que se fizerem em cumprimento de obrigação natural;
> IV - as feitas para determinado casamento.

3.1.3 Contrato de Locação

É o negócio jurídico em que uma das partes (locador) se obriga a ceder à outra (locatário), por tempo determinado ou não, o uso e gozo de coisa infungível, mediante certa remuneração.

ATENÇÃO

A Locação Imobiliária Residencial e Comercial é regida pela Lei nº 8.245/1991 (Lei do Inquilinato).

CARACTERÍSTICAS

- Típico e nominado
- Bilateral e individual
- Oneroso
- Comutativo
- Paritário ou por adesão
- Consensual e não solene
- De duração
- Principal e definitivo

PECULIARIDADES DO CONTRATO DE LOCAÇÃO

Obrigações do Locador e do Locatário:

OBRIGAÇÕES DO LOCADOR (art. 566 do CC)	OBRIGAÇÕES DO LOCATÁRIO (art. 569 do CC)
I - a entregar ao locatário a coisa alugada, com suas pertenças, em estado de servir ao uso a que se destina, e a mantê-la nesse estado, pelo tempo do contrato, salvo cláusula expressa em contrário; II - a garantir-lhe, durante o tempo do contrato, o uso pacífico da coisa.	I - a servir-se da coisa alugada para os usos convencionados ou presumidos, conforme a natureza dela e as circunstâncias, bem como tratá-la com o mesmo cuidado como se sua fosse; II - a pagar pontualmente o aluguel nos prazos ajustados, e, em falta de ajuste, segundo o costume do lugar; III - a levar ao conhecimento do locador as turbações de terceiros, que se pretendam fundadas em direito; IV - a restituir a coisa, finda a locação, no estado em que a recebeu, salvas as deteriorações naturais ao uso regular.

BENFEITORIAS (ART. 578)

O locatário tem direito de retenção, no caso de benfeitorias necessárias, ou no de benfeitorias úteis, se estas houverem sido feitas com expresso consentimento do locador, salvo se for estipulado o contrário.

EXTINÇÃO DO CONTRATO DE LOCAÇÃO

Forma Natural: com o término do prazo determinado

> Art. 573. A locação por tempo determinado cessa de pleno direito findo o prazo estipulado, independentemente de notificação ou aviso.

Forma Antecipada: quando o locador pede o bem antes do prazo. Neste caso, o locador terá que ressarcir perdas e danos

> Art. 571. Havendo prazo estipulado à duração do contrato, antes do vencimento não poderá o locador reaver a coisa alugada, senão ressarcindo ao locatário as perdas e danos resultantes, nem o locatário devolvê-la ao locador, senão pagando, proporcionalmente, a multa prevista no contrato.

3.1.4 Contrato de Prestação de Serviços

Contrato pelo qual uma das partes, chamada prestador, se obriga a realizar uma atividade em benefício de outra, denominada tomador, mediante remuneração.

PECULIARIDADES

- Inexiste SUBORDINAÇÃO entre as partes;
- Prazo: até 04 anos

> Art. 598. A prestação de serviço não se poderá convencionar por mais de quatro anos, embora o contrato tenha por causa o pagamento de dívida de quem o presta, ou se destine à execução de certa e determinada obra. Neste caso, decorridos quatro anos, dar-se-á por findo o contrato, ainda que não concluída a obra.

OBJETO

- Atividade humana lícita: manual ou intelectual (art. 594 do CC);

> Art. 594. Toda a espécie de serviço ou trabalho lícito, material ou imaterial, pode ser contratada mediante retribuição.

- Exceção: não sendo o prestador de serviço contratado para certo e determinado trabalho, entender-se-á que se obrigou a todo e qualquer serviço compatível com as suas forças e condições.

FORMA

Em regra, a forma é NÃO SOLENE, exceto quando qualquer das partes não souber ler, nem escrever, quando o instrumento poderá ser assinado a rogo e subscrito por duas testemunhas. (art. 595 do CC).

EXTINÇÃO (ART. 607)

- Com a morte de qualquer das partes;
- Pelo escoamento do prazo;
- Pela conclusão da obra;
- Pela rescisão do contrato mediante aviso-prévio;
- Por inadimplemento de qualquer das partes;
- Pela impossibilidade da continuação do contrato, motivada por força maior.

3.1.5 Contrato de Fiança

Consiste no negócio jurídico por meio do qual o fiador garante satisfazer ao credor uma obrigação assumida pelo devedor, caso este não a cumpra (art. 818 do CC).

- Partes
  - Credor
  - Devedor afiançado
  - Fiador

OBS.: quando o fiador assume a posição de credor, há a sub-rogação legal.

- Objeto: a dívida que se quer garantir
  - A fiança somente terá efeito quando a obrigação principal se tornar exigível (certa e líquida) - arts. 821 e 822 do CC;
  - A fiança pode ser estipulada em valor inferior ao da dívida (art. 823 do CC)
  - Obrigações nulas não são suscetíveis de fiança, exceto se a nulidade resultar apenas de incapacidade pessoal do devedor (art. 824 do CC)
- Espécies de Fiança
  - Fiança Civil: que é a dívida garantida pelo fiador, podendo ser convencional (estipulado pelas partes), judicial (determinado pelo judiciário) ou legal (determinado pela lei);
  - Fiança Criminal ou Penal: garantia oferecida com o intuito de assegurar a presença do acusado durante o processo.
- Efeitos da Fiança
  - Benefício de ordem (art. 827 do CC): o fiador tem o direito de pedir que os bens do devedor sejam executados primeiro, salvo nos casos previstos no art. 828;
- Direitos e deveres das partes: responder pela dívida na ausência do devedor; é transmitida aos herdeiros (art. 836); direito de regresso contra o devedor (sub-rogação); pode opor ao credor tudo referente à obrigação principal - ex. vícios de consentimento;
- Fiança Conjunta: quando há mais de um fiador é estabelecida a solidariedade passiva entre eles, salvo se eles optarem pelo benefício de divisão (art. 829 do CC)
- Limitação Temporal da Fiança
  - O contrato é essencialmente temporário, sendo o mesmo prazo o cumprimento da obrigação principal;
  - Se for uma fiança atemporal, pode o fiador se exonerar da fiança, nos termos do art. 835 do CC;
  - Se houver a novação, a regra é que sejam extintos todos os acessórios e garantias da dívida. Mas a fiança só continuará se o fiador consentir.

- IMPORTANTE: Diferença entre Fiança e Aval
  - FIANÇA: garantia pessoal contratual de natureza causal;
  - AVAL: garantia aposta em um título de crédito, de natureza abstrata
- Fiança e Outorga Uxória: para a validade da fiança prestada por fiador casado, nos termos do art. 1.647, III, do CC, será necessária a outorga uxória (autorização conjugal) do seu consorte;

OBS.: falta de autorização, não suprida pelo juiz, quando necessária (art. 1.649 do CC), tornará anulável o ato praticado, podendo o outro cônjuge ou os seus herdeiros (art. 1.650 do CC) pleitear-lhe a anulação, até dois anos depois de terminada a sociedade conjugal.

OBS.: Admite-se, todavia, a ratificação do ato celebrado, desde que feita por instrumento público, ou particular, devidamente autenticado.

- Extinção da Fiança
  - Com o cumprimento da obrigação principal;
  - Com a exoneração da garantia;
  - Nos casos previstos do art. 838 do CC:

> Art. 839. Se for invocado o benefício da excussão e o devedor, retardando-se a execução, cair em insolvência, ficará exonerado o fiador que o invocou, se provar que os bens por ele indicados eram, ao tempo da penhora, suficientes para a solução da dívida afiançada.

4 RESPONSABILIDADE CIVIL

CONCEITO

A responsabilidade civil possui natureza jurídica de sanção, sendo cabível àquele que comete ilícito.

Desse modo, cometido o ilícito, surge a obrigação de reparar o dano patrimonial ou moral causado, buscando restaurar o *status quo ante*, obrigação esta que, se não for mais possível, é convertida no pagamento de uma indenização.

A responsabilidade civil, ademais, possui função compensatória, punitiva, o visa a uma desmotivação social dos ilícitos.

4.1 Elementos da responsabilidade civil

"Art. 186. Aquele que, por ação ou omissão voluntária, negligência ou imprudência, violar direito e causar dano a outrem, ainda que exclusivamente moral, comete ato ilícito".

- **conduta humana (positiva ou negativa)**
- **dano ou prejuízo**
- **nexo de causalidade**

CONDUTA HUMANA

Vontade do agente, que resulta no dano ou prejuízo. É necessário a voluntariedade em agir ou não agir, independente de querer causar o resultado.

DANO

É a lesão a um interesse jurídico tutelado (patrimonial ou não), causado por ação ou omissão da pessoa, podendo ser dano patrimonial e dano moral.

- DANO PATRIMONIAL: é a lesão a um interesse patrimonial, constituindo prejuízo ou perda que atinge o patrimônio corpóreo, sendo passível a restituição integral;
  - Dano emergente: trata-se do real prejuízo da vítima, a que retrata a imediata perda em seu patrimônio;
  - Lucros cessantes: é dito vulgarmente como aquilo que razoavelmente se deixou de ganhar, sendo, pois, uma figura de perda de patrimônio futuro, sendo um ganho esperável
- DANO MORAL: lesão de direitos cujo conteúdo não é pecuniário, nem comercialmente redutível a dinheiro, ou seja, é aquele que lesiona a esfera personalíssima da pessoa (seus direitos da personalidade), violando, por exemplo, sua intimidade, vida privada, honra e imagem, bens jurídicos tutelados constitucionalmente
  - Efeito patrimonial: o que se está indenizando é justamente o dano patrimonial decorrente da lesão à esfera moral do indivíduo, e não o dano moral propriamente dito.
  - Pode ser DIRETO (resultado imediato) ou INDIRETO (agrava o prejuízo e afeta um bem extracontratual).

NEXO DE CAUSALIDADE

É o elo entre uma conduta praticada por um sujeito e o resultado dessa conduta (art. 403 do CC – teoria da causalidade direta ou imediata).

CULPA

Sendo um elemento acidental, a culpa (em sentido lato, abrangente do dolo) não é pressuposto geral da responsabilidade civil, uma vez que existe espécie de responsabilidade que prescinde desse elemento subjetivo para a sua configuração (a responsabilidade objetiva).

A culpa pode ser dividida em três espécies, sendo elas a negligência, a imprudência e a imperícia.

NEGLIGÊNCIA	IMPRUDÊNCIA	IMPERÍCIA
Quando alguém deixa de agir (omissão) de forma que era esperada para a situação (falta de cuidado).	Quando alguém age (ação), mas toma uma atitude diversa da esperada (falta de cuidado).	Ausência de habilidade específica para o desenvolvimento de uma atividade ou função que a exige.
EXEMPLO: tio deixa arma carregada em local com criança e alguém sofre um acidente.	EXEMPLO: motorista ultrapassa sinal vermelho.	EXEMPLO: Médico que realiza plástica e o paciente fica com deformidade física.

A respeito ainda da culpa, tem-se suas espécies:

ESPÉCIES DE CULPA	
IN VIGILANDO	Ocorre com a falta de vigilância (art. 932, I)
IN ELIGENDO	Decorre da má escolha (art. 932, III)
IN CUSTODIENDO	Culpa na guarda de coisas ou animais
IN OMITTENDO OU IN NON FACIENDO	O agente negligencia o dever de cuidado
IN CONTRAHENDO	Ocorre na fase de elaboração contratual

4.2 Espécies de responsabilidade civil

SUBJETIVA	OBJETIVA
• Dano causado em função de ato doloso ou culposo; • Agente causador do dano atua com negligência ou imprudência (art. 186 do CC) • Caberá ao autor, sempre, o ônus da prova de tal culpa do réu	• Dano que não foi causado diretamente por quem responderá, mas sim por um terceiro com quem mantém algum tipo de relação jurídica; • O elemento culpa não é desprezado, mas sim presumido, em função do dever geral de vigilância a que está obrigado o réu (art. 927 do CC)

CONTRATUAL	EXTRACONTRATUAL OU AQUILIANA
• O prejuízo decorre justamente do descumprimento de obrigação fixada em norma contratual • Arts. 389 e s. e 395 e s. do CC	• O prejuízo decorre diretamente da violação de um mandamento legal, por força da atuação ilícita do agente infrator • Arts. 186 a 188 e 927 e s. CC

4.3 Causas excludentes da responsabilidade civil

ESTADO DE NECESSIDADE

Quando é atingido um direito alheio, de valor jurídico igual ou inferior àquele que se pretende proteger, para remover perigo iminente, quando as circunstâncias tornam o ato absolutamente necessário.

> Art. 188. Não constituem atos ilícitos: [...]
> II – a deterioração ou destruição da coisa alheia, ou a lesão a pessoa, a fim de remover perigo iminente.
> Parágrafo único. No caso do inciso II, o ato será legítimo somente quando as circunstâncias o tornarem absolutamente necessário, não excedendo os limites do indispensável para a remoção do perigo.

EXEMPLO: Paulo está dirigindo e desvia o seu carro de uma criança, para não a atropelar, mas atinge o muro da casa.

LEGÍTIMA DEFESA (ART. 188, I, DO CC)

Reação proporcional de uma pessoa a uma injusta agressão, atual ou iminente, utilizando--se moderadamente dos meios de defesa.

> Art. 188. Não constituem atos ilícitos:
> I - os praticados em legítima defesa ou no exercício regular de um direito reconhecido; [...]

EXERCÍCIO REGULAR DO DIREITO E ESTRITO CUMPRIMENTO DO DEVER LEGAL

Quando a pessoa atua no exercício de seu direito, não poderá ser punido por isso.

EXEMPLO: a pessoa recebe autorização do Poder Público para o desmatamento controlado de determinada área rural para o plantio de cana-de-açúcar.

> Art. 188. Não constituem atos ilícitos:
> I - os praticados em legítima defesa ou no exercício regular de um direito reconhecido; [...]

CULPA EXCLUSIVA DA VÍTIMA

A atuação culposa da vítima pode ter o condão de romper o nexo causal e afastar a responsabilidade civil, nessa situação somente a atuação da vítima já é capaz de gerar o dano. Na culpa concorrente, de forma diversa, as duas partes dão causa, não excluindo a responsabilidade de qualquer das partes.

EXEMPLO: pessoa está dirigindo segundo as regras de trânsito quando alguém, visando suicidar-se, arremessa-se sob seu carro.

FATO DE TERCEIRO

Comportamento de um terceiro (que não seja o agente do dano e a vítima) que rompe o nexo causal, excluindo a responsabilidade civil.

CASO FORTUITO E FORÇA MAIOR (ART. 393 DO CC):

Segundo a autora Maria Helena Diniz:

"Na força maior conhece-se o motivo ou a causa que dá origem ao acontecimento, pois se trata de um fato da natureza, como, por exemplo., um raio que provoca um incêndio, inundação que danifica produtos ou intercepta as vias de comunicação, impedindo a entrega da mercadoria prometida, ou um terremoto que ocasiona grandes prejuízos etc.".

Já "no caso fortuito, o acidente que acarreta o dano advém de causa desconhecida, como o cabo elétrico aéreo que se rompe e cai sobre fios telefônicos, causando incêndio, explosão de caldeira de usina, e provocando morte".

CLÁUSULA DE NÃO INDENIZAR

Trata-se de uma convenção por meio da qual as partes excluem o dever de indenizar em caso de inadimplemento das obrigações. Esta cláusula apenas terá validade se houver igualdade dos contratantes e não infringir de preceitos de ordem pública.

4.4 Responsabilidade civil por ato de terceiro

É a responsabilidade civil objetiva, ou seja, aquele que fica responsável por outrem, tem a obrigação de responder pelos atos ilícitos praticados por eles (art. 932 do CC):

RESPONSÁVEL	AGENTE	PRESUNÇÃO DE CULPA
PAIS	FILHOS	*CULPA IN VIGILANDO*
TUTORES	TUTELADOS	*CULPA IN VIGILANDO*
CURADOR	CURATELADO	*CULPA IN VIGILANDO*
PATRÃO, AMO, COMITENTE	EMPREGADOS, SERVIÇAIS E PREPOSTOS	*CULPA IN ELIGENDO*
DONOS DE HOTÉIS, HOSPEDARIAS OU ESTABELECIMENTOS CONGÊNERES	HÓSPEDES, MORADORES	*CULPA IN VIGILANDO*
DIRETORES DE ESTABELECIMENTOS EDUCACIONAIS	EDUCANDOS	*CULPA IN VIGILANDO*

A responsabilidade entre a pessoa responsável e o terceiro agente elencado acima é SOLIDÁRIA, conforme o parágrafo único do art. 942 do CC, ao estabelecer que "são solidariamente responsáveis com os autores os coautores e as pessoas designadas no art. 932".

ATENÇÃO

Se a pessoa responsável responder pelo dano, terá direito de regresso contra a pessoa por quem se responsabilizou, ressalvada a hipótese de ser seu descendente, absoluta ou relativamente incapaz (art. 934 do CC).

4.5 Responsabilidade civil pelo fato da coisa ou do animal

Conforme previsão do Código Civil, as pessoas são responsáveis pelos danos causados pelo fato de ser proprietário ou possuidor do bem, nos seguintes termos:

Guarda do animal	Art. 936. O dono, ou detentor, do animal ressarcirá o dano por este causado, se não provar culpa da vítima ou força maior.
Ruína do Edifício ou Construção	Art. 937. O dono de edifício ou construção responde pelos danos que resultarem de sua ruína, se esta provier de falta de reparos, cuja necessidade fosse manifesta.
Coisas caídas de edifícios	Art. 938. Aquele que habitar prédio, ou parte dele, responde pelo dano proveniente das coisas que dele caírem ou forem lançadas em lugar indevido.

5 DIREITOS REAIS

5.1 Posse

CONCEITO:

A posse é uma circunstância fática tutelada pelo Direito. É importante saber a distinção entre:

DETENÇÃO (ART. 1.198)	COMPOSSE
Quando há conservação da posse em nome do possuidor/proprietário e em cumprimento de ordens ou instruções suas. EXEMPLO: Caseiro	Posse comum e de mais de uma pessoa sobre a mesma coisa, que se encontra em estado de indivisão (art. 1.199) *Pro diviso:* delimitam áreas para o seu exercício *Pro indiviso:* exercem indistintamente os atos da posse

CLASSIFICAÇÃO DA POSSE

QUANTO AO EXERCÍCIO E GOZO	art. 1.197 Posse direta: possuidor exerce os poderes do proprietário, sem qualquer impedimento, e assim tendo contato físico com a coisa; Posse indireta: exercida pelo titular de todos os outros direitos, com exceção do uso.
QUANTO À EXISTÊNCIA DE VÍCIO	art. 1.200 Posse justa: não tem vícios objetivos, sendo obtida de acordo com as previsões legais e sem nenhuma complicação jurídica. Posse injusta: possui algum dos chamados "vícios objetivos", quais sejam: a violência, a clandestinidade e a precariedade
QUANTO À LEGITIMIDADE DO TÍTULO	art. 1.201 Posse de boa-fé: o possuidor está convicto de que a coisa possuída de direito lhe pertence; Posse de má-fé: o possuidor que sabe que não lhe assiste o direito para possuir a coisa
QUANTO AO TEMPO	art. 558 do CPC Posse nova: menos de ano e dia; Posse velha: mais de ano e dia
QUANTO À PROTEÇÃO	Posse *ad interdicta:* é aquela que atribuiu ao possuidor a possibilidade do manejo dos interditos possessórios e à autoproteção possessória. Posse *ad usucapionem:* é aquela que dá ensejo à usucapião OBS.: nem toda posse dá ensejo à usucapião.

AQUISIÇÃO DA POSSE

Quando o agente passa a exercitar, na prática, qualquer dos poderes de usar, gozar ou fruir, dispor da coisa, ou mesmo reivindicá-la.

> Art. 1.204. Adquire-se a posse desde o momento em que se torna possível o exercício, em nome próprio, de qualquer dos poderes inerentes à propriedade.

> Art. 1.205. A posse pode ser adquirida:
> I - pela própria pessoa que a pretende ou por seu representante;
> II - por terceiro sem mandato, dependendo de ratificação.

PERDA DA POSSE (ARTS. 1.223 E 1.224)

Quando não é mais possível exercitar qualquer dos poderes inerentes à propriedade.

> Art. 1.223. Perde-se a posse quando cessa, embora contra a vontade do possuidor, o poder sobre o bem, ao qual se refere o art. 1.196.
> Art. 1.224. Só se considera perdida a posse para quem não presenciou o esbulho, quando, tendo notícia dele, se abstém de retornar a coisa, ou, tentando recuperá-la, é violentamente repelido.

EFEITOS DA POSSE

PERCEPÇÃO DOS FRUTOS E PRODUTOS	O possuidor de boa-fé tem direito, enquanto ela durar, aos frutos colhidos ou percebidos (art. 1.214)
	O possuidor de má-fé responde por todos os frutos colhidos e percebidos, bem como pelos que, por culpa sua, deixou de perceber (art. 1.216).
RESPONSABILIDADE PELA PERDA OU DETERIORAÇÃO	O possuidor de boa-fé não responde pela perda ou deterioração da coisa, a que não der causa (art. 1.217).
	O possuidor de má-fé responde pela perda ou deterioração da coisa, ainda que acidentais, salvo se provar que de igual modo se teriam dado, estando ela na posse do reivindicante (art. 1.218)
INDENIZAÇÃO PELAS BENFEITORIAS	O possuidor de boa-fé tem direito à indenização das benfeitorias necessárias e úteis, bem como, quanto às voluptuárias (art. 1.219). Há direito de retenção
	Ao possuidor de má-fé serão ressarcidas somente as benfeitorias necessárias (art. 1.220)

5.2 Espécies de direitos reais

> Art. 1.225. São direitos reais:
> I - a propriedade;
> II - a superfície;
> III - as servidões;
> IV - o usufruto;
> V - o uso;
> VI - a habitação;
> VII - o direito do promitente comprador do imóvel;
> VIII - o penhor;
> IX - a hipoteca;
> X - a anticrese;
> XI - a concessão de uso especial para fins de moradia;
> XII - a concessão de direito real de uso;
> XIII - a laje;
> XIV - os direitos oriundos da imissão provisória na posse, quando concedida à União, aos Estados, ao Distrito Federal, aos Municípios ou às suas entidades delegadas e a respectiva cessão e promessa de cessão.

PROPRIEDADE

CONCEITO

Direito real de USAR, GOZAR OU FRUIR, DISPOR E REIVINDICAR a coisa, nos limites da sua função social

CLASSIFICAÇÃO DAS FORMAS DE AQUISIÇÃO DA PROPRIEDADE:

A) Originária e Derivada

ORIGINÁRIA
- apropriação direta da pessoa à coisa
- Ex.: legitimação fundiária, aluvião, avulsão, dentre outros

DERIVADA
- transmissão de um sujeito para outro
- Ocorrer por registro do título ou por sucessão hereditária (art. 1.245 do CC)

B) Imobiliária e Mobiliária

IMOBILIÁRIA	MOBILIÁRIA
Usucapião	Usucapião
Registro imobiliário	Ocupação
Acessão	Achado de tesouro
	Tradição
	Especificação
	Confusão, comissão e adjunção

FORMAS DE PERDA DE PROPRIEDADE:

ALIENAÇÃO	transferência da titularidade da propriedade (EX.: compra e venda e doação).
RENÚNCIA	ato formal de abdicação da coisa
ABANDONO	ato informal de abdicação da coisa. Ou seja, consiste na mera "deixação material da coisa"
PERECIMENTO DA COISA	destruição total da coisa
DESAPROPRIAÇÃO	modalidade de perda da propriedade de iniciativa do Poder Público, que, mediante prévio procedimento e justa indenização, por necessidade, utilidade pública ou por interesse social, expropria um bem de seu titular original.

5.3 Formas de aquisição da propriedade imobiliária

5.3.1 Usucapião

CONCEITO E PRESSUPOSTOS

Modo originário de aquisição da propriedade imobiliária pela prescrição aquisitiva. Isto é, a pessoa fica na posse do bem e, devido ao decurso do tempo, poderá adquirir a propriedade.

PRESSUPOSTOS DA USUCAPIÃO	A) Posse contínua ou ininterrupta; B) Posse mansa e pacífica ou seja, posse sem oposição; C) Lapso temporal; D) *Animus domini* (posse com intenção de dono);

ATENÇÃO

Art. 102. Os bens públicos não estão sujeitos a usucapião

Pode haver a soma de posses: *acessio possessionis* (ver art. 1.243 do CC): Havendo soma de posses, é dever do prescribente demonstrar que a posse anterior a ser somada possuía os mesmos requisitos que a lei exige e que ele diz ter, quais sejam, posse mansa, pacífica e com ânimo de dono.

ESPÉCIES DE USUCAPIÃO

EXTRAOR-DINÁRIO	ORDINÁRIO	ESPECIAL RURAL	ESPECIAL URBANA		USUCAPIÃO INDÍGENA	USUCAPIÃO COLETIVO
art. 1.238 do CC	art. 1.242 do CC	art. 1.239 do CC	art. 1.240 do CC	art. 1.240-A do CC	art. 33 (Estatuto do índio)	art. 10 (Estatuto da Cidade)
Qualquer tamanho	Qualquer tamanho	Imóvel rural de até 50 hectares	Imóvel urbano de até 250 m²	Imóvel urbano de até 250m²	trecho de terra de até 50 hectares	Área urbana com mais de 250 m²
• 15 anos (*caput*); • 10 anos (parágrafo único: moradia habitual ou serviço de caráter produtivo);	• 15 anos (*caput*); • 05 anos (parágrafo único - se o registro do título for cancelado posterriormente)	05 anos	05 anos	02 dois anos com exclusividade	10 anos	05 anos
independe de título ou boa-fé	justo título e boa-fé	Não tenha outro imóvel e que torne a propriedade produtiva e sua moradia	Não tenha outro imóvel e que use para sua moradia	Dividia a propriedade com o ex-cônjuge ou ex-companheiro e não tenha outro imóvel	exercida por indígena	• população de baixa renda; • não for possível identificar os terrenos ocupados

5.3.2 Registro Imobiliário

O art. 1.245 do CC dispõe que se transfere entre vivos a propriedade imobiliária mediante o registro do título translativo no Registro de Imóveis.

Premissa: "*quem não registra não é dono*".

5.3.3 Acessão

CONCEITO: aumento de volume da coisa principal, mediante união física.

TIPOS (art. 1.248 do CC):

Formação de Ilhas	as ilhas que se formarem no meio do rio consideram-se acréscimos sobrevindos aos terrenos ribeirinhos fronteiros de ambas as margens, na proporção de suas testadas as ilhas que se formarem entre a referida linha e uma das margens consideram-se acréscimos aos terrenos ribeirinhos fronteiros desse mesmo lado as que se formarem pelo desdobramento de um novo braço do rio continuam a pertencer aos proprietários dos terrenos à custa dos quais se constituíram
Aluvião	aumento lento e paulatino da margem do terreno, mediante acúmulo natural de detritos e sedimentos. Art. 1.250 do CC Pode ser de forma própria ou imprópria
Avulsão	Quando, por força natural violenta, uma porção de terra se destacar de um imóvel e se juntar a outro, o dono deste adquirirá a propriedade do acréscimo, se indenizar o dono do primeiro ou, sem indenização, se, em um ano, ninguém houver reclamado (art. 1.251 do CC).
Abandono de Álveo	Consiste no leito seco do rio. Segundo o art. 1.252 do CC, o álveo abandonado de corrente pertence aos proprietários ribeirinhos das duas margens, sem que tenham indenização os donos dos terrenos por onde as águas abrirem novo curso
Plantação e Construções	Toda construção ou plantação existente em um terreno presume-se feita pelo proprietário e à sua custa, até que se prove o contrário (art. 1.253 do CC) parágrafo único do art. 1.255 do CC: Se a construção ou a plantação exceder consideravelmente o valor do terreno, aquele que, de boa-fé, plantou ou edificou, adquirirá a propriedade do solo, mediante pagamento da indenização fixada judicialmente, se não houver acordo.

5.4 Formas de aquisição da propriedade móvel

USUCAPIÃO	1. Ordinário (art. 1.260 do CC): Aquele que possuir coisa móvel como sua, contínua e incontestadamente durante três anos, com justo título e boa-fé, adquirir-lhe-á a propriedade; 2. Extraordinário (art. 1.261 do CC): se a posse da coisa móvel se prolongar por cinco anos, independente de título ou boa-fé; OBS.: Bem roubado? Pode, mas observar o art. 200 do CC
OCUPAÇÃO	1. Aquele que se assenhorear de coisa sem dono, não sendo essa ocupação defesa por lei; 2. Bem móvel sem dono (res nullius) ou coisa abandonada (*res derelictae*); OBS.: Coisa perdida? NÃO PODE, pois tem o dever legal de efetuar a sua devolução (arts. 1.233 a 1.237 do CC)
ACHADO DE TESOURO	1. Arts. 1.264 a 1.266 do CC 2. Depósito antigo de coisas preciosas, oculto e de cujo dono não haja memória; 3. Será dividido por igual entre o proprietário do prédio e o que achar o tesouro casualmente; 4. Será integralmente do proprietário se esse o achou sozinho; 5. Será integralmente do descobridor se o encontrar em terreno aforado

TRADIÇÃO	Solenidade exigida para a aquisição de bens móveis, independente de título; Tipos: Real: quando a coisa é efetivamente entregue ao adquirente; Ficta: não há transferência efetiva, mas fictícia (ex.: constituto possessório); Simbólica: se dá por meio de um símbolo ou sinal. OBS.: alienação a nondomino, isto é, alienação por quem não é dono. Esse tipo é vedado pelo nosso ordenamento jurídico, nos termos do art. 1.268 do CC
CONFUSÃO, COMISSÃO E ADJUNÇÃO	1. Arts. 1.272 a 1.274 do CC 2. Confusão é a mistura de líquidos (água e vinho, por exemplo). 3. Comissão é a mistura de sólidos (areia e sal mineral, por exemplo). 4. Adjunção é a justaposição de uma coisa à outra (uma peça de metal fundida é acoplada a uma placa de cobre, por exemplo).

5.5 Direito de vizinhança

CONCEITO

Conjunto de normas e princípios que disciplina a convivência pacífica e harmoniosa entre vizinhos, visando a permitir o equilíbrio entre o individual e o coletivo.

PRINCIPAIS REGRAS DOS DIREITOS DE VIZINHANÇA

USO ANORMAL DA PROPRIEDADE (ARTS. 1.277 A 1.281)	ÁRVORES LIMÍTROFES (ARTS. 1.282 A 1.284)	PASSAGEM FORÇADA OU "ENCRAVAMENTO" (ART. 1.285)
O proprietário ou o possuidor de um prédio tem o direito de fazer cessar as interferências prejudiciais à segurança, ao sossego e à saúde dos que o habitam, provocadas pela utilização de propriedade vizinha;	Árvore cujo tronco estiver na linha divisória presume-se pertencer em comum aos donos dos prédios confinantes (art. 1.282)	Quando o dono do imóvel que não tiver acesso a via pública, nascente ou porto, pode, mediante pagamento de indenização cabal, constranger o vizinho a lhe dar passagem forçada, cujo rumo será judicialmente fixado, se necessário
PASSAGEM DE CABOS E TUBULAÇÕES (ARTS. 1.286 E 1.287)	**DAS ÁGUAS (ARTS. 1.288 A 1.296)**	**LIMITES ENTRE PRÉDIOS E DO DIREITO DE TAPAGEM (ARTS. 1.297 E 1.298)**
O proprietário terá que tolerar a passagem, através de seu imóvel, em proveito dos proprietários vizinhos, mediante recebimento de indenização que atenda, também, a desvalorização da área remanescente	Dono ou o possuidor do prédio inferior é obrigado a receber as águas que correm naturalmente do superior, não podendo realizar obras que embaracem o seu fluxo	O proprietário pode constranger o seu confinante a proceder com ele a demarcação entre dois prédios, a aviventar rumos apagados e a renovar marcos destruídos ou arruinados, repartindo-se proporcionalmente entre os interessados as respectivas despesas

DIREITO DE CONSTRUIR (ARTS. 1.299 A 1.313):
Proprietário poderá levantar em seu terreno as construções que lhe aprouver, ressalvado o direito dos vizinhos e os regulamentos administrativos • Distância mínima para abertura de janelas, eirados, terraços ou varandas: 1,5 m do terreno vizinho (Art. 1.301) ou setenta e cinco centímetros se a visão for oblíqua (§ 1º); • Se desrespeitar o limite, o proprietário pode, no lapso de ano e dia após a conclusão da obra, exigir que se desfaça

5.6 Condomínio

CONCEITO

Quando mais de uma pessoa tem o exercício da propriedade sobre determinado bem (COPROPRIEDADE)

ESPÉCIES

Condomínio Voluntário	condomínio que foi criado por um ajusto de vontades, também conhecido como condomínio convencional.
Condomínio Necessário	Copropriedade decorrente da própria lei (arts. 1.327 a 1.330)
Condomínio Edilício	imóveis onde coexistem partes comuns e partes exclusivas (art. 1.331 e ss)
Condomínio de Lotes	unidade autônoma corresponde a um lote, o qual está necessariamente vinculada a uma fração ideal das áreas comuns em proporção a ser definida no ato de sua instituição
Multipropriedade	espécie condominial relativa aos locais de lazer, pelo qual é repartido em unidades fixas de tempo, sendo assegurado a cada co-titilar o seu uso exclusivo durante o tempo estipulado

5.7 Direitos reais na coisa alheia

Também conhecido como Direitos Reais Limitados, são o conjunto de normas que disciplinam as relações jurídicas reais de bens de propriedade de outrem. São elas:

SUPERFÍCIE (ART. 1.369)	SERVIDÃO (ART. 1.378)	USUFRUTO (ART. 1.390)
O proprietário concede a outrem, o direito de construir ou plantar em seu terreno	Quando um prédio proporciona utilidade a outro, gravando o último, que é do domínio de outra pessoa.	Usufrutuário detém o direito de GOZAR E USAR e o nu-proprietário de REIVINDICAR E ALIENAR
USO (ART. 1.412)	**HABITAÇÃO (ART. 1.414)**	**LAJE (ART. 1.510-A)**
Há apenas a cessão do atributo de utilizar a coisa	Quando é apenas é cedida uma parte do atributo de usar, qual seja o direito de habitar o imóvel	O proprietário do andar térreo cede o direito de uso e moradia para que um terceiro construa a sua casa no andar de cima ou subsolo.

5.8 Direitos reais de garantia

CONCEITO

Quando o bem garante a dívida por vínculo real (art. 1.419 do CC), tendo natureza acessória.

> Art. 1.419. Nas dívidas garantidas por penhor, anticrese ou hipoteca, o bem dado em garantia fica sujeito, por vínculo real, ao cumprimento da obrigação.

REQUISITOS ESSENCIAIS

Somente quem é proprietário poderá oferecer o bem em garantia real e deve ser um bem alienável

> Art. 1.420. Só aquele que pode alienar poderá empenhar, hipotecar ou dar em anticrese; só os bens que se podem alienar poderão ser dados em penhor, anticrese ou hipoteca.

REQUISITOS ESPECÍFICOS

Esses requisitos devem estar presentes, sob pena de ineficácia do negócio jurídico perante terceiros

> Art. 1.424. Os contratos de penhor, anticrese ou hipoteca declararão, sob pena de não terem eficácia:
>
> I – o valor do crédito, sua estimação, ou valor máximo;
>
> II – o prazo fixado para pagamento;
>
> III – a taxa dos juros, se houver;
>
> IV – o bem dado em garantia com as suas especificações.

PRINCIPAIS REGRAS

- Hipóteses em que a dívida se torna vencida antecipadamente

> Art. 1.425. A dívida considera-se vencida:
>
> I – se, deteriorando-se, ou depreciando-se o bem dado em segurança, desfalcar a garantia, e o devedor, intimado, não a reforçar ou substituir;
>
> II – se o devedor cair em insolvência ou falir;
>
> III – se as prestações não forem pontualmente pagas, toda vez que deste modo se achar estipulado o pagamento. Neste caso, o recebimento posterior da prestação atrasada importa renúncia do credor ao seu direito de execução imediata;
>
> IV – se perecer o bem dado em garantia, e não for substituído;
>
> V – se se desapropriar o bem dado em garantia, hipótese na qual se depositará a parte do preço que for necessária para o pagamento integral do credor

- É admitido que terceiro preste garantia real por dívida alheia

> Art. 1.427. Salvo cláusula expressa, o terceiro que presta garantia real por dívida alheia não fica obrigado a substituí-la, ou reforçá-la, quando, sem culpa sua, se perca, deteriore, ou desvalorize.

- Vedação ao Pacto Comissório

> Art. 1.428. É nula a cláusula que autoriza o credor pignoratício, anticrético ou hipotecário a ficar com o objeto da garantia, se a dívida não for paga no vencimento.

- Caso a execução da garantia real não seja suficiente para o pagamento da dívida e das despesas judiciais, continuará o devedor obrigado pessoalmente pelo restante (art. 1.430)

> Art. 1.430. Quando, excutido o penhor, ou executada a hipoteca, o produto não bastar para pagamento da dívida e despesas judiciais, continuará o devedor obrigado pessoalmente pelo restante.

ESPÉCIES

PENHOR	HIPOTECA	ANTICRESE
É constituído sobre bens móveis (em regra), ocorrendo a transferência efetiva da posse do bem do devedor ao credor (também em regra).	Recai sobre bens imóveis (em regra) e não há a transmissão da posse da coisa entre as partes;	O imóvel é dado em garantia e transmitido do devedor, ou por terceiro, ao credor, podendo o último retirar da coisa os frutos e rendimentos para o pagamento da dívida

6 DIREITO DA FAMÍLIA

6.1 Filiação

A filiação diz respeito à relação jurídica estabelecida entre pais e filhos, seja por consequência do casamento (filiação matrimonial) ou da união estável dos pais (filiação socioafetiva), ou ainda em virtude da adoção ou do reconhecimento voluntário da paternidade ou maternidade.

Diversas formas de filiação são reconhecidas pelo Direito. São elas:

FILIAÇÃO BIOLÓGICA	Quando a relação entre pais e filhos é estabelecida pela comprovação da origem genética.
FILIAÇÃO SOCIOAFETIVA	Surge a partir da convivência familiar e do estabelecimento de vínculos afetivos, independentemente dos laços biológicos (direito ao nome, ao trato e ao reconhecimento público enquanto filho).
FILIAÇÃO POR REPRODUÇÃO ASSISTIDA	Nas situações em que a concepção é auxiliada por técnicas de reprodução assistida, como a inseminação artificial ou a fertilização *in vitro*, a filiação é regulada por normas específicas.
FILIAÇÃO POR RECONHECIMENTO VOLUNTÁRIO	Quando um dos genitores, ou ambos, reconhecem voluntariamente a paternidade ou maternidade de uma criança, seja por meio de declaração de nascimento, escritura pública ou outro documento legal.

FILIAÇÃO PRESUMIDA	Art. 1.597, CC. Presumem-se concebidos na constância do casamento os filhos: I - nascidos cento e oitenta dias, pelo menos, depois de estabelecida a convivência conjugal; II - nascidos nos trezentos dias subsequentes à dissolução da sociedade conjugal, por morte, separação judicial, nulidade e anulação do casamento; III - havidos por fecundação artificial homóloga, mesmo que falecido o marido; IV - havidos, a qualquer tempo, quando se tratar de embriões excedentários, decorrentes de concepção artificial homóloga; V - havidos por inseminação artificial heteróloga, desde que tenha prévia autorização do marido.

A filiação é um direito fundamental dos pais e dos filhos - e a eles são conferidos direitos e deveres recíprocos (como a guarda, a educação, o sustento e a convivência familiar).

A filiação poderá ser reconhecida:

- No registro de nascimento;
- Por meio de escritura pública;
- Em escrito particular arquivado em cartório;
- Por meio de manifestação perante o juiz;
- Por meio de testamento.

Esse reconhecimento da filiação é irrevogável, contudo, há a exceção do caso em que for detectado erro ou falsidade (baseando-se no art. 1.604 do CC).

> Art. 1.609. O reconhecimento dos filhos havidos fora do casamento é irrevogável e será feito:
> I - no registro do nascimento;
> II - por escritura pública ou escrito particular, a ser arquivado em cartório;
> III - por testamento, ainda que incidentalmente manifestado;
> IV - por manifestação direta e expressa perante o juiz, ainda que o reconhecimento não haja sido o objeto único e principal do ato que o contém.

6.2 Poder familiar

O poder familiar, também referido como autoridade familiar ou poder parental, compreende os direitos e obrigações conferidos aos pais em relação aos seus filhos menores (e todos os seus direitos e deveres inerentes).

O objetivo primordial do poder parental é zelar pelo interesse superior da criança, protegendo-a e fomentando o seu crescimento saudável.

Esse poder familiar tem por finalidade assegurar o bem-estar, o crescimento e a segurança das crianças, proporcionando-lhes condições adequadas para se desenvolverem de maneira saudável.

Algumas das incumbências que integram o poder parental englobam:

- Prover os cuidados essenciais, tais como alimentação, habitação e vestuário.
- Educar e guiar a criança em sua formação moral, intelectual e social.

- Velar pela saúde física e mental da criança, garantindo o acesso a cuidados médicos quando necessário.
- Tomar decisões em nome da criança, sobretudo quando essa ainda não dispõe de capacidade para decidir autonomamente.
- Representar legalmente a criança em questões administrativas e judiciais.

Enfatiza-se que o poder familiar é exercido de maneira conjunta, conforme o art. 1.631 do CC, que prevê que:

> Art. 1.631. Durante o casamento e a união estável, compete o poder familiar aos pais; na falta ou impedimento de um deles, o outro o exercerá com exclusividade.

As exceções ocorrem em situações de divórcio ou separação, nas quais a guarda pode ser estabelecida de maneira compartilhada ou unilateral, conforme as circunstâncias e as deliberações judiciais.

SUSPENSÃO, PERDA E EXTINÇÃO DO PODER FAMILIAR

SUSPENSÃO	PERDA	EXTINÇÃO
Abuso de autoridade;	Castigo imoderado	Maioridade cabe uma explicação melhor em cada hipótese
Falta aos deveres do poder familiar;	Abandono de filho	Emancipação
Administração ruinosa dos bens dos filhos;	Atos contrários à moral e aos bons costumes	Morte dos pais ou dos filhos
Condenação a crime com pena excedente a 2 anos de prisão;	Incidir reiteradamente nas faltas de suspensão	Adoção
Alienação Parental.	Entrada irregular para a adoção	Decisão Judicial
	Praticar crime contra filho ou outro titular do poder familiar	

6.3 Guarda

A guarda é uma determinação legal sobre quem será o responsável por tomar decisões relevantes em nome da criança e tomar conta dela no cotidiano. A guarda é geralmente atribuída a um ou ambos os pais, dependendo das circunstâncias específicas do caso.

Existem distintos arranjos de guarda:

- Guarda Compartilhada: ambos os genitores assumem obrigações equitativas em relação à criança, incluindo a tomada de decisões relevantes para sua vida, como educação, saúde e prática religiosa. A criança geralmente passa períodos substanciais de tempo com cada um dos pais.
- Guarda Unilateral: nesta modalidade, apenas um dos pais é conferido com a responsabilidade primordial sobre a criança. O pai detentor da guarda unilateral toma a maioria das decisões relacionadas à criança e é encarregado de sua criação.

> Art. 1.583. A guarda será unilateral ou compartilhada.

Direito Civil

> § 1º Compreende-se por guarda unilateral a atribuída a um só dos genitores ou a alguém que o substitua (art. 1.584, § 5º) e, por guarda compartilhada a responsabilização conjunta e o exercício de direitos e deveres do pai e da mãe que não vivam sob o mesmo teto, concernentes ao poder familiar dos filhos comuns.
> § 2º Na guarda compartilhada, o tempo de convívio com os filhos deve ser dividido de forma equilibrada com a mãe e com o pai, sempre tendo em vista as condições fáticas e os interesses dos filhos. [...]

Nesse ponto, distinguem-se as características da guarda compartilhada e da guarda unilateral:

GUARDA UNILATERAL	GUARDA COMPARTILHADA (PRIORITÁRIA)
Responsabilidade exclusiva	Responsabilidade conjunta
Fiscalização	Convivência equilibrada
Direito de convivência	Base de moradia

Outros tipos de guarda consistem em:

- Guarda Alternada: a criança passa períodos de tempo igualmente distribuídos entre os lares de cada genitor, alternando entre eles.
- Guarda Exclusiva: um dos pais assume a responsabilidade integral pela criança, incluindo a tomada de decisões e os cuidados diários.

A determinação da guarda geralmente compete ao juiz, pautando-se no melhor interesse da criança. Essa decisão levará em consideração diversos fatores, tais quais o vínculo de cada pai com a criança, a estabilidade emocional e financeira dos pais, e a aptidão de cada um para oferecer um ambiente propício ao desenvolvimento infantil.

6.4 Alimentos

Os alimentos referem-se à obrigação que os pais têm de prover o sustento, a educação, a saúde, o lazer e outras necessidades básicas de seus filhos menores de idade ou incapazes de prover seu próprio sustento.

Para além dos filhos, essa obrigação é estendida a cônjuges ou ex-cônjuges, ascendentes e irmãos em determinadas circunstâncias.

Os alimentos são regulados por lei e podem ser estabelecidos por meio de acordos entre as partes ou por decisão judicial em casos de litígio. Em regra, o valor dos alimentos é definido levando-se em conta a capacidade financeira do alimentante (quem paga os alimentos), as necessidades do alimentado (quem recebe os alimentos) e outros fatores relevantes (como padrão de vida anterior ao divórcio).

A obrigação de prestar alimentos é baseada no princípio da solidariedade familiar, visando a garantir que todos os membros da família tenham condições mínimas de subsistência e bem-estar. Essa obrigação persiste mesmo após o divórcio ou a separação dos pais, pretendendo assegurar o melhor interesse dos filhos menores ou incapazes.

A regra da fixação dos alimentos respeita o binômio NECESSIDADE e POSSIBILIDADE, como prevê o art. 1.694 do CC, que aborda:

> Podem os parentes, os cônjuges ou companheiros pedir uns aos outros os alimentos de que necessitem para viver de modo compatível com a sua condição social, inclusive para atender às necessidades de sua educação.

Essa prestação de alimentos configura um direito recíproco entre pais e filhos, sendo extensivo a todos os ascendentes, recaindo a obrigação nos mais próximos em grau, uns em falta de outros.

Além disso, possui uma característica sucessiva, conforme disposição do art. 1.697:

> Art. 1.697. Na falta dos ascendentes cabe a obrigação aos descendentes, guardada a ordem de sucessão e, faltando estes, aos irmãos, assim germanos como unilaterais.

SUBSIDIARIEDADE X SOLIDARIEDADE DOS ALIMENTOS (art. 1.698 do CC)

Se o parente, que deve alimentos em primeiro lugar, não estiver em condições de suportar totalmente o encargo, serão chamados a concorrer os de grau imediato.
Sendo várias as pessoas obrigadas a prestar alimentos, todas devem concorrer na proporção dos respectivos recursos, e, intentada ação contra uma delas, poderão as demais ser chamadas a integrar a lide.

A decisão que definir os alimentos não fará coisa julgada material, pois a problemática poderá ser revista e gerar a:

a) REVISÃO: diante do caso concreto, haverá a possibilidade de revisão dos alimentos, consoante determinação dos arts. 1.699 e 1.701:

> Art. 1.699. Se, fixados os alimentos, sobrevier mudança na situação financeira de quem os supre, ou na de quem os recebe, poderá o interessado reclamar ao juiz, conforme as circunstâncias, exoneração, redução ou majoração do encargo.
> Art. 1.701. A pessoa obrigada a suprir alimentos poderá pensionar o alimentando, ou dar-lhe hospedagem e sustento, sem prejuízo do dever de prestar o necessário à sua educação, quando menor.

b) EXONERAÇÃO: se, após a fixação dos alimentos, houver mudança na situação financeira (seja de quem os supre ou de quem os recebe), poderá o interessado reclamar ao juiz (seja a exoneração, a redução ou a majoração do encargo).

> Art. 1.699. Se, fixados os alimentos, sobrevier mudança na situação financeira de quem os supre, ou na de quem os recebe, poderá o interessado reclamar ao juiz, conforme as circunstâncias, exoneração, redução ou majoração do encargo.

c) EXTINÇÃO: cessará o dever de prestar alimentos diante do casamento, da união estável ou do concubinato do credor.

> Art. 1.708. Com o casamento, a união estável ou o concubinato do credor, cessa o dever de prestar alimentos.

6.5 Tutela e curatela

A tutela é um instituto jurídico acionado quando um indivíduo menor de idade necessita de cuidados e representação devido à ausência, óbito ou incapacidade dos pais.

Nessas circunstâncias, o juiz designa um tutor, encarregado de assegurar o bem-estar do menor, cuidar de seus interesses pessoais e administrar seus bens até que atinja a maioridade ou até que ocorram alterações nas circunstâncias que motivaram a tutela. O tutor tem o compromisso de atuar no melhor interesse do tutelado, garantindo seu desenvolvimento adequado e sua proteção.

Já o instituto da curatela tem por intuito preservar e representar pessoas maiores de idade que, por diversos motivos (como, por exemplo, enfermidade ou outra incapacidade), não possuem condições de cuidar de si mesmas ou de seus bens de maneira autônoma.

Assim, o curador é nomeado pelo juiz e possui a responsabilidade de realizar decisões em nome do incapaz (com relação à sua pessoa ou aos seus bens).

O objetivo da curatela é garantir o bem-estar e a proteção dos incapazes, garantindo que suas necessidades sejam atendidas de forma adequada.

Submetem-se à tutela os testamentários, legítimos e dativos. Versa o Código Civil sobre o instituto da Tutela:

> Art. 1.729. O direito de nomear tutor compete aos pais, em conjunto.
> Parágrafo único. A nomeação deve constar de testamento ou de qualquer outro documento autêntico.
> Art. 1.730. É nula a nomeação de tutor pelo pai ou pela mãe que, ao tempo de sua morte, não tinha o poder familiar.
> Art. 1.731. Em falta de tutor nomeado pelos pais incumbe a tutela aos parentes consanguíneos do menor, por esta ordem:
> I – aos ascendentes, preferindo o de grau mais próximo ao mais remoto;
> II – aos colaterais até o terceiro grau, preferindo os mais próximos aos mais remotos, e, no mesmo grau, os mais velhos aos mais moços; em qualquer dos casos, o juiz escolherá entre eles o mais apto a exercer a tutela em benefício do menor.

Já a curatela é imposta sobre aqueles que estão impedidos de exprimir opinião, ébrios e viciados, e pródigos. Sobre os pródigos, define o Código Civil:

> Art. 1.782. A interdição do pródigo só o privará de, sem curador, emprestar, transigir, dar quitação, alienar, hipotecar, demandar ou ser demandado, e praticar, em geral, os atos que não sejam de mera administração.

Além dessas hipóteses, também será determinado um curador ao nascituro, desde que o pai venha falecer enquanto a mulher estiver grávida (e somente se essa mulher não possuir o poder familiar).

Esses institutos ensejam a representação legal e administração dos bens dos tutelados e curatelados pelos seus respectivos tutores e curadores.

Ademais, gera a necessidade de prestação de contas da atuação dos tutelados e curatelados, sendo necessária a realização de um levantamento de pessoas que serão elegidas como tutelados ou curatelados:

> Art. 1.736. Podem escusar-se da tutela:
> I - mulheres casadas;
> II - maiores de sessenta anos;
> III - aqueles que tiverem sob sua autoridade mais de três filhos;
> IV - os impossibilitados por enfermidade;
> V - aqueles que habitarem longe do lugar onde se haja de exercer a tutela;
> VI - aqueles que já exercerem tutela ou curatela;
> VII - militares em serviço.
> Art. 1.737. Quem não for parente do menor não poderá ser obrigado a aceitar a tutela, se houver no lugar parente idôneo, consanguíneo ou afim, em condições de exercê-la.

6.6 União estável

Versa o art. 1.723 do CC:

> Art. 1.723. É reconhecida como entidade familiar a união estável entre o homem e a mulher, configurada na convivência pública, contínua e duradoura e estabelecida com o objetivo de constituição de família.

Desse modo, define-se como união estável a relação que possua os seguintes **PRESSUPOSTOS:**

PRESSUPOSTOS DA UNIÃO ESTÁVEL	
	Publicidade
	Continuidade
	Durabilidade
	Intenção atual de constituir família

A união estável não se constituirá se ocorrerem os impedimentos matrimoniais definidos no art. 1.521 do CC:

> Art. 1.521. Não podem casar:
> I - os ascendentes com os descendentes, seja o parentesco natural ou civil;
> II - os afins em linha reta;
> III - o adotante com quem foi cônjuge do adotado e o adotado com quem o foi do adotante;
> IV - os irmãos, unilaterais ou bilaterais, e demais colaterais, até o terceiro grau inclusive;
> V - o adotado com o filho do adotante;
> VI - as pessoas casadas;
> VII - o cônjuge sobrevivente com o condenado por homicídio ou tentativa de homicídio contra o seu consorte.

Exposto o dispositivo anterior, evidencia-se que não se aplica a incidência do inciso VI (referente às pessoas casadas) no caso de a pessoa casada se achar separada de fato ou judicialmente.

Ademais, acerca do regime de bens da união estável, entende-se que, a partir da inexistência de contrato escrito entre os companheiros, serão aplicáveis as disposições relativas ao regime da comunhão parcial de bens no que couber.

6.7 Casamento

O casamento pode-se realizar entre:

- Maiores de 18 anos
- Pessoa com deficiência (nos termos do Estatuto da Pessoa com Deficiência, Lei nº13.147/2015)

> Art. 6º A deficiência não afeta a plena capacidade civil da pessoa, inclusive para:
> I – casar-se e constituir união estável.

- Menores entre 16 e 18 anos: nesse caso, será necessário autorização dos pais, suprimento judicial (se negado o consentimento por parte dos pais, se constatada injusta, ele poderá ser suprido pelo juiz) e a separação obrigatória dos bens (consoante a previsão do art. 1.641 do CC, "é obrigatório o regime da separação de bens no casamento: III – de todos os que dependerem, para casar, de suprimento judicial").

6.8 Regime de bens

O regime de bens é o conjunto de regras que determina como os bens e direitos adquiridos antes e durante o casamento ou união estável serão administrados pelos cônjuges ou companheiros.

O regime de bens é determinado pelo casal no momento do casamento ou da união estável, podendo ser escolhido de acordo com as características e interesses de cada relação.

- ESTATUTO PATRIMONIAL: disposições legais que abordam a gestão e salvaguarda do patrimônio familiar no contexto do direito de família.
- MUTABILIDADE (conforme previsão do art. 1.639, § 2º, do CC "é admissível alteração do regime de bens, mediante autorização judicial em pedido motivado de ambos os cônjuges, apurada a procedência das razões invocadas e ressalvados os direitos de terceiros")
- LIVRE ESCOLHA: antes de celebrado o casamento, as partes possuem plena liberdade de estipular as disposições em relação aos seus bens da forma que lhes agradar. Essa escolha poderá se dar por meio de:

REGIME SUPLETIVO

Conforme previsão do art. 1.640 do CC:

> Não havendo convenção, ou sendo ela nula ou ineficaz, vigorará, quanto aos bens entre os cônjuges, o regime da comunhão parcial.

PACTO ANTENUPCIAL

No caso do casamento, a escolha do regime de bens deverá ser feita por meio de uma forma prescrita em lei, que diz respeito ao pacto antenupcial.

Para que esse pacto seja válido, esse instrumento precisa ser feito por escritura pública e a sua eficácia está subordinada à celebração do casamento. Ou seja, enquanto não há casamento, as cláusulas estabelecidas no pacto antenupcial não poderão ser cumpridas.

> Art. 1.653. É nulo o pacto antenupcial se não for feito por escritura pública, e ineficaz se não lhe seguir o casamento.

SEPARAÇÃO OBRIGATÓRIA

A separação obrigatória de bens é um regime matrimonial onde os cônjuges mantêm as suas propriedades de forma individual. Desse modo, as partes não compartilharão responsabilidades financeiras ou legais em cima dos bens adquiridos durante o casamento.

Esse regime visa a proteger os interesses dos herdeiros ou, ainda, preservar o patrimônio de um dos cônjuges.

Além disso, terá por objetivo a prevenção de conflitos no caso da realização de divórcios ou da partilha de bens após a morte, garantindo, assim, segurança financeira e autonomia.

> Art. 1.641. É obrigatório o regime da separação de bens no casamento:
> [...]
> III - de todos os que dependerem, para casar, de suprimento judicial.

SOBRE A COMUNHÃO PARCIAL DE BENS

A comunhão parcial de bens é o regime matrimonial em que os cônjuges compartilham os bens adquiridos durante o casamento, mas mantêm separados os bens que possuíam antes da união. O objetivo desse regime matrimonial é promover uma divisão equitativa dos recursos durante a vida conjugal.

Dessa maneira, os bens individuais adquiridos antes do casamento permanecem de propriedade exclusiva de cada cônjuge. Já os bens adquiridos após o casamento tornam-se comuns e sujeitos a divisão em caso de divórcio ou falecimento.

Esse regime oferece flexibilidade aos cônjuges, permitindo autonomia financeira prévia, mas também promove a partilha dos recursos conjuntos. A administração dos bens é simplificada, reduzindo potenciais conflitos em casos de separação. Porém, a definição de bens mistos pode gerar disputas.

Em síntese, a comunhão parcial equilibra autonomia e partilha, exigindo comunicação e atenção para uma divisão justa em situações de necessidade.

BENS COMUNS	BENS PARTICULARES
Aquisição onerosa durante o casamento	Anteriores ao casamento
Fato eventual, com ou sem o concurso de trabalho ou despesa anterior	Recebidos na constância do casamento, por doação ou sucessão

BENS COMUNS	BENS PARTICULARES
Benfeitorias (úteis, necessárias e voluptárias) em bens particulares	Sub-rogados em lugar de bens particulares
Frutos civis dos bens comuns ou particulares	Obrigações anteriores e provenientes de atos ilícitos (criminais e civis) - Proveito do casal
Doação, herança ou legado, em favor de ambos os cônjuges	Bens de uso pessoal, livros e instrumentos de profissão
	Proventos do trabalho, pensões, meio-soldos, montepios e outras rendas

SOBRE A COMUNHÃO UNIVERSAL DE BENS

A comunhão universal de bens é um modelo de regime matrimonial em que todos os bens atuais e futuros do casal são compartilhados de maneira equitativa. Isso implica que todos os recursos que os cônjuges possuem antes e durante o casamento são considerados propriedade conjunta do casal.

No caso de divórcio ou falecimento de um dos cônjuges, os bens são divididos igualmente entre ambos.

Embora esse regime promova uma distribuição mais justa de patrimônio entre os cônjuges, pode apresentar riscos, especialmente se um dos cônjuges estiver endividado ou comprometido financeiramente antes do casamento.

Portanto, é essencial analisar cuidadosamente as consequências desse regime antes de escolhê-lo.

BENS COMUNS	BENS PARTICULARES
Anteriores ao casamento	Bens doados ou herdados com a cláusula de incomunicabilidade
Adquiridos a qualquer título do casamento	Bens gravados de fideicomisso e o direito do herdeiro fideicomissário
	Obrigações anteriores e provenientes de atos ilícitos (criminais e civis) - Proveito do casal
	Bens de uso pessoal, livros e instrumentos de profissão
	Proventos do trabalho, pensões, meio-soldos

SEPARAÇÃO DE BENS

Na separação de bens, cada cônjuge mantém seus próprios ativos, sem compartilhamento entre eles. Isso implica que os bens adquiridos antes e durante o casamento permanecem sob a propriedade e responsabilidade exclusiva de cada indivíduo.

Em caso de divórcio, não há partilha dos bens do casal, cada um fica com o que é seu. Esse regime proporciona independência financeira e resguarda contra as dívidas do cônjuge, embora possa demandar acordos específicos para certos ativos compartilhados.

BENS COMUNS	BENS PARTICULARES
Despesas comuns do lar (Proporcionalmente)	Anteriores ao casamento
	Adquiridos a título gratuito durante o casamento
	Adquiridos a título oneroso durante o casamento

O Supremo Tribunal Federal versou em sua Súmula nº 377 sobre a PROVA DO ESFORÇO COMUM:

> No regime de separação legal de bens, comunicam-se os adquiridos na constância do casamento.

6.8.1 Administração de Bens

A administração de bens no direito de família refere-se à gestão e controle dos bens pertencentes aos membros de uma família.

Essa administração inclui não apenas a propriedade de bens individuais, mas também questões relacionadas à administração de bens comuns do casal, como imóveis, investimentos e outros ativos.

Essa administração é regulada pelo Código Civil, conforme disposições colacionadas:

ATOS SEM OUTORGA (ARTS. 1.642 E 1.643)	ATOS COM OUTORGA (ART. 1.647)*
Praticar todos os atos de disposição e de administração necessários ao desempenho de sua profissão;	Alienar ou gravar de ônus real os bens imóveis;
Administrar os bens próprios (bens particulares);	Pleitear, como autor ou réu, acerca desses bens ou direitos;
Desobrigar ou anular os imóveis que tenham sido gravados ou alienados sem o seu consentimento ou sem suprimento judicial;	Fazer doação de bens comuns/ou dos que possam integrar futura meação;
Obter, por empréstimo, as quantias que a aquisição dessas coisas possa exigir;	Prestar fiança ou aval.
Comprar a crédito as coisas necessárias à economia doméstica;	
Reivindicar os bens comuns, móveis ou imóveis, doados ou transferidos pelo outro cônjuge ao concubino, desde que provado que os bens não foram adquiridos pelo esforço comum destes.	

ATENÇÃO

O Código Civil prevê a possibilidade de suprimento judicial, pois aduz que "cabe ao juiz, nos casos do artigo antecedente, suprir a outorga, quando um dos cônjuges a denegue sem motivo justo, ou lhe seja impossível concedê-la". Diante desse não suprimento, o ato incorre em sua invalidade, pois assim prevê o art. 1.649 do CC:

A falta de autorização, não suprida pelo juiz, quando necessária (art. 1.647), tornará anulável o ato praticado, podendo o outro cônjuge pleitear-lhe a anulação, até dois anos depois de terminada a sociedade conjugal.

7 SUCESSÕES – PARTE GERAL

7.1 Direito das sucessões

O direito das sucessões aborda a transferência do patrimônio de uma pessoa falecida para seus herdeiros ou legatários.

É uma área que estabelece as regras e procedimentos para a transmissão dos bens, dívidas e direitos do falecido, assegurando que a sucessão seja realizada de acordo com a vontade do falecido, quando expressa em testamento, ou com as regras legais de herança, quando não há disposições testamentárias.

COM TESTAMENTO	SEM TESTAMENTO
Sucessão estabelecida de acordo com a vontade do falecido;	Sucessão estabelecida de acordo com as disposições orçamentárias.

O direito das sucessões também trata de questões relacionadas à:

- partilha dos bens;
- direitos dos herdeiros;
- inventário;
- pagamento de dívidas e impostos sobre herança;
- entre outros aspectos fundamentais para a organização e distribuição do patrimônio após o falecimento de uma pessoa.

Considera-se a existência de duas espécies de sucessões. São elas:

SUCESSÃO LEGÍTIMA	Art. 1.788. Morrendo a pessoa sem testamento, transmite a herança aos herdeiros legítimos; o mesmo ocorrerá quanto aos bens que não forem compreendidos no testamento; e subsiste a sucessão legítima se o testamento caducar, ou for julgado nulo.
SUCESSÃO TESTAMENTÁRIA	Art. 1.857. Toda pessoa capaz pode dispor, por testamento, da totalidade dos seus bens, ou de parte deles, para depois de sua morte.

7.2 Capacidade para suceder

Quanto à capacidade para suceder, esta é a aptidão específica da pessoa natural para receber a herança, sendo capazes os nascidos ou já concebidos quando da abertura da concessão, nos termos do art. 1.789 do CC.

Ademais, é possível que a herança seja destinada a pessoa jurídica, atual ou futura.

ATENÇÃO

Há previsão de possibilidade, via sucessão testamentária, de sucessão de prole eventual, gerada após a abertura da sucessão, desde que concebida, salvo disposição de vontade em contrário, até dois anos após a morte.

7.3 Sucessores

Os sucessores são as pessoas ou entidades que têm direito a receber os bens e direitos de uma pessoa falecida, de acordo com as regras estabelecidas pelo direito das sucessões e considerando as disposições testamentárias, quando existentes.

Compreendem-se entre o rol dos sucessores os herdeiros (sejam legítimos ou testamentários) e os legatários.

HERDEIROS	LEGATÁRIOS
São aqueles que têm direito à herança de acordo com a lei. Geralmente incluem cônjuges, descendentes (filhos, netos), ascendentes (pais, avós) e, em alguns casos, colaterais (irmãos, sobrinhos).	São pessoas ou entidades designadas pelo falecido em testamento para receberem bens ou direitos específicos. Eles podem ou não ser também herdeiros legítimos.

7.4 Abertura da sucessão

Conforme previsão do art. 1.784 do CC (Princípio da *Saisine*):

> Aberta a sucessão, a herança transmite-se, desde logo, aos herdeiros legítimos e testamentários.

7.5 Aceitação da herança

A aceitação da herança poderá ser expressa (quando se faz por declaração escrita) ou tácita (quando há de resultar tão-somente de atos próprios da qualidade de herdeiro).

EXPRESSA	TÁCITA
Feita por declaração escrita;	Resulta somente de atos próprios da qualidade de herdeiro.

ATENÇÃO
A partir da aceitação da herança, a sua transmissão ao herdeiro se tornará definitiva desde a abertura da sucessão (efeito *ex tunc*).

7.5.1 Efeitos da Aceitação da Herança

DIREITO DE REPRESENTAÇÃO

A aceitação da herança gera o direito de representação, regulado pelo Código Civil, que versa:

> Art. 1.852. O direito de representação dá-se na linha reta descendente, mas nunca na ascendente.
>
> Art. 1.853. Na linha transversal, somente se dá o direito de representação em favor dos filhos de irmãos do falecido, quando com irmãos deste concorrerem.

7.6 Cessão de direitos hereditários

A cessão de direitos hereditários se dá quando um herdeiro ou legatário transfere parte ou todos os seus direitos sobre uma herança a outra pessoa, quer seja antes ou após a partilha dos bens.

Esse tipo de transferência pode ser motivada por razões como divisão entre os herdeiros, necessidade de recursos financeiros ou escolha pessoal. É relevante ressaltar que em determinadas situações essa cessão pode encontrar limitações legais ou até mesmo ser proibida por disposições legais ou testamentárias.

> Art. 1.783. Quando o curador for o cônjuge e o regime de bens do casamento for de comunhão universal, não será obrigado à prestação de contas, salvo determinação judicial.
>
> Art. 1.784. Aberta a sucessão, a herança transmite-se, desde logo, aos herdeiros legítimos e testamentários.

7.7 Renúncia da herança

A renúncia da herança deverá estar prevista de maneira expressa em instrumento público ou em termo judicial.

7.7.1 Efeitos da renúncia da herança

Prevê o Código Civil brasileiro:

> Art. 1.810. Na sucessão legítima, a parte do renunciante acresce à dos outros herdeiros da mesma classe e, sendo ele o único desta, devolve-se aos da subsequente.
>
> Art. 1.811. Ninguém pode suceder, representando herdeiro renunciante. Se, porém, ele for o único legítimo da sua classe, ou se todos os outros da mesma classe renunciarem a herança, poderão os filhos vir à sucessão, por direito próprio, e por cabeça.

Desse modo, compreende-se que constituem os efeitos da renúncia da herança:

EFEITOS DA RENÚNCIA DA HERANÇA	
	A parte da herança do renunciante será acrescida a dos outros herdeiros da mesma classe
	Se o renunciante for o único herdeiro de sua classe, a herança será devolvida aos herdeiros da classe subsequente
	Ninguém poderá suceder representando o herdeiro renunciante
	Entretanto, se o renunciante for o único herdeiro legítimo da sua classe (ou se todos os outros da mesma classe renunciarem a herança) os seus filhos poderão vir à sucessão, por direito próprio, e por cabeça

7.8 Indignidade

Serão considerados indignos (e, portanto, serão excluídos da sucessão) os herdeiros ou legatários que se encaixarem nas seguintes hipóteses:

HIPÓTESES DE INDIGNIDADE	
	Que houverem sido autores, coautores ou partícipes de homicídio doloso, ou tentativa deste, contra a pessoa de cuja sucessão se tratar, seu cônjuge, companheiro, ascendente ou descendente;
	Que houverem acusado caluniosamente em juízo o autor da herança ou incorrerem em crime contra a sua honra, ou de seu cônjuge ou companheiro;
	Que, por violência ou meios fraudulentos, inibirem ou obstarem o autor da herança de dispor livremente de seus bens por ato de última vontade.

7.8.1 Procedimento perante a constatação de indignidade

Diante dessas hipóteses de indignidade, a exclusão do herdeiro ou legatário será declarada por sentença.

7.8.2 Efeitos da indignidade

DIREITO DE REPRESENTAÇÃO

Os efeitos da exclusão são pessoais, os descendentes do herdeiro excluído sucedem como se ele já estivesse falecido antes da abertura da sucessão.

ADMINISTRAÇÃO/ALIENAÇÃO

As alienações lucrativas de bens hereditários a terceiros de boa-fé são legítimas, bem como os atos de administração realizados legalmente pelo herdeiro antes da decisão de exclusão. No entanto, os herdeiros mantêm o direito de exigir perdas e danos caso sejam prejudicados por essas ações.

8 SUCESSÃO LEGÍTIMA

8.1 A legítima

A parte legítima da herança equivale à metade dos bens do testador, do qual os herdeiros necessários não podem ser privados, sendo o cálculo da parte legítima realizado no momento de abertura da sucessão.

Este percentual é calculado sobre a herança líquida, ou seja, após a quitação das dívidas e as despesas com o funeral.

> Art. 1.846. Pertence aos herdeiros necessários, de pleno direito, a metade dos bens da herança, constituindo a legítima.
> Art. 1.847. Calcula-se a legítima sobre o valor dos bens existentes na abertura da sucessão, abatidas as dívidas e as despesas do funeral, adicionando-se, em seguida, o valor dos bens sujeitos a colação.

8.2 Ordem de vocação hereditária

É uma relação preferencial prevista em lei relacionada às pessoas chamadas a suceder o falecido, por meio de classes. A égide dessa sucessão é a relação de parentesco, preferindo-se os graus mais próximos em relação aos mais remotos.

8.3 Herdeiros legítimos

Os herdeiros legítimos são divididos entre os herdeiros necessários e herdeiros facultativos.

HERDEIROS LEGÍTIMOS	
HERDEIROS NECESSÁRIOS (ARTS. 1.829 e 1.845 DO CC)	**HERDEIROS FACULTATIVOS (ART. 1.829 DO CC)**
Os descendentes, em concorrência com o cônjuge sobrevivente, salvo se casado este com o falecido no regime da comunhão universal, ou no da separação obrigatória de bens (art. 1.640, parágrafo único); ou se, no regime da comunhão parcial, o autor da herança não houver deixado bens particulares; Os ascendentes, em concorrência com o cônjuge; O cônjuge sobrevivente.	Colaterais até 4º grau

8.4 Sucessão dos descendentes

Em relação à descendência do cônjuge ou companheiro, em concorrência com os descendentes, caberá ao cônjuge quinhão igual ao dos que sucederem por cabeça (evidencia-se que não pode a sua quota ser inferior à quarta parte da herança, se for ascendente dos herdeiros com que concorrer).

> Art. 1.835. Na linha descendente, os filhos sucedem por cabeça, e os outros descendentes, por cabeça ou por estirpe, conforme se achem ou não no mesmo grau.

8.5 Sucessão dos ascendentes

Na ausência de descendentes, os ascendentes serão chamados à sucessão (em concorrência com o cônjuge sobrevivente).

No caso de concorrência com ascendente em 1º grau, ao cônjuge será reservado 1/3 da herança (e metade desta se somente houver um ascendente, ou se maior for aquele grau). IMPORTANTE: nesse caso, não é relevante o regime de bens.

SUCESSÃO DOS DESCENDENTES	SUCESSÃO DOS ASCENDENTES
Chamamento de acordo com proximidade de grau, salvo direito de representação	Chamamento de acordo com proximidade de grau sem exceção
Divisão por cabeça	Divisão por linhas
Concorrência com cônjuge/companheiro: verificação do regime de bens e origem dos bens da herança	Concorrência com cônjuge/companheiro: Independe do regime de bens e origem e origem dos bens da herança
Cálculo da quota na concorrência co cônjuge/ companheiro: mesmo quinhão dos que sucedem por cabeça	Cálculo da quota na concorrência com cônjuge/ companheiro: quinhão fixo acima do 2º grau

9 SUCESSÃO TESTAMENTÁRIA

9.1 Testamento

O testamento é um instrumento jurídico no qual um indivíduo, denominado testador, registra suas vontades quanto à divisão de seus bens após o falecimento.

Essas disposições podem abranger propriedades materiais, imóveis, recursos financeiros e especificar herdeiros, legatários e executores testamentários.

Contudo, é passível de revogação ou modificação pelo testador, desde que em conformidade com a legislação e esteja em plena capacidade mental.

> Art. 1.858. O testamento é ato personalíssimo, podendo ser mudado a qualquer tempo.

A revogação pode ser:

TOTAL x PARCIAL	EXPRESSA x TÁCITA

O testamento possui efeito *post mortem*, ou seja, qualquer indivíduo capaz tem o direito de destinar a totalidade ou parte de seus bens para após seu falecimento.

As disposições testamentárias de natureza não financeira são consideradas válidas, mesmo que o testador tenha se limitado apenas a elas.

9.2 Capacidade para testar

Toda pessoa é capaz de testar nos termos do Código Civil, possuindo, no entanto, limitações como a referente à legítima.

Ademais, em relação à capacidade testamentária ativa, importante salientar que essa se dá aos maiores de 16 anos, também sendo excluídos aqueles que não tenham pleno discernimento.

> Art. 1.857. Toda pessoa capaz pode dispor, por testamento, da totalidade dos seus bens, ou de parte deles, para depois de sua morte
> § 1º A legítima dos herdeiros necessários não poderá ser incluída no testamento.
> (...)
> Art. 1.860. Além dos incapazes, não podem testar os que, no ato de fazê-lo, não tiverem pleno discernimento.
> Parágrafo único. Podem testar os maiores de dezesseis anos.

9.3 Codicilo

Qualquer indivíduo que tenha capacidade para testar tem o direito de, por meio de um documento escrito, datado e assinado, fazer disposições específicas sobre seu funeral, oferecer pequenos donativos a pessoas específicas ou, de forma geral, aos pobres de uma determinada localidade, e ainda legar bens móveis, roupas ou joias de valor modesto de seu uso pessoal.

> Art. 1.881. Toda pessoa capaz de testar poderá, mediante escrito particular seu, datado e assinado, fazer disposições especiais sobre o seu enterro, sobre esmolas de pouca monta a certas e determinadas pessoas, ou, indeterminadamente, aos pobres de certo lugar, assim como legar móveis, roupas ou joias, de pouco valor, de seu uso pessoal.

9.4 Substituição vulgar

O testador tem o direito de nomear um substituto para o herdeiro ou legatário designado, caso este último não deseje ou não possa aceitar a herança ou legado. Assume-se que a substituição foi feita para ambas as alternativas, mesmo que o testador se refira apenas a uma delas.

O substituto estará sujeito à mesma condição ou encargo imposto ao substituído, desde que não haja intenção diferente expressa pelo testador ou resulte em algo diferente da natureza da condição ou do encargo.

9.5 Direito de acrescer

O direito de acrescer permite que um herdeiro, legatário ou coerdeiro receba uma parte adicional da herança quando outro herdeiro renuncia ou é excluído. Esse direito ocorre quando dois ou mais herdeiros são nomeados conjuntamente e um deles não pode ou não quer aceitar a herança.

Nesse caso, a parte que seria atribuída a esse herdeiro ausente é distribuída entre os demais de acordo com as disposições legais ou testamentárias.

Essa modalidade de sucessão garante a distribuição equitativa da herança de acordo com a vontade do falecido ou as regras legais, evitando lacunas ou disputas entre os herdeiros remanescentes.

> Art. 1.941. Quando vários herdeiros, pela mesma disposição testamentária, forem conjuntamente chamados à herança em quinhões não determinados, e qualquer deles não puder ou não quiser aceitá-la, a sua parte acrescerá à dos coerdeiros, salvo o direito do substituto.
>
> Art. 1.943. Se um dos coerdeiros ou colegatários, nas condições do artigo antecedente, morrer antes do testador; se renunciar a herança ou legado, ou destes for excluído, e, se a condição sob a qual foi instituído não se verificar, acrescerá o seu quinhão, salvo o direito do substituto, à parte dos coerdeiros ou colegatários conjuntos.

Isto posto, esquematiza-se:

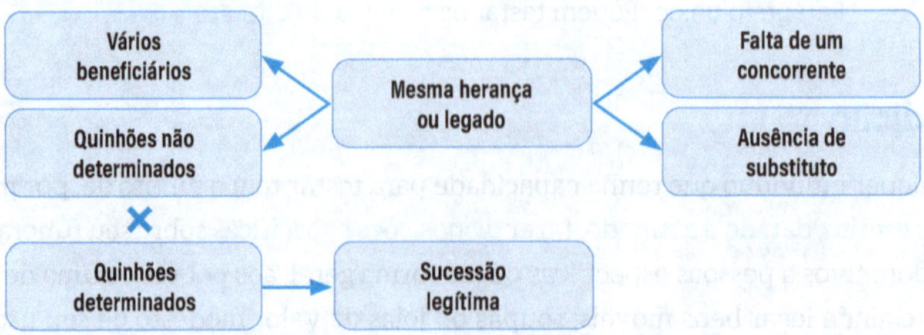

9.6 Redução das disposições testamentárias

A redução das disposições testamentárias é um princípio que permite diminuir ou anular as disposições que excederem a parte disponível da herança do testador. Isso ocorre quando tais disposições ultrapassam a quota que o testador pode dispor livremente, permitindo que herdeiros necessários, como descendentes, ascendentes e cônjuge, solicitem a redução para garantir sua parte legítima da herança.

Esse princípio visa a equilibrar os interesses do testador com os direitos sucessórios dos herdeiros necessários, seguindo as regras estabelecidas pela legislação vigente.

Em vista disso, sistematiza-se:

Liberdade de testar × Garantia da legítima

(art. 1.967)

Heranças → Legados → Doações

9.7 Rompimento do testamento

O testamento pode ser **rompido** a partir de:

FATO SUPERVENIENTE	INEFICÁCIA DO TESTAMENTO
Descendente inexistente ou não conhecido; Herdeiro necessário ignorado.	Restauração da sucessão legítima.

9.8 Deserdação

A deserdação no contexto do direito sucessório ocorre quando o testador exclui um herdeiro necessário de sua herança, privando-o de receber sua parte legal, total ou parcialmente.

Normalmente, isso acontece quando o herdeiro comete uma infração grave conforme estabelecido por lei, como tentativa de homicídio contra o testador, calúnia grave, entre outras.

Para que a deserdação seja válida, é necessário que o testador especifique as razões em seu testamento e que essas razões sejam consideradas válidas judicialmente para justificar a exclusão do herdeiro.

A deserdação é uma medida extraordinária no direito sucessório e deve ser examinada e aplicada com cuidado, conforme os princípios legais.

Desse modo, sistematiza-se:

Herdeiro necessário | Expressa declaração | Hipótese legal | Testamento válido

Ação ordinária

(art. 1.965)

Descendentes (arts. 1.814 e 1.962))

Ascendentes (arts. 1.814 e 1.963)

Cônjuge (art. 1.814)

Direito Processual Civil

Thiago André Gomes Antunes

O Direito Processual Civil exerce um papel crucial na *regulamentação das disputas judiciais*, sendo o ramo que estrutura um sistema legal que visa à resolução ordenada e justa de conflitos.

Dessa forma, compreender os princípios, procedimentos e institutos que regem este ramo torna-se essencial, tendo em vista que fomentam a estabilidade e a segurança nas relações jurídico-processuais.

Ademais, o exame de ordem vem, paulatinamente, trazendo casos concretos, sendo a abordagem a introdução ao Processo Civil essencial para garantir pontos cruciais na aprovação.

Isto posto, inicia-se a análise das temáticas pertinentes ao tema.

1 CONCEITOS INICIAIS

O Direito Processual é o ramo do Direito Público que *regula a resolução de conflitos pelo Estado-juiz*.

As pessoas possuem o direito subjetivo de provocar a atuação do Estado, trata-se do direito de AÇÃO.

O Estado tem o poder-dever de responder a esse chamado e aplicar o direito ao caso concreto, a esse poder-dever se dá o nome de JURISDIÇÃO e, sua atuação é feita, primordialmente, pelo Poder Judiciário.

Seguindo essa lógica, o ordenamento jurídico obriga o Estado-Juiz a seguir um procedimento pré-estabelecido, seu instrumento para exercer a Jurisdição, regras definidas pela lei processual, que é o PROCESSO.

ATENÇÃO! Na ausência de dispositivos processuais pertinentes às outras áreas, aplicam-se as disposições do direito processual civil, de forma subsidiária, como bem define o Código de Processo Civil:

> Art. 15. Na ausência de normas que regulem processos eleitorais, trabalhistas ou administrativos, as disposições deste Código lhes serão aplicadas supletiva e subsidiariamente.

2 PRINCÍPIOS DO PROCESSO CIVIL

2.1 Devido Processo Legal

> Art. 5º, LIV, da CF/1988:
> "Ninguém será privado da liberdade ou de seus bens sem o devido processo legal".

Trata-se de um macroprincípio do direito processual que possui conteúdo complexo e do qual todos os demais princípios são seus "corolários". Tem como objetivo evitar abusos durante o trâmite processual, assim, as "regras do jogo" são previamente expostas e devem ser seguidas para se obter um resultado justo e equilibrado.

2.2 Contraditório e Ampla Defesa

> Art. 5º, LV, da CF/1988:
> "aos litigantes, em processo judicial ou administrativo, e aos acusados em geral são assegurados o contraditório e ampla defesa, com os meios e recursos a ela inerentes".

É o direito de reação das partes, garantido a oportunidade de manifestação destas sobre qualquer matéria, inclusive as de ofício. A norma constitucional é reforçada pelo art. 9º do CPC, segundo o qual não se proferirá decisão contra uma das partes sem que ela seja previamente ouvida.

O contraditório abarca a dupla garantia: *audiência + poder de influência*, ou seja, os direitos de *ser ouvido* e de ter uma *resposta/ter uma reação* a respeito daquilo que fora alegado.

A ampla defesa possui aplicação conexa ao contraditório, sendo o direito de usar todos os meios de defesa pelos interessados para favorecer sua pretensão.

ATENÇÃO! PRINCÍPIO DA NÃO SURPRESA

> Art. 10 do CPC: O juiz não pode decidir, em grau algum de jurisdição, com base em fundamento a respeito do qual não se tenha dado às partes oportunidade de se manifestar, ainda que se trate de matéria sobre a qual deva decidir de ofício.

É necessário salientar que o próprio CPC *atenua* e *mitiga* o contraditório em certas hipóteses:

- No que diz respeito às *tutelas provisórias* de urgência ou de evidência, na possibilidade de concessão de liminar;
- No tocante à expedição de *mandado de pagamento da ação monitória*.

2.3 Juiz Natural

> Art. 5º da CF/1988:
> XXXVII – não haverá juízo ou tribunal de exceção.
> [...]
> LIII – ninguém será processado nem sentenciado senão pela autoridade competente.

Entende-se a partir desse princípio que o juiz, investido de jurisdição, deve ser equidistante às partes e deve ser constituído antes do fato que irá julgar, transparecendo sua *imparcialidade* de *competência*.

2.4 Inércia

> Art. 2º do CPC: O processo começa por iniciativa da parte e se desenvolve por impulso oficial, salvo as exceções previstas em lei.

Como regra geral, esse dispositivo significa que o *início do processo*, bem como seu objeto, são primordialmente de *disposição das partes*, devendo o Estado-juiz se manter inerte à espera da *provocação do autor*, por meio do registro ou distribuição da Petição Inicial. Logo, o magistrado não dá início ao processo de ofício.

Além disso, o juiz não pode, conforme o *princípio da congruência* (art. 492 do CPC), proferir decisões:

EXTRA PETITA	***ULTRA PETITA***	***CITRA PETITA***
Quando o juiz decide diferente do que foi pedido pelas partes no processo.	Acontece quando o magistrado vai além dos limites do pedido das partes, proferindo uma decisão não solicitada.	O juiz deixa de decidir sobre alguma questão relevante apresentada pelas partes no processo, sendo caso de vício por omissão.
EXEMPLO: em um caso em que se discute exclusivamente a disputa da guarda física de um menor de idade, o magistrado decide sobre compartilhar as finanças da criança, se manifestando, assim, por uma questão que não estava em análise no processo.	EXEMPLO: em um caso em que se discute a divisão de bens imóveis após o divórcio, o magistrado também decide pela divisão de investimentos financeiros das partes, se manifestando, assim, para além dos limites do que foi especificamente solicitado no processo.	EXEMPLO: em um caso de divórcio, em que as partes apresentam pedidos referentes à partilha de bens e à pensão alimentícia, o juiz deixa de se manifestar sobre o pedido de pensão alimentícia, resultando, dessa maneira, em uma omissão que caracteriza a decisão *infra petita*.

IMPORTANTE: uma vez iniciado o processo, ele se desenvolve por impulso oficial, salvo as exceções previstas em lei. Ou seja, o *princípio do impulso oficial* contrasta o princípio da inércia: o processo precisa das partes para ter início e para ter seu objeto delimitado, mas seu desenvolvimento se dá pelo impulso do Estado-Juiz.

3 TEORIA GERAL DO PROCESSO

A ação é *direito subjetivo* a uma tutela jurisdicional justa e efetiva. Sobre ela, deve-se atentar aos seus elementos, suas condições e sua classificação.

3.1 Elementos

3.1.1 Partes

As partes da demanda são:

AUTOR	RÉU
Polo ativo	Polo passivo
Aquele que pede	Aquele contra quem se pede

ATENÇÃO!

Não confunda *partes da ação, partes do processo e sujeitos do processo:*

PARTES DA AÇÃO	PARTES DO PROCESSO	SUJEITOS DO PROCESSO
São as partes da demanda.	São todos os sujeitos parciais que participam do processo.	Nesse conceito, incluem-se, ainda, os terceiros imparciais.
Autor e Réu	Autor, réu, assistente simples, *amicus curiae.*	Autor, réu, assistentes simples, juiz, auxiliares da justiça, MP, peritos etc.

3.1.2 Causa de Pedir

Quanto à causa de pedir, o Brasil adota a *teoria da substanciação*, que a divide em fatos e fundamentos jurídicos.

Os fatos jurídicos são a chamada *causa de pedir remota*, enquanto os fundamentos jurídicos são a *causa de pedir próxima*.

ESPÉCIES DE CAUSAS DE PEDIR	
CAUSA DE PEDIR REMOTA	**CAUSA DE PEDIR PRÓXIMA**
Fatos jurídicos	Fundamentos jurídicos
EXEMPLO: o Autor foi difamado nas redes sociais pelo réu, que, naquela ocasião, chamou-o de vagabundo aos olhos de todos (causa de pedir remota), o que causou a ele um dano à sua imagem (causa de pedir próxima). Nesse contexto, o autor pede que o réu seja condenado a reparar os danos morais perpetrados, em quantia não inferior a R$10.000,00 (pedido).	

3.1.3 Pedido

Refere-se à *pretensão material perseguida*, isto é, aquilo que se pede.

ESPÉCIES DE PEDIDOS	
PEDIDO IMEDIATO	**PEDIDO MEDIATO**
A tutela jurisdicional que se quer	O bem da vida que se pretende com a ação
Condenação, declaração ou constituição	Carro, indenização, propriedade
EXEMPLO: o Autor (parte ativa) alega ter sido vítima de xingamentos e pontapés (causa de pedir) por parte do réu (parte passiva). Requer assim, a condenação (pedido imediato) daquele ao pagamento de R$10.000,00 a título de danos morais (pedido mediato).	

ELEMENTOS DA AÇÃO				
PARTES	**CAUSA DE PEDIR**		**PEDIDOS**	
Autor e Réu	Causa de Pedir Remota	Causa de Pedir Próxima	Imediato	Mediato

3.2 Condições da ação

Art. 17 do CPC: para postular em juízo é necessário ter interesse e legitimidade.

São condições da ação, portanto, *interesse* e *legitimidade*, conceitos esses que comportam subdivisões:

3.2.1 Interesse de agir

INTERESSE DE AGIR	
INTERESSE-UTILIDADE	**INTERESSE-ADEQUAÇÃO**
O ajuizamento da ação deve ser apto a conseguir, em tese, uma vantagem, uma melhora, na situação jurídica do autor.	A técnica processual eleita pela parte deve ser adequada em relação à pretensão.

INTERESSE DE AGIR	
INTERESSE-UTILIDADE	**INTERESSE-ADEQUAÇÃO**
EXEMPLO: autor ajuíza uma ação para cobrar dívida ainda não vencida. Ele ainda não possui interesse em melhorar a própria situação se está cobrando uma dívida não pleiteável.	EXEMPLO: o autor ajuíza um Mandado de Segurança em causa que demanda dilação probatória. Não é possível, pois para essa ação ser seguida é necessário que o autor possua direito líquido e certo.

3.2.2 Legitimidade *ad causam*

Trata-se de condição da ação que diz respeito à *pertinência subjetiva da demanda*, ou seja, se é certo, de acordo com a narrativa dos fatos, que aquele que ocupa o polo ativo da causa é realmente o titular do direito e aquele que ocupa o polo passivo da demanda é o réu, contra quem se pede o direito.

EXEMPLO: o caseiro de uma residência de veraneio vê a casa sendo invadida e ocupada por um movimento social, ajuíza então uma ação possessória. Posteriormente, o juiz, percebendo que, da própria narrativa do caseiro, ele não tem a posse do imóvel, mas somente sua detenção, extingue a ação sem resolução do mérito, por carência de ação (art. 485, VI, do CPC).

A *legitimidade* pode ser de duas categorias:

LEGITIMIDADE ORDINÁRIA	LEGITIMIDADE EXTRAORDINÁRIA
É a regra, ocorrendo quando se pede em nome próprio direito próprio, é a coincidência entre as partes de direito material e as de direito processual.	É a exceção, que ocorre quando se pede em nome próprio direito alheio, sendo também chamada de substituição processual, em que o substituto (autor ou réu) demanda uma pretensão em favor de terceiros.

Vejamos alguns *exemplos de substituição processual:*

- Quando o Ministério Público e a Defensoria Pública nas Ações Civis Públicas atuam em nome de direitos individuais homogêneos, coletivos ou difusos de terceiros ou na defesa de interesse do incapaz;
- Quando as Associações legalmente constituídas, há pelo menos um ano, as Organizações Sindicais e as Entidades de Classe atuam para, em nome próprio, impetrar Mandado de Segurança Coletivo em defesa dos interesses de seus associados.

ATENÇÃO!

É importante *não* confundir *legitimidade extraordinária* (substituição processual) com *representação legal*, que consiste na autorização legal para agir em nome de terceiros, ou seja, pleitear, em nome alheio, direito alheio.

EXEMPLO: uma mãe que representa o filho incapaz (verdadeiro autor da demanda) em uma ação de alimentos. Nesse caso, o menor é o autor da demanda, pois pleiteia, em nome próprio, direito próprio (legitimidade ordinária); mas como lhe falta capacidade de estar em juízo, precisa que seu representante aja em seu nome (representação legal).

SUBSTITUIÇÃO PROCESSUAL	SUCESSÃO PROCESSUAL
É a hipótese de legitimidade extraordinária, que ocorre quando se defende, em nome próprio, direito alheio.	Diz respeito à saída de uma parte para a entrada de outra pessoa, ou seja: a saída do autor ou do réu do processo para a entrada de uma pessoa nova, que lhe suceda.

SUBSTITUIÇÃO PROCESSUAL	SUCESSÃO PROCESSUAL
EXEMPLO: um sindicato, atuando em seu nome, representa os interesses de uma categoria de empregados em uma ação trabalhista.	EXEMPLO: sucessão por morte, sucessão por alienação do objeto litigioso, sucessão por novação, por aceitação do autor à indicação do réu a um terceiro que ele alega ser o verdadeiro causador do prejuízo etc.

ATENÇÃO!

A carência de ação dá-se quando estão ausentes algumas das condições (interesse de agir e legitimidade), e tem como consequência a extinção do processo sem resolução do mérito. A teoria da ação aceita pelo STJ é a teoria da asserção, para esta as condições da ação são aferidas *in status assertionis*, ou seja, levando em conta a narrativa do autor na petição inicial.

CONDIÇÕES DA AÇÃO			
INTERESSE DE AGIR		LEGITIMIDADE	
Interesse-utilidade	Interesse-adequação	Ordinária	Extraordinária

3.3 Classificação das ações

Quanto à classificação, as ações podem ser, conforme a teoria dominante no Brasil:

CLASSIFICAÇÃO DAS AÇÕES	
DECLARATÓRIAS	Pretende alcançar uma *manifestação do juízo acerca da existência ou inexistência de um direito ou de uma relação jurídica*, podendo o interesse do autor limitar-se à declaração da existência, da inexistência ou do modo de ser de uma relação jurídica ou da autenticidade ou da falsidade de documento.
CONDENATÓRIAS	Visa a uma decisão judicial que *impõe uma obrigação* (de fazer, de não fazer ou de pagar uma quantia em dinheiro).
CONSTITUTIVAS	Tem por objetivo a *alteração de uma situação jurídica preexistente*, por meio da criação, modificação ou extinção de direitos e deveres.

4 PRESSUPOSTOS PROCESSUAIS

Os pressupostos processuais são requisitos de *existência e de validade do processo.*

4.1 Pressupostos de Existência

SUBJETIVOS	OBJETIVO
1) Juiz investido de jurisdição; 2) Partes com capacidade de ser parte.	1) Demanda (ou petição inicial).

4.2 Pressupostos de Validade

SUBJETIVOS	OBJETIVOS POSITIVOS	OBJETIVOS NEGATIVOS (NÃO PODEM EXISTIR)
1) O juiz competente (absolutamente) e imparcial; 2) Partes com capacidade processual e postulatória.	1) Regularidade formal na Petição Inicial; 2) A citação realizada conforme previsão legal.	1) Litispendência; 2) Perempção; 3) Coisa julgada; 4) Convenção de arbitragem.

4.2.1 Espécies de capacidade

A capacidade consiste na aptidão para figurar como parte em um processo judicial, englobando: capacidade de ser parte, capacidade de estar em juízo e capacidade postulatória.

4.2.1.1 Capacidade de ser parte

Essa espécie de capacidade é compartilhada por todos os seres com personalidade jurídica, bem como o nascituro, o condomínio, a massa falida, as sociedades despersonalizadas, os órgãos públicos de cúpula (na defesa de seus interesses institucionais em juízo). É justamente por ser tão abrangente que é um pressuposto de existência.

> SÚMULA nº 525 - SUPERIOR TRIBUNAL DE JUSTIÇA
> A Câmara de Vereadores não possui personalidade jurídica, apenas personalidade judiciária, somente podendo demandar em juízo para defender os seus direitos institucionais.

4.2.1.2 Capacidade de estar em juízo

A capacidade de estar em juízo (legitimidade *ad processum*) não se confunde com a legitimidade *ad causam*. A primeira é a capacidade ou não da *parte figurar em juízo* sem precisar ser *representada ou assistida*.

Já a legitimidade *ad causam* é condição da ação, e diz respeito à pertinência subjetiva para o autor ou o réu figurar no processo, seja como legitimado ordinário (coincidência entre as partes do direito material e do direito processual) ou extraordinário (quando a parte pleiteia em nome próprio direito alheio).

Havendo *vício de capacidade* ou defeito com sua representação, o juiz suspenderá o processo e designará prazo razoável para que seja sanado o vício. Eis as consequências do descumprimento dessa determinação, caso o processo esteja na *instância originária*:

> Art. 76. Verificada a incapacidade processual ou a irregularidade da representação da parte, o juiz suspenderá o processo e designará prazo razoável para que seja sanado o vício.
>
> § 1º Descumprida a determinação, caso o processo esteja na instância originária:
>
> I - o processo será extinto, se a providência couber ao autor;
>
> II - o réu será considerado revel, se a providência lhe couber;
>
> III - o terceiro será considerado revel ou excluído do processo, dependendo do polo em que se encontre.

Caso o processo se encontre, no entanto, na *etapa recursal*, tais serão as consequências do descumprimento da regularização do vício de representação:

> § 2º Descumprida a determinação em fase recursal perante tribunal de justiça, tribunal regional federal ou tribunal superior, o relator:
>
> I - não conhecerá do recurso, se a providência couber ao recorrente;
>
> II - determinará o desentranhamento das contrarrazões, se a providência couber ao recorrido.

4.2.1.3 Capacidade postulatória

A capacidade postulatória diz respeito à *possibilidade de prática de atos postulatórios em juízo*, que é privativa do advogado, do defensor público, do MP etc.

Excepcionalmente, a capacidade postulatória é dada ao próprio autor, ainda que não seja advogado, como nos casos de *habeas corpus*, causas trabalhistas, juizados especiais cíveis em causas com valor inferior a 20 salários mínimos etc.

Nos demais casos, só é permitido à parte não advogada atuar em juízo mediante a representação de um advogado, devendo juntar procuração aos autos. É lícito, porém, ao advogado atuar momentaneamente sem procuração para praticar atos urgentes, evitar a prescrição, a decadência ou a preclusão, mas nesse caso a procuração deve ser juntada no prazo de 15 dias, prorrogáveis por mais 15, sob pena de incidirem sobre a parte as consequências aludidas no tópico anterior, quando se falou de defeitos de representação.

Em determinados casos, será necessária a nomeação de curador especial para se cumprir o requisito da capacidade postulatória para a prática dos atos processuais. Nesse sentido, versa o art. 72 sobre as hipóteses de nomeação de curador especial:

> Art. 72. O juiz nomeará curador especial ao:
> I – incapaz, se não tiver representante legal ou se os interesses deste colidirem com os daquele, enquanto durar a incapacidade;
> II – réu preso revel, bem como ao réu revel citado por edital ou com hora certa, enquanto não for constituído advogado.
> Parágrafo único. A curatela especial será exercida pela Defensoria Pública, nos termos da lei.

CAPACIDADE DE SER PARTE	CAPACIDADE DE ESTAR EM JUÍZO	CAPACIDADE POSTULATÓRIA
Aptidão para ser parte em uma ação judicial	Capacidade de praticar atos processuais pessoalmente ou por meio de representante legal	Aptidão de praticar atos técnicos dentro do processo

4.2.2 Competência

No âmbito processual civil, a competência é o conjunto de atribuições jurisdicionais conferidas a um juízo. Em outras palavras, diz-se que competência é o limite ou a medida da Jurisdição, esta pode ser dividida em absoluta ou relativa.

4.2.2.1 Competência absoluta

É aquela que diz respeito a questões de interesse público, pode ser alegada a qualquer tempo e grau de Jurisdição e deve ser declarada de ofício pelo juiz (pressuposto de validade). Não está sujeito à preclusão, de modo que, se não arguida no tempo correto, não é possível falar em prorrogação da competência.

São de competência absoluta as em razão da:

- Matéria;
- Função;
- Pessoa.

4.2.2.2 Competência relativa

Diz respeito ao interesse das partes – não pode ser declarada de ofício pelo juiz –, devendo ser arguida pela parte interessada ou pelo Ministério Público nas causas em que atuar, sob pena de preclusão. Diante do silêncio do réu, será prorrogada (ampliada), tornando-se agora competente o juízo anteriormente incompetente.

São de competência relativa as em razão do:

- Território
- Valor da causa

4.2.3 Momento para arguir a incompetência (absoluta ou relativa):

MOMENTO PARA ARGUIR A INCOMPETÊNCIA	PEÇA PROCESSUAL
No Processo de Conhecimento	Contestação
No Cumprimento de Sentença	Impugnação ao cumprimento de sentença
Na Execução Autônoma	Embargos à execução

ATENÇÃO!

- O Ministério Público pode arguir a incompetência, absoluta ou relativa, nas causas em que atuar;
- O reconhecimento da incompetência no Juizado Especial Cível acarreta a extinção do processo sem resolução do mérito (art. 51, III, da Lei nº 9.099/1995).

COMPETÊNCIA	
ABSOLUTA	RELATIVA
1) Matéria 2) Função 3) Pessoa	1) Valor da causa 2) Território

4.2.4 Regras de competência territorial

REGRA GERAL DE COMPETÊNCIA TERRITORIAL	
AÇÃO	FORO
AÇÃO FUNDADA EM DIREITO PESSOAL OU EM DIREITO REAL SOBRE BENS MÓVEIS	Do domicílio do réu
RÉU COM MAIS DE UM DOMICÍLIO	De qualquer um dos domicílios
SE FOR INCERTO OU DESCONHECIDO O DOMICÍLIO DO RÉU	Do local em que for encontrado ou do domicílio do autor
SE O RÉU NÃO TIVER DOMICÍLIO OU RESIDÊNCIA NO BRASIL	De domicílio do autor
SE O AUTOR TAMBÉM RESIDIR FORA DO BRASIL	Em qualquer um
SE HOUVER 2 OU MAIS RÉUS COM DIFERENTES DOMICÍLIOS	Qualquer um dos domicílios
EXECUÇÃO FISCAL	De domicílio do réu ou lugar onde for encontrado

EXCEÇÕES À COMPETÊNCIA TERRITORIAL	
HIPÓTESE	**FORO**
AÇÕES FUNDADAS EM DIREITO REAL SOBRE IMÓVEIS E AÇÕES POSSESSÓRIAS	De situação da coisa
RÉU INCAPAZ	Do local de residência de seu tutor ou curador
AÇÕES COM A PRESENÇA DA UNIÃO	Do local de residência do demandado
AÇÕES COM A PRESENÇA DE ESTADOS E DO DISTRITO FEDERAL	Do local de residência do demandado
AÇÃO DE ALIMENTOS	De domicílio ou residência do alimentando
REPARAÇÃO DE DANOS	Do lugar do ato ou fato
REPARAÇÃO DE DANOS POR DELITOS OU ACIDENTES DE VEÍCULO	De domicílio do autor ou do local do fato

4.2.5 Modificação da competência

A competência relativa pode ser modificada por disposição legal ou pela vontade das partes. Já a competência absoluta é improrrogável, não podendo ser modificada.

4.2.5.1 Modificação pela vontade da lei

MODIFICAÇÃO DA COMPETÊNCIA RELATIVA POR DISPOSIÇÃO LEGAL	
CONEXÃO	Ocorre quando duas ou mais ações podem se reunir para julgamento conjunto. Busca-se evitar que ações iguais tenham julgamentos distintos. É possível quando existe identidade nas demandas de causa de pedir ou de pedido.
CONTINÊNCIA	Ocorre quando duas ou mais ações têm identidade quanto às partes e a causa de pedir, mas o pedido de uma, por ser mais amplo, abrange o das demais.
PRORROGAÇÃO	Não arguição de incompetência em tempo hábil.

> Art. 55. Reputam-se conexas 2 (duas) ou mais ações quando lhes for comum o pedido ou a causa de pedir.
>
> § 1º Os processos de ações conexas serão reunidos para decisão conjunta, salvo se um deles já houver sido sentenciado.
>
> § 3º Serão reunidos para julgamento conjunto os processos que possam gerar risco de prolação de decisões conflitantes ou contraditórias caso decididos separadamente, mesmo sem conexão entre eles.
>
> Art. 56. Dá-se a continência entre 2 (duas) ou mais ações quando houver identidade quanto às partes e à causa de pedir, mas o pedido de uma, por ser mais amplo, abrange o das demais.

ATENÇÃO! Conforme previsão do art. 57 do CPC, quando ocorrer continência e a ação continente (maior) tiver sido proposta anteriormente, no procedimento relacionado à ação contida (menor) será prolatada uma sentença sem resolução do mérito; caso contrário, ou seja, caso a ação continente seja posterior à contida, as ações serão reunidas.

4.2.5.1.1 Prevenção

Prevenção é fenômeno que fixa a competência de um juízo para causas conexas ou continentes que eventualmente ocorram. As causas conexas e continentes serão reunidas a outras ainda não sentenciadas, perante o juízo prevento, e ali serão decididas simultaneamente.

A prevenção é definida no momento do registro ou da distribuição da Petição Inicial.

Sobre essa temática, versa o Código de Processo Civil:

> Art. 58. A reunião das ações propostas em separado far-se-á no juízo prevento, onde serão decididas simultaneamente.
>
> Art. 59. O registro ou a distribuição da petição inicial torna prevento o juízo.

4.2.5.2 Modificação pela vontade das partes (eleição de foro)

Por meio da vontade das partes, pode-se promover a eleição de foro em um contrato, de maneira que as partes envolvidas em uma relação contratual escolham o tribunal ou jurisdição responsável pela resolução de eventuais desavenças decorrentes desse contrato.

Em regra, essa escolha é definida por cláusulas contratuais específicas, que são chamadas de cláusulas de eleição de foro.

É nesse sentido que prevê o Código de Processo Civil:

> Art. 63. As partes podem modificar a competência em razão do valor e do território, elegendo foro onde será proposta ação oriunda de direitos e obrigações.
>
> § 1º A eleição de foro somente produz efeito quando constar de instrumento escrito, aludir expressamente a determinado negócio jurídico e guardar pertinência com o domicílio ou a residência de uma das partes ou com o local da obrigação, ressalvada a pactuação consumerista, quando favorável ao consumidor.
>
> § 2º O foro contratual obriga os herdeiros e sucessores das partes.
>
> § 3º Antes da citação, a cláusula de eleição de foro, se abusiva, pode ser reputada ineficaz de ofício pelo juiz, que determinará a remessa dos autos ao juízo do foro de domicílio do réu.
>
> § 4º Citado, incumbe ao réu alegar a abusividade da cláusula de eleição de foro na contestação, sob pena de preclusão.

ATENÇÃO! NOVIDADE LEGISLATIVA

O ajuizamento de ação em juízo aleatório, entendido como aquele sem vinculação com o domicílio ou com a residência das partes ou com o negócio jurídico discutido na demanda, consitui prática abusiva que justifica a declinação de competência de ofício (Art. 63, § 5º, CPC).

5 TUTELAS PROVISÓRIAS

Inicialmente, em sentido amplo, as tutelas provisórias compreendem tutelas não definitivas, as medidas judiciais que se destinam a *assegurar a efetivação ou a salvaguarda dos direitos*, em nome da razoável duração do processo, da efetividade do processo e da inafastabilidade da tutela jurisdicional.

Tais tutelas podem ter natureza:

1) De urgência: decorrem da probabilidade das alegações aliada ao perigo de dano ou risco ao resultado útil do processo, e podem ser antecipada ou cautelar;
2) De evidência: decorre de uma super probabilidade das alegações, deve estar presente no art. 311 do Código Processual Civil.

Como dito, tutelas provisórias são tutelas não definitivas, ou seja, podem ser a qualquer tempo revogadas ou modificadas. O magistrado antecipa, a uma das partes, um provimento judicial, antes da prolação da sentença (apesar de excepcionalmente poder ser concedida na própria sentença, a fim de evitar o efeito suspensivo da apelação). Tem por finalidade afastar o perigo a que está sujeita a tutela jurisdicional.

As tutelas provisórias são concedidas em cognição sumária (forma de avaliação superficial pelo juiz dos fatos e evidências expostos no processo, com o intuito de decidir acerca das solicitações demandadas com caráter de celeridade). Ou seja, tem-se aqui o juízo de probabilidade, não de certeza.

Sobre a eficácia das tutelas provisórias, prevê o Código de Processo Civil:

> Art. 296. A tutela provisória conserva sua eficácia na pendência do processo, mas pode, a qualquer tempo, ser revogada ou modificada.
>
> Parágrafo único. Salvo decisão judicial em contrário, a tutela provisória conservará a eficácia durante o período de suspensão do processo.

Destrinchadas entre os arts. 294 a 311 do Código de Processo Civil, as tutelas provisórias podem ser classificadas, de maneira sintética, da seguinte forma:

1) Quanto à natureza podem ser satisfativas ou cautelares;
2) Quanto à fundamentação podem ser de urgência (cautelar e antecipada) ou de evidência (importante enfatizar que a tutela de evidência é apenas incidental);
3) Quanto ao momento da concessão podem ser antecedentes ou incidentais.

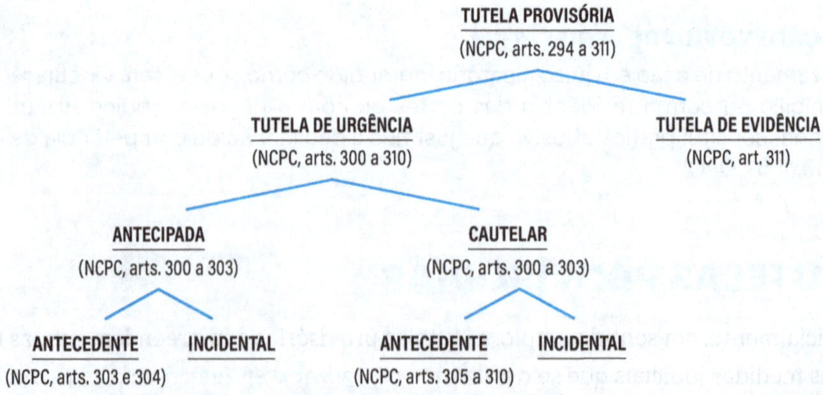

5.1 Tutelas de Urgência

As tutelas de urgência dizem respeito às medidas judiciais implementadas para garantir a efetividade da prestação jurisdicional em situações que demandam a celeridade, sob risco de dano irreparável ou de difícil reparação, ou seja, urgência.

EXEMPLO: um paciente necessita urgentemente de uma cirurgia essencial para a preservação da sua vida, mas que não está coberta pelo seu plano de saúde. Nesse caso, é cabível solicitação de tutela de urgência antecipada para garantir que o plano de saúde cubra os custos da cirurgia.

Aliás, as tutelas de urgência possuem o objetivo de assegurar a eficácia da futura decisão judicial, de modo a antecipar os seus efeitos para evitar prejuízos às partes. Para ser enquadrada como tutela de urgência, faz-se necessário a existência de dois requisitos, são eles:

1) a probabilidade de direito (*fumus boni juris*);
2) perigo de dano ou risco ao resultado útil do processo (*periculum in mora*).

São formas de tutelas de urgência:

5.1.1 Tutela de urgência cautelar

Pretende-se preservar o direito postulado pelo autor, resguardando o resultado útil da demanda. Essa tutela poderá ser requerida antes do início do processo principal (antecedente), tendo como fim evitar que o tempo necessário para a tramitação torne ineficazes os efeitos da decisão judicial, ou ainda durante o processo (incidental).

EXEMPLO: pedido de bloqueio de bens para garantir o pagamento de uma dívida durante a tramitação do processo.

5.1.2 Tutela de urgência antecipada

Diz respeito à concessão antecipada, total ou parcial, dos efeitos da decisão final (que será posteriormente proferida sobre a ação principal), levando em conta a urgência da situação e a probabilidade das alegações do autor.

EXEMPLO: o locatário de um apartamento, enfrenta infiltrações severas após danos no telhado do prédio durante uma tempestade. Os vazamentos comprometem móveis, eletrodomésticos e ameaçam a segurança de sua família. Apesar das solicitações, o proprietário não toma medidas eficazes. Assim, é cabível a tutela de urgência antecipada, tendo em vista que a urgência da situação se justifica pelo perigo de danos irreparáveis à integridade física e ao patrimônio, demandando ação imediata para cessar os vazamentos e evitar a ocorrência dos danos.

Assim, as tutelas de urgência são fornecidas diante do pedido das partes interessadas, devendo o magistrado analisar os requisitos legais para sua concessão como: a) a existência de probabilidade das alegações; b) o perigo de dano irreparável ou de difícil reparação ou risco ao resultado útil do processo.

Por fim, evidencia-se o cuidado na concessão dessas tutelas, tendo em vista a necessidade de respeito ao princípio do contraditório e da ampla defesa, para evitar a tomada de decisões precipitadas que venham a ser revistas ao longo do processo.

Mesmo nos casos em que as tutelas são concedidas liminarmente, ou seja, antes da citação do réu, o contraditório não terá sido aniquilado, mas diferido, postecipado, adiado para um momento posterior.

A tutela de urgência antecipada tem um *requisito específico*, além dos citados anteriormente: a reversibilidade da medida. A tutela antecipada deve ser reversível, é dizer, os efeitos por ela pretendidos devem poder ser revertidos ao estado anterior - o *status quo*.

OBSERVAÇÃO: Caso o autor requeira a tutela incorreta, o juiz poderá conceder a tutela escorreita, usando da fungibilidade entre as tutelas de urgência.

Conforme previsão do Código de Processo Civil acerca da responsabilidade das partes diante da ocorrência de prejuízos e para prevenir que a parte seja prejudicada pela concessão de tutela provisória nos casos acima, o CPC dispõe que o juiz pode condicionar a concessão da tutela provisória ao fornecimento de uma garantia, ou seja, de uma caução real ou fidejussória. Essa garantia pode ser dispensada se a parte economicamente hipossuficiente não dispuser de meios para pagá-la.

> Art. 300. § 1º Para a concessão da tutela de urgência, o juiz pode, conforme o caso, exigir caução real ou fidejussória idônea para ressarcir os danos que a outra parte possa vir a sofrer, podendo a caução ser dispensada se a parte economicamente hipossuficiente não puder oferecê-la.
>
> [...]
>
> Art. 302. Independentemente da reparação por dano processual, a parte responde pelo prejuízo que a efetivação da tutela de urgência causar à parte adversa, se:
>
> I - a sentença lhe for desfavorável;
>
> II - obtida liminarmente a tutela em caráter antecedente, não fornecer os meios necessários para a citação do requerido no prazo de 5 (cinco) dias;
>
> III - ocorrer a cessação da eficácia da medida em qualquer hipótese legal;
>
> IV - o juiz acolher a alegação de decadência ou prescrição da pretensão do autor.
>
> Parágrafo único. A indenização será liquidada nos autos em que a medida tiver sido concedida, sempre que possível.

5.1.3 Tutela de urgência antecipada antecedente

Em situações nas quais há necessidade de ação urgente, a que o código dá o nome de urgência contemporânea à propositura da ação, o documento inicial pode restringir-se ao pedido de tutela antecipada e à identificação do pedido final. Nesse caso, a petição conterá a descrição da disputa, os direitos a serem assegurados e a exposição da iminência de prejuízo ou da ameaça ao desfecho favorável do processo.

Após intentada a tutela nesses termos, há duas possibilidades em se tratando da decisão do juiz acerca da tutela de urgência antecipada antecedente:

Caso concedida, o juiz determinará que o autor adite a petição inicial no prazo de 15 dias ou em outro maior que o juiz fixar, sob pena de extinção do processo sem resolução do mérito.	Caso não concedida, o juiz determinará que o autor emende a petição inicial no prazo de 5 dias, sob pena de extinção do processo sem resolução do mérito.

OBSERVAÇÕES: no requerimento de tutela antecipada em caráter antecedente, o autor deverá dar um valor à causa, levando em conta o pedido de tutela final, independente da complementação do pedido de novas custas.

Ademais, tornar-se-á estável a tutela antecipada se não for interposto recurso da decisão que a conceder.

Nesse caso, de estabilização da tutela antecipada, o processo será extinto sem resolução do mérito e a tutela concedida conservará seus efeitos, vigendo até que seja proposta nova ação para revê-la, reformá-la ou invalidá-la no prazo decadencial de 02 anos. Vejamos como fala o Código de Processo Civil:

> Art. 304. A tutela antecipada, concedida nos termos do art. 303, torna-se estável se da decisão que a conceder não for interposto o respectivo recurso.
>
> § 1º No caso previsto no *caput*, o processo será extinto.
>
> § 2º Qualquer das partes poderá demandar a outra com o intuito de rever, reformar ou invalidar a tutela antecipada estabilizada nos termos do *caput*.
>
> § 3º A tutela antecipada conservará seus efeitos enquanto não revista, reformada ou invalidada por decisão de mérito proferida na ação de que trata o § 2º.
>
> § 4º Qualquer das partes poderá requerer o desarquivamento dos autos em que foi concedida a medida, para instruir a petição inicial da ação a que se refere o § 2º, prevento o juízo em que a tutela antecipada foi concedida.
>
> § 5º O direito de rever, reformar ou invalidar a tutela antecipada, previsto no § 2º deste artigo, extingue-se após 2 (dois) anos, contados da ciência da decisão que extinguiu o processo, nos termos do § 1º.
>
> § 6º A decisão que concede a tutela não fará coisa julgada, mas a estabilidade dos respectivos efeitos só será afastada por decisão que a revir, reformar ou invalidar, proferida em ação ajuizada por uma das partes, nos termos do § 2º deste artigo.

ATENÇÃO!

Dica mnemônica: *só se estabiliza a* TUA CARA = TUtela Antecipada em CARáter Antecedente.

5.1.4 Tutela de urgência cautelar em caráter antecedente

O CPC perdeu a oportunidade de simplificar o procedimento das tutelas de urgência requeridas em caráter antecedente, preferindo tratá-las de modo diverso. Estudamos no tópico anterior o procedimento da tutela antecipada em caráter antecedente, mas como fica a tutela cautelar requerida em caráter antecedente?

Ajuizada a ação no aludido procedimento em caráter antecedente, o réu será citado para, no prazo de 5 dias, contestar o pedido e indicar as provas que pretende produzir:

- Não contestando o pedido autoral no prazo, os fatos alegados pelo autor serão presumidos verdadeiros, caso em que o juiz decidirá em 5 dias;
- Caso contestado o pedido, observar-se-á o procedimento comum.

Se for concedida a tutela cautelar requerida em caráter antecedente, o pedido principal terá de ser formulado pelo autor no prazo de 30 dias, a contar da efetivação da tutela, independentemente do adiantamento de novas custas processuais. Se o autor perder esse prazo, o processo será extinto sem resolução do mérito.

Aditada a petição inicial pelo autor no prazo de 30 dias anteriormente mencionado, o procedimento comum será seguido, com marcação de audiência de conciliação ou de mediação e, se essa restar infrutífera, sairá dela o réu intimado para contestar, nos termos do art. 335 do CPC. Em outras palavras, após aditada a petição inicial nos termos do parágrafo anterior, a ação se torna uma ação como outra qualquer que tenha sido ajuizada pelo procedimento comum.

5.1.5 Cessação da eficácia da tutela concedida em caráter antecedente

CESSARÁ A EFICÁCIA DA TUTELA CONCEDIDA EM CARÁTER ANTECEDENTE QUANDO	
	O autor não deduzir o pedido principal no prazo legal;
	Não for efetivada dentro de 30 (trinta) dias;
	O juiz julgar improcedente o pedido principal formulado pelo autor ou extinguir o processo sem resolução de mérito.

ATENÇÃO! Se por algum desses motivos cessar a eficácia da tutela cautelar, é proibido que a parte renove o pedido, exceto se o fizer sob uma nova fundamentação.

5.2 Tutela de Evidência

A tutela de evidência é uma medida judicial que visa a conferir efetividade ao direito material invocado, quando o réu estiver flagrantemente abusando de seu direito de defesa com o intuito de protelar (prolongar) o processo, fazendo-o demorar, ou quando a prova documental apresentada pelo autor é tão clara e inequívoca que dispensa a necessidade de produção de outras provas – em outras palavras, quando a própria documentação já demonstra de forma evidente o direito alegado pela parte. Dessa forma, ela contribui para a celeridade e eficácia do processo, evitando o prolongamento desnecessário da demanda quando a conclusão já é clara a partir dos documentos apresentados.

5.2.1 Hipóteses para a concessão

A TUTELA DA EVIDÊNCIA SERÁ CONCEDIDA, INDEPENDENTEMENTE DA DEMONSTRAÇÃO DE PERIGO DE DANO OU DE RISCO AO RESULTADO ÚTIL DO PROCESSO, QUANDO:
1) Ficar caracterizado o abuso do direito de defesa ou o manifesto propósito protelatório da parte;
2) As alegações de fato puderem ser comprovadas apenas documentalmente e houver tese firmada em julgamento de casos repetitivos ou em súmula vinculante;

3) Se tratar de pedido reipersecutório fundado em prova documental adequada do contrato de depósito, caso em que será decretada a ordem de entrega do objeto custodiado, sob cominação de multa;

4) A petição inicial for instruída com prova documental suficiente dos fatos constitutivos do direito do autor, a que o réu não oponha prova capaz de gerar dúvida razoável.

Importante apontar que nas hipóteses 2 e 3 o juiz poderá decidir a questão liminarmente, ou seja, antes mesmo de citar o réu.

Para fins de fixação de conteúdo, segue um quadro resumo das tutelas provisórias:

TUTELA	CONCEITOS
DE URGÊNCIA	É concedida quando houver evidências da probabilidade do direito (*fumus boni juris*) e o perigo de dano ou risco ao resultado útil do processo (*periculum in mora*).
DE URGÊNCIA ANTECIPADA	Espécie de tutela de urgência que antecipa os efeitos da tutela final, ou seja, satisfaz antecipadamente os efeitos da tutela final. Tem natureza satisfativa.
DE URGÊNCIA CAUTELAR	O juiz determina uma medida protetiva que preserve o direito do autor em risco pela demora do processo. Tem natureza cautelar, pois protege, acautela o direito.
DE URGÊNCIA ANTECIPADA ANTECEDENTE	Visa à concessão de uma tutela antecipada antes mesmo do processo principal. É o ajuizamento de uma petição inicial não acabada, que se limita a requerer a tutela de urgência aludida para, apenas posteriormente, aditar a petição para complementar os pedidos.
DE URGÊNCIA ANTECIPADA INCIDENTAL	Requerimento de tutela antecipada, seja na petição inicial ou no curso do processo, mas quando a petição inicial for ajuizada completa, é dizer, com começo, meio e fim. É a regra.
DE URGÊNCIA CAUTELAR ANTECEDENTE	Visa a garantir medidas que preservem o direito antes do início do processo principal. É o ajuizamento de uma petição inicial não acabada, que se limita a requerer a tutela de urgência aludida para, apenas posteriormente, aditar a petição para complementar os pedidos.
DE URGÊNCIA CAUTELAR INCIDENTAL	Requerimento de tutela cautelar, seja na petição inicial ou no curso do processo, mas quando a petição inicial for ajuizada completa, é dizer, com começo, meio e fim. É a regra.
DE EVIDÊNCIA	É permitida sua concessão para antecipar uma medida satisfativa, mas sua concessão independe da urgência. Seus requisitos estão presentes no art. 311 do CPC. O CPC não prevê o requerimento da tutela de evidência em caráter antecedente, mas tão somente incidental.

5.2.2 Liminar

Em suma, a liminar é todo e qualquer pronunciamento jurisdicional sem antes ouvir a parte contrária. Desse modo, compreende-se que uma liminar é um pronunciamento do juiz antes de citar o réu.

Quando uma tutela provisória é concedida liminarmente, visa a proteger direitos fundamentais ou evitar danos irreparáveis enquanto o processo tramita. Assim, a sua concessão é baseada em critérios rigorosos de análise da urgência e da verossimilhança das alegações apresentadas.

IMPORTANTE: Nem toda tutela provisória é concedida em caráter liminar, pois o juiz pode querer que a parte contrária seja ouvida antes, mediante audiência de justificação prévia. Importante dizer ainda que nem toda decisão liminar é concessiva de tutelas provisórias (até porque há a possibilidade de que, em sentença liminar, haja a improcedência do pedido, como se verá em assunto posterior, no tópico referente à improcedência liminar do pedido).

5.3 Recurso cabível contra decisão que concede, revoga ou denega tutelas provisórias

O recurso cabível dependerá da espécie de decisão em que tais pronunciamentos se dão:

Decisão interlocutória → Agravo de Instrumento (art. 1.015, I)
Sentença → Apelação
Decisão Monocrática → Agravo interno

6 INTERVENÇÃO DE TERCEIROS

A intervenção de terceiros consiste em um instituto jurídico por meio do qual uma pessoa estranha à relação processual original ingressa naquele processo, tendo por intuito a proteção dos seus interesses ou a contribuição para a resolução da controvérsia.

A intervenção pode ocorrer por meio de diferentes modalidades, tais quais:

INTERVENÇÃO DE TERCEIROS	
	Assistência
	Denunciação da lide
	Chamamento ao processo
	Incidente de desconsideração de personalidade jurídica
	Amicus curiae

Isto posto, passa-se a destrinchar cada uma dessas modalidades.

6.1 Assistência

A assistência permite a participação de terceiros em um processo judicial para auxiliar uma das partes. É um ingresso voluntário e faz-se necessário a demonstração de interesse jurídico. Ademais, pode ser requerida em qualquer momento do processo, desde que o terceiro demonstre interesse legítimo na questão.

Conforme previsão do CPC, essa assistência pode ocorrer de duas formas: simples e litisconsorcial.

ASSISTÊNCIA SIMPLES	ASSISTÊNCIA LITISCONSORCIAL
O assistente simples é parte do processo, mas não da demanda. Logo, não se torna litisconsorte da parte, mas mero auxiliar.	O terceiro se torna parte integrante do processo, com os mesmos direitos e obrigações das partes principais, quando tem interesse jurídico na causa.

O assistente é mero auxiliar da parte, não podendo se opor a que dele desista do pedido, renuncie ao direito, transacione etc. Caso o assistido seja revel, ou de qualquer outro modo omisso, o assistente se tornará seu substituto processual.	O assistente possui interesse direto no litígio, por ser titular mesmo da relação deduzida em juízo, o assistente é tratado como litisconsorte, não havendo diferença entre ele e a parte assistida.
EXEMPLO: assistência simples é o do sublocatário que deseja ajudar o sublocador numa demanda de despejo que lhe move o locador originário.	EXEMPLO: o devedor solidário que não é acionado em demanda, mas que deseja nela ingressar para ajudar o codevedor que ali figura.

Isto posto, versa o Código de Processo Civil:

> Art. 119. Pendendo causa entre 2 (duas) ou mais pessoas, o terceiro juridicamente interessado em que a sentença seja favorável a uma delas poderá intervir no processo para assisti-la.
>
> Parágrafo único. A assistência será admitida em qualquer procedimento e em todos os graus de jurisdição, recebendo o assistente o processo no estado em que se encontre.
>
> Art. 120. Não havendo impugnação no prazo de 15 (quinze) dias, o pedido do assistente será deferido, salvo se for caso de rejeição liminar.
>
> Parágrafo único. Se qualquer parte alegar que falta ao requerente interesse jurídico para intervir, o juiz decidirá o incidente, sem suspensão do processo.

Acerca da possibilidade de discutir a justiça da decisão em que interveio assistente após o trânsito em julgado, o Código de Processo Civil, em seu art. 123, versa do seguinte modo:

> Art. 123. Transitada em julgado a sentença no processo em que interveio o assistente, este não poderá, em processo posterior, discutir a justiça da decisão, salvo se alegar e provar que:
>
> I – pelo estado em que recebeu o processo ou pelas declarações e pelos atos do assistido, foi impedido de produzir provas suscetíveis de influir na sentença;
>
> II – desconhecia a existência de alegações ou de provas das quais o assistido, por dolo ou culpa, não se valeu.

6.2 Denunciação da lide

Trata-se de ação incidental e eventual de regresso por meio da qual autor ou réu denuncia à lide o alienante imediato (evicção) ou terceiro obrigado, por lei ou por contrato, a indenizá-lo *em caso de prejuízo sofrido em caso de sucumbência no processo.*

A denunciação da lide é facultativa podendo a parte optar por ajuizar ação autônoma de regresso sempre que preferir, ou mesmo se a denunciação da lide for indeferida.

Se o denunciante for vencedor na ação principal, a ação de denunciação não terá o seu pedido examinado, sem prejuízo da condenação do denunciante ao pagamento das verbas de sucumbência em favor do denunciado.

O CPC só permite *uma denunciação sucessiva* (ou seja, duas no total), sempre ao alienante imediato (ou ao antecessor imediato na cadeia dominial). O primeiro denunciado, portanto, também pode denunciar à lide, o segundo denunciado, por sua vez, não pode.

6.3 Chamamento ao processo

Trata-se da modalidade de intervenção de terceiros provocada em três hipóteses: pelo réu, pelo devedor solidário ou pelo fiador. Estes, por sua vez, chamam ao processo: demais devedores solidários; demais fiadores; o afiançado.

A sentença de procedência valerá como título executivo em favor do réu que satisfizer a dívida, a fim de que possa exigi-la, por inteiro, do devedor principal, ou, de cada um dos codevedores, a sua quota, na proporção que lhes tocar.

6.4 Incidente de desconsideração da personalidade jurídica

A decisão que julga o Incidente de Desconsideração da Pessoa Jurídica é recorrível de imediato - via agravo de Instrumento, no caso de decisão interlocutória, ou Agravo Interno, no caso de decisão monocrática.

O IDPJ é cabível em todas as fases do processo de conhecimento, no cumprimento de sentença e na execução fundada em título executivo extrajudicial.

A desconsideração da personalidade jurídica (seja ela tradicional ou inversa), será resolvida como questão principal, *sem instaurar incidente*, quando for requerida na Petição Inicial.

Acolhido o pedido de desconsideração, a alienação ou a oneração de bens, havida em fraude de execução, será ineficaz em relação ao requerente.

Além disso, é relevante destacar que o CPC prevê expressamente a possibilidade da desconsideração inversa da personalidade jurídica, hipótese na qual será afastada a autonomia patrimonial da pessoa física para alcançar os bens da pessoa jurídica.

ATENÇÃO!
O IDPJ é cabível em todas as fases do processo de conhecimento, no cumprimento de sentença e na execução fundada em título executivo extrajudicial.

6.5 *Amicus Curiae*

É o amigo da corte, pessoa natural ou jurídica, órgão ou entidade especializada, com representatividade adequada e interesse institucional no tema discutido no processo. Não é parte no processo, nem possui interesse no resultado da ação.

Tem como objetivo primordial fornecer dados e emitir opiniões abalizadas, e robustecer o debate e as decisões tomadas no processo.

ATENÇÃO!
O *Amicus Curiae* possui legitimidade recursal limitada, apenas podendo recorrer da decisão que julgar o Incidente de Resolução de Demandas Repetitivas (IRDR) ou, em qualquer hipótese, interpor Embargos de Declaração.
Lembrando que a decisão que admite ou inadmite a participação do *amicus curiae* é irrecorrível.

Para fins de fixação de conteúdo, segue um quadro resumo das formas de intervenção de terceiros:

ASSISTÊNCIA	O terceiro possui interesse jurídico em auxiliar uma das partes.
DENUNCIAÇÃO DA LIDE	Permite que o denunciante (autor ou réu) ajuíze uma demanda incidental de regresso contra terceiro - verdadeiro causador do prejuízo.
CHAMAMENTO AO PROCESSO	Permite que o réu solicite que outro devedor solidário ou corresponsável também participe do processo para responder pelos mesmos fatos discutidos na ação principal.
INCIDENTE DE DESCONSIDERAÇÃO DA PERSONALIDADE JURÍDICA	Utilizado para desconsiderar a personalidade de pessoa jurídica e alcançar os bens de seus administradores ou sócios, quando houver abuso de direito, caracterizado pelo desvio de personalidade ou pela confusão patrimonial.
AMICUS CURIAE	Participação de terceiro, não diretamente envolvidos na causa, para fornecer informações especializadas ou argumentos sobre questões de interesse público ou complexas em um processo civil.

7 PETIÇÃO INICIAL

A petição inicial consiste no documento que instrumentaliza a demanda, tendo em vista que o juiz não age de ofício, devendo a parte provocá-lo para obter a resposta da sua pretensão (princípio da inércia). Desse modo, esse instrumento caracteriza-se por ser a peça necessária para instaurar o processo e provocar a jurisdição estatal.

7.1 Requisitos da petição inicial

Quanto aos requisitos, prevê os arts. 319 e 320 do CPC. Vejamos:

> Art. 319. A petição inicial indicará:
>
> I - o juízo a que é dirigida;
>
> II - os nomes, os prenomes, o estado civil, a existência de união estável, a profissão, o número de inscrição no Cadastro de Pessoas Físicas ou no Cadastro Nacional da Pessoa Jurídica, o endereço eletrônico, o domicílio e a residência do autor e do réu; (qualificação das partes)
>
> III - o fato e os fundamentos jurídicos do pedido;
>
> IV - o pedido com as suas especificações;
>
> V - o valor da causa;
>
> VI - as provas com que o autor pretende demonstrar a verdade dos fatos alegados;
>
> VII - a opção do autor pela realização ou não de audiência de conciliação ou de mediação.
>
> (grifo nosso)

7.1.1 Pedido

Quanto ao pedido, sendo ele um dos requisitos da petição inicial, o art. 322 e art. 324 do CPC dispõe que este deve ser certo e determinado, sendo certo o pedido que permite a identificação do bem da vida pretendido e determinado aquele que indica a quantidade postulada.

Ademais, a possibilidade de formulação de pedido genérico é exceção, e o art. 324, § 1º, do CPC traz as seguintes hipóteses:

SITUAÇÕES PERMISSIVAS DE FORMULAÇÃO DE PEDIDO GENÉRICO	
	Nas ações universais
	Quando não for possível determinar, desde logo, as consequências de ato ou fato ilícito
	Quando a determinação do valor da condenação depender de ato que deva ser praticado pelo réu

7.1.2 Cumulação de pedidos

Ainda sobre o tema, é lícito a cumulação de pedidos, conforme o art. 327 do CPC, observados os requisitos:

REQUISITOS DA CUMULAÇÃO DE PEDIDOS	
	Os pedidos precisam ser compatíveis entre si, ou seja, um pedido não pode excluir o outro
	É necessário que o mesmo juízo seja competente para todos os pedidos
	É necessário que o tipo de procedimento adotado seja adequado para todos os pedidos

Vejamos as espécies de cumulação:

ESPÉCIES DE CUMULAÇÃO		
CUMULAÇÃO PRÓPRIA	Quando o autor pretende que todos os pedidos sejam acolhidos pelo juiz.	• Simples • Sucessiva
CUMULAÇÃO IMPRÓPRIA	Quando o autor formula vários pedidos e pretende que apenas um seja acolhido.	• Alternativa • Subsidiária

CUMULAÇÃO SIMPLES	O autor formula vários pedidos postulando que todos sejam acolhidos. Os pedidos não dependem uns dos outros, sendo possível que o juiz acolha alguns e não os demais.
CUMULAÇÃO SUCESSIVA	O autor formula vários pedidos postulando que todos sejam acolhidos, porém o acolhimento de um depende do outro, já que as pretensões guardam entre si relação de prejudicialidade.
CUMULAÇÃO ALTERNATIVA	O autor formula mais de um pedido, mas pede ao juiz o acolhimento de apenas um, sem manifestar preferência. Assim, poderá ser um ou outro.
CUMULAÇÃO SUBSIDIÁRIA	O autor irá manifestar sua preferência por um dos pedidos, havendo um pedido principal e um subsidiário.

7.1.3 Emenda da Petição Inicial

Se a petição inicial não preencher os seus requisitos determinados no CPC ou, ainda, apresentar defeitos e irregularidades, o magistrado determinará que o autor emende ou complete a petição, no prazo de 15 (quinze) dias, indicando com precisão o que deve ser corrigido ou completado.

Para o advogado que não disponibiliza seu número de inscrição na OAB ou a sociedade/escritório pelo qual atua (se for o caso), o prazo para suprir a omissão é especial: de 5 dias.

ATENÇÃO!
Se a petição não for emendada nos prazos supramencionados, o juiz indeferirá a petição inicial

7.1.4 Indeferimento da petição inicial

No indeferimento da petição inicial, o juiz põe fim ao processo antes de determinar a citação do réu. Ocorre quando a ação não poderá prosseguir após sua análise inicial, uma vez que os vícios formais não foram sanados no tempo correto (como visto, em regra, tem-se o prazo de 15 dias para sanar os vícios da inicial).

O art. 330 do Código de Processo Civil dispõe sobre as hipóteses de indeferimento da petição inicial, que resultam na extinção do processo sem resolução de mérito. Vejamos:

HIPÓTESES DE INDEFERIMENTO DA PETIÇÃO INICIAL	
INÉPCIA	• Ausência de pedidos ou de causa de pedir; • Pedido indeterminado; • Quando da narração dos fatos não decorre logicamente sua conclusão; • Pedidos incompatíveis entre si.
A PARTE É MANIFESTAMENTE ILEGÍTIMA	• O reconhecimento da ilegitimidade deve ser detectado no exame da inicial.
O AUTOR CARECER DE INTERESSE PROCESSUAL	• Carência da ação, por falta de interesse processual.
NÃO ATENDIDAS AS PRESCRIÇÕES DOS ARTS. 106 E 321 DO CPC	• Quando o advogado não cumpre as obrigações do art. 106 → Prazo de 5 dias para a emenda; • Quando o autor não emendar a inicial na forma do art. 321 → Prazo de 15 dias para a emenda.

A sentença que indefere a inicial gera a extinção do processo sem resolução do mérito, e, por ser uma sentença, é recorrível por apelação. Nesse caso, segundo o art. 331 do CPC, o juiz poderá retratar-se de sua decisão de indeferimento, no prazo de 05 dias; se não se retratar, o réu será citado para responder ao recurso.

7.1.5 Improcedência liminar do pedido

Conforme o art. 332 do Código de Processo Civil, nas causas que dispensem a fase instrutória, ou produção de provas, o magistrado poderá julgar liminarmente improcedente o pedido, sem a citação do réu.

Aqui, por se tratar de (im)procedência, ou seja, questões relativas ao mérito do processo, ao seu pano de fundo, seu objeto, não há previsão de prazo para emendar a petição inicial, o que só faz sentido quando há vícios de forma, defeitos puramente processuais, como nos casos que levam ao indeferimento da petição inicial, muito diferente do fenômeno da improcedência liminar aqui analisado.

As causas de improcedência estão no art. 332 do CPC. O juiz poderá julgar liminarmente o pedido que contrariar:

CAUSAS DE IMPROCEDÊNCIA LIMINAR DO PEDIDO	
	1) Pedido que contrariar enunciado de súmula do STF ou do STJ;
	2) Pedido que contrariar acórdão proferido pelo STF ou pelo STJ em julgamento de recursos repetitivos;
	3) Pedido que contrariar entendimento firmado em incidente de resolução de demandas repetitivas ou de assunção de competência;
	4) Pedido que contrariar enunciado de súmula de TJ sobre direito local;
	5) Pedido em que se verifique, desde logo, a ocorrência de decadência ou de prescrição.

ATENÇÃO!

Na improcedência liminar, o magistrado analisa o mérito e extingue o feito com resolução de mérito, enquanto que, no indeferimento da petição inicial, a extinção é sem resolução de mérito, por tratar de vícios formais. Apesar de ambos os fenômenos serem liminares (antes de citar o réu), o primeiro leva à uma sentença definitiva (com resolução do mérito), enquanto o segundo leva a uma sentença terminativa (sem resolução do mérito).

7.1.6 Valor da causa

> Art. 291. A toda causa será atribuído valor certo, ainda que não tenha conteúdo econômico imediatamente aferível.

O valor da causa estará presente na petição inicial ou na reconvenção e corresponderá:

AÇÃO DE COBRANÇAS DE DÍVIDAS	A soma monetariamente corrigida do principal, dos juros de mora vencidos e de outras penalidades, se houver, até a data de propositura da ação.
AÇÃO QUE TENHA POR OBJETO A EXISTÊNCIA, A VALIDADE, O CUMPRIMENTO, A MODIFICAÇÃO, A RESOLUÇÃO, A RESILIÇÃO OU A RESCISÃO DE ATO JURÍDICO	O valor do ato ou o de sua parte controvertida.
AÇÃO DE ALIMENTOS	A soma de 12 (doze) prestações mensais pedidas pelo autor.
AÇÃO DE DIVISÃO, DE DEMARCAÇÃO E DE REIVINDICAÇÃO	O valor de avaliação da área ou do bem objeto do pedido.
AÇÃO INDENIZATÓRIA, inclusive a fundada em dano moral	O valor pretendido.
AÇÃO COM CUMULAÇÃO DE PEDIDOS	A quantia correspondente à soma dos valores de todos eles.
AÇÃO COM PEDIDOS ALTERNATIVOS	O pedido de maior valor.
AÇÃO COM PEDIDO SUBSIDIÁRIO	O valor do pedido principal.

Ainda sobre a temática, é válido ressaltar que o juiz deverá corrigir de ofício, e por arbitramento, o valor da causa quando verificar que não corresponde ao conteúdo patrimonial em discussão ou ao proveito econômico perseguido pelo autor.

Já o réu deverá impugnar o valor da causa na contestação, sob pena de preclusão (perda da faculdade processual).

ATENÇÃO!
O art. 291 do CPC determina que toda petição inicial deverá ter, obrigatoriamente, valor da causa, ainda que a ação não tenha conteúdo econômico.

8 CITAÇÃO

A citação é um ato processual que assegura o exercício do direito de defesa e o contraditório entre as partes processuais. Refere-se à comunicação oficial feita pelo judiciário ao réu, ao executado ou ao interessado, informando sobre a existência da ação, dando-lhe a oportunidade de se manifestar.

8.1 Citação direta

A citação direta é realizada pessoalmente ou na pessoa do representante legal/procurador do réu e se destina a comunicar ao réu sobre a ação e garantir seu direito de defesa.

Sobre a citação direta, versa o Código de Processo Civil:

> Art. 242. A citação será pessoal, podendo, no entanto, ser feita na pessoa do representante legal ou do procurador do réu, do executado ou do interessado.
> § 1º Na ausência do citando, a citação será feita na pessoa de seu mandatário, administrador, preposto ou gerente, quando a ação se originar de atos por eles praticados.
> § 2º O locador que se ausentar do Brasil sem cientificar o locatário de que deixou, na localidade onde estiver situado o imóvel, procurador com poderes para receber citação será citado na pessoa do administrador do imóvel encarregado do recebimento dos aluguéis, que será considerado habilitado para representar o locador em juízo.
> § 3º A citação da União, dos Estados, do Distrito Federal, dos Municípios e de suas respectivas autarquias e fundações de direito público será realizada perante o órgão de Advocacia Pública responsável por sua representação judicial.

ATENÇÃO!
A citação será feita preferencialmente por meio eletrônico, no prazo de até 2 (dois) dias úteis, contado da decisão que a determinar, por meio dos endereços eletrônicos indicados pelo citando no banco de dados do Poder Judiciário.
Ademais, considera-se ato atentatório à dignidade da justiça, passível de multa de até 5% (cinco por cento) do valor da causa, deixar de confirmar no prazo legal, sem justa causa, o recebimento da citação recebida por meio eletrônico.

As empresas públicas e privadas, a União, Estados, Distrito Federal, Municípios e as entidades da administração indireta são obrigadas a manter cadastro nos sistemas de processo em autos eletrônicos, para efeito de recebimento de citações e intimações, as quais serão efetuadas preferencialmente por esse meio.

Conforme o art. 246 do CPC a citação será feita seguindo a ordem de preferência, pelas seguintes modalidades:

1. Meio eletrônico;
2. Correio;
3. Oficial de justiça;
4. Escrivão ou chefe de secretaria, se o citando comparecer em cartório;
5. Edital.

8.2 Citação indireta

A citação indireta é realizada por qualquer pessoa capaz de vincular o réu. Assim, admite-se quando a citação direta não é viável.

EXEMPLO: citação na pessoa do procurador legalmente habilitado, em terceiros com poderes para representar o réu, ou na ausência do citando, na pessoa do seu mandatário, administrador, preposto ou gerente.

OBSERVAÇÕES
Nos casos de absolutamente incapazes, a citação é feita na pessoa de seus pais, curadores ou tutores.
Para os relativamente incapazes, é necessária a citação tanto deles quanto de seus representantes legais.
Em situações específicas, o juiz nomeará um curador especial se o citando não tiver representante legal.
A citação de pessoas jurídicas é feita na pessoa que detém poderes de representação.
A massa falida é citada por meio de seu administrador judicial; o espólio, pelo inventariante; a herança jacente ou vacante, pelo curador; e o condomínio, pelo síndico.

9 LITISCONSÓRCIO

O litisconsórcio refere-se à situação em que há a participação de mais de uma pessoa, seja como autores, réus ou em ambos os polos da demanda, em uma mesma relação processual.

Pode ser classificado das seguintes formas:

LITISCONSÓRCIO		
QUANTO AO POLO DA DEMANDA	ATIVO	Há mais de um autor na demanda.
	PASSIVO	Há mais de um réu na demanda.
	MISTO	Mais de um autor e mais de um réu.
QUANTO AO MOMENTO DA FORMAÇÃO	INICIAL	Surge junto com a demanda, o autor desde a postulação já indica a existência.
	ULTERIOR / SUPERVENIENTE	Surge durante o andamento do processo, por imposição do juiz ou das partes.

QUANTO À OBRIGATORIEDADE DA FORMAÇÃO	FACULTATIVO	Sua formação depende da iniciativa do autor da ação, não sendo exigido por lei ou pela natureza da relação jurídica.
	NECESSÁRIO	Ocorre quando há disposição em lei ou quando a própria natureza jurídica da relação exige.
QUANTO À UNIFORMIDADE DA DECISÃO	UNITÁRIO	O juiz deve decidir uniformemente para todos os litisconsortes, quando a relação jurídica demandada assim o exigir. OBSERVAÇÃO: o ato praticado por um dos litisconsorte a todos aproveitará e, a falta de citação de um deles pode levar à nulidade da sentença.
	SIMPLES	A decisão não precisa ser necessariamente uniforme para todos os litisconsortes.

ATENÇÃO!

Número de litigantes e desmembramento

Em alguns casos, o juiz pode determinar o desmembramento do litisconsórcio facultativo, limitando o número de litigantes na fase de conhecimento, liquidação de sentença ou execução, se isso comprometer a rápida solução do litígio ou dificultar a defesa ou o cumprimento da sentença.

Intervenção de terceiros e litisconsórcio

A intervenção de terceiros pode resultar em litisconsórcio ulterior (superveniente). Por exemplo, a denunciação da lide ou o chamamento ao processo podem gerar litisconsórcio entre o autor original e o terceiro interveniente.

10 AUDIÊNCIA DE CONCILIAÇÃO OU DE MEDIAÇÃO

> Art. 334. Se a petição inicial preencher os requisitos essenciais e não for o caso de improcedência liminar do pedido, o juiz designará audiência de conciliação ou de mediação com antecedência mínima de 30 (trinta) dias, devendo ser citado o réu com pelo menos 20 (vinte) dias de antecedência.

Na audiência de conciliação ou de mediação, as partes deverão estar acompanhadas de seus defensores.

Essa audiência não será realizada:

1) Se ambas as partes manifestarem, expressamente, desinteresse na composição consensual;
2) Quando a pretensão não admitir a autocomposição.

Para a manifestação de desinteresse em relação à autocomposição:

- O autor deverá indicar na petição inicial;
- O réu deverá indicar por petição apresentada com 10 (dez) dias de antecedência, contados da data da audiência.

ATENÇÃO!

Número de litigantes e desmembramento

Havendo litisconsórcio, a audiência de conciliação apenas não será realizada se for manifestado o desinteresse na realização da audiência por todos os litisconsortes.

Não comparecimento à audiência de conciliação e multa

O não comparecimento injustificado do autor ou do réu à audiência de conciliação é considerado ato atentatório à dignidade da justiça. Esse ato será sancionado com multa de até 2% da vantagem econômica pretendida ou do valor da causa, revertida em favor da União (justiça federal) ou do Estado (justiça estadual).

11 RESPOSTAS DO RÉU

A fase postulatória do processo, permite que o réu tenha a oportunidade de se manifestar, ou seja, que ele apresente a sua versão dos fatos e formule eventuais pretensões ao juízo.

Essa manifestação se dá depois de sua citação e pode ser de dois tipos:

CONTESTAÇÃO	RECONVENÇÃO
Consiste na defesa propriamente dita simplesmente	Consiste em ação de contra-ataque

11.1 Contestação

Nessa peça processual, o réu irá apenas se defender das alegações feitas pelo autor, cabe a ele alegar toda a sua matéria de defesa (expondo as razões de fato e de direito com que impugna o pedido do autor e especificando as provas que pretende produzir).

O prazo para a sua interposição é de 15 (quinze) dias, correndo este a partir da audiência de tentativa de conciliação ou mediação. Nos casos em que a audiência não se realiza por manifestação de desinteresse das partes, o prazo para contestar é contado a partir da data em que o réu protocola a petição manifestando seu desinteresse.

ATENÇÃO!

Prazo em dobro para contestar

O prazo será duplicado para: MP, Fazenda Pública, Defensoria Pública e entidades equiparadas, litisconsorte passivo com advogados distintos, de escritórios distintos, nesse último caso (litisconsórcio), só há dobra de prazo em processo de autos físicos.

Depois da contestação, só é lícito ao réu deduzir novas alegações quando:

- Relativas a direito ou fato superveniente;
- Competir ao juiz conhecer delas de ofício (ex.: competência absoluta);
- Por expressa autorização legal puderem ser formuladas em qualquer tempo e grau de jurisdição (ex.: decadência convencional).

11.2 Defesas Preliminares

O art. 337 do CPC enumera as questões que devem ser apreciadas pelo juiz antes de passar para o exame de mérito. São elas:

1. Inexistência ou nulidade da citação;
2. Incompetência absoluta e relativa;
3. Incorreção do valor da causa;
4. Inépcia da petição inicial;
5. Perempção;
6. Litispendência;
7. Coisa julgada;
8. Conexão;
9. Incapacidade da parte, defeito de representação ou falta de autorização;
10. Convenção de arbitragem;
11. Ausência de legitimidade ou de interesse processual;
12. Falta de caução ou de outra prestação que a lei exige como preliminar;
13. Indevida concessão do benefício de gratuidade de justiça.

ATENÇÃO!
O juiz conhecerá de ofício as matérias dispostas anteriormente, EXCETO a convenção de arbitragem e a incompetência relativa.

11.3 Defesas de mérito

Após arguir as eventuais preliminares, o réu apresentará a sua defesa de mérito, que pode ser de dois tipos: direta ou indireta:

DIRETA	INDIRETA
Defesa por meio da qual o réu nega os fatos narrados pelo autor ou os efeitos jurídicos por ele indicados.	Defesa em que o réu concorda com os fatos narrados pelo autor, mas contrapõe a eles fato extintivo, impeditivo ou modificativo do direito do autor. Sempre que o réu juntar documentos novos, alegar defesas preliminares e/ou indiretas de mérito o autor terá prazo de 15 dias para apresentar réplica.

11.4 Ônus da impugnação específica dos fatos

É imprescindível que o réu manifeste-se precisamente sobre as alegações de fato constantes da petição inicial, afinal, as alegações não impugnadas serão presumidas verdadeiras, com EXCEÇÃO da alegação que:

I - não for admissível, a seu respeito, a confissão (Ex.: direitos indisponíveis);

II - a petição inicial não estiver acompanhada de instrumento que a lei considerar da substância do ato (Ex.: certidão de casamento para provar a existência desse vínculo conjugal);

III - estiverem em contradição com a defesa, considerada em seu conjunto (P. Ex.: o réu alega que não estava no país no dia do incidente, o que abarca o tópico da petição em que o autor alega ter visto o réu num bar, no Brasil, naquele dia).

ATENÇÃO!

O ônus da impugnação especificada dos fatos não se aplica ao Defensor Público, ao advogado dativo e ao curador especial.

11.5 Substituição do réu

No caso do réu alegar, em sede de contestação, não ser parte legítima no processo (ou, ainda, não ser responsável pelo prejuízo alegado), será facultado ao autor que altere a petição inicial, em um prazo de 15 dias, para a substituição do réu (por falta de técnica e apuro doutrinário, o CPC erra ao não chamar o instituto pelo nome correto: sucessão processual).

Nesse sentido, prevê o Código de Processo Civil:

> Art. 339. Quando alegar sua ilegitimidade, incumbe ao réu indicar o sujeito passivo da relação jurídica discutida sempre que tiver conhecimento, sob pena de arcar com as despesas processuais e de indenizar o autor pelos prejuízos decorrentes da falta de indicação.
>
> § 1º O autor, ao aceitar a indicação, procederá, no prazo de 15 (quinze) dias, à alteração da petição inicial para a substituição do réu, observando-se, ainda, o parágrafo único do art. 338.
>
> § 2º No prazo de 15 (quinze) dias, o autor pode optar por alterar a petição inicial para incluir, como litisconsorte passivo, o sujeito indicado pelo réu.

ATENÇÃO!

Esse mecanismo citado não poderá ser denominado de "nomeação à autoria", pois essa consiste em uma espécie de intervenção de terceiros que não mais existe em nosso ordenamento jurídico.

11.6 Alegação de incompetência na contestação

Se for alegada a incompetência relativa ou absoluta, a contestação poderá ser protocolada no foro de domicílio do réu antes mesmo da ocorrência de conciliação ou mediação (ou seja, é uma exceção à regra geral). Esse acontecimento será imediatamente comunicado ao juiz da causa, de preferência por meio eletrônico.

Vamos por partes: a incompetência, absoluta ou relativa, será alegada como questão preliminar de contestação (ou na impugnação ao cumprimento de sentença/embargos à execução, nessas respectivas fases).

No entanto, a contestação com alegação de incompetência poderá ser protocolada no foro de domicílio do réu, antes mesmo da audiência de conciliação ou de mediação, fato que será imediatamente comunicado ao juiz da causa. Quando isso ocorrer, ela será submetida à livre distribuição, e o juízo a que for designada ficará prevento para o julgamento da causa se a incompetência for reconhecida.

Se realizada desse modo, a alegação de incompetência suspende a audiência de conciliação ou de mediação porventura designada, ficando a cargo do juízo competente a marcação de nova audiência.

11.7 Reconvenção

Além da contestação, o réu poderá oferecer no mesmo prazo, 15 (quinze) dias, a reconvenção, que se trata de um mecanismo de contra-ataque. Nesse sentido, é uma ação por meio da qual o réu veicula pretensão própria, conexa com a ação principal ou com seu fundamento de defesa, em face do autor.

É lícito que o réu proponha reconvenção na contestação, no entanto, o próprio Código permite que reconvenha sem contestar, única hipótese em que poderá reconvir em peça própria, e não na contestação.

> Art. 343 do CPC: [...] § 1º Proposta a reconvenção, o autor será intimado, na pessoa de seu advogado, para apresentar resposta no prazo de 15 (quinze) dias.
> § 2º A desistência da ação ou a ocorrência de causa extintiva que impeça o exame de seu mérito não obsta ao prosseguimento do processo quanto à reconvenção.
> § 3º A reconvenção pode ser proposta contra o autor e terceiro.
> § 4º A reconvenção pode ser proposta pelo réu em litisconsórcio com terceiro.
> [...]
> § 6º O réu pode propor reconvenção independentemente de oferecer contestação

Percebe-se, pois, que o réu pode ampliar subjetivamente o processo na reconvenção, ou seja, reconvir em litisconsórcio com terceiros ou contra o autor e terceiros. Além disso, a desistência da ação principal, bem como sua extinção sem resolução do mérito, não prejudica a reconvenção.

ATENÇÃO!

Reconvenção e juizados especiais

A reconvenção não é admitida nos juizados especiais.

Reconvenção e ação monitória

A reconvenção da reconvenção é vedada na ação monitória.

11.8 Revelia

A revelia consiste na ausência de contestação (o que inclui a contestação fora do prazo), e possui, como efeito material, a *presunção relativa de veracidade das alegações de fato* formuladas pelo autor.

A revelia não terá seus efeitos materiais quando:

1) havendo pluralidade de réus, algum deles contestar a ação;

Se múltiplos réus estiverem envolvidos e *ao menos um deles impugnar a ação* (ou seja, apresentar defesa), a inércia dos demais não terá repercussões substanciais. Isso implica que a falta de resposta por parte de alguns réus não acarretará automaticamente em uma decisão favorável ao demandante. Em vez disso, o processo seguirá sua trajetória usual, exigindo a análise das alegações e provas de todas as partes envolvidas.

2) o litígio versar sobre direitos indisponíveis;

No caso de o litígio em análise referir-se a *direitos indisponíveis* (o termo "direitos indisponíveis" refere-se aos direitos que não podem ser renunciados ou transacionados de maneira livre pelas partes processuais, pois, em regra, são considerados fundamentais ou de interesse público), a falta de resposta ou defesa por parte das partes não levará automaticamente a uma decisão favorável à outra parte no processo. Isso ocorre porque, nessas circunstâncias, os tribunais podem optar por não prejudicar a parte ausente com os efeitos da revelia, assegurando a proteção adequada dos direitos em questão, mesmo na ausência de sua participação ativa no processo.

3) a petição inicial não estiver acompanhada de instrumento que a lei considere indispensável à prova do ato;

Desse modo, compreende-se que, se a parte que está instigando o processo não apresentar um documento essencial para comprovar as alegações feitas, a ausência de resposta por parte do réu não acarretará automaticamente uma decisão favorável ao autor. Isso ocorre porque a legislação requer que certos documentos acompanhem a petição inicial para sustentar as reivindicações feitas. Se esses documentos não forem fornecidos, os juízos não podem considerar a ausência de resposta do réu como motivo suficiente para favorecer o autor. Repise-se, como exemplo, o caso da alegação de casamento sem a juntada da respectiva certidão de casamento.

4) as alegações de fato formuladas pelo autor forem inverossímeis ou estiverem em contradição com prova constante dos autos.

Caso *as alegações de fato apresentadas pelo autor pareçam pouco plausíveis ou entrem em conflito com as evidências* já existentes no processo, a ausência de resposta por parte do réu não resultará automaticamente em uma decisão favorável ao autor. Isso ocorre porque o tribunal pode considerar que as alegações do autor não são suficientemente confiáveis para justificar uma decisão em seu favor, mesmo na ausência de defesa por parte do réu. Em vez disso, o tribunal pode decidir realizar uma investigação mais aprofundada das alegações e das evidências antes de emitir um veredicto final. É o típico caso em que as alegações autorais parecem a boa e velha "história de pescador".

EFEITO MATERIAL DA REVELIA	Presunção relativa de veracidade das alegações do autor.
EFEITOS PROCESSUAIS DA REVELIA	• Possibilidade do julgamento antecipado do mérito; • Cessa a contagem do prazo em dobro se, havendo apenas 2 (dois) réus, é oferecida defesa por apenas um deles; • Os prazos contra o revel que não tenha patrono nos autos fluirão da data de publicação do ato decisório no órgão oficial.

ATENÇÃO!

Em relação ao réu revel que tenha sido citado por edital ou por hora certa, será nomeado curador especial (Defensor Público).

12 JULGAMENTO CONFORME O ESTADO DO PROCESSO

O juiz, após ler as manifestações das partes, terá que verificar se o processo como um todo ou ao menos um dos pedidos está apto para ser julgado desde logo. Diante dessa possibilidade, temos duas consequências:

1) Quando for possível julgar todos os pedidos de imediato, sem necessidade de produção de provas, teremos o *julgamento antecipado do mérito*;
2) Quando só lhe for possível julgar de imediato apenas parcela dos pedidos, estaremos diante do *julgamento antecipado parcial de mérito*.

Conforme previsão do Código de Processo Civil:

> Art. 354. Ocorrendo qualquer das hipóteses previstas nos arts. 485 e 487, incisos II e III, o juiz proferirá sentença.
> Parágrafo único. A decisão a que se refere o *caput* pode dizer respeito a apenas parcela do processo, caso em que será impugnável por agravo de instrumento.

12.1 Julgamento antecipado do mérito

O julgamento antecipado do mérito é uma decisão na qual o juiz entende que já existem elementos suficientes para decidir sobre as alegações e defesas das partes envolvidas. Dessa forma, no lugar de prosseguir com o processo, o juiz antecipa sua decisão e resolve independentemente de uma fase instrutória (ou seja, sem audiência de instrução e julgamento).

Em regra, essa forma de julgamento acontece quando se constata a desnecessidade de produção de provas ou quando o acervo probatório existente nos autos é suficiente para que o juiz possa decidir sobre o mérito da demanda.

Essa decisão pode ocorrer pelo pedido de uma das partes, por iniciativa do juiz ou, ainda, de maneira automática, nas seguintes hipóteses previstas na legislação:

1) quando não houver necessidade de produção de outras provas;
2) quando o réu não contestar e a revelia fizer presumir verdadeiros os fatos narrados na inicial.

Ademais, o julgamento antecipado do mérito pode ser concedido em diversas situações, tais como:

1) Quando não há controvérsia sobre os fatos: se as partes não contestam os fatos relevantes do caso, o juiz pode decidir de maneira antecipada com fundamento nesses fatos admitidos;
2) Quando a questão de direito é clara: a questão jurídica em disputa é simples e já está bem estabelecida, o juiz pode aplicar a legislação diretamente aos fatos e emitir a sua decisão sem ocorrência de audiência de instrução;
3) Quando há falta de interesse processual ou ilegitimidade de alguma das partes: uma das partes não tem mais interesse em continuar com o processo ou se ela não tem legitimidade para estar envolvida no processo.

Nesse sentido, o objetivo do julgamento antecipado do mérito é promover a celeridade e a eficiência processual, evitando a realização de atos desnecessários e proporcionando uma rápida resolução para as partes envolvidas. Entretanto, é importante salientar que o juiz só pode decidir dessa maneira quando estiver convencido de que não há prejuízo para a correta apuração dos fatos e para o direito de defesa das partes.

12.2 Julgamento antecipado parcial do mérito

Ocorre quando não é possível promover o julgamento imediato de todos os pedidos, mas alguns deles já estão em condições para isso.

O art. 356 do CPC dispõe que o juiz decidirá parcialmente o mérito quando, um ou mais dos pedidos:

1) Mostrar-se incontroverso
2) Estiver em condições de imediato julgamento, nos termos do art. 355 do CPC:
   - Desnecessidade de produção de provas;
   - Réu revel, quando os fatos são presumidos verdadeiros.

> Código de Processo Civil:
> Art. 356 [...]
> § 1º A decisão que julgar parcialmente o mérito poderá reconhecer a existência de obrigação líquida ou ilíquida.
> § 2º A parte poderá liquidar ou executar, desde logo, a obrigação reconhecida na decisão que julgar parcialmente o mérito, independentemente de caução, ainda que haja recurso contra essa interposto.
> § 3º Na hipótese do § 2º, se houver trânsito em julgado da decisão, a execução será definitiva.
> [...]
> § 5º A decisão proferida com base neste artigo é impugnável por agravo de instrumento.

Nesse caso, é relevante destacar que o processo prossegue em relação às questões remanescentes. Desse modo, elas ainda serão discutidas e resolvidas em etapas subsequentes, até que todas as questões tenham sido analisadas e decididas.

ATENÇÃO!

INDEFERIMENTO DA PETIÇÃO INICIAL X IMPROCEDÊNCIA LIMINAR DO PEDIDO

O indeferimento da petição inicial é espécie de extinção do processo sem resolução do mérito, se, após intimado para emendar a petição, o autor não o faz em tempo hábil. Já (im)procedência dos pedidos diz respeito ao mérito do processo, ao seu pano de fundo, ao seu objeto. Logo, quando o CPC permite ao juiz, em certas hipóteses nas causas que dispensem a fase instrutória, julgar liminarmente improcedente o processo, está permitindo ao magistrado sentenciar o processo com definitividade, ou seja, com resolução do mérito, sem prazo prévio para emendar a petição inicial, visto não haver vício formal a corrigir.

Em que hipóteses o Código permite ao juiz julgar liminarmente improcedente o processo?

Art. 332. Nas causas que dispensem a fase instrutória, o juiz, independentemente da citação do réu, julgará liminarmente improcedente o pedido que contrariar:
I - enunciado de súmula do Supremo Tribunal Federal ou do Superior Tribunal de Justiça;
II - acórdão proferido pelo Supremo Tribunal Federal ou pelo Superior Tribunal de Justiça em julgamento de recursos repetitivos;
III - entendimento firmado em incidente de resolução de demandas repetitivas ou de assunção de competência;
IV - enunciado de súmula de tribunal de justiça sobre direito local.
§ 1º O juiz também poderá julgar liminarmente improcedente o pedido se verificar, desde logo, a ocorrência de decadência ou de prescrição.

As apelações contra as sentenças de indeferimento da petição inicial e da sentença de improcedência liminar do pedido permitem o juízo de retratação pelo juiz no prazo de 05 dias.

13 SANEAMENTO DO PROCESSO

Não sendo caso de julgamento antecipado de mérito, o magistrado irá organizar o processo por meio do saneamento, que será feito por decisão interlocutória. Assim, deverá o juiz:

SANEAMENTO DO PROCESSO	
	1) Resolver as questões processuais pendentes, se houver;
	2) Delimitar as questões de fato sobre as quais recairá a atividade probatória, especificando os meios de prova admitidos;
	3) Definir a distribuição do ônus da prova, observado o art. 373;
	4) Delimitar as questões de direito relevantes para a decisão do mérito;
	5) Designar, se necessário, audiência de instrução e julgamento.

Código de Processo Civil:
Art. 357 [...]
§ 1º Realizado o saneamento, as partes têm o direito de pedir esclarecimentos ou solicitar ajustes, no prazo comum de 5 (cinco) dias, findo o qual a decisão se torna estável.
§ 2º As partes podem apresentar ao juiz, para homologação, delimitação consensual das questões de fato e de direito a que se referem os incisos II e IV, a qual, se homologada, vincula as partes e o juiz.
§ 3º Se a causa apresentar complexidade em matéria de fato ou de direito, deverá o juiz designar audiência para que o saneamento seja feito em cooperação com as partes, oportunidade em que o juiz, se for o caso, convidará as partes a integrar ou esclarecer suas alegações.
§ 4º Caso tenha sido determinada a produção de prova testemunhal, o juiz fixará prazo comum não superior a 15 (quinze) dias para que as partes apresentem rol de testemunhas.

> § 5º Na hipótese do § 3º, as partes devem levar, para a audiência prevista, o respectivo rol de testemunhas.
>
> § 6º O número de testemunhas arroladas não pode ser superior a 10 (dez), sendo 3 (três), no máximo, para a prova de cada fato.
>
> § 7º O juiz poderá limitar o número de testemunhas levando em conta a complexidade da causa e dos fatos individualmente considerados.

14 NEGÓCIOS JURÍDICOS PROCESSUAIS

Os negócios jurídicos processuais são um acordo entre sujeitos dos processos que visam a convencionar sobre ônus, poderes, faculdades e deveres. Podem ser típicos (previstos na legislação) ou atípicos.

> Código de Processo Civil:
>
> Art. 190. Versando o processo sobre direitos que admitam autocomposição, é lícito às partes plenamente capazes estipular mudanças no procedimento para ajustá-lo às especificidades da causa e convencionar sobre os seus ônus, poderes, faculdades e deveres processuais, antes ou durante o processo.
>
> Parágrafo único. De ofício ou a requerimento, o juiz controlará a validade das convenções previstas neste artigo, recusando-lhes aplicação somente nos casos de nulidade ou de inserção abusiva em contrato de adesão ou em que alguma parte se encontre em manifesta situação de vulnerabilidade.

CARACTERÍSTICAS DOS NEGÓCIOS JURÍDICOS PROCESSUAIS	
	Podem ser realizados antes ou depois do início do processo;
	Podem ser realizados entre as partes (bilateral, em caso de processos sem litisconsórcio) ou entre as partes e o juiz (plurilateral);
	Em regra, independem de homologação judicial;
	Apenas podem sofrer controle em caso de nulidade ou se nele constarem cláusulas abusivas em contrato de adesão, bem como se uma parte estiver em manifesta vulnerabilidade.

EXEMPLOS DE NEGÓCIOS TÍPICOS	• Cláusula de eleição de foro (art. 63); • Convenção sobre ônus da prova (art. 373, §§ 3º e 4º); • Acordo de suspensão do processo (art. 313, II); • Calendarização processual (art. 191).
EXEMPLOS DE NEGÓCIOS ATÍPICOS	• Acordo de instância única (irrecorribilidade); • Acordo de ampliação ou redução dos prazos; • Acordo de rateio das custas processuais; • Acordo para determinar que outro ordenamento jurídico seja utilizado, bem como direito consuetudinário.

14.1 Cláusula de eleição de foro

É possível que as partes modifiquem a competência em razão do valor e do território, elegendo o foro onde será proposta ação oriunda de direitos e obrigações, desde que essa eleição conste em instrumento escrito e refira-se expressamente a determinado negócio jurídico.

Vale ressaltar que essa cláusula obriga os herdeiros e sucessores das partes.

> Código de Processo Civil:
> Art. 63
> [...]
> § 3º Antes da citação, a cláusula de eleição de foro, se abusiva, pode ser reputada ineficaz de ofício pelo juiz, que determinará a remessa dos autos ao juízo do foro de domicílio do réu.
> § 4º Citado, incumbe ao réu alegar a abusividade da cláusula de eleição de foro na contestação, sob pena de preclusão.

14.2 Acordo de suspensão do processo

O CPC dispõe que o processo pode ser suspenso pela convenção das partes.

> Código de Processo Civil:
> Art. 313 [...] § 4º O prazo de suspensão do processo nunca poderá exceder [...] 6 (seis) meses naquela prevista no inciso II.

14.3 Convenção sobre ônus da prova

A distribuição do ônus da prova pode ser objeto de convenção das partes, antes ou durante o processo, EXCETO quando:

1) Recair sobre direito indisponível da parte;
2) Tornar excessivamente difícil a uma parte o exercício do direito.

14.4 Calendarização processual

> Código de Processo Civil:
> Art. 191. De comum acordo, o juiz e as partes podem fixar calendário para a prática dos atos processuais, quando for o caso.
> § 1º O calendário vincula as partes e o juiz, e os prazos nele previstos somente serão modificados em casos excepcionais, devidamente justificados.
> § 2º Dispensa-se a intimação das partes para a prática de ato processual ou a realização de audiência cujas datas tiverem sido designadas no calendário.

15 NULIDADES

No processo existem dois tipos de nulidades: relativa e absoluta.

Tanto na nulidade relativa quanto na absoluta existe a preclusão da decretação da nulidade.

- Na relativa, está preclusa a possibilidade de anular o ato após a primeira oportunidade de manifestação da parte acerca do vício;

- Na absoluta, está preclusa a possibilidade de anular o ato com o trânsito em julgado.

NULIDADE ABSOLUTA	NULIDADE RELATIVA
Pode ser conhecida de ofício no curso do processo e não preclui, exceto depois de transcorrido o prazo da ação rescisória.	Deve ser alegada pelo prejudicado na primeira oportunidade, sob pena de preclusão.
Ocorre quando não foi observada a forma estabelecida em benefício do interesse público.	Ocorre quando não foi observada a forma estabelecida em benefício de uma das partes.
O reconhecimento implica retificação ou renovação do ato.	O reconhecimento implica retificação ou renovação do ato.

ATENÇÃO!

Em alguns casos, a lei considera o vício tão grave que pode ser invalidado após o trânsito em julgado - esses são os chamados vícios rescisórios (ou de rescindibilidade), que ensejam a propositura da Ação Rescisória no prazo de 2 anos, contados a partir do trânsito em julgado da decisão rescindenda.

Ainda sobre as nulidades processuais, prevê o Código de Processo Civil que:

> Art. 276 Quando a lei prescrever determinada forma sob pena de nulidade, a decretação desta não pode ser requerida pela parte que lhe deu causa.
>
> Art. 277. Quando a lei prescrever determinada forma, o juiz considerará válido o ato se, realizado de outro modo, lhe alcançar a finalidade
>
> Art. 278. A nulidade dos atos deve ser alegada na primeira oportunidade em que couber à parte falar nos autos, sob pena de preclusão
>
> Parágrafo único. Não se aplica o disposto no *caput* às nulidades que o juiz deva decretar de ofício, nem prevalece a preclusão provando a parte legítimo impedimento.
>
> Art. 279. É nulo o processo quando o membro do Ministério Público não for intimado a acompanhar o feito em que deva intervir.
>
> § 1º Se o processo tiver tramitado sem conhecimento do membro do Ministério Público, o juiz invalidará os atos praticados a partir do momento em que ele deveria ter sido intimado.
>
> § 2º A nulidade só pode ser decretada após a intimação do Ministério Público, que se manifestará sobre a existência ou a inexistência de prejuízo.
>
> Art. 280. As citações e as intimações serão nulas quando feitas sem observância das prescrições legais.
>
> Art. 281. Anulado o ato, consideram-se de nenhum efeito todos os subsequentes que dele dependam todavia, a nulidade de uma parte do ato não prejudicará as outras que dela sejam independentes. (teoria dos frutos da árvore envenenada)
>
> Art. 282. Ao pronunciar a nulidade, o juiz declarará que atos são atingidos e ordenará as providências necessárias a fim de que sejam repetidos ou retificados
>
> § 1º O ato não será repetido nem sua falta será suprida quando não prejudicar a parte [não há nulidade sem prejuízo]
>
> § 2º Quando puder decidir o mérito a favor da parte a quem aproveite a decretação da nulidade, o juiz não a pronunciará nem mandará repetir o ato ou suprir-lhe a falta [primazia do julgamento do mérito].
>
> Art. 283. O erro de forma do processo acarreta unicamente a anulação dos atos que não possam ser aproveitados, devendo ser praticados os que forem necessários a fim de se observarem as prescrições legais.

> Parágrafo único. Dar-se-á o aproveitamento dos atos praticados desde que não resulte prejuízo à defesa de qualquer parte [não há nulidade sem prejuízo]

15.1 Ministério Público e nulidades

Segundo o art. 178 do CC, o Ministério Público deverá intervir como fiscal da ordem jurídica, no prazo de 30 dias, nas hipóteses previstas em lei ou na Constituição Federal e nos processos que envolvam:

1) interesse público ou social;
2) interesse de incapaz;
3) litígios coletivos pela posse de terra rural ou urbana.

Sendo assim, a mera participação da Fazenda Pública não configura, por si só, hipótese de intervenção do Ministério Público.

A não intimação do Ministério Público gera nulidade, de acordo com o art. 279 do CPC. Todavia, é importantíssimo destacar que a nulidade só será decretada após a intimação do MP e a manifestação do órgão sobre a existência ou a inexistência de prejuízo. Se o processo tiver tramitado sem o conhecimento do MP, o juiz invalidará os atos praticados a partir do momento em que ele deveria ter sido intimado.

15.2 Citação e nulidades

A citação do réu ou do executado é elemento indispensável para a validade do processo, ressalvadas as hipóteses de indeferimento da petição inicial ou de improcedência liminar do pedido, de acordo com o art. 239 do CPC.

O comparecimento espontâneo daqueles supre a falta ou a nulidade da citação, fluindo a partir desta data o prazo para apresentação de contestação ou de embargos à execução.

Caso seja rejeitada a alegação de nulidade, tratando-se de:

PROCESSO DE CONHECIMENTO	PROCESSO DE EXECUÇÃO
O réu será considerado revel.	O feito terá seguimento.

16 PROVAS

Prova é um termo dotado de diversos sentidos possíveis. Dentre as várias acepções possíveis, duas nos são relevantes para o presente estudo:

PROVAS	
CONCEITO OBJETIVO	Prova como o conjunto de elementos hábeis a demonstrar a existência de um fato relevante para o processo.
CONCEITO SUBJETIVO	Prova como a certeza, convicção ou o convencimento do juiz em virtude dos elementos acima referidos.

Direito Processual Civil

16.1 Objeto da prova

Prevalece na doutrina que o objeto da prova são os fatos relevantes para o deslinde da lide. Nesse sentido, a lei prevê fatos que independem de prova:

> Art. 374. Não dependem de prova os fatos:
> I - notórios;
> II - afirmados por uma parte e confessados pela parte contrária;
> III - admitidos no processo como incontroversos;
> IV - em cujo favor milita presunção legal de existência ou de veracidade.

Em se tratando de prova do direito, apenas nos casos de direito local, estrangeiro e consuetudinário é necessária a prova, se assim o juiz determinar.

16.2 Princípios do direito probatório.

16.2.1 Princípio da atipicidade dos meios de prova:

> Art. 369. As partes têm o direito de empregar todos os meios legais, bem como os moralmente legítimos, ainda que não especificados neste Código, para provar a verdade dos fatos em que se funda o pedido ou a defesa e influir eficazmente na convicção do juiz.

16.2.2 Princípio da comunhão/aquisição das provas:

Esse princípio preconiza que as provas são do processo, e não das partes. Ninguém é obrigado a produzir provas contra si mesmo (*nemo tenetur se detegere*), mas, uma vez produzida a prova por uma das partes, ela poderá prejudicá-la, pois uma vez produzida a prova, ela é do processo, e não mais da parte.

16.2.3 Princípio da persuasão racional (convencimento motivado):

> Art. 371. O juiz apreciará a prova constante dos autos, independentemente do sujeito que a tiver promovido, e indicará na decisão as razões da formação de seu convencimento.

16.3 Ônus da prova

O ônus da prova incumbe a quem alega. Ao autor, quanto aos fatos constitutivos de seu direito; ao réu, quanto aos fatos impeditivos, modificativos ou extintivos do direito do autor.

Nos casos previstos em lei ou diante de peculiaridades da causa relacionadas à impossibilidade ou à excessiva dificuldade de cumprir o encargo nos termos do *caput* ou à maior facilidade de obtenção da prova do fato contrário, poderá o juiz atribuir o ônus da prova de modo diverso, desde que o faça por decisão fundamentada, caso em que deverá dar à parte a oportunidade de se desincumbir do ônus que lhe foi atribuído. Mas essa redistribuição não pode gerar situação em que a desincumbência do encargo pela parte seja impossível ou excessivamente difícil!

A redistribuição do ônus da prova também pode ocorrer por convenção das partes, antes ou durante o processo, exceto quando:

> Art. 373. § 3º A distribuição diversa do ônus da prova também pode ocorrer por convenção das partes, salvo quando:
> I - recair sobre direito indisponível da parte;
> II - tornar excessivamente difícil a uma parte o exercício do direito.

Da decisão interlocutória que redistribui o ônus da prova cabe agravo de instrumento.

16.4 Da prova emprestada

O Novo CPC prestigiou a prova emprestada, permitindo às partes a utilização de provas produzidas em outro processo. Apesar de não ser pacífico, prevalece na doutrina que a parte contra quem se deseja utilizar a prova tenha participado do contraditório de sua produção no processo de origem:

> Art. 372. O juiz poderá admitir a utilização de prova produzida em outro processo, atribuindo-lhe o valor que considerar adequado, observado o contraditório.

16.5 Da produção antecipada da prova

O CPC permite que, em certas hipóteses, ajuíze-se ação com o único intuito de produzir prova, é a chamada *ação de produção antecipada de provas*:

> Art. 381. A produção antecipada da prova será admitida nos casos em que:
> I - haja fundado receio de que venha a tornar-se impossível ou muito difícil a verificação de certos fatos na pendência da ação;
> II - a prova a ser produzida seja suscetível de viabilizar a autocomposição ou outro meio adequado de solução de conflito;
> III - o prévio conhecimento dos fatos possa justificar ou evitar o ajuizamento de ação.
> § 2º A produção antecipada da prova é da competência do juízo do foro onde esta deva ser produzida ou do foro de domicílio do réu.
> § 3º A produção antecipada da prova não previne a competência do juízo para a ação que venha a ser proposta.
> § 4º O juízo estadual tem competência para produção antecipada de prova requerida em face da União, de entidade autárquica ou de empresa pública federal se, na localidade, não houver vara federal.
> Art. 382. Na petição, o requerente apresentará as razões que justificam a necessidade de antecipação da prova e mencionará com precisão os fatos sobre os quais a prova há de recair.
> § 1º O juiz determinará, de ofício ou a requerimento da parte, a citação de interessados na produção da prova ou no fato a ser provado, salvo se inexistente caráter contencioso.

> § 2º O juiz não se pronunciará sobre a ocorrência ou a inocorrência do fato, nem sobre as respectivas consequências jurídicas.
>
> § 4º Neste procedimento, não se admitirá defesa ou recurso, salvo contra decisão que indeferir totalmente a produção da prova pleiteada pelo requerente originário.

16.6 Adiantamento das despesas

ADIANTAMENTO DE DESPESAS DE ATOS EM GERAL	
CABE AO AUTOR	Quando requerido por ele, determinado de ofício ou requerido pelo MP como fiscal da ordem jurídica.
CABE AO RÉU	Quando por ele requerido.
ADIANTAMENTO DA REMUNERAÇÃO DO PERITO	
Será rateada entre as partes quando determinada de ofício ou requerida por ambas as partes (vejam que aqui não há referência à perícia requerida pelo MP, que continua sendo encargo do autor).	

ATENÇÃO!

No que diz respeito à remuneração do assistente técnico, cada parte adianta o pagamento do seu.

> Art. 82 do CPC. Salvo as disposições concernentes à gratuidade da justiça, incumbe às partes prover as despesas dos atos que realizarem ou requererem no processo, antecipando-lhes o pagamento, desde o início até a sentença final ou, na execução, até a plena satisfação do direito reconhecido no título.
>
> § 1º Incumbe ao autor adiantar as despesas relativas a ato cuja realização o juiz determinar de ofício ou a requerimento do Ministério Público, quando sua intervenção ocorrer como fiscal da ordem jurídica.
>
> § 2º A sentença condenará o vencido a pagar ao vencedor as despesas que antecipou.
>
> (...)
>
> Art. 95. Cada parte adiantará a remuneração do assistente técnico que houver indicado, sendo a do perito adiantada pela parte que houver requerido a perícia ou rateada quando a perícia for determinada de ofício ou requerida por ambas as partes.

17 TEORIA GERAL DOS RECURSOS

17.1 O Elementar da Teoria Geral dos Recursos

Recursos são meios de impugnação às decisões judiciais – portanto, dos despachos não cabe recursos, apenas das decisões. Sendo um meio de impugnação a uma decisão judicial previsto em lei federal, manejável no mesmo processo em que a decisão se deu e interponível de forma voluntária, tratar-se-á de um recurso.

Excetuados os embargos de declaração, cujo prazo de interposição e contrarrazões é de 05 dias, todos os outros recursos previstos no CPC possuem prazo de interposição e contrarrazões de 15 dias.

Os recursos, assim como ocorre com o restante do processo, possuem duplo juízo de cognição: um referente à forma, ao procedimento; outro referente ao mérito. Quanto à primeira etapa, diz-se que o recurso foi admitido/conhecido ou inadmitido/não conhecido. Passado à segunda etapa - de mérito -, diz-se que o recurso foi provido ou desprovido.

JUÍZO DE ADMISSIBILIDADE	JUÍZO DE MÉRITO
É anterior ao juízo de mérito;	É posterior ao juízo de admissibilidade;
Busca analisar as condições de admissibilidade recursal;	Busca analisar o conteúdo do recurso interposto;
Uma vez preenchidas as condições, o recurso será admitido (ou conhecido) e seu mérito poderá ser julgado.	Caso assista razão ao recorrente, o recurso será provido.

Muitos são os requisitos de admissibilidade de um recurso, como o cabimento, a legitimidade, a tempestividade, o interesse, a ausência de ato impeditivo (a renúncia ao direito de recorrer ou a aquiescência à decisão, por exemplo, que faz com que futuros recursos estejam encobertos pela preclusão lógica), mas o CPC trata especificamente de um deles, que julgamos ser o mais relevante: *o preparo.*

17.2 Preparo

O preparo trata-se de tributo cujo recolhimento deve ser comprovado para o exame do mérito recursal (estando isentos pelo CPC os embargos de declaração e o agravo em RESP e em RE).

> Art. 1.007. No ato de interposição do recurso, o recorrente comprovará, quando exigido pela legislação pertinente, o respectivo preparo, inclusive porte de remessa e de retorno [*este dispensado em processos de autos eletrônicos*], sob pena de deserção.
> (grifo nosso)

PREPARO INSUFICIENTE OU INEXISTENTE POR JUSTO MOTIVO	5 dias para complementar
AUSÊNCIA DO PREPARO E DO PORTE DE REMESSA SEM JUSTO MOTIVO	5 dias para depositar em dobro

São dispensados do preparo e do porte de remessa e retorno: Ministério Público, pela União, pelo Distrito Federal, pelos Estados, pelos Municípios, e respectivas autarquias, e pelos que gozam de isenção legal.

17.3 Princípio da Primazia do Julgamento do Mérito Recursal

Antes de considerar inadmissível o recurso, o relator concederá o prazo de 5 (cinco) dias ao recorrente para que seja sanado vício ou complementada a documentação exigível.

ATENÇÃO!
O Supremo Tribunal Federal ou o Superior Tribunal de Justiça poderá desconsiderar vício formal de recurso tempestivo ou determinar sua correção, desde que não o repute grave.

17.4 Remessa Necessária

A remessa necessária é o instituto que garante o duplo grau de jurisdição para reexame das decisões contrárias à Fazenda Pública. Nesse sentido, não é um recurso, mas um sucedâneo recursal.

Vejamos algumas de suas características:

1) Não é voluntário;
2) Não é contra uma decisão judicial, ou seja, ela será realizada ainda que todos os litigantes estejam de acordo com a sentença;
3) Não é necessário vir acompanhada de razões;
4) Pode ser interposta a qualquer momento.

> Art. 496 Está sujeita ao duplo grau de jurisdição, não produzindo efeito senão depois de confirmada pelo tribunal, a sentença:
>
> I – proferida contra a União, os Estados, o Distrito Federal, os Municípios e suas respectivas autarquias e fundações de direito público;
>
> II – que julgar procedentes, no todo ou em parte, os embargos à execução fiscal.
>
> § 1º Nos casos previstos neste artigo, não interposta a apelação no prazo legal, o juiz ordenará a remessa dos autos ao tribunal, e, se não o fizer, o presidente do respectivo tribunal avocá-los-á
>
> § 2º Em qualquer dos casos referidos no § 1º, o tribunal julgará a remessa necessária.
>
> § 3º Não se aplica o disposto neste artigo quando a condenação ou o proveito econômico obtido na causa for de valor certo e líquido inferior a:
>
> I – 1.000 salários mínimos para a União e as respectivas autarquias e fundações de direito público;
>
> II – 500 salários mínimos para os Estados, o Distrito Federal, as respectivas autarquias e fundações de direito público e os Municípios que constituam capitais dos Estados;
>
> III – 100 salários mínimos para todos os demais Municípios e respectivas autarquias e fundações de direito público.
>
> § 4º Também não se aplica o disposto neste artigo quando a sentença estiver fundada em:
>
> I – súmula de tribunal superior;
>
> II – acórdão proferido pelo Supremo Tribunal Federal ou pelo Superior Tribunal de Justiça em julgamento de recursos repetitivos;

> III – entendimento firmado em incidente de resolução de demandas repetitivas ou de assunção de competência;
>
> IV – entendimento coincidente com orientação vinculante firmada no âmbito administrativo do próprio ente público, consolidada em manifestação, parecer ou súmula administrativa.

17.5 Requisitos de admissibilidade dos recursos

Os requisitos de admissibilidade são matérias de ordem pública analisadas de ofício pelo juízo *ad quem*, são pressupostos indispensáveis para que o recurso possa ser reconhecido. Esses são divididos em intrínsecos e extrínsecos.

REQUISITOS DE ADMISSIBILIDADE DOS RECURSOS	
CABIMENTO	Só são cabíveis os recursos previstos em lei.
INTERESSE	É necessário haver sucumbência, ou seja, aquele que recorre deve não ter obtido o melhor resultado possível no processo.
LEGITIMIDADE	Partes, MP, terceiro prejudicado.
TEMPESTIVIDADE	Os recursos são admitidos quando interpostos dentro do prazo, que em regra é de 15 dias úteis, salvo os embargos de declaração (5 dias úteis).
PREPARO	São as custas com o processamento do recurso.
REGULARIDADE FORMAL	Em regra, precisam ser escritos e acompanhados das razões.
INEXISTÊNCIA DE FATOS EXTINTIVOS OU IMPEDITIVOS DO DIREITO DE RECORRER	Exemplos são: a renúncia, a aquiescência à decisão e a desistência do recurso. OBS: a renúncia e a aquiescência são anteriores ao ato de recorrer; a desistência lhe é posterior.

ATENÇÃO!

Preparo e Embargos de Declaração:

O CPC retira a necessidade de preparo para os Embargos de Declaração.

Desistência do recurso:

O recorrente poderá, a qualquer tempo, sem a anuência do recorrido ou dos litisconsortes, desistir do recurso (art. 998 do CPC).

A desistência do recurso não impede a análise de questão cuja repercussão geral já tenha sido reconhecida e daquela objeto de julgamento de recursos extraordinários ou especiais repetitivos. Sendo assim, resta evidente que a renúncia ao direito de recorrer independe da aceitação da outra parte. A parte que aceitar expressa ou tacitamente a decisão não poderá recorrer, sendo a aceitação tácita a prática, sem nenhuma reserva, de ato incompatível com a vontade de recorrer.

17.6 Efeitos dos recursos

Os efeitos são as consequências que o processo sofre com a sua interposição. São entre outros: devolutivo, suspensivo, translativo, expansivo e regressivo.

DEVOLUTIVO	É a aptidão que todo recurso tem de devolver ao conhecimento do órgão *ad quem* a matéria impugnada.
SUSPENSIVO	É a capacidade de impedir que a decisão proferida se torne eficaz até que o recurso seja examinado. Os únicos dois recursos com efeito suspensivo automático, decorrente da própria lei, são: • Apelação; • O recurso extraordinário ou especial da decisão que julga o IRDR. No entanto, os recursos que não possuem efeito suspensivo automático (*ope legis*, decorrente da lei) podem receber o efeito suspensivo por decisão do relator (efeito suspensivo *ope judicis*, "pelo judiciário").
TRANSLATIVO	É a possibilidade de análise, pelo órgão *ad quem*, de questões de ordem pública, de ofício, ainda que não tenham sido objeto do recurso.
EXPANSIVO	Capacidade para ampliar os limites objetivos e subjetivos previamente estabelecidos, como estender os resultados do recurso a litigantes que não tenham recorrido ou a pretensões que não o integrem, é o que ocorre no litisconsórcio unitário quando apenas um litisconsorte recorre.
REGRESSIVO	É a possibilidade de reconsideração da decisão com o juízo de retratação, é possível em todos os agravos, bem como em apenas três hipóteses de apelação, que serão estudadas adiante.

17.7 Efeito Regressivo

O efeito regressivo consiste na possibilidade do juízo de retratação pelo magistrado, promovendo a reforma da própria decisão recorrida. É possível em todos os agravos (agravo de instrumento, agravo interno, agravo em REsp ou em RE). Já na apelação, apenas em três hipóteses:

HIPÓTESES DE EFEITO REGRESSIVO	Sentenças que indeferem a petição inicial;
	Sentenças terminativas (extinção do processo sem resolução de mérito);
	Sentenças de improcedência liminar.

Em todos esses casos, o juiz possuirá o prazo de 5 dias para se retratar.

> Art. 332 (...)
>
> (...)
>
> § 2º Não interposta a apelação, o réu será intimado do trânsito em julgado da sentença, nos termos do art. 241.
>
> § 3º Interposta a apelação, o juiz poderá retratar-se em 5 (cinco) dias.
>
> § 4º Se houver retratação, o juiz determinará o prosseguimento do processo, com a citação do réu, e, se não houver retratação, determinará a citação do réu para apresentar contrarrazões, no prazo de 15 (quinze) dias.

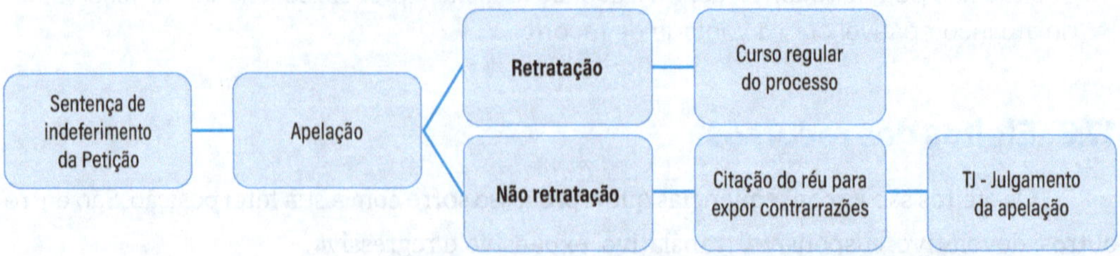

18 RECURSOS EM ESPÉCIE

É o melhor assunto custo-benefício para estudar em processo civil, os recursos em espécie estão dispostos num total de 35 artigos - do 1.009 ao 1.044, todos do CPC (muito embora valha a pena ver a parte geral anterior, que inicia no art. 994).

18.1 Apelação

É o principal recurso do CPC, o chamado "recurso por excelência". A apelação é o recurso cabível das sentenças, apesar de essa regra possuir exceções:

Regra: da sentença cabe apelação.

Algumas exceções:

- Nos juizados especiais (Lei nº 9.099/1995), da sentença cabe recurso inominado no prazo de 10 dias;
- Da sentença em processos em que há como partes, de um lado, Município ou pessoa residente ou domiciliada no Brasil e, do outro, Estado estrangeiro ou organismo internacional, cabe recurso ordinário (para o STJ);
- A decisão interlocutória que não veicula matéria do art. 1.015 não é agravável, mas não precluirá, podendo ser impugnada por meio de preliminar de apelação ou de contrarrazões à apelação, mas só após prolatada a sentença.

ATENÇÃO!

O prazo de interposição e contrarrazões de todos os recursos do CPC é de 15 dias, com exceção dos Embargos de Declaração, cujo prazo para interpor e contrarrazoar é de 05 dias.

18.1.1 Apelação e efeito suspensivo

Somente três recursos em todo o CPC possuem o condão de suspender automaticamente (por força da lei, *ope legis*) os efeitos da decisão recorrida; são eles a apelação (como regra) e o REsp/RE contra o acórdão que julga o Incidente de Resolução de Demandas Repetitivas - IRDR.

Não obstante, o legislador achou por bem, no art. 1.012 do CPC, excepcionar a regra do efeito suspensivo automático da apelação em casos importantes e que demandam certa urgência. Com isso, não nasce com efeito suspensivo, mesmo sendo apelável, a sentença que:

> § 1º (...)
> I - homologa divisão ou demarcação de terras;
> II - condena a pagar alimentos;
> III - extingue sem resolução do mérito ou julga improcedentes os embargos do executado;
> IV - julga procedente o pedido de instituição de arbitragem;
> V - confirma, concede ou revoga tutela provisória;
> VI - decreta a interdição.

Mas ainda é plenamente possível requerer o efeito suspensivo à apelação nos casos excepcionais acima - nos quais ela nasce sem efeito suspensivo automático, o que será feito mediante o requerimento de concessão do efeito suspensivo ao relator, se já tiver sido distribuído no tribunal o recurso, ou ao próprio tribunal, caso ainda não remetida pelo juízo de piso a apelação ou, já tendo sido, no tribunal ainda não tenha sido distribuída a um relator (nesse último caso, o desembargador incumbido de julgar o pedido de efeito suspensivo ficará prevento para o julgamento do recurso de apelação).

> Art. 1.012 (...)
> § 3º O pedido de concessão de efeito suspensivo nas hipóteses do § 1º [parágrafo que trata das hipóteses em que a sentença nasce sem sua eficácia suspensa] poderá ser formulado por requerimento dirigido ao:
> I - tribunal, no período compreendido entre a interposição da apelação e sua distribuição, ficando o relator designado para seu exame prevento para julgá-la;
> II - relator, se já distribuída a apelação.
> § 4º Nas hipóteses do § 1º, a eficácia da sentença poderá ser suspensa pelo relator se o apelante demonstrar a probabilidade de provimento do recurso [tutela de evidência recursal] ou se, sendo relevante a fundamentação, houver risco de dano grave ou de difícil reparação [tutela de urgência recursal].
> Grifo nosso

18.1.2 Causa madura

Segundo o CPC, na apelação e no recurso ordinário, estando o processo maduro para julgamento, o Tribunal deverá julgar o mérito da causa, ainda que seja caso de retorno, em tese, dos autos ao primeiro grau.

18.1.3 Recurso adesivo

Vencidos autor e réu (sucumbência recíproca), ao recurso independente de uma parte poderá a outra aderir no prazo das contrarrazões, interpondo recurso da mesma espécie - com os mesmos requisitos de admissibilidade -, que não será conhecido caso a parte contrária desista do recurso independente ou caso ele seja inadmitido.

O recurso adesivo será admitido na apelação, no recurso extraordinário e no recurso especial.

18.2 Agravo de Instrumento

Agravo de Instrumento é o recurso apto a impugnar decisões interlocutórias imediatamente, o que só é possível se tal decisão interlocutória tratar de uma das matérias do art. 1.015 do CPC.

Logo, há uma fórmula a se atentar:

> AGRAVO DE INSTRUMENTO = *Decisão interlocutória* + Matéria do art. 1.015

18.2.1 Recurso das decisões interlocutórias previstas no art. 1.015:

Art. 1.015 Cabe agravo de instrumento contra as decisões interlocutórias que versarem sobre:

I - tutelas provisórias;

II - mérito do processo;

III - rejeição da alegação de convenção de arbitragem;

IV - incidente de desconsideração da personalidade jurídica;

V - rejeição do pedido de gratuidade da justiça ou acolhimento do pedido de sua revogação;

VI - exibição ou posse de documento ou coisa;

VII - exclusão de litisconsorte;

VIII - rejeição do pedido de limitação do litisconsórcio;

IX - admissão ou inadmissão de intervenção de terceiros;

X - concessão, modificação ou revogação do efeito suspensivo aos embargos à execução;

XI - redistribuição do ônus da prova nos termos do art. 373 § 1º;

XII - (vetado);

XIII - outros casos expressamente referidos em lei.

ATENÇÃO!

- Se uma das questões do art. 1.015 estiver prevista na sentença, e não numa decisão interlocutória dela caberá apelação.
- E se em uma decisão interlocutória estiver presente questão não prevista no art. 1.015?

A questão não precluirá, e dela caberá, *quando da sentença*, apelação ou contrarrazões de apelação.

- Há decisões interlocutórias que julgam parcialmente o mérito, como quando o juiz percebe que o pedido de dano moral está pronto para ser julgado, apesar de precisar continuar o processo quanto ao pedido de dano material, sendo possível julgar, com definitividade, o pleito de dano moral sem dar fim ao processo.

Dessa decisão interlocutória parcial de mérito caberá agravo de instrumento, segundo os arts. 1.015, II, e 356, § 5º.

18.2.2 Procedimento do Agravo de Instrumento

O agravo de instrumento deverá ser dirigido diretamente ao tribunal (juízo *ad quem*).

ATENÇÃO!

Se for em processo de autos físicos, deverá vir acompanhado de: *i*) cópias da petição inicial, *ii*) da contestação, *iii*) da petição que ensejou a decisão agravada, *iv*) da própria decisão agravada, *v*) da certidão da respectiva intimação ou outro documento oficial que comprove a tempestividade e das procurações outorgadas aos advogados do agravante e do agravado. Se houver outros documentos que interessem ao recorrente, ele também poderá juntá-los, mas não são obrigatórios documentos distintos dos listados acima.

Se houver motivo legítimo para a inexistência do documento, o advogado deverá fazer tal fato constar de declaração, sob pena de sua responsabilidade pessoal.

Na falta da cópia de qualquer peça ou no caso de algum outro vício que comprometa a admissibilidade do agravo de instrumento, deve o relator aplicar o disposto no art. 932, parágrafo único [prazo de 5 dias para sanar o vício].

Sendo eletrônicos os autos do processo, dispensam-se as peças referidas no quadro acima, facultando-se ao agravante anexar outros documentos que entender úteis para a compreensão da controvérsia.

- Em *processo de autos físicos*, o agravante deverá requerer a juntada ao processo de cópia da petição do agravo de instrumento, de sua interposição e da relação dos documentos que o acompanham. Se acaso o descumprimento desse encargo for arguido e provado pelo agravado, o agravo será inadmitido.

18.3 Agravo Interno

É o recurso cabível de decisões monocráticas de relator, independentemente do teor, que será dirigido ao relator, mas julgado pelo órgão colegiado:

- Quando o agravo interno for declarado manifestamente inadmissível ou improcedente em votação unânime, o órgão colegiado, em decisão fundamentada, condenará o agravante a pagar ao agravado multa fixada *entre um e cinco por cento* do valor atualizado da causa;

A interposição de qualquer outro recurso está condicionada ao depósito prévio do valor da multa anteriormente citada, à exceção da Fazenda Pública e do beneficiário de gratuidade da justiça, que farão o pagamento ao final.

18.3.1 Fungibilidade entre agravo interno e embargos de declaração

> Art. 1.024. O juiz julgará os embargos em 5 (cinco) dias.
> [...]
> § 3º O órgão julgador conhecerá dos embargos de declaração como agravo interno se entender ser este o recurso cabível, desde que determine previamente a intimação do recorrente para, no prazo de 5 (cinco) dias, complementar as razões recursais, de modo a ajustá-las às exigências do art. 1.021, § 1º.

18.4 Embargos de Declaração

Recurso que objetiva sanar omissão, contradição ou obscuridade, ou para corrigir erro material.

OMISSÃO	Ocorre quando o juiz deixa de se pronunciar sobre ponto relevante para o desfecho do processo.
CONTRADIÇÃO	Acontece quando partes da decisão forem logicamente incompatíveis entre si.
OBSCURIDADE	Dá-se quando não for possível compreender, no todo ou em parte, o conteúdo da decisão.
ERRO MATERIAL	Ocorre quando há erro de grafia ou simples erro de cálculo.

Único recurso cujo juízo de mérito é realizado pelo próprio órgão recorrido.

Único recurso de prazo diferenciado no CPC (05 dias para interposição e para contrarrazões). O juízo/tribunal só precisa intimar para apresentar contrarrazões se perceber que os Embargos de Declaração possuem, em tese, *o condão de modificar a decisão embargada*.

ATENÇÃO!

Os embargos de declaração INTERROMPEM o prazo para oferecimento dos demais recursos para ambas as partes, mas NÃO SUSPENDEM a eficácia da decisão.

IMPORTANTE! Em caso de modificação da decisão embargada, confere à parte contrária, caso ela já tenha interposto recurso (como apelação, agravo, REsp, RE etc.), prazo de 15 dias para complementar suas razões recursais, na exata medida daquilo que se modificou. Em caso de ausência de modificação da decisão embargada, o recurso já interposto seguirá sem necessidade de ratificação e muito menos de complementação.

Quando manifestamente protelatórios, o juízo embargado, em decisão fundamentada, multará a parte em até 2% do valor da causa. Em caso de REITERAÇÃO de embargos protelatórios, o juízo poderá elevar a multa a até 10% do valor da causa, e, após tal reiteração, todos os demais recursos ficarão condicionados ao pagamento desta multa (exceto para a Fazenda e para os beneficiários da Justiça Gratuita, que recolherão a multa ao final).

18.5 Embargos de Divergência

Os embargos de divergência, diferentemente dos embargos de declaração, possuem prazo de 15 dias e são adequados diante de acórdãos de órgão fracionário que, em recurso extraordinário ou em recurso especial, divergir do julgamento de qualquer outro órgão do mesmo tribunal. Visam, portanto, a uniformizar a jurisprudência do Tribunal.

É embargável, em 15 dias, decisão de órgão fracionário, em Recurso Especial ou Recurso Extraordinário, que divirja de decisão de outro órgão qualquer do mesmo tribunal, sendo certo que:

- As decisões, embargada e paradigma, devem ser de mérito ou, ao menos uma delas, ainda que não seja de mérito, deve ter apreciado a controvérsia;
- Poderão ser confrontadas teses jurídicas contidas em julgamentos de recursos e de ações de competência originária;
- A divergência que autoriza a interposição de embargos de divergência pode verificar-se na aplicação do direito material ou do direito processual;
- Cabem embargos de divergência quando o acórdão paradigma for da mesma turma que proferiu a decisão embargada, desde que sua composição tenha sofrido alteração em mais da metade de seus membros;

- A interposição de Embargos de Divergência no STJ interrompe o prazo para a interposição de Recurso Extraordinário por qualquer das partes.

> Embargos de Divergência = Decisão de órgão fracionário em REsp ou RE + Divergência de outro órgão do mesmo tribunal em qualquer decisão + Que ambas as decisões apreciem a controvérsia (sendo ao menos uma de mérito).

18.6 Recurso ordinário *versus* Recursos Excepcionais

O Recurso Ordinário Constitucional (ROC) está previsto nos arts. 102 e 105 da Constituição Federal e 1.027 e 1.028 do CPC. Assemelha-se a apelação, mas suas hipóteses de cabimento estão expressas no texto constitucional, sendo seu julgamento de competência do STJ ou do STF.

Diferencia-se dos recursos excepcionais nos seguintes aspectos:

RECURSO ORDINÁRIO	RESP e RE
Não há fundamentação vinculada.	As hipóteses de fundamentação são restritas ao que determina a CF.
Não há necessidade de prequestionamento.	O prequestionamento é um requisito de admissibilidade em tais recursos.
Tanto a matéria de fato quanto de direito podem ser objeto do recurso.	Apenas matérias de direito podem ser objeto do recurso.
Não há juízo de admissibilidade por parte do juízo *a quo*.	Há juízo de admissibilidade por parte do juízo *a quo*.

De acordo com o art. 1.027 do CPC, serão julgados em Recurso Ordinário:

> Art. 1.027. Serão julgados em recurso ordinário:
> I – pelo Supremo Tribunal Federal, os mandados de segurança, os *habeas data* e os mandados de injunção [e *habeas corpus*] decididos em única instância pelos tribunais superiores, quando denegatória a decisão;
> II – pelo Superior Tribunal de Justiça:
> a) os mandados de segurança decididos em única instância pelos tribunais regionais federais ou pelos tribunais de justiça dos Estados e do Distrito Federal e Territórios, quando denegatória a decisão;
> b) os processos em que forem partes, de um lado, Estado estrangeiro ou organismo internacional e, de outro, Município ou pessoa residente ou domiciliada no País.

Das decisões interlocutórias (relacionadas no art. 1.027, II, *b*, do CPC) cabe Agravo de Instrumento dirigido ao Superior Tribunal de Justiça. Trata-se de uma clara exceção à regra dos Agravos de Instrumento.

IMPORTANTE: A teoria da causa madura também é aplicável aos Recursos Ordinários.

18.6.1 Recursos excepcionais em espécie (recursos extraordinário e especial)

SEMELHANÇAS	DIFERENÇAS	
Possuem como objeto questões de direito, e não de fato. A matéria impugnada deve ter sido decidida/enfrentada (prequestionamento) pelo juízo *a quo*. Exige-se o prévio esgotamento das vias recursais ordinárias (decisões de única ou última instância).	Recurso Extraordinário De competência do STF; Tem como requisito específico a repercussão geral; Interponível contra decisões de única ou última instância de quaisquer órgãos; Objetiva proteger a Constituição Federal contra decisão que: a) contrariar dispositivo da Constituição Federal; b) declarar a inconstitucionalidade de tratado ou lei federal; c) julgar válida lei ou ato de governo local contestado em face desta Constituição. d) julgar válida lei local contestada em face de lei federal.	Recurso Especial De competência do STJ; Tem como requisito específico a relevância da matéria; Interponível contra decisões de única ou última instância de TRIBUNAIS. Objetiva proteger a legislação federal contra decisão que: a) contrariar tratado ou lei federal, ou negar-lhes vigência; b) julgar válido ato de governo local contestado em face de lei federal; c) der a lei federal interpretação divergente da que lhe haja atribuído outro tribunal.

18.6.2 Repercussão Geral e Relevância da Matéria

Sobre os requisitos específicos da Repercussão Geral (do Recurso Extraordinário) e da Relevância da Matéria (do Recurso Especial), observe-se a seguinte tabela:

Repercussão Geral (RE)	Relevância da Matéria (REsp)
Semelhanças: • O tribunal só poderá afastar pelo voto de 2/3 de seus membros.	**Semelhanças:** O tribunal só poderá afastar pelo voto de 2/3 de seus membros.
Diferenças: • Diz respeito a questões relevantes do ponto de vista econômico político, social ou jurídico que ultrapassem os interesses subjetivos do processo.	Diferenças: • Diz respeito a questões que a lei considera relevantes, tais como:
PRESUME-SE A REPERCUSSÃO GERAL CONTRA ACÓRDÃOS QUE: a) contrariam súmula ou jurisprudência dominante do Supremo Tribunal Federal; b) tenham reconhecido a inconstitucionalidade de tratado ou de lei federal.	I) Ações penais; II) Ações de improbidade administrativa; III) Ações cujo valor da causa ultrapasse 500 salários mínimos; IV) Ações que possam gerar inelegibilidade; V) Contra acórdãos que contrariem jurisprudência dominante do STJ; VI) outras hipóteses eventualmente previstas em lei.

18.6.3 Prequestionamento

Quanto ao requisito comum aos dois recursos excepcionais, o prequestionamento, entende-se que ele se refere à situação em que há necessidade de que a matéria recorrida tenha sido objeto de discussão e decisão expressa pelo Tribunal de instância inferior antes de ser levada para julgamento em instância superior (Superior Tribunal de Justiça ou o Supremo Tribunal Federal). Dessa maneira, pelo prequestionamento, garante-se que as questões abordadas em recursos possam ser adequadamente fundamentadas e debatidas nas instâncias superiores.

No entanto, o Código permite a figura do prequestionamento ficto sempre que o Tribunal não se manifeste sobre uma questão e, instado a se manifestar sobre ela em sede de Embargos de Declaração, julga-os improvidos e não prequestiona efetivamente a matéria. Em outras palavras, sempre que a parte embargar de declaração visando ao prequestionamento de certa matéria, e o Tribunal embargado negar a manifestação, o STF e o STJ podem considerar a matéria prequestionada de forma ficta sempre que acharem que a recusa do Tribunal *a quo* foi ilegítima. Sobre o prequestionamento ficto:

> Art. 1.025. Consideram-se incluídos no acórdão os elementos que o embargante suscitou, para fins de prequestionamento, ainda que os embargos de declaração sejam inadmitidos ou rejeitados, caso o tribunal superior considere existentes erro, omissão, contradição ou obscuridade.

As principais hipóteses de cabimento do Recurso Extraordinário estão dispostas nos arts. 102, 105 da CF e 1.031 do CPC:

> Art. 102. Compete ao Supremo Tribunal Federal, precipuamente, a guarda da Constituição, cabendo lhe:
>
> (...)
>
> III – julgar, mediante recurso extraordinário, as causas decididas em única ou última instância, quando a decisão recorrida:
>
> a) contrariar dispositivo desta Constituição;
>
> b) declarar a inconstitucionalidade de tratado ou lei federal;
>
> c) julgar válida lei ou ato de governo local contestado em face desta Constituição;
>
> d) julgar válida lei local contestada em face de lei federal.
>
> Art. 105. Compete ao Superior Tribunal de Justiça:
>
> (...)
>
> III – julgar, em recurso especial, as causas decididas, em única ou última instância, pelos Tribunais Regionais Federais ou pelos tribunais dos Estados, do Distrito Federal e Territórios quando a decisão recorrida:
>
> a) contrariar tratado ou lei federal, ou negar lhes vigência;
>
> b) julgar válido ato de governo local contestado em face de lei federal;
>
> c) der a lei federal interpretação divergente da que lhe haja atribuído outro tribunal.
>
> Art. 1.031. Na hipótese de interposição conjunta de recurso extraordinário e recurso especial, os autos serão remetidos ao Superior Tribunal de Justiça.
>
> § 1º Concluído o julgamento do recurso especial, os autos serão remetidos ao Supremo Tribunal Federal para apreciação do recurso extraordinário, se este não estiver prejudicado.
>
> § 2º Se o relator do recurso especial considerar prejudicial o recurso extraordinário, em decisão irrecorrível, sobrestará o julgamento e remeterá os autos ao Supremo Tribunal Federal;
>
> § 3º Na hipótese do § 2º, se o relator do recurso extraordinário, em decisão irrecorrível, rejeitar a prejudicialidade, devolverá os autos ao Superior Tribunal de Justiça para o julgamento do recurso especial.

RECURSO	DECISÃO JUDICIAL ATACADA
APELAÇÃO	Sentença
AGRAVO DE INSTRUMENTO	Decisões interlocutórias
AGRAVO INTERNO	Decisão monocrática de relator
EMBARGOS DE DECLARAÇÃO	Qualquer decisão judicial, respeitando os requisitos
AGRAVO EM RESP E RE	Decisão que nega seguimento aos recursos
EMBARGOS DE DIVERGÊNCIA	Acórdãos de órgão fracionário

19 EXECUÇÃO

19.1 Teoria geral da execução

A fase de execução no âmbito do direito processual civil diz respeito à etapa em que se intenciona efetivar as decisões judiciais proferidas ou títulos extrajudiciais que definem o cumprimento de uma obrigação.

A fase de execução é posterior à fase de conhecimento, momento no qual são discutidos os fatos e fundamentos jurídicos do processo. Nesse sentido, o juiz irá impor o cumprimento, ainda que contra a vontade do devedor, com a intenção de satisfazer o credor.

AUTOR	CREDOR/EXEQUENTE
RÉU	DEVEDOR/EXECUTADO

Entre os atos postulatórios praticados em sede de execução, merecem destaque: a postulação da petição inicial (ou requerimento inicial), dando início à fase executória, e a indicação de bens à penhora, que é seguida da:

1) Localização de bens do devedor: o credor solicita ao juízo que identifique os bens do devedor que possam ser penhorados para assegurar o pagamento da obrigação;
2) Penhora de bens: apreensão judicial de bens do devedor para assegurar o pagamento da dívida. Esses bens penhorados podem ser leiloados para a satisfação do crédito do credor;
3) Avaliação dos bens penhorados: os bens penhorados serão submetidos a uma avaliação para estabelecer seu valor de mercado, o que permitirá determinar a quantia a ser empregada na liquidação da dívida;
4) Adjudicação dos bens: caso não surjam licitantes interessados nos bens penhorados, o credor pode solicitar a adjudicação dos mesmos, ou seja, a transferência da propriedade dos bens para si como forma de quitar a dívida;
5) Transferência do valor ao credor: depois que os bens penhorados forem vendidos ou adjudicados, o montante obtido é repassado ao credor para saldar a dívida;
6) Cumprimento da obrigação de fazer ou não fazer: em situações em que a sentença judicial estipula que o devedor execute uma ação específica ou se abstenha de fazê-la, a etapa de execução pode requerer medidas coercitivas para assegurar o cumprimento da determinação judicial.

19.2 Classificação das execuções

A execução pode ser classificada das seguintes formas. Vejamos:

1) Quanto à origem do título executivo:

O título judicial é o documento ao qual a lei confere poder de ser exigido judicialmente por intermédio de um procedimento de execução. Toda execução é fundada em um título executivo que pode ser judicial ou extrajudicial.

- Título Judicial: decorrem de processo judicial ou de juízo arbitral, os exemplos estão determinados no art. 515 do CPC.

TÍTULOS EXECUTIVOS JUDICIAIS
I. as decisões proferidas no processo civil que reconheçam a exigibilidade de obrigação de pagar quantia, de fazer, de não fazer ou de entregar coisa;
II. a decisão homologatória de autocomposição judicial;
III. a decisão homologatória de autocomposição extrajudicial de qualquer natureza;
IV. o formal e a certidão de partilha, exclusivamente em relação ao inventariante, aos herdeiros e aos sucessores a título singular ou universal;
V. o crédito de auxiliar da justiça, quando as custas, emolumentos ou honorários tiverem sido aprovados por decisão judicial;
VI. a sentença penal condenatória transitada em julgado;
VII. a sentença arbitral;
VIII. a sentença estrangeira homologada pelo Superior Tribunal de Justiça;
IX. a decisão interlocutória estrangeira, após a concessão do *exequatur* à carta rogatória pelo Superior Tribunal de Justiça.

- Título Extrajudicial: decorrem de relações jurídicas que se formam independentemente da atuação do poder judiciário, os exemplos estão determinados no art. 784 do CPC.

TÍTULOS EXECUTIVOS EXTRAJUDICIAIS
I. a letra de câmbio, a nota promissória, a duplicata, a debênture e o cheque;
II. a escritura pública ou outro documento público assinado pelo devedor;
III. o documento particular assinado pelo devedor e por 2 (duas) testemunhas;
IV. o instrumento de transação referendado pelo Ministério Público, pela Defensoria Pública, pela Advocacia Pública, pelos advogados dos transatores ou por conciliador ou mediador credenciado por tribunal;
V. o contrato garantido por hipoteca, penhor, anticrese ou outro direito real de garantia e aquele garantido por caução;
VI. o contrato de seguro de vida em caso de morte;
VII. o crédito decorrente de foro e laudêmio;
VIII. o crédito, documentalmente comprovado, decorrente de aluguel de imóvel, bem como de encargos acessórios, tais como taxas e despesas de condomínio;
IX. a certidão de dívida ativa da Fazenda Pública da União, dos Estados, do Distrito Federal e dos Municípios, correspondente aos créditos inscritos na forma da lei;
X. o crédito referente às contribuições ordinárias ou extraordinárias de condomínio edilício, previstas na respectiva convenção ou aprovadas em assembleia geral, desde que documentalmente comprovadas;
XI. a certidão expedida por serventia notarial ou de registro relativa a valores de emolumentos e demais despesas devidas pelos atos por ela praticados, fixados nas tabelas estabelecidas em lei;
XII. o contrato de contragarantia ou *qualquer outro instrumento que materialize o direito de ressarcimento da seguradora* contra tomadores de seguro-garantia e seus garantidores;
XIII. todos os demais títulos aos quais, por disposição expressa, a lei atribuir força executiva.

2) Quanto à estabilidade do título executivo:

- Definitiva: a execução por título extrajudicial será sempre definitiva;
- Provisória: quando fundada em decisão judicial não transitada em julgado.

3) Quanto à natureza e objeto da prestação:
   - Pagar quantia certa;
   - Entregar coisa certa/coisa incerta;
   - Fazer/Não Fazer;
   - Execução contra a Fazenda Pública;
   - Execução de Alimentos;
   - Execução fiscal (Rito próprio na Lei nº 6.830/1980).

O executado possui prazo de 15 dias para apresentar impugnação. Nesse sentido, o art. 525 do CPC determina:

> Art. 525. Transcorrido o prazo previsto no art. 523 sem o pagamento voluntário, inicia-se o prazo de 15 (quinze) dias para que o executado, independentemente de penhora ou nova intimação, apresente, nos próprios autos, sua impugnação.
>
> § 1º Na impugnação, o executado poderá alegar:
>
> I – falta ou nulidade da citação se, na fase de conhecimento, o processo correu à revelia;
>
> II – ilegitimidade de parte;
>
> III – inexequibilidade do título ou inexigibilidade da obrigação;
>
> IV – penhora incorreta ou avaliação errônea;
>
> V – excesso de execução ou cumulação indevida de execuções;
>
> VI – incompetência absoluta ou relativa do juízo da execução;
>
> VII – qualquer causa modificativa ou extintiva da obrigação, como pagamento, novação, compensação, transação ou prescrição, desde que supervenientes à sentença;
>
> (...)
>
> § 11. As questões relativas a fato superveniente ao término do prazo para apresentação da impugnação, assim como aquelas relativas à validade e à adequação da penhora, da avaliação e dos atos executivos subsequentes, podem ser arguidas por simples petição, tendo o executado, em qualquer dos casos, o prazo de 15 (quinze) dias para formular esta arguição, contado da comprovada ciência do fato ou da intimação do ato;

19.2.1 Penhora

A penhora é o ato de constrição dos bens do executado, no montante necessário para o pagamento do valor da execução. De acordo com o art. 832 do CPC não estão sujeitos à execução os bens impenhoráveis ou inalienáveis.

Ademais, o rol preferencial de bens para a penhora está escrito no art. 835 do CPC, assim como os bens impenhoráveis são definidos pelos arts. 833 e 834 do CPC. Vejamos:

> Art. 833. São impenhoráveis:
>
> I – os bens inalienáveis e os declarados, por ato voluntário, não sujeitos à execução;

II - os móveis, os pertences e as utilidades domésticas que guarnecem a residência do executado, salvo os de elevado valor ou os que ultrapassem as necessidades comuns correspondentes a um médio padrão de vida;

III - os vestuários, bem como os pertences de uso pessoal do executado, salvo se de elevado valor;

IV - os vencimentos, os subsídios, os soldos, os salários, as remunerações, os proventos de aposentadoria, as pensões, os pecúlios e os montepios, bem como as quantias recebidas por liberalidade de terceiro e destinadas ao sustento do devedor e de sua família, os ganhos de trabalhador autônomo e os honorários de profissional liberal, ressalvado o § 2º;

V - os livros, as máquinas, as ferramentas, os utensílios, os instrumentos ou outros bens móveis necessários ou úteis ao exercício da profissão do executado;

VI - o seguro de vida;

VII - os materiais necessários para obras em andamento, salvo se essas forem penhoradas;

VIII - a pequena propriedade rural, assim definida em lei, desde que trabalhada pela família;

IX - os recursos públicos recebidos por instituições privadas para aplicação compulsória em educação, saúde ou assistência social;

X - a quantia depositada em caderneta de poupança, até o limite de 40 (quarenta) salários mínimos;

XI - os recursos públicos do fundo partidário recebidos por partido político, nos termos da lei;

XII - os créditos oriundos de alienação de unidades imobiliárias, sob regime de incorporação imobiliária, vinculados à execução da obra.

§ 1º A impenhorabilidade não é oponível à execução de dívida relativa ao próprio bem, inclusive àquela contraída para sua aquisição.

§ 2º O disposto nos incisos IV e X do *caput* não se aplica à hipótese de penhora para pagamento de prestação alimentícia, independentemente de sua origem, bem como às importâncias excedentes a 50 (cinquenta) salários mínimos mensais, devendo a constrição observar o disposto no art. 528, § 8º, e no art. 529, § 3º.

§ 3º Incluem-se na impenhorabilidade prevista no inciso V do *caput* os equipamentos, os implementos e as máquinas agrícolas pertencentes a pessoa física ou a empresa individual produtora rural, exceto quando tais bens tenham sido objeto de financiamento e estejam vinculados em garantia a negócio jurídico ou quando respondam por dívida de natureza alimentar, trabalhista ou previdenciária.

Art. 834. Podem ser penhorados, à falta de outros bens, os frutos e os rendimentos dos bens inalienáveis.

ORDEM PREFERENCIAL DE PENHORA
I. dinheiro, em espécie ou em depósito ou aplicação em instituição financeira;
II. títulos da dívida pública da União, dos Estados e do Distrito Federal com cotação em mercado; (via SISBAJUD)
III. títulos e valores mobiliários com cotação em mercado;
IV. veículos de via terrestre; (via RENAJUD)
V. bens imóveis;
VI. bens móveis em geral;
VII. semoventes;
VIII. navios e aeronaves;
IX. ações e quotas de sociedade simples e empresárias;
X. percentual do faturamento de empresa devedora;
XI. pedras e metais preciosos;
XII. direitos aquisitivos derivados de promessa de compra e venda e de alienação fiduciária em garantia;
XIII. outros direitos.

Existe a possibilidade de substituição do bem penhorado, em um prazo de 10 dias, desde que apresentada a devida fundamentação, a anuência do cônjuge, a intimação da parte contrária e a decisão.

A avaliação dos bens a serem penhorados é feita no ato da penhora ou *a posteriori* por Oficial de Justiça ou perito, *vide* o art. 870 do CPC.

A dispensa da avaliação somente é válida com a anuência das partes e diante da natureza do bem. Consequentemente, uma nova avaliação ocorre diante de: i) erro da avaliação; ii) mudança de valor do mercado; iii) dúvida do juízo.

Resolvida etapa de penhora/avaliação tem início a fase de expropriação.

19.2.2 Expropriação

É o ato pelo qual o juiz irá desapossar o devedor dos seus bens para satisfazer o crédito do exequente. Tem-se duas espécies de expropriação: adjudicação e alienação.

EXPROPRIAÇÃO	
ALIENAÇÃO	ADJUDICAÇÃO
É a venda dos bens penhorados para satisfazer o valor devido.	É a transferência do bem penhorado ao exequente como forma de satisfazer o crédito.
Pode ser feita por iniciativa particular ou por leilão.	Deve ser feita mediante requerimento.
	Não pode ser por valor inferior ao da avaliação.
	Depende da intimação do executado.

19.2.3 Leilão

Sujeitam-se todos os bens móveis e imóveis, exceto os títulos negociados na bolsa de valores, sendo o formato eletrônico ou presencial. As etapas são:

1. Designação de leiloeiro	2. Publicação de Edital
3. Realização do Leilão	4. Arrematação

O edital do leilão deve ser publicado com, ao menos, 5 dias de antecedência, em endereço eletrônico indicado pelo Juízo, em locais como jornal de grande circulação ou outras mídias, ou ainda, pode-se valer de intimações pessoais.

Acerca da realização do leilão, compreende-se:

- Sujeitos aptos a participar: conforme o art. 890 do Código de Processo Civil, estarão aptos a oferecer lance no leilão aqueles que estiverem com livre administração de seus bens, EXCETO:

OS TUTORES, OS CURADORES, OS TESTAMENTEIROS, OS ADMINISTRADORES OU OS LIQUIDANTES	Quanto aos bens confiados à sua guarda e à sua responsabilidade.
OS MANDATÁRIOS	Quanto aos bens de cuja administração ou alienação estejam encarregados.
O JUIZ, O MEMBRO DO MINISTÉRIO PÚBLICO E A DEFENSORIA PÚBLICA	Em relação aos bens e direitos objeto de alienação na localidade onde servirem ou a que se estender a sua autoridade.
OS SERVIDORES PÚBLICOS EM GERAL	Quanto aos bens ou aos direitos da pessoa jurídica a que servirem ou que estejam sob sua administração direta ou indireta.
OS LEILOEIROS E SEUS PREPOSTOS	Quanto aos bens de cuja venda estejam encarregados.
OS ADVOGADOS DE QUALQUER DAS PARTES	Em relação a todo e qualquer bem.

- Preço Vil: não será aceito um lance que ofereça "preço vil", sendo compreendido como o preço inferior ao mínimo estipulado pelo juiz e constante do edital (no caso de não ter sido fixado preço mínimo, considera-se vil o preço inferior a cinquenta por cento do valor da avaliação);
- Prevalência de proposta à vista: como prevê o art. 892 do Código de Processo Civil, com exceção de pronunciamento judicial em outro sentido, o pagamento deverá ser realizado pelo arrematante de maneira imediata, seja por meio de depósito judicial ou por meio eletrônico.

CONTUDO, prevê o art. 895 do Código de Processo Civil, que o interessado em adquirir o bem penhorado em prestações poderá apresentar, por escrito:

I - até o início do primeiro leilão, proposta de aquisição do bem por valor não inferior ao da avaliação;
II - até o início do segundo leilão, proposta de aquisição do bem por valor que não seja considerado vil.

Nesses casos, a proposta conterá oferta de pagamento de pelo menos 25% do valor do lance à vista e o restante parcelado em até 30 meses (no caso de bens móveis, será garantido por caução idônea. No caso de bens imóveis, será garantido por hipoteca do próprio bem).

AVALIAÇÃO DAS PROPOSTAS DE PAGAMENTO PARCELADO: determina o art. 895, § 8º, do Código de Processo Civil:

> Havendo mais de uma proposta de pagamento parcelado:
> I - em diferentes condições, o juiz decidirá pela mais vantajosa, assim compreendida, sempre, a de maior valor;
> II - em iguais condições, o juiz decidirá pela formulada em primeiro lugar.

- Auto de arrematação: consoante determinação do art. 901 do Código de Processo Civil:

> Art. 901. A arrematação constará de auto que será lavrado de imediato e poderá abranger bens penhorados em mais de uma execução, nele mencionadas as condições nas quais foi alienado o bem.

- Carta de Arrematação: consiste em um documento emitido após a arrematação de um bem, servindo como comprovação de que o arrematando adquiriu legalmente o bem. De acordo com o art. 901, § 2º, do Código de Processo Civil, esse documento deverá conter:

A descrição do imóvel, com remissão à sua matrícula ou individuação e aos seus registros;

A cópia do auto de arrematação;

A prova de pagamento do imposto de transmissão;

A indicação da existência de eventual ônus real ou gravame.

A satisfação do crédito ocorre por mandado de levantamento ou transferência eletrônica para a conta indicada pelo exequente, havendo, desse modo, a quitação por termo nos autos, conforme previsão do art. 906 do Código.

Além disso, determina o art. 907 do Código de Processo Civil que o que sobrar (após o pagamento ao exequente do principal, dos juros, das custas e dos honorários) seja restituído ao executado.

Por fim, determina o art. 908 que, na existência de um concurso de credores ou exequentes, haverá uma preferência na distribuição do dinheiro, que deverá seguir a seguinte linha:

No caso de adjudicação ou alienação, os créditos que recaem sobre o bem, inclusive os de natureza *propter rem*, sub-rogam-se sobre o respectivo preço, observada a ordem de preferência.

Não havendo título legal à preferência, o dinheiro será distribuído entre os concorrentes, observando-se a anterioridade de cada penhora.

19.2.4 Execução de obrigação por quantia certa

A execução de obrigação por quantia certa é um procedimento judicial no qual se busca o pagamento em dinheiro de um valor determinado, previamente definido por uma decisão judicial ou por um título executivo extrajudicial. É a espécie mais comum do Direito Processual Civil e serve de base para as demais espécies.

Nessa forma de execução, o credor pretende que o devedor pague a quantia devida (acrescida de juros, correção monetária e despesas processuais). Se essa obrigação não for cumprida de maneira voluntária, esta poderá ser feita por meio de medidas coercitivas (penhora de bens, bloqueio de contas bancárias ou outras formas de execução forçada).

Todo o processo de execução de pagar quantia tem pelo menos dois documentos indispensáveis:

1. O primeiro é o título executivo;
2. O segundo é o demonstrativo de cálculos atualizado.

Esse procedimento pode ser dividido em quatro fases:

1) Proposição: o exequente irá propor a ação de execução, em seguida o juiz irá citar o devedor para que este efetue o devido pagamento no prazo de 3 dias;
2) Apreensão de bens: não havendo a realização do pagamento, o oficial de justiça fará a penhora dos bens tantos quantos forem necessários para garantir a execução. Caso seja feito o pagamento ou penhorado algum bem, o executado poderá opor embargos à execução, no prazo de 15 dias;
3) Expropriação: ato pelo qual o juiz desapossa o devedor de seus bens e, converte esses em dinheiro (alienação) ou transfere o domínio deles ao credor (adjudicação) – ocorre somente na hipótese de apreensão de bem;
4) Pagamento.

ATENÇÃO!

Caso o devedor pague a dívida em até 3 dias, os honorários advocatícios irão cair de 10% para 5%, é uma forma de incentivar o pagamento mais célere da execução.

Acerca da sua petição inicial:

- Terá os requisitos dos arts. 319 e 320;
- Demonstração do débito;
- Prova da ocorrência ou termo;
- Possibilidade de indicação de bens a serem penhorados.

Presentes os requisitos acima descritos, o juiz despachará a inicial, mandando citar o executado para que realize o pagamento em 3 dias e fixará, de plano, os honorários advocatícios de dez por cento.

Após a admissão da execução, faz-se necessária a certidão de averbação em registro, nos termos do art. 828 do CPC, que tem como finalidade evitar que o devedor se desfaça dos seus bens para fracassar a execução. Essa certidão irá informar que foi movida uma execução contra o devedor, a identificação das partes e o valor da causa.

Assim, são características da decisão que determina citação:

1. Pagamento em 3 dias a partir da citação;
2. Fixação de honorários de 10%;
3. Advertência de redução honorários (5%);
4. Advertência de penhora.

EXECUTADO CITADO	
PAGAMENTO EM ATÉ 3 DIAS.	Honorários em 5%.
NÃO EFETUADO O PAGAMENTO NO PRAZO.	Honorários em 10%.
SE APRESENTADOS E REJEITADOS OS EMBARGOS À EXECUÇÃO NO PRAZO DE 15 DIAS	Honorários poderão atingir 20%.

O art. 916 do CPC prevê o parcelamento da execução de obrigação por quantia certa. Deverá ser feito no prazo de 15 dias a contar da citação, mesmo prazo para a apresentação de defesa (embargos à execução).

Nesse sentido, importa em renúncia do direito de oposição de embargos, conforme o art. 916 do CPC, quando:

- O executado reconhece o crédito do exequente e efetua o pagamento de 30% do valor da execução (acrescido de custas e de honorários de advogado) e requer o parcelamento do restante do débito em até 6 (seis) parcelas mensais, acrescidas de correção monetária e de juros de 1% ao mês.

19.2.5 Execução contra a Fazenda Pública

Segundo Marinoni e Arenhart, a Fazenda Pública tem os seus bens regidos por uma disciplina distinta daquela que os bens particulares. Assim, a ideia de responsabilidade patrimonial assume feições distintas, visto que a penhora e a alienação judicial tornam-se totalmente inviáveis.

São obrigações que se postulam contra a Fazenda Pública: de pagar; de dar coisa; de fazer/ não fazer.

Dessa maneira, cumpre esclarecer o que é e o que não é Fazenda Pública:

FAZENDA PÚBLICA	NÃO É FAZENDA PÚBLICA
• União • Estados • Distrito Federal • Territórios • Municípios • Autarquias • Fundações	• Empresa Pública • Sociedade de Economia Mista • Fundação de Direito Privado

De acordo com o art. 534 do CPC, o exequente deverá apresentar demonstrativo discriminado e atualizado do crédito contendo:

- A qualificação do exequente;
- O índice de correção monetária adotado;
- Os juros aplicados e as respectivas taxas;
- O termo inicial e o termo final dos juros e da correção monetária utilizados;
- A periodicidade da capitalização dos juros, se for o caso;
- A especificação dos eventuais descontos obrigatórios realizados.

A Fazenda Pública será citada para opor embargos no prazo de 30 dias e poderá arguir:

> Art. 535. A Fazenda Pública será intimada na pessoa de seu representante judicial, por carga, remessa ou meio eletrônico, para, querendo, no prazo de 30 (trinta) dias e nos próprios autos, impugnar a execução, podendo arguir:
>
> I – falta ou nulidade da citação se, na fase de conhecimento, o processo correu à revelia;
>
> II – ilegitimidade de parte;
>
> III – inexequibilidade do título ou inexigibilidade da obrigação;
>
> IV – excesso de execução ou cumulação indevida de execuções;
>
> V – incompetência absoluta ou relativa do juízo da execução;
>
> VI – qualquer causa modificativa ou extintiva da obrigação, como pagamento, novação, compensação transação ou prescrição, desde que supervenientes ao trânsito em julgado da sentença.

19.2.5.1 Precatórios *versus* RPV

Os precatórios estão previstos no art. 100 da CF/1988 e possuem como principais características:

- Prévia dotação orçamentária;
- Ordem de apresentação;
- Critério de pagamento;
- Preterição do pagamento;
- Cessão de crédito/venda dos precatórios.

Já as Requisições de Pequeno Valor (RPV) estão regulamentadas na Lei dos Juizados Especiais Federais, a Lei nº 10.259/2001, precisamente em seu art. 17. O valor das RPVs será definido de acordo com o interesse e capacidade financeira de cada ente, nos termos do art. 87 do ADCT, observado o piso mínimo.

- União: 60 salários mínimos;
- Estados/DF: 40 salários mínimos;
- Município: 30 salários mínimos;
- Piso mínimo: maior contribuição vigente paga pelo INSS.

Se o valor da execução ultrapassar os limites citados, o pagamento far-se-á, sempre, por meio de precatório, sendo facultada à parte exequente a renúncia ao crédito do valor excedente, para que possa optar pelo pagamento do saldo sem o precatório, da forma prevista no art. 100, § 3º, da CF/1988.

19.2.6 Embargos à Execução

Os embargos à execução estão no contexto de um processo autônomo de Execução de Título Extrajudicial. As matérias alegadas estão dispostas no art. 917 do CPC. Vejamos:

> Art. 917. Nos embargos à execução, o executado poderá alegar:
> I – Inexequibilidade do título ou inexigibilidade da obrigação;
> II – Penhora incorreta ou avaliação errônea;
> III – Excesso de execução ou cumulação indevida de execuções;
> IV – Retenção por benfeitorias necessárias ou úteis, nos casos de execução para entrega de coisa certa;
> V – Incompetência absoluta ou relativa do juízo da execução;
> VI – Qualquer matéria que lhe seria lícito deduzir como defesa em processo de conhecimento;
> (...)

O juiz rejeitará liminarmente os embargos nas seguintes circunstâncias:

REJEIÇÃO LIMINAR DOS EMBARGOS À EXECUÇÃO	
	Quando intempestivos;
	Nos casos de indeferimento da petição inicial e de improcedência liminar do pedido;
	Manifestamente protelatórios.

Vale mencionar que o oferecimento de embargos manifestamente protelatórios é considerado uma conduta atentatória à dignidade da justiça.

Sobre as etapas de seguimento dos embargos à execução, sintetiza-se:

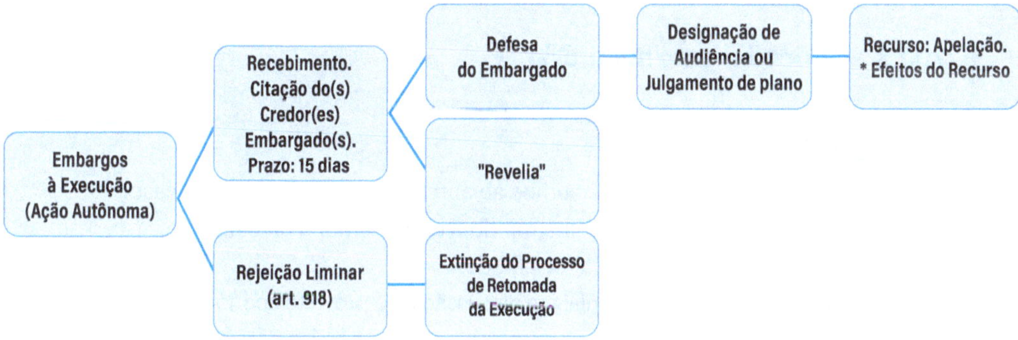

20 PROCEDIMENTOS ESPECIAIS

20.1 Ação monitória

20.1.1 Conceito

É uma espécie de tutela diferenciada, concebida por meio de alterações no rito e na correção para adequar o processo às necessidades do direito material, sendo uma alternativa de ação de cobrança, para facilitação para quem tem algo que parece um título executivo, mas não o é.

O procedimento possui cognição sumária e permite abreviação por conta da existência de prova escrita (essa prova escrita, porém, não é um título executivo)

20.1.2 Pressuposto basilar

É pressuposto da ação monitória a prova escrita sem eficácia de título executivo.

> Art. 700. A ação monitória pode ser proposta por aquele que afirmar, com base em prova escrita sem eficácia de título executivo, ter direito de exigir do devedor capaz:
>
> I – o pagamento de quantia em dinheiro;
>
> II – a entrega de coisa fungível ou infungível ou de bem móvel ou imóvel;
>
> III – o adimplemento de obrigação de fazer ou de não fazer.
>
> § 1º A prova escrita pode consistir em prova oral documentada, produzida antecipadamente nos termos do art. 381.
>
> § 2º Na petição inicial, incumbe ao autor explicitar, conforme o caso:
>
> I – a importância devida, instruindo-a com memória de cálculo;
>
> II – o valor atual da coisa reclamada;
>
> III – o conteúdo patrimonial em discussão ou o proveito econômico perseguido.

ATENÇÃO!

Art. 785. A existência de título executivo extrajudicial não impede a parte de optar pelo processo de conhecimento, a fim de obter título executivo judicial.

20.1.3 Procedimento monitório

> Art. 700.
> [...]
> § 2º Na petição inicial, incumbe ao autor explicitar, conforme o caso:
> I – a importância devida, instruindo-a com memória de cálculo;
> II – o valor atual da coisa reclamada;
> III – o conteúdo patrimonial em discussão ou o proveito econômico perseguido.

O recebimento da monitória ocorre da seguinte forma:

- Juízo sumário negativo (documento não convence):

> Art. 700, § 5º, Havendo dúvida quanto à idoneidade de prova documental apresentada pelo autor, o juiz intimá-lo-á para, querendo, emendar a petição inicial, adaptando-a ao procedimento comum.

- Se o juízo for positivo:

> Art. 701. Sendo evidente o direito do autor, o juiz deferirá a expedição de mandado de pagamento, de entrega de coisa ou para execução de obrigação de fazer ou de não fazer, concedendo ao réu prazo de 15 (quinze) dias para o cumprimento e o pagamento de honorários advocatícios de *cinco por cento do valor atribuído à causa*.

- Após, haverá a citação do réu;
- Em se tratando de resposta do réu na ação monitória, tem-se:
  - 1ª opção: na ação monitória o réu pode pagar logo, cumprir a obrigação, caso em que ele vai ter honorários de apenas 5% – e isenção do pagamento de custas;
  - 2ª opção: o réu não oferece resposta, nem paga. Quando vai incidir o art. 701, § 2º, com uma conversão *ope legis* do mandado de pagamento e entrega em título judicial;
  - 3ª opção: Pode também, diante desse mandado de pagamento de cumprimento da obrigação, apresentar embargos em 15 dias, então existe uma defesa por meio de embargos à ação monitória (funcionam como uma contestação e suspendem as fases do procedimento especial);
  - 4ª opção: o réu fazer um pedido de moratória legal, está no art. 701, § 5º, que prevê que o réu pode pedir, em seu prazo de resposta, o pagamento parcelado, nos termos do art. 916 do CPC, se a obrigação for de pagar quantia.

20.2 Ações possessórias

20.2.1 Posse, propriedade e detenção

Inicialmente, cabe diferenciar posse, propriedade e detenção:

PROPRIEDADE	POSSE	DETENÇÃO
Art. 1.228. O proprietário tem a faculdade de usar, gozar e dispor da coisa, e o direito de reavê-la do poder de quem quer que injustamente a possua ou detenha.	Art. 1.196. Considera-se possuidor todo aquele que tem de fato o exercício, pleno ou não, de algum dos poderes inerentes à propriedade.	Art. 1.198. Considera-se detentor aquele que, achando-se em relação de dependência para com outro, conserva a posse em nome deste e em cumprimento de ordens ou instruções suas.

20.2.2 Formas de defesa da posse

Quanto às formas de defesa da posse, tem-se a autotutela e as ações possessórias ou interditos possessórios:

AÇÕES POSSESSÓRIAS	
AUTOTUTELA	Tem previsão no art. 1.210, § 1º do CC, consistente no desforço *incontinenti*/imediato. Dois são os seus requisitos: a) Ato imediato; b) Força moderada. Pode ser utilizada, inclusive, contra o proprietário.
AÇÕES POSSESSÓRIAS OU INTERDITOS POSSESSÓRIOS	São ações que tutelam o *ius possessionis*, com o direito de posse, sendo elas: • Reintegração de posse; • Manutenção da posse; • Interdito proibitório.

20.2.3 Ações possessórias em espécie

A depender da causa de pedir, a ação possessória terá nomenclatura distinta, a saber:

	REINTEGRAÇÃO DE POSSE	MANUTENÇÃO DA POSSE	INTERDITO PROIBITÓRIO
CAUSA DE PEDIR	Esbulho (privação plena da posse).	Turbação (incômodo, priva do exercício pleno da posse).	Ameaça (fato não consumado).

ATENÇÃO!

Não confunda interdito possessório (gênero) com interdito proibitório (espécie de ação/interdito possessório).

São aspectos gerais das ações possessórias:

- Fungibilidade das ações (art. 554 do CPC):

> Art. 554. A propositura de uma ação possessória em vez de outra não obstará a que o juiz conheça do pedido e outorgue a proteção legal correspondente àquela cujos pressupostos estejam provados.

- Cumulatividade de pedidos (art. 555 do CPC):
  - Perdas e danos;
  - Cominação de pena em reincidência;
  - Imposição de medida necessária e adequada para evitar nova turbação ou esbulho ou para cumprir tutela (provisória ou final).
- Caráter dúplice das ações possessórias (art. 556 do CPC)
- Exceção do domínio (art. 557 do CPC)
- Competência
- Legitimidade
- Litisconsórcio multitudinário (art. 554, § 1º, do CPC)
- Caução

> Art. 559. Se o réu provar, em qualquer tempo, que o autor provisoriamente mantido ou reintegrado na posse carece de idoneidade financeira para, no caso de sucumbência, responder por perdas e danos, o juiz designar-lhe-á o prazo de 5 (cinco) dias para requerer caução, real ou fidejussória, sob pena de ser depositada a coisa litigiosa, ressalvada a impossibilidade da parte economicamente hipossuficiente.

Procedimento de força nova e força velha

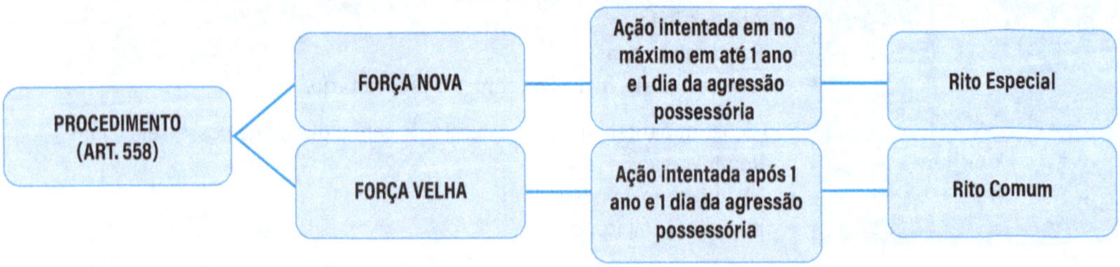

Requisitos da inicial

Os requisitos da peça exordial nos casos de esbulho ou turbação estão traçados pelo art. 561 do CPC:

> Art. 561. Incumbe ao autor provar:
> I - a sua posse;
> II - a turbação ou o esbulho praticado pelo réu;
> III - a data da turbação ou do esbulho;
> IV - a continuação da posse, embora turbada, na ação de manutenção, ou a perda da posse, na ação de reintegração.

O interdito proibitório está conceituado pelo art. 567 do CPC:

> Art. 567. O possuidor direto ou indireto que tenha justo receio de ser molestado na posse poderá requerer ao juiz que o segure da turbação ou esbulho iminente, mediante mandado proibitório em que se comine ao réu determinada pena pecuniária caso transgrida o preceito.

Os requisitos a serem demonstrados pelo autor são:

- Posse;
- Ameaça iminente;
- Justo receio.

Cumpre destacar o entendimento sumular da Súmula nº 228 do STJ:

> SÚMULA nº 228 - SUPERIOR TRIBUNAL DE JUSTIÇA
> É inadmissível o interdito proibitório para a proteção do direito autoral.

São incabíveis o manejo de ações possessórias sobre bens públicos contra o Estado, uma vez que tais bens não são passíveis de posse, mas de mera detenção. Mas a jurisprudência do STJ admite exceção:

> Se um particular invade imóvel público e deseja proteção possessória em face de outro particular, "É possível o manejo de interditos possessórios em litígio entre particulares sobre bem público dominical."
> [STJ - REsp. nº 1.296.964/DF - 4ª T., rel. Min. Luis Felipe Salomão - j. 18-10-2016 - *DJe* de 7-12-2016]

Direito Penal

Alik Silva de Santana Lages
Laryssa Cavalcanti de Barros e Silva
José Wemerson Fradique Daniel

1 DIREITO PENAL

O direito penal é o ramo do direito público por meio do qual há a regulamentação do poder punitivo do Estado de modo a observar a interpretação e aplicação do conjunto normativo criado pelo legislador para definir quais ações são consideradas criminosas.

O direito penal tem como forte característica a subsidiariedade, de modo que cabe a regulamentação do direito penal às práticas que atentem aos bens jurídicos mais importantes, como *ultima ratio* - ou seja, em casos que os demais ramos do direito fracassaram em realizar o controle social.

Por suas características próprias, o direito penal tem princípios que os diferenciam dos demais ramos e orientam sua aplicação aos casos concretos.

2 PRINCÍPIOS DO DIREITO PENAL

Os princípios penais são os fundamentos essenciais do sistema de justiça criminal, orientando a aplicação das leis para garantir uma punição justa e proporcional, e que esteja de acordo com os valores democráticos. Desse modo, esses princípios garantirão a proteção dos direitos individuais, a promoção da justiça e a manutenção do Estado de Direito.

2.1 Princípio da Legalidade

Trata-se de cláusula pétrea pilar do Estado de Direito, resumido normalmente na frase *"não há crime sem lei anterior que o defina; nem pena sem prévia cominação legal"*, o princípio da legalidade confere segurança jurídica aos atores sociais.

Conjuga dois princípios: o da anterioridade e o da reserva legal.

A todos é resguardado o direito de saber, antecipadamente, quais condutas configuram o ilícito penal (crime ou contravenção penal) para que, só assim, seja possível punir tais comportamentos (princípio da anterioridade).

Por meio da legalidade, ainda, é vedada a criminalização de condutas por meio de outras espécies normativas que não a lei em sentido estrito, também não sendo possível a punição de fatos que nela não estejam previstos (princípio da legalidade estrita/reserva legal).

ATENÇÃO!
Em regra, as Medidas Provisórias não podem tratar sobre Direito Penal. O Supremo Tribunal Federal, contudo, possui uma antiga decisão em sentido positivo, asseverando que "a inadmissibilidade de medida provisória em matéria penal não compreende a normas penais benéficas, compreendendo as que abolem crimes ou lhes restringem o alcance, extingam ou abrandem penas ou ampliam os casos de isenção de pena ou de extinção da punibilidade" (STF, RE 254818, *DJ* 19-12-2002).
Assim, a vedação se restringe às medidas provisórias que, de qualquer modo, possam prejudicar o réu.

2.2 Princípio da Intervenção Mínima

O Direito Penal é a forma de intervenção mais drástica do Estado na vida das pessoas, uma vez que dele decorrem as restrições e punições mais gravosas, alcançando em diversas vezes o cerceamento da liberdade do indivíduo. Dessa maneira, o Direito Penal deve socorrer as situações de extrema gravidade, protegendo bens jurídicos que não conseguem alcançar tal proteção por meio de outros ramos do Direito.

Sendo assim, o Direito Penal deve ser sempre a *ultima ratio*, e não o ponto de partida (subsidiariedade), não abarcando toda e qualquer situação desconfortável, mas protegendo os bens jurídicos mais relevantes (fragmentariedade).

2.3 Princípio da Ofensividade (Lesividade)

Esses ataques intoleráveis aos bens jurídicos devem representar uma efetiva ofensa (crime de dano) ou uma exposição de perigo de dano (crimes de perigo).

O agente deve ser punido pelo que fez, e não pelo que é ou representa. O princípio da ofensividade guarda relação com o direito penal do fato, em que a atuação do Direito Penal está reservada aos comportamentos que causem dano ou exponham a perigo os bens jurídicos tutelados.

2.4 Princípio da Alteridade

A ofensa ou exposição a perigo, estudadas no tópico anterior, devem ser dirigidas a um terceiro, e não ao bem jurídico do próprio agente.

Eis o motivo pelo qual o suicídio não é criminalizado, pois ele alcança a esfera do próprio agente, o crime, portanto, em sede dessa ação nefasta, alcança aquele que induzir ou instigar o suicídio, pois afetará o bem jurídico alheio, a vida de outrem.

ATENÇÃO!
A autolesão, por conta deste princípio, não merece represália, todavia, quando a autolesão é cometida para o recebimento de seguro, resta configurado o crime de estelionato (art. 171, § 2º, V, do Código Penal). Dessa maneira, pune-se a fraude, não a autolesão.

2.5 Princípio da Culpabilidade

A responsabilização do agente somente ocorrerá quando sua conduta for reprovável. Sendo assim, o agente só será punido se houver atuado com dolo ou culpa, vedando-se a responsabilidade penal objetiva.

2.6 Princípio da Insignificância

O princípio da insignificância guarda estreita relação com a tipicidade. Em síntese, a tipicidade se subdivide em tipicidade formal e tipicidade material.

A tipicidade formal nada mais é que a subsunção de uma conduta à descrição legal, como matar alguém (art. 121 do CP), subtrair coisa alheia móvel para si ou para outrem (art.

155 do CP). A tipicidade material, porém, é a efetiva ofensa ou exposição a perigo do bem jurídico tutelado.

Perceba que, em determinados casos, não obstante uma determinada conduta se amolde à descrição legal, sendo, portanto, formalmente típica, a lesão ou exposição a perigo do bem jurídico é muito irrelevante, não justificando a intervenção do Direito Penal.

EXEMPLO: um sujeito entra numa grande rede de supermercados e de lá subtraiu um desodorante. A conduta se amolda perfeitamente à descrição legal do crime de furto (art. 155 do CP). Entretanto, conclui-se, também, que tal comportamento não é capaz de efetivamente lesionar o bem jurídico que está sendo protegido, qual seja, o patrimônio daquela grande rede de supermercados. Aqui, diante do caso concreto, é possível aplicar o princípio da insignificância.

Dessa forma, pode-se compreender que a aplicação do princípio da insignificância afasta a tipicidade material em situação em que, embora determinada conduta seja formalmente típica, a lesão ou exposição a perigo do bem jurídico tutelado é irrelevante, não devendo intervir o Direito Penal.

O Supremo Tribunal Federal (STF, HC 84.412, *DJ* 19-10-2004) passou a exigir quatro requisitos para aplicação do princípio da insignificância, quais sejam:

1) **M**ínima ofensividade da conduta;
2) **A**usência de periculosidade social da ação;
3) **R**eduzidíssimo grau de reprovabilidade do comportamento;
4) **I**nexpressividade da lesão jurídica provocada.

SÚMULAS PRINCÍPIO DA INSIGNIFICÂNCIA	
Súmula nº 589 do STJ	"É inaplicável o princípio da insignificância nos crimes ou contravenções penais praticados contra a mulher no âmbito das relações domésticas".
Súmula nº 599 do STJ	"O princípio da insignificância é inaplicável aos crimes contra a Administração Pública".
Súmula nº 606 do STJ	"Não se aplica o princípio da insignificância a casos de transmissão clandestina de sinal de internet via radiofrequência, que caracteriza o fato típico previsto no art. 183 da Lei nº 9.472/1997".

2.7 Princípio da individualização da pena

O princípio da individualização da pena determina que a punição imposta a uma pessoa deve ser personalizada à sua situação específica, além de dever ser proporcional às circunstâncias do caso.

Para garantir a individualização da pena, deve-se atentar:

CIRCUNSTÂNCIAS DO CRIME	Leva-se em consideração fatores como a gravidade da conduta, o dano causado à vítima, o grau de culpabilidade do autor e a eventual reincidência.
CIRCUNSTÂNCIAS PESSOAIS DO AGENTE	Considera-se características pessoais do agente, como a idade, o grau de instrução, a sua capacidade de entender a ilicitude do ato, o histórico criminal, e as condições sociais e familiares do réu.
FINALIDADES DA PENA	Deve-se verificar se a pena está cumprindo as suas finalidades ressocializadoras, preventivas e retributivas.

2.8 Princípio da vedação ao *bis in idem*

O princípio da vedação ao *bis in idem* refere-se à proibição da duplicidade de punições acerca do mesmo fato ou conduta ilícita.

EXEMPLO: se o indivíduo já foi condenado por um delito em um determinado processo, ele não pode ser processado e punido novamente pelo fato em outro processo.

A aplicação desse princípio promove a previsibilidade e a estabilidade das decisões judiciais, assegurando a segurança jurídica e, consequentemente, a confiança da população no sistema judiciário.

ATENÇÃO!

É necessária uma análise cuidadosa das circunstâncias específicas de cada caso para averiguar se as punições aplicadas são, de fato, distintas.

2.9 Princípio da proporcionalidade

O princípio da proporcionalidade relaciona-se à concepção de que a pena imposta deverá ser proporcional à gravidade do delito cometido e à culpabilidade do agente.

Desse modo, busca-se garantir que a penalidade aplicada seja adequada e justa, evitando a ocorrência de excessos punitivos por parte do Estado e protegendo os direitos do acusado.

À luz desse princípio, deve-se atentar a alguns aspectos no que diz respeito à aplicação da pena:

ADEQUAÇÃO	A pena deve ser adequada ao delito cometido, isto é, deverá ser suficiente para reprovar a conduta ilícita e proteger os bens jurídicos afetados, sem ser excessiva.
NECESSIDADE	A pena deve ser necessária para atingir os objetivos da sanção (prevenção da ocorrência de novos crimes e a ressocialização do agente).
EQUILÍBRIO	A pena deve guardar proporção com a gravidade do delito e a culpabilidade do autor. Nesse ponto, deve-se levar em consideração alguns aspectos conectados ao caso concreto, como a intenção do agente, a gravidade do prejuízo perpetrado e as circunstâncias do crime.

2.10 Princípio da presunção de inocência

Trata-se de princípio constitucional (art. 5º, LVII) segundo o qual "*ninguém será considerado culpado até o trânsito em julgado da sentença penal condenatória*".

3 LEI PENAL

O conceito de lei penal refere-se ao conjunto de normativas jurídicas que determina as condutas consideradas criminosas, define a sua referente penalização aplicável aos infratores e define os procedimentos judiciais apropriados para serem utilizados no caso de violação dessa legislação.

Tendo como esteio principal o Código Penal brasileiro, a Constituição da República e outras normas complementares, tem-se por intuito a preservação da ordem pública, a proteção dos direitos fundamentais individuais e a promoção da justiça.

4 NORMAS PENAIS

4.1 Normas penais incriminadoras

As normas penais incriminadoras correspondem à legislação que define condutas como crimes e estabelece as penalidades para quem as comete.

Desse modo, as normas penais incriminadoras determinarão quais são as infrações penais, vedando a prática de determinadas ações (consistem em crimes comissivos) ou obrigando a prática de certas condutas (referem-se aos crimes omissivos).

As normas penais incriminadoras possuirão dois preceitos:

1) Preceito primário: pormenoriza a infração penal de uma maneira objetiva;
2) Preceito secundário: define a sanção penal pertinente à infração de uma forma abstrata e individualizada.

4.2 Normas penais não incriminadoras

As normas penais não incriminadoras não são normas que possuem por intuito a definição de condutas como delitos, mas sim são normativas que determinam diretrizes gerais de interpretação e aplicação da legislação penal em sentido estrito. Desse modo, compreende-se que essas normas possuem a capacidade de limitar o poder de punir estatal.

As normas penais não incriminadoras podem ser classificadas como:

NORMAS PENAIS NÃO INCRIMINADORAS	
PERMISSIVAS	EXPLICATIVAS E COMPLEMENTARES
São normas que autorizam a realização de uma conduta que tenha sido anteriormente proibida. Um exemplo de normas penais não incriminadoras permissivas consiste na previsão de excludentes de antijuridicidade.	São normas que elucidam, restringem ou ampliam as normas penais incriminadoras (seja no âmbito do seu preceito primário ou secundário, isto é, em relação à definição da infração penal ou da sanção).

4.3 Norma penal em branco

A norma penal em branco refere-se ao caso em que uma conduta criminosa não é completamente definida pelo texto da lei penal, sendo necessária a sua complementação por meio de outro instrumento normativo.

Desse modo, a definição do delito dependerá que outra normativa determine os seus elementos, características, circunstâncias e condições a serem consideradas para a sua configuração.

Direito Penal

As normas penais em branco podem ser definidas como:

NORMAS PENAIS EM BRANCO	
HOMOGÊNEA	**HETEROGÊNEA**
A complementação da definição do crime é feita por meio de lei *stricto sensu*.	A complementação é feita por meio de atos administrativos, como regulamentos, portarias e normas técnicas.

ATENÇÃO!

Há a possibilidade de retroatividade benéfica do complemento no caso de mudança substancial do fato, que exigirá uma nova valoração jurídica (ou seja, no caso de uma mera mudança contingencial do fato, há uma impossibilidade de retroatividade da norma). Desse modo, sintetiza-se:

- Mudança substancial do fato: o complemento muda substancialmente em razão da mudança do fato. Diante dessa mudança importante, o complemento pode retroagir para beneficiar o réu.
- Mudança contingencial do fato: tendo em vista que o fato importante permanece o mesmo, a mudança ocorrida é insignificante. Nessa situação, o complemento não retroagirá.

NORMAS PENAIS			
INCRIMINADORAS		**NÃO INCRIMINADORAS**	
PRECEITO PRIMÁRIO	Pormenoriza a infração penal de uma maneira objetiva. EXEMPLO: "matar alguém".	**PERMISSIVAS**	Justificantes, quando afastam a ilicitude e exculpantes, quando afastam a culpabilidade.
PRECEITO SECUNDÁRIO	Define a sanção penal pertinente à infração de uma forma abstrata e individualizada. EXEMPLO: "Pena - reclusão de 1 a 4 anos, e multa".	**EXPLICATIVAS**	Explicam conceitos.
		COMPLEMENTARES	Preveem princípios para a aplicação da lei.
NORMA PENAL EM BRANCO			
Quando uma conduta criminosa não é completamente definida pelo texto da lei penal, sendo necessária a sua complementação por meio de outro instrumento normativo.			

5 APLICAÇÃO DA LEI PENAL

5.1 Tempo do crime

O Código Penal adotou a teoria da atividade para determinar o tempo do crime. Desta feita, considera-se praticado o crime no momento da ação ou da omissão, ainda que outro seja o momento do resultado (art. 4º do Código Penal).

5.2 Lugar do crime

O Código Penal adotou a teoria da ubiquidade para determinar o lugar do crime. Assim, considera-se praticado o crime no lugar em que ocorreu a ação ou omissão, no todo ou em parte, bem como se produziu ou deveria ter sido produzido o resultado (art. 6º do Código Penal).

Portanto, quanto ao lugar do crime, vige a teoria da ubiquidade, e quanto ao tempo do crime vige a teoria da atividade.

IMPORTANTE: para não confundir, tem-se o *mnemônico* **LUTA** (**L**ugar - **U**biquidade; **T**empo - **A**tividade).

TEORIA DA UBIQUIDADE OU MISTA (ADOTADA NO BRASIL)	TEORIA DA ATIVIDADE	TEORIA DO RESULTADO
Lugar do crime é tanto o da conduta quanto o do resultado.	Lugar do crime é o da ação ou omissão, sendo irrelevante o local da produção do resultado.	Lugar do crime é aquele em que foi produzido o resultado.

5.3 Lei penal no tempo

Em regra, aplica-se a lei penal que está em vigência no tempo do crime (*tempus regit actum*). A exceção fica por conta da lei posterior mais benéfica, que retroagirá para beneficiar o agente. A lei penal mais benéfica possui a característica da extra-atividade, que possui duas espécies:

1) Retroatividade: aplicação da lei a fatos ocorridos antes de sua vigência;
2) Ultra-atividade: extensão dos efeitos da lei penal para além de sua revogação.

Guarda-se que a lei penal que, de qualquer forma beneficiar o agente deve ser aplicada aos fatos anteriores à sua vigência, ainda que tais fatos já tenham sido decididos por sentença condenatória transitada em julgado (art. 2º, parágrafo único, do Código Penal).

Em se tratando da sucessão de leis penal no tempo, consideramos as leis posteriores em sua relação com a lei vigente quando do crime para, então, definirmos a consequência jurídica aplicável.

Quando um ato não se amolda em uma definição típica ao tempo dele, e, posteriormente, esse ato se torna típico, não há possibilidade de aplicar a pena ao agente, isso porque há a irretroatividade da lei incriminadora.

Para fins exemplificativos de sucessão de leis no tempo, segue o quadro explicativo em que há um fato típico anterior e uma lei posterior a ele:

LEI POSTERIOR	CONSEQUÊNCIA
Mantém o fato típico, porém acaba por incluir preceito de modo a prejudicar o réu.	Caracteriza *novatio legis in pejus*, acarretando a irretroatividade da lei posterior.
Mantém o fato típico, porém inclui previsão que favorece o réu.	Caracteriza *novatio legis in mellius*, acarretando a retroatividade da lei posterior.
Suprime o crime - o crime passa a não mais existir.	Caracteriza *abolitio criminis*, acarretando a retroatividade da lei posterior.
Migração do conteúdo típico para outro tipo penal.	Caracteriza o princípio da continuidade normativo-típica.

5.3.1 Leis penais temporárias e excepcionais

A lei penal temporária possui prazo de vigência previamente determinado.

EXEMPLO: a Lei nº 12.663/2012, conhecida como Lei Geral da Copa. Esta lei, desde o seu nascimento (publicação), já possuía o dia final de sua vigência, ocorrido no dia 31 de dezembro de 2014.

A lei penal excepcional, embora não tenha prazo de vigência previamente especificado, vige apenas durante uma situação emergencial, como guerra ou calamidade pública. Após tal período, ela se revoga.

Perceba que ambas as espécies carregam duas características em comum:

1) Autorrevogação: não necessitam de lei posterior para que sejam revogadas;
2) Ultra-atividade gravosa: devem ser aplicadas aos fatos ocorridos em sua vigência, ainda que decorrido o período de suas durações ou cessadas as circunstâncias que as determinaram (art. 3º do Código Penal).

LEIS TEMPORÁRIAS E EXCEPCIONAIS	
LEI TEMPORÁRIA	Prazo determinado previsto na lei;
LEI EXCEPCIONAL	Acontecimento especial, como um a situação emergencial.
CARACTERÍSTICAS	
AUTORREVOGABILIDADE	Cessam quando encerrar o prazo (lei temporária) ou quando acabar a situação ensejadora (excepcional).
ULTRA-ATIVIDADE	Alcançam fatos praticados na sua vigência, mesmo após sua revogação.

5.4 Lei penal no espaço

Aplica-se a lei brasileira, sem prejuízo de convenções, tratados, regras de direito internacional, ao delito cometido no território nacional. Percebe-se que, ao permitir a incidência de regras do direito internacional, o nosso Código Penal acaba por adotar a teoria da territorialidade temperada ou mitigada (art. 5º do Código Penal).

> Art. 5º Aplica-se a lei brasileira, sem prejuízo de convenções, tratados e regras de direito internacional, ao crime cometido no território nacional.

Ainda em relação à lei penal no espaço, deve-se observar a territorialidade quando definimos o que seria a extensão do território nacional para fins de aplicação da lei brasileira.

Consoante determinado no art. 5º, §§ 1º e 2º, do Código Penal, consideram-se extensão do território nacional:

> § 1º Para os efeitos penais, consideram-se como extensão do território nacional as embarcações e aeronaves brasileiras, de natureza pública ou a serviço do governo brasileiro onde quer que se encontrem, bem como as aeronaves e as embarcações brasileiras, mercantes ou de propriedade privada, que se achem, respectivamente, no espaço aéreo correspondente ou em alto-mar.

> § 2º É também aplicável a lei brasileira aos crimes praticados a bordo de aeronaves ou embarcações estrangeiras de propriedade privada, achando-se aquelas em pouso no território nacional ou em voo no espaço aéreo correspondente, e estas em porto ou mar territorial do Brasil.

EXTENSÃO DO TERRITÓRIO NACIONAL	
	a) As embarcações e aeronaves brasileiras, de natureza pública ou a serviço do governo brasileiro onde quer que se encontrem;
	b) As aeronaves e embarcações brasileiras, mercantes ou de propriedade privada, que se achem, respectivamente, no espaço aéreo correspondente ou em alto-mar;
	c) Aeronaves ou embarcações estrangeiras de propriedade privada, achando-se aquelas em pouso no território nacional ou em voo no espaço aéreo correspondente, e estas em porto ou mar territorial do Brasil.

5.4.1 Extraterritorialidade

Em alguns casos específicos, o Brasil pode ter jurisdição em casos ocorridos no estrangeiro – situações de aplicação extraterritorial da lei penal brasileira.

Existem alguns parâmetros que justificam internacionalmente a eleição de situações como casos de extraterritorialidade. São eles:

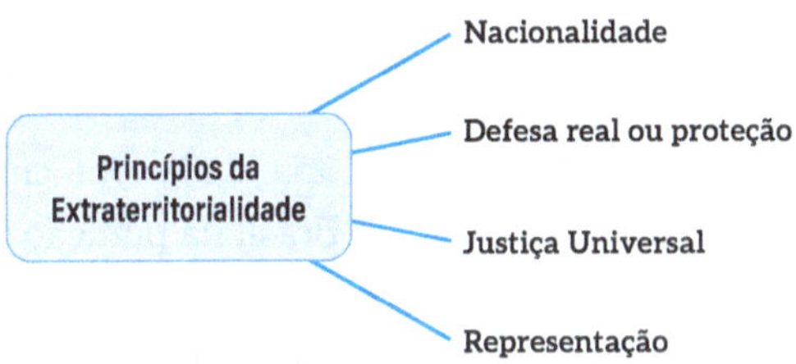

- DEFESA REAL ou PROTEÇÃO: nesse caso, considera-se o bem jurídico nacional protegido.
- NACIONALIDADE ou PERSONALIDADE: leva-se em consideração a nacionalidade do criminoso (nacionalidade ativa) ou da vítima do delito (nacionalidade passiva).
- JUSTIÇA UNIVERSAL ou COSMOPOLITA: considera-se o crime um mal universal, de maneira a pouco importar a nacionalidade do agente ou o local em que o crime foi praticado. Nessa lógica, deve o agente ser punido no local em que se encontra.
- REPRESENTAÇÃO: refere-se a aeronaves e embarcações. Ou seja, se esses meios de transporte ostentam uma bandeira ou um pavilhão brasileiro, devem ser registradas como representantes do Brasil.

5.4.2 Extraterritorialidade incondicionada

Na extraterritorialidade incondicionada, não há necessidade de nenhuma condição para que o país exerça a sua jurisdição, pois bastará que o fato ocorra de maneira independente.

Nesse caso, será aplicado o disposto no art. 8º do Código Penal, que prevê que:

> A pena cumprida no estrangeiro atenua a pena imposta no Brasil pelo mesmo crime, quando diversas, ou nela é computada, quando idênticas.

Conforme previsão do art. 7º, I, do Código Penal brasileiro, a extraterritorialidade incondicionada configura-se:

EXTRATERRITORIALIDADE INCONDICIONADA	
HIPÓTESES	• Crimes contra a vida ou a liberdade do Presidente da República; (DEFESA) • Crimes contra o patrimônio ou a fé pública da União, do Distrito Federal, de Estado, de Território, de Município, de empresa pública, sociedade de economia mista, autarquia ou fundação instituída pelo Poder Público; (DEFESA) • Crimes contra a administração pública, por quem está a seu serviço; (DEFESA) • Crimes de genocídio, quando o agente for brasileiro ou domiciliado no Brasil. (JUSTIÇA UNIVERSAL)

ATENÇÃO!
Se ocorrer ato infracional ocorrer fora do Brasil, em regra, o país não possui jurisdição.

5.4.3 Extraterritorialidade condicionada

Na extraterritorialidade condicionada, há hipóteses de aplicação da lei brasileira a crimes cometidos no Brasil, desde que cumpridos determinados requisitos.

Merece destaque o disposto no art. 7º, § 2º, *d*, do Código Penal, que prevê que a aplicação da lei brasileira depende do concurso das seguintes condições:

> Não ter sido o agente absolvido no estrangeiro ou não ter aí cumprido a pena.

Em outras palavras, nos casos de extraterritorialidade condicionada, uma vez cumprida a pena no estrangeiro, desaparece o interesse do Brasil na punição do criminoso.

- Se o indivíduo cumprir pena no estrangeiro e a pena for igual a que seria aplicada no Brasil: *computa-se* a pena estrangeira com a pena brasileira.

EXEMPLO: se o agente cumpriu 10 anos de prisão na Rússia, é capturado e submetido a julgamento no Brasil, sendo condenado a 15 anos de prisão, ele só cumprirá os 5 anos restantes em território nacional.

- Se o indivíduo cumprir pena no estrangeiro e a pena for diferente da que seria aplicada no Brasil: atenua-se a pena brasileira.

EXEMPLO: se o indivíduo pagou uma multa na Rússia, mas foi condenado à pena privativa de liberdade no Brasil por esse mesmo delito, a sua pena será diminuída.

EXTRATERRITORIALIDADE CONDICIONADA	
HIPÓTESES	• Crimes que, por tratado ou convenção, o Brasil se obrigou a reprimir; (JUSTIÇA UNIVERSAL) • Crime praticados por brasileiro; (NACIONALIDADE) • Crimes praticados em aeronaves ou embarcações brasileiras, mercantes ou de propriedade privada, quando em território estrangeiro e aí não sejam julgados; (REPRESENTAÇÃO) • Crimes cometidos por estrangeiro contra brasileiro fora do Brasil. EXTRATERRITORIALIDADE HIPERCONDICIONADA

EXTRATERRITORIALIDADE CONDICIONADA	
CONDIÇÕES	• O agente deve ingressar no território nacional, seja de maneira forçada ou voluntariamente; • O fato deve ser punível também no país em que foi praticado (dupla punibilidade); • O crime deve estar incluído entre aqueles pelos quais a lei brasileira autoriza a extradição; • Não ter sido o agente absolvido no estrangeiro ou não ter aí cumprido a pena; • O agente não deve ter sido perdoado no estrangeiro ou, por outro motivo, não deve estar extinta a punibilidade, segundo a lei mais favorável.
EXTRATERRITORIALIDADE HIPERCONDICIONADA	
Além das 5 condições, no caso de crime cometido por estrangeiro contra brasileiro no exterior, deve-se ainda verificar mais duas condições (com fundamento no art. 7º, § 3º, do Código Penal): • Não deve ter sido pedida a extradição ou, ainda, ela deve ter sido negada; • Deve ter havido requisição do Ministro da Justiça.	

5.4.4 Conflito aparente de leis penais

É a situação em que duas ou mais leis penais entram em conflito em relação a determinado fato. Para determinar qual será aplicada, tem-se os princípios da 1) Especialidade; 2) Subsidiariedade; 3) Consunção e 4) Alternatividade.

Quanto à especialidade, uma lei penal especial deve ser sempre aplicada quando em conflito com uma lei geral. A lei especial possui todos os elementos da lei geral, acrescentando outros, chamados especializantes.

A subsidiariedade incide quando a norma que prevê uma ofensa maior a determinado bem jurídico exclui a aplicação de outra norma que prevê uma ofensa menor àquele bem jurídico tutelado. Portanto, o crime descrito na lei subsidiária, por ser de menor gravidade que o da lei primária, é absorvido por esta última.

No que tange o princípio da consunção (ou absorção), o fato definido por uma norma incriminadora, mais amplo e, portanto, mais grave, absorve outros fatos, menos amplos e, assim, menos graves. Esses fatos menos amplos e menos graves funcionam como verdadeira fase normal de preparação ou de execução, ou mesmo mero exaurimento.

Por fim, o princípio da alternatividade resolve os conflitos dos chamados tipos mistos alternativos, que descrevem crimes de ação múltipla ou de conteúdo variado. Toda vez que a norma penal prevê várias formas de realização da figura típica (vários verbos nucleares), a configuração de um ou de vários verbos configura uma única infração. É o que ocorre, por exemplo, no crime de tráfico de drogas.

EXEMPLO: se o sujeito, no mesmo contexto fático, transporta, prepara, traz consigo e, por fim, vende a droga, responderá por um só crime de tráfico (art. 33 da Lei nº 11.343/2006 - Lei de Drogas).

6 TEORIA GERAL DO CRIME

6.1 Conceito de crime

Pode-se conceituar o crime a partir de diversos prismas. Em síntese, sob a ótica do critério legal, crime seria aquele comportamento punido com reclusão ou detenção. No aspecto formal, crime seria a violação da norma penal e, sob o enfoque material, o crime seria a ofensa ou exposição a perigo do bem jurídico tutelado pela norma penal.

Sob o enfoque analítico e tripartido, o crime é conceituado como um fato típico e ilícito praticado por agente culpável.

Isto posto, sintetiza-se:

CONCEITOS DE CRIME			
Legal	**Formal**	**Material**	**Analítico**
Crime é "a infração penal que a lei comina pena de reclusão ou de detenção, quer isoladamente, quer alternativamente ou cumulativamente com a pena de multa (...)" (art. 1º da LICP).	O crime é a violação em si à norma penal.	Crime é uma ação ou omissão que viola os bens jurídicos mais importantes. Enfatiza a relevância jurídico-penal do mal causado e reafirma o princípio da intervenção mínima.	Crime é um fato típico, ilícito e praticado por agente culpável (teoria tripartite – adotada).

6.2 Infrações penais

As infrações penais são um gênero do qual os crimes e as contravenções são espécies, quanto às distinções desses dois institutos, tem-se:

CRIMES	CONTRAVENÇÕES
Infrações penais de maior gravidade;	Infrações penais de menor gravidade;
Cabe pena de reclusão ou de detenção, quer isoladamente, quer cumulativamente com a pena de multa;	Cabe, isoladamente, prisão simples ou multa, ou ambas, alternativa e cumulativamente;
A tentativa é punível;	A tentativa não é punível;
Pena máxima de 40 anos;	Pena máxima de 5 anos;
Cabe prisão preventiva;	Não cabe prisão preventiva;
Prazo mínimo das medidas de segurança é de 1 a 3 anos;	Prazo mínimo das medidas de segurança é 6 meses;
A ação penal pode ser pública, incondicionada ou condicionada, e privada.	A ação penal é sempre pública incondicionada.

6.3 Classificação de Crimes

6.3.1 Crimes materiais, formais e de mera conduta

Embora existam diversas classificações doutrinárias de crime, uma delas se revela essencial. Essa divisão entre crimes materiais, formais e de mera conduta diz respeito à relação existente entre a conduta e o resultado naturalístico, sendo aquela classificação quanto ao resultado, compreendido como a modificação do mundo exterior, provocada pela conduta do agente. Nesse caso, a consumação do delito não é restrita à prática da conduta proibida.

Nos crimes materiais, o tipo penal descreve a conduta e o resultado naturalístico, sendo este necessário para a consumação do delito.

EXEMPLO: para que se possa falar em homicídio consumado, é necessário que se tenha o fim da vida, ou seja, a morte é o resultado naturalístico necessário para a consumação do crime de homicídio.

Nos crimes formais, por outro lado, o resultado naturalístico pode até ocorrer, mas ele não é necessário para que ocorra a consumação do delito. Dessa forma, a consumação do delito ocorre no momento da prática da conduta proibida.

EXEMPLO: acerca do crime de corrupção passiva (art. 317 do CP – "Solicitar ou receber, para si ou para outrem, direta ou indiretamente, ainda que fora da função ou antes de assumi-la, mas em razão dela, vantagem indevida, ou aceitar promessa de tal vantagem"), percebe-se que, na modalidade solicitar, basta que o agente promova a solicitação, ainda que não ocorra o recebimento da vantagem. Dessa feita, o resultado naturalístico (recebimento da vantagem) não é exigido para que tenhamos a consumação do crime de corrupção passiva, sendo tal recebimento apenas mero exaurimento. Além disso, no caso do crime de calúnia (que consiste na ação em que imputa-se falsamente a prática de um crime a alguém), independe a comprovação de que esse ato efetivamente causou algum prejuízo à vítima para que o crime seja considerado consumado.

Por fim, nos crimes de mera conduta, o tipo penal se reserva apenas a descrever um comportamento, do qual não decorre nenhum resultado naturalístico externo. Assim, a consumação desse delito ocorre apenas com a prática da conduta proibida, sem a necessidade de produção de qualquer resultado.

EXEMPLO: crime de ato obsceno ou porte ilegal de arma de fogo.

CRIMES MATERIAIS, FORMAIS E DE MERA CONDUTA		
MATERIAL	**FORMAL**	**MERA CONDUTA**
Exige-se resultado naturalístico (consumação). EXEMPLO: o crime de homicídio.	O tipo descreve um resultado naturalístico de ocorrência desnecessária, ou seja, inexigível para a consumação. Se ocorrer o resultado, tem-se o exaurimento, e não a consumação. EXEMPLO: extorsão mediante sequestro.	Descreve a conduta, mas não descreve resultado naturalístico. EXEMPLO: porte ilegal de arma de fogo.

6.3.2 Crime comum, próprio e de mão própria

CRIME COMUM, PRÓPRIO E DE MÃO PRÓPRIA		
COMUM	**PRÓPRIO**	**DE MÃO PRÓPRIA**
Pode ser praticado por qualquer pessoa. EXEMPLO: o crime de furto pode ser cometido por qualquer pessoa.	Apenas pode ser praticado por sujeito que detenha situação fática ou jurídica específica. EXEMPLO: o crime de peculato, pois somente pode ser praticado por quem possua a qualidade de funcionário público.	Apenas pode ser praticado por pessoa que a lei expressamente indica. EXEMPLO: o crime de autoaborto, em que somente a gestante pode praticá-lo.

6.3.3 Crime doloso, culposo e preterdoloso

CRIME DOLOSO, CULPOSO E PRETERDOLOSO		
DOLOSO	CULPOSO	PRETERDOLOSO
Nos crimes dolosos, o agente atua com a intenção de cometer o delito ou, ainda, assume o risco de produzir o resultado que é vedado pela legislação. EXEMPLO: estupro e estelionato.	Nos crimes culposos, mesmo que não possua a intenção de cometer o crime, o agente age de forma negligente, imprudente ou imperita, causando o resultado lesivo. EXEMPLO: lesão corporal culposa e homicídio culposo.	Nos crimes preterdolosos, mesmo que não tenha a intenção direta de cometer o crime, o indivíduo provoca um resultado mais grave do que pretendia com sua ação inicial. EXEMPLO: lesão corporal seguida de morte.

6.3.4 Crime instantâneo, permanente e instantâneo de efeitos permanentes

CRIME INSTANTÂNEO, PERMANENTE E INSTANTÂNEO DE EFEITOS PERMANENTES		
INSTANTÂNEO	PERMANENTE	INSTANTÂNEO DE EFEITOS PERMANENTES
O delito se consuma em um único momento (há a prática de um único ato e um resultado imediato). EXEMPLO: homicídio e estupro, casos em que o resultado ocorre instantaneamente no momento da conduta delitiva.	A consumação do delito se prolonga no tempo. EXEMPLO: cárcere privado e sequestro, em que a privação da liberdade da vítima persiste ao longo do tempo.	A consumação do delito ocorre de maneira instantânea, mas os seus efeitos permanecerão ao longo do tempo. EXEMPLO: envenenamento e lesão corporal gravíssima, em que os danos causados à vítima persistem após a conduta criminosa.

6.3.5 Crime consumado e tentado

CRIME CONSUMADO E CRIME TENTADO	
CONSUMADO	TENTADO
Todos os elementos descritos na definição legal do delito estarão presentes. EXEMPLO: se o indivíduo efetivamente comete um furto, realizando a subtração ilegal do bem alheio.	O indivíduo realiza ações que visam realizar um crime, mas, por circunstâncias alheias à sua vontade, o crime não se consuma. EXEMPLO: se a pessoa tenta furtar um objeto, mas é impedido de consumar o crime antes de concluir a subtração.

6.3.6 Crime plurissubjetivo e unissubjetivo

CRIME UNISSUBJETIVO OU PLURISSUBJETIVO	
UNISSUBJETIVO	PLURISSUBJETIVO
Pode ser praticado por uma ou mais pessoas (crimes de concurso eventual). EXEMPLO: crime de roubo.	Apenas é realizado mediante o concurso de pessoas (crime de concurso necessário). EXEMPLO: crime de organização criminosa.

6.3.7 Crime de dano e de perigo

CRIME DE DANO E CRIME DE PERIGO	
DANO	**PERIGO**
O resultado lesivo é efetivamente produzido. EXEMPLO: dano ao patrimônio.	Independentemente do prejuízo tenha efetivamente ocorrido, a conduta criminosa coloca em risco um bem jurídico protegido pela legislação. EXEMPLO: porte ilegal de arma de fogo e a ameaça.

6.3.8 Crime habitual

O crime habitual é o delito cuja consumação depende da reiteração uniforme de vários fatos criminosos.

EXEMPLOS: curandeirismo (art. 284), casa de prostituição (art. 229), rufianismo (art. 230).

6.3.9 Conceito analítico tripartite de crime

CONCEITO TRIPARTITE DE CRIME		
FATO TÍPICO	**ILÍCITO**	**CULPÁVEL**
É composto por: 1) CONDUTA (comissiva ou omissiva); 2) RESULTADO (formal ou naturalístico); 3) NEXO DE CAUSALIDADE; 4) TIPICIDADE (formal, material).	Trata-se da contrariedade entre a conduta praticada e o ordenamento jurídico. O agente não se encontra em: 1) ESTADO DE NECESSIDADE; 2) LEGÍTIMA DEFESA; 3) ESTRITO CUMPRIMENTO DE DEVER LEGAL; 4) EXERCÍCIO REGULAR DE DIREITO.	Trata-se do juízo de reprovação sobre a conduta ilícita do agente. Apenas há culpabilidade quando há: 1) IMPUTABILIDADE; 2) POTENCIAL CONSCIÊNCIA DA ILICITUDE; 3) EXIGIBILIDADE DE CONDUTA DIVERSA.

6.4 Fato típico

O primeiro elemento que nos aparece no conceito analítico tripartite de crime é o fato típico.

De maneira resumida, o fato típico é o comportamento humano previsto em lei como crime ou contravenção.

No bojo do fato típico, encontram-se quatro elementos:

ELEMENTOS DO FATO TÍPICO			
Conduta	Resultado	Nexo Causal	Tipicidade

IMPORTANTE: esses quatro elementos do fato típico estarão presentes nos crimes materiais. Contudo, nos crimes formais e crimes de mera conduta, por não necessitarem de resultado naturalístico para a consumação, teremos apenas os elementos da conduta e da tipicidade.

6.5 Conduta

De acordo com o conceito finalista, conduta é um comportamento humano (ação ou omissão), consciente e voluntário (dolo e culpa), dirigida a um fim.

Relaciona-se com o dolo ou culpa na atitude do indivíduo.

São hipóteses de exclusão da conduta, e, consequentemente, da tipicidade:

EXCLUSÃO DA CONDUTA	
CASO FORTUITO OU DE FORÇA MAIOR	Fatos imprevisíveis e inevitáveis da natureza. EXEMPLO: uma pessoa está dirigindo em uma estrada quando, de repente, um animal selvagem atravessa a pista e causa um acidente, em que o veículo dessa pessoa atinge outro carro, resultando em lesões graves para o motorista daquele carro. Se comprovado que o acidente ocorreu exclusivamente devido a essa ocorrência imprevisível, considera-se um caso fortuito ou força maior, ficando o motorista isento de responsabilidade penal pelos prejuízos.
COAÇÃO FÍSICA IRRESISTÍVEL	O coagido se torna mero instrumento mecânico do crime, não tendo autonomia física pelos seus atos. EXEMPLO: o indivíduo é coagido a colocar o dedo no gatilho enquanto o coator faz o movimento do disparo.
ESTADO DE INCONSCIÊNCIA	É o caso do sonambulismo, da hipnose e de ataques epilépticos. EXEMPLO: uma pessoa está sofrendo de sonambulismo (distúrbio do sono no qual o indivíduo desenvolve atividades motoras complexas enquanto ainda está adormecida). Durante um desses episódios, sem estar ciente de suas ações, o indivíduo entra na casa de um vizinho e furta alguns objetos.
MOVIMENTOS REFLEXOS	São (re)ações fisiológicas a determinados impulsos sem expressão de vontade. EXEMPLO: uma pessoa está caminhando pela rua quando, de repente, outro indivíduo esbarra nela por acidente. Como resultado desse choque, a pessoa involuntariamente reage e empurra o outro indivíduo como um reflexo imediato. Contudo, esse empurrão gera lesões graves no indivíduo. Nesse caso, o empurrão foi um movimento reflexo, não havendo intenção consciente de causar prejuízos ao outro indivíduo.

6.5.1 Crime doloso

Segundo o art. 18 do Código Penal, o crime é doloso quando o agente quis o resultado (teoria da vontade) ou assumiu o risco de produzi-lo (teoria do assentimento – dolo eventual). A partir de tal conceito, assumimos que o dolo pode ser direto ou indireto.

No dolo direto, adota-se a teoria da vontade, posto que o agente quer praticar a conduta descrita no tipo penal, dirigindo sua ação para este fim.

Já no dolo indireto, o agente não quer produzir o resultado, mas assume o risco de produzi-lo, sendo indiferente a ele. É justamente no dolo indireto que está alojado o dolo eventual, que ocorre justamente quando o agente não quer produzir o resultado, mas o prevê e o aceita como possível, assumindo o risco que ele ocorra.

Acerca do conceito de dolo, expõe-se as teorias do conceito de dolo:

TEORIAS DO CONCEITO DE DOLO	
TEORIA DA VONTADE	**TEORIA DO ASSENTIMENTO OU CONSENTIMENTO**
Dolo é a vontade de realizar a conduta e produzir o resultado.	Dolo é o assentimento do resultado, isto é, a previsão do resultado com a aceitação dos riscos de não produzi-lo.
É adotada pelo CP e está associada ao dolo direto.	É adotada pelo CP e está associada ao dolo eventual.

DOLO GENÉRICO	DOLO ESPECÍFICO
O tipo penal não prevê finalidade específica.	O tipo penal acrescenta finalidade especial.
Ex.: no homicídio o tipo prevê "matar alguém", não há uma finalidade específica associada, podendo, se houver, ser considerada para agravar ou aumentar a pena.	Ex.: no crime de extorsão mediante sequestro, tem-se que sequestrar pessoa com o fim de obter, para si ou para outrem, qualquer vantagem, como condição ou preço do resgate.

6.5.2 Crime culposo

No crime culposo existe uma falta de dever de cuidado. O agente não quer praticar o resultado, tampouco assume qualquer risco de o produzir. Contudo, o agente dá causa ao resultado por imprudência, negligência ou imperícia.

Quanto aos elementos do tipo culposo, são eles:

ELEMENTOS DO TIPO CULPOSO	
	Violação do dever objetivo de cuidado (por imprudência, negligência ou imperícia);
	Resultado involuntário (o agente não queria o resultado);
	Nexo causal (nexo que liga a conduta ao resultado);
	Previsibilidade objetiva (é o resultado previsível, considerando o "homem médio");
	Tipicidade (a conduta deve se subsumir à descrição típica).

Ressalte-se que os crimes culposos devem ser expressamente previstos. Em que pese seja possível a configuração das modalidades de culpa (imprudência, negligência ou imperícia), a punição pelo tipo culposo só é possível se houver previsão legal.

O crime de aborto (art. 124 do CP), por exemplo, só é punível na modalidade dolosa, não havendo previsão de tipo culposo. Assim, uma mulher que, por imprudência, acaba tendo um comportamento que lhe cause o aborto, não poderá ser punida por crime de aborto.

Destaca-se sobre a diferenciação entre imprudência, negligência e imperícia:

IMPRUDÊNCIA	Consiste em um agir culposo, sem a devida cautela. Assim, para a sua configuração, demanda-se um comportamento positivo. EXEMPLO: um indivíduo que dirija em alta velocidade em uma via que esteja em condições de tráfego intenso.
NEGLIGÊNCIA	Consiste em uma omissão culposa (portanto, exige um comportamento negativo para ser configurada) ou falha na observação do devido cuidado. EXEMPLO: o empregador que, identificando o risco que uma escada defeituosa representa no ambiente de trabalho, não a conserta.
IMPERÍCIA	Também chamada de culpa profissional, consiste de uma inaptidão ou falta de habilidade necessárias para a execução de determinada profissão, arte ou ofício. EXEMPLO: um médico especializado em ortopedia que realiza uma cirurgia oftalmológica sem a devida especialização na área.

6.5.3 Crime preterdoloso ou preterintencional

Ocorre quando há dolo na conduta e culpa no resultado. É o que se passa, por exemplo, no crime de lesão corporal seguida de morte (art. 129, § 3º, do CP). Nesse caso, o agente tem o dolo de lesionar, mas acaba tendo por resultado a morte da vítima.

6.5.4 Dolo eventual x Culpa consciente

Em ambos os casos, o agente possui previsibilidade do resultado proibido. Contudo, há distinção:

DOLO EVENTUAL	CULPA CONSCIENTE
O agente é indiferente quanto ao resultado, atuando com descaso. O resultado previsto não é desejado pelo agente, porém, assume o risco de produzi-lo.	Apesar de prever o resultado proibido, o agente confia em suas habilidades pessoais para que tal resultado não ocorra. O agente acredita, sinceramente, que pode evitar o resultado danoso.

6.5.5 Crimes comissivos e omissivos

Ainda sobre a CONDUTA, os crimes podem ser:

CRIMES COMISSIVOS	CRIMES OMISSIVOS
Quando o agente faz aquilo que a lei veda violando a norma penal proibitiva, trata-se de conduta positiva (ação). EXEMPLO: homicídio.	Quando o agente não faz aquilo que a lei ordena violando a norma penal mandamento, trata-se de conduta negativa (omissão). EXEMPLO: não comunicação de um crime às autoridades competentes quando obrigatório por lei.

6.5.6 Omissão penalmente relevante

A omissão penalmente relevante configura-se quando uma pessoa, tendo a obrigação legal de intervir para evitar um resultado prejudicial, opta intencionalmente por não agir, acarretando em um resultado indesejável. Ou seja, ocorre a omissão penalmente relevante quando alguém é legalmente obrigado a intervir para evitar um dano ou crime, mas não o faz, ficando responsável por essa falta de ação.

> Art. 13, § 2º A omissão é penalmente relevante quando o omitente devia e podia agir para evitar o resultado. O dever de agir incumbe a quem:
>
> a) tenha por lei obrigação de cuidado, proteção ou vigilância;
>
> b) de outra forma, assumiu a responsabilidade de impedir o resultado;
>
> c) com seu comportamento anterior, criou o risco da ocorrência do resultado.

EXEMPLO: quando um salva-vidas em serviço na praia não intervém para salvar alguém que está se afogando, mesmo tendo o dever e a capacidade de agir, sua omissão pode ser considerada penalmente relevante porque ele tem um dever especial de cuidado devido à sua posição. Isso pode resultar em consequências criminais para o salva-vidas, como responsabilidade por homicídio culposo ou negligência criminosa.

CRIMES OMISSIVOS	
PRÓPRIOS	**IMPRÓPRIOS**
Nesses tipos de delitos, o próprio tipo penal abarca a omissão como crime. EXEMPLO: crime de omissão de socorro (art. 135 do CP).	Ocorre quando o agente, embora não pratique diretamente uma ação vedada pela legislação é responsabilizado criminalmente por não agir quando tem o dever legal de fazê-lo para evitar um dano. EXEMPLO: salva-vidas que podendo agir, não impede afogamento.

6.6 Resultado

Diz respeito à consequência da conduta do indivíduo. Aqui, aborda-se o resultado naturalístico. Juridicamente, todo crime possui resultado, já que resultado jurídico é a ofensa ou exposição a perigo de bem jurídico tutelado.

Por outro lado, nem todo crime possui resultado naturalístico. Sendo assim, o resultado naturalístico é a efetiva alteração do mundo exterior.

Assim, sintetiza-se:

RESULTADO JURÍDICO OU NORMATIVO	RESULTADO NATURALÍSTICO
Resultado é toda lesão ou ameaça de lesão a um interesse penalmente relevante. Todo crime tem resultado jurídico porque sempre agride um bem jurídico tutelado.	É a modificação provocada no mundo exterior pela conduta.

6.7 Nexo causal (ou relação de causalidade)

Consiste no vínculo entre a conduta e o resultado. Em outras palavras, consiste no vínculo para que o crime possa ser imputado ao agente, pois deve existir um liame de causa e efeito entre a conduta praticada e o resultado produzido.

São teorias quanto à relação de causalidade previstas no Código Penal:

a) teoria da equivalência dos antecedentes causais (teoria da *conditio sine qua non*);
b) teoria da causalidade adequada.

TEORIAS SOBRE A RELAÇÃO DE CAUSALIDADE	
TEORIA DA EQUIVALÊNCIA DOS ANTECEDENTES OU *CONDITIO SINE QUA NON*	Para essa teoria, causa é todo fato humano sem o qual o resultado não teria ocorrido (art. 13, *caput*, do CP). Crítica: Possibilidade de regresso infinito. Solução: limitado pelo DOLO e CULPA.
TEORIA DA CAUSALIDADE ADEQUADA	Causa é o antecedente, não só necessário, mas adequado à produção do resultado. (adotada excepcionalmente no art. 13, § 1º, do CP).

6.7.1 Concausas

As concausas dizem respeito a circunstâncias adicionais à ação ou omissão principal que contribuem para o resultado criminoso. Desse modo, elas são eventos ou circunstâncias que concorrem com a conduta do agente para a produção do resultado delitivo.

ESPÉCIES DE CONCAUSAS	
CONCAUSAS PREEXISTENTES	Fatores que já existiam antes da efetivação da conduta do agente, tendo contribuído para o resultado delitivo. EXEMPLO: uma pessoa que tinha hemofilia sofreu golpes de faca que causaram ferimentos não fatais. Contudo, a sua condição hemofílica agravou a sua situação de saúde após o ferimento ocasionado pela faca, o que provocou a sua morte.
CONCAUSAS CONCOMITANTES	Fatores que emergem simultaneamente à conduta do agente. EXEMPLO: após uma discussão, um indivíduo é alvejado por disparos de arma de fogo, levando-o a correr desesperadamente para fugir. Durante a fuga, ao atravessar uma rua sem olhar para os lados, ele é atropelado por um veículo, resultando em ferimentos fatais. Assim, o disparo e o atropelamento contribuíram para a morte da vítima.
CONCAUSAS SUPERVENIENTES	Fatores que surgem após a efetivação da conduta do agente, contribuindo para o resultado dessa conduta. Sobre essa concausa, versa o Código Penal: Art. 13 - [...] § 1º A superveniência de causa relativamente independente exclui a imputação quando, por si só, produziu o resultado; os fatos anteriores, entretanto, imputam-se a quem os praticou. EXEMPLO: uma pessoa ferida é transportada em uma ambulância após um acidente. Durante o percurso, o veículo colidiu com outro, resultando no seu capotamento e na morte da vítima. Nesse caso, o acidente da ambulância, causado pela colisão, contribuiu diretamente para o óbito da pessoa ferida.

<table>
<tr><th colspan="3">CONCAUSAS ABSOLUTAMENTE INDEPENDENTES</th></tr>
<tr><td colspan="2">PREEXISTENTE, CONCOMITANTE OU SUPERVENIENTE</td><td>Rompe o nexo causal entre o resultado e a conduta do agente, fazendo com que este responda apenas pelo crime na modalidade tentada.</td></tr>
<tr><th colspan="3">CONCAUSAS RELATIVAMENTE INDEPENDENTES</th></tr>
<tr><td>PREEXISTENTE</td><td>Vítima hemofílica.</td><td rowspan="3">REGRA:
Não rompe o nexo de causalidade, por isso, o sujeito responde pelo resultado causado. Aplica-se o art. 13, caput, do CP - teoria da conditio sine qua non.</td></tr>
<tr><td>CONCOMITANTE</td><td>Vítima, apesar de não ter sido atingida, se assusta e sofre um infarto.</td></tr>
<tr><td>SUPERVENIENTE na modalidade NÃO PRODUZIU POR SI SÓ O RESULTADO</td><td>Morte por infecção hospitalar, após disparo de arma de fogo.</td></tr>
<tr><td>SUPERVENIENTE na modalidade PRODUZIU POR SI SÓ O RESULTADO</td><td>Morte pelo desabamento do teto do hospital após disparo de arma de fogo.</td><td>EXCEÇÃO:
Há o rompimento do nexo causal, por isso o sujeito responde pelo dolo, apenas pelos atos praticados, ou seja, responde pela tentativa e não pelo efeito resultado. Aplica-se o art. 13, § 1º, do CP - teoria da causalidade adequada.
Situação imprevisível, que seja apta a produzir o resultado, exclui a imputação e o agente responde por tentativa.</td></tr>
</table>

ATENÇÃO!
As causas absolutamente independentes geram o resultado por si mesmas, sem qualquer relação com a conduta realizada. Em contraste, as causas relativamente independentes também geram o resultado por si mesmas, mas têm sua origem ou relação com a conduta praticada.

6.8 Tipicidade

Tipicidade formal e material

A tipicidade objetiva, estudada quando na análise do princípio da insignificância, subdivide-se em tipicidade formal e tipicidade material.

TIPICIDADE FORMAL	TIPICIDADE MATERIAL
A subsunção de uma conduta à descrição legal, como matar alguém (art. 121 do CP), subtrair coisa alheia móvel para si ou para outrem (art. 155 do CP).	A efetiva ofensa ou exposição a perigo do bem jurídico tutelado.

Como já citado ao se abordar o princípio da insignificância, esse princípio possui uma estreita relação com a tipicidade.

Desse modo, ressalta-se que, nos casos em que, mesmo que a conduta se amolde à descrição legal, sendo a lesão ou exposição a perigo do bem jurídico insignificante, pode-se afastar a tipicidade material, não se justificando a intervenção do Direito Penal.

Tipicidade conglobante

Acerca da relação entre a ilicitude e a tipicidade, importante a exposição da teoria da tipicidade conglobante:

TEORIA DA TIPICIDADE CONGLOBANTE
De acordo com essa teoria o fato típico pressupõe que a conduta esteja proibida pelo ordenamento jurídico como um todo, globalmente considerado. Desse modo, a tipicidade conglobante é um conceito que propõe a inclusão de elementos da análise da ilicitude (ou antijuridicidade) dentro da tipicidade do crime, eliminando, assim, a necessidade de um segundo elemento para a configuração do delito. Isso significa que a análise do exercício regular do direito e do estrito cumprimento do dever legal deveria ser considerada como parte da tipicidade, e não como um elemento separado para determinar a ilicitude da conduta. No entanto, no direito brasileiro, essa abordagem não é aplicada, sendo mantida a distinção entre tipicidade e ilicitude como elementos independentes na caracterização do crime.

6.9 Antijuridicidade ou ilicitude

A antijuridicidade ou ilicitude pode ser conceituada como a contrariedade ao ordenamento jurídico. Importante analisar as causas que excluem a ilicitude, que estão previstas na parte geral do Código Penal, na parte especial e na legislação penal especial.

Segundo o art. 23 do Código Penal, não há crime quando o agente pratica o fato em estado de necessidade, legítima defesa, estrito cumprimento de dever legal ou no exercício regular de direito.

Além disso, o consentimento do ofendido, em regra, funciona como excludente da ilicitude, à exceção, por exemplo, do crime de estupro, em que o consentimento afasta a própria tipicidade.

Constituem causas de exclusão da antijuridicidade:

- Estado de necessidade;
- Legítima defesa;
- Estrito cumprimento do dever legal; e o
- Exercício regular de um direito.

6.10 Estado de necessidade

6.10.1 Previsão legal

Como discorre o art. 24 do Código Penal:

> Art. 24: Considera-se em estado de necessidade quem pratica o fato para salvar de perigo ATUAL, que não provocou por sua vontade, nem podia de outro modo evitar, direito próprio ou alheio, cujo sacrifício, nas circunstâncias, não era razoável exigir-se.
>
> § 1º Não pode alegar estado de necessidade de quem tinha o dever legal de enfrentar o perigo.
>
> § 2º Embora seja razoável exigir-se o sacrifício do direito ameaçado, a pena poderá ser reduzida de uma dois terços.

6.10.2 Requisitos

REQUISITOS DO ESTADO DE NECESSIDADE	
	Perigo atual Pode ser decorrente de fato da natureza, comportamento anual ou de um ser humano;
	Perigo não provocado pela vontade do agente A corrente majoritária entende que o causador culposo pode se valer do estado de necessidade;
	Ameaça a direito próprio ou alheio;
	Ausência do dever legal de enfrentar o perigo Determinados profissionais estão expostos ao perigo de modo que devem enfrentá-lo, todavia, não se espera a defesa quando a própria vida do profissional estiver em risco;
	Inevitabilidade O agente deve sempre visar à alternativa menos gravosa;
	Sacrifício inexigível Apenas há estado de necessidade quando o bem jurídico a ser protegido é de igual ou maior valor;
	Elemento subjetivo O agente deve ter conhecimento de que atua em estado de necessidade.

6.10.3 Estado de necessidade real x putativo

Importante destacar, no tema do estado de necessidade, duas espécies: estado de necessidade real e estado de necessidade putativo.

ESTADO DE NECESSIDADE REAL	ESTADO DE NECESSIDADE PUTATIVO
O perigo atual existe de forma concreta.	O perigo atual não existe, sendo inventado na mente do agente, sendo uma descriminante putativa.

6.11 Legítima defesa

6.11.1 Previsão legal

Como prevê o Código Penal:

> Art. 25. Entende-se em legítima defesa quem, usando moderadamente dos meios necessários, REPELE injusta agressão, ATUAL ou IMINENTE, a direito seu ou de outrem.
>
> Parágrafo único. Observados os requisitos previstos no *caput* deste artigo, considera-se também em legítima defesa o agente de segurança pública que repele agressão ou risco de agressão a vítima mantida refém durante a prática de crimes.

ATENÇÃO!

Observe que a agressão é uma espécie de ação. Sendo assim, somente o ser humano pode praticar a agressão para fins penais.

Dessa feita, o agente que, para repelir o ataque de um cão *pitbull*, acaba ceifando a vida do animal para salvaguardar a própria vida, atua em estado de necessidade, e não em legítima defesa.

Porém, se o animal estiver sendo utilizado como mero instrumento do dono, haverá a legítima defesa.

6.11.2 Requisitos

REQUISITOS DA LEGÍTIMA DEFESA	
	Agressão injusta Consiste na agressão humana consciente e voluntária contra destinatário certo.
	Agressão atual ou iminente
	Agressão a direito próprio ou alheio
	Meios usados de forma proporcional O agente deve se utilizar de meio menos lesivo, sob o risco de configurar em excesso.
	Elemento subjetivo O agente deve ter conhecimento de que atua em legítima defesa.

6.11.3 Excesso na legítima defesa

O excesso na legítima defesa ocorre quando o agente, mesmo agindo para repelir uma agressão injusta, utiliza meios ou uma intensidade além do necessário para repelir essa injusta agressão. Nesse caso, deve-se analisar a proporcionalidade entre a agressão e a resposta. Se reconhecido o excesso, o agente pode ser responsabilizado criminalmente, mas a pena pode ser reduzida ou afastada se demonstrado que o excesso foi causado por perturbação emocional ou medo insuperável.

6.11.4 Legítima defesa real x putativa

LEGÍTIMA DEFESA REAL	LEGÍTIMA DEFESA PUTATIVA
A agressão injusta existe de forma concreta.	A agressão injusta não existe, sendo inventada na mente do agente, o que constitui uma descriminante putativa.

6.12 Estrito cumprimento do dever legal

6.12.1 Conceito

Em determinadas situações, a atuação Estatal, no cumprimento de suas funções públicas, acaba por ofender ou expor a perigo bens jurídicos tutelados, como vida e liberdade de locomoção.

Desde que essa interferência estatal vise ao estrito cumprimento da lei e não estiver eivada de excessos, qualquer ofensa ou exposição a perigo estará justificada pelo estrito cumprimento do dever legal.

6.13 Exercício regular do direito

Ocorre essa hipótese quando o agente pratica um fato típico, porém no exercício de um direito estabelecido por outra norma.

6.13.1 Ofendículos

Ofendículos são dispositivos físicos ou mecanismos de defesa instalados com o propósito de proteger propriedades, bens jurídicos e até mesmo a integridade física e a vida das pessoas presentes em determinado local. Esses instrumentos são utilizados para dificultar e repelir agressões, invasões ou intrusões indesejadas. A utilização de ofendículos fundamenta-se no direito à inviolabilidade do domicílio, porém o seu uso deve estar dentro dos limites legais, uma vez que excessos podem ser puníveis.

EXEMPLO: arame farpado, cacos de vidro, cercas elétricas ou pontas de lanças.

Os "ofendículos" são causas de excludentes de ilicitude. Desse modo, atentando-se às precauções necessárias à garantia da proporcionalidade na utilização dos ofendículos, a pessoa estaria agindo dentro dos limites legais, não incorrendo em uma conduta antijurídica.

6.13.2 Culpabilidade

Trata-se do último aspecto da escada da teoria do delito, em que será estudado, agora, o agente e não mais o fato, como nos demais.

A culpabilidade é a reprovabilidade do injusto ao autor, sendo um juízo de censura endereçado ao agente, de modo individualizado.

Atualmente, em se tratando de culpabilidade, se aplica o Sistema Funcionalista, que prevê 3 elementos - potencial consciência da ilicitude, a imputabilidade e exigibilidade de conduta diversa-.

Imputabilidade

É a capacidade mental de, ao tempo da ação ou omissão, entender o caráter ilícito do fato e determinar-se de acordo com esse entendimento.

Para aferir a imputabilidade considera-se o momento da ação ou omissão (teoria da atividade).

A partir dos 18 anos de idade todos são presumidamente imputáveis, sendo a imputabilidade a regra.

Há 3 critérios de aferição da imputabilidade:

6.13.2.1 Critério biológico

Define-se biologicamente quem tem ou não a capacidade de responsabilidade penal. O Código Penal adota essa teoria em relação à idade, conforme previsão do art. 27 do Código Penal:

> Os menores de 18 (dezoito) anos são penalmente inimputáveis, ficando sujeitos às normas estabelecidas na legislação especial.

ATENÇÃO!
A idade da capacidade penal no Brasil é 18 anos, ou seja, os menores de 18 anos são inimputáveis (não há responsabilidade penal, não há culpabilidade e, portanto, não praticam crimes).
Contudo, os menores de 18 anos ficam sujeitos a medidas socioeducativas contra seus atos infracionais.

6.13.2.2 Critério biopsicológico

Além do biológico, há uma justificativa psicológica para a definição da imputabilidade. Nessa situação, analisa-se a capacidade intelectiva (de o agente entender e controlar o que faz) e a capacidade volitiva (de o indivíduo querer realizar aquela conduta e aquele resultado no momento do crime).

Casos em que o Código Penal brasileiro adota essa teoria:

- Inimputáveis por doença mental: perturbações da saúde mental catalogadas pela comunidade científica. Nesses casos, não há culpabilidade se for constatada a doença, comprovando-se que, no tempo do crime, por causa da doença, o autor era inteiramente incapaz, volitiva e intelectivamente.

> Art. 26. É isento de pena o agente que, por doença mental ou desenvolvimento mental incompleto ou retardado, era, ao tempo da ação ou da omissão, inteiramente incapaz de entender o caráter ilícito do fato ou de determinar-se de acordo com esse entendimento.

- Responsabilidade/capacidade penal diminuída: se o agente não era inteiramente capaz, mas apenas era diminuída a capacidade intelectiva e volitiva. Nesse caso, há culpabilidade e ele é imputável. Portanto, haverá punição, apesar da diminuição da pena.

> Art. 26. [...]
> Parágrafo único. A pena pode ser reduzida de 1/3 a 2/3, se o agente, em virtude de perturbação de saúde mental ou por desenvolvimento mental incompleto ou retardado não era inteiramente capaz de entender o caráter ilícito do fato ou de determinar-se de acordo com esse entendimento.

6.13.2.3 Critério psicológico

É o critério utilizado para aferir os casos de embriaguez, sendo esta a perda da capacidade volitiva e/ou intelectiva por causa de intoxicação aguda causada pelo álcool ou outra substância com efeitos parecidos.

Nesse sentido, a embriaguez acidental completa torna o agente inimputável.

Nesse sentido, prevê o Código Penal:

> Art. 28. [...]
> II – [...]
> § 1º É isento de pena o agente que, por embriaguez completa, proveniente de caso fortuito ou força maior, era, ao tempo da ação ou da omissão, inteiramente incapaz de entender o caráter ilícito do fato ou de determinar-se de acordo com esse entendimento.

Quando a embriaguez acidental é incompleta, a responsabilidade penal pode ser diminuída, nesse caso, há condição do agente compreender a sua ação e se autodeterminar. É como prevê o art. 28, § 2º, do Código Penal:

> A pena pode ser reduzida de 1/3 a 2/3, se o agente, por embriaguez, proveniente de caso fortuito ou força maior, não possuía, ao tempo da ação ou da omissão, a plena capacidade de entender o caráter ilícito do fato ou de determinar-se de acordo com esse entendimento.

Para além da situação de embriaguez acidental completa, hipótese de inimputabilidade do agente, é válido destacar as outras espécies de embriaguez, que também acarretarão consequências penais:

ESPÉCIES DE EMBRIAGUEZ		
EMBRIAGUEZ	**CONCEITO**	**CONSEQUÊNCIA**
VOLUNTÁRIA	Consiste na embriaguez pretendida.	O agente será responsabilizado.
CULPOSA	Decorrente da quebra de dever objetivo de cuidado.	O agente será responsabilizado.

ESPÉCIES DE EMBRIAGUEZ		
EMBRIAGUEZ	**CONCEITO**	**CONSEQUÊNCIA**
PREORDENADA	O indivíduo antecipadamente se vale dessa embriaguez para cometer o delito. OBSERVAÇÃO: o princípio *actio libera in causa* justifica a responsabilidade penal por fatos típicos cometidos por autores que se põem em estado de inimputabilidade previamente à comissão de tais atos.	O agente será responsabilizado.
PATOLÓGICA	Consiste em uma doença mental.	O agente torna-se inimputável por meio de laudo médico, consoante o art. 26 do Código Penal. Aplica-se a Medida de Segurança.

CRITÉRIOS DE AFERIÇÃO DA IMPUTABILIDADE		
BIOLÓGICO	**PSICOLÓGICO**	**BIOPSICOLÓGICO**
Define-se biologicamente quem tem ou não a capacidade de responsabilidade penal. O Código Penal adota essa teoria em relação à idade.	É o critério utilizado para aferir os casos de embriaguez, sendo esta a perda da capacidade volitiva e/ou intelectiva por causa de intoxicação aguda causada pelo álcool ou outra substância com efeitos parecidos.	Há uma justificativa psicológica para a definição da imputabilidade. Nessa situação, analisa-se a capacidade intelectiva (de o agente entender e controlar o que faz) e a capacidade volitiva (de o indivíduo querer realizar aquela conduta e aquele resultado no momento do crime).
Código Penal: Art. 27. Os menores de 18 (dezoito) anos são penalmente inimputáveis, ficando sujeitos às normas estabelecidas na legislação especial.	Código Penal: Art. 28 [...] II – [...] § 1º É isento de pena o agente que, por embriaguez completa, proveniente de caso fortuito ou força maior, era, ao tempo da ação ou da omissão, inteiramente incapaz de entender o caráter ilícito do fato ou de determinar-se de acordo com esse entendimento.	Código Penal: Art. 26. É isento de pena o agente que, por doença mental ou desenvolvimento mental incompleto ou retardado, era, ao tempo da ação ou da omissão, inteiramente incapaz de entender o caráter ilícito do fato ou de determinar-se de acordo com esse entendimento.
Utilizado para afastar a imputabilidade no caso da menoridade penal.	Utilizado para afastar a imputabilidade no caso da embriaguez acidental completa.	Utilizado para afastar a imputabilidade no caso da doença mental e no desenvolvimento mental incompleto ou retardado.

Potencial consciência da ilicitude

Conforme previsão do Código Penal:

> Art. 21. O desconhecimento da lei é inescusável. O erro sobre a ilicitude do fato, se inevitável, isenta de pena; se evitável, poderá diminuí-la de um sexto a um terço.

Direito Penal

> Parágrafo único. Considera-se evitável o erro se o agente atua ou se omite sem a consciência da ilicitude do fato, quando lhe era possível, nas circunstâncias, ter ou atingir essa consciência.

No caso da potencial consciência da ilicitude, o fato é ilícito, imputável e a conduta é exigível. Entretanto, pode-se dizer que o agente tinha certeza de que a sua conduta era legal, devido ao seu histórico de vida e às circunstâncias fáticas.

Nesse caso, existirá o erro de proibição, ou seja, um engano sobre a ilicitude do fato, situação em que não haverá culpabilidade.

Contudo, se houver apenas uma certa dúvida de que a conduta realizada pode ser errada, ainda há erro, mas haverá a culpabilidade. Em outras palavras, as circunstâncias fáticas devem demonstrar que há uma possibilidade de consciência da ilicitude para haver culpabilidade (é o que se chama de consciência potencial da ilicitude).

Exigibilidade de conduta diversa

Nesse caso, apesar do indivíduo ser imputável, deve-se verificar se havia a possibilidade de o indivíduo realizar outro comportamento, ou seja, se havia condições para se exigir da pessoa alguma conduta diversa.

A legislação fixa os casos de inexigibilidade de conduta diversa, conforme previsão do Código Penal:

> Art. 22. Se o fato (típico e ilícito) é cometido sob coação irresistível ou em estrita obediência a ordem, não manifestamente ilegal, de superior hierárquico, só é punível o autor da coação ou da ordem.

Nesses casos de coação irresistível e obediência hierárquica, o coagido ou subordinado não são punidos por inexigibilidade de conduta diversa.

A coação moral irresistível ocorre quando o coator, visando à prática de um crime, ameaça o coagido. Este, por medo de ser concretizado o teor da ameaça, pratica o crime esperado.

A obediência hierárquica, por sua vez, ocorre quando um subordinado pratica um crime em cumprimento a uma ordem não manifestamente ilegal emanada do seu superior hierárquico.

Em relação à situação de obediência hierárquica, evidencia-se que ela se caracteriza em uma situação de hierarquia, em que o subordinado deve cumprir a ordem do superior. Nesse caso, o subordinado não deve cumprir a ordem manifestamente ilegal – se ele a cumprir, responderá penalmente também, apesar de receber um atenuante. Porém, se a ordem ilegal não for manifestamente ilegal, o subordinado não terá essa obrigação de desobedecer, caso em que somente o superior será responsabilizado pela conduta.

6.14 Teoria do erro

Em síntese, o erro é a falsa percepção da realidade.

Existem duas espécies de erro: o erro de tipo e o erro de proibição. Nessa linha, prevê o Código Penal:

ERRO DE TIPO	ERRO DE PROIBIÇÃO
Art. 20 do CP: O erro sobre elemento constitutivo do tipo legal de crime exclui o DOLO, mas permite a punição por crime culposo, se previsto em lei.	Art. 21 do CP: O desconhecimento da lei é inescusável. O erro sobre a ilicitude do fato, se INEVITÁVEL, isenta de pena; se EVITÁVEL, poderá diminuí-la de um sexto a um terço.

A partir da previsão dessas duas espécies de erro, passa-se a destrinchar cada uma:

6.14.1 Erro de tipo

Trata-se de falsa percepção da realidade, sendo um erro ou ignorância que recai sobre os elementos constitutivos de determinado tipo penal.

EXEMPLO: um aluno que, por estar atrasado para determinado compromisso, sai apressadamente da sala de aula e acaba por levar, por engano, o *laptop* de um colega, que é muito parecido com o seu. Ora, a conduta do aluno se amolda a um tipo penal (furto), entretanto, percebe-se que o agente não tinha a correta representação/compreensão da realidade, pois acreditava que aquele objeto era seu.

O erro de tipo pode ser dividido em duas espécies: o erro de tipo essencial e o erro de tipo acidental. O primeiro recai sobre as elementares do tipo, já o segundo, sobre os dados secundários ou periféricos, irrelevantes.

6.14.1.1 Erro de tipo essencial x erro de tipo acidental

ERRO DE TIPO ESSENCIAL	ERRO DE TIPO ACIDENTAL
Recai sobre as elementares do tipo penal.	É o erro que recai sobre circunstâncias e dados secundários, irrelevantes.
Exclui o dolo, mas permite a punição por crime culposo, se previsto em lei.	Não exclui o crime.

6.14.1.2 Erro de tipo essencial

ERRO DE TIPO ESSENCIAL	ESCUSÁVEL	É aquele caso de resultado imprevisível, motivo pelo qual, além de afastado o dolo, é também excluída a culpa, não respondendo o agente por crime.
	INESCUSÁVEL	Trata-se de resultado previsível, motivo pelo qual, embora afastado o dolo, o crime poderá ser punido na modalidade culposa, se prevista em lei.

6.14.1.3 Erro de tipo acidental

O erro de tipo acidental recai sobre dados secundários do crime. Nele, a intenção criminosa do agente é manifesta, motivo pelo qual não se exclui o crime.

Constituem espécies de erro de tipo acidental:

a) Erro sobre a pessoa (art. 20, § 3º, do CP):

O agente confunde a pessoa que queria atingir com pessoa diversa. Há uma vítima virtual, pessoa que o agente queria atingir, e uma vítima real, pessoa efetivamente atingida.

Não se consideram, neste caso, as condições ou qualidades da vítima, senão as da pessoa contra quem o agente queria praticar o crime (considera-se as características da vítima virtual).

EXEMPLO: um sujeito, desejando matar o próprio pai, dispara contra um outro homem muito parecido com seu pai, acreditando ser o seu ascendente. Nesse caso, o agente responderá pelo homicídio, mas a vítima real assumirá as qualidades da vítima virtual (pai). Sendo assim, o agente responderá por homicídio, inclusive, com a agravante de crime contra ascendente (art. 61, II, *e*, CP).

b) Erro sobre o objeto

Haverá erro sobre o objeto quando o agente acredita que sua ação se dirige a uma coisa específica, enquanto na verdade ela se aplica a outra. Desse modo, o indivíduo equivoca-se quanto ao objeto material (coisa) alvo, afetando outro que não era o desejado.

EXEMPLO: alguém entra em uma loja com a intenção de roubar um relógio de ouro, mas acaba pegando apenas um relógio dourado (feito de outro material), confundindo-se quanto ao objeto.

Nesse caso, o agente é punido pela ação realizada, levando em consideração o objeto material (coisa) que foi efetivamente atingido (conhecido como teoria da concretização) – corrente majoritária. Assim, o erro sobre o objeto não exclui o dolo, nem a culpa, e não absolve o agente da pena, sendo considerado na punição o objeto diferente do pretendido.

c) Erro na execução (*aberratio ictus*):

Consoante disposto no art. 73 do Código Penal, quando, por acidente ou erro no uso dos meios de execução, o agente, ao invés de atingir a pessoa que pretendia ofender, atinge pessoa diversa, responde como se tivesse praticado o crime contra aquela, atendendo-se ao disposto no art. 20, § 3º, do Código Penal (erro sobre a pessoa). No caso de ser também atingida a pessoa que o agente pretendia ofender, aplica-se a regra do art. 70 do Código Penal (concurso formal próprio).

ATENÇÃO! No erro sobre a pessoa, não há erro de execução, mas o agente confunde a sua vítima com outra. Por outro lado, no erro na execução (*aberratio ictus*), o agente não confunde sua vítima, apenas erra na execução.

d) Resultado diverso do pretendido (*aberratio criminis* ou *aberratio delicti*):

De acordo com o art. 74 do Código Penal, fora dos casos do art. 73 (erro na execução), quando, por acidente ou erro na execução do crime, sobrevém resultado diverso do pretendido, o agente responde por culpa, se o fato é previsto como crime culposo; se ocorre também o resultado pretendido, aplica-se a regra do art. 70 do Código Penal (concurso formal próprio).

EXEMPLO: um sujeito atira uma pedra contra um ônibus, no intuito de causar dano a este. Contudo, erra na pontaria e acaba atingindo o rosto de um passageiro. Nesse caso, responderá pela lesão corporal na modalidade culposa.

ATENÇÃO! No erro na execução (*aberratio ictus*), o erro recai de pessoa para pessoa. No resultado diverso do pretendido (*aberratio criminis ou aberratio delicti*), o erro incide de pessoa para coisa ou de coisa para pessoa.

ERRO DE TIPO			
ESSENCIAL			
MODALIDADE	FUNCIONAMENTO	EXEMPLO	CONSEQUÊNCIA
INVENCÍVEL ESCUSÁVEL INEVITÁVEL	Qualquer pessoa recairia em erro.	Caçar em local permitido e onde é proibida a entrada de pessoas, atirando em pessoa acreditando ser um animal.	Conduta atípica (exclui dolo e culpa).
VENCÍVEL INESCUSÁVEL EVITÁVEL	Com o mínimo de cuidado, observaria o erro.	Caçar em local proibido, atirando em pessoa acreditando ser um animal.	Responde por culpa, se houver previsão de crime na modalidade culposa.
ACIDENTAL			
MODALIDADE	FUNCIONAMENTO	EXEMPLO	CONSEQUÊNCIA
ERROR *IN OBJETO*	Quando se erra sobre a especificidade do objeto.	Queria roubar armas, e acabou roubando munições.	Continua respondendo pelo crime.
ERROR IN PERSONAM	Erro sobre a identidade da vítima.	Quer matar seus pai, vê uma pessoa passando na rua com o chapéu do seu pai e atira nela.	Responde pela vítima virtual, aquela que se pretendia atingir.
ABERRATIO ICTUS	Erro na execução.	Você quer matar a vítima que está em local B, mas é mal atirador e atinge outra pessoa.	Responde pela vítima virtual, aquela que se pretendia atingir.
ABERRATIO DELICTI	Erro de coisa para pessoa ou de pessoa para coisa.	Atirou em vidraça, mas acertou pessoa.	Se apenas um resultado, um só crime, se, por acaso, acertar também a vidraça, dois resultados, dois crimes (concurso formal).

6.14.1.4 Erro de proibição

O erro de proibição está relacionado ao estudo da culpabilidade. Isso ocorre porque, por definição, o erro de proibição, quando escusável, ou seja, inevitável, é causa de exclusão da potencial consciência da ilicitude e, portanto, afasta a culpabilidade.

O erro de proibição recai sobre o conteúdo proibitivo da norma penal. O sujeito supõe que seu comportamento é permitido quando, na verdade, não é.

EXEMPLO: o turista holandês que, em visita ao Brasil, é flagrado fazendo uso recreativo da maconha. O turista acredita que pratica uma conduta lícita, já que fumar maconha é permitido em determinados lugares de seu país de origem.

Erro de proibição evitável x erro de proibição inevitável

O erro de proibição, quando escusável, isenta o agente de pena, já que afasta a culpabilidade.

Porém, se o erro é inescusável e, portanto, evitável, o agente pratica um fato típico, ilícito e culpável. Contudo, nesse caso, terá direito a uma diminuição de pena de 1/6 a 1/3 (art. 21 do CP).

ERRO DE PROIBIÇÃO		
ESCUSÁVEL | INVENCÍVEL INEVITÁVEL	Exclui a culpabilidade.	Art. 21. O desconhecimento da lei é inescusável. O erro sobre a ilicitude do fato, se inevitável, isenta de pena; (...)
INESCUSÁVEL | VENCÍVEL EVITÁVEL	Reduz a culpabilidade, pena reduzida.	Art. 21. O desconhecimento da lei é inescusável. (...) se evitável, poderá diminuí-la de um sexto a um terço. Parágrafo único. Considera-se evitável o erro se o agente atua ou se omite sem a consciência da ilicitude do fato, quando lhe era possível, nas circunstâncias, ter ou atingir essa consciência.

Erro de proibição direto x erro de proibição indireto

Por fim, o erro de proibição pode ser direto ou indireto.

ERRO DE PROIBIÇÃO	
ESPÉCIES	**CONCEITO**
DIRETO	Incide sobre o conteúdo proibitivo, quando o sujeito desconhece o caráter ilícito.
INDIRETO	Incide sobre a existência ou limites das excludentes de ilicitude, o agente conhece que o fato é típico, mas acredita que está amparado por uma excludente.

EXEMPLO:

ERRO DE PROIBIÇÃO DIRETO

O agente desconhece a existência da norma proibitiva ou, se a conhece, considera a mesma não vigente ou até interpreta de forma equivocada. É o exemplo do turista Holandês supracitado.

ERRO DE PROIBIÇÃO INDIRETO

O agente conhece a existência da norma proibitiva, entretanto acredita que existe alguma causa justificante que possa autorizar a conduta. Por exemplo: o sujeito que aplica uma injeção letal no seu próprio cônjuge enfermo, acreditando que o pedido deste é suficiente para assegurar a licitude do ato.

6.14.1.5 Erro determinado por terceiro

Nesse caso, ocorre um erro induzido por um terceiro, envolvendo duas figuras pertinentes:

- O agente provocador (autor mediato);
- O agente provocado (autor imediato).

O erro determinado por terceiro pode gerar consequências diferentes para o:

1) Agente provocador: se o erro foi deliberadamente provocado, o seu provocador será responsabilizado pelo crime de maneira dolosa. Contudo, se o crime foi provocado por negligência, o agente será responsabilizado, mas será responsabilizado por um delito culposo;

2) Agente provocado: em regra, não será responsabilizado pelo crime, somente no caso em que tenha agido com intenção ou negligência.

EXEMPLO: um médico, com a intenção de assassinar um paciente, engana dolosamente uma enfermeira para administrar uma dose letal no enfermo. O médico (autor mediato) será responsável por homicídio doloso, enquanto a enfermeira (autora imediata), em princípio, estará isenta de punição, a menos que sua negligência seja comprovada, caso em que será responsabilizada por culpa.

6.14.1.6 Descriminantes putativas

Consistem em um erro de tipo especialíssimo (*sui generis*) em relação às circunstâncias da situação fática. Desse modo, o contexto fático faz com que o agente acredite erroneamente estar acobertado por uma excludente de ilicitude. Nesse caso, elide o dolo porque é erro de tipo essencial.

Esse erro está previsto no art. 20, § 1º, do Código Penal, que versa que:

> É isento de pena quem, por erro plenamente justificado pelas circunstâncias, supõe situação de fato que, se existisse, tornaria a ação legítima. Não há isenção de pena quando o erro deriva de culpa e o fato é punível como crime culposo.

EXEMPLO: é o caso de um indivíduo que empurra (e, consequentemente, lesiona) alguém no cinema, após uma pessoa gritar "fogo", fazendo com que a pessoa pense que está acontecendo um incêndio, mesmo que isso não seja verdade.

Quando o erro atinge os pressupostos de fato de uma descriminante putativa, irá ocorrer a aplicação das regras concernentes ao erro de tipo. Todavia, quando o erro está relacionado à existência e os limites de uma descriminante, aplicam-se as regras do erro de proibição indireto:

DESCRIMINANTES PUTATIVAS		
ERRO SOBRE OS PRESSUPOSTOS DE FATO DE UMA DESCRIMINANTE PUTATIVA	ESCUSÁVEL | INEVITÁVEL | INVENCÍVEL	Isenta a pena.
	INESCUSÁVEL | EVITÁVEL | VENCÍVEL	Exclui o dolo, mas permite a punição por culpa.
ERRO SOBRE A EXISTÊNCIA E AOS LIMITES DE UMA DESCRIMINANTE	ESCUSÁVEL | INEVITÁVEL | INVENCÍVEL	Exclui a culpabilidade.
	INESCUSÁVEL | EVITÁVEL | VENCÍVEL	Responde pelo crime doloso, com redução de pena, de ⅙ a ⅓.

ITER CRIMINIS (FASES DO CRIME)

De maneira simplificada, o *iter criminis* (isto é, as fases do crime) perpassa as etapas de:

1) cogitação;
2) preparação;
3) execução;
4) consumação;

Isto posto, destrincham-se as etapas do *iter criminis:*

a) Cogitação
É a intenção de praticar o delito. Compõe a fase interna ou subjetiva do agente. O Direito Penal não interfere aqui. Ora, desde que qualquer perversão se revele apenas na mente do sujeito, o Direito Penal não deve ser chamado a intervir.

b) Preparação

É a fase dos atos preparatórios. São atos indispensáveis à posterior execução do crime. Em regra, os atos preparatórios não são puníveis, pois ainda não há ofensa ao bem jurídico tutelado. Contudo, em situações excepcionais, esses atos preparatórios podem configurar crime autônomo (EXEMPLO: a previsão na Lei de Terrorismo – Lei nº 13.260/2016).

c) Execução

É aqui que surge a punibilidade do Estado. No mínimo, ocorrerá um crime tentado. Todo ato de execução deve apresentar duas características: deve ser idôneo (capaz de ofender o bem jurídico) e inequívoco (dirigido ao ataque do bem jurídico).

d) Consumação

Como será posteriormente destrinchado, conforme previsto no art. 14, I, do Código Penal, diz-se o crime consumado, quando nele se reúnem todos os elementos de sua definição legal.

OBSERVAÇÃO: o exaurimento não compõe o *iter criminis*. Trata-se do conjunto de efeitos posteriores à consumação do crime.

Contudo, o exaurimento possui relevância penal, tendo em vista que pode interferir na dosimetria da pena como:

- Uma circunstância judicial desfavorável

O exaurimento interfere na dosimetria da pena como uma circunstância judicial desfavorável nas situações em que, além do crime principal, o indivíduo é responsável por outras consequências decorrentes de sua conduta.

EXEMPLO: ao roubar um celular de uma loja e cometer um furto simples, o agente, durante a sua fuga, agride fisicamente uma possível testemunha com o intuito de evitar a sua captura. Nesse caso em que o indivíduo prosseguiu com uma conduta gravosa, considera-se a existência de uma circunstância desfavorável ao seu favor, que interferirá na dosimetria da pena de maneira a asseverar a sua penalidade.

- Uma qualificadora

O exaurimento pode interferir na dosimetria da pena como uma qualificadora em situações em que, além do ato principal, a conduta criminosa adiciona elementos que agravam a natureza do delito inicial.

Desse modo, além da infração principal, o indivíduo é responsável por consequências adicionais que qualificam o crime.

EXEMPLO: um indivíduo planeja e executa um roubo a um banco. Durante a execução do delito, além de subtrair o dinheiro dos caixas, ele agrediu fisicamente um dos funcionários do banco, o que lhe causou graves lesões. Nesse caso, apesar do roubo já acarretar penalidades, a agressão física contra o funcionário do banco foi além da prática do roubo, sendo considerada exaurimento que incide como uma qualificadora do crime de roubo. Dessa forma, o juiz pode decidir aumentar a pena do réu com base na qualificadora relacionada à lesão corporal grave ou gravíssima, refletindo a gravidade da conduta do réu em uma punição mais severa).

- Uma causa de aumento da pena

O exaurimento afeta a dosimetria da pena como uma causa de aumento em situações em que se verifica que a ação criminosa transcende o ato principal, resultando em danos adicionais ou intensificando a gravidade do delito inicial.

Desse modo, além de praticar a infração principal, o indivíduo é responsável por outras consequências resultantes da sua conduta (desdobramentos que podem ser levados em consideração no momento da fixação da pena).

EXEMPLO: após uma discussão em um restaurante, um indivíduo decide incendiar o estabelecimento. Ele coloca fogo no local, mas não somente o restaurante é destruído, como propriedades vizinhas são afetadas e danificadas pelas chamas. Nessa situação, o crime principal é o incêndio criminoso, porém o prejuízo causado aos estabelecimentos vizinhos vai além desse ato incendiário, incorrendo na situação de exaurimento da conduta criminosa. Desse modo, no momento da dosimetria da pena, o juiz pode considerar esse exaurimento como uma causa de aumento da pena: ou seja, além da pena base para o incêndio criminoso, o magistrado pode determinar o aumento da pena em virtude dos danos adicionais causados. Assim, esse aumento da pena refletirá a gravidade adicional da conduta do réu e proporcionará uma punição mais severa, estando em conformidade com o ato criminoso perpetrado.

6.15 Crime consumado

Diz-se o crime consumado quando nele se reúnem todos os elementos necessários para a sua configuração a partir da sua definição legal.

Assim, inclui-se a conduta (ação ou omissão), o resultado (se previsto no tipo penal), o nexo de causalidade entre a conduta e o resultado, e a tipicidade (adequação da conduta ao tipo penal previsto na lei).

EXEMPLO: uma pessoa, portando uma arma de fogo, aborda um pedestre na rua, ameaçando-o e exigindo que entregue sua carteira. Temendo a violência iminente, o pedestre entrega sua carteira com dinheiro e documentos.

Nesse caso, o crime de roubo se consuma no momento em que a pessoa aborda o pedestre, fazendo ameaças e exigindo a entrega da carteira, tendo em vista que se verifica que todos os elementos do tipo penal do roubo foram realizados:

- Conduta: o indivíduo abordou o pedestre e fez ameaças.
- Resultado: a carteira do pedestre foi subtraída.
- Nexo causal: a subtração foi resultado direto da conduta da pessoa que ameaçou o pedestre.
- Tipicidade: a conduta se enquadra na determinação legal de roubo, que consiste em subtrair coisa móvel alheia para si ou para outrem, mediante grave ameaça ou violência à pessoa.

Assim, o crime de roubo se consumou no momento em que o indivíduo obteve a posse da carteira do pedestre, após ameaçá-lo, não sendo necessário que a pessoa escape com o objeto subtraído para que o crime se considere completo (isto é, consumado), afinal, o elemento essencial é a obtenção da coisa mediante ameaça ou violência.

6.16 Crime tentado

Em alguns casos, o crime não se consuma por circunstâncias alheias à vontade do agente, sendo esta a hipótese em que reside o instituto da tentativa.

Sua previsão legal consta no art. 14 do Código Penal:

> Art. 14. Diz-se o crime:
> II – tentado, quando, iniciada a execução, não se consuma por circunstâncias alheias à vontade do agente.

A tentativa é o crime incompleto, imperfeito ou inacabado. É o início da execução do crime que somente não se consuma por circunstâncias alheias à vontade do agente.

ELEMENTOS DA TENTATIVA	
	Início da execução;
	Não consumação por atos alheios à vontade do agente;
	Dolo de consumação.

a) Espécies de tentativa:

Quanto ao resultado produzido na vítima, a tentativa por ser branca ou vermelha.

TENTATIVA BRANCA	TENTATIVA VERMELHA
Nesse caso, o objeto material não é atingido.	É aquela em que o objeto material (pessoa ou coisa que suporta a conduta criminosa) é atingido.
EXEMPLO: alguém tenta furtar um objeto de valor em uma loja, mas é interceptado e detido pelos seguranças antes de concluir a subtração pretendida.	EXEMPLO: uma pessoa que, com a intenção de matar outra, dispara vários tiros em sua direção. Contudo, a vítima sobrevive.

Quanto ao *iter criminis*, a tentativa por ser perfeita ou imperfeita.

TENTATIVA PERFEITA	TENTATIVA IMPERFEITA
Também chamada de tentativa acabada ou crime falho diz respeito aos atos executórios que o agente tinha à sua disposição. O agente esgota os atos executórios que tinha à sua disposição e, ainda assim, o crime não se consuma por circunstâncias alheias à sua vontade.	O agente não esgota os atos executórios que tinha à sua disposição e o crime não se consuma por circunstâncias alheias à sua vontade.
EXEMPLO: um indivíduo falsifica documentos para solicitar um empréstimo bancário com informações falsas sobre sua renda e histórico de crédito. Entretanto, antes que o banco aprove o empréstimo e libere os fundos, o seu setor de segurança descobre a fraude e impede a conclusão do ato. Nesse caso, a tentativa de fraude ocorreu e foi perfeitamente executada, pois todas as etapas necessárias para a consumação do crime foram realizadas pelo agente. Apesar de não ter ocorrido o dano pretendido, essa ação estará sujeita às sanções penais	EXEMPLO: um indivíduo planeja roubar um banco. Ele adentra o banco armado e ameaça os funcionários. Contudo, antes que ele obtenha o dinheiro e saia do banco, a polícia chega ao local e o prende. Nesse caso, o agente realizou atos para cometer o crime, mas a consumação do delito foi impedida. Apesar de não ter obtido sucesso, o indivíduo ainda é considerado responsável pela tentativa de roubo, sujeito a punições.

TIPOS DE TENTATIVA		
QUANTO AO *ITER CRIMINIS*	TENTATIVA IMPERFEITA	Quando o sujeito não praticou todos os atos de execução.
	TENTATIVA PERFEITA	Quando praticou todos os atos de execução, mas não atingiu o resultado.
QUANTO AO RESULTADO PRODUZIDO NA VÍTIMA	TENTATIVA BRANCA	A vítima não sofre lesão.
	TENTATIVA VERMELHA	A vítima é atingida pelo agente.

b) Crimes que não admitem tentativa:

C ULPOSOS, exceto culpa imprópria;
C ONTRAVENÇÕES PENAIS;
H ABITUAIS;
U NISSUBSISTENTES;
P RETERDOLOSO OU PRETERINTENCIONAL;
A TENTADOS OU EMPREENDIMENTO;
O MISSÃO PRÓPRIA.

c) Penalidade para o crime tentado

Prevê-se que, em caso de não haver disposição em contrário, a tentativa é punida com a pena correspondente ao crime consumado, diminuída de 1/3 a 2/3.

6.17 Crime impossível

Diferentemente do crime tentado, no crime impossível, não será punida a tentativa. O crime impossível (chamado de tentativa inidônea, tentativa inadequada, tentativa impossível ou quase crime) é compreendido como o caso em que é impossível ocorrer a consumação, seja por ineficácia absoluta do meio ou por absoluta impropriedade do objeto.

O crime impossível, portanto, é uma hipótese de tentativa não punível e trata-se de uma excludente de tipicidade.

> Art. 17. Não se pune a tentativa quando, por ineficácia absoluta do meio ou por absoluta impropriedade do objeto, é impossível consumar-se o crime

a) Ineficácia absoluta do meio de execução

Nesse caso, o meio de execução se mostra incapaz de produzir o resultado, por mais reiterada que seja a sua prática. Essa ineficácia absoluta deve ser avaliada no caso concreto (momento para aferição da idoneidade absoluta) após a prática do crime.

EXEMPLO: um exemplo de necessidade de aferição da eficácia dos meios no caso concreto explicita-se na situação em que, tentando envenenar alguém, o indivíduo derrama em sua bebida um pó que acredita ser veneno, mas se trata de açúcar, consistindo em meio absolutamente ineficaz de atingir o objetivo pretendido.
OBSERVAÇÃO: Se for a ineficácia relativa, é hipótese de tentativa.
EXEMPLO: sujeito atira na vítima que está com colete a prova de bala.

Direito Penal

b) Impropriedade absoluta do objeto:

Nesse caso, o objeto não existe ao tempo da consumação.

EXEMPLO: tentar matar alguém que já morreu. Ou ainda, tentar praticar uma manobra abortiva em quem não está grávida.

6.18 Desistência voluntária

Ocorre quando o agente desiste de prosseguir na execução. Perceba que não estamos falando de circunstâncias alheias à sua vontade, o que configura a tentativa. Na desistência voluntária o agente até pode prosseguir com a execução, mas, voluntariamente, desiste de prosseguir.

Nesse caso, responderá o agente apenas pelos atos já praticados.

EXEMPLO: um sujeito, com intenção de matar a pauladas o seu desafeto, começa a espancar a vítima. Contudo, durante a execução, desiste de dar prosseguimento. Nesse caso, uma vez que abandonou o dolo inicial (homicídio), o agente responderá apenas pelos atos já praticados, ou seja, não responderá por homicídio tentado, mas por lesão corporal dolosa consumada.

6.19 Arrependimento eficaz

O arrependimento eficaz é disciplinado no mesmo artigo referente à desistência voluntária (art. 15 do CP). Inclusive, ambos os institutos possuem a mesma consequência, ou seja, o agente responde apenas pelos atos já praticados, uma vez que abandona o dolo inicial.

A diferença é que, no arrependimento eficaz, o agente esgota os atos executórios. Porém, impede que o resultado se produza.

Nessa linha, determina o Código Penal:

> Art. 15. O agente que, voluntariamente, desiste de prosseguir na execução ou impede que o resultado se produza, só responde pelos atos já praticados.

EXEMPLO: a situação em que o agente, de posse de um revólver calibre .38 e ânimo homicida, desfere os seis tiros do referido revólver contra seu desafeto. Vendo a vítima desacordada, o agente se arrepende, transportando a vítima até o hospital mais próximo a fim de lhe prestar socorro. Atendida no hospital, a vítima sobrevive. Nesse caso, uma vez que impediu a produção do resultado, o agente deve responder apenas pelos atos já praticados, ou seja, não responderá por homicídio tentado, mas por lesão corporal dolosa consumada.

6.20 Arrependimento posterior

Na situação de crimes cometidos sem violência ou grave ameaça à pessoa, se, voluntariamente, o dano for reparado ou a coisa for restituída pelo agente até o recebimento da denúncia ou da queixa, a pena será reduzida de 1/3 a 2/3.

> Art. 16. Nos crimes cometidos sem violência ou grave ameaça à pessoa, reparado o dano ou restituída a coisa, até o recebimento da denúncia ou da queixa, por ato voluntário do agente, a pena será reduzida de um a dois terços

Não podemos confundir tal instituto com o arrependimento eficaz. No arrependimento posterior, o crime não pode ser com violência ou grave ameaça e se consuma, mas o agente, posteriormente a consumação, comporta-se de modo a diminuir os efeitos do crime. É causa obrigatória de diminuição de pena.

EXEMPLO: um indivíduo comete um furto em uma loja, subtraindo vários objetos. No entanto, se sentindo culpado, ele decide devolver os objetos furtados à loja após algum tempo, confessando seu crime para o gerente. Nesse caso, ele voluntariamente tomou a iniciativa de reparar o dano causado pela sua conduta criminosa.

6.21 Concurso de pessoas

Todos os agentes que, de qualquer forma, tenham contribuído para o crime sofrerão as penalidades cominadas a este, respeitando a medida da sua culpabilidade. Assim:

A pena do agente pode ser diminuída de 1/6 a 1/3 se a sua participação tiver sido de menor importância.

Se algum dos agentes concorrentes quis participar de crime menos grave, ele sofrerá a penalidade aplicada a este. Contudo, se teria sido previsível o resultado mais grave, essa pena será aumentada até metade.

ATENÇÃO!
Se não forem elementares do crime, as circunstâncias e as condições de caráter pessoal são incomunicáveis.

6.21.1 Requisitos do concurso de pessoas

P luralidade de agentes;

R elevância causal de cada conduta;

I dentidade de infração penal;

L iame subjetivo entre os agentes.

Nesse ponto, importante apontar as principais teorias sobre a forma de punição dos agentes no caso de se configurar o concurso de pessoas:

TEORIAS SOBRE A FORMA DE PUNIÇÃO NO CONCURSO DE PESSOAS		
TEORIA MONISTA	**TEORIA PLURALISTA**	**TEORIA DUALISTA**
Considera que, apesar da pluralidade de agentes, há apenas um crime, sem distinção de aplicação entre os sujeitos.	Considera para cada agente uma conduta, intenção e resultado específicos, de modo que há delitos autônomos para cada um. Haverá tantos crimes quantos são os que concorrem para ele.	Tem-se um crime para os executores do núcleo do tipo e outro aos que não o realizam, mas de qualquer modo concorrem para a execução.

ATENÇÃO!
Segundo o art. 29 do CP, quem, de qualquer modo, concorre para o crime, incide nas penas a este cominadas, de modo que se adotou como regra a Teoria Monística ou Monista (preconiza que autores e partícipes respondem pelo mesmo crime).
Porém, o CP também adota a Teoria Pluralista, de forma excepcional, a exemplo do crime de aborto cometido pela gestante (art. 124 do CP) e aquele cometido por terceiro com o consentimento da gestante (art. 126 do CP), ocasião em que os agentes responderão por tipos penais distintos.
A Teoria Dualista não é adotada no Código Penal Brasileiro.

6.22 Conceito de partícipe no concurso de pessoas

Partícipe é aquele que atua induzindo, instigando ou auxiliando o autor (isto é, que possui um comportamento acessório), podendo a sua participação ser meramente moral ou material.

7 TEORIA DA SANÇÃO PENAL

7.1 Conceito de pena

É uma espécie de sanção penal, devidamente prevista em lei, imposta ao autor de uma infração penal, como retribuição ao delito praticado e prevenção a novos crimes.

A imposição de pena está relacionada ao devido processo legal, ao se constatar e comprovar a existência de fato típico, ilícito e culpável.

ATENÇÃO!
A pena é cabível em face de agente culpável, tendo, pois como foco a culpabilidade.
Em se tratando de indivíduos cuja culpabilidade é afastada, no entanto, é possível a aplicação de medida de segurança, a qual tem como enfoque a periculosidade do agente.

7.2 Princípios da pena

Tendo por objetivo garantir que a aplicação da pena seja justa, proporcional e dentro dos limites de respeito aos direitos fundamentais do indivíduo, as penas são fundamentadas em alguns princípios basilares, que contribuem para a eficácia dos ideais do sistema penal (prevenção do crime e ressocialização do condenado).

Isto posto, constituem princípios da pena:

PRINCÍPIO DA LEGALIDADE	A pena só pode ser imposta se houver previsão legal anterior que a defina.
PRINCÍPIO DA PERSONALIDADE DA PENA	A pena deve ser individualizada de acordo com as características pessoais do condenado.
PRINCÍPIO DA HUMANIDADE DAS PENAS	As penas devem ser aplicadas de forma a respeitar a dignidade humana, não podendo ser cruéis, desumanas ou degradantes.
PRINCÍPIO DA INDIVIDUALIZAÇÃO DA PENA	Cada condenado deve ter sua pena individualizada de acordo com as peculiaridades do caso concreto.

PRINCÍPIO DA PROPORCIONALIDADE DA PENA	A pena deve ser proporcional à gravidade do crime e à culpabilidade do agente.
PRINCÍPIO DA RAZOABILIDADE DA PENA	A pena aplicada deve ser razoável e adequada às circunstâncias do caso.
PRINCÍPIO DA INDIVIDUALIZAÇÃO EXECUTÓRIA	Durante o cumprimento da pena, deve-se respeitar a individualidade do condenado, proporcionando-lhe condições dignas de cumprimento da pena de acordo com as suas necessidades, tendo por intuito viabilizar a sua ressocialização.

7.3 Penas vedadas no Brasil

São proibidas no Brasil as penas de morte, perpétuas, de trabalhos forçados, de banimento e de natureza cruel.

ATENÇÃO! a pena de morte é permitida excepcionalmente no Brasil em caso de guerra declarada

7.4 Finalidades da pena

FINALIDADES DA PENA	
RETRIBUTIVA	Para esta teoria a finalidade da pena seria a de impor ao condenado um castigo, uma retribuição pelo crime praticado. A teoria absoluta, que a permeia, tem como enfoque a reprovação.
PREVENÇÃO GERAL	A teoria relativa está focada na prevenção (geral e especial). A Prevenção Geral tem como foco que a sociedade tome como exemplo, e por medo, não repita aquela dada conduta. Prevenção Geral Positiva: um reforço de autoridade do Estado, restabelecendo a confiança da sociedade; Prevenção Geral Negativa: a sociedade convive sob ameaça, pois tem o medo do castigo.
PREVENÇÃO ESPECIAL	Prevenção Especial: para que o delinquente não volte a cometer crime; Prevenção Especial Positiva: promover a ressocialização do condenado; Prevenção Especial Negativa: tem como objetivo evitar a reincidência.

7.5 Espécies de pena

PENAS PRIVATIVAS DE LIBERDADE	RESTRITIVAS DE DIREITOS	MULTA
No caso da pena privativa de liberdade, o condenado possuirá a sua liberdade limitada por meio do cumprimento de pena em estabelecimento prisional. Espécies: reclusão e detenção. Regime inicial de cumprimento: fechado, semiaberto e aberto.	As penas restritivas de direitos impõem determinadas restrições aos direitos e liberdades do condenado. Espécies: prestação pecuniária; perdas de bens e valores; prestação de serviço à comunidade ou a entidades públicas; interdição temporária; e limitação de fim de semana.	A pena pecuniária possui o intuito de penalizar o delito cometido por meio de um impacto financeiro como consequência da sua infração penal.

7.5.1 Penas privativas de liberdade

RECLUSÃO	DETENÇÃO	PRISÃO SIMPLES
Em regra, aplicável aos delitos de maior gravidade.	Em geral, aplicável a crimes de menor gravidade em comparação aos crimes puníveis com a reclusão.	Aplicada a crimes de menor potencial ofensivo ou a contravenções penais.
Regime inicial de cumprimento da pena: fechado, semiaberto ou aberto.	Regime inicial de cumprimento da pena: semiaberto ou aberto.	Regime inicial de cumprimento da pena: aberto.

7.5.2 Penas restritivas de direitos

PRESTAÇÃO PECUNIÁRIA	O indivíduo arcará com uma quantia em dinheiro destinada ao Estado. O valor será definido pelo magistrado, a partir de critérios legais e a situação financeira do condenado.
PERDA DE BENS E VALORES	O condenado é obrigado a perder os bens que foram adquiridos de forma ilícita ou conectados ao crime.
PRESTAÇÃO DE SERVIÇO À COMUNIDADE OU A ENTIDADES PÚBLICAS	O indivíduo realiza atividades que beneficiam a sociedade como uma forma de punição pelo delito cometido, respeitando critérios legais e as necessidades do condenado. Essa prestação deverá ser adequadamente acompanhada e fiscalizada para assegurar a sua eficácia e legalidade.
INTERDIÇÃO TEMPORÁRIA	Restrição temporária de alguns direitos do acusado durante o curso do processo criminal, para assegurar a eficácia da investigação ou a proteção da sociedade durante o processo penal. ESPÉCIES DE INTERDIÇÃO TEMPORÁRIA: • Interdição do exercício de profissão, atividade ou ofício; • Proibição de frequentar determinados lugares; • Proibição de se ausentar do país; • Proibição de entrar em contato com determinadas pessoas.
LIMITAÇÃO DE FIM DE SEMANA	Refere-se à situação em que o indivíduo é obrigado a permanecer em um local específico durante os fins de semana.

7.6 Substituição da pena

As penas restritivas de direitos possuem como características a autonomia (não podem ser cumuladas com penas privativas de liberdade) e a substitutividade (inicialmente, são fixados a pena privativa de liberdade e o regime inicial de cumprimento, em seguida, o magistrado substitui a pena privativa de liberdade por uma ou mais restritivas de direito).

> Art. 44 do CP – As penas restritivas de direitos são autônomas e substituem as privativas de liberdade, quando:
> I – aplicada pena privativa de liberdade não superior a quatro anos e o crime não for cometido com violência ou grave ameaça à pessoa ou, qualquer que seja a pena aplicada, se o crime for culposo;
> II – o réu não for reincidente em crime doloso;
> § 1º (VETADO)
> III – a culpabilidade, os antecedentes, a conduta social e a personalidade do condenado, bem como os motivos e as circunstâncias indicarem que essa substituição seja suficiente.

> § 2º Na condenação igual ou inferior a um ano, a substituição pode ser feita por multa ou por uma pena restritiva de direitos; se superior a um ano, a pena privativa de liberdade pode ser substituída por uma pena restritiva de direitos e multa ou por duas restritivas de direitos.
> § 3º Se o condenado for reincidente, o juiz poderá aplicar a substituição, desde que, em face de condenação anterior, a medida seja socialmente recomendável e a reincidência não se tenha operado em virtude da prática do mesmo crime.

Constituem requisitos para a substituição da pena, conforme o art. 44 do Código Penal:

REQUISITOS PARA A SUBSTITUIÇÃO DA PENA	
	A pena privativa de liberdade prevista para aquele delito deve ser de até 4 anos (se o crime for culposo, não há limitação na previsão da sua pena);
	O crime deve ter sido cometido sem violência ou grave ameaça;
	O agente não pode ser reincidente em crime doloso específico;
	Deve haver indicação de que a substituição será suficiente.

ATENÇÃO! Na condenação igual ou inferior a um ano, a substituição pode ser feita por multa ou por uma pena restritiva de direitos; se superior a um ano, a pena privativa de liberdade pode ser substituída por uma pena restritiva de direitos e multa ou por duas restritivas de direitos (art. 44, § 2º).

7.7 Dosimetria da pena

Leva em consideração o princípio da individualização da pena, art. 5º, XLVI, da CF. Em outras palavras, a pena do agente precisa ser de acordo com a exata medida do crime por ele praticado.

Ocorre em três momentos: legislativo (o legislador estabelece a pena mínima e máxima em abstrato), judicial (o juiz aplica a pena ao caso concreto, com base na previsão legal) e executório (o juiz da execução faz adaptações durante o cumprimento de pena do agente).

Conforme o art. 68 do Código Penal adota o critério trifásico, ou seja:

DOSIMETRIA DA PENA	
1ª FASE (pena-base)	Circunstâncias judiciais (art. 59 do CP) Não é permitido fixar a pena fora dos limites máximos e mínimos cominadas pela lei.
2ª FASE (pena intermediária)	Agravantes e atenuantes (arts. 61 e 66 do CP) Não é permitido fixar a pena fora dos limites máximos e mínimos cominadas pela lei.
3ª FASE (pena definitiva)	Causas de aumento e de diminuição É permitido que a pena fixada extrapole os limites máximo e aquém do mínimo.

SEQUÊNCIA DE ATOS NA FIXAÇÃO DA PENA	
DOSIMETRIA DA PENA	Observação da pena a ser aplicada de acordo com as três fases acima mencionadas.
FIXAÇÃO DE REGIME INICIAL	Segundo a pena e as características do caso concreto, a fixação de regime fechado, semiaberto ou aberto.

SEQUÊNCIA DE ATOS NA FIXAÇÃO DA PENA	
ANÁLISE DO CABIMENTO DO *SURSIS* DA PENA	Essa verificação apenas se dá se não for o caso de substituição da pena.
ANÁLISE DA MANUTENÇÃO OU IMPOSIÇÃO DE PRISÃO PREVENTIVA	Está sendo aplicada apenas excepcionalmente e em não sendo possível a suspensão condicional.

7.8 Reincidência

Trata-se de uma agravante de especial relevância, com conceito previsto a partir do art. 63 do CP:

> Art. 63. Verifica-se a reincidência quando o agente comete novo crime, depois de transitar em julgado a sentença que, no País ou no estrangeiro, o tenha condenado por crime anterior.
>
> Art. 64. Para efeito de reincidência:
>
> I - não prevalece a condenação anterior, se entre a data do cumprimento ou extinção da pena e a infração posterior tiver decorrido período de tempo superior a 5 (cinco) anos, computado o período de prova da suspensão ou do livramento condicional, se não ocorrer revogação;
>
> II - não se consideram os crimes militares próprios e políticos.

SÚMULA nº 241 - SUPERIOR TRIBUNAL DE JUSTIÇA
A reincidência penal não pode ser considerada como circunstância agravante e, simultaneamente, como circunstância judicial.

7.9 Suspensão condicional da pena

Também conhecido como *sursis da pena*, trata-se de medida descarcerizadora que tem por finalidade evitar o aprisionamento daqueles que foram condenados a penas de curta duração, evitando-se, com isso, o convívio promíscuo e estigmatizante do cárcere.

7.10 Livramento condicional

Medida que tem por objetivo a antecipação da pena do condenado, após cumprimento de uma parcela da pena, mediante algumas condições impostas.

7.11 *Sursis* da pena x Livramento condicional

PONTOS COMUNS	DIFERENÇAS
Destinatário Condenados à pena privativa de liberdade.	Execução da pena Não tem início no *sursis*, enquanto no livramento condicional o condenado cumpre parte da pena imposta.

PONTOS COMUNS	DIFERENÇAS
Requisitos legais Devem ser preenchidos pelo condenado.	Duração do período de prova 2 a 4 anos no *sursis*, em regra, ou o restante da pena, no livramento condicional.
Condicionais Sujeitam-se ao cumprimento de determinadas condições.	Momento da concessão O *sursis* é concedido na sentença ou acórdão, e o livramento condicional durante a execução da pena.
Período de prova Iniciam-se com a realização de audiência.	Recurso cabível Apelação no *sursis* e agravo em execução no livramento condicional.
Finalidade Evitar a execução total ou parcial da pena privativa de liberdade.	

7.12 *Sursis* penal x *Sursis* processual

	SURSIS DA PENA	*SURSIS* PROCESSUAL
ÂMBITO DE INCIDÊNCIA	Condenações iguais ou inferiores a 2 anos (ou até 4, excepcionalmente).	Infrações cuja pena mínima não exceda um ano.
PRESSUPOSTO	Condenação.	Recebimento da inicial.
EFEITO	Suspensão da execução da pena privativa de liberdade.	Suspensão do processo e da prescrição.
REINCIDÊNCIA	Gera reincidência.	Não gera reincidência.

8 CAUSAS DE EXTINÇÃO DA PUNIBILIDADE

O art. 107 do Código Penal apresenta rol exemplificativo de causas que acarretam a extinção de punibilidade do agente.

Por ser exemplificativo, esse rol é complementado por outros dispositivos penais, como, por exemplo, o art. 312, § 3º, do Código Penal, o qual prevê a extinção de punibilidade pela reparação do dano no peculato culposo.

A extinção de punibilidade ocorre quando, a despeito do cometimento do crime, há razões de natureza extrapenal que não recomendam a punição.

8.1 Causas de extinção de punibilidade

CAUSAS DE EXTINÇÃO DE PUNIBILIDADE
MORTE DO AGENTE Com a morte do agente, extingue-se a punibilidade e todos os efeitos, a exceção da pena de perda de bens, que o espólio pode ser cobrado.
ANISTIA Consiste em uma concessão de perdão geral destinada a crimes políticos e que deve ser veiculada por meio de lei.

CAUSAS DE EXTINÇÃO DE PUNIBILIDADE
GRAÇA Concedida pelo Presidente da República de forma individual e provocada, veiculada pelo decreto presidencial e aplicada a qualquer crime.
INDULTO Concedido pelo Presidente da República de forma coletiva, veiculada por decreto presidencial e aplicada a qualquer crime.
PERDÃO DO OFENDIDO O perdão do ofendido extingue a punibilidade nos crimes de ação penal privada. Esse perdão deve ser expresso de maneira válida e irretratável.
RENÚNCIA DO DIREITO DE QUEIXA A renúncia do direito de queixa do ofendido deve ser realizada de forma válida e expressa nos crimes de ação penal privada.
DECADÊNCIA Consiste na perda do direito de oferecer denúncia ou queixa (por parte do Ministério Público ou por parte do ofendido), se elas não forem exercidas dentro do prazo determinado pela legislação, que em regra é de 6 meses contados do conhecimento da autoria.
PEREMPÇÃO É a perda do direito de prosseguir com a ação penal em virtude da inércia do querelante, com hipóteses previstas no art. 60 do CPP.
PRESCRIÇÃO Refere-se ao instituto que determina um prazo máximo dentro do qual o Estado pode exercer o seu poder de punir em relação a um certo delito.
REPARAÇÃO DO DANO OU RESTITUIÇÃO DA COISA Situação em que o agente repara integralmente o dano causado ou restitui a coisa que foi objeto do crime, nos casos em que a legislação assim o define.
ABOLITIO CRIMINIS Situação em que a lei posterior é mais benéfica de modo a extinguir o crime para o qual o agente concorria.
PERDÃO JUDICIAL Exige previsão específica na parte especial, sendo previsto, por exemplo, no caso de crimes culposos em casos que os efeitos do fato são tão nocivo ao agente que a pena se torna desnecessária.

SÚMULA nº 535 – SUPERIOR TRIBUNAL DE JUSTIÇA

A prática de falta grave não interrompe o prazo para o fim de comutação de pena ou indulto.

8.2 Prescrição

Refere-se à determinação de um prazo máximo dentro do qual o Estado pode exercer o seu poder de punir em relação a um certo delito. Assim, é o período de tempo após o qual o Estado perde o direito de aplicar a penalidade ao agente do crime.

São prescrições no âmbito do direito penal brasileiro:

- Prescrição da pretensão punitiva: diz respeito ao prazo determinado pela legislação para que o Estado ajuíze a ação penal contra o autor do crime. Desse modo, quando ocorre a prescrição da pretensão punitiva, o Estado perde o direito de processar e punir o autor do crime, mesmo que ele seja identificado posteriormente.
- Prescrição da pretensão executória: é o prazo determinado pela legislação para que o Estado execute a pena imposta ao condenado após o trânsito em julgado da sentença

condenatória. Na situação da pena não ser executada dentro desse prazo definido, a punibilidade do condenado é extinta, não mais podendo ele ser punido pelo crime cometido.

PRAZOS PRESCRICIONAIS	
Art. 109 do Código Penal: A prescrição, antes de transitar em julgado a sentença final, salvo o disposto no § 1º do art. 110 deste Código, regula-se pelo máximo da pena privativa de liberdade cominada ao crime, verificando-se:	
EM 20 ANOS	Se o máximo da pena é superior a 12;
EM 16 ANOS	Se o máximo da pena é superior a 8 anos e não excede a 12;
EM 12 ANOS	Se o máximo da pena é superior a 4 anos e não excede a 8;
EM 8 ANOS	Se o máximo da pena é superior a 2 anos e não excede a 4;
EM 4 ANOS	Se o máximo da pena é igual a 1 ano ou, sendo superior, não excede a 2;
EM 3 ANOS	Se o máximo da pena é inferior a 1 ano.

ATENÇÃO!

Quando o agente, ao tempo do crime, era menor de 21 anos ou, na data da sentença, era maior de 70 anos, os prazos da prescrição serão reduzidos pela metade.

Algumas situações suspendem ou interrompem o curso da prescrição, como, por EXEMPLO, a apresentação de denúncia ou queixa ou o início do cumprimento da pena.

CAUSAS IMPEDITIVAS DA PRESCRIÇÃO	CAUSAS SUSPENSIVAS DA PRESCRIÇÃO
Art. 116. Antes de passar em julgado a sentença final, a prescrição não corre: I - enquanto não resolvida, em outro processo, questão de que dependa o reconhecimento da existência do crime; II - enquanto o agente cumpre pena no exterior; III - na pendência de embargos de declaração ou de recursos aos Tribunais Superiores, quando inadmissíveis; e IV - enquanto não cumprido ou não rescindido o acordo de não persecução penal.	Art. 117. O curso da prescrição interrompe-se: I - pelo recebimento da denúncia ou da queixa; II - pela pronúncia; III - pela decisão confirmatória da pronúncia; IV - pela publicação da sentença ou acórdão condenatórios recorríveis; V - pelo início ou continuação do cumprimento da pena; VI - pela reincidência.

- Nos casos em que a prescrição for suspensa, o seu prazo retornará a partir do término do motivo que a suspendeu;
- Nos casos em que a prescrição for interrompida, o seu prazo recomeçará a ser computado do início.

9 CONCURSO DE CRIMES

Ocorre o concurso de crimes quando o agente, mediante uma ou mais condutas, realiza duas ou mais infrações penais.

CONCURSO MATERIAL

CONCURSO FORMAL

CRIME CONTINUADO

9.1 Concurso material

> Art. 69 do Código Penal: Quando o agente, mediante mais de uma ação ou omissão, pratica dois ou mais crimes, idênticos ou não, aplicam-se cumulativamente as penas privativas de liberdade em que haja incorrido. No caso de aplicação cumulativa de penas de reclusão e de detenção, executa-se primeiro aquela.

No concurso material há a prática de mais de uma ação ou omissão e de dois ou mais crimes (idênticos ou não). A aplicação da pena se dá de maneira cumulativa.

9.2 Concurso formal

> Art. 70 do CP – Quando o agente, mediante uma só ação ou omissão, pratica dois ou mais crimes, idênticos ou não, aplica-se-lhe a mais grave das penas cabíveis ou, se iguais, somente uma delas, mas aumentada, em qualquer caso, de 1/6 até a metade. As penas aplicam-se, entretanto, cumulativamente, se a ação ou omissão é dolosa e os crimes concorrentes resultam de desígnios autônomos, consoante o disposto no artigo anterior.
>
> Parágrafo único. Não poderá a pena exceder a que seria cabível pela regra do art. 69 deste Código.

No concurso formal há a prática de uma só ação ou omissão e a prática de dois ou mais crimes (idênticos ou não).

APLICAÇÃO DA PENA		
CRIME FORMAL PRÓPRIO	Quando há pluralidade de resultados não derivados de desígnios autônomos - só desejava praticar um crime.	Aplica-se a pena mais grave (ou somente uma delas, se as penas forem idênticas, aumentada de ⅙ até a metade).
CRIME FORMAL IMPRÓPRIO	quando há desígnios autônomos, ou seja, há a intenção de produzir mais de um resultado.	Cúmulo material, soma-se as penas de ambos os crimes.

9.3 Crime continuado

Acerca da natureza jurídica do crime continuado, sintetiza-se:

UNIDADE REAL	FICÇÃO JURÍDICA	MISTA
Os vários delitos, na realidade, constituem um único crime.	Na realidade existem vários crimes. A lei é que resume, por uma ficção, a existência de um único delito. É a teoria adotada no CP	O crime continuado não é um só, nem são vários. Ele constitui um terceiro delito.

Isto posto, acerca do crime continuado, prevê o Código Penal brasileiro:

> Art. 71 do CP – Quando o agente, mediante mais de uma ação ou omissão, pratica dois ou mais crimes da mesma espécie e, pelas condições de tempo, lugar, maneira de execução e outras semelhantes, devem os subsequentes ser havidos como continuação do primeiro, aplica-se-lhe a pena de um só dos crimes, se idênticas, ou a mais grave, se diversas, aumentada, em qualquer caso, de um sexto a dois terços.

Dessa maneira, configura-se o crime continuado diante da existência de:

REQUISITOS DO CRIME CONTINUADO	
PLURALIDADE DE CONDUTAS	Há a prática de mais de uma ação ou omissão;
PLURALIDADE DE CRIMES	Há a prática de dois ou mais crimes da mesma espécie, sendo crimes que estão no mesmo tipo penal e que afetam o mesmo bem jurídico;
ELO DE CONTINUIDADE	Condições de tempo, lugar, maneira de execução e outras semelhantes. Aqui, também se prevê o elo subjetivo, devendo existir um dolo unitário ou global que torne coesas todas as infrações perpetradas.

9.3.1 Aplicação da pena na prática de crime continuado

Pelo sistema da exasperação, isto é, os crimes subsequentes são considerados como continuação do primeiro, devendo ser aplicada:

a) A pena de 1 só dos crimes, se idênticas;
b) A pena mais grave, se diversas, aumentada, em qualquer caso, de 1/6 a 2/3.

9.3.2 Crime continuado específico

Previsto no art. 71, parágrafo único, do CP, é aplicado para condutas com violência ou grave ameaça à pessoa, com vítimas diferentes, e no caso de crimes dolosos, caso em que o juiz vai verificar ainda sobre culpabilidade, antecedentes, conduta social, personalidade, motivos e circunstâncias favoráveis. A pena nesse caso poderá ser aumentada de ⅙ o triplo.

> Parágrafo único. Nos crimes dolosos, contra vítimas diferentes, cometidos com violência ou grave ameaça à pessoa, poderá o juiz, considerando a culpabilidade, os antecedentes, a conduta social e a personalidade do agente, bem como os motivos e as circunstâncias, aumentar a pena de um só dos crimes, se idênticas, ou a mais grave, se diversas, até o triplo, observadas as regras do parágrafo único do art. 70 e do art. 75 deste Código.

10 DOS CRIMES EM ESPÉCIE

10.1 Crimes contra a vida

10.1.1 Homicídio

10.1.1.1 Homicídio simples

O homicídio simples é uma infração tipificada no Código Penal brasileiro como o ato de tirar a vida de outra pessoa de forma intencional, mas sem as circunstâncias agravantes que qualificam o crime (que podem envolver motivos fúteis, uso de veneno, tortura, método cruel ou impedimento da defesa da vítima).

A pena para esse crime é de reclusão de 6 a 20 anos.

Nesse sentido, prevê o Código Penal brasileiro:

> Art. 121. Matar alguém:
> Pena - reclusão, de seis a vinte anos.

10.1.1.2 Homicídio privilegiado

O homicídio privilegiado é uma categoria de infração prevista no Código Penal brasileiro que conduz a uma diminuição da penalidade devido a situações que reduzem a responsabilidade do autor, como, por exemplo, situações que abarcam emoção intensa, provocação injusta da vítima ou estado de embriaguez.

Esse tipo de delito resulta em uma sanção mais suave. Desse modo, busca-se assegurar uma justiça mais equitativa, levando em conta as circunstâncias específicas do caso e o estado emocional ou psicológico do autor.

A pena pode ser diminuída em até um terço em relação ao homicídio simples, dependendo da avaliação do juiz sobre as circunstâncias envolvidas.

O homicídio privilegiado representa uma tentativa de conciliar a punição do crime com a compreensão da complexidade humana e das situações que podem influenciar um ato de violência.

Características do homicídio privilegiado:

- O indivíduo é impelido por motivo de relevante valor social ou moral;
- O indivíduo é motivado pelo domínio de violenta emoção LOGO EM SEGUIDA a injusta provocação da vítima.

10.1.1.3 Homicídio qualificado

São hipóteses de homicídio qualificado: delito cometido mediante paga ou promessa de recompensa, ou por outro motivo torpe; homicídio praticado por motivo fútil; com emprego de veneno, fogo, explosivo, asfixia, tortura ou outro meio insidioso ou cruel, ou de que possa resultar perigo comum; cometidos à traição, de emboscada, ou mediante dissimulação ou outro recurso que dificulte ou torne impossível a defesa do ofendido; para assegurar a execução, a ocultação, a impunidade ou vantagem de outro crime; com emprego de arma de fogo de uso restrito ou proibido; contra menor de 14 (quatorze) anos.

Nesses casos, o agente será punido com uma pena de reclusão de 12 a 30 anos.

10.1.1.4 Homicídio culposo

Se o crime for culposo, a pena será de detenção de 1 a 3 anos.

CASO DE AUMENTO DE PENA DE ⅓

Se o crime resulta de violação à regra técnica de profissão, arte ou ofício (ou ainda se o agente deixa de prestar imediato socorro à vítima, não procura diminuir as consequências do seu ato, ou foge para evitar prisão em flagrante).

PERDÃO JUDICIAL

O juiz poderá deixar de aplicar a pena, se as consequências da infração atingirem o próprio agente de forma tão grave que a sanção penal se torne desnecessária.

10.1.1.5 Outras observações sobre homicídio

AUMENTO DE PENA DE 1/3	Sendo doloso o homicídio, a pena será aumentada se o crime praticado contra pessoa menor de 14 anos ou maior de 60 anos.
AUMENTO DE PENA DE 1/3 ATÉ A METADE	Se o crime for praticado por milícia privada, sob pretexto de prestação de serviço de segurança ou por grupo de extermínio.

10.1.2 Feminicídio

O feminicídio deixou de ser uma hipótese e passou a ser um crime autônomo por meio da Lei nº 14.994/2024. Considera feminicídio o homicídio praticado contra a mulher por razões da condição de sexo feminino, envolvendo o contexto de:

a) Violência doméstica e familiar;
b) Menosprezo ou discriminação à condição de mulher.

A pena será aumentada de ⅓ até a metade se o crime tiver sido cometido:

- Durante a gestação, nos 3 meses posteriores ao parto ou se a vítima é a mãe ou a responsável por criança, adolescente ou pessoa com deficiência de qualquer idade;
- Contra pessoa menor de 14 anos, maior de 60 anos, com deficiência ou portadora de doenças degenerativas que acarretem condição limitante ou de vulnerabilidade física ou mental;
- Na presença física ou virtual de descendente ou de ascendente da vítima;
- Em descumprimento das medidas protetivas de urgência previstas no art. 22, *caput*, I, II e III, da Lei nº 11.340/2006.

A pena para o crime é de reclusão de 20 a 40 anos.

10.1.3 Induzimento, instigação ou auxílio a suicídio ou a automutilação

Apesar do suicídio ou automutilação não serem condutas criminosas, consistem em crimes o ato de induzir, instigar ou prestar auxílio material para a prática do suicídio ou da automutilação.

> Art. 122. Induzir ou instigar alguém a suicidar-se ou a praticar automutilação ou prestar-lhe auxílio material para que o faça:
>
> Pena – reclusão, de 6 (seis) meses a 2 (dois) anos.
>
> § 1º Se da automutilação ou da tentativa de suicídio resulta lesão corporal de natureza grave ou gravíssima nos termos dos §§ 1º e 2º do art. 129 deste código:

> Pena – reclusão, de 1 (um) a 3 (três) anos.
> § 2º Se o suicídio se consuma ou se da automutilação resulta morte:
> Pena – reclusão, de 2 (dois) a 6 (seis) anos.
> § 3º A pena é duplicada:
> Aumento de pena
> I – se o crime é praticado por motivo egoístico, torpe ou fútil;
> II – se a vítima é menor ou tem diminuída, por qualquer causa, a capacidade de resistência.
> § 4º A pena é aumentada até o dobro se a conduta é realizada por meio da rede de computadores, de rede social ou transmitida em tempo real.
> § 5º Aumenta-se a pena em metade se o agente é líder ou coordenador de grupo ou de rede virtual.
> § 6º Se o crime de que trata o § 1º deste artigo resulta em lesão corporal de natureza gravíssima e é cometido contra menor de 14 anos ou contra quem, por enfermidade ou deficiência mental, não tem o necessário discernimento para a prática do ato, ou que, por qualquer outra causa, não pode oferecer resistência, responde o agente pelo crime descrito no § 2º do art. 129 deste código.
> § 7º Se o crime de que trata o § 2º deste artigo é cometido contra menor de 14 anos ou contra quem não tem o necessário discernimento para a prática do ato, ou que por qualquer outra causa, não pode oferecer resistência, responde o agente pelo crime de homicídio, nos termos do art. 121 deste código.
> (grifos nossos)

10.1.4 Infanticídio

O ato de matar o próprio filho, sob a influência do estado puerperal, durante o parto ou logo após, pode resultar em uma pena de detenção de 2 a 6 anos.

10.1.5 Aborto

Trata-se da interrupção prematura da gravidez, causando a morte do embrião ou do feto.

10.1.5.1 Espécies de aborto

1) Espontâneo ou natural: O aborto natural ou aborto espontâneo não é criminalizado. Ele consiste na interrupção involuntária da gravidez. Geralmente causado por complicações genéticas, problemas de saúde ou traumatismos, torna inviável a continuação da gestação.
2) Intencional ou provocado: é a interrupção deliberada e intencional da gravidez, realizada por meio de procedimentos médicos, cirúrgicos ou medicamentosos com o objetivo de terminar a gestação antes do nascimento do feto. O aborto provocado é considerado crime, exceto em três situações específicas:
   1. Quando a gravidez é resultante de estupro;
   2. Quando há risco de vida para a gestante;
   3. Quando o feto é anencéfalo (sem cérebro).

10.1.5.2 Aborto provocado pela gestante ou com seu consentimento

Como prevê o Código Penal, é crime:

> Art. 124. PROVOCAR aborto em si mesma ou CONSENTIR que outrem lho provoque:
> Pena - Detenção, de 1 a 3 anos.

10.1.5.3 Aborto provocado por terceiro

Se o indivíduo provocar o aborto:

SEM O CONSENTIMENTO DA GESTANTE	Reclusão, de 3 a 10 anos.
COM O CONSENTIMENTO DA GESTANTE	Reclusão, de 1 a 4 anos. IMPORTANTE! Também é aplicada essa pena se a gestante NÃO é maior de 14 anos, ou é alienada ou débil mental, ou se o consentimento é obtido mediante fraude, grave ameaça ou violência.

10.1.5.4 Forma qualificada do aborto

- Se do crime resultar lesão corporal de natureza grave, a pena é aumentada em 1/3;
- Se do crime resultar morte, a pena pode ser duplicada.

10.1.5.5 Casos de excludente de ilicitude

- Se o aborto for praticado por médico e configurar um aborto necessário (ou seja, se não há outro meio de salvar a vida da gestante);
- Se o aborto for praticado por médico e for realizado no caso de gravidez resultante de estupro (deve ser precedido de consentimento da gestante ou quando incapaz, de seu representante legal).

10.2 Lesões corporais

LESÕES CORPORAIS LEVES OU SIMPLES	Ocorre quando não há nenhum dos resultados previstos no do art. 129, §§ 1º, 2º e 3º do Código Penal (isto é, lesões corporais seguidas de morte ou lesões corporais de natureza grave). EXEMPLO: Lesões que não resultam em incapacidade grave, perigo de vida, debilidade permanente, aceleração do parto.
LESÃO CORPORAL GRAVE	Resulta em incapacidade para ocupações habituais por mais de 30 dias, perigo de vida, debilidade permanente de membro, sentido e função, ou aceleração do parto. EXEMPLO: Lesões que levam à incapacidade prolongada, risco de morte, perda de função de um membro.
LESÃO CORPORAL GRAVÍSSIMA	Assim, compreende-se que a lesão corporal gravíssima resulta em incapacidade permanente para o trabalho, enfermidade incurável, perda ou inutilização de membro, sentido ou função, deformidade permanente ou aborto. EXEMPLO: Lesões que resultam em incapacidade permanente para o trabalho, perda de um membro, deformidade permanente.

LESÃO CORPORAL SEGUIDA DE MORTE OU HOMICÍDIO PRETERDOLOSO	Se o resultado for imprevisível ou decorrer de caso fortuito, o agente responderá apenas pelas lesões corporais. EXEMPLO: Lesões que resultam acidentalmente na morte da vítima.
LESÕES CORPORAIS MAJORADAS	Agravantes como praticadas por milícia privada ou contra policiais e familiares, tornando o crime hediondo. EXEMPLO: Lesões causadas por integrantes de milícia ou contra policiais.
FIGURAS PRIVILEGIADAS	Nesse caso, a reação é imediata e há redução da pena. EXEMPLO: Lesões em legítima defesa.
LESÃO CORPORAL CULPOSA	Ocorre por negligência ou imprudência, especialmente na direção de veículo. EXEMPLO: Acidentes de trânsito que resultam em lesões corporais.
ISENÇÃO DE PENA OU PERDÃO JUDICIAL	A gravidade das consequências é avaliada em função do agente. EXEMPLO: Perdão judicial em casos excepcionais.
VIOLÊNCIA DOMÉSTICA	Limita-se a lesões corporais leves e independe do gênero do agente. Os agentes desse delito podem ser: • Companheiro(a); • Ascendente; • Descendente; • Irmão(ã). EXEMPLO: Lesões corporais em ambiente doméstico contra qualquer membro da família.

10.2.1 Ação penal

A ação penal pode ser pública condicionada à representação ou incondicionada, dependendo da gravidade e das circunstâncias.

EXEMPLO: Ação penal condicionada à representação para lesões leves, mas incondicionada para lesões graves.

10.3 Dos crimes contra o patrimônio

10.3.1 Furto

Consiste na subtração não violenta de coisa alheia móvel para si ou para outrem.

> Art. 155. Subtrair, para si ou para outrem, coisa alheia móvel:
> Pena – reclusão, de um a quatro anos, e multa.

Sobre a consumação do crime de furto, expõe-se a Súmula nº 582 do Superior Tribunal de Justiça:

SÚMULA nº 582 – SUPERIOR TRIBUNAL DE JUSTIÇA
Consuma-se o crime de roubo com a inversão da posse do bem mediante emprego de violência ou grave ameaça, ainda que por breve tempo e em seguida à perseguição imediata ao agente e recuperação da coisa roubada, sendo prescindível a posse mansa e pacífica ou desvigiada.

A partir disso, destrincham-se as espécies do crime de furto:

FURTO SIMPLES	Subtrair, para si ou para outrem, coisa alheia móvel.
FURTO MAJORADO	Se o crime é praticado durante o repouso noturno.
FURTO PRIVILEGIADO	Se o criminoso é primário, e é de pequeno valor a coisa furtada, o juiz pode substituir a pena de reclusão pela de detenção, diminuí-la de um a dois terços, ou aplicar somente a pena de multa.
QUALIFICADO **RECLUSÃO DE 2 A 8 ANOS, E MULTA**	Se o crime é cometido: • Com destruição ou rompimento de obstáculo à subtração da coisa; • Com abuso de confiança, ou mediante fraude, escalada ou destreza; • Com emprego de chave falsa; • Mediante concurso de duas ou mais pessoas.
QUALIFICADO **RECLUSÃO DE 4 A 10 ANOS E MULTA**	Se houver emprego de explosivo ou de artefato análogo que cause perigo comum (considera-se esse um crime hediondo).
QUALIFICADO **RECLUSÃO DE 3 A 8 ANOS**	Se a subtração for de veículo automotor que venha a ser transportado para outro Estado ou para o exterior.
QUALIFICADO **RECLUSÃO DE 2 A 5 ANOS**	Se a subtração for de semovente domesticável de produção, ainda que abatido ou dividido em partes no local da subtração.
QUALIFICADO **RECLUSÃO DE 4 A 10 ANOS E MULTA**	Se a subtração for de substâncias explosivas ou de acessórios que, conjunta ou isoladamente, possibilitem sua fabricação, montagem ou emprego.
QUALIFICADO **RECLUSÃO DE 4 A 8 ANOS E MULTA**	Mediante fraude e cometido por meio de dispositivo eletrônico ou informático, conectado ou não à rede de computadores, com ou sem a violação de mecanismo de segurança ou a utilização de programa malicioso, ou por qualquer outro meio fraudulento análogo. OBS.: majorantes específicas: 1/3 (um terço) a 2/3 (dois terços), se o crime é praticado mediante a utilização de servidor mantido fora do território nacional; 1/3 (um terço) ao dobro, se o crime é praticado contra idoso ou vulnerável.

ATENÇÃO! Equipara-se à coisa móvel a energia elétrica ou qualquer outra que tenha valor econômico.

10.3.1.1 Furto qualificado privilegiado

O furto qualificado privilegiado é caracterizado pela situação fática em que o agente pratica o furto de certo bem, mas preenche alguns requisitos que poderão diminuir a sua pena, tais quais:

1) O réu deve ser primário;
2) A coisa subtraída deve possuir pequeno valor;
3) A qualificadora do furto deve ser de ordem objetiva (considerar uma qualificadora de ordem objetiva diz respeito às circunstâncias do próprio delito, isto é, limita-se aos aspectos externos ao autor do crime, não considerando as suas intenções ou características pessoais do infrator).

Direito Penal

É nesse sentido a compreensão do Superior Tribunal de Justiça na Súmula nº 511:

SÚMULA nº 511- SUPERIOR TRIBUNAL DE JUSTIÇA
É possível o reconhecimento do privilégio previsto no § 2º do art. 155 do CP nos casos de crime de furto qualificado, se estiverem presentes a primariedade do agente, o pequeno valor da coisa e a qualificadora for de ordem objetiva.

10.3.1.2 Roubo

a) SUBTRAIR coisa móvel alheia, para si ou para outrem, mediante grave ameaça ou violência a pessoa;

OU

b) Depois de havê-la, por qualquer meio, reduzido à impossibilidade de resistência.

PENA	Reclusão, de 4 a 10 anos, e multa.

ATENÇÃO! Na mesma pena incorre quem, logo depois de subtraída a coisa, emprega violência contra pessoa ou grave ameaça, a fim de assegurar a impunidade do crime ou a detenção da coisa para si ou para terceiro. O dolo inicial do agente é o furto, mas se transforma em roubo.

EXEMPLO: Agente subtrai a bolsa da vítima sem que ela perceba de imediato, entretanto, segundos depois a vítima percebe que a bolsa está com o agente e reage. Logo após, o agente utiliza de violência para garantir a detenção da coisa.

A pena de roubo será aumentada de 1/3 até a metade:

- Se há o concurso de 2 ou mais pessoas;
- Se a vítima está em serviço de transporte de valores e o agente conhece tal circunstância;
- Se a subtração for de veículo automotor que venha a ser transportado para outro Estado ou para o exterior;
- Se o agente mantém a vítima em seu poder, restringindo sua liberdade (configura crime hediondo);
- Se a subtração for de substâncias explosivas ou de acessórios que, conjunta ou isoladamente, possibilitem sua fabricação, montagem ou emprego;
- Se a violência ou grave ameaça é exercida com emprego de arma branca.

A pena de roubo será aumentada de 2/3:

- Se a violência ou grave ameaça é exercida com emprego de arma de fogo (configura crime hediondo);
- Se há destruição ou rompimento de obstáculo mediante o emprego de explosivo ou de artefato análogo que cause perigo comum.

A pena de roubo será dobrada:

- Se a violência ou grave ameaça é exercida com emprego de arma de fogo de uso restrito ou proibido, aplica-se em dobro a pena prevista no *caput* deste artigo (configura crime hediondo).

10.3.1.2.1 Roubo com emprego de arma de fogo

	ANTES DA LEI Nº 13.654/2018	APÓS A LEI Nº 13.654/2018 ANTES DA LEI Nº 13.964/2019	APÓS A LEI Nº 13.964/2019
ARMA DE FOGO	Causa de aumento de pena de 1/3 a 1/2	Causa de aumento de pena de 2/3 (Lei nova prejudicial ao réu)	Causa de aumento de pena de 2/3 se for de uso permitido (Crime hediondo) - Lei nova prejudicial ao réu Causa de aumento de pena em dobro se for de uso restrito ou proibido (Crime hediondo) - Lei nova prejudicial ao réu
ARMA BRANCA	Causa de aumento de pena de 1/3 a 1/2	(Lei nova benéfica ao réu)	Causa de aumento de pena de 1/3 a 1/2 (Lei nova prejudicial ao réu)

10.3.1.2.2 Qualificadoras do delito de roubo

A pena do crime de roubo que resultar em lesão corporal será de reclusão de 7 a 18 anos, e multa.

A pena do crime de roubo que resultar em morte será de reclusão de 20 a 30 anos, e multa.

SÚMULA nº 582 - SUPERIOR TRIBUNAL DE JUSTIÇA
Consuma-se o crime de roubo com a inversão da posse do bem mediante emprego de violência ou grave ameaça, ainda que por breve tempo e em seguida à perseguição imediata ao agente e recuperação da coisa roubada, sendo PRESCINDÍVEL a posse mansa e pacífica ou desvigiada.

10.3.1.3 Estelionato

> Art. 171 do Código Penal: Obter, para si ou para outrem, vantagem ilícita, em prejuízo alheio, induzindo ou mantendo alguém em erro, mediante artifício, ardil, ou qualquer outro meio fraudulento:
>
> Pena - reclusão, de 1 a 5 anos, e multa (...).

ATENÇÃO! Por qual crime responde o sujeito que falsifica um documento e o utiliza na prática de estelionato? Conforme a Súmula nº 17 do STJ, quando o falso se exaure no estelionato, sem mais potencialidade lesiva, é por este absorvido.

AÇÃO PENAL NO CRIME DE ESTELIONATO	
REGRA	Ação pública condicionada à representação.
EXCEÇÃO	Ação pública incondicionada, se a vítima for a Administração Pública (direta ou indireta); criança ou adolescente; pessoa com deficiência mental; maior de 70 anos de idade ou incapaz.

10.3.1.4 Receptação

Sofrerá a pena de reclusão, de 1 a 4 anos, e multa, o agente que adquirir, receber, transportar, conduzir ou ocultar em proveito próprio ou alheio, coisa que sabe ser produto de crime.

Além disso, também será penalizado dessa forma o agente que influir para que terceiro de boa-fé, a adquira, receba ou oculte essa coisa que seja produto de crime.

ATENÇÃO! A receptação é punível, ainda que desconhecido ou isento de pena o autor do crime de que proveio a coisa.

10.3.1.5 Disposições gerais dos crimes contra o patrimônio

> Art. 181. É isento de pena quem comete qualquer dos crimes previstos neste título, em prejuízo:
> I - do cônjuge, na constância da sociedade conjugal;
> II - de ascendente ou descendente, seja o parentesco legítimo ou ilegítimo, seja civil ou natural.
> Art. 182. Somente se procede mediante representação, se o crime previsto neste título é cometido em prejuízo:
> I - do cônjuge desquitado ou judicialmente separado;
> II - de irmão, legítimo ou ilegítimo;
> III - de tio ou sobrinho, com quem o agente coabita.
> Art. 183. Não se aplica o disposto nos dois artigos anteriores:
> I - se o crime é de roubo ou de extorsão, ou, em geral, quando haja emprego de grave ameaça ou violência à pessoa;
> II - ao estranho que participa do crime.
> III - se o crime é praticado contra pessoa com idade igual ou superior a 60 (sessenta) anos.

10.4 Dos crimes contra a administração pública

Os crimes contra a administração pública comprometem a integridade, a eficácia e a confiança nas instituições públicas, prejudicando o bom funcionamento do Estado e afetando negativamente a sociedade como um todo.

PECULATO	Consiste na apropriação indevida de dinheiro, valor ou outro bem móvel público ou particular pelo funcionário público em razão do cargo. EXEMPLO: Uso pessoal de viatura policial durante o final de semana.
CONCUSSÃO	Refere-se à exigência de vantagem indevida pelo agente público, em decorrência da função. EXEMPLO: Juiz exigindo propina para manipular uma sentença.
CORRUPÇÃO ATIVA	Diz respeito ao oferecimento de vantagem indevida a um funcionário público para que ele pratique ou deixe de praticar algum ato de ofício. EXEMPLO: Subornar um policial para evitar uma multa de trânsito.
CORRUPÇÃO PASSIVA	Refere-se à solicitação ou recebimento de vantagem indevida pelo funcionário público em razão do cargo que ocupa. EXEMPLO: Um servidor público aceitando propina para facilitar um processo.

PREVARICAÇÃO	Omissão ou prática de ato indevido por parte do agente público, em desacordo com a lei, por interesse pessoal. EXEMPLO: Um funcionário público atrasando deliberadamente a realização de um serviço.
ABANDONO DE FUNÇÃO	É a ausência injustificada do servidor público de suas funções por mais de 30 dias seguidos. EXEMPLO: Um funcionário público que não comparece ao trabalho por um longo período sem motivo justificável. O servidor público que comete um crime contra a administração pública pode sofrer das seguintes consequências: • O servidor pode ser demitido através de processo administrativo disciplinar. • Além da demissão, o servidor pode responder judicialmente e até ser preso, dependendo da gravidade do crime cometido.

10.5 Dos crimes contra a dignidade sexual

Os crimes contra a dignidade sexual abrangem condutas que violam a liberdade e a integridade sexual das vítimas.

10.5.1 Estupro

O Código Penal brasileiro determina que:

> Art. 213. Constranger alguém, mediante violência ou grave ameaça, a ter conjunção carnal ou a praticar ou permitir que com ele se pratique outro ato libidinoso.

Para que ocorra o estupro, é necessário forçar alguém mediante violência física ou ameaça grave, com a consumação ocorrendo por meio de conjunção carnal ou ato libidinoso sem consentimento da vítima, podendo ser cometido por qualquer pessoa e contra qualquer pessoa maior de 14 anos.

IMPORTANTE: exclui-se a ideia de "débito conjugal" para justificar a violência sexual entre cônjuges.

Pena: Reclusão de 6 a 10 anos.

10.5.2 Violação sexual mediante fraude

Define o Código Penal brasileiro que:

> Art. 215. Ter conjunção carnal ou praticar outro ato libidinoso com alguém, mediante fraude ou outro meio que impeça ou dificulte a livre manifestação de vontade da vítima.

Neste delito, também conhecido como fraude sexual, o agente se utiliza de artifícios enganosos para levar a vítima a cometer atos libidinosos, sem recorrer à violência física, como no caso de um médico que abusa de sua paciente sob pretexto de tratamento ou um líder religioso que promete benefícios espirituais em troca de favores sexuais.

É importante notar que se a vítima estiver sob efeito de substâncias, como remédios, álcool ou drogas, configura-se estupro de vulnerável.

Os sujeitos ativo e passivo podem ser qualquer pessoa, não havendo requisitos específicos quanto à virgindade ou castidade da vítima.

A consumação ocorre no momento da prática do ato libidinoso.

Pena: Reclusão de 2 a 6 anos.

Além da pena de reclusão, poderá ser aplicada multa caso o crime vise obter vantagem econômica.

10.5.3 Importunação sexual

> Art. 215-A. Praticar contra alguém e sem a sua anuência ato libidinoso com o objetivo de satisfazer a própria lascívia ou a de terceiro:
>
> Pena – reclusão, de 1 (um) a 5 (cinco) anos, se o ato não constitui crime mais grave.

O crime de importunação sexual pressupõe a prática de ato libidinoso direcionado a alguém e contra sua vontade.

O tipo penal ainda é expressamente subsidiário, uma vez que dispõe que a pena referente só será aplicada no caso de não constituir crime mais grave. Desse modo, se o agente se utilizar de violência ou grave ameaça para satisfazer sua lascívia, o crime seria de estupro.

ATENÇÃO!

O crime do art. 215-A não se confunde com ato obsceno. Enquanto que aquele se refere ao caso de vítima determinada, este se refere ao caso de vítimas indeterminadas para ultrajar ou chocar frequentadores de determinado local.

10.5.4 Assédio sexual

Constranger alguém com o intuito de obter vantagem ou favorecimento sexual, prevalecendo-se o agente da sua condição de superior hierárquico ou ascendência inerentes ao exercício de emprego, cargo ou função.

Diferentemente do estupro, neste contexto, o termo "constranger" refere-se a incomodar alguém com propostas ou comportamentos de natureza sexual. Para que ocorra o assédio sexual, é essencial que o agente importune a vítima, aproveitando-se de sua posição hierárquica ou influência associada ao cargo, sem o consentimento dela.

Os sujeitos ativos podem ser qualquer pessoa dentro das condições mencionadas, enquanto os passivos englobam qualquer indivíduo que se enquadre nos critérios do tipo penal.

A consumação ocorre no momento do assédio, independentemente da obtenção de vantagem sexual.

Pena: Detenção de 1 a 2 anos.

A pena será aumentada em 1/3 se a vítima for menor de 18 anos.

10.5.5 Estupro de vulnerável

Ter conjunção carnal ou praticar outro ato libidinoso com menor de 14 anos ou incapaz de oferecer resistência.

São consideradas pessoas em situação de vulnerabilidade:

1. Menores de 14 anos;
2. Indivíduos com enfermidade ou deficiência mental que não possuam discernimento para consentir com o ato;
3. Pessoas incapazes de oferecer resistência devido a circunstâncias anteriores que incapacitam a defesa, como enfermidade incapacitante, paralisia, desmaio, induzido pelo agente (por meio de drogas ou soníferos na bebida, por exemplo) ou causado por si próprio (embriaguez, uso de medicamentos para dormir).

Sujeitos:

- Ativo: Qualquer pessoa;
- Passivo: Qualquer pessoa em situação de vulnerabilidade;
- Consumação: No momento em que o ato é realizado.

É importante notar que as penas são aplicadas independentemente do consentimento da vítima ou de qualquer relação sexual prévia. Formas qualificadas incluem:

a) Quando resulta em lesão corporal grave: Pena de reclusão, de dez a vinte anos;
b) Quando resulta em morte: Pena de reclusão, de doze a trinta anos.

Pena: Reclusão de 8 a 15 anos.

10.5.6 Corrupção de menores

Induzir alguém menor de 14 anos a satisfazer a lascívia de outrem.

Nesse delito, o agente visa a satisfazer a lascívia de um terceiro determinado.

- Se o terceiro não for determinado, será configurado o crime de favorecimento da prostituição ou outra forma de exploração sexual de vulnerável.
- Se o intuito do crime for a satisfação própria (e não de um terceiro) será configurado o crime de estupro de vulnerável.

Sujeitos:

- Ativo: Qualquer pessoa.
- Passivo: Menor de 14 anos.
- Consumação: No momento em que ocorre a conjunção carnal ou o ato libidinoso realizado pelo terceiro incentivado pelo agente, sem necessidade de completa satisfação sexual deste.

Pena: Reclusão de 2 a 5 anos.

10.5.7 Satisfação de lascívia mediante presença de criança ou adolescente

Praticar, na presença de alguém menor de 14 anos, ou induzi-lo a presenciar, conjunção carnal ou outro ato libidinoso, a fim de satisfazer lascívia própria ou de outrem:

Pena: reclusão, de 2 a 4 anos.

Sujeitos:

- Ativo: Qualquer pessoa;
- Passivo: Menor de 14 anos.

O crime será consumado com a mera exposição do indivíduo menor de 14 anos ao ato libidinoso.

ATENÇÃO!

Se o menor tiver envolvimento no ato sexual, o crime será de estupro de vulnerável.

10.5.8 Divulgação de cenas de estupro ou pornografia

Oferecer, trocar, disponibilizar, transmitir, vender ou expor à venda fotografia, vídeo ou outro registro audiovisual que contenha cena de estupro ou pornografia.

Este delito foi estabelecido pela Lei nº 13.718/2018 em resposta ao avanço tecnológico e à disseminação de imagens pornográficas por meio de plataformas online e redes sociais.

O crime pode ser realizado por meio físico, como entrega de mídia a terceiros, ou virtual, como a divulgação das cenas em *sites* e redes sociais.

Sujeitos:

- Ativo: Qualquer pessoa;
- Passivo: A vítima exibida nas imagens;
- Consumação: Quando uma das ações descritas no artigo ocorre.

Situação de agravamento da pena: a pena será aumentada de 1/3 a 2/3, se o crime é cometido por alguém que teve ou mantém relação íntima de afeto com a vítima ou com o intuito de vingança ou humilhação.

Exclusão de ilicitude: Não há crime quando as ações são realizadas para fins jornalísticos, científicos, culturais ou acadêmicos, desde que medidas sejam tomadas para impossibilitar a identificação da vítima, exceto com sua autorização prévia, se for maior de 18 anos.

Pena: Reclusão de 1 a 5 anos.

10.5.9 Aumento de pena

Conforme o art. 226 do Código Penal, todos os delitos supramencionados terão as suas penas ampliadas:

Em 1/4	Quando cometido com a participação de 2 ou mais pessoas.
Em 1/2	Se o agente é ascendente, padrasto, madrasta, tio, irmão, cônjuge, companheiro, tutor, curador, preceptor ou empregador da vítima, ou se possui qualquer outra forma de autoridade sobre ela.
De 1/3 a 2/3	Quando praticado por meio da colaboração de 2 ou mais agentes (estupro coletivo) ou com o propósito de controlar o comportamento social ou sexual da vítima (estupro corretivo).

10.5.10 Ação penal

Acerca dos delitos mencionados, conforme o art. 225 do Código Penal, a ação penal será pública e incondicionada.

10.6 Lei Maria da Penha – Lei nº 11.340/2006

Conceito de Violência Doméstica e Familiar contra a mulher (art. 5º da Lei nº 11.340/2006)

Ação ou Omissão contra a mulher, baseado no gênero que lhe cause morte, lesão, sofrimento físico, sexual, psicológico, dano moral ou patrimonial:

- No âmbito da unidade doméstica (espaço de convívio permanente);
- No âmbito da família (laços naturais, afinidade ou por vontade expressa);
- Qualquer relação íntima de afeto (independentemente de coabitação/convívio ou que tenha convivido).

ATENÇÃO!
Súmula nº 600 do STJ
Para a configuração da violência doméstica e familiar prevista no art. 5º da Lei nº 11.340/2006 (Lei Maria da Penha) não se exige a coabitação entre autor e vítima.

A idade da vítima é **irrelevante para afastar a competência da vara especializada em violência doméstica e familiar contra a mulher** e as normas protetivas da Lei Maria da Penha. As disposições desta lei prevalecem sobre outros estatutos, como o da Criança e do Adolescente.

Competência na esfera processual

- Teoria do resultado (REGRA);
- EXCEÇÃO: a ação penal privada exclusiva poderá ser, a critério da vítima, no domicílio do réu.

Renúncia

Nas ações penais públicas condicionadas à representação, é cabível a renúncia (retratação) da ofendida perante o juiz, desde que ocorra antes do recebimento da denúncia, em audiência especialmente designada para este fim e devendo ser ouvido o MP.

Vedações

São vedadas as penas de cesta básica bem como outras prestações pecuniárias e a substituição de pena que implique o pagamento isolado de multa.

ATENÇÃO!
As Súmulas nºs 588 e 589 do STJ proíbem a substituição da pena privativa de liberdade por restritiva de direitos nos crimes com violência ou grave ameaça contra a mulher. Também é proibido a aplicação do princípio da insignificância.

O crime de lesão leve, na Lei Maria da Penha, além de ser de ação pública incondicionada, tem pena diferenciada no Código Penal:

> Art. 129, § 9º, do CP: Se a lesão for praticada contra ascendente, descendente, irmão, cônjuge ou companheiro, ou com quem conviva ou tenha convivido, ou, ainda, prevalecendo-se o agente das relações domésticas, de coabitação ou de hospitalidade:
> Pena – detenção, de 3 (três) meses a 3 (três) anos.

Importante ainda destacar que não se aplica a Lei nº 9.099/1995 para a Lei Maria da Penha:

> Art. 41. Aos crimes praticados com violência doméstica e familiar contra a mulher, independentemente da pena prevista, não se aplica a Lei nº 9.099, de 26 de setembro de 1995.

Por isso que não será possível aplicar a Suspensão Condicional do Processo (conforme Súmula nº 536 do STJ), nem a transação penal, pois a previsão consta na lei dos crimes de menor potencial ofensivo, ao passo que é possível aplicar a Suspensão Condicional da Pena (art. 77 do CP), pois não existe vedação no legislativo ou jurisprudência.

Também não é cabível Acordo de Não Persecução Penal no caso de crimes por razões da condição de sexo feminino, em favor do agressor.

> Art. 28-A. ...
> (...)
> § 2º O disposto no *caput* deste artigo não se aplica nas seguintes hipóteses:
> (...)
> IV – nos crimes praticados no âmbito da violência doméstica ou familiar, ou praticados contra a mulher por razões da condição do sexo feminino, em favor do agressor.

Demais disposições relevantes

A despeito dos institutos citados anteriormente, que são vedados, é possível a suspensão condicional da pena em crimes desta natureza.

No caso de crimes nesse contexto, poderá o juiz, quando necessário, sem prejuízo de outras medidas: conceder à ofendida **auxílio-aluguel**, com valor fixado em função de sua situação de vulnerabilidade social e econômica, **por período não superior a 6 (seis) meses** (art. 24, VI).

É **possível** aplicar a agravante de o crime ter sido perpetrado prevalecendo-se de relações domésticas ou com violência contra a mulher em conjunto com as disposições da Lei Maria da Penha, não configurando *bis in idem*.

ATENÇÃO!

O Supremo Tribunal Federal (STF) decidiu que a Lei Maria da Penha pode ser aplicada às relações afetivo-familiares de casais homoafetivos do sexo masculino ou que envolvam travestis e mulheres transexuais. Por unanimidade, o Plenário entendeu que há omissão do Congresso Nacional em legislar sobre a matéria.

Único crime incluído pela Lei nº 13.641/2018 na Lei nº 11.340/2006:

> Art. 24-A. Descumprir decisão judicial que defere medidas protetivas de urgência previstas nesta Lei:
>
> Pena - detenção, de 3 (três) meses a 2 (dois) anos.
>
> § 1º A configuração do crime independe da competência civil ou criminal do juiz que deferiu as medidas.
>
> § 2º Na hipótese de prisão em flagrante, apenas a autoridade judicial poderá conceder fiança.
>
> § 3º O disposto neste artigo não exclui a aplicação de outras sanções cabíveis.

10.7 Lei de Drogas - Lei nº 11.343/2006

A Lei de Drogas institui o Sistema Nacional de Políticas Públicas sobre Drogas - SISNAD; prescreve medidas para prevenção do uso indevido, atenção e reinserção social de usuários e dependentes de drogas; estabelece normas para repressão à produção não autorizada e ao tráfico ilícito de drogas; define crimes e dá outras providências.

Para fins desta Lei, consideram-se como drogas as substâncias ou os produtos capazes de causar dependência, assim especificados em lei ou relacionados em listas atualizadas periodicamente pelo Poder Executivo da União.

Prevê a lei como crime diversos núcleos de tipo, entre eles: importar, exportar, remeter, preparar, produzir, fabricar, adquirir, vender, expor à venda, entre outros. Todavia, há entendimento recente que modificou a concepção do tipo de droga para uso pessoal.

ATENÇÃO!

Não comete infração penal quem adquirir, guardar, tiver em depósito, transportar ou trouxer consigo, para consumo pessoal, a substância *cannabis sativa*, sem prejuízo do reconhecimento da ilicitude extrapenal da conduta, com apreensão da droga e aplicação de sanções de advertência sobre os efeitos dela (art. 28, I) e medida educativa de comparecimento a programa ou curso educativo (art. 28, III).

A Corte manteve a validade da Lei de Drogas, mas entendeu que as consequências são administrativas, deixando de valer a possibilidade de cumprimento de prestação de serviços comunitários.

A Corte fixou que deve ser de 40 gramas ou seis plantas fêmeas de cannabis a quantidade de maconha para caracterizar porte para uso pessoal e diferenciar usuários e traficantes.

A presunção quanto à quantidade de droga e o entendimento como de uso pessoal é relativa, não estando a autoridade policial e seus agentes impedidos de realizar a prisão em flagrante por tráfico de drogas, ainda que seja o caso de quantidades inferiores ao limite acima estabelecido, quando presentes elementos que indiquem intuito de mercancia, como a forma de acondicionamento da droga, as circunstâncias da apreensão, a variedade de substâncias apreendidas, a apreensão simultânea de instrumentos como balança, registros de operações comerciais e aparelho celular contendo contatos de usuários ou traficantes.

Direito Processual Penal

José Vilaça de Souza Neto e
Laryssa Cavalcanti de Barros e Silva

1 INQUÉRITO

1.1 Persecução penal e o inquérito

A persecução penal divide-se em duas etapas:

1. Etapa Investigativa ou Fase Preliminar;
2. Processo Judicial.

Durante a Etapa Investigativa, destaca-se o Inquérito, procedimento administrativo presidido pela autoridade policial. Busca, em suma, apurar indícios de autoria e provas da materialidade, servindo como base para o ajuizamento da ação penal pelo titular.

Possui duas principais funções:

- FUNÇÃO PREPARADORA: preparar os elementos de autoria e materialidade para o titular da ação penal;
- FUNÇÃO PRESERVADORA: filtrar as situações temerárias, isto é, as hipóteses em que não existem indícios evidentes.

1.2 Conceito de inquérito

O inquérito é procedimento administrativo inquisitorial e preliminar presidido por autoridade pública, no bojo do qual são realizadas diligências investigatórias, com a finalidade de colher elementos de informação acerca da materialidade e autoria delitivas, de forma a viabilizar a coleta de lastro probatório mínimo para que o titular da ação penal possa exercer de forma legítima a pretensão punitiva em juízo.

1.3 Características do inquérito

Assim, caracteriza-se da seguinte forma:

- O inquérito é DISPENSÁVEL: não é obrigatório, logo, é prescindível (não é uma etapa necessária). Ou seja, se já existirem elementos de autoria e materialidade antes mesmo da instauração do inquérito, ele será dispensado, uma vez que encontrar tais elementos seria sua única finalidade;
- O inquérito é INQUISITORIAL: nesse momento, não há contraditório ou ampla defesa. No entanto, importa mencionar que o sistema inquisitorial foi mitigado, em virtude do conteúdo da Súmula Vinculante nº 14 e do art. 7º, XXI, do EAOAB. Vejamos tais dispositivos:

Súmula Vinculante nº 14	Art. 7º, XXI, do EAOAB
"É direito do defensor, no interesse do representado, ter acesso amplo aos elementos de prova que, já documentados em procedimento investigatório realizado por órgão com competência de polícia judiciária, digam respeito ao exercício do direito de defesa".	São direitos do advogado: XXI - assistir a seus clientes investigados durante a apuração de infrações, sob pena de nulidade absoluta do respectivo interrogatório ou depoimento e, subsequentemente, de todos os elementos investigatórios e probatórios dele decorrentes ou derivados, direta ou indiretamente, podendo, inclusive, no curso da respectiva apuração;

Portanto, o advogado do investigado deve sempre ter acesso a todo elemento de prova já documentado nos autos do inquérito, bem como negar que ele acompanhe seu cliente no interrogatório irá constituir uma nulidade absoluta!

- O inquérito é ESCRITO: deve ser escrito, porém, registros audiovisuais também podem compor o inquérito, já que hoje é comum realizar a gravação em vídeo dos depoimentos;
- O inquérito é SIGILOSO: deve ser sigiloso para preservar a eficácia do inquérito e, por conseguinte, permitir a elucidação dos fatos ou garantir o interesse da sociedade, conforme o art. 20, CPP;

ATENÇÃO!

- O caráter sigiloso NÃO IMPEDE que o investigado possa ter acesso às diligências que já se encontram documentadas e já foram, portanto, encerradas;
- Um inquérito com ampla publicidade traria consequências nocivas às investigações, motivo pelo qual existe um sigilo relativo;
- Importante destacar que há determinadas diligências que, para serem efetivas, devem correr em sigilo; (exemplo: quebra de sigilo telefônico ou uma busca e apreensão).

- O inquérito é DISCRICIONÁRIO: não segue quaisquer procedimentos rígidos, isto é, a autoridade policial possui discricionariedade em relação às diligências efetuadas. O delegado de polícia tem liberdade para conduzir a investigação seguindo as suas próprias estratégias, desde que dentro da lei;

ATENÇÃO!

Existem algumas diligências que o delegado de polícia é obrigado a realizar e, portanto, afastam o princípio da discricionariedade.

EXEMPLOS: Exame de corpo de delito (art. 158 do CPP) e diligências requisitadas pela autoridade judicial ou Ministério Público (art. 13, II, do CPP).

- O inquérito é OFICIAL: é promovido por autoridades oficiais do Estado, que praticam atos administrativos dotados dos atributos próprios (autoexecutoriedade, presunção de legalidade e de veracidade);
- O inquérito é OFICIOSO: pode ser instaurado de ofício quando se tratar de ação penal pública incondicionada;
- O inquérito é TEMPORÁRIO: possui natureza temporária, motivo pelo qual não pode durar indefinidamente.
- O inquérito é INDISPONÍVEL: a autoridade policial não pode dispor dos inquéritos de ofício, ou seja, não pode o delegado de polícia arquivar os autos de inquérito, de acordo com o art. 17 do CPP.

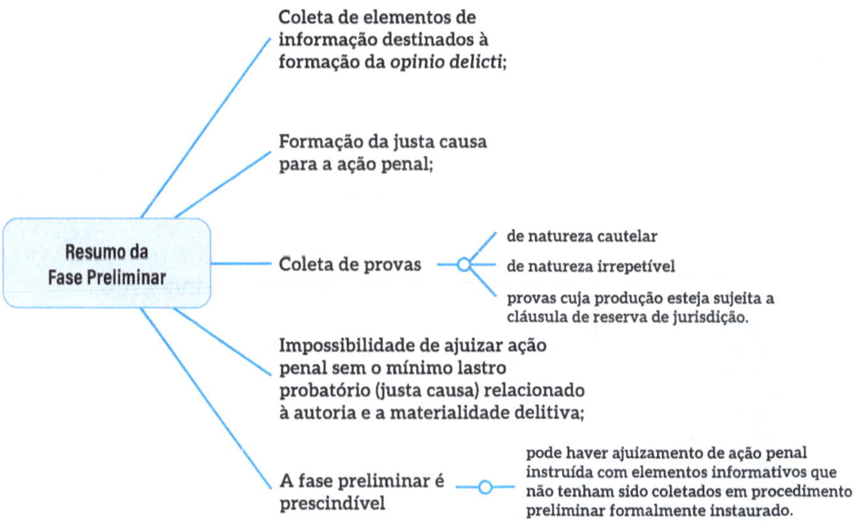

1.4 Instauração do inquérito

O inquérito policial é instaurado, isto é, iniciado de modos distintos conforme o tipo de ação penal.

Quando se tratar de ação penal privada e ação penal pública condicionada será necessária a manifestação de vontade da vítima/ofendido. Observemos o que o Código estabelece:

> Art. 5º Nos crimes de ação pública o inquérito policial será iniciado:
> (...)
> § 4º O inquérito, nos crimes em que a ação pública depender de representação, não poderá sem ela ser iniciado;
> § 5º Nos crimes de ação privada, a autoridade policial *somente poderá proceder a inquérito a requerimento de quem tenha qualidade para intentá-la.*

A Ação Penal Pública Incondicionada pode ser instaurada nas seguintes hipóteses:

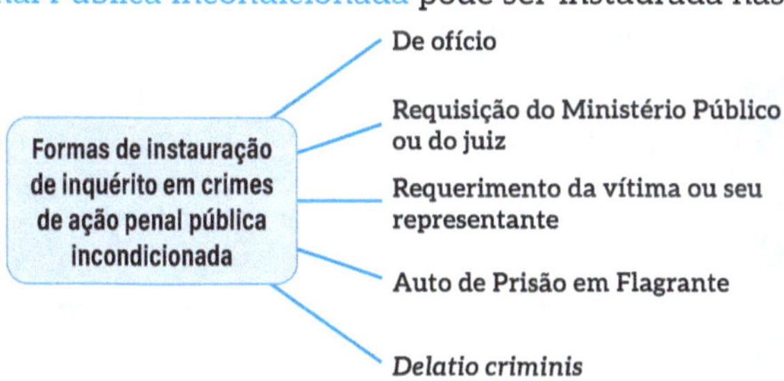

1.5 Prazo para término do inquérito

O art. 10 do CPP define prazo de 10 dias para o término do inquérito, se o indiciado tiver sido preso em flagrante ou estiver preso preventivamente, contados a partir do dia em que se executar a ordem de prisão.

No mesmo dispositivo, determina prazo de 30 dias se o indivíduo estiver solto, mediante fiança ou sem ela.

Existe a possibilidade de prorrogação desses prazos, como demonstra o § 3º:

> § 3º Quando o fato for de difícil elucidação, e o indiciado estiver solto, a autoridade poderá requerer ao juiz a devolução dos autos, para ulteriores diligências, que serão realizadas no prazo marcado pelo juiz.

Outros prazos são também estipulados para a conclusão do inquérito:

PRAZO PARA CONCLUSÃO DO INQUÉRITO	**Regra Geral do CPP**	Réu preso	10 dias, improrrogável.
		Réu solto	30 dias, podendo ser prorrogado por requerimento do Delegado e com autorização judicial, quantas vezes necessário.
	Inquérito conduzido pela Polícia Federal	Réu preso	15 dias, prorrogáveis uma única vez por igual período com autorização judicial.
		Réu solto	30 dias podendo ser prorrogado por requerimento do Delegado e com autorização judicial, quantas vezes necessário.
	Crimes contra a Economia Popular	Réu preso e solto	10 dias.
	Crimes previstos na Lei de Drogas	Réu preso	30 dias, podendo ser dobrado para 60 dias.
		Réu solto	90 dias, podendo ser dobrado a requerimento do Delegado de Polícia, oitiva do MP, com autorização judicial.

1.6 Arquivamento do inquérito

Como vimos anteriormente, a autoridade policial não pode mandar arquivar o inquérito policial, tornando-o indisponível. No entanto, é preciso realizar uma breve digressão para compreender o tema, considerando as mudanças feitas pelo Pacote Anticrime.

Algumas hipóteses de arquivamento são:

ARQUIVAMENTO POR FALTA DE JUSTA CAUSA	Quando não há elementos suficientes para embasar uma denúncia ou ação penal.
ARQUIVAMENTO POR AUSÊNCIA DE AUTORIA	Quando não se consegue identificar o autor do crime.
ARQUIVAMENTO POR DECADÊNCIA	Quando o direito de ação se extingue devido ao decurso do tempo.
ARQUIVAMENTO POR PERDA DE OBJETO	Quando o fato investigado perde sua relevância e atualidade.
ARQUIVAMENTO POR PRESCRIÇÃO	Quando o direito de punir do Estado é extinto devido ao transcurso do prazo prescricional.
ARQUIVAMENTO POR AUSÊNCIA DE PROVAS SUFICIENTES	Quando, apesar de haver indícios de autoria e materialidade do crime, as provas disponíveis não são suficientes para sustentar uma acusação.

Importante destacar que o arquivamento do inquérito policial tem previsão no art. 28 do Código de Processo Penal. Abaixo transcrevemos as duas redações, anterior e posterior ao pacote anticrime.

Em que pese a nova redação fale que o arquivamento será ordenado diretamente pelo Ministério Público, ainda hoje persiste o entendimento antigo (anterior ao Pacote Anticrime), ou seja, de que o Ministério Público irá requerer e o juiz que procederá com o arquivamento.

ANTES DO PACOTE ANTICRIME	DEPOIS DO PACOTE ANTICRIME
O pedido de arquivamento deveria ser realizado pelo Ministério Público, mediante autorização do juiz, responsável por proferir a decisão de arquivamento. Art. 28. Se o órgão do Ministério Público, ao invés de apresentar a denúncia, requerer o arquivamento do inquérito policial ou de quaisquer peças de informação, o juiz, no caso de considerar improcedentes as razões invocadas, fará remessa do inquérito ou peças de informação ao procurador geral, e este oferecerá a denúncia, designará outro órgão do Ministério Público para oferecê-la, ou insistirá no pedido de arquivamento, ao qual só então estará o juiz obrigado a atender.	O arquivamento deverá ser promovido exclusivamente pelo Ministério Público. Art. 28. Ordenado o arquivamento do inquérito policial ou de quaisquer elementos informativos da mesma natureza, o órgão do Ministério Público comunicará à vítima, ao investigado e à autoridade policial e encaminhará os autos para a instância de revisão ministerial para fins de homologação, na forma da lei.

1.7 Desarquivamento (reabertura) do inquérito

Em regra, a decisão que determina o arquivamento do inquérito policial não forma coisa julgada material, de modo que o inquérito policial arquivado pode ser reaberto no caso de surgirem novas provas.

A hipótese de desarquivamento está prevista no art. 18 do CPP:

> Art. 18. Depois de ordenado o arquivamento do inquérito pela autoridade judiciária, por falta de base para a denúncia, a autoridade policial poderá proceder a novas pesquisas, *se de outras provas tiver notícia.*

Nesse sentido, vale mencionar a Súmula nº 524 do STF:

> Súmula nº 524 do STF
>
> Arquivado o inquérito policial, por despacho do juiz, a requerimento do promotor de justiça, não pode a ação penal ser iniciada, sem novas provas.

Importante destacar que o termo novas provas não diz respeito a provas que foram produzidas após o arquivamento do inquérito, mas que se tomou conhecimento após isso.

> **EXEMPLO:** o local do crime foi filmado por uma câmera de segurança, porém até o arquivamento do inquérito as imagens não haviam sido encontradas. Se após o arquivamento, alguém encontrar essas filmagens, ela será considerada uma prova nova e poderá servir para reabrir (desarquivar) o inquérito.

ATENÇÃO!
Se o fundamento for a atipicidade formal ou material da conduta do investigado, ou no caso de causas excludentes ou extintivas da punibilidade (morte do agente, anistia, graça ou indulto, prescrição, decadência, perempção, renúncia do direito de queixa ou perdão em casos de ação privada...), a jurisprudência do STF e do STJ entende que há coisa julgada material e que a investigação NÃO PODERIA ser reaberta em caso de arquivamento.

1.8 Procedimento para o arquivamento

O arquivamento não pode ser feito pelo delegado de polícia, dependendo de requerimento do Ministério Público endereçado ao judiciário e homologação pelo juiz em caso de concordância.

No caso de discordância do juiz quanto ao arquivamento, deverá ser aplicada a regra do art. 28 do CPP:

> Art. 28. Se o órgão do Ministério Público, ao invés de apresentar a denúncia, requerer o arquivamento do inquérito policial ou de quaisquer peças de informação, o juiz, no caso de considerar improcedentes as razões invocadas, fará remessa do inquérito ou peças de informação ao procurador-geral, e este oferecerá a denúncia, designará outro órgão do Ministério Público para oferecê-la, ou insistirá no pedido de arquivamento, ao qual só então estará o juiz obrigado a atender.

2 COMPETÊNCIA

2.1 Jurisdição e competência

Inicialmente, é pertinente distinguir jurisdição e competência:

JURISDIÇÃO	COMPETÊNCIA
É o poder/capacidade do Estado de dizer o direito em um caso concreto, fazendo com que a vontade do Estado prevaleça sobre a de uma das partes.	É a limitação ao exercício da jurisdição. Sendo o exercício do poder soberano do Estado de analisar casos concretos e julgá-los com certo grau de definitividade.

Sendo assim, o tipo penal não prevê de quem será a competência, mas o Código de Processo Penal estabelece os fatores determinantes da competência jurisdicional em seu art. 69:

> Art. 69. Determinará a competência jurisdicional:
> I – o lugar da infração;
> II – o domicílio ou residência do réu;
> III – a natureza da infração;
> IV – a distribuição;
> V – a conexão ou continência;
> VI – a prevenção;
> VII – a prerrogativa de função.

2.2 Distinções entre competência absoluta e relativa no processo penal

Os critérios que orientam a fixação de regras de competência relativa se pautam em interesses particulares em geral, do réu ou do querelante.

As de competência absoluta se pautam no interesse público no próprio exercício da atividade jurisdicional.

Exemplo de regras de competência absoluta no processo penal:

- Regras de competência *ratione materiae*, regras de competência funcional e as regras talhadas com base na competência *ratione personae*.

Exemplo de regras de competência relativa em matéria penal:

- Competência *racione loci*, e critérios previstos no art. 70 e seguintes do Código de Processo Penal, critérios que se não forem observados podem estar sujeitos à modificação, a denominada prorrogação de competência.

COMPETÊNCIA ABSOLUTA	COMPETÊNCIA RELATIVA
1) competência em razão da matéria (*ratione materiae*); 2) competência por prerrogativa de função (*ratione personae* ou funcionae); e 3) competência funcional.	1) competência *ratione loci* (em razão do local), seja pelo lugar da infração, seja pelo domicílio ou residência do réu; 2) competência por prevenção (Súmula nº 706 do STF); 3) competência por distribuição; e 4) competência por conexão ou continência.

2.3 Competência pelo lugar da infração

Define qual a comarca, seção ou subseção competente para o julgamento de cada crime.

Assim, o art. 70 institui a regra de que a competência será determinada pelo lugar em que se consumar a infração (teoria do resultado).

No caso de tentativa, a competência deve ser determinada pelo lugar em que for praticado o último ato de execução (teoria da ação/atividade).

ATENÇÃO!

Nos Juizados Especiais Criminais (JECRIM), adota-se a teoria da atividade, ou seja, a competência do Juizado será determinada pelo lugar em que foi praticada a infração penal, segundo o art. 63 da Lei nº 9.099/1995.

2.4 Competência pelo domicílio ou residência do réu

Quando o local da infração for desconhecido ou nos casos das ações penais privadas, a competência será definida pelo domicílio ou residência do réu.

2.5 Competência em razão da matéria | natureza da infração (*ratione materiae*)

Inicialmente, deverá analisar se existe alguma competência especial (justiça militar, eleitoral, trabalhista). Caso não exista, será comum.

Posteriormente, analisa-se se a competência é da Justiça Federal. Caso não seja, será Estadual.

Sendo assim, a competência será dividida em:

- Especial: Militar, Eleitoral e Trabalhista;
- Comum: Estadual e Federal.

Oportunamente, são casos de competência da Justiça Federal:

> Art. 109. Aos juízes federais compete processar e julgar:
> (...)
> IV - os crimes políticos e as infrações penais praticadas em detrimento de bens, serviços ou interesse da União ou de suas entidades autárquicas ou empresas públicas, excluídas as contravenções e ressalvada a competência da Justiça Militar e da Justiça Eleitoral;

2.6 Competência por prerrogativa de função

A prerrogativa de função está prevista na CF/1988 e consiste na definição dos tribunais como os órgãos competentes para processar e julgar criminalmente cidadãos que exercem cargos ou funções específicas.

São requisitos necessários:

- Que o crime relacione-se com o cargo exercido;
- Que o crime tenha sido cometido durante o exercício do mandato.

A seguir, vejamos as competências dos tribunais brasileiros nessas ocasiões:

TRIBUNAL	STF	STJ	TRF/TRE	TJ
PREVISÃO	Art. 102, I, *b* e *c* da CF	Art. 105, I, *a* da CF	Art. 108, I, *a* da CF	Art. 96, III, da CF
JULGADOS	• Presidente e vice-presidente da República • Deputados Federais e Senadores • Procurador-Geral da República • Ministros de Estado • Advogado-Geral da União • Comandantes da Marinha, Exército e Aeronáutica • Ministros do STJ, STM, TST, TSE • Ministros do TCU • Chefe de missão diplomática de caráter permanente	• Governadores • Desembargadores • Membros do TRE • Membros do MPU que atuem perante tribunais	• Juízes Federais • Juízes Militares • Juízes do Trabalho • Membros do MPU que atuem em 1ª instância	• Juízes de Direito • Promotores de Justiça

ATENÇÃO!
Prefeitos poderão ser julgados pelo TJ, TRF ou TRE, a depender da infração penal

2.7 Conexão e competência

Conexão e competência são dois conceitos fundamentais que regem a distribuição e a condução dos processos criminais.

A conexão diz respeito à relação entre diferentes crimes ou entre várias pessoas envolvidas em atividades criminosas. Quando há conexão entre casos, seja por uma relação de fato ou de direito, como a prática de crimes correlatos ou o envolvimento de coautores, é possível reunir esses processos em um único procedimento.

A competência refere-se à atribuição do juízo para julgar determinado caso, estabelecendo os limites territoriais e materiais da jurisdição. A competência caracteriza-se por ser a limitação do exercício da jurisdição.

CONEXÃO	JUSTIÇA COMPETENTE
Crimes da justiça Federal e Estadual.	Julgamento na Justiça Federal.
Crime federal e contravenção.	Cisão obrigatória, com remessa da contravenção para a Justiça Comum Estadual e a manutenção do crime federal no âmbito da Justiça Federal.
Crime de competência Federal e da Eleitoral.	Julgamento na justiça especializada eleitoral.

2.8 Súmulas relevantes no tema

Considerando a incidência na prova, listamos as súmulas mais relevantes na tabela abaixo:

SÚMULA Nº 42 STJ	Compete à justiça comum estadual processar e julgar as causas cíveis em que é parte sociedade de economia mista e os crimes praticados em seu detrimento.
SÚMULA Nº 151 STJ	A competência para o processo e julgamento por crime de contrabando ou descaminho define-se pela prevenção do juízo federal do lugar da apreensão dos bens.
SÚMULA Nº 38 STJ	Compete à justiça estadual comum, na vigência da constituição de 1988, o processo por contravenção penal, ainda que praticada em detrimento de bens, serviços ou interesse da união ou de suas entidades.
SÚMULA Nº 546 STJ	A competência para processar e julgar o crime de uso de documento falso é firmada em razão da entidade ou órgão ao qual foi apresentado o documento público, não importando a qualificação do órgão expedidor.
SÚMULA VINCULANTE Nº 45	A competência constitucional do tribunal do júri prevalece sobre o foro por prerrogativa de função estabelecido exclusivamente pela constituição estadual.
SÚMULA Nº 48 STJ	Compete ao juízo do local da obtenção da vantagem ilícita processar e julgar crime de estelionato cometido mediante falsificação de cheque.
SÚMULA Nº 73 STJ	A utilização de papel moeda grosseiramente falsificado configura, em tese, o crime de estelionato, da competência da justiça estadual.
SÚMULA Nº 122 STJ	Compete à justiça federal o processo e julgamento unificado dos crimes conexos de competência federal e estadual, não se aplicando a regra do art. 78, II, *a*, do Código de Processo Penal.

3 AÇÃO PENAL

3.1 Conceito

O direito de ação penal é o direito de pedir ao Estado-Juiz a aplicação do direito penal a um caso concreto.

Em outras palavras, é o direito de que a parte acusadora dispõe de, mediante o devido processo legal, provocar o Estado a dizer o direito em uma situação fática.

3.2 Condições da ação penal

3.2.1 Condições genéricas da ação penal

Assim, são condições genéricas da ação penal:

- Possibilidade jurídica do pedido: a existência de norma jurídica que define uma conduta como infração penal;
- Legitimidade para agir (legitimidade *ad causam*): a pertinência subjetiva no polo processual da ação;

ATENÇÃO!

No processo penal, as pessoas jurídicas podem ter *legitimidade ad causam* para figurar tanto no polo ativo quanto no polo passivo;

No polo passivo, apenas quando em caso de crimes contra o meio ambiente;

- Interesse de agir: abrange a necessidade da tutela jurisdicional, a adequação e utilidade;
- Justa Causa: é o lastro mínimo para amparar a pretensão acusatória.

A justa causa consubstancia-se pela somatória de três componentes essenciais:

COMPONENTES DA JUSTA CAUSA	
TIPICIDADE	Adequação de uma conduta fática a um tipo penal;
PUNIBILIDADE	Além de típica, a conduta precisa ser punível, ou seja, não existir quaisquer das causas extintivas da punibilidade; e
VIABILIDADE	Existência de fundados indícios de autoria.

3.2.2 Condições específicas da ação penal

Por sua vez, são condições específicas da ação penal ou condições de procedibilidade:

CONDIÇÕES ESPECÍFICAS DA AÇÃO PENAL	
REPRESENTAÇÃO DO OFENDIDO	Nos crimes de ação penal pública condicionada à representação.
REQUISIÇÃO DO MINISTRO DA JUSTIÇA	Nos crimes de ação penal pública condicionada à requisição.
AUTORIZAÇÃO DE ⅔ DOS MEMBROS DA CÂMARA DOS DEPUTADOS	Para a instauração de processo contra o Presidente e o Vice-Presidente da República e os Ministros de Estado (art. 51, I, da CF).

CONDIÇÕES ESPECÍFICAS DA AÇÃO PENAL	
O TRÂNSITO EM JULGADO DA SENTENÇA QUE ANULE O CASAMENTO POR MOTIVO DE ERRO OU IMPEDIMENTO	Nos crimes de induzimento a erro essencial e de ocultação de impedimento de casamento (art. 236, parágrafo único, do CP).

3.2.3 Condições de objetivas de punibilidade

As condições objetivas de punibilidade são aquelas circunstâncias ou elementos objetivos que precisam estar presentes para que a ação penal possa ser exercida. Independem de dolo ou culpa, mas relacionam-se aos fatos futuros e incertos. Exemplo disso é a sentença declaratória de falência, delimitada no art. 180 da Lei nº 11.101/2005.

3.3 Escusas absolutórias

São as circunstâncias ou condições que, uma vez comprovadas, resultam na absolvição do acusado, independentemente de sua culpabilidade em relação ao crime imputado. Em outras palavras, funcionam como uma justificativa legal para a conduta do acusado, que resulta na sua absolvição, independentemente da existência material do crime.

São exemplos de escusa absolutória: a legítima defesa, o estado de necessidade, o estrito cumprimento do dever legal, a obediência hierárquica, entre outros previstos na legislação penal brasileira.

ATENÇÃO!

As escusas absolutórias são dispostas com a expressão "é isento de pena".

EXEMPLO: art. 181, I e II, do CP

> Art. 181. É isento de pena quem comete qualquer dos crimes previstos neste título, em prejuízo:
>
> I - do cônjuge, na constância da sociedade conjugal;
>
> II - de ascendente ou descendente, seja o parentesco legítimo ou ilegítimo, seja civil ou natural.

4 PRINCÍPIOS

Os princípios penais são guias orientadores na aplicação das normas e na interpretação das leis penais. Logo, buscam garantir a aplicação justa e equitativa do Direito Penal, assegurando a harmonia entre a proteção da sociedade e a preservação dos direitos fundamentais do indivíduo.

Os princípios penais dividem-se em:

PRINCÍPIOS GERAIS	PRINCÍPIOS ESPECÍFICOS DA AÇÃO PENAL PÚBLICA	PRINCÍPIOS DA AÇÃO PENAL PRIVADA
Ne procedat iudex ex officio *Ne bis in idem* Intranscendência Oficialidade Oficiosidade	Obrigatoriedade Divisibilidade Indisponibilidade	Oportunidade Disponibilidade Indivisibilidade

Ante o exposto, cabe conceituar brevemente cada um deles:

4.1 Princípios gerais

- *Ne procedat iudex ex officio:* o juiz não pode agir de ofício, isto é, sem que haja uma provocação das partes ou do Ministério Público;
- *Ne bis in idem:* proíbe que uma pessoa seja julgada duas vezes pelo mesmo fato, relacionando-se ao princípio da coisa julgada;
- Intranscendência: a responsabilidade penal é individual, pessoal e, portanto, intransferível, ou seja, a pena ou seus efeitos não podem ser repassados a terceiros que não tenham participado diretamente da conduta criminosa;
- Oficialidade: a investigação e a acusação de crimes são atribuições exclusivas das autoridades competentes, sendo a persecução penal um ato público e oficial;
- Oficiosidade: prevê que a autoridade policial e o Ministério Público devem agir de ofício, independentemente de provocação, na apuração e investigação de crimes.

4.2 Princípios específicos da ação penal pública

As ações penais públicas possuem princípios específicos que somente a ela são aplicados. Vejamos abaixo quais são eles:

- Obrigatoriedade: o princípio da obrigatoriedade só é aplicado às ações penais públicas incondicionadas. Esse princípio determina que o Estado é obrigado a promover a ação penal e punir os crimes, desde que haja provas suficientes da materialidade e da autoria delitiva. Importante ficar atento aos casos que excepcionam esse princípio, a exemplo do ANPP (Acordo de Não Persecução Penal, em que, mesmo havendo os requisitos necessários para propositura da ação penal, o Ministério Público pode apresentar um acordo e não oferecer a denúncia.);
- Divisibilidade: o princípio da divisibilidade permite que o Ministério Público fragmente a acusação em mais de um processo, ainda que eles tratem da apuração de um mesmo crime. Portanto, se um crime tiver sido supostamente praticado por vários autores, o Ministério Público pode, inicialmente, denunciar apenas alguns dos envolvidos enquanto apura mais evidências da participação dos outros. Assim, posteriormente, pode oferecer uma nova ação penal relativa ao mesmo crime, mas para denunciar os demais supostos autores;
- Indisponibilidade: estabelece que o Ministério Público não pode desistir da ação penal após o seu ajuizamento. Mesmo sendo o titular da ação, o MP não possui esse poder.

4.3 Princípios da ação penal privada

Vejamos agora alguns princípios aplicados exclusivamente às ações penais privadas. Importante destacar que na ação penal privada, o titular da ação penal é o ofendido ou representante legal:

- Oportunidade: Trata-se da faculdade concedida à vítima (ou seu representante legal) de um crime de decidir se é conveniente ou não promover a ação penal em alguns casos. Ou seja, diferentemente dos casos de ação penal pública incondicionada em que o Ministério Público (titular da ação penal) é obrigado a ajuizar a ação penal, nos casos de ação penal privada, a vítima escolhe se deseja ou não oferecer denúncia;

- Disponibilidade: possibilidade de renúncia ou transação por parte do titular do direito, seja o ofendido ou a vítima do crime. Assim, mesmo após ajuizada ação penal, o seu titular (vítima ou representante legal) poderá desistir dela, por meio dos institutos do perdão (art. 51 do CPP), perempção (art. 60 do CPP) ou desistência de algum recurso interposto;
- Indivisibilidade: conforme art. 48 do CPP, a queixa contra qualquer dos autores do crime obrigará ao processo de todos os demais. Ou seja, se a vítima tiver conhecimento de mais de um autor, deverá propor a queixa-crime contra todos eles, não podendo escolher quem irá processar.

5 AÇÃO PENAL PÚBLICA

A Ação Penal Pública pode ser condicionada ou incondicionada.

5.1 Ação penal pública incondicionada

A Ação Penal Pública Incondicionada é a regra do ordenamento jurídico brasileiro, oferecida mediante denúncia. Seu titular é o Ministério Público, conforme o art. 129, I, da CF/1988.

A peça inicial acusatória é a denúncia, não estando essa ação sujeita a prazo decadencial, mas tão somente ao prazo prescricional do crime em análise.

Alguns diplomas afirmam expressamente a processabilidade por meio da ação pública incondicionada, *como o caso dos crimes do ECA, do Estatuto da Pessoa Idosa, do Código Eleitoral e da Lei de Falências.*

ATENÇÃO!

Súmula nº 542 do STJ: A ação penal relativa ao crime de lesão corporal resultante de violência doméstica contra a mulher é pública INCONDICIONADA.

Apesar de o crime de ameaça (art. 147 do CP) ser, em regra, de ação penal pública condicionada à representação, quando praticado no contexto da Lei Maria da Penha, aplica-se o entendimento consolidado pelo STF e pelo STJ de que se trata de ação penal pública incondicionada, independentemente da manifestação da vítima.

Da mesma maneira, ações penais dos crimes contra a dignidade sexual tornaram-se ação penal pública incondicionada, a partir da Lei nº 13.718/2018 que alterou o art. 225 do CP.

5.2 Ação penal pública condicionada

5.2.1 Ação penal pública condicionada à representação

Já a Ação Penal Pública Condicionada, conforme a própria denominação, condiciona-se à existência de uma representação.

O titular da ação segue sendo o Ministério Público, porém, está condicionada a uma prévia manifestação volitiva da vítima ou de manifestação do Ministro da Justiça.

Assim, nos crimes que se procedem mediante representação, a vítima ou seu representante legal com poderes especiais precisa demonstrar interesse na punição do suposto autor do fato criminoso. Somente com essa representação é que a denúncia poderá ser oferecida.

5.2.1.1 Prazo para representação

De acordo com o art. 38 do Código de Processo Penal, a representação deverá ser exercida dentro do prazo de seis meses, contados do dia que o ofendido ou seu representante legal souber quem é o autor do crime.

Nos casos de crimes que se processam mediante ação penal pública incondicionada e o Ministério Público fica inerte (não faz nada!), será admitida ação privada subsidiária da pública. Nesses casos, o prazo para o oferecimento da queixa conta do dia que esgotar o prazo para oferecimento da denúncia.

5.2.1.2 Retratação da representação

É importante saber que é possível realizar a retratação oferecida ATÉ o oferecimento da denúncia. Ou seja, se a denúncia já tiver sido ofertada, a vítima não poderá mais retratar-se da representação realizada e a ação penal terá seu prosseguimento.

Quando não for realizada a representação nos crimes de ação penal pública condicionada, estaremos diante de uma situação de ausência da condição de procedibilidade, e a consequência jurídico processual será a rejeição da peça acusatória na forma disposta no art. 395, II, do CPP.

5.2.2 Ação penal pública condicionada à requisição

A requisição trata-se de um ato de natureza jurídico-política confiado ao Ministro da Justiça que terá um juízo político de oportunidade, conveniência e necessidade para autorizar o MP a propor ação penal diante de determinados delitos, sendo uma condição de procedibilidade específica.

Há três situações que exigem a requisição do Ministro da Justiça:

AÇÃO PENAL PÚBLICA CONDICIONADA À REQUISIÇÃO	
	Nos casos de crime contra a honra praticados contra o Presidente da República (art. 141, I c/c art. 145, parágrafo único, do CP).
	Nos de crimes contra a honra praticados contra chefe de governo estrangeiro (art. 141, I c/c art. 145, parágrafo único, do CP).
	Os crimes cometidos por estrangeiro contra brasileiro fora do Brasil (art. 7º, § 3º, *b*, CP); extraterritorialidade super condicionada.

A requisição, diferentemente da representação, não está sujeita a prazo decadencial, apenas ao prescricional do crime.

6 AÇÃO PENAL PRIVADA

A lei confere ao próprio ofendido o direito de postular a persecução penal em juízo, de acordo com o seu juízo de conveniência, necessidade e oportunidade, sendo uma hipótese de legitimidade extraordinária.

A ação penal privada é delimitada pelo art. 100 do CP. A petição que inicia seu trâmite será chamada de queixa, o ofendido de querelante, o réu de querelado e o advogado será o responsável pelo ajuizamento da ação.

> Art. 100 do CP A ação penal é pública, salvo quando a lei expressamente a declara privativa do ofendido.
> (...)
> § 2º A ação de iniciativa privada é promovida mediante queixa do ofendido ou de quem tenha qualidade para representá-lo.
> § 3º A ação de iniciativa privada pode intentar-se nos crimes de ação pública, se o Ministério Público não oferece denúncia no prazo legal.
> (...)

O Ministério Público, nessas situações, será fiscal da lei, de acordo com o art. 45 do CPP:

> Art. 45 do CPP A queixa, ainda quando a ação penal for privativa do ofendido, poderá ser aditada pelo Ministério Público, a quem caberá intervir em todos os termos subsequentes do processo.

A Ação Penal de Iniciativa Privada é classificada em: exclusivamente privada, personalíssima e subsidiária da pública.

AÇÃO PENAL PRIVADA	
	Exclusivamente Privada
	Personalíssima
	Subsidiária da Pública

6.1 Ação penal exclusivamente privada

A ação penal exclusivamente privada é a regra nas ações penais privadas e admite sucessão processual pelo CADI (cônjuge, ascendente, descendente ou irmão).

Trata-se de hipótese de legitimidade extraordinária do processo penal. Quando a lei se refere com "somente mediante queixa", se está diante de ação penal privada.

O autor é denominado querelante e o demandado é denominado querelado, sendo a peça processual chamada queixa-crime.

> **ATENÇÃO!**
> Art. 45 do CPP: A queixa, ainda quando a ação penal for privativa do ofendido, poderá ser aditada pelo Ministério Público, a quem caberá intervir em todos os termos subsequentes do processo.

6.2 Ação penal privada personalíssima

Quando personalíssima, somente pode ser exercida pelo ofendido e não admite sucessão processual.

EXEMPLO: Delito previsto no art. 236 do Código Penal – Contrair casamento, induzindo em erro essencial o outro contraente, ou ocultando-lhe impedimento que não seja casamento anterior.

6.3 Ação penal privada subsidiária da pública

A ação penal privada subsidiária da pública acontecerá nos casos de total INÉRCIA do Ministério Público. Ou seja, nos casos de ação penal pública em que o Ministério Público deixar esgotar o prazo para oferecimento da denúncia e não fizer absolutamente nada, caberá ao ofendido ou seu representante legal ajuizar uma ação penal privada, por meio de uma queixa-crime, buscando punição do autor do crime em que foi vítima, já que o Ministério Público não cumpriu seu dever e ficou inerte.

Ainda assim, caberá ao Ministério Público aditar, repudiar e oferecer denúncia substitutiva à queixa, podendo intervir em todos os termos do processo, oferecer elementos de prova, interpor recurso e, a todo tempo, no caso de negligência do querelante, retomar a ação penal como parte principal.

6.4 Crimes de ação penal privada

São crimes que se procedem mediante ação penal privada:

CRIMES DE AÇÃO PENAL PRIVADA	
CALÚNIA	Art. 138 do CP;
DIFAMAÇÃO	Art. 139 do CP;
INJÚRIA	Art. 140 do CP;
ALTERAÇÃO DE LIMITES DE PROPRIEDADE PARTICULAR, NO CASO DE AUSÊNCIA DE VIOLÊNCIA	Art. 161, § 1º, I e II, do CP;
DANO	Art. 163, *caput*, parágrafo único, IV e art. 164 c/c Art. 167 do CP;
FRAUDE À EXECUÇÃO	Art. 179 do CP;
VIOLAÇÃO A DIREITO AUTORAL	Art. 184, *caput*, do CP;
INDUZIMENTO A ERRO ESSENCIAL E OCULTAÇÃO DE IMPEDIMENTO	Art. 236 do CP;
EXERCÍCIO ARBITRÁRIO DAS PRÓPRIAS RAZÕES	Art. 345 do CP

6.5 Causas de extinção da punibilidade na ação penal privada

A ação penal privada possui causas extintivas de punibilidade, sendo as principais:

1. Decadência;
2. Perempção;
3. Renúncia;
4. Perdão.

Confira o esquema abaixo para compreendê-las:

DECADÊNCIA	Consiste na perda do direito de ingressar com a ação em decorrência do decurso do prazo legal. Art. 103. Salvo disposição expressa em contrário, o ofendido decai do direito de queixa ou de representação se não o exerce dentro do prazo de 6 (seis) meses, contado do dia em que veio a saber quem é o autor do crime (...). O prazo não é prorrogado nem suspenso.
PEREMPÇÃO	Consiste na perda do direito de prosseguir na ação penal privada em decorrência de INÉRCIA ou OMISSÃO. Ocorre após iniciada a ação penal. Não é aplicada no caso de ação penal subsidiária da pública. Conforme o art. 60 do CPP, a perempção acontecerá nas seguintes situações: I - quando o querelante deixar de promover o andamento do processo durante 30 dias seguidos; II - quando, falecendo o querelante, ou sobrevindo sua incapacidade, não comparecer em juízo, para prosseguir no processo, dentro do prazo de 60 (sessenta) dias, qualquer das pessoas a quem couber fazê-lo, ressalvado o disposto no art. 36; III - quando o querelante deixar de comparecer, sem motivo justificado, a qualquer ato do processo a que deva estar presente, ou deixar de formular o pedido de condenação nas alegações finais; IV - quando o querelante for pessoa jurídica e houver extinção sem deixar sucessor.
RENÚNCIA	Acontece quando o ofendido abre mão do direito de oferecer a queixa, ocorrendo antes do recebimento da queixa (pode ser antes ou depois do oferecimento, mas sempre antes do recebimento). Independe de aceitação do autor do delito e é irretratável. A renúncia, que pode ser expressa ou tácita, de uma vítima não afasta o direito de outra(s) vítima(s). *Ex: amizade entre as partes, acordo homologado (art. 74 da Lei nº 9.099/1995), pedido de arquivamento do inquérito.*
PERDÃO	É a desistência do prosseguimento da ação penal. Ocorre após o início da ação penal (com recebimento da queixa) e antes do trânsito em julgado de uma sentença penal condenatória. É bilateral (depende da aceitação). A todos se estende, mas só extingue a punibilidade de quem aceitar. O perdão pode ser processual ou extraprocessual.

Quanto às causas extintivas de punibilidade, é possível, ainda, agrupá-las conforme a (des)necessidade de manifestação de vontade:

NÃO DEPENDEM DA MANIFESTAÇÃO DA VONTADE	DEPENDEM DA MANIFESTAÇÃO DE VONTADE
Decadência	Renúncia
Perempção	Perdão

6.6 Súmulas relevantes

Quanto ao tópico de ação penal, as súmulas mais importantes são:

Súmula nº 542 do STJ	A ação penal relativa ao crime de lesão corporal resultante de violência doméstica contra a mulher é pública incondicionada.
Súmula nº 714 do STF	É concorrente a legitimidade do ofendido, mediante queixa, e do Ministério Público, condicionada à representação do ofendido, para a ação penal por crime contra a honra de servidor público em razão do exercício de suas funções.
Súmula nº 594 do STF	Os direitos de queixa e de representação podem ser exercidos, independentemente, pelo ofendido ou por seu representante legal.

7 MECANISMOS NEGOCIAIS

7.1 Acordo de não persecução penal

É um negócio jurídico sujeito à homologação da autoridade judicial (juiz/magistrado), celebrado por escrito entre o Ministério Público e o autor do fato delituoso (assistido por seu defensor), mediante a confissão formal e circunstanciada da prática do delito, e no qual se impõe ao infrator o cumprimento de certas condições não privativas de liberdade, em troca do compromisso de não se promover a persecução penal em juízo, acarretando a *extinção da punibilidade caso o acordo seja integralmente cumprido*.

CARACTERÍSTICAS DO ACORDO DE NÃO PERSECUÇÃO PENAL	Natureza negocial;
	Mediante confissão formal e circunstanciada e cumprimento de condições;
	Não leva adiante o MP a ação penal;
	Não se confunde com a transação penal e o *sursis* processual;
	Solução alternativa e célere de conflitos criminais determinados;
	Tem como objetivo minorar os efeitos deletérios de condenações criminais e do cárcere;
	Acarreta a extinção de punibilidade se o acordo for integralmente cumprido.

O acordo de não persecução penal é um relevante instituto do processo penal e representa uma exceção ao princípio da obrigatoriedade. Foi criado pelo Pacote Anticrime e constitui-se como um meio despenalizador.

Nesse sentido, são relevantes as seguintes informações acerca da proposição de Acordo de Não Persecução Penal:

ACORDO DE NÃO PERSECUÇÃO PENAL	
OBJETIVO	Propor acordo de não persecução penal para casos em que o investigado confessa formal e circunstancialmente a prática de infração penal sem violência ou grave ameaça, com pena MÍNIMA inferior a 4 anos. Cuidado para não confundir com pena máxima! Nesse caso, a pena mínima que terá que ser inferior a 4 anos, podendo a máxima ser maior.
CONDIÇÕES AJUSTADAS	O acordo pode incluir, cumulativa ou alternativamente: 1. Reparação do dano ou restituição à vítima. 2. Renúncia a bens indicados como instrumentos do crime. 3. Prestação de serviço à comunidade. 4. Pagamento de prestação pecuniária. 5. Cumprimento de outra condição indicada pelo Ministério Público.
EXCLUSÕES	Não se aplica nos casos de: • Ser cabível o instituto da transação penal nos Juizados Especiais Criminais; • Reincidência, conduta habitual criminal, exceto se insignificantes as infrações pretéritas; • Ter sido beneficiado nos 5 anos anteriores com outro ANPP, transação penal ou *sursis* processual; • Crimes de violência doméstica ou contra a mulher.
FORMALIZAÇÃO	O acordo é formalizado por escrito, assinado pelo Ministério Público, investigado e defensor.
HOMOLOGAÇÃO	O juiz verifica a voluntariedade e legalidade em audiência, por meio da oitiva do investigado na presença de seu defensor, podendo recusar a homologação se as condições forem inadequadas.
RETORNO AO MP	Na audiência, se o juiz considerar as condições do acordo inadequadas, insuficientes ou abusivas, devolverá ao MP para reformulá-la.
RECUSA DA PROPOSTA	A homologação do acordo será recusada se não atender os requisitos legais ou não for reformulada após determinação do juiz.
DESCUMPRIMENTO	O Ministério Público comunica o descumprimento ao juízo para a rescisão do acordo e possível oferecimento de denúncia.
ANTECEDENTES	O acordo não constará de certidão de antecedentes criminais, exceto para determinados fins.
EXTINÇÃO DA PUNIBILIDADE	Após o cumprimento integral do acordo, o juízo decreta a extinção da punibilidade.
RECUSA DO MINISTÉRIO PÚBLICO	Se o Ministério Público recusar o acordo, o investigado pode interpor recurso em sentido estrito.

7.2 Suspensão condicional do processo

Assim como o ANPP, a suspensão condicional do processo (*SURSIS* PROCESSUAL) é um mecanismo negocial com caráter de despenalização, porém mais antigo e previsto no art. 89 da Lei de Juizados Especiais.

A suspensão condicional do processo poderá ser aplicada quando preenchidos os seguintes requisitos:

REQUISITOS DA SUSPENSÃO CONDICIONAL DO PROCESSO	
	Pena mínima cominada igual ou inferior a 1 ano;
	Acusado não esteja sendo processado;
	Acusado não tenha sido condenado por outro crime;
	Demais requisitos que autorizariam a suspensão condicional da pena: I - o condenado não seja reincidente em crime doloso; II - a culpabilidade, os antecedentes, a conduta social e personalidade do agente, bem como os motivos e as circunstâncias autorizem a concessão do benefício; III - não seja indicada ou cabível a substituição prevista no art. 44 deste Código.

Caso o acusado aceite a proposta que deverá ser formulada pelo Ministério Público, o juiz poderá suspender o processo. Neste caso, o acusado será submetido a um período de prova, obedecendo às seguintes condições:

> I - reparação do dano, salvo impossibilidade de fazê-lo;
> II - proibição de frequentar determinados lugares;
> III - proibição de ausentar-se da comarca onde reside, sem autorização do Juiz;
> IV - comparecimento pessoal e obrigatório a juízo, mensalmente, para informar e justificar suas atividades.

Essas não são as únicas imposições possíveis do magistrado, cabendo aplicar outras, desde que adequadas ao fato e à situação pessoal do acusado. Sobre o tema, destaca-se súmula que vem sendo aposta na FGV:

> SÚMULA nº 723 - SUPREMO TRIBUNAL FEDERAL
> Não se admite a suspensão condicional do processo por crime continuado, se a soma da pena mínima da infração mais grave com o aumento mínimo de um sexto for superior a um ano.

Causas que provocam a revogação do *SURSIS* PROCESSUAL

A suspensão deverá ser revogada caso o acusado venha a ser processado por outro crime ou não efetue, sem motivo justificado, a reparação do dano.

Por outro lado, não sendo uma causa obrigatória de revogação, o magistrado poderá revogar a suspensão se o acusado vier a ser processado por contravenção ou descumprir qualquer outra condição imposta.

Da extinção da punibilidade

Se o acusado cumprir todo prazo sem que tenha sido revogada a suspensão por qualquer motivo, o juiz irá declarar extinta a sua punibilidade.

Da prescrição durante a suspensão

Não correrá prescrição durante o prazo de suspensão do processo.

7.3 Transação penal

A transação penal consiste em um acordo celebrado entre o órgão acusatório e o autor do fato delituoso, por meio do qual é proposta a aplicação imediata de pena restritiva de direitos ou multas, evitando-se, assim, a instauração do processo criminal.

CARACTERÍSTICAS DA TRANSAÇÃO PENAL	
	Pena máxima cominada igual ou inferior a 2 anos;
	Acusado primário e com bons antecedentes;
	Não ter sido beneficiado nos últimos 5 anos por transação penal;
	Indicarem os antecedentes, a conduta social e a personalidade do agente, bem como os motivos e as circunstâncias, ser necessária e suficiente a adoção da medida.

ANPP	*SURSIS* PROCESSUAL	TRANSAÇÃO
Pena mínima igual ou inferior a 4 anos	Pena mínima igual ou inferior a 1 ano	Pena máxima igual ou inferior a 2 anos
Primário e de bons antecedentes	Não reincidente em crime doloso	Primário e de bons antecedentes
Aplicável em crimes sem violência ou grave ameaça	Acusado não esteja sendo processado	Não ter sido beneficiado por transação penal nos últimos 5 anos
Confissão formal e circunstanciada	Acusado não tenha sido condenado por outro crime	
Não ser cabível transação penal	Presentes os demais requisitos que autorizariam a suspensão da pena (art. 77 do CP)	
Não ter sido beneficiado nos últimos 5 anos por ANPP, transação ou *sursis* processual		

7.4 Súmulas relevantes

Quanto ao tópico mecanismos negociais, as súmulas mais importantes são:

SÚMULA Nº 243 DO STJ	O benefício da suspensão do processo não é aplicável em relação às infrações penais cometidas em concurso material, concurso formal ou continuidade delitiva, quando a pena mínima cominada, seja pelo somatório, seja pela incidência da majorante, ultrapassar o limite de 01 ano.
SÚMULA Nº 337 DO STJ	É cabível a suspensão condicional do processo na desclassificação do crime e na procedência parcial da pretensão punitiva.

SÚMULA Nº 696 DO STF	Reunidos os pressupostos legais permissivos da suspensão condicional do processo, mas se recusando o Promotor de Justiça a propô-la, o Juiz, dissentindo, remeterá a questão ao Procurador-Geral, aplicando-se por analogia o art. 28 do Código de Processo Penal.
SÚMULA Nº 723 DO STF	Não se admite a suspensão condicional do processo por crime continuado, se a soma da pena mínima da infração mais grave com o aumento mínimo de um sexto for superior a um ano.
SÚMULA VINCULANTE Nº 35 DO STF	A homologação da transação penal prevista no art. 76 da Lei nº 9.099/1995 não faz coisa julgada material e, descumpridas suas cláusulas, retoma-se a situação anterior, possibilitando-se ao Ministério Público a continuidade da persecução penal mediante oferecimento de denúncia ou requisição de inquérito policial.

8 A PEÇA ACUSATÓRIA

A peça acusatória é a petição inicial da ação penal, sendo ato postulatório pelo qual o titular da ação penal dá início a persecução penal em juízo.

8.1 Requisitos da denúncia ou queixa

Segundo o art. 41 do CPP, a denúncia ou queixa deverá conter:

REQUISITOS DA DENÚNCIA OU QUEIXA	• Descrição do fato criminoso e suas circunstâncias; • Identificação/qualificação do suposto agente delitivo; • Classificação jurídica do fato criminoso; • Pedido de citação do acusado; • Pedido de condenação; • Rol de testemunhas; • Valor mínimo indenizatório (art. 387, IV, do CPP); • Pedido de produção de provas; • Ser instruída com instrução de procuração com poderes especiais (art. 44 do CP).

8.2 Prazos para oferecimento da denúncia

RÉU SOLTO	5 DIAS
RÉU PRESO	15 DIAS

O prazo para oferecimento da denúncia é contado do dia que o Ministério Público receber os autos do inquérito policial.

Em último caso, se houver devolução do inquérito à autoridade policial, contados do prazo em que o órgão do MP receber novamente os autos.

No mesmo sentido, quando o MP dispensar o inquérito policial, o prazo para o oferecimento da denúncia será contado da data em que tiver recebido as peças de informações ou a representação.

Outras normas especiais quanto aos prazos são:

LEI DE DROGAS (ART. 54 DA LEI Nº 11.343/2006)	10 dias, estando o acusado preso ou solto
CRIMES CONTRA A ECONOMIA POPULAR (ART. 10, § 2º, DA LEI Nº 1.521/1951)	02 dias, estando o acusado preso ou solto.
CÓDIGO ELEITORAL (ART. 357, *CAPUT*)	10 dias, estando o acusado preso ou solto.
CRIMES FALIMENTARES (ART. 187, § 1º, DA LEI Nº 11.101/2005)	15 dias após a apresentação da exposição circunstanciada de que trata o art. 186, se o acusado estiver solto.

9 AÇÃO CIVIL *EX DELICTO*

A ação civil *ex delicto* busca reparar o dano causado pela infração penal, com base nos arts. 186 e 927 do CC. Portanto, trata-se de ação na qual se postula, na esfera cível, a reparação dos danos morais e/ou materiais sofridos pela vítima de uma infração penal e será cabível somente nos casos em que a repercussão do delito também atingir a responsabilidade civil. Nesse caso, vige o sistema da independência das esferas na forma dos arts. 63 e 64 do CPP.

Nesse sentido, é importante distinguir a ação de execução *ex delicto* e a ação civil *ex delicto*:

AÇÃO DE EXECUÇÃO *EX DELICTO*	AÇÃO CIVIL *EX DELICTO*
Art. 63. Transitada em julgado a sentença condenatória, poderão promover-lhe a execução, no juízo cível, para o efeito da reparação do dano, o ofendido, seu representante legal ou seus herdeiros. Parágrafo único. Transitada em julgado a sentença condenatória, a execução poderá ser efetuada pelo valor fixado nos termos do inciso IV do *caput* do art. 387 deste Código sem prejuízo da liquidação para a apuração do dano efetivamente sofrido.	Art. 64. Sem prejuízo do disposto no artigo anterior, a ação para ressarcimento do dano poderá ser proposta no juízo cível, contra o autor do crime e, se for caso, contra o responsável civil. Parágrafo único. Intentada a ação penal, o juiz da ação civil poderá suspender o curso desta, até o julgamento definitivo daquela.

Em regra, não há interferência dos efeitos da absolvição penal na esfera cível, exceto nas seguintes hipóteses:

> Art. 65. Faz coisa julgada no cível a sentença penal que reconhecer ter sido o ato praticado em estado de necessidade, em legítima defesa, em estrito cumprimento de dever legal ou no exercício regular de direito.
>
> Art. 66. Não obstante a sentença absolutória no juízo criminal, a ação civil poderá ser proposta quando não tiver sido, categoricamente, reconhecida a inexistência material do fato.
>
> Art. 67. Não impedirão igualmente a propositura da ação civil:
>
> I – o despacho de arquivamento do inquérito ou das peças de informação;
>
> II – a decisão que julgar extinta a punibilidade;
>
> III – a sentença absolutória que decidir que o fato imputado não constitui crime.

Importa destacar que a sentença condenatória é título executivo judicial, nos termos do art. 515, VI, do CPC/2015. O tempo de prescrição é de 03 anos, conforme o art. 206, § 3º, V, do CC.

A legitimidade está regulamentada pelo art. 63 do CPP e aponta que o ofendido, seus representantes legais ou seus herdeiros poderão promover a execução, após o trânsito em julgado da sentença condenatória.

10 PROCEDIMENTOS

Primeiramente, é importante destacar que há uma grande confusão entre os conceitos de processo e procedimento no âmbito do Direito Processual Penal. Logo, cumpre distingui-los:

PROCESSO	PROCEDIMENTO
Por meio do qual se viabiliza a jurisdição penal	Conjunto de atos que se dará dentro do processo, como o processo irá ser realizado

Quanto à classificação dos procedimentos tem-se que:

Os procedimentos podem ser classificados em:

- Especial;
- Comum.

O procedimento comum, por sua vez, se subdivide em:

- Ordinário;
- Sumário;
- Sumaríssimo.

> Art. 394. O procedimento será comum ou especial
> § 1º O procedimento comum será ordinário sumário ou sumaríssimo.
> I – ordinário quando tiver por objeto crime cuja sanção máxima cominada for igual ou superior a 4 (anos de pena privativa de liberdade
> II – sumário quando tiver por objeto crime cuja sanção máxima cominada seja inferior a 4 (anos de pena privativa de liberdade);
> III – sumaríssimo para as infrações penais de menor potencial ofensivo na forma da lei. (Contravenções penais e crimes cuja sanção máxima não seja superior a 2 anos)

A classificação do procedimento dependerá da pena aplicada ao crime e não pela natureza do crime.

O procedimento sumaríssimo se sobrepõe ao especial.

Observe o esquema abaixo:

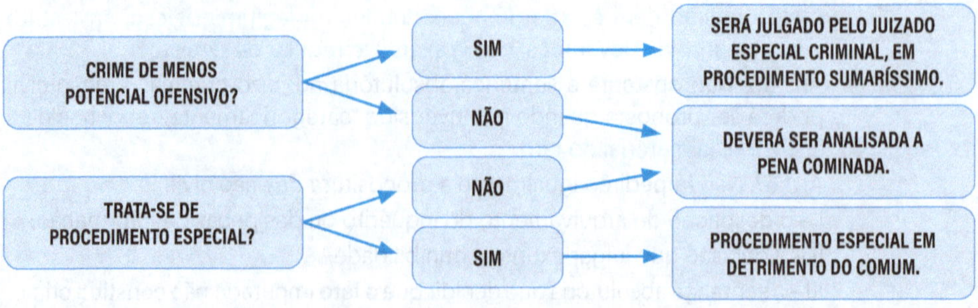

ATENÇÃO!

As qualificadoras, causas de aumento e diminuição, agravantes e atenuantes irão influenciar na pena e, consequentemente, na definição do procedimento.

- Qualificadoras: circunstâncias específicas que qualificam o crime, tornando-o mais grave. Exemplo: qualificadora de motivo fútil em homicídio;
- Causas de aumento: circunstância que aumenta a pena. Exemplo: reincidência;
- Causas de diminuição: circunstâncias que reduzem a pena. Exemplo: confissão;
- Agravantes: circunstâncias que aumentam a culpabilidade do agente ou a gravidade do crime, ensejando pena mais severa. Exemplo: crime praticado com violência ou mediante abuso de poder;
- Atenuantes: circunstâncias que diminuem a culpabilidade do agente ou a gravidade do crime, abrandando a pena. Exemplo: arrependimento do agente e confissão espontânea.

Na conexão entre infrações de procedimentos distintos, deverá ser aplicado o procedimento do crime mais grave.

Nos organogramas abaixo demonstra-se a linha temporal de cada procedimento:

PROCEDIMENTO ORDINÁRIO

Oferecimento da denúncia ou queixa

Recebimento da Denúncia ou queixa

Citação do acusado

Resposta à acusação;

Absolvição Sumária;

Audiência de Instrução e Julgamento;

Memoriais;

Sentença;

PROCEDIMENTO SUMÁRIO

Oferecimento da denúncia ou queixa;

Recebimento da denúncia ou queixa;

Citação do acusado;

Absolvição Sumária;

Audiência de Instrução e Julgamento;

- Realizada no prazo máximo de 30 dias;
- 5 testemunhas, no máximo;
- Alegações finais orais;
- Sentença em audiência;

PROCEDIMENTO SUMARÍSSIMO

Fase preliminar:

- TCO;
- Audiência Preliminar (Composição civil dos danos / Transação penal);

Oferecimento da denúncia ou queixa;

PROCEDIMENTO SUMARÍSSIMO
Citação do acusado;
Absolvição Sumária;
Audiência de Instrução e Julgamento; • Nova tentativa de acordo; • Resposta à acusação; • Recebimento de denúncia ou queixa; • Oitiva da Vítima/Testemunhas; • Interrogatório do Réu; • Alegações Finais Orais; • Sentença em audiência.

11 PRISÃO E LIBERDADE PROVISÓRIA

São quatro as espécies de prisões: flagrante, temporária, preventiva e domiciliar. Vejamos cada uma delas:

11.1 Prisão em flagrante

Conceitualmente o flagrante nada mais é do que um instrumento, uma medida de autodefesa da sociedade em relação à prática de fatos criminosos, sendo caracterizado pela necessidade de privação imediata da liberdade de locomoção daquele sujeito, daquele cidadão que é surpreendido na prática de uma infração penal.

É uma prisão de natureza cautelar, que se opera de forma automática, sem necessidade de prévia autorização judicial.

Quanto ao sujeito ativo do flagrante, há a classificação em flagrante facultativo, sendo esse o realizado por qualquer do povo, ou obrigatório, quando realizado pelas autoridades de persecução penal.

TIPO DE FLAGRANTE	SUJEITO ATIVO	MANDAMENTO LEGAL
FLAGRANTE FACULTATIVO	Qualquer do povo	Art. 301. Qualquer do povo PODERÁ e as autoridades policiais e seus agentes deverão prender quem quer que seja encontrado em flagrante delito.
FLAGRANTE OBRIGATÓRIO	Autoridades de persecução penal	Art. 301. Qualquer do povo poderá e as autoridades policiais e seus agentes DEVERÃO prender quem quer que seja encontrado em flagrante delito.

A prisão em flagrante está delimitada no art. 302 do CPP, podendo ser subdividida em flagrante próprio (ou real), flagrante impróprio (ou imperfeito) e flagrante ficto (ou presumido):

> Art. 302. Considera se em flagrante delito quem
> I - está cometendo a infração penal; (FLAGRANTE PRÓPRIO ou REAL)
> II - acaba de cometê-la; (FLAGRANTE PRÓPRIO ou REAL)

> III – é perseguido logo após, pela autoridade, pelo ofendido ou por qualquer pessoa, em situação que faça presumir ser autor da infração; (FLAGRANTE IMPRÓPRIO ou IMPERFEITO)
>
> IV – é encontrado logo depois, com instrumentos, armas, objetos ou papéis que o façam presumir ser ele autor da infração. (FLAGRANTE FICTO ou PRESUMIDO)

Existem outras modalidades de prisão em flagrante, sendo algumas legais e outras ilegais.

11.2 Flagrante esperado (legal)

Nessa situação, a polícia tem conhecimento da possível prática de um crime, mas não prepara, nem induz, apenas aguarda sua execução.

Trata-se de hipótese de prisão legal.

Um exemplo de flagrante ocorre quando a polícia recebe uma denúncia anônima informando que um indivíduo está comercializando drogas em um determinado local. Com base nessa informação, os policiais decidiram realizar uma operação de monitoramento e, ao chegarem ao local indicado, encontraram o suspeito vendendo entorpecentes para um grupo de pessoas. Desse modo, o flagrante é esperado, os policiais estavam preparados para agir no momento em que o crime foi constatado, de acordo com informações prévias e planejadas.

11.3 Flagrante retardado, diferido, postergado (legal)

Nessas hipóteses a autoridade policial testemunha a prática de um crime e não age, com o intuito de desvendar mais informações acerca do crime, como uma associação ao tráfico de drogas. Portanto, recebe o nome de flagrante retardado, diferido e postergado pois a ação da polícia será retardada.

Também é uma prisão legal e está previsto nas leis:

- Crime organizado (Lei nº 12.850/2013) - Art. 8º
- Tráfico de drogas (Lei nº 11.343/2006) - Art. 53, II
- Lavagem de capitais (Lei nº 9.613/1998) - Art. 4º-B

Um exemplo de flagrante postergado acontece quando a polícia testemunha a atuação de um "aviãozinho", uma pessoa responsável pela entrega da droga, mas não adota providências. Nessa ocasião, a não realização da prisão em flagrante nesse momento tem o intuito de desmantelar a cadeia de tráfico para prender o traficante e os demais líderes.

11.4 Flagrante forjado (ilegal)

Ocorre quando há uma armação contra alguém. Trata-se de uma prisão ilegal, uma vez que está sendo criada uma situação que não existia.

Um exemplo seria um policial, durante uma blitz, colocar material ilícito no carro de seu inimigo pessoal, forjando uma suposta prisão em flagrante.

11.5 Flagrante preparado ou provocado (ilegal)

Também ilegal, ocorre quando agentes provocadores INDUZEM, CONVENCEM, INSTIGAM alguém a praticar suposto delito, tomando providências que tornem impossível sua consumação.

Assim, provocam para capturar e acabam por produzir um fato atípico, tendo em vista o crime impossível. É nesse sentido a Súmula nº 145 do STF:

> Súmula nº 145 do STF: Não há crime, quando a preparação do flagrante pela polícia torna impossível sua consumação.

Importa ressaltar que a prisão em flagrante deve gerar um auto de prisão em flagrante, previsto pelo art. 306 do CPP:

> Art. 306. A prisão de qualquer pessoa e o local onde se encontre serão comunicados imediatamente ao juiz competente, ao Ministério Público e à família do preso ou à pessoa por ele indicada.
>
> § 1º Em até 24 (vinte e quatro) horas após a realização da prisão, será encaminhado ao juiz competente o auto de prisão em flagrante e, caso o autuado não informe o nome de seu advogado, cópia integral para a Defensoria Pública.
>
> § 2º No mesmo prazo, será entregue ao preso, mediante recibo, a nota de culpa, assinada pela autoridade, com o motivo da prisão, o nome do condutor e os das testemunhas.

11.6 Audiência de custódia

A audiência de custódia é o momento em que a pessoa que foi presa em flagrante é apresentada e ouvida por um juiz, com a participação do Ministério Público e dos defensores, para que se analise a legalidade da prisão.

A audiência de custódia é um desdobramento da prisão em flagrante, em que, no prazo de 24h após a realização da prisão, deverá o juiz promover uma audiência para observar a necessidade de relaxamento da prisão, a conversão da prisão em flagrante em preventiva ou a concessão de liberdade provisória, com ou sem fiança.

> Art. 310. Após receber o auto de prisão em flagrante, no prazo máximo de até 24 (vinte e quatro) horas após a realização da prisão, o juiz deverá promover audiência de custódia com a presença do acusado, seu advogado constituído ou membro da Defensoria Pública e o membro do Ministério Público, e, nessa audiência, o juiz deverá, fundamentadamente:
>
> I – relaxar a prisão ilegal; ou
>
> II – converter a prisão em flagrante em preventiva, quando presentes os requisitos constantes do art. 312 deste Código, e se revelarem inadequadas ou insuficientes as medidas cautelares diversas da prisão; ou
>
> III – conceder liberdade provisória, com ou sem fiança.

11.7 Prisão preventiva

A prisão preventiva, por sua vez, regulamentada pelo art. 311 do CPP e seguintes, deve ser decretada pelo juiz e pode ser requerida:

- Pelo Ministério Público;
- Pelo querelante;
- Pelo assistente;
- Ou por representação da autoridade policial.

No entanto, é vedada sua decretação de ofício, ou seja, o Juiz só pode decretar a prisão se algum dos supracitados assim o requerer.

A prisão preventiva poderá ser decretada diante de quatro requisitos:

1. Garantia da ordem pública;
2. Garantia da ordem econômica;
3. Conveniência da instrução criminal;
4. Aplicação da lei penal.

No entanto, devem haver pressupostos como a prova da existência do crime e indício suficiente de autoria.

No mesmo sentido, toda decisão judicial deve ser motivada e fundamentada, sob pena de nulidade. Assim, deve ter como fundamentos o receio de perigo e a existência concreta de fatos novos ou contemporâneos que justifiquem a aplicação da medida adotada.

A prisão preventiva só é cabível nos crimes dolosos, punidos com pena privativa de liberdade máxima superior a 4 anos.

Todo decreto de prisão preventiva deve demonstrar qual o perigo gerado pelo estado de liberdade do imputado, bem como estar fundamentada em fatos novos ou contemporâneos que justifiquem a medida adotada.

Portanto, não pode o decreto estar fundamentado em fatos de 2, 3 anos atrás para tentar justificar o perigo gerado pelo estado de liberdade do imputado, pois feriria a necessidade de fundamentação baseada em fatos novos ou contemporâneos.

ATENÇÃO!
Não estamos falando que se o crime tiver ocorrido há 2 ou 3 anos não poderemos ter a prisão preventiva! Pode sim, desde que os fundamentos que justifiquem a prisão (o perigo de liberdade do imputado) estejam baseados em fatos novos e contemporâneos.

Não será admitida a prisão preventiva como antecipação do cumprimento da pena.

Os dispositivos que caracterizam a prisão preventiva são:

> Art. 312. A prisão preventiva poderá ser decretada como garantia da ordem pública, da ordem econômica, por conveniência da instrução criminal ou para assegurar a aplicação da lei penal, quando houver prova da existência do crime e indício suficiente de autoria e de perigo gerado pelo estado de liberdade do imputado.

> § 1º A prisão preventiva também poderá ser decretada em caso de descumprimento de qualquer das obrigações impostas por força de outras medidas cautelares (art. 282, § 4º).
>
> § 2º A decisão que decretar a prisão preventiva deve ser motivada e fundamentada em receio de perigo e existência concreta de fatos novos ou contemporâneos que justifiquem a aplicação da medida adotada.

> Art. 313. Nos termos do art. 312 deste Código, será admitida a decretação da prisão preventiva:
>
> I – nos crimes dolosos punidos com pena privativa de liberdade máxima superior a 4 (quatro) anos;
>
> II – se tiver sido condenado por outro crime doloso, em sentença transitada em julgado, ressalvado o disposto no inciso I do *caput* do art. 64 do Decreto-Lei nº 2 848 de 7 de dezembro de 1940 – Código Penal;
>
> III – se o crime envolver violência doméstica e familiar contra a mulher, criança, adolescente, idoso, enfermo ou pessoa com deficiência, para garantir a execução das medidas protetivas de urgência;
>
> § 1º Também será admitida a prisão preventiva quando houver dúvida sobre a identidade civil da pessoa ou quando esta não fornecer elementos suficientes para esclarecê-la, devendo o preso ser colocado imediatamente em liberdade após a identificação, salvo se outra hipótese recomendar a manutenção da medida.
>
> § 2º Não será admitida a decretação da prisão preventiva com a finalidade de antecipação de cumprimento de pena ou como decorrência imediata de investigação criminal ou da apresentação ou recebimento de denúncia.

> Art. 314. A prisão preventiva em nenhum caso será decretada se o juiz verificar pelas provas constantes dos autos ter o agente praticado o fato nas condições previstas nos incisos I, II e III do *caput* do art. 23 do Decreto-Lei nº 2.848 de 7 de dezembro de 1940 – Código Penal.

11.8 Prisão domiciliar

A prisão domiciliar consiste no recolhimento do indiciado ou acusado em sua residência, só podendo ausentar-se com autorização judicial. É uma hipótese de prisão preventiva, conforme o art. 317 do CPP.

Todavia, a prisão domiciliar não é uma regalia ofertada a todos indiscriminadamente. Segundo o art. 318 do CPP, a substituição da prisão preventiva pela domiciliar acontecerá quando:

- For maior de 80 anos;
- Estiver extremamente debilitado por motivo de doença grave;
- Quando for imprescindível aos cuidados especiais de pessoa menor de 6 anos de idade ou com deficiência;
- Quando for gestante;
- Mulher com filho de até 12 anos de idade incompletos;

- Homem, caso seja o único responsável pelos cuidados do filho de até 12 anos de idade incompletos;

A prisão domiciliar deverá ser concedida à gestante, de acordo com o art. 318-A, quando:

- Não tenha cometido crime com violência ou grave ameaça a pessoa;
- Não tenha cometido o crime contra seu filho ou dependente.

Em conformidade com o art. 318-B do CPP, a substituição da prisão preventiva pela domiciliar não impede de aplicar outras medidas cautelares diversas da prisão que estão lá previstas no art. 319 do Código de Processo Penal.

> Art. 318-B. A substituição de que tratam os arts. 318 e 318-A poderá ser efetuada sem prejuízo da aplicação concomitante das medidas alternativas previstas no art. 319 deste Código.

11.9 Prisão temporária

A Lei nº 7.960/1989 prevê a prisão temporária e delimita o cabimento desse dispositivo em crimes específicos.

Somente poderá ser decretada na fase de investigação policial e nunca poderá ser decretada de ofício, mas por requerimento do Ministério Público ou representação da autoridade policial.

11.9.1 Prazos

Diferentemente da prisão preventiva que não possui prazo, a prisão temporária tem prazo certo, determinado, que pode ser prorrogado por uma única vez:

REGRA GERAL	5 dias prorrogáveis por mais 5 dias
CRIMES HEDIONDOS E EQUIPARADOS	30 dias prorrogáveis por mais 30 dias

PRISÃO PREVENTIVA	PRISÃO TEMPORÁRIA
Cabível na fase preliminar/investigatória e durante a persecução penal em juízo	Cabível apenas na fase preliminar/investigatória
Não há prazo de duração legalmente definido	Prazo de duração previsto em lei
Rol não taxativo de crimes	Rol taxativo de crimes

11.10 Liberdade provisória

Após o recebimento do auto de prisão em flagrante, o juiz poderá tomar algumas decisões previstas no art. 310 do CPP, sendo elas:

I. **relaxar a prisão ilegal**

Havendo constatação de ilegalidade na prisão (flagrante preparado, não comunicação à família no prazo de 24h, inexistência de nota de culpa assinada pela autoridade com o motivo da prisão etc.), o juiz deverá imediatamente decidir pelo relaxamento da prisão em flagrante.

II. **converter a prisão em flagrante em preventiva, quando presentes os requisitos constantes do art. 312 do CPP, e se revelarem inadequadas ou insuficientes as medidas cautelares diversas da prisão, ou**

Presentes os requisitos expostos no tópico da prisão preventiva e não sendo cabível a substituição por cautelares diversas da prisão - previstas no art. 319 do CPP - o juiz irá decretar a prisão preventiva do flagranteado, desde que requerida pelo Ministério Público, pois não poderá decretá-la de ofício.

III. **conceder liberdade provisória, com ou sem fiança**

Não sendo o caso de relaxamento, nem de decretação de prisão preventiva ou aplicação de cautelares diversas, o juiz poderá conceder ao réu o direito de responder em liberdade, impondo ou não a aplicação de fiança.

11.10.1 Excludentes de ilicitude

Caso o crime tenha sido praticado em alguma das condições de excludente de ilicitude, o juiz deverá conceder a liberdade provisória, desde que o acusado assuma o compromisso de comparecer a todos os atos para que for convocado.

11.10.2 Hipóteses de não concessão da liberdade provisória

Se a imputação realizada ao flagranteado for de integrar organização criminosa armada ou milícia, ou de portar arma de fogo de uso restrito, o juiz não deverá conceder a liberdade provisória.

11.10.3 Aplicação da fiança

A imposição de fiança não é obrigatória para concessão da liberdade provisória, estando a cargo do juiz a sua imposição.

Contudo, alguns crimes são inafiançáveis: racismo; tortura, tráfico ilícito de entorpecentes e drogas; crimes cometidos por grupos armados, civis ou militares, contra a ordem constitucional e o Estado Democrático.

Ainda que o crime seja inafiançável, não será também concedida fiança nas seguintes situações do art. 324 do CPP:

> I - aos que, no mesmo processo, tiverem quebrado fiança anteriormente concedida ou infringido, sem motivo justo, qualquer das obrigações a que se referem os arts. 327 e 328 deste Código;
> II - em caso de prisão civil ou militar;
> (...)
> IV - quando presentes os motivos que autorizam a decretação da prisão preventiva.

12 DAS PROVAS

As provas constituem todo elemento de convicção relevante para a solução de questões (de mérito ou processuais) no curso da relação processual penal.

O objeto da prova é o denominado *thema probandum*, que consiste no conjunto de fatos relevantes em se tratando da controvérsia penal.

O texto constitucional define previamente o respeito aos direitos e às garantias individuais, do acusado e dos terceiros e, por conseguinte, evidencia-se a inadmissibilidade das provas obtidas ilicitamente.

Tudo que é relevante e útil para formar a convicção do julgador deve ser objeto de prova, isto é, tudo que possa servir direta ou indiretamente na apuração da verdade real.

PRESCINDEM DE PROVA	
	Fatos inúteis ao desfecho Eventos ou informações que, apesar de serem conhecidos ou discutidos, não tem relevância direta ou influência significativa no desfecho da situação. Por exemplo, em um processo criminal, detalhes da vida pessoal do réu que não tem relação com o crime em questão.
	Fatos notórios/verdades sabidas (fatos axiomáticos) Fatos amplamente conhecidos e aceitos pela sociedade como verdadeiros, dispensando a necessidade de prova. Um exemplo é o conhecimento de que a Terra gira em torno do Sol.
	Fatos com presunção legal Fatos que são presumidos como verdadeiros, conforme a lei, independentemente de prova em contrário. Um exemplo é a presunção de paternidade, que estabelece que o marido é considerado pai dos filhos nascidos durante o casamento, salvo provado o oposto.

Nesse viés, fatos admitidos ou aceitos (incontroversos) precisam ser provados.

Quanto ao direito, este não precisa ser provado, exceto leis estaduais e municipais, regulamentos e portarias, costumes e legislação estrangeira.

O CPP lista algumas provas nominadas, como a testemunhal, documental e pericial. Contudo, o rol não é taxativo, podem ser consideradas provas inominadas: fotografias, vídeos, entre outros.

São admitidos meios de prova de qualquer natureza, exceto os obtidos com violação às normas legais, ou seja, provas ilícitas. A vedação às provas ilícitas está respaldada pela CF e pelo CPP:

> ART. 5º, LVI, da CF – são inadmissíveis, no processo, as provas obtidas por meios ilícitos;
>
> Art. 157 do CPP. São inadmissíveis, devendo ser desentranhadas do processo, as provas ilícitas, assim entendidas as obtidas em violação a normas constitucionais ou legais.

12.1 Provas ilícitas (em sentido estrito) X Provas ilegítimas

É necessário mencionar a Teoria dos Frutos da Árvore Envenenada (*Fruits of the Poisonous Tree*), em que são inadmissíveis as provas derivadas das ilícitas. Vejamos os dispositivos:

> Art. 157. (...)
>
> § 1º São também inadmissíveis as provas derivadas das ilícitas, salvo quando não evidenciado o nexo de causalidade entre umas e outras, ou quando as derivadas puderem ser obtidas por uma fonte independente das primeiras.
>
> § 2º Considera-se fonte independente aquela que por si só, seguindo os trâmites típicos e de praxe, próprios da investigação ou instrução criminal, seria capaz de conduzir ao fato objeto da prova.

No aspecto da valoração das provas, o art. 155 do CPP estabelece que o juiz irá formar sua convicção pela livre apreciação das provas produzidas em contraditório judicial.

> Art. 155. O juiz formará sua convicção pela livre apreciação da prova produzida em contraditório judicial, não podendo fundamentar sua decisão exclusivamente nos elementos informativos colhidos na investigação, ressalvadas as provas cautelares, não repetíveis e antecipadas.

Se uma prova tiver sido produzida somente no inquérito policial e não for repetida na instrução processual, essa prova, em regra, não poderá ser utilizada isoladamente como fundamento para sua decisão.

As exceções são as provas cautelares, não repetíveis e antecipadas.

CAUTELARES	São aquelas em que há risco de desaparecimento do objeto pelo decurso do tempo, tornando urgente sua produção. Exemplo: interceptação telefônica e busca e apreensão.
NÃO REPETÍVEIS	São perecíveis e não podem ser repetidas depois. Exemplo: laudo pericial do local do crime.
ANTECIPADAS	Antecipadas: estas provas devem, em regra, ser produzidas durante o processo judicial, mas são antecipadas por precaução. É o caso da oitiva de testemunha que está prestes a morrer. A produção dessa prova deve ocorrer com o devido contraditório real, perante a autoridade judicial.

12.2 Ônus da prova

Quanto ao ônus da prova, segundo o art. 156 do CPP, cabe a:

- Acusação: provar os fatos constitutivos do direito de punir;
- Defesa: provar eventuais fatos extintivos, impeditivos ou modificativos.

DISTRIBUIÇÃO DO ÔNUS DA PROVA NO PROCESSO PENAL	
ÔNUS DA ACUSAÇÃO	**ÔNUS DA DEFESA**
Materialidade Delitiva	Excludente de ilicitude
Autoria	Excludentes de culpa
Dolo e Culpa	Elementos de mitigação da pena

Causas de exasperação — Causas de extinção de punibilidade

Na mesma linha, o artigo faculta ao juiz, de ofício, ou seja, permite que o magistrado aja sem provocação de terceiros:

> I - ordenar, mesmo antes de iniciada a ação penal, a produção antecipada de provas consideradas urgentes e relevantes, observando a necessidade, adequação e proporcionalidade da medida;
> II - determinar, no curso da instrução, ou antes de proferir sentença, a realização de diligências para dirimir dúvida sobre ponto relevante.

As provas podem ser classificadas em:

CLASSIFICAÇÕES DAS PROVAS	
PROVAS DIRETAS	São aquelas que provam o fato de forma objetiva, sem a necessidade de inferências ou deduções. Por exemplo, uma filmagem de um crime em flagrante é uma prova direta do ocorrido.
PROVAS INDIRETAS	São aquelas que, mesmo não comprovando o fato de forma direta, permitem deduzir ou inferir a ocorrência do mesmo por meio de um raciocínio lógico. Por exemplo, marcas de pneus na cena de um acidente podem ser uma prova indireta de como ocorreu um atropelamento.
PROVA PLENA	Também chamada de perfeita ou completa, são provas que são suficientes para fundamentar uma decisão judicial de forma completa, sem a necessidade de complementação. Por exemplo, uma confissão detalhada do réu pode ser considerada uma prova plena.
PROVA NÃO PLENA	Também chamada de imperfeita ou incompleta, são provas que, por si só, não são suficientes para fundamentar uma decisão judicial de forma completa, necessitando de outras provas para complementá-las. Por exemplo, indícios ou vestígios deixados na cena de um crime podem ser considerados provas não plenas.
PROVA PESSOAL	São provas que derivam do testemunho ou declaração de uma pessoa, como o depoimento de uma testemunha ou o interrogatório do réu.
PROVA REAL	São provas que derivam da análise ou exame de um objeto físico, como um cadáver em um caso de homicídio ou uma perícia em uma cena de crime.
PROVAS MATERIAIS / PERICIAIS	São provas que envolvem a análise técnica ou científica de materiais, como laudos periciais realizados por especialistas em diversas áreas, como medicina, engenharia, entre outras.
PROVAS DOCUMENTAIS	São aquelas que se baseiam em documentos escritos ou materiais, como contratos, registros, relatórios, entre outros.
PROVAS ORAIS / TESTEMUNHAIS	São provas que se baseiam no depoimento verbal de testemunhas ou partes envolvidas no processo.
PROVAS EMPRESTADAS	São provas provenientes de outro processo judicial, que são utilizadas em um novo processo, desde que envolvam as mesmas partes, portanto, "emprestadas". Por exemplo, um depoimento prestado em um processo anterior pode ser emprestado e utilizado como prova em um novo processo se envolver as mesmas partes e os mesmos fatos.
PROVA DIABÓLICA	É aquela excessivamente difícil ou impossível de ser produzida por qualquer das partes. Tanto a doutrina quanto a jurisprudência refutam/rechaçam a prova diabólica no Processo Penal.

São princípios que regem a produção probatória:

PRINCÍPIOS	
CONTRADITÓRIO	Garante às partes o direito de se manifestarem sobre as provas produzidas no processo, de modo a assegurar o equilíbrio e igualdade de oportunidades entre as partes.
VERDADE REAL	Estabelece que o processo busca a verdade material dos fatos, ou seja, a realidade dos acontecimentos independentemente das formalidades legais ou das versões apresentadas pelas partes.
COMUNHÃO DAS PROVAS	Todas as provas produzidas no processo, tanto pela acusação quanto pela defesa, devem ser consideradas de forma conjunta e global, sem distinção entre provas favoráveis ou desfavoráveis a uma das partes.
ORALIDADE	Estabelece que a produção de provas e a realização de atos processuais devem ocorrer de forma verbal e em audiência perante o juiz.
CONCENTRAÇÃO	Os atos processuais devem ser realizados em um único momento e lugar, reduzindo o número de audiências e evitando a dispersão dos elementos probatórios ao longo do tempo.
PUBLICIDADE	Determina que os atos processuais devem ser públicos, permitindo o acesso de qualquer pessoa interessada, exceto nos casos em que a lei estabeleça o sigilo ou restrições específicas.
IMEDIAÇÃO	Consiste na proximidade física e cognitiva do juiz em relação às provas e aos depoimentos das testemunhas, facilitando a formação de uma convicção mais segura e fundamentada pelo magistrado.
AUTORRESPONSABILIDADE DAS PARTES	Estabelece que as partes são responsáveis pela produção das provas que favorecem seus interesses, cabendo-lhes o ônus de apresentar os elementos necessários para a comprovação de suas alegações.
NÃO AUTOINCRIMINAÇÃO	Garante ao acusado o direito de não produzir provas contra si mesmo, logo, ninguém pode ser compelido a produzir provas que possam incriminá-lo, sendo-lhe garantido o direito de permanecer em silêncio e não colaborar com sua própria acusação.

As etapas da produção da prova serão designadas a seguir:

PROPOSIÇÃO	As partes apresentam suas alegações e requerimentos ao juízo, indicando as provas que pretendem produzir durante o processo penal. As proposições podem incluir requerimentos para a produção de prova testemunhal, pericial, documental, entre outras.
JUÍZO DE ADMISSIBILIDADE	Após a proposição das partes, o juízo avalia se as provas apresentadas são pertinentes e estão de acordo com as normas processuais: • No momento ordinário, ou seja, na fase inicial do processo, as provas serão admitidas se forem relevantes para a instrução do processo, mesmo que posteriormente possam ser impertinentes para a resolução do mérito. • No momento extraordinário, como em recursos ou incidentes processuais, as provas serão admitidas somente se forem necessárias para o deslinde da questão jurídica, evitando-se a produção de provas desnecessárias.
PRODUÇÃO	Durante esta etapa, as partes realizam os atos necessários para a produção das provas admitidas, tais como oitivas de testemunhas, juntada de documentos, realização de perícias, entre outros.

VALORAÇÃO	O juiz realiza a valoração das mesmas, ou seja, avalia o peso e a credibilidade de cada prova produzida no processo. Nesta etapa, o juiz analisa as provas sob o prisma da livre convicção motivada, ou seja, decide com base nas provas dos autos, considerando-as de acordo com seu livre convencimento, fundamentando sua decisão de acordo com as regras de direito e as circunstâncias do caso concreto.

13 NULIDADES

As normas processuais previstas em lei devem ser seguidas para que o poder de punir possa ser exercido validamente. O desrespeito a essas normas poderá ensejar nulidades processuais, que consistem em uma sanção aplicada ao ato processual defeituoso.

Para falar do tema nulidades, vamos primeiro classificar as espécies de atos processuais.

ATOS PERFEITOS	São os atos que seguem rigorosamente o disposto em lei. São atos considerados válidos e produzem todos os seus efeitos legais.
ATOS MERAMENTE IRREGULARES	Possuem algumas irregularidades que só geram sanções fora do processo ou nenhuma consequência. São considerados válidos e eficazes, produzindo também seus efeitos legais. Exemplo: Súmula nº 366 do STF: Não é nula a citação por edital que indica o dispositivo da lei penal, embora não transcreva a denúncia ou queixa, ou não resuma os fatos em que se baseia.
ATOS NULOS	São atos que não observam o modelo legal ou não possuem algum requisito indispensável, sendo passíveis de decretação de ineficácia, podendo ser declarada sua nulidade relativa ou absoluta. Exemplo: decisão que decreta prisão preventiva sem fundamentação. É uma decisão existente e produzirá seus efeitos até ser anulada pelo Tribunal.
ATOS INEXISTENTES	São considerados não atos diante da gravidade da irregularidade. Esses atos nunca serão convalidados e seu vício pode ser reconhecido de ofício.

13.1 Princípios aplicados às nulidades

PRINCÍPIOS	
PRINCÍPIOS DA TIPICIDADE DAS FORMAS	Em regra, todo ato processual terá uma forma previamente prescrita em lei. A inobservância dessa forma poderá ensejar a decretação da nulidade.
PRINCÍPIO DO PREJUÍZO	De acordo com o art. 563 do CPP, *nenhum ato será declarado nulo, se da nulidade não resultar prejuízo para a acusação ou para a defesa*. Dessa forma, é necessário apontar um prejuízo efetivamente causado pelo ato processual para que seja requerida sua nulidade.
PRINCÍPIO DA NÃO INSTRUMENTALIDADE DAS FORMAS (*PAS DE NULITÉ SANS GRIEF*)	O art. 566 do CPP estabelece que não será declarada a nulidade de ato processual que não houver influído na apuração da verdade substancial ou na decisão da causa. Portanto, para ser anulado, o ato deve ter sido importante para a apuração da verdade ou julgamento da causa. Sendo irrelevante, desnecessário se falar em nulidade.

PRINCÍPIOS	
PRINCÍPIO DA EFICÁCIA DOS ATOS PROCESSUAIS	Mesmo sendo um ato que claramente não obedeceu a forma prevista em lei, a nulidade não será automática, dependendo sempre de um pronunciamento judicial para reconhecê-la, bem como para aferir a não consecução de sua finalidade e a causação de prejuízo às partes.
PRINCÍPIO DA CAUSALIDADE (EFEITO EXPANSIVO)	De acordo com o art. 573, § 1º, do CPP, *a nulidade de um ato, uma vez declarada, causará a todos que dele diretamente dependam ou sejam consequência*. Portanto, além do ato em si, todos os atos que vieram como consequência a ele ou dele dependiam também serão declarados nulos.
PRINCÍPIO DA CONSERVAÇÃO DOS ATOS	Em que pese a anulação de um ato torne sem nenhum efeito todos os seus subsequentes que dele dependam (conforme o princípio da causalidade visto acima), a nulidade de uma parte do ato não prejudicará as outras partes que dele sejam independentes.
PRINCÍPIO DO INTERESSE	O princípio do interesse está previsto na parte final do art. 565 do CPP e determina que nenhuma das partes poderá arguir nulidade referente à formalidade cuja observância só à parte contrária interesse.
PRINCÍPIO DA LEALDADE OU BOA-FÉ	Nenhuma das partes (acusação ou defesa) poderá arguir nulidade a que haja dado causa, ou para que tenha concorrido.
PRINCÍPIO DA CONVALIDAÇÃO	Esse é um princípio aplicado, em regra, às nulidades relativas. Se for possível suprir o defeito do ato, a eventual nulidade não será declarada.

13.2 Classificação das nulidades

NULIDADES ABSOLUTAS	As nulidades absolutas são aquelas que, regra geral, o vício do ato atenta contra algum interesse público. Irão produzir efeito até que seja realizado o reconhecimento judicial da sua ineficácia. Sua invalidade pode ser reconhecida de ofício. Nesses casos, o prejuízo causado é presumido e o defeito pode ser alegado a qualquer tempo para decretação da nulidade, não se convalidando pela falta de arguição.
NULIDADES RELATIVAS	Geralmente buscam combater algum vício que atenta contra uma norma infraconstitucional, onde o ato viciado atenta contra algum interesse preponderante das partes, ou seja, privado. Sua invalidade não pode ser reconhecida de ofício. Neste caso, diferente da nulidade absoluta, aqui o prejuízo não é presumido, devendo ser comprovado e alegado em tempo oportuno, sob pena de preclusão e convalidação do ato.

13.3 Momento para alegação das nulidades

Em regra, as nulidades absolutas podem ser arguidas a qualquer tempo, não sofrendo os efeitos da preclusão. Portanto, uma vez identificada no processo a existência de uma nulidade absoluta, a parte interessada poderá argui-la e requerer sua decretação a qualquer tempo e em qualquer fase.

No entanto, as nulidades relativas sofrem com o efeito da preclusão e precisam ser arguidas em momento oportuno. Vejamos abaixo os principais momentos para alegação das nulidades relativas.

DEVE SER ARGUIDA ATÉ ALEGAÇÕES FINAIS ORAIS OU MEMORIAIS	Nos processos na etapa de instrução da 1ª fase do procedimento do júri, as nulidades ocorridas após resposta à acusação. Nos processos de juiz singular, as nulidades ocorridas após a resposta à acusação.
DEVE SER ARGUIDA NA RESPOSTA À ACUSAÇÃO	Nulidades ocorridas entre o oferecimento da inicial e citação do denunciado.
DEVE SER ARGUIDA NAS RAZÕES DE RECURSO	Nulidade ocorrida após decisão de primeira instância.
DEVE SER ARGUIDA NO RECURSO EM SENTIDO ESTRITO	Nulidade que ocorrer na decisão de pronúncia.
DEVE SER ARGUIDA DEPOIS DE ANUNCIADO O JULGAMENTO EM PLENÁRIO DO JÚRI E APREGOADAS AS PARTES	Nulidade que ocorrer após a preclusão da sentença de pronúncia.

13.4 Nulidades em espécie

O art. 564 do CPP apresenta um rol extenso de nulidades, porém iremos destacar aqui as causas mais cobradas na OAB.

- Decisão carente de fundamentação - muito cobrada na OAB!
- Exame de corpo de delito nos crimes que deixam vestígios. Na impossibilidade de fazê-lo por desaparecimento dos vestígios, deve ter prova testemunhal;
- Incompetência do juiz;
- Ilegitimidade da parte;
- Nomeação de defensor ao réu presente, que não o tiver, ou ao ausente;
- Citação do réu para ver-se processar, o seu interrogatório, quando presente, e os prazos concedidas à acusação e à defesa;
- Intimação do réu para sessão de julgamento pelo Tribunal do Júri;
- Presença de pelo menos 15 jurados para constituição do júri;
- Acusação e defesa, na sessão de julgamento;
- A intimação, nas condições estabelecidas em lei, para ciência de sentenças e despachos de que caiba recurso;
- Omissão de formalidade que constitua elemento essencial do ato.

13.5 Súmulas relevantes

Quanto ao tópico de ação penal, as súmulas mais importantes são:

SÚMULA Nº 155 DO STF	É relativa a nulidade do processo criminal por falta de intimação da expedição de precatória para inquirição de testemunha.
SÚMULA Nº 156 DO STF	É absoluta a nulidade do julgamento, pelo júri, por falta de quesito obrigatório.
SÚMULA Nº 160 DO STF	É nula a decisão do tribunal que acolhe, contra o réu, nulidade não arguida no recurso da acusação, ressalvados os casos de recurso de ofício.

SÚMULA Nº 162 DO STF	É absoluta a nulidade do julgamento pelo júri, quando os quesitos da defesa não precedem aos das circunstâncias agravantes.
SÚMULA Nº 206 DO STF	É nulo o julgamento ulterior pelo júri com a participação de jurado que funcionou em julgamento anterior do mesmo processo.
SÚMULA Nº 351 DO STF	É nula a citação por edital de réu preso na mesma unidade da Federação em que o juiz exerce a sua jurisdição.
SÚMULA Nº 431 DO STF	É nulo o julgamento de recurso criminal, na segunda instância, sem prévia intimação, ou publicação da pauta, salvo em *habeas corpus*.
SÚMULA Nº 523 DO STF	No processo penal, a falta de defesa constitui nulidade absoluta, mas a sua deficiência só o anulará se houver prova de prejuízo para o réu.
SÚMULA Nº 706 DO STF	É relativa a nulidade decorrente da inobservância da competência penal por prevenção.
SÚMULA Nº 707 DO STF	Constitui nulidade a falta de intimação do denunciado para oferecer contrarrazões ao recurso interposto da rejeição da denúncia, não a suprindo a nomeação de defensor dativo.
SÚMULA Nº 708 DO STF	É nulo o julgamento da apelação se, após a manifestação nos autos da renúncia do único defensor, o réu não foi previamente intimado para constituir outro.
SÚMULA Nº 712 DO STF	É nula a decisão que determina o desaforamento de processo de competência do júri sem audiência de defesa.

14 RECURSOS

Os recursos são meios/instrumentos processuais voluntários de impugnação das decisões judiciais, previstos em lei federal. Devem ser empregados antes que ocorra a preclusão e dentro da mesma relação jurídica processual.

Possuem o objetivo de reformar, invalidar, integrar ou esclarecer a decisão judicial impugnada.

Destaca-se o princípio *non reformatio in pejus*, isto é, o réu não pode ser prejudicado pela reforma da sentença, *vide* o disposto no art. 617 do CPP:

> Art. 617. O tribunal, câmara ou turma atenderá nas suas decisões ao disposto nos arts. 383, 386 e 387, no que for aplicável, não podendo, porém, ser agravada a pena, quando somente o réu houver apelado da sentença.

Assim, se um réu for condenado a 10 anos de reclusão e somente ele interpuser recurso contra a sentença condenatória buscando absolvição ou redução de pena, por exemplo, não poderá o Tribunal agravar (aumentar) sua pena ou condições de cumprimento. Portanto, havendo somente recurso DA DEFESA, a decisão sobre o recurso só poderá beneficiar o réu ou manter a sentença sem nenhuma alteração.

É vedada também a *reformatio in pejus* indireta, situação que ocorre quando apenas a defesa recorre e o tribunal declara a nulidade, prolatando nova sentença em que o juiz estabelece uma pena mais grave, havendo prejuízo ao réu.

No exemplo acima, se o recurso fosse objetivando a anulação da sentença e o Tribunal a anulasse, a nova decisão proferida pelo juiz também não poderia ser mais grave que a primeira.

14.1 Recurso e concurso de agentes

Em caso de concurso de agentes, isto é, quando duas ou mais pessoas participam da prática de um mesmo crime, o recurso interposto por apenas um dos réus contemplará os demais, desde que não seja fundamentado em motivos exclusivamente pessoais:

> Art. 580. No caso de concurso de agentes (Código Penal, art. 25), a decisão do recurso interposto por um dos réus, se fundado em motivos que não sejam de caráter exclusivamente pessoal, aproveitará os outros.

Vamos imaginar que duas pessoas são condenadas pela prática de um mesmo crime. Acontece que somente uma delas recorre da sentença condenatória. Caso o recurso seja julgado procedente para absolver, reduzir pena ou conceder algum benefício ao réu que recorreu, o que será que aconteceria com o segundo réu que não recorreu? Nesse caso, depende.

- Se o fundamento da decisão for alguma questão de natureza objetiva (insuficiência de prova da materialidade, atipicidade...) a decisão deste recurso será aproveitada também pelo segundo réu;
- Agora se o fundamento da absolvição for algo de natureza subjetiva, que diga respeito somente ao réu que recorreu (insuficiência de prova de autoria, prescrição pela metade baseada na idade desse réu), não haverá aproveitamento (extensão dos efeitos da decisão) ao réu que não recorreu, por ter sido o recurso fundado em motivo de caráter exclusivamente pessoal.

14.2 Recurso de apelação

O recurso de apelação está associado a uma sentença penal condenatória/absolutória, isto é, é aplicado diante de uma decisão que condenou ou absolveu o réu e tem como intuito reformar o mérito da decisão.

As hipóteses taxativas e previstas no art. 593 do Código de Processo Penal são:

> I - das sentenças definitivas de condenação ou absolvição proferidas por juiz singular;
>
> II - das decisões definitivas, ou com força de definitivas, proferidas por juiz singular nos casos não previstos no Capítulo anterior;
>
> III - das decisões do Tribunal do Júri, quando:

Vejamos que além das sentenças condenatórias/absolutórias, a apelação pode ser utilizada contra decisões que não condenam, nem absolvem e quando não for cabível recurso em sentido estrito.

Alguns exemplos são:

- Decisão que ordena ou não o sequestro de bens;
- Decisão que autoriza ou não o levantamento do sequestro de bens;
- Decisão que reconhece ausência de condição objetiva de punibilidade.

O inciso III do supracitado artigo merece um destaque especial, pois trata das decisões do Tribunal do Júri, podendo ser utilizada a apelação quando:

- Ocorrer nulidade posterior à pronúncia;
- For a sentença do juiz presidente contrária à lei expressa ou à decisão dos jurados;
- Houver erro ou injustiça no tocante à aplicação da pena ou da medida de segurança;
- For a decisão dos jurados manifestamente contrária à prova dos autos.

Da soberania dos veredictos

Quanto ao cabimento em decisões do Tribunal do Júri, é necessário considerar o princípio da soberania dos veredictos. A decisão do Tribunal do Júri é soberana. O mérito (se o réu foi considerado culpado ou inocente) não pode ser reformado pelo Tribunal, mas esse pode determinar a anulação da decisão e determinar um novo julgamento.

DECISÃO DO JÚRI	DECISÃO DO JUIZ PRESIDENTE
Não pode ser reformada (modificada) pelo Tribunal, mas pode ser anulada para que o réu seja submetido a novo júri. Ou seja, se os jurados condenarem, não pode o Tribunal absolver, ou se os jurados absolverem, não pode o Tribunal condenar.	Pode ser reformada pelo Tribunal, alterando a decisão na parte que compete ao juiz presidente, como aplicação da pena, regime inicial de cumprimento.

Portanto, o Tribunal não pode reformar (mudar) o que ficou decidido pelos jurados. Vamos imaginar um processo onde o réu foi condenado, por votação dos jurados, a uma pena de 12 anos de reclusão no regime inicial fechado.

Se houver recurso de apelação pelo réu contra a sentença condenatória, o Tribunal de Justiça, ao julgar esse recurso, não poderá simplesmente absolver o réu, ainda que possa existir prova para isso. Isso porque o veredicto dos jurados é soberano.

Da decisão dos jurados manifestamente contrária à prova dos autos

Sobre a decisão específica dos jurados, que diz respeito à condenação/absolvição, sabemos, portanto, que não pode ser modificada pelo Tribunal. No entanto, se o Tribunal constatar que essa decisão dos jurados foi manifestamente contrária à prova dos autos, poderá anular o julgamento e submeter o réu a novo júri, baseado no art. 593, III, d, do CPP.

ATENÇÃO!

O art. 593, § 3º, do CPP traz que o recurso de apelação baseado nesse fundamento (decisão manifestamente contrária à prova dos autos) só pode ser utilizado uma única vez! Ou seja, se o réu for condenado, utilizar desse argumento no recurso de apelação, o Tribunal anular o julgamento determinando novo júri, e o réu vier a ser mais uma vez condenado, a defesa poderá apelar, mas não utilizando o mesmo argumento de que a decisão dos jurados foi manifestamente contrária à prova dos autos, porque ela só pode ser empregada uma única vez.

Das decisões do juiz singular

Agora sobre as decisões do juiz singular, o Tribunal pode sim reformá-la, modificando o que foi decidido pelo juiz. No exemplo anterior, o Tribunal poderá reduzir a pena de 12 para 8 anos, por exemplo, caso identificasse que houve erro ou injustiça na aplicação da pena.

ATENÇÃO!

Uma pegadinha que pode ser cobrada na sua prova da OAB é a seguinte. Se os jurados, em votação, decidirem pela absolvição do réu e o juiz proferir uma sentença condenatória, o Tribunal pode reformar essa sentença para absolver o réu?

A resposta é sim. Por mais que o Tribunal esteja entrando no mérito da decisão (absolvição/condenação), ele não irá ferir a soberania dos veredictos, mas justamente fazê-la ser respeitada. Ora, os jurados votaram para ABSOLVER o réu, portanto, essa deveria ter sido a sentença, mas o juiz, contrariando a decisão dos jurados, sentenciou CONDENANDO o réu. Logo, o Tribunal deverá reformar a sentença para fazer prevalecer a decisão dos jurados e absolver o réu sem a necessidade de submeter o réu a novo julgamento.

Essa situação apresentada está prevista legalmente no art. 593, § 1º, do CPP, onde a lei diz expressamente que se a sentença do juiz presidente for contrária à lei expressa ou divergir das respostas dos jurados aos quesitos, o tribunal *ad quem* fará a devida retificação.

Algumas outras hipóteses de cabimento são:

- Na primeira fase do Tribunal do Júri, contra sentença de IMPRONÚNCIA ou de ABSOLVIÇÃO SUMÁRIA, segundo o art. 416 do CPP;
- Da sentença que ABSOLVE SUMARIAMENTE o réu no procedimento comum;
- Da decisão que rejeita a denúncia/queixa nos processos, que correm pelo rito do juizado especial criminal (na regra geral, o recurso é o RESE).

Os prazos do recurso de apelação, em regra, são:

INTERPOSIÇÃO	5 dias
RAZÕES	8 dias

Apenas na hipótese do recurso de apelação interposto no juizado especial criminal, utilizado contra decisão que rejeita denúncia ou queixa, o prazo será único de 10 dias, para interposição já com apresentação das razões.

14.3 Recurso em sentido estrito (RESE)

O processo penal é regido pelo princípio da irrecorribilidade das decisões interlocutórias, ou seja, em regra, não há recurso contra as decisões interlocutórias. O Recurso em Sentido Estrito (RESE) é um recurso residual, logo, se for cabível também outro recurso, este outro deverá ser utilizado no lugar do RESE.

> Art. 593, § 4º Quando cabível a apelação, não poderá ser usado o recurso em sentido estrito, ainda que somente de parte da decisão recorra.

As hipóteses de cabimento foram elencadas no art. 581 do CPP. Portanto, caberá recurso em sentido estrito da decisão, despacho ou sentença que:

> I - que não receber a denúncia ou a queixa;
> II - que concluir pela incompetência do juízo;
> III - que julgar procedentes as exceções, salvo a de suspeição;
> IV - que pronunciar o réu;
> V - que conceder, negar, arbitrar, cassar ou julgar inidônea a fiança, indeferir requerimento de prisão preventiva ou revogá-la, conceder liberdade provisória ou relaxar a prisão em flagrante;
> VII - que julgar quebrada a fiança ou perdido o seu valor;
> VIII - que decretar a prescrição ou julgar, por outro modo, extinta a punibilidade;
> IX - que indeferir o pedido de reconhecimento da prescrição ou de outra causa extintiva da punibilidade;
> X - que conceder ou negar a ordem de *habeas corpus*;
> XIII - que anular o processo da instrução criminal, no todo ou em parte;
> XIV - que incluir jurado na lista geral ou desta o excluir;
> XV - que denegar a apelação ou a julgar deserta;
> XVI - que ordenar a suspensão do processo, em virtude de questão prejudicial;
> XVIII - que decidir o incidente de falsidade;
> XX - que impuser medida de segurança por transgressão de outra;
> XXV - que recusar homologação à proposta de acordo de não persecução penal, previsto no art. 28-A desta Lei.

Você poderá notar que alguns incisos (XI, XII, XVII, XIX, XX, XXI, XXII, XIII) foram removidos da lista, porém ainda estão presentes no art. 581 do Código de Processo Penal. Contudo, eles foram excluídos da relação acima para não te confundir, pois são situações cujo recurso cabível passou a ser o agravo em execução e não mais o RESE.

O inciso XXIV também foi removido em virtude da hipótese prevista nele ter sido extinta.

JUÍZO DE RETRATAÇÃO

Diferente do recurso de apelação, que será julgado exclusivamente pelo Tribunal, no recurso em sentido estrito existe o juízo de retratação.

É possível que o próprio juiz reforme sua decisão, fazendo o juízo de retratação.

O juízo de retratação é um instituto jurídico previsto em sistemas processuais, especialmente em processos de recurso, em que o juiz que proferiu uma decisão pode reconsiderá-la ou modificá-la após a interposição de um recurso pela parte interessada.

> Art. 589. Com a resposta do recorrido ou sem ela, será o recurso concluso ao juiz, que, dentro de dois dias, reformará ou sustentará o seu despacho, mandando instruir o recurso com os traslados que lhe parecerem necessários.

Os prazos do recurso em sentido estrito são:

INTERPOSIÇÃO	5 dias;
RAZÕES	2 dias.

14.4 Dos embargos

O recurso de embargos será cabível contra sentenças ou acórdãos dos tribunais (Tribunais de Justiça e Tribunais Regionais Federais) quando deles constar:

AMBIGUIDADE	A decisão possui fundamentações com sentidos opostos, gerando uma duplicidade de sentidos e dificuldade sua compreensão.
CONTRADIÇÃO	A decisão possui afirmações que se conflitam diretamente. Em parte do acórdão existe um argumento que conflita diretamente com outro argumento existente no mesmo acórdão. É como se em determinado momento a decisão fala de absolvição, mas termina condenando.
OBSCURIDADE	Quando não há clareza e, por essa razão, não é possível compreender a decisão.
OMISSÃO	Quando a decisão não aprecia algum argumento ou pedido que foi formulado pela parte no recurso.

O prazo para opor os embargos é de apenas 2 dias. Mas se for em juizado especial criminal ou processos de competência originária do STF, o prazo será de 5 dias.

A partir do momento que os embargos são opostos, o prazo para interposição de outros recursos é interrompido.

14.5 Carta testemunhável

A carta testemunhável é um recurso previsto no art. 639 do CPP, mas serve para atacar a decisão de denegação (juízo de admissibilidade) de recurso ou da decisão que, embora admita o recurso, obste a expedição e seguimento para o juízo *ad quem* (instância superior que julgará o recurso).

É possível o juízo de retratação. Não possui efeito suspensivo. O prazo é de 48 horas do despacho denegatório.

14.6 Agravo em execução

O recurso de agravo em execução é cabível das decisões proferidas pelo Juiz da execução penal.

Sempre que a questão tratar de algum tema relativo à execução (progressão de regime, unificação de pena, aplicação de medida de segurança...), o recurso cabível será o agravo em execução. As hipóteses de cabimento encontram-se previstas no art. 66 da LEP (Lei de Execuções Penais).

Ele não possuirá efeito suspensivo e seguirá o mesmo procedimento aplicado ao RESE, sendo prazo para interposição de 5 dias, conforme Súmula nº 700 do STF.

Igualmente ao RESE, também possui o juízo de retratação.

14.7 Revisão criminal

Apesar de quase sempre estar inserida no tema de recursos, a revisão criminal não é um recurso propriamente dito.

Ela é em uma ação autônoma, de competência dos Tribunais que será ajuizada após o trânsito em julgado de sentença penal condenatória ou absolutória imprópria.

Importante destacar que mesmo após a extinção da pena pelo seu cumprimento será possível a revisão criminal.

São 3 as hipóteses de cabimento previstas no art. 621 do Código de Processo Penal.

1. Quando a sentença condenatória for contrária ao texto expresso da lei penal ou à evidência dos autos;
2. Quando a sentença condenatória se fundar em depoimentos, exames ou documentos comprovadamente falsos;
3. Quando, após a sentença, se descobrirem novas provas de inocência do condenado ou de circunstância que determine ou autorize a diminuição especial da pena.

Ela poderá ser pedida tanto pelo réu, quanto por um procurador legalmente habilitado ou, no caso de morte, pelo CADI (cônjuge, ascendente, descendente ou irmão).

Imagine que um réu foi condenado pela prática de um crime de roubo e cumpriu sua pena. Dez anos depois, descobriram que as provas que basearam a sentença condenatória eram falsas. Nesse caso, mesmo que o réu já esteja morto, sua esposa, filhos, pais ou irmãos poderão apresentar revisão criminal para reverter aquela decisão condenatória.

Nessa mesma decisão, o Tribunal também poderá reconhecer o direito a uma justa indenização pelos prejuízos sofridos.

Se a revisão for julgada procedente, o tribunal poderá alterar a classificação da infração, absolver o réu, modificar a pena ou anular o processo.

ATENÇÃO!

A revisão criminal NUNCA poderá ser utilizada para agravar a pena imposta pela decisão, ou seja, somente poderá beneficiar o réu, nunca prejudicar.

Direito do Trabalho

Flávio Luiz da Costa e
Mayra Leite Costa

1 RELAÇÃO DE TRABALHO X RELAÇÃO DE EMPREGO

A relação de trabalho é uma expressão ampla que engloba as mais diversas formas de prestação de serviços entre uma pessoa física a uma pessoa jurídica, ou a outra pessoa física. Assim é considerada como gênero. Já a relação de emprego é uma espécie deste e é caracterizada quando houver a presença de determinados requisitos.

Vejamos alguns exemplos de cada relação:

RELAÇÃO DE TRABALHO	RELAÇÃO DE EMPREGO
Empregado, autônomo, avulso, eventual, temporário, estagiário etc.	Urbano, rural, doméstico, aprendiz, intermitente, empregado público etc.

1.1 Sujeitos da relação empregatícia

Sendo assim, são sujeitos da relação empregatícia: o empregado e o empregador.

O art. 2º da CLT conceitua o EMPREGADOR como "a empresa, individual ou coletiva, que, assumindo os riscos da atividade econômica, admite, assalaria e dirige a prestação pessoal de serviços." Sendo assim, são requisitos para ser empregador:

REQUISITOS PARA SER EMPREGADOR	
	Ser empresa, seja individual ou coletiva;
	Assumir os riscos da atividade econômica (alteridade);
	Possuir capacidade de admitir, assalariar e dirigir a prestação de serviços (poder diretivo).

Ainda nessa definição, no § 1º, do art. 2º, da CLT, equipara ao empregador, os profissionais liberais, as instituições de beneficência, as associações recreativas ou <u>outras instituições sem fins lucrativos.</u>

Considera-se EMPREGADO toda pessoa física que prestar serviços de natureza não eventual ao empregador, sob dependência deste e mediante salário, conforme o art. 3º da CLT.

1.2 Elementos da relação empregatícia

Nesse sentido, os elementos caracterizadores da relação empregatícia são:

ELEMENTOS DA RELAÇÃO EMPREGATÍCIA	
PESSOALIDADE	Contrata-se o serviço prestado pessoalmente por alguém, não o serviço como resultado final, constituindo uma relação *intuitu personae*, ou seja, o empregado não pode se fazer substituir por terceiros.
NÃO EVENTUALIDADE	A prestação de serviço deve ser habitual, repetitiva e rotineira, prolongando-se no tempo. Atenção! Isso não quer dizer que o trabalho precisa ser prestado todos os dias.
ONEROSIDADE	Trata-se da contraprestação (remuneração) paga pelo empregador de uma prestação (serviços) realizada pelo empregado.
SUBORDINAÇÃO JURÍDICA	O empregado transfere o poder de direção de seu trabalho ao empregador.
ALTERIDADE	O empregador assume os riscos da atividade econômica.

ATENÇÃO

A exclusividade não é um elemento que caracteriza a relação de emprego, podendo haver a cumulação de empregos a depender do horário.

1.3 Empregados domésticos

No contexto das relações de emprego, o trabalhador doméstico exige requisitos específicos para a sua configuração.

Desse modo, além dos requisitos: pessoalidade, não eventualidade, subordinação e onerosidade, faz-se necessário a exigência de outros como:

REQUISITOS ESPECÍFICOS PARA CONFIGURAÇÃO DO EMPREGADO DOMÉSTICO	
	Serviços prestados em âmbito residencial para pessoa ou família;
	Finalidade não lucrativa;
	Trabalho realizado por período superior a 2 dias por semana;
	Prestação feita por trabalhador com mais de 18 anos.

Vejamos o que dispõe o art. 1º da LC nº 150/2015:

> Art. 1º Ao empregado doméstico, assim considerado aquele que presta serviços de forma contínua, subordinada, onerosa e pessoal e de finalidade não lucrativa à pessoa ou à família, no âmbito residencial destas, por mais de 2 (dois) dias por semana, aplica-se o disposto nesta Lei.

Pode ser contratado em regime de tempo parcial, desde que sua jornada não exceda 25 horas semanais. Em todas as hipóteses, o salário deverá ser proporcional à jornada. O empregado doméstico poderá realizar uma hora extra por dia, desde que sua jornada não exceda 6 horas diárias.

O intervalo intrajornada do trabalhador doméstico está regulamentado pelo art. 13 da LC nº 150/2015, sendo o tempo mínimo de 1 hora e máximo de 2 horas, podendo ser reduzido por 30 minutos por acordo entre as partes.

1.4 Teletrabalho

Conforme previsão do art. 75-B da CLT, o teletrabalho configura-se na prestação de serviços preponderantemente fora das dependências do empregador, por meio da aplicação de tecnologias de informação e comunicação.

O requisito primordial para caracterização do teletrabalho é a previsão expressa da possibilidade no contrato de trabalho, devendo estar especificadas as atividades a serem realizadas pelo empregado, consoante determinação do art. 75-C da CLT.

Mudanças entre o regime presencial e o de teletrabalho podem ocorrer com mútuo acordo entre as partes, conforme o § 1º do art. 75-C, devendo ser registrado em aditivo contratual.

O regime de teletrabalho pode ser alterado para o presencial por determinação do empregador, com um prazo mínimo de transição de quinze dias, conforme o § 2º do art. 75-C.

DO PRESENCIAL PARA O TELETRABALHO	DO TELETRABALHO PARA O PRESENCIAL
Deve ser por mútuo acordo entre o empregado e empregador.	O empregador pode impor, mas o empregado tem o prazo mínimo de 15 dias para transição.

Ademais, o art. 75-D da CLT estabelece que as responsabilidades sobre a aquisição, manutenção ou fornecimento de equipamentos tecnológicos e infraestrutura necessária devem ser previstas em contrato escrito. Sobre o tema:

> Art. 75-D. As disposições relativas à responsabilidade pela aquisição, manutenção ou fornecimento dos equipamentos tecnológicos e da infraestrutura necessária e adequada à prestação do trabalho remoto, bem como ao reembolso de despesas arcadas pelo empregado, serão previstas em contrato escrito.
> Parágrafo único. As utilidades mencionadas no *caput* deste artigo não integram a remuneração do empregado.

Por fim, o empregador é responsável por instruir os empregados sobre precauções para evitar doenças e acidentes de trabalho, conforme o art. 75-E. Nesse sentido, esses devem assinar um termo de responsabilidade comprometendo-se a seguir as instruções fornecidas pelo empregador.

2 ESPÉCIES DE RELAÇÕES DE TRABALHO

Existem diversas relações de trabalho que se diferenciam por suas previsões e características, sendo as principais:

ESPÉCIES DE RELAÇÕES DE TRABALHO	
TRABALHADOR AUTÔNOMO	Taxistas, Representantes Comerciais, Empreiteiros, Parceiros, Transportadores autônomos de cargas.
TRABALHADOR AVULSO	Capatazia, Estiva, Conferência e conserto de carga Bloco, Vigilância, Movimentação de cargas, Ensaque e embalagem.
TRABALHADOR EVENTUAL	Boias-frias, Chapas (carga e descarga de mercadorias), Diaristas.
TRABALHADOR VOLUNTÁRIO	Trabalhador que não possui remuneração. Ex.: professor que dá aulas (sem remuneração) em ONGs e projetos sociais.
PROFISSIONAL PARCEIRO	Cabeleireiro, Barbeiro, Esteticista, Manicure, Pedicure, Depilador, Maquiador.

2.1 Trabalhador autônomo

Os trabalhadores autônomos desfrutam de ampla liberdade quanto à forma e execução dos serviços, sendo os responsáveis pela precificação dos serviços e pelos riscos do empreendimento (alteridade).

No mesmo sentido, o art. 442-B da CLT impõe que: a contratação do autônomo, desde que cumpridas todas as formalidades legais, com ou sem exclusividade, de forma contínua ou não, afasta a qualidade de empregado prevista no art. 3º da CLT. Dentre as formalidades necessárias, está a emissão de nota fiscal de serviço ou de recibo de pagamento autônomo.

2.2 Trabalhador avulso

São aqueles que prestam serviços de natureza urbana ou rural definidos no regulamento, de forma eventual, a diversas empresas (tomadores), sem existência do vínculo empregatício, com a intermediação de uma entidade representativa.

ATENÇÃO!

A CF equiparou o direito dos trabalhadores avulsos aos direitos do trabalhador urbano. Assim, este terá direito ao FGTS, às férias, entre outros, todavia, não terá a CTPS assinada por ser avulso.

Um relevante exemplo é o avulso portuário, isto é, aquele que trabalha no porto, sendo intermediado pelo Órgão Gestor de Mão de Obra (OGMO) e pelo sindicato. Os trabalhadores avulsos podem ser classificados em:

AVULSO PORTUÁRIO	AVULSO NÃO PORTUÁRIO
Lei nº 9.719/1998 e Lei nº 12.815/2013	Lei nº 12.023/2009
• Capatazia (nos espaços públicos); • Estiva (nas embarcações); • Conferência e conserto de carga Bloco (limpeza e conservação); • Vigilância.	• Movimentação de cargas; • Ensaque e embalagem.

2.3 Trabalhador eventual

São aqueles que exercem suas atividades de modo esporádico, descontínuo e fortuito.

As principais teorias são:

DO EVENTO	O trabalhador comparece ao trabalho para determinado evento, obra, serviço ou acontecimento. Ao cumprir o acordo, o contrato de trabalho se encerra. EXEMPLO: uma escola contrata uma técnica de informática para atualização anual dos softwares escolares.
DA DESCONTINUIDADE	O trabalhador executa trabalho ocasional e esporádico, ausente a continuidade no trabalho.
DOS FINS DA EMPRESA	O trabalho exercido não está atrelado ao fim da empresa contratante. EXEMPLO: a técnica de informática contratada pela escola exerce função alheia ao fim da empresa contratante, no caso da escola, educar.
DA FIXAÇÃO JURÍDICA	O trabalhador não se fixa a um único local de trabalho, prestando serviço a vários contratantes; EXEMPLO: um jovem que trabalha como social media para uma série de empresas.

2.4 Trabalhador voluntário

O trabalho voluntário caracteriza-se pela não remuneração e pela inexistência de vínculo empregatício e está regulamentado pela Lei nº 9.608/1998, art. 1º:

> Art. 1º Considera-se serviço voluntário, para os fins desta Lei, a atividade não remunerada prestada por pessoa física a entidade pública de qualquer natureza ou a instituição privada de fins não lucrativos que tenha objetivos cívicos, culturais, educacionais, científicos, recreativos ou de assistência à pessoa
> Parágrafo único. O serviço voluntário não gera vínculo empregatício, nem obrigação de natureza trabalhista previdenciária ou afim.

Importa destacar que pode haver ressarcimento das despesas comprovadas durante a prestação de serviços pelo contratante do trabalhador voluntário. Essa compensação prevista pelo art. 3º da mesma Lei não configura remuneração.

* **Por que o trabalhador voluntário não é empregado? Primeiramente, porque não recebe remuneração.**

O trabalhador voluntário não firma nenhum tipo de contrato, mas celebra termo de adesão com a entidade (pública ou privada), contendo o objeto e as condições do serviço voluntário.

2.5 Profissional parceiro

A Lei do Profissional Parceiro surgiu em 2016 para regulamentar a prestação de serviços em salões de beleza.

A legislação estabelece que os salões poderão celebrar contratos de parceria, obrigatoriamente, por escrito, nas atividades de cabeleireiro, barbeiro, esteticista, manicure, pedicure, depilador e maquiador.

Esses contratos devem ser homologados pelo sindicato da categoria, profissional e laboral, e se não tiver sindicato, pelo Ministério do Trabalho e Previdência Social, perante duas testemunhas.

Assim, o salão parceiro é responsável pela centralização dos pagamentos e dos recebimentos das atividades de prestação dos serviços pelo profissional parceiro. Dessa forma, não há vínculo empregatício, mas sim parceria.

3 CARTEIRA DE TRABALHO E PREVIDÊNCIA SOCIAL – CTPS

Para firmar um Contrato de Trabalho, o empregado deverá estar munido por sua Carteira de Trabalho e Previdência Social – CTPS.

A CTPS será emitida pelo Ministério da Economia, preferencialmente em meio eletrônico, de acordo com o art. 14 da CLT. Assim, a emissão em meio físico é excepcional, sendo admitida desde que:

- Nas unidades descentralizadas do Ministério da Economia que forem habilitadas para emissão;
- Mediante convênio, por órgãos federais, estaduais e municipais da administração direta ou indireta;
- Mediante convênio com serviços notariais e de registro, sem custos para a administração, garantidas as condições de segurança das informações.

A Carteira de Trabalho terá o número de inscrição do CPF como identificação única do empregado (art. 16 da CLT).

A CLT estabelece, em seu art. 29, o prazo de cinco dias úteis para anotar na CTPS:

- A data de admissão;
- A remuneração;
- Condições especiais, se houver.

Os registros eletrônicos gerados pelo empregador nos sistemas informatizados da CTPS em meio digital equivalem às anotações mencionadas pela CLT. O trabalhador deverá ter acesso às informações da sua CTPS no prazo de até 48 horas a partir de sua anotação.

Nesse viés, o art. 29, § 4º, da CLT veda que o empregador realize anotação desabonadora à conduta do empregado em sua CTPS.

ATENÇÃO!

Súmula nº 12 do TST. CARTEIRA PROFISSIONAL

As anotações apostas pelo empregador na carteira profissional do empregado não geram presunção *juris et de jure*, mas apenas *juris tantum*.

O conteúdo da Súmula estabelece que as anotações do empregador na CTPS do funcionário são consideradas válidas inicialmente, mas podem ser contestadas e refutadas, uma vez que a presunção relativa comporta prova em sentido contrário.

4 CONTRATO DE TRABALHO

4.1 Contrato expresso e tácito

Por sua vez, o contrato individual de trabalho é o acordo tácito ou expresso (verbal ou escrito), correspondente à relação de emprego, de acordo com o art. 442 da CLT.

EXPRESSO	TÁCITO
Verbal; Escrito.	Sabe-se que há contrato a partir do comportamento das partes.

4.2 Características do contrato de trabalho

- Contrato de direito privado: há autonomia das partes;
- Sinalagmático: existem obrigações recíprocas e contrapostas;
- Consensual: em regra, não existe forma solene;
- *Intuitu personae:* existe a pessoalidade com relação ao empregado;
- De trato permanente: a execução dos serviços prestados é continuada e o débito é permanente;
- De atividade: não depende dos resultados do trabalho para ter a contraprestação, visto que o empregador assume os riscos;
- Oneroso: há estipulação de remuneração.

O contrato de trabalho deve considerar o texto constitucional, no art. 7º, XXXIII, da CF, que proíbe trabalho noturno, perigoso ou insalubre a menores de dezoito e de qualquer trabalho a menores de dezesseis anos, salvo na condição de aprendiz, a partir de quatorze anos.

Ainda acerca do tema, o art. 439 da CLT aponta que é lícito ao menor firmar recibo pelo pagamento dos salários. No entanto, quando houver rescisão do contrato de trabalho, é vedado ao menor de 18 anos firmar, sem assistência dos seus responsáveis legais, recibo de quitação ao empregador pelo percebimento da indenização que lhe for devida.

4.3 Contrato ilícito e proibido

Nessa mesma linha, cabe diferenciar os contratos ilícitos e os contratos proibidos:

CONTRATO ILÍCITO	CONTRATO PROIBIDO
• É vedado por ser considerado um tipo penal; • Não gera efeitos trabalhistas; • Contrato nulo; • O trabalhador não tem proteção.	• É vedado pela lei por ferir bens jurídicos tutelados; • Gera efeitos trabalhistas.
EXEMPLO OJ 199 SDI I. JOGO DO BICHO. CONTRATO DE TRABALHO. NULIDADE. OBJETO ILÍCITO; É nulo o contrato de trabalho celebrado para o desempenho de atividade inerente à prática do jogo do bicho, ante a ilicitude de seu objeto, o que subtrai o requisito de validade para a formação do ato jurídico.	EXEMPLO • Contrato pela Administração Pública sem prévia aprovação em concurso público; • Contrato do menor de 18 anos em período noturno ou em atividades insalubres; • Contrato no período pré-eleitoral, contrato de estrangeiro irregular (art. 359 da CLT).

Sobre o tema, destacam-se as Súmulas:

> Súmula nº 363 do TST. CONTRATO NULO. EFEITOS.
>
> A contratação de servidor público, após a CF/1988, sem prévia aprovação em concurso público, encontra óbice no respectivo art. 37, II e § 2º, somente lhe conferindo direito ao pagamento da contraprestação pactuada em relação ao número de horas trabalhadas, respeitado o valor da hora do salário mínimo, e dos valores referentes aos depósitos do FGTS.

> Súmula nº 386 do TST. POLICIAL MILITAR. RECONHECIMENTO DE VÍNCULO EMPREGATÍCIO COM EMPRESA PRIVADA;
>
> Preenchidos os requisitos do art. 3º da CLT, é legítimo o reconhecimento de relação de emprego entre policial militar e empresa privada, independentemente do eventual cabimento de penalidade disciplinar prevista no Estatuto do Policial Militar.

4.4 Modalidades de contrato de trabalho

Existem diferentes modalidades de contrato de trabalho classificado em relação à forma, ao número de prestadores de serviço e em relação ao prazo.

EM RELAÇÃO À FORMA: (ART. 442, CLT)	EM RELAÇÃO AO NÚMERO DE PRESTADORES ENVOLVIDOS	EM RELAÇÃO AO PRAZO: (ART. 443, CLT)
• Expresso (verbal ou escrito); • Tácito.	• Individual; • Plúrimo.	• Por prazo indeterminado; (regra) • Por prazo determinado ou contratos a termo; • Trabalho intermitente.

4.4.1 Contrato por Prazo Indeterminado

Relacionado ao princípio da continuidade da relação de emprego, o contrato por prazo indeterminado é regra. Sendo indeterminado, o contrato não possui data definida de término, vigendo até que seja extinto.

4.4.2 Contrato por Prazo Determinado

O contrato por prazo determinado possui termo final prefixado desde o seu nascimento, considerando o art. 443, § 1º, da CLT:

> Art. 433, § 1º Considera-se como de prazo determinado o contrato de trabalho cuja vigência dependa de termo prefixado ou da execução de serviços especificados ou ainda da realização de certo acontecimento suscetível de previsão aproximada.

As hipóteses previstas para os contratos por prazo determinado são:

HIPÓTESES PARA OS CONTRATOS POR PRAZO DETERMINADO	1. Serviço cuja natureza ou transitoriedade justifique a predeterminação do prazo; 2. Atividades empresariais de caráter transitório; 3. Contrato de experiência (art. 442-A da CLT); 4. Contrato de aprendizagem (art. 428 da CLT).

Os prazos legais possuem um limite de 02 anos e estão previstos no art. 445 da CLT. Exceto o contrato de experiência que tem prazo de 90 dias.

Observemos as hipóteses de prorrogação e sucessão desses contratos:

PRORROGAÇÃO	SUCESSÃO
Dilação temporal do termo final preestabelecido para o contrato.	Celebração de novo contrato a termo após a extinção de um contrato anterior de mesma natureza.
Só é admitida UMA única vez, desde que feita dentro do prazo e que a soma dos dois períodos fique dentro do prazo máximo legal (art. 451 da CLT).	Deve respeitar o intervalo de 06 meses (art. 452 da CLT).
Uma segunda prorrogação gera a automática indeterminação do contrato (Exceto para os regidos pela Lei nº 9.601/1998).	ATENÇÃO! Quando a expiração depender da execução de serviços especializados ou da realização de certos acontecimentos a sucessão regular poderá ser verificada antes dos 6 meses.

De modo esquematizado:

PRORROGAÇÃO PERMITIDA	PRORROGAÇÃO NÃO PERMITIDA
Exemplo 1: CONTRATO DE EXPERIÊNCIA 1 = 45 dias + CONTRATO DE EXPERIÊNCIA 2 = 45 dias Total= 90 dias	Exemplo 1: CONTRATO DE EXPERIÊNCIA 1 = 90 dias + CONTRATO DE EXPERIÊNCIA 2 = 30 dias Total= 120 dias
Exemplo 2: CONTRATO DE EXPERIÊNCIA 1 = 30 dias + CONTRATO DE EXPERIÊNCIA 2 = 60 dias Total= 90 dias	Exemplo 2: CONTRATO DE EXPERIÊNCIA 1= 30 dias + CONTRATO DE EXPERIÊNCIA 2 = 30 dias + CONTRATO DE EXPERIÊNCIA 3 = 30 dias Total= 90 dias

Sucessão

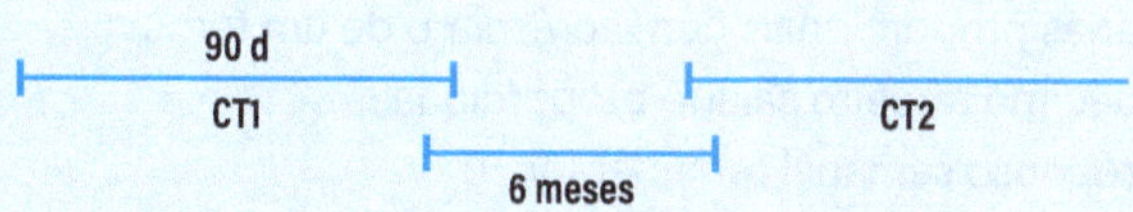

Se for contratado antes de 6 meses, ele passa a ser indeterminado.

- Exceções: serviços especializados ou certos acontecimentos

ATENÇÃO

Se o trabalhador for contratado antes dos 6 meses, previstos em lei, seu contrato passa a ser por prazo indeterminado. Há exceções como: prestação de serviços especializados ou certos acontecimentos.

4.4.3 Contrato Intermitente

É o contrato em que a prestação de serviços, com subordinação, não é contínua, havendo alternância de períodos de prestação de serviços e de inatividade, determinados em horas, dias ou meses, independentemente do tipo de atividade do empregado e do empregador, exceto para os aeronautas, registros do § 3º do art. 443 da CLT. Assim, ocorre a flexibilização do conceito de não eventualidade/habitualidade.

O art. 452-A da CLT determina os requisitos de validade que são:

a) Contrato por escrito;

b) Indicação do valor da hora;

A CLT define o prazo de 03 dias corridos de antecedência como prazo de convocação e 01 dia útil para resposta.

Presume-se que o silêncio significa recusa. A recusa da oferta não descaracteriza a subordinação para fins do contrato de trabalho intermitente, conforme o § 3º. Caso alguma parte descumpra, sem justo motivo, deverá pagar uma multa de 50% da remuneração devida no prazo de 30 dias.

O período de inatividade compreendido no contrato intermitente não será considerado tempo à disposição do empregador, sendo permitida a prestação de serviços para outros contratantes.

O contratado de modo intermitente efetuará o recolhimento da contribuição previdenciária (INSS) e o depósito do Fundo de Garantia do Tempo de Serviço (FGTS).

O pagamento deverá ser feito no período mensal e deverá haver o comprovante do cumprimento dessas obrigações, contendo a discriminação dos valores pagos relativos a cada uma das parcelas:

> Art. 452-A, § 6º Ao final de cada período de prestação de serviço, o empregado receberá o pagamento imediato das seguintes parcelas:
> I - remuneração;
> II - férias proporcionais com acréscimo de um terço;
> III - décimo terceiro salário proporcional;
> IV - repouso semanal remunerado; e
> V - adicionais legais.

O empregado terá férias após 12 meses de contrato e desfrutará da impossibilidade de convocação.

5 INTERRUPÇÃO E SUSPENSÃO DO CONTRATO DE TRABALHO

A interrupção e a suspensão são alterações no contrato de trabalho vigente, interrompendo a prestação de serviços e/ou a remuneração.

Tanto na suspensão, quanto na interrupção de contrato de trabalho, não há prestação dos serviços. No entanto, existem diferenças quanto à remuneração em cada uma das alterações.

Na suspensão, em não trabalhando, o empregado não perceberá remuneração correspondente ao período não trabalho. Na interrupção, por sua vez, percebe-se remuneração, conforme esquema a seguir disposto:

SUSPENSÃO	× Trabalho	× Remuneração
INTERRUPÇÃO	× Trabalho	✓ Remuneração

Nas duas formas de alteração do contrato, o art. 471 do CLT estabelece que serão asseguradas, por ocasião do retorno do empregado afastado, todas as vantagens que, em sua ausência, tenham sido atribuídas à categoria a que pertencia na empresa.

5.1 Causas de interrupção do contrato de trabalho

O art. 473 da CLT elenca as principais hipóteses de interrupção. Vejamos:

DOAÇÃO VOLUNTÁRIA DE SANGUE	Um dia a cada 12 meses.
CONSULTAS MÉDICAS FILHOS DE ATÉ 06 ANOS	Um dia no ano.
LICENÇA LUTO	Até 02 dias consecutivos, quando houver óbito do cônjuge, ascendente, descendente, irmão ou pessoa em dependência econômica.
LICENÇA LUTO PARA PROFESSORES	Serão 9 dias de licença-luto em caso de perda do cônjuge, do pai ou mãe ou de filho. Também terá licença de gala, conforme o art. 320, § 3º, da CLT.
ALISTAMENTO ELEITORAL	02 dias, consecutivos ou não.
EXAMES PREVENTIVOS DE CÂNCER	Até 3 dias, em cada 12 meses de trabalho, quando devidamente comprovadas.
CASAMENTO	Até 03 dias consecutivos.
LICENÇA-PATERNIDADE	5 dias consecutivos, contados a partir da data de nascimento do filho, aplicável também à adoção ou de guarda compartilhada.
ABORTO NÃO CRIMINOSO	2 semanas.
AFASTAMENTO POR DOENÇA OU ACIDENTE DE TRABALHO	Até o 15º dia.
LICENÇA-MATERNIDADE	Prazo de 120 dias, aplicável também às empregadas que obtiverem guarda judicial para fins de adoção de criança ou adolescente.
EXIGÊNCIAS DO SERVIÇO MILITAR	Determinado pelo art. 65 da Lei nº 4.375/1964.
COMPARECIMENTO EM JUÍZO	Pelo tempo que se fizer necessário.
REPRESENTANTE DE ENTIDADE SINDICAL	Pelo tempo necessário, quando estiver participando de reunião oficial de organismo internacional do qual o Brasil seja membro.
ACOMPANHANTE EM CONSULTAS MÉDICAS DURANTE A GRAVIDEZ	Pelo tempo necessário para acompanhar esposa/companheira em até seis consultas médicas ou em exames complementares.
TRABALHO EM DIAS DE ELEIÇÃO	Pelo dobro dos dias de convocação, segundo o art. 98 da Lei Eleitoral - Lei nº 9.504/1997.
DESCANSOS TRABALHISTAS REMUNERADOS	Descanso Semanal Remunerado e Férias.
LICENÇAS REMUNERADAS CONCEDIDAS PELO EMPREGADOR	
INTERRUPÇÃO DOS SERVIÇOS DA EMPRESA DE RESPONSABILIDADE DESTA	
AFASTAMENTO PARA ATUAR EM COMISSÃO DE CONCILIAÇÃO PRÉVIA – CCP	
LOCKOUT	
REDUÇÃO DA JORNADA NO CURSO DO AVISO-PRÉVIO	
PROVAS DE VESTIBULAR PARA INGRESSO NO ENSINO SUPERIOR	

5.2 Causas de suspensão do contrato de trabalho

As principais hipóteses de suspensão são:

AUXÍLIO-DOENÇA	Afastamento por doença superior a 15 dias.
APOSENTADORIA POR INVALIDEZ	Por tempo indeterminado, no entanto, é válido mencionar o entendimento sumular a seguir: Súmula nº 440 do TST. AUXÍLIO-DOENÇA. ACIDENTÁRIO APOSENTADORIA POR INVALIDEZ. SUSPENSÃO DO CONTRATO DE TRABALHO. RECONHECIMENTO DO DIREITO À MANUTENÇÃO DE PLANO DE SAÚDE OU DE ASSISTÊNCIA MÉDICA. Assegura-se o direito à manutenção de plano de saúde ou de assistência médica oferecido pela empresa ao empregado, não obstante suspenso o contrato de trabalho em virtude de auxílio-doença acidentário ou de aposentadoria por invalidez.
GREVE	Caso de suspensão segundo o art. 7º da Lei nº 7.783/1989.
SUSPENSÃO DISCIPLINAR DO EMPREGADO INFERIOR A 30 DIAS	Implica suspensão do contrato e, se for por mais de 30 dias consecutivos, importa na rescisão injusta do contrato de trabalho, em conformidade com o art. 474 da CLT;
SUSPENSÃO PARA QUALIFICAÇÃO PROFISSIONAL:	Regulamentada pelo art. 476-A da CLT, com prazo de 2 a 5 meses, curso oferecido pelo empregador, previsão em ACT ou CCT e aquiescência formal do empregado;
SERVIÇO MILITAR OBRIGATÓRIO OU AFASTAMENTO EM VIRTUDE DA EXIGÊNCIA DE OUTRO ENCARGO PÚBLICO	
ENCARGO PÚBLICO NÃO OBRIGATÓRIO	
ELEIÇÃO PARA CARGO DE DIRIGENTE SINDICAL SE A ACUMULAÇÃO COM A FUNÇÃO FOR INCOMPATÍVEL COM O SEU HORÁRIO DE TRABALHO	
ELEIÇÃO PARA CARGO DE DIRETOR DE S/A.	

5.3 Aviso-prévio

O aviso-prévio é um instituto que estabelece um período de antecedência que o empregador ou o empregado deve cumprir antes de rescindir/encerrar o contrato de trabalho sem justo motivo, para que uma das partes possa ter um tempo razoável para adotar medidas necessárias, tendo em vista que os contratos em geral possuem um prazo indeterminado de duração.

Está delimitado nos arts. 487 a 491 da CLT e deve ser concedido de maneira proporcional. Sendo o prazo mínimo 30 dias e o máximo 90 dias, contando três dias para cada ano trabalhado, conforme o art. 1º da Lei nº 12.506/2011.

> Art. 1º O aviso-prévio, de que trata o Capítulo VI do Título IV da Consolidação das Leis do Trabalho – CLT, aprovada pelo Decreto-Lei nº 5.452, de 1º de maio de 1943, será concedido na proporção de 30 (trinta) dias aos empregados que contem até 1 (um) ano de serviço na mesma empresa.
> Parágrafo único. Ao aviso-prévio previsto neste artigo serão acrescidos 3 (três) dias por ano de serviço prestado na mesma empresa, até o máximo de 60 (sessenta) dias, perfazendo um total de até 90 (noventa) dias.

Vejamos a fórmula de calcular o aviso-prévio:

30 dias + 3 x (quantidade de anos trabalhados na empresa) = TOTAL de até 90 dias

Vejamos um **EXEMPLO** para fixar o assunto:
Maria foi contratada em 1-3-2015, teve seu contrato rescindido em 18-9-2020, em função da extinção da empresa, totalizando 5 anos completos de serviço na mesma empresa, além das frações de meses e dias. Nesse caso, Maria teria direito a 45 dias de aviso-prévio.

Hipóteses de concessão do aviso-prévio:

1. Contratos a prazo indeterminado;
2. Rescisão indireta;
3. Extinção por acordo;
4. Culpa recíproca;
5. Extinção da empresa.

De acordo com o art. 487 da CLT, o aviso pode ser trabalhado ou indenizado. Nesse sentido, a Súmula nº 305 do TST determina que em ambas as situações o período será contabilizado para fins de FGTS. Quando for trabalhado, o empregado poderá escolher se deseja reduzir duas horas por dia de trabalho ou sete dias corridos de sua jornada de trabalho restante, conforme o art. 488 da CLT:

> Art. 488. O horário normal de trabalho do empregado, durante o prazo do aviso, e se a rescisão tiver sido promovida pelo empregador, será reduzido de 2 (duas) horas diárias, sem prejuízo do salário integral.
>
> Parágrafo único. É facultado ao empregado trabalhar sem a redução das 2 (duas) horas diárias previstas neste artigo, caso em que poderá faltar ao serviço, sem prejuízo do salário integral, por 1 (um) dia, na hipótese do inciso I, e por 7 (sete) dias corridos, na hipótese do inciso II do art. 487 desta Consolidação.

ATENÇÃO!

Caso seja o empregado quem decide romper o vínculo não caberá a redução de jornada.

> Art. 487, § 1º, CLT. A falta do aviso-prévio por parte do empregador dá ao empregado o direito aos salários correspondentes ao prazo do aviso, garantida sempre a integração desse período no seu tempo de serviço.

Outra hipótese de cabimento do aviso-prévio é o pedido de demissão, caso no qual o trabalhador é quem o concede ao empregador.

Por fim, no que se refere à retratação do aviso-prévio, ressalta-se que, concedido o aviso, a resilição contratual torna-se efetiva após o transcurso do prazo, não sendo permitida a retratação, exceto se a parte avisada acatar o pedido de reconsideração do empregador, sendo esta uma faculdade.

> Art. 489. Dado o aviso-prévio, a rescisão torna-se efetiva depois de expirado o respectivo prazo, mas, se a parte notificante reconsiderar o ato, antes de seu termo, à outra parte é facultado aceitar ou não a reconsideração.

> Parágrafo único. Caso seja aceita a reconsideração ou continuando a prestação depois de expirado o prazo, o contrato continuará a vigorar, como se o aviso-prévio não tivesse sido dado.

6 EXTINÇÃO DO CONTRATO DE TRABALHO

A extinção do contrato de trabalho está regulamentada no art. 477 da CLT e seguintes:

FORMAS DE RESCISÃO DO CONTRATO	
ART. 479 DA CLT	Rescisão antecipada por iniciativa do empregador na hipótese de contrato por tempo determinado.
ART. 480 DA CLT	Rescisão antecipada por iniciativa do empregado na hipótese de contrato por prazo determinado.
ART. 481 DA CLT	Possibilidade de aviso-prévio no contrato por prazo determinado, no lugar das multas dos arts. 479 e 480 da CLT.
ART. 482 DA CLT	O empregado que cometer uma falta grave durante a vigência do contrato poderá ser demitido por justa causa.
ART. 483 DA CLT	A rescisão indireta é considerada a justa causa do empregador e deve ser realizada por ação judicial.
ART. 484 DA CLT	A culpa recíproca acontece quando ambas as partes são culpadas pela rescisão do contrato de trabalho.
ART. 485 DA CLT	Morte do empregador.
ART. 486 DA CLT	Dispensa por fato, quando o estabelecimento fecha em decorrência de ato de autoridade municipal, estadual ou federal, denominada dispensa por fato do príncipe.
SÚMULA Nº 443 DO TST	Dispensa discriminatória, quando o empregado é demitido por motivo discriminatório, que sendo comprovado, enseja a possibilidade de reintegração ou indenização substitutiva do empregado.
ARTS. 501 A 504 DA CLT	Rescisão de contrato de trabalho na ocorrência de fato maior.
ART. 484-A DA CLT	Distrato ocorre quando a extinção do contrato se dá por acordo entre as partes. Na hipótese não podem ser negociados os direitos irrenunciáveis do trabalhador, como salários, férias e 13º salário.

6.1 Deveres do empregador na rescisão do contrato de trabalho

No momento de rescisão do trabalho, deverá ocorrer:

DEVERES DO EMPREGADOR NA RESCISÃO DO CONTRATO DE TRABALHO	
	A baixa da CTPS do empregado;
	A comunicação aos órgãos competentes;
	A realização de Termo de Rescisão do Contrato de Trabalho (TRCT), discriminando todas as parcelas pagas ao empregado no ato de rescisão;
	O pagamento das verbas rescisórias.

Após o cumprimento dessas etapas, a apresentação da CTPS é suficiente para que o empregado saque os valores relativos ao FGTS e pedido de Seguro-desemprego.

6.2 Verbas rescisórias

Verbas rescisórias são os valores devidos ao empregado no momento da rescisão do contrato de trabalho.

O pagamento dessas verbas poderá ser feito em dinheiro, depósito bancário e cheque, conforme o § 4º do art. 477 da CLT, num prazo de até 10 dias depois do término do contrato. Se este for descumprido, o empregador deverá pagar multa ao empregado no valor de um salário, nos termos do § 8º do art. 477 da CLT.

Caso o trabalhador seja analfabeto, o pagamento não poderá ocorrer com o cheque. Ademais, no momento da rescisão, caso o empregado esteja devendo ao empregador valores referentes ao contrato de trabalho poderá ocorrer a compensação dos valores.

Em caso de controvérsia sobre o montante das verbas rescisórias, o empregador é obrigado a pagar ao trabalhador, na data do comparecimento à Justiça do Trabalho, a parte incontroversa dessas verbas, sob pena de pagá-las acrescidas de 50%.

VERBAS RESCISÓRIAS	
SALDO DE SALÁRIOS	Pagamento correspondente aos dias trabalhados no mês da rescisão, considerando a data de saída do empregado.
HORAS EXTRAS	Horas trabalhadas além da jornada, que devem ser compensadas ou pagas com um acréscimo de no mínimo 50%, quando não feito devem ser incluídas nas verbas rescisórias.
FÉRIAS PROPORCIONAIS + 1/3 CONSTITUCIONAL	Correspondem ao tempo trabalhado no ano corrente, caso o período aquisitivo completo de férias ainda não tenha sido alcançado, sempre calculado na proporção de 1/12 avos. Esse valor é calculado com base no tempo de serviço do empregado até a data da rescisão com o acréscimo do adicional de um terço constitucional sobre o valor das férias.
FÉRIAS VENCIDAS E/OU EM DOBRO + ⅓ CONSTITUCIONAL	Ocorre quando o empregado adquire o direito a férias e não o usufrui até a data da rescisão. Nesse caso, ele tem direito a receber o valor correspondente às férias vencidas, acrescido do adicional de um terço constitucional. Se as férias não foram concedidas dentro do período legal, o empregador deve pagar o valor em dobro.
13º SALÁRIO PROPORCIONAL	O décimo terceiro salário é calculado com base no salário integral e proporcional aos meses trabalhados no ano da rescisão (1/12 avos). Se o empregado for demitido antes do final do ano, ele tem direito a receber o décimo terceiro salário proporcional aos meses trabalhados.
AVISO-PRÉVIO INDENIZADO	Caso o empregador opte por dispensar o empregado do cumprimento do aviso-prévio, ele deve pagar ao este o valor correspondente ao aviso-prévio indenizado, que é equivalente a um salário mensal.
DEPÓSITO DO FGTS	É uma reserva financeira de natureza social, feita na forma de um depósito equivalente a 8% da remuneração do empregado que poderá ser retirada por este no momento da rescisão.
MULTA DE 40% DO FGTS	Em caso de demissão sem justa causa, o empregador é obrigado a pagar uma multa correspondente a 40% do valor total do FGTS depositado durante o contrato de trabalho.

Vejamos quais verbas rescisórias o empregado fará jus a depender da modalidade da extinção do contrato:

	DEMISSÃO SEM JUSTA CAUSA	PEDIDO DE DEMISSÃO	DEMISSÃO POR ACORDO	DEMISSÃO POR JUSTA CAUSA
SALDO SALÁRIO	✓	✓	✓	✓
AVISO-PRÉVIO	✓	× Direito do empregador	✓ 50%	×
13º SALÁRIO PROPORCIONAL	✓	✓	✓	×
FÉRIAS + ⅓ PROPORCIONAIS	✓	✓	✓	×
FÉRIAS + ⅓ VENCIDAS	✓	✓	✓	✓
SAQUE DO FGTS	✓ 100% + multa de 40%	×	✓ 80% + multa de 20%	×
SEGURO-DESEMPREGO	✓	×	×	×

7 PRESCRIÇÃO E DECADÊNCIA

A prescrição é a perda do direito da parte de ingressar com uma ação judicial para reivindicar direitos após um determinado período de tempo estabelecido em lei, isto é, um empregado ou empregador deve buscar a reparação de um direito trabalhista dentro do prazo prescricional estabelecido.

A decadência, por sua vez, é a perda do próprio direito de propor uma ação, após um determinado período, independentemente de ação judicial, ou seja, após um lapso temporal, a parte perde definitivamente o direito de ajuizar uma demanda.

PRESCRIÇÃO	Perda da exigibilidade do direito.
DECADÊNCIA	Perda do direito.

Um exemplo de prazo decadencial na seara trabalhista é o para a instauração de inquérito para apuração de falta grave, sendo de até trinta dias, contados da data da suspensão do empregado.

Sobre a prescrição, na Justiça do Trabalho existem dois tipos: bienal e quinquenal.

> Art. 11, CLT. A pretensão quanto a créditos resultantes das relações de trabalho prescreve em cinco anos para os trabalhadores urbanos e rurais, até o limite de dois anos após a extinção do contrato de trabalho.
>
> § 1º O disposto neste artigo não se aplica às ações que tenham por objeto anotações para fins de prova junto à Previdência Social [...]

Em relação à prescrição bienal, esta tem um prazo de dois anos contados a partir do término do contrato de trabalho ou da violação de um direito trabalhista. O empregado terá esse lapso temporal para ingressar com uma ação para reivindicar seus direitos.

Já a prescrição quinquenal, o trabalhador só poderá requerer os direitos relativos aos últimos 5 anos contados a partir do ajuizamento da ação.

Em resumo, o trabalhador terá dois anos a contar da cessação do contrato de trabalho para postular/ingressar com uma reclamação trabalhista e pleitear os direitos devidos relativos aos últimos cinco anos a contar do ajuizamento da ação.

Vejamos um **exemplo** para melhor fixação do tema:

João foi demitido dia 1-4-2024 e ingressou com uma reclamação trabalhista no mesmo dia. Nesse caso, como o empregado reivindicou seus direitos de forma célere não será atingido pela prescrição bienal, porém João só poderá pleitear seus direitos relativos até o dia 1-4-2019, já que a prescrição quinquenal retroage em 5 anos.

Se ele ingressar com uma ação em 1-4-2027, o direito estará precluso, pois terá transcorrido o prazo de 2 anos após o término do contrato (prescrição bienal).

PRESCRIÇÃO BIENAL	2 anos contados a partir do término do contrato.
PRESCRIÇÃO QUINQUENAL	Contada a partir do ajuizamento da ação e alcança os direitos relativos aos últimos 5 anos.

7.1 Prescrição intercorrente

A prescrição intercorrente é a perda do direito de prosseguir com uma execução trabalhista devido à falta de movimentação processual por um período de tempo considerável, ou seja, já existe processo, mas ele está parado por 2 anos, geralmente devido à inércia ou negligência das partes envolvidas.

> Art. 11-A, CLT. Ocorre a prescrição intercorrente no processo do trabalho no prazo de dois anos.
>
> § 1º A fluência do prazo prescricional intercorrente inicia-se quando o exequente deixa de cumprir determinação judicial no curso da execução.
>
> § 2º A declaração da prescrição intercorrente pode ser requerida ou declarada de ofício em qualquer grau de jurisdição.

8 FÉRIAS

O direito às férias está delimitado no art. 7º, XVII, da CF, isto é, o texto constitucional assegura aos trabalhadores urbanos, rurais e domésticos, o "gozo de férias anuais remuneradas com, pelo menos, um terço a mais do que o salário normal".

8.1 Período aquisitivo e período concessivo

Para conceder as férias, faz-se necessário diferenciar o período aquisitivo e o período concessivo:

PERÍODO AQUISITIVO	PERÍODO CONCESSIVO
Período de doze meses de trabalho contínuo durante o qual o empregado adquire o direito a usufruir de um período de descanso remunerado. É necessário trabalhar durante 1 ano para, assim, ter direito a férias.	Momento no qual o empregador deve conceder efetivamente as férias ao empregado, dentro do prazo legal estabelecido, após o término do período aquisitivo.

O art. 137 da CLT prevê que a concessão fora do prazo gera pagamento em dobro.

Além disso, uma vez vencido o período concessivo, permanecendo a inércia do empregador, o empregado poderá ajuizar reclamação trabalhista pedindo a fixação por sentença da época de gozo das férias (art. 137, § 1º, da CLT).

A sentença determinará, portanto, uma pena diária de 5% do salário mínimo até que seja cumprida, devida ao empregado. Desse modo, a decisão judicial transitada em julgado será remetida ao Ministério da Economia para a aplicação das sanções administrativas cabíveis.

8.2 Abono de férias

É facultado ao empregado o abono de férias, sendo esta a possibilidade de converter ⅓ do período de férias, desde que requerido pelo empregado até 15 dias antes do término do período aquisitivo. O pagamento, no entanto, pode ocorrer até dois dias antes do empregado sair de férias, como impõe o art. 145 da CLT.

A concessão das férias deverá ser comunicada por escrito ao empregado com 30 dias de antecedência, no mínimo. No momento da comunicação, o empregado dará recibo ao empregador, tendo em vista as determinações do art. 135 da CLT. O período deverá ser anotado na CTPS do empregado e também no registro.

Veda-se o início das férias no período de:

- Dois dias que antecedem feriado;
- Dia de repouso semanal remunerado.

As férias dos empregados menores de 18 anos, estudantes serão coincidentes com as férias escolares. Na mesma linha, as férias dos membros de uma família que trabalhem para o mesmo empregador devem ser concedidas simultaneamente, salvo em caso de prejuízos para o contratante.

As férias, em regra, devem ser concedidas em um só período.

ATENÇÃO!

Caso o empregado concorde, as férias poderão ser divididas em até 3 períodos, sendo que um não poderá ser inferior a 14 dias corridos e os demais não podem ser inferiores a 5 dias corridos cada um.

Quando houver a cessação do contrato de trabalho são devidas as férias proporcionais em relação ao período aquisitivo incompleto, na proporção de 1/12 por mês completo de serviço ou fração superior a 14 dias, ainda que se trate de término do contrato de trabalho a termo pelo cumprimento de seu prazo.

São súmulas relevantes sobre a temática:

> Súmula nº 171 do TST. FÉRIAS PROPORCIONAIS. CONTRATO DE TRABALHO. EXTINÇÃO. Salvo na hipótese de dispensa por justa causa, a extinção do contrato de trabalho sujeita o empregador ao pagamento da remuneração das férias proporcionais, ainda que incompleto o período aquisitivo de 12 (doze) meses (art. 147 da CLT).
>
> Súmula nº 261 do TST. FÉRIAS PROPORCIONAIS. PEDIDO DE DEMISSÃO. CONTRATO VIGENTE HÁ MENOS DE UM ANO. As férias proporcionais também são devidas ao empregado que se demite antes de completar 12 meses de serviço.
>
> Súmula nº 14 do TST. CULPA RECÍPROCA. Reconhecida a culpa recíproca na rescisão do contrato de trabalho (art. 484 da CLT), o empregado tem direito a 50% (cinquenta por cento) do valor do aviso-prévio, do décimo terceiro salário e das férias proporcionais.

9 ESTABILIDADE

A estabilidade é a garantia de manutenção da relação de emprego para o empregado. Trata-se de proteção concedida aos trabalhadores contra demissões arbitrárias ou injustificadas, assegurando a continuidade e previsibilidade do vínculo empregatício.

9.1 Empregada gestante ou adotante

O texto constitucional veda, em seu art. 10 do ADCT, a dispensa arbitrária ou sem justa causa das empregadas gestantes, desde a confirmação da gravidez até cinco meses após parto.

A garantia de emprego à gestante autoriza a reintegração se esta se der durante o período de estabilidade mencionado. A contratada gestante tem direito à estabilidade provisória, mesmo na hipótese de admissão mediante contrato por tempo determinado. Sendo assim, a mulher terá também o benefício da estabilidade se ocorrer gravidez no decorrer do contrato de experiência.

Destaca-se a Súmula nº 244 do TST:

> Súmula nº 244 do TST. GESTANTE. ESTABILIDADE PROVISÓRIA
> I – O desconhecimento do estado gravídico pelo empregador não afasta o direito ao pagamento da indenização decorrente da estabilidade (art. 10, II, *b* do ADCT).
> II – A garantia de emprego à gestante só autoriza a reintegração se esta se der durante o período de estabilidade. Do contrário, a garantia restringe-se aos salários e demais direitos correspondentes ao período de estabilidade.
> III – A empregada gestante tem direito à estabilidade provisória prevista no art. 10, inciso II, alínea *b*, do Ato das Disposições Constitucionais Transitórias, mesmo na hipótese de admissão mediante contrato por tempo determinado.

A estabilidade provisória abrange a hipótese da licença-maternidade. Essa suspensão do contrato é de 120 dias, sendo 28 dias antes do parto e 92 dias depois do parto. A mãe adotante também possui direito de licença, contados da guarda judicial.

Existe também a hipótese regulamentada pela Lei nº 11.770/2008, do Programa Empresa Cidadã, que faculta às empresas acrescentarem mais 60 dias à licença-maternidade, totalizando 180 dias.

LICENÇA-MATERNIDADE	120 dias
LICENÇA-MATERNIDADE EM EMPRESAS	180 dias

Em caso de aborto não criminoso, a mulher dispõe de repouso remunerado por duas semanas, em conformidade ao art. 395 da CLT.

NOVIDADE!!!

> Art. 394-A. Sem prejuízo de sua remuneração, nesta incluído o valor do adicional de insalubridade, a empregada deverá ser afastada de:
>
> I – atividades consideradas insalubres em grau máximo, enquanto durar a gestação;
>
> II – atividades consideradas insalubres em grau médio ou mínimo, [quando apresentar atestado de saúde, emitido por médico de confiança da mulher, que recomende o afastamento ADIN 5938] durante a gestação;
>
> III – atividades consideradas insalubres em qualquer grau, [quando apresentar atestado de saúde, emitido por médico de confiança da mulher, que recomende o afastamento] durante a lactação [...].

9.2 Acidentado trabalhador

Conforme o art. 118 da Lei nº 8.213/1991, o segurado que sofre um acidente de trabalho terá o contrato de trabalho mantido pelo prazo mínimo de doze meses, após a cessação do auxílio-doença acidentário, independentemente de percepção de auxílio-acidente.

Nos termos da Súmula nº 378 do TST, são pressupostos para a concessão da estabilidade:

- Afastamento superior a 15 dias;
- Percepção do auxílio-doença acidentário.

ATENÇÃO

O empregado submetido a contrato de trabalho por tempo determinado goza da garantia provisória de emprego decorrente de acidente de trabalho.

9.3 Membro da CIPA

A Comissão Interna de Prevenção de Acidentes está regulamentada nos arts. 163 a 165 da CLT. O representante do empregador é o presidente da CIPA, enquanto o representante dos empregados é o vice-presidente da Comissão. Em algumas circunstâncias, os membros da CIPA terão estabilidade:

> Art. 10, ADCT. Até que seja promulgada a lei complementar a que se refere o art. 7º, I, da Constituição: [...]
>
> II – fica vedada a dispensa arbitrária ou sem justa causa:
>
> *a)* do empregado eleito para cargo de direção de comissões internas de prevenção de acidentes, desde o registro de sua candidatura até um ano após o final de seu mandato.

Desse modo, conclui-se que somente os membros eleitos pelos empregados serão estáveis, conforme previsto no art. 165 da CLT, passíveis de demissão por justo motivo.

9.4 Comissão de representante dos empregados

A estabilidade dos membros da Comissão de Representantes dos Empregados é uma garantia fundamental para o exercício efetivo de suas funções, assegurando que possam desempenhar suas atividades sem receio de retaliações por parte do empregador.

> Art. 510-D. O mandato dos membros da comissão de representantes dos empregados será de um ano.
>
> § 3º Desde o registro da candidatura até um ano após o fim do mandato o membro da comissão de representantes dos empregados não poderá sofrer despedida arbitrária, entendendo se como tal a que não se fundar em motivo disciplinar, técnico, econômico ou financeiro.

9.5 Dirigentes sindicais

Também desfrutam de estabilidade os dirigentes sindicais, a partir do registro da candidatura e se eleito até 1 ano após o final dos mandatos, sendo contemplados também os suplentes.

O delegado sindical não possui estabilidade, assim como os membros do conselho fiscal do sindicato (OJ 365 da SDI-I do TST).

Cada sindicato terá, no máximo, 14 dirigentes estáveis (7 titulares e 7 suplentes), de acordo com a Súmula nº 369 do TST.

9.6 Empregados de empresa pública e sociedade de economia mista

Súmula nº 390 do TST

ESTABILIDADE. ART. 41 DA CF. CELETISTA. ADMINISTRAÇÃO DIRETA, AUTÁRQUICA OU FUNDACIONAL. APLICABILIDADE. EMPREGADO DE EMPRESA PÚBLICA E SOCIEDADE DE ECONOMIA MISTA. INAPLICÁVEL.

I – O servidor público celetista da administração direta, autárquica ou fundacional é beneficiário da estabilidade prevista no art. 41 da CF.

II – Ao empregado de empresa pública ou de sociedade de economia mista, ainda que admitido mediante aprovação em concurso público, não é garantida a estabilidade prevista no art. 41 da CF.

ATENÇÃO!

- O STF fixou tese de repercussão geral no RE nº 688.267/DF no sentido de que as "empresas públicas e as sociedades de economia mista, sejam elas prestadoras de serviço *público* ou exploradoras de atividade econômica, ainda que em regime concorrencial, têm o dever jurídico de motivar, em ato formal, a *demissão* de seus *empregados* concursados, não se exigindo processo administrativo. Tal motivação deve consistir em fundamento razoável, não se exigindo, porém, que se enquadre nas hipóteses de justa causa da legislação trabalhista" (INFO 1126). (*DJe* 28-2-2024).
- O STF fixou tese de repercussão geral no RE nº 589.998/PI no sentido de que a "Empresa Brasileira de Correios e Telégrafos (ECT) tem o dever jurídico de motivar, em ato formal, a demissão de seus empregados" (INFO 919).
- O STF fixou tese de repercussão geral no RE nº 655.283/DF no sentido de que:
  1. A natureza do ato de demissão de empregado público é constitucional-administrativa e não trabalhista, o que atrai a competência da Justiça comum para julgar a questão (INFO 1022).
  2. A concessão de aposentadoria aos empregados públicos inviabiliza a permanência no emprego, nos termos do art. 37, § 14, da Constituição Federal (CF), salvo para as aposentadorias concedidas pelo Regime Geral de Previdência Social (RGPS) até a data de entrada em vigor da Emenda Constitucional (EC nº 103/2009), nos termos do que dispõe seu art. 6º (1) (INFO 1022).

HIPÓTESES DE ESTABILIDADE	
EM RAZÃO DO CARGO OCUPADO	**EM RAZÃO DE CONDIÇÃO FÍSICA**
• Dirigente sindical; • Membro da CIPA; • Representante pessoal dos empregados.	• Gestante/adotante; • Acidentado.

Também dispõem de estabilidade:

DIRETOR DE SOCIEDADE COOPERATIVA	Desde o registro da candidatura até 1 ano após o término do mandato, assegurada apenas ao titular;
MEMBRO DA COMISSÃO DE CONCILIAÇÃO PRÉVIA (REPRESENTANTE DOS TRABALHADORES)	Desde o registro da candidatura até 1 ano após o término do mandato, assegurada ao membro titular e ao suplente.
REPRESENTANTE DOS EMPREGADOS DO CONSELHO CURADOR DO FGTS	Da nomeação até 1 ano após o término do mandato.
REPRESENTANTE DOS TRABALHADORES NO CONSELHO PREVIDENCIÁRIO	Da nomeação até 1 ano após o término do mandato.

10 FGTS

Criado com o objetivo de proteger o trabalhador em casos de demissão sem justa causa, o Fundo de Garantia por Tempo de Serviço – FGTS consiste em uma reserva financeira de natureza social, alimentada por depósitos mensais feitos pelo empregador em nome do empregado. Desde 2024, o sistema FGTS Digital passou a ser obrigatório para o recolhimento do fundo, substituindo o SEFIP. A mudança visa à maior agilidade e integração com o eSocial.

Está previsto na Lei nº 8.036/1990 e impõe o depósito de 8% da remuneração devida ao empregado até o dia 07 de cada mês subsequente ao mês trabalhado.

ATENÇÃO!
Em caso de contrato de aprendizagem, o percentual é de 2%.

No término do contrato, haverá multa de:

- 40% do montante de todos os depósitos realizados na conta vinculada, em regra;
- 20% do montante de todos os depósitos realizados na conta vinculada no caso de despedida por culpa recíproca ou força maior.

Sobre a multa, há hipóteses em que ela não será aplicada, sendo elas:

HIPÓTESES EM QUE NÃO HÁ MULTA	
	Extinção normal do contrato por prazo determinado, inclusive, do trabalho temporário, por obra certa ou do contrato de experiência;
	Aposentadoria, inclusive por invalidez;
	Rescisão contratual do trabalhador, a pedido ou por justa causa;
	Depósitos não liberados em até 3 anos.

11 JORNADA DE TRABALHO

O Tratado de Versalhes (1919) é o marco histórico que fixou o limite de oito horas diárias de jornada de trabalho. No Brasil, a Constituição Federal de 1988 prevê a jornada de 8 horas diárias e 44h semanais, em regra.

11.1 Parâmetros constitucionais de duração do trabalho

PARÂMETROS CONSTITUCIONAIS DE DURAÇÃO DO TRABALHO (ART. 7º, XIII, da CF)	8 horas diárias (art. 58 da CLT)	44 horas semanais	Facultada a compensação de horários e a redução da jornada, mediante acordo ou convenção coletiva de trabalho.

11.2 Compensação de jornada

COMPENSAÇÃO DE JORNADA	
MENSAL	Acordo individual, tácito ou escrito (art. 59, § 6º, da CLT).
SEMESTRAL (BANCO DE HORAS)	Acordo individual escrito (art. 59, § 5º, da CLT).
ANUAL (BANCO DE HORAS)	Acordo ou Convenção Coletiva de Trabalho (art. 59, § 2º, da CLT).

11.3 Semana espanhola

Existe ainda, a semana espanhola, uma forma de compensação intrassemanal, delimitada pela OJ 323 da SDI-I:

> SDI 1 OJ 323. ACORDO DE COMPENSAÇÃO DE JORNADA. "SEMANA ESPANHOLA". VALIDADE.
> É válido o sistema de compensação de horário quando a jornada adotada é a denominada "semana espanhola", que alterna a prestação de 48 horas em uma semana e 40 horas em outra, não violando os arts. 59, § 2º, da CLT e 7º, XIII, da CF o seu ajuste mediante acordo ou convenção coletiva de trabalho.

11.4 Cartões de ponto

Para registrar a jornada laboral, utilizam-se os cartões de ponto. O art. 74 da CLT dispõe sobre o registro do horário de trabalho dos funcionários:

> Art. 74. O horário de trabalho será anotado em registro de empregados. [...]
> § 2º Para os estabelecimentos com mais de 20 (vinte) trabalhadores será obrigatória a anotação da hora de entrada e de saída, em registro manual, mecânico ou eletrônico, conforme instruções expedidas pela Secretaria Especial de Previdência e Trabalho do Ministério da Economia, permitida a pré-assinalação do período de repouso.
> § 3º Se o trabalho for executado fora do estabelecimento, o horário dos empregados constará do registro manual, mecânico ou eletrônico em seu poder, sem prejuízo do que dispõe o *caput* deste artigo.
> § 4º Fica permitida a utilização de registro de ponto por exceção à jornada regular de trabalho, mediante acordo individual escrito, convenção coletiva ou acordo coletivo de trabalho.

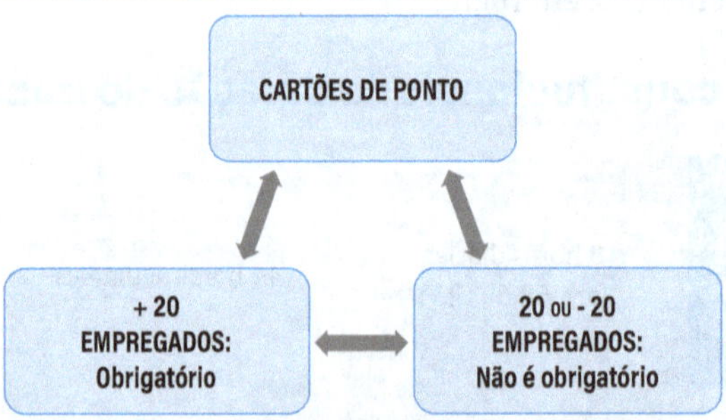

A jornada de trabalho de um empregado é composta por três fatores:

> **JORNADA DE TRABALHO = TEMPO EFETIVAMENTE LABORADO + INTERVALOS REMUNERADOS +** TEMPO À DISPOSIÇÃO DO EMPREGADOR

O art. 4º da CLT corrobora com esse entendimento:

> Art. 4º Considera-se como de serviço efetivo o período em que o empregado esteja à disposição do empregador, aguardando ou executando ordens, salvo disposição especial expressamente consignada.

ATENÇÃO!

Um tópico de grande relevância na prova do Exame de Ordem é o tempo não considerado como à disposição do empregador.

> § 2º Por não se considerar tempo à disposição do empregador, não será computado como período extraordinário o que exceder a jornada normal, ainda que ultrapasse o limite de cinco minutos previsto no § 1º do art. 58 desta Consolidação, quando o empregado, por escolha própria, buscar proteção pessoal, em caso de insegurança nas vias públicas ou más condições climáticas, bem como adentrar ou permanecer nas dependências da empresa para exercer atividades particulares, entre outras:
>
> I – práticas religiosas;
>
> II – descanso;
>
> III – lazer;
>
> IV – estudo;
>
> V – alimentação;
>
> VI – atividades de relacionamento social;
>
> VII – higiene pessoal;
>
> VIII – troca de roupa ou uniforme, quando não houver obrigatoriedade de realizar a troca na empresa.

11.5 Jornada 12x36

A Jornada 12x36 é uma alternativa que pode ser pactuada mediante acordo individual escrito, convenção coletiva ou acordo coletivo de trabalho, de acordo com o art. 59-A da CLT. Nessas configurações, o intervalo intrajornada pode ser suprimido e o pagamento respectivo terá natureza indenizatória, não salarial.

ATENÇÃO!

O parágrafo único do artigo esclarece que a remuneração mensal pactuada pelo horário 12x36 abrange os pagamentos devidos pelo descanso semanal remunerado e pelo descanso em feriados.

Esse arranjo suprime o pagamento da prorrogação da jornada noturna, como também a exigência de licença prévia das autoridades competentes em matéria de higiene do trabalho para prorrogação de jornada nas atividades insalubres.

11.6 Horas *in itinere*

As horas *in itinere* consistem no tempo despendido pelo empregado para deslocar-se até o trabalho e para retornar a sua residência, não sendo computado na jornada de trabalho.

O período de deslocamento não compõe a jornada, pois não representa tempo à disposição do empregador, ainda que o meio de transporte seja fornecido por ele, conforme o art. 58, § 2º, da CLT.

Direito do Trabalho

No entanto, o tempo de deslocamento casa-trabalho-casa pode ser considerado para efeitos de acidente de trabalho:

> Art. 21º, Lei nº 8.213/1991:
> Equiparam se também ao acidente do trabalho, para efeitos desta Lei: [...]
> IV - o acidente sofrido pelo segurado ainda que fora do local e horário de trabalho: [...]
> *d)* no percurso da residência para o local de trabalho ou deste para aquela, qualquer que seja o meio de locomoção, inclusive veículo de propriedade do segurado.

Existem ainda outros dois conceitos relevantes: o sobreaviso e a prontidão. Apesar de serem facilmente confundidos pelos estudantes, diferenciam-se:

11.7 Sobreaviso e prontidão

O sobreaviso ocorre quando o empregado efetivo permanece em sua própria casa, aguardando uma chamada para o serviço a qualquer momento. Cada turno de "sobreaviso" terá, no máximo, 24 horas e serão remuneradas em razão de um terço do salário normal.

Entretanto, a mera utilização de instrumentos telemáticos ou informatizados fornecidos pela empresa ao empregado não configura sobreaviso. O esclarecimento é fornecido pela Súmula nº 428 do TST:

> Súmula nº 428 do TST. SOBREAVISO. APLICAÇÃO ANALÓGICA DO ART 244 § 2º DA CLT.
> I - O uso de instrumentos telemáticos ou informatizados fornecidos pela empresa ao empregado, por si só, não caracteriza o regime de sobreaviso.
> II - Considera se em sobreaviso o empregado que, à distância e submetido a controle patronal por instrumentos telemáticos ou informatizados, permanecer em regime de plantão ou equivalente aguardando a qualquer momento o chamado para o serviço durante o período de descanso.

Por sua vez, a prontidão é considerada pelo tempo em que o empregado fica nas dependências da empresa ou em outro local designado pelo empregador, aguardando ordens. A escala máxima de prontidão será de 12 horas e as horas pagas equivalerão a dois terços do salário-hora normal.

SOBREAVISO	PRONTIDÃO
Empregado em casa	Empregado na empresa ou outro local designado pelo empregador
Escala máxima: 24h	Escala máxima: 12h
⅓ da hora salarial normal	⅔ da hora salarial normal

Importante destacar o conteúdo do art. 58 da CLT que aborda o tempo residual, ou seja, lapsos temporais não computados nas jornadas de trabalho:

> Art. 58º, § 1º Não serão descontadas nem computadas como jornada extraordinária as variações de horário no registro de ponto não excedentes de cinco minutos, observado o limite máximo de dez minutos diários.

Todavia, existem empregados excluídos do regime de duração do trabalho padrão previsto na CLT. Essas jornadas peculiares estão listadas no art. 62 da CLT:

EXCLUÍDOS DO REGIME DE DURAÇÃO DE TRABALHO PADRÃO	
	Empregados que exercem atividade externa incompatível com a fixação de horário de trabalho;
	Exercentes de cargos de gestão, também denominados gerentes, equiparados aos diretores, chefes de departamento ou filial;
	Os empregados em regime de teletrabalho que prestam serviço por produção ou tarefa.

11.8 Horas extras

A CF define o módulo diário de 8 horas e o semanal de 44 horas, mas também define que as horas excedentes deverão ser pagas com um acréscimo de, no mínimo, 50%.

Em dias destinados ao repouso semanal remunerado ou feriados, o adicional de horas extras torna-se de 100%.

Nesse tema, a Súmula nº 199, I, do TST determina que não é possível haver pré-contratação de horas extras.

No mesmo sentido, sempre que houver supressão de hora extra, o empregador deverá indenizar o empregado, nos termos da Súmula nº 291 do TST:

> Súmula nº 291 do TST. HORAS EXTRAS. HABITUALIDADE. SUPRESSÃO. INDENIZAÇÃO.
> A supressão total ou parcial, pelo empregador, de serviço suplementar prestado com habitualidade, durante pelo menos 1 ano, assegura ao empregado o direito à indenização correspondente ao valor de 1 mês das horas suprimidas, total ou parcialmente, para cada ano ou fração igual ou superior a seis meses de prestação de serviço acima da jornada normal. O cálculo observará a média das horas suplementares nos últimos 12 meses anteriores à mudança, multiplicada pelo valor da hora extra do dia da supressão.

11.9 Intervalos

As jornadas de trabalho não são ininterruptas, o empregador deve conceder intervalos durante a jornada – intrajornada – e entre jornadas – interjornada.

11.9.1 Intervalo INTRAjornada

Os intervalos intrajornada são aqueles que acontecem dentro da jornada de trabalho e devem ser calculados da seguinte maneira:

JORNADA	INTERVALO
Até 4 horas	Não obrigatório
De 4 a 6 horas	Mínimo de 15 min
Superior a 6 horas	Mínimo de 1 hora

A não concessão ou a concessão parcial do intervalo intrajornada mínimo, implica o pagamento, de natureza indenizatória, apenas do período suprimido, com acréscimo de 50%.

O intervalo também pode ser reduzido para trinta minutos, desde que haja Convenção Coletiva ou Acordo Coletivo, conforme o art. 611-A, III, da CLT.

Vejamos alguns casos de intervalos intrajornada especiais:

MECANOGRAFIA (DATILOGRAFIA, ESCRITURAÇÃO OU CÁLCULO)	Repouso de 10 minutos não deduzidos da jornada a cada período de 90 minutos (art. 72 da CLT)
TRABALHADORES EM MINAS DE SUBSOLO	A cada período de três horas consecutivas de trabalho será obrigatória uma pausa de 15 minutos para repouso (art. 298 da CLT)
LACTANTES	Visa a viabilizar a amamentação até que os filhos (inclusive os adotados) completem 6 meses. Serão dois descansos especiais de meia hora cada um, acordados individualmente entre mulher e empregador (art. 396, *a*, da CLT)
TRABALHADORES DE FRIGORÍFICOS E CÂMARAS FRIAS	Possuem intervalos intrajornada de 20 minutos depois de 1h40m de trabalho contínuo. A pausa na jornada está respaldada na Súmula nº 438 do TST.

São súmulas relevantes sobre a temática:

Súmula nº 346 do TST. DIGITADOR. INTERVALOS INTRAJORNADA. APLICAÇÃO ANALÓGICA DO ART. 72 DA CLT.

Os digitadores, por aplicação analógica do art. 72 da CLT, equiparam-se aos trabalhadores nos serviços de mecanografia (datilografia, escrituração ou cálculo), razão pela qual têm direito a intervalos de descanso de 10 (dez) minutos a cada 90 (noventa) de trabalho consecutivo.

Súmula nº 438 do TST. INTERVALO PARA RECUPERAÇÃO TÉRMICA DO EMPREGADO. AMBIENTE ARTIFICIALMENTE FRIO. HORAS EXTRAS. ART. 253 DA CLT. APLICAÇÃO ANALÓGICA.

O empregado submetido a trabalho contínuo em ambiente artificialmente frio, nos termos do parágrafo único do art. 253 da CLT, ainda que não labore em câmara frigorífica, tem direito ao intervalo intrajornada previsto no *caput* do art. 253 da CLT.

11.9.2 Intervalo INTERjornada

São os intervalos feitos entre duas jornadas de trabalho que deverão ser de um período mínimo de 11 horas consecutivas para descanso, de acordo com o art. 66 da CLT.

OJ SDI 1 355, TST. INTERVALO INTERJORNADAS. INOBSERVÂNCIA. HORAS EXTRAS. PERÍODO PAGO COMO SOBREJORNADA. ART. 66 DA CLT. APLICAÇÃO ANALÓGICA DO § 4º DO ART. 71 DA CLT.

O desrespeito ao intervalo mínimo interjornadas previsto no art. 66 da CLT acarreta, por analogia, os mesmos efeitos previstos no § 4º do art. 71 da CLT e na Súmula nº 110 do TST, devendo se pagar a integralidade das horas que foram subtraídas do intervalo, acrescidas do respectivo adicional.

11.10 Adicional de trabalho noturno

Os obreiros que trabalham em atividades urbanas entre 22 horas de um dia às 5 horas do dia seguinte têm direito ao adicional noturno, ou seja, um acréscimo de 20% na remuneração. Além disso, a hora ficta será contabilizada a cada 52 minutos e 30 segundos.

ATENÇÃO!
O trabalho noturno é proibido para menores de 18 anos.

Já os trabalhadores rurais possuem adicional noturno de 25% e os horários diferem dos trabalhadores urbanos. Quando o trabalho for executado na lavoura, o turno será de 21h até 05h da manhã seguinte. No trabalho pecuário, será entre 20h e 04h do dia seguinte.

O esquema abaixo sintetiza as informações:

	URBANO/DOMÉSTICO	RURAL
TURNO	22h às 05h	Pecuária: 20h às 04h; Agricultura: 21h às 05h.
ADICIONAL	20%; Hora ficta de 52min30s	25%; Não tem hora reduzida.

São exceções:

- Advogado: 20h às 05h adicional de 25% SEM hora ficta;
- Engenheiro: 22h às 05h adicional de 25% SEM hora ficta;
- Petroleiro: 22h às 05h adicional de 20% SEM hora ficta.

Quanto aos turnos ininterruptos de revezamento, o art. 7º da CF estabelece uma jornada de seis horas, salvo negociação coletiva.

11.11 Trabalho em regime parcial

O trabalho em regime parcial é considerado aquele cuja duração não exceda trinta horas semanais, sem a possibilidade de horas suplementares semanais, ou, ainda, aquele cuja duração não exceda vinte e seis horas semanais, com a possibilidade de até seis horas suplementares por semana, conforme previsto no art. 58-A da CLT.

JORNADA	HORAS SUPLEMENTARES
Até 30h semanais	NÃO é possível
Até 26h semanais	Até seis horas suplementares/semana

O salário a ser pago aos empregados sob o regime de tempo parcial será proporcional à sua jornada, em relação aos empregados que cumprem, nas mesmas funções em tempo integral.

As horas suplementares à duração do trabalho semanal normal serão pagas com o acréscimo de 50% (cinquenta por cento) sobre o salário hora normal e poderão ser compensadas diretamente até a semana imediatamente posterior à da sua execução, devendo ser feita a sua quitação na folha de pagamento do mês subsequente, caso não sejam compensadas.

Os trabalhadores em regime parcial de trabalho desfrutarão do direito a férias na forma do art. 130 da CLT, sendo permitida a conversão de um terço do período de férias a que tiver direito em abono pecuniário.

12 REMUNERAÇÃO E SALÁRIO

A remuneração do empregado é constituída pelo salário devido, pago pelo empregador, e pelas gorjetas que receber, como contraprestação do serviço.

A gorjeta, segundo o § 3º do art. 457, da CLT, é a importância espontaneamente dada pelo cliente ao empregado, mas também o valor cobrado pela empresa, como serviço ou adicional.

> Súmula nº 354 do TST. GORJETAS. NATUREZA JURÍDICA. REPERCUSSÕES.
> As gorjetas, cobradas pelo empregador na nota de serviço ou oferecidas espontaneamente pelos clientes, integram a remuneração do empregado, não servindo de base de cálculo para as parcelas de aviso-prévio, adicional noturno, horas extras e repouso semanal remunerado.

12.1 Verbas salariais e não salariais

Nesse sentido, é importante diferenciar as verbas salariais e os demais valores que não integram o salário. Vejamos a seguinte tabela:

VERBAS QUE INTEGRAM O SALÁRIO	VERBAS QUE NÃO INTEGRAM O SALÁRIO
• Importância fixa estipulada; • Gratificações Legais; • Comissões pagas pelo empregador.	• Ajuda de custo; • Auxílio-Alimentação; • PLR (Programa de Participação nos Lucros e Resultados); • Salário-família; • Vale-transporte; • Diárias para viagem; • Prêmios e abonos.

> **ATENÇÃO**
> Os valores que não constituem salário não afetam a base de incidência dos encargos trabalhistas ou previdenciários.

O art. 7º, XI, da CF prevê como direito dos trabalhadores urbanos e rurais a participação nos lucros ou resultados, desvinculada da remuneração, conforme definido em lei.

12.2 Forma de pagamento do salário

O art. 458 da CLT prevê que o salário poderá ser pago em dinheiro ou parte em dinheiro e parte em utilidades:

> Art. 458. Além do pagamento em dinheiro, compreende-se no salário, para todos os efeitos legais, a alimentação, habitação, vestuário ou outras prestações *in natura* que a empresa, por força do contrato ou do costume, fornecer

habitualmente ao empregado. Em caso algum será permitido o pagamento com bebidas alcoólicas ou drogas nocivas.

No entanto, existe uma relação percentual estabelecida pela interpretação jurisprudencial e pela legislação trabalhista acerca da natureza dos pagamentos, seja em dinheiro ou utilidades.

A OJ nº 18, SDC do TST estabelece o pagamento do salário em utilidades no limite de 70%. Por sua vez, o art. 82 da CLT determina que o valor a ser pago em dinheiro não deverá ser inferior a 30% do salário mínimo.

OJ nº 18, SDC do TST. Os descontos efetuados com base em cláusula de acordo firmado entre as partes não podem ser superiores a 70% do salário base percebido pelo empregado, pois deve-se assegurar um mínimo de salário em espécie ao trabalhador.

Art. 82, CLT. Quando o empregador fornecer, in natura, uma ou mais das parcelas do salário mínimo, o salário em dinheiro será determinado pela fórmula Sd = Sm – P, em que Sd representa o salário em dinheiro, Sm o salário mínimo e P a soma dos valores daquelas parcelas na região, zona ou subzona.

Parágrafo único. O salário mínimo pago em dinheiro não será inferior a 30% (trinta por cento) do salário mínimo fixado para a região, zona ou subzona.

12.3 Salário-utilidade

O salário-utilidade se trata de um benefício que o empregado recebe ou usufrui deste "pelo" trabalho desempenhado, em razão do labor, não sendo abrangida a utilidade entregue "para" a execução do trabalho.

Inexistem regras gerais para atribuição do valor de cada utilidade, sendo a razoabilidade e o valor real da utilidade os parâmetros para essa definição. As exceções são:

URBANO	RURAL
Habitação: 25%	Habitação: 20%
Alimentação: 20%	Alimentação: 25%

Surge, na mesma linha, o questionamento: seriam bens indispensáveis à execução dos serviços considerados utilidades? A resposta está na Súmula nº 367 do TST:

Súmula nº 367 do TST. UTILIDADES *IN NATURA*. HABITAÇÃO. ENERGIA ELÉTRICA. VEÍCULO. CIGARRO. NÃO INTEGRAÇÃO AO SALÁRIO.

I – A habitação, a energia elétrica e veículo fornecidos pelo empregador ao empregado, quando indispensáveis para a realização do trabalho, não têm natureza salarial, ainda que, no caso de veículo, seja ele utilizado pelo empregado também em atividades particulares.

II – O cigarro não se considera salário-utilidade em face de sua nocividade à saúde.

Utilidades PARA o trabalho	SEM natureza salarial
Utilidades PELO trabalho	COM natureza salarial

Contudo, as utilidades podem ser classificadas em: não salariais e específicas.

As utilidades não salariais são benefícios concedidos pelo empregador ao trabalhador em decorrência do trabalho prestado ou de sua importância para o funcionamento da atividade laboral, logo, não possuem característica de salário:

> Art. 458, § 2º, CLT. Para os efeitos previstos neste artigo, não serão consideradas como salário as seguintes utilidades concedidas pelo empregador:
>
> I - vestuários, equipamentos e outros acessórios fornecidos aos empregados e utilizados no local de trabalho, para a prestação do serviço;
>
> II - educação, em estabelecimento de ensino próprio ou de terceiros, compreendendo os valores relativos a matrícula, mensalidade, anuidade, livros e material didático;
>
> III - transporte destinado ao deslocamento para o trabalho e retorno, em percurso servido ou não por transporte público;
>
> IV - assistência médica, hospitalar e odontológica, prestada diretamente ou mediante seguro saúde;
>
> V - seguros de vida e de acidentes pessoais;
>
> VI - previdência privada;
>
> VII - (VETADO)
>
> VIII - o valor correspondente ao vale-cultura.

São exemplos de utilidades específicas: a habitação coletiva e os planos de assistência médica, definidas pelo art. 458 da CLT:

> Art. 458, § 4º Tratando-se de habitação coletiva, o valor do salário-utilidade a ela correspondente será obtido mediante a divisão do justo valor da habitação pelo número de coabitantes, vedada, em qualquer hipótese, a utilização da mesma unidade residencial por mais de uma família.
>
> § 5º O valor relativo à assistência prestada por serviço médico ou odontológico, próprio ou não, inclusive o reembolso de despesas com medicamentos, óculos, aparelhos ortopédicos, próteses, órteses, despesas médico-hospitalares e outras similares, mesmo quando concedido em diferentes modalidades de planos e coberturas, não integram o salário do empregado para qualquer efeito nem o salário de contribuição, para efeitos do previsto na alínea *q* do § 9º do art. 28 da Lei nº 8.212, de 24 de julho de 1991.

12.4 Regras de proteção ao salário

Tendo em vista a importância do salário para o empregado, a CLT formulou regras de proteção ao salário, tais como:

- Periodicidade do pagamento: deve ser mensal e pago até o 5º dia útil do mês subsequente ao mês vencido, em coerência ao art. 459 da CLT e da Súmula nº 382 do TST.
- Prova do pagamento: deverá ser emitido recibo, assinado pelo empregado; caso o empregado seja analfabeto será necessária a impressão digital. No caso de pagamento

em depósito bancário, o comprovante terá força de recibo, conforme definido pelo art. 464 da CLT.

- Não complessividade: é a vedação ao pagamento de remuneração mensal englobada em uma única parcela, sem discriminação de verbas. Logo, é vedado o salário complessivo, em que todos os valores serão englobados em uma única parcela.

ATENÇÃO

Os trabalhadores menores de 18 anos podem firmar o recebimento pelo pagamento dos salários, tendo em vista o art. 439 da CLT. Porém, diante de uma rescisão contratual é vedado ao menor de 18 anos dar, sem assistência dos seus responsáveis legais, quitação ao empregador pelo recebimento da indenização devida.

12.5 Complementos salariais

Algumas quantias caracterizam-se por complementar o salário dos trabalhadores, por exemplo, os adicionais de insalubridade, periculosidade, noturno, de transferência, de horas extras e as gratificações. A seguir, analisaremos os aspectos de cada uma delas:

12.5.1 Adicional de Insalubridade

O adicional de insalubridade é instituído pelo art. 189 da CLT e deve ser concedido aos trabalhadores expostos a riscos de saúde acima dos limites de tolerância. É seccionado em percentuais: 10% leve; 20% médio, 40% grave. A base de cálculo é o salário mínimo.

Adicional de insalubridade

12.6 Adicional de periculosidade

O adicional de periculosidade contempla os trabalhadores em virtude de exposição a:

- Inflamáveis, explosivos ou energia elétrica;
- Roubos ou outras espécies de violência física nas atividades profissionais de segurança pessoal ou patrimonial.
- Colisões, atropelamentos ou outras espécies de acidentes ou violências nas atividades profissionais dos agentes das autoridades de trânsito.
- Radiação ionizante.
- Trabalho com motocicletas.

ATENÇÃO

Apesar de abranger a exposição aos inflamáveis, não se aplica às quantidades contidas nos tanques de combustíveis originais de fábrica e suplementares, para consumo próprio de veículos de carga e de transporte coletivo de passageiros, de máquinas e de equipamentos, certificados pelo órgão competente, e nos equipamentos de refrigeração de carga.

O percentual é de 30% e a base de cálculo é o salário-base (salário fixado pelo empregador).

> Art. 193, § 1º O trabalho em condições de periculosidade assegura ao empregado um adicional de 30% (trinta por cento) sobre o salário sem os acréscimos resultantes de gratificações, prêmios ou participações nos lucros da empresa.

12.7 Adicional noturno

O adicional noturno foi detalhado anteriormente, mas consiste no pagamento de valores adicionais pelo labor realizado durante um determinado horário da noite.

Considerando os adicionais expostos, segue a tabela-resumo:

ADICIONAL	INCIDÊNCIA	PERCENTUAL (%)	BASE DE CÁLCULO
INSALUBRIDADE	Exposição do trabalhador a agentes nocivos (riscos) à saúde.	-10% leve; -20% médio; -40% grave.	salário mínimo
PERICULOSIDADE	• Exposição a inflamações, explosivos, energia elétrica; • Trabalhos com motocicleta; • Radiação ionizante; • Roubos e outras formas de violência física no trabalho como segurança pessoal ou patrimonial; • Colisões, atropelamentos e outros acidentes envolvendo autoridades de trânsito.	30%	salário-base
NOTURNO	Urbano: 22h às 05h; Pecuária: 20h às 04h; Agricultura: 21h às 05h.	-20% (urbano); -25% (rural).	salário-hora

12.8 Adicional de transferência

O adicional de transferência é devido aos trabalhadores que são transferidos provisoriamente e, por conseguinte, devem mudar de domicílio. Conforme o art. 469, § 3º, da CLT, o percentual é de 25% e a base de cálculo também é o salário base.

Em sede de anuência, tem-se que há a regra geral, em que esta é exigível, mas também as exceções, conforme previsto:

> Art. 469. Ao empregador é vedado transferir o empregado, sem a sua anuência, para localidade diversa da que resultar do contrato, não se considerando transferência a que não acarretar necessariamente a mudança do seu domicílio.
> § 1º Não estão compreendidos na proibição deste artigo: os empregados que exerçam cargo de confiança e aqueles cujos contratos tenham como condição, implícita ou explícita, a transferência, quando esta decorra de real necessidade de serviço.

Pode haver o pagamento de ajuda de custo, compensação financeira corporativa oferecida aos empregados para cobrir despesas extraordinárias. Geralmente, estão associados a deslocamentos ou mudanças definitivas para a execução de suas funções.

TRANSFERÊNCIA PROVISÓRIA	TRANSFERÊNCIA DEFINITIVA
Adicional de transferência (25%)	Ajuda de custo

ATENÇÃO!
Nos casos de transferência provisória ou definitiva é imprescindível a mudança de domicílio dos trabalhadores para que ocorra o aproveitamento dos benefícios financeiros descritos.

Dessa maneira, a CLT prevê uma porcentagem mínima para esse adicional:

> § 3º Em caso de necessidade de serviço o empregador poderá transferir o empregado para localidade diversa da que resultar do contrato, não obstante as restrições do artigo anterior, mas, nesse caso, ficará obrigado a um pagamento suplementar, nunca inferior a 25% (vinte e cinco por cento) dos salários que o empregado percebia naquela localidade, enquanto durar essa situação.

12.9 Adicional de horas extras

O adicional de horas extras, também já debatido nesta disciplina, consta no art. 7º, XVI, da CF e corresponde ao valor pago pelo tempo à disposição do empregador ou trabalho extraordinário. O percentual mínimo para o pagamento é de 50%.

12.10 Gratificações

As gratificações são, em síntese, retribuições de incentivo ao trabalhador. Conforme o § 1º do art. 457 da CLT, trata-se de partes integrantes do salário do empregado e podem ser fornecidas ao trabalhador que exerce função de confiança com base de cálculo de 40% do salário-base, previsto no art. 62, II e parágrafo único, da CLT.

Dessa forma, é necessário distinguir adicionais e gratificações:

ADICIONAIS	GRATIFICAÇÕES
Hora Extra	Natalina
Hora Noturna	Tempo de Serviço
Transferência	Função
Insalubridade	
Periculosidade	

A gratificação natalina ou o 13º salário é obrigatória por força das leis, Lei nº 4.090/1962 e Lei nº 4.749/1965 aos trabalhadores urbano, rural, avulso e doméstico.

Trata-se do pagamento de um salário extra ao trabalho no final de cada ano, em um valor correspondente a 1/12 da remuneração do obreiro, sendo devidos até 20 de dezembro, sendo a primeira parcela entre fevereiro e novembro e a segunda até a data-limite de 20 de dezembro.

O empregador não estará obrigado a pagar o adiantamento, no mesmo mês, a todos os seus empregados. O adiantamento será pago ao ensejo das férias do empregado, sempre que este o requerer no mês de janeiro do correspondente ano. Caso haja rescisão antes de dezembro, cabe o pagamento proporcional.

12.11 Parcelas não remuneratórias

As parcelas não remuneratórias não servem para retribuir o trabalho, mas tão somente para:

- Indenizar prejuízos;
- Ressarcir gastos;
- Penalidades.

12.12 Equiparação salarial

O instrumento de equiparação salarial é útil quando houver trabalho de igual valor e remuneração distinta. O trabalho de igual valor será aquele feito com igual produtividade e com a mesma perfeição técnica entre as pessoas.

No entanto, para ser considerada a equiparação, a diferença de tempo de serviço para o mesmo empregador não deve ser superior a 4 anos e a diferença de tempo na função não seja superior a 2 anos.

Vejamos, então, de forma sintética os requisitos para a equiparação salarial:

REQUISITOS PARA A EQUIPARAÇÃO SALARIAL	a) mesma empresa; b) mesmo estabelecimento; c) mesma qualidade de serviço; d) mesma função; e) diferença de ATÉ 2 anos na mesma função; f) diferença de ATÉ 4 anos de serviço para o mesmo empregador.

As regras do *caput* do art. 461 da CLT não prevalecerão quando o empregador tiver pessoal organizado em quadro de carreira ou adotar, por meio de norma interna da empresa ou de negociação coletiva, plano de cargos e salários, dispensada qualquer forma de homologação ou registro em órgão público.

ATENÇÃO

O trabalhador readaptado em nova função por motivo de deficiência física ou mental atestada pelo órgão competente da Previdência Social não servirá de paradigma para fins de equiparação salarial.

A equiparação salarial só será possível entre empregados contemporâneos no cargo ou na função, ficando vedada a indicação de paradigmas remotos, ainda que o paradigma contemporâneo tenha obtido a vantagem em ação judicial própria.

Na hipótese de discriminação por motivo de sexo, raça, etnia, origem ou idade, o pagamento das diferenças salariais devidas ao empregado discriminado não afasta seu direito de ação de indenização por danos morais, consideradas as especificidades do caso concreto.

No caso de infração à isonomia salarial, será aplicada multa correspondente a 10 vezes o valor do novo salário devido pelo empregador ao empregado discriminado, elevado ao dobro, no caso de reincidência, sem prejuízo das demais cominações legais.

ATENÇÃO!

Não confundir equiparação salarial com substituição. Ambas possuem repercussões no pagamento realizado ao empregador, mas existem peculiaridades como a descrita no art. 468 da CLT:

> Art. 468, CLT [...]
>
> § 1º Não se considera alteração unilateral a determinação do empregador para que o respectivo empregado reverta ao cargo efetivo, anteriormente ocupado, deixando o exercício de função de confiança.
>
> § 2º A alteração de que trata o § 1º deste artigo, com ou sem justo motivo, não assegura ao empregado o direito à manutenção do pagamento da gratificação correspondente, que não será incorporada, independentemente do tempo de exercício da respectiva função.

No mesmo sentido, a Súmula nº 159 do TST determina que:

- Substituição temporária: devido o mesmo salário do substituído (inciso I);
- Substituição definitiva: não é devido o mesmo salário (inciso II).

A Lei nº 14.611/2023, que dispõe sobre a Igualdade Salarial entre Mulheres e Homens, estabelece medidas concretas de promoção da igualdade salarial entre homens e mulheres, como a obrigatoriedade de relatórios de transparência salarial.

O descumprimento pode gerar multa de até 3% da folha salarial da empresa, limitado a 100 salários mínimos.

13 DIREITO COLETIVO

O Direito Coletivo do Trabalho regula as **relações coletivas de trabalho**.

13.1 Relações coletivas e relações individuais

As diferenças entre estas e as relações individuais do trabalho podem ser feitas a partir dos sujeitos envolvidos e dos interesses que busca defender:

	RELAÇÃO COLETIVAS	RELAÇÕES INDIVIDUAIS
SUJEITOS	Grupos de trabalhadores e de empregadores (representados, em regra, pelos sindicatos)	Trabalhador e Empregador
INTERESSES	Indivisível: está relacionado a uma reivindicação comum a todos do grupo	Individualizados

Cumpre destacar a relevância da Constituição Federal de 1988, no tocante à previsão dos sindicatos:

> Art. 8º É livre a associação profissional ou sindical, observado o seguinte:
>
> I - a lei não poderá exigir autorização do Estado para a fundação de sindicato, ressalvado o registro no órgão competente, vedadas ao Poder Público a interferência e a intervenção na organização sindical;
>
> II - é vedada a criação de mais de uma organização sindical, em qualquer grau, representativa de categoria profissional ou econômica, na mesma base territorial, que será definida pelos trabalhadores ou empregadores interessados, não podendo ser inferior à área de um Município;
>
> III - ao sindicato cabe a defesa dos direitos e interesses coletivos ou individuais da categoria, inclusive em questões judiciais ou administrativas;
>
> IV - a assembléia geral fixará a contribuição que, em se tratando de categoria profissional, será descontada em folha, para custeio do sistema confederativo da representação sindical respectiva, independentemente da contribuição prevista em lei;
>
> V - ninguém será obrigado a filiar-se ou a manter-se filiado a sindicato;
>
> VI - é obrigatória a participação dos sindicatos nas negociações.

13.2 Características da organização sindical

Ainda segundo o texto constitucional, a organização sindical brasileira é um sistema confederativo caracterizado pela:

- Autonomia relativa perante o Estado;
- Representação por categoria e por profissão;
- Unicidade;
- Bilateralidade do agrupamento.

13.3 Categorias profissionais e econômicas

A categoria profissional é formada pelos empregados, enquanto a categoria econômica é composta pelo empregador. Já a categoria profissional diferenciada, segundo o art. 511, § 3º, da CLT, é a que se forma dos empregados que exerçam profissões ou funções diferenciadas por força de estatuto profissional especial ou em consequência de condições de vida singulares.

CATEGORIA PROFISSIONAL	CATEGORIA ECONÔMICA	CATEGORIA PROFISSIONAL DIFERENCIADA
Empregados	Empregadores	Empregados que exerçam profissões ou funções diferenciadas, por força: • Do estatuto profissional • Em consequência de condições de vida singulares

13.4 Sistema sindical

A estrutura do sistema sindical é formada pelos: sindicatos + federações + confederações.

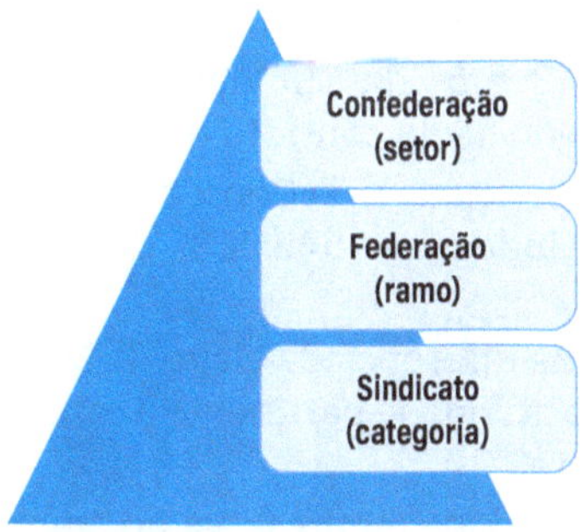

1. Sindicatos: órgãos de representação de base (art. 533 da CLT).
2. Federações: são formadas por pelo menos 5 sindicatos, são associações sindicais de 2º grau (art. 534 da CLT).
3. Confederações: são formadas por pelo menos 3 federações, são associações sindicais de 2º grau, com sede na capital federal (art. 535 da CLT).

As entidades sindicais formam uma pirâmide:

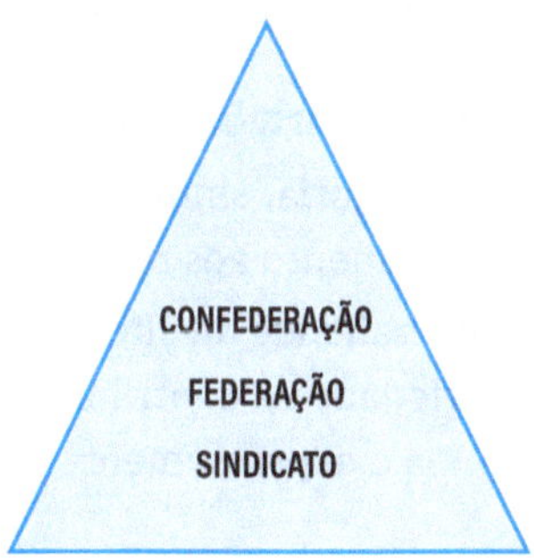

As Centrais Sindicais (CUT, Força Sindical CGT, UGT, NCTB) não compõem o modelo sindical corporativo e também não têm poderes sindicais.

A administração do sindicato conta com três órgãos:

1. Assembleia Geral: integrada pelos associados, tem o objetivo principal de deliberar sobre assuntos pertinentes;

2. Conselho Fiscal: 3 membros eleitos pela Assembleia Geral, competente para fiscalizar a gestão financeira do sindicato.
3. Diretoria: 3 a 7 membros eleitos pela Assembleia Geral, um deles será eleito pelos diretores presidente do sindicato. Trata-se de um órgão executivo que tem função de administrar o sindicato.

13.5 Estabilidade de membros do sindicato

Conforme discutido no tópico de estabilidade, alguns membros do sindicato dispõem do benefício da estabilidade, como aponta a Súmula nº 369 do TST:

> Súmula nº 369 do TST. DIRIGENTE SINDICAL. ESTABILIDADE PROVISÓRIA.
> I - É assegurada a estabilidade provisória ao empregado dirigente sindical, ainda que a comunicação do registro da candidatura ou da eleição e da posse seja realizada fora do prazo previsto no art. 543, § 5º, da CLT, desde que a ciência ao empregador, por qualquer meio, ocorra na vigência do contrato de trabalho.
> II - O art. 522 da CLT foi recepcionado pela Constituição Federal de 1988. Fica limitada, assim, a estabilidade a que alude o art. 543, § 3º, da CLT a sete dirigentes sindicais e igual número de suplentes.
> III - O empregado de categoria diferenciada eleito dirigente sindical só goza de estabilidade se exercer na empresa atividade pertinente à categoria profissional do sindicato para o qual foi eleito dirigente.
> IV - Havendo extinção da atividade empresarial no âmbito da base territorial do sindicato, não há razão para subsistir a estabilidade.
> V - O registro da candidatura do empregado a cargo de dirigente sindical durante o período de aviso-prévio, ainda que indenizado, não lhe assegura a estabilidade, visto que inaplicável a regra do § 3º do art. 543 da Consolidação das Leis do Trabalho.

13.6 Custeio sindical

O Custeio Sindical pode ser realizado por diferentes meios de contribuição.

13.6.1 Contribuição Sindical (art. 580 da CLT)

Devida pelos integrantes da categoria, sindicalizados ou não, que tenham prévia e expressamente autorizado o seu recolhimento aos respectivos sindicatos;

O STF reconheceu a constitucionalidade da alteração legislativa trazida pela Reforma Trabalhista que extinguiu a obrigatoriedade da contribuição sindical. Esta somente pode ser paga, recolhida e aplicada se for prévia e expressamente autorizada (art. 578 da CLT).

13.6.2 Contribuição Confederativa (art. 8º, IV, da CF)

É fixada pela Assembleia do sindicato e tem por finalidade custear o sistema confederativo. Independe da contribuição sindical prevista em lei.

> **ATENÇÃO!** O STF editou a Súmula Vinculante nº 40 sobre o tema, em que assenta que a "*contribuição confederativa* de que trata o art. 8º, IV, da Constituição Federal, só é exigível dos filiados ao sindicato respectivo".

13.6.3 Contribuição Assistencial (art. 513, *e*, da CLT)

É fixada em convenções ou acordos coletivos de trabalho e tem por finalidade custear a negociação coletiva, somente sendo devida por quem é filiado ao sindicato (PN 119, TST).

ATENÇÃO! O STF fixou tese de repercussão geral no ARE nº 1.018.459/PR no sentido de que é "constitucional a instituição, por acordo ou convenção coletivos, de contribuições assistenciais a serem impostas a todos os empregados da categoria, ainda que não sindicalizados, desde que assegurado o direito de oposição".

13.6.4 Mensalidade dos Sócios (art. 548, *b*, da CLT)

É fixada nos estatutos do sindicato e tem por finalidade custear os serviços assistenciais prestados pelo sindicato, sendo somente é devida por quem é filiado ao sindicato.

14 FORMAS DE SOLUÇÃO DOS CONFLITOS COLETIVOS

As principais formas de solução dos conflitos coletivos de trabalho são indicadas no art. 114, §§ 1º, 2º e 3º da CF e são:

1. Negociação Coletiva (autocomposição);
2. Arbitragem (Lei nº 9.307/1996);
3. Dissídio Coletivo (solução jurisdicional);
4. Autotutela (greve - art. 9º da CF e Lei nº 7.783/1989).

São possíveis ajustes normativos, entre:

- Sindicato da categoria profissional e sindicato da categoria econômica - por meio de Convenção Coletiva de trabalho (art. 611, *caput*, da CLT);
- Sindicato da categoria profissional e empresa(s) - Acordo Coletivo de trabalho (art. 611, § 1º, da CLT).

ACORDO COLETIVO	CONVENÇÃO COLETIVA
Sindicato dos empregados + Empresa	Sindicato dos empregados + Sindicato dos empregadores

A vigência é contabilizada a partir da data-base, no máximo por 2 anos, de acordo com o art. 614, § 3º, da CLT, proibindo estipulação de duração superior e vedando a ultratividade de suas cláusulas. A eficácia entre as partes inicia-se a partir da assinatura e a eficácia *erga omnes* tem início 3 dias após o depósito em órgão próprio do Ministério do Trabalho.

> Art. 620, CLT. As condições estabelecidas em acordo coletivo de trabalho sempre prevalecerão sobre as estipuladas em convenção coletiva de trabalho.

ATENÇÃO

O Acordo Coletivo por ser mais específico que a Convenção terá prevalência sobre esta.

No que se refere aos tópicos que PODEM ser negociados, a previsão deles está abarcada no art. 611-A da CLT e, nessas hipóteses, as negociações têm prevalência sobre a LEI:

> Art. 611-A. A convenção coletiva e o acordo coletivo de trabalho têm prevalência sobre a lei quando, entre outros, dispuserem sobre:
>
> I - pacto quanto à jornada de trabalho, observados os limites constitucionais;
>
> II - banco de horas anual;
>
> III - intervalo intrajornada, respeitado o limite mínimo de trinta minutos para jornadas superiores a seis horas;
>
> IV - adesão ao Programa Seguro-Emprego (PSE), de que trata a Lei nº 13.189, de 19 de novembro de 2015;
>
> V - plano de cargos, salários e funções compatíveis com a condição pessoal do empregado, bem como identificação dos cargos que se enquadram como funções de confiança;
>
> VI - regulamento empresarial;
>
> VII - representante dos trabalhadores no local de trabalho;
>
> VIII - teletrabalho, regime de sobreaviso, e trabalho intermitente;
>
> IX - remuneração por produtividade, incluídas as gorjetas percebidas pelo empregado, e remuneração por desempenho individual;
>
> X - modalidade de registro de jornada de trabalho;
>
> XI - troca do dia de feriado;
>
> XII - enquadramento do grau de insalubridade;
>
> XIII - prorrogação de jornada em ambientes insalubres, sem licença prévia das autoridades competentes do Ministério do Trabalho;
>
> XIV - prêmios de incentivo em bens ou serviços, eventualmente concedidos em programas de incentivo;
>
> § 1º No exame da convenção coletiva ou do acordo coletivo de trabalho, a Justiça do Trabalho observará o disposto no § 3º do art. 8º desta Consolidação.
>
> § 2º A inexistência de expressa indicação de contrapartidas recíprocas em convenção coletiva ou acordo coletivo de trabalho não ensejará sua nulidade por não caracterizar um vício do negócio jurídico.
>
> § 3º Se for pactuada cláusula que reduza o salário ou a jornada, a convenção coletiva ou o acordo coletivo de trabalho deverão prever a proteção dos empregados contra dispensa imotivada durante o prazo de vigência do instrumento coletivo.
>
> § 4º Na hipótese de procedência de ação anulatória de cláusula de convenção coletiva ou de acordo coletivo de trabalho, quando houver a cláusula compensatória, esta deverá ser igualmente anulada, sem repetição do indébito.

Em se tratando dos tópicos que NÃO PODEM ser negociados, esses estão previstos no art. 611-B da CLT:

> Art. 611-B. Constituem objeto ilícito de convenção coletiva ou de acordo coletivo de trabalho, exclusivamente, a supressão ou a redução dos seguintes direitos:
>
> I - normas de identificação profissional, inclusive as anotações na Carteira de Trabalho e Previdência Social;

II – seguro-desemprego, em caso de desemprego involuntário;
III – valor dos depósitos mensais e da indenização rescisória do Fundo de Garantia do Tempo de Serviço (FGTS);
IV – salário mínimo;
V – valor nominal do décimo terceiro salário;
VI – remuneração do trabalho noturno superior à do diurno;
VII – proteção do salário na forma da lei, constituindo crime sua retenção dolosa;
VIII – salário-família;
IX – repouso semanal remunerado;
X – remuneração do serviço extraordinário superior, no mínimo, em 50% (cinquenta por cento) à do normal;
XI – número de dias de férias devidas ao empregado;
XII – gozo de férias anuais remuneradas com, pelo menos, um terço a mais do que o salário normal;
XIII – licença-maternidade com a duração mínima de cento e vinte dias;
XIV – licença-paternidade nos termos fixados em lei;
XV – proteção do mercado de trabalho da mulher, mediante incentivos específicos, nos termos da lei;
XVI – aviso-prévio proporcional ao tempo de serviço, sendo no mínimo de trinta dias, nos termos da lei;
XVII – normas de saúde, higiene e segurança do trabalho previstas em lei ou em
XIX – aposentadoria;
XX – seguro contra acidentes de trabalho, a cargo do empregador;
XXI – ação, quanto aos créditos resultantes das relações de trabalho, com prazo prescricional de cinco anos para os trabalhadores urbanos e rurais, até o limite de dois anos após a extinção do contrato de trabalho;
XXII – proibição de qualquer discriminação no tocante a salário e critérios de admissão do trabalhador com deficiência;
XXIII – proibição de trabalho noturno, perigoso ou insalubre a menores de dezoito anos e de qualquer trabalho a menores de dezesseis anos, salvo na condição de aprendiz, a partir de quatorze anos;
XXIV – medidas de proteção legal de crianças e adolescentes;
XXV – igualdade de direitos entre o trabalhador com vínculo empregatício permanente e o trabalhador avulso;
XXVI – liberdade de associação profissional ou sindical do trabalhador, inclusive o direito de não sofrer, sem sua expressa e prévia anuência, qualquer cobrança ou desconto salarial estabelecidos em convenção coletiva ou acordo coletivo de trabalho;
XXVII – direito de greve, competindo aos trabalhadores decidir sobre a oportunidade de exercê-lo e sobre os interesses que devam por meio dele defender;
XXVIII – definição legal sobre os serviços ou atividades essenciais e disposições legais sobre o atendimento das necessidades inadiáveis da comunidade em caso de greve;
XXIX – tributos e outros créditos de terceiros;
XXX – as disposições previstas nos arts. 373-A, 390, 392, 392-A, 394, 394-A, 395.

15 GREVE

É a suspensão coletiva, temporária e pacífica, total ou parcial, de prestação pessoal de serviços a empregador a fim de obter, pela pressão exercida em função do movimento, as reivindicações da categoria ou a fixação de melhores condições de trabalho.

Assim, os trabalhadores dispõem do direito de greve, salvaguardado pelo art. 9º da CF e art. 1º da Lei nº 7.783/1989, podendo determinar a oportunidade e os interesses que serão defendidos.

Quanto aos Servidores Públicos, a CF assegura a estes o direito de greve, condicionando, porém, seu exercício à lei que deverá regulamentá-lo (art. 37, VII, da CF). Todavia, a regulamentação nunca ocorreu. O STF decidiu, então, pela adoção da lei de greve do setor privado como regulamentação das greves do setor público.

Mandados de Injunção nºs 670, 708 e 712

"Se aplique a Lei nº 7.783, de 28 de junho de 1989, no que couber, enquanto a omissão não seja devidamente regulamentada por lei específica para os servidores públicos".

GREVE E CARREIRAS DE SEGURANÇA PÚBLICA	
A GREVE É VEDADA PARA	Militares das Forças Armadas (art. 142, § 3º, IV, da CF);
	Membros das Polícias Militares e Corpos de Bombeiros Militares dos Estados, do Distrito Federal e dos Territórios (art. 42, § 1º, da CF);
DECISÃO DO STF	O STF decidiu, no ARE nº 654.432, sobre a greve das carreiras da segurança pública: "1 - O exercício do direito de greve, sob qualquer forma ou modalidade, é vedado aos policiais civis e a todos os servidores públicos que atuem diretamente na área de segurança pública. 2 - É obrigatória a participação do Poder Público em mediação instaurada pelos órgãos classistas das carreiras de segurança pública, nos termos do art. 165 do Código de Processo Civil, para vocalização dos interesses da categoria".

A cessação coletiva do trabalho somente poderá ser realizada após a frustração da Negociação Coletiva ou impossibilidade de recurso por via arbitral (art. 3º). Caberá ao sindicato da categoria profissional convocar Assembleia Geral para definir as reivindicações da categoria e a paralisação coletiva (art. 4º).

Diante da realização da greve, será necessário um aviso-prévio:

ATIVIDADES NORMAIS OU NÃO ESSENCIAIS	A entidade patronal correspondente ou os empregadores diretamente interessados serão notificados, com antecedência mínima de 48 horas, da paralisação;
ATIVIDADES OU SERVIÇOS ESSENCIAIS	As entidades sindicais ou os trabalhadores, conforme o caso, ficam obrigados a comunicar a decisão aos empregadores e aos usuários com antecedência mínima de 72 horas da paralisação.

Sendo assim, na prestação dos serviços indispensáveis à comunidade nos serviços ou atividades essenciais, os sindicatos, os empregadores e os trabalhadores ficam obrigados, de comum acordo, a garantir, durante a greve, a prestação dos serviços indispensáveis ao atendimento das necessidades inadiáveis da comunidade, sendo consideradas aquelas que, se não atendidas, coloquem em perigo iminente a sobrevivência, a saúde ou a segurança da população.

> Art. 11 da Lei nº 7.783/1989. Nos serviços ou atividades essenciais, os sindicatos, os empregadores e os trabalhadores ficam obrigados, de comum acordo, a garantir, durante a greve, a prestação dos serviços indispensáveis ao atendimento das necessidades inadiáveis da comunidade.

São consideradas atividades essenciais, conforme dispõe o art. 10 da referida Lei:

> I – tratamento e abastecimento de água; produção e distribuição de energia elétrica, gás e combustíveis;
> II – assistência médica e hospitalar;
> III – distribuição e comercialização de medicamentos e alimentos;
> IV – funerários;
> V – transporte coletivo;
> VI – captação e tratamento de esgoto e lixo;
> VII – telecomunicações;
> VIII – guarda, uso e controle de substâncias radioativas, equipamentos e materiais nucleares;
> IX – processamento de dados ligados a serviços essenciais;
> X – controle de tráfego aéreo e navegação aérea;
> XI – compensação bancária.
> XII – atividades médico-periciais relacionadas com o regime geral de previdência social e a assistência social;
> XIII – atividades médico-periciais relacionadas com a caracterização do impedimento físico, mental, intelectual ou sensorial da pessoa com deficiência, por meio da integração de equipes multiprofissionais e interdisciplinares, para fins de reconhecimento de direitos previstos em lei, em especial na Lei nº 13.146, de 6 de julho de 2015 (Estatuto da Pessoa com Deficiência); e
> XIV – outras prestações médico-periciais da carreira de Perito Médico Federal indispensáveis ao atendimento das necessidades inadiáveis da comunidade.
> XV – atividades portuárias.

ATENÇÃO!
É vedado às empresas adotar meios para constranger o empregado ao comparecimento ao trabalho, bem como capazes de frustrar a divulgação do movimento (art. 6º, § 2º).

Pontue-se que nos serviços ou atividades essenciais, os sindicatos, os empregadores e os trabalhadores ficam obrigados, de comum acordo, a garantir, durante a greve, a prestação dos serviços indispensáveis ao atendimento das necessidades inadiáveis da comunidade.

São necessidades inadiáveis, da comunidade aquelas que, não atendidas, coloquem em perigo iminente a sobrevivência, a saúde ou a segurança da população.

Vale destacar que constitui abuso do direito de greve a inobservância das normas contidas na Lei nº 7.783/1989, bem como a manutenção da paralisação após a celebração de acordo, convenção ou decisão da Justiça do Trabalho, salvo descumprimento de cláusula de instrumento normativo ou mesmo pela superveniência de fato novo ou acontecimento imprevisto que modifique substancialmente a relação de trabalho *(cláusula rebus sic stantibus)* (art. 14 e respectivo parágrafo único, II).

A responsabilidade pelos atos praticados, ilícitos ou crimes cometidos, no curso da greve, será apurada, conforme o caso, segundo a legislação trabalhista, civil ou penal (art. 15).

A greve, observadas as condições previstas na Lei nº 7.783/1989, suspende o contrato de trabalho, devendo as relações obrigacionais do período ser regidas por acordo, convenção, laudo arbitral ou decisão da Justiça do Trabalho (art. 7º).

Impende destacar que o Ministério Público do Trabalho, em caso de greve em atividade essencial, com possibilidade de lesão do interesse público, poderá ajuizar Dissídio Coletivo, competindo à Justiça do Trabalho decidir o conflito, conforme previsto no art. 114, § 3º, da CF, com redação dada pela Emenda Constitucional nº 45/2004.

O *lockout* como medida de greve do empregador é vedado, sendo este o ato de trancar, fechar e travar a empresa, nos termos o art. 17:

> Art. 17. Fica vedada a paralisação das atividades, por iniciativa do empregador, com o objetivo de frustrar negociação ou dificultar o atendimento de reivindicações dos respectivos empregados (*lockout*).
> Parágrafo único. A prática referida no *caput* assegura aos trabalhadores o direito à percepção dos salários durante o período de paralisação.

ATENÇÃO!

Segundo o entendimento majoritário atual do Tribunal Superior do Trabalho, são consideradas abusivas as greves com caráter (natureza) político.

EXEMPLOS:

1. Greve em virtude da reforma trabalhista e previdenciária: ("Na greve de viés político, há impossibilidade material de que sejam frustradas as negociações com o empregador, na medida em que, não é dirigida contra este, mas contra o Poder Público. A rigor, não se trata da dispensa do cumprimento do requisito mencionado nas hipóteses de greve política, mas de impossibilidade de que haja atendimento do requisito da negociação com o empregador". RO – 1001240-35.2017.5.02.0000 – rel. Min. Aloysio Corrêa da Veiga – j. 14-5-2018 – Seção Especializada em Dissídios Coletivos – *DEJT* 21-6-2018).
2. Greve decorrente da privatização de empresas que compõem o sistema elétrico da Eletrobras. (*"É abusivo o movimento grevista deflagrado pela categoria profissional contra a privatização das empresas que compõem o sistema Eletrobras, pois não se verifica dissídio trabalhista, ou seja, conflito entre empresa e trabalhadores. A política de privatização do setor elétrico não é de autoria da Eletrobras, nem das empresas estatais, mas do poder público, de modo que as reivindicações dos trabalhadores não podem ser negociadas pelas empresas. Assim, vislumbrando a ocorrência de greve com motivação estritamente política, a SDC, por maioria, julgou procedente o pedido de abusividade do movimento"*. TST-DCG-1000418-66.2018.5.00.0000 – SDC – rel. Min. Ives Gandra da Silva Martins Filho – *DJ* 11-2-2019).

Direito Processual do Trabalho

Flávio Luiz da Costa e
Mayra Leite Costa

1 COMPETÊNCIA

A jurisdição é o poder do Estado para aplicar o Direito em cada caso concreto quando provocado. Por sua vez, a competência é o exercício organizado do poder de julgar, ou seja, é a delimitação da jurisdição.

Assim, a delimitação da competência pode ser em razão:

1. Da matéria: quando se considera a natureza do conflito (pedido e causa de pedir) que será analisado pelo órgão julgador. Assim, a Justiça do Trabalho irá processar e julgar as ações oriundas das relações de trabalho;
2. Da pessoa: leva-se em consideração as partes da demanda;
3. Da função (funcional): dá-se importância à atribuição de um órgão jurisdicional, o Tribunal Superior do Trabalho, por exemplo, será competente para julgar Recursos de Revista;
4. Do lugar (territorial): define o local do ajuizamento da demanda;
5. Do valor da causa: na Justiça do Trabalho o valor da causa é determinante para definir qual será o procedimento adequado (sumário, sumaríssimo e ordinário).

ATENÇÃO
No Direito Processual do Trabalho, o valor da causa é o que indica o rito/procedimento a ser seguido.

Os critérios de competência são divididos em absolutos e relativos. Existem algumas diferenças entre os dois, abaixo analisadas:

	COMPETÊNCIA ABSOLUTA	COMPETÊNCIA RELATIVA
INTERESSE	Do Estado	Interesse das partes.
HIPÓTESES DE COMPETÊNCIA	Material, Pessoal e Funcional.	Territorial.
LEGITIMIDADE	Juiz e partes a requerimento.	Partes a requerimento.
QUANDO ALEGAR	Pode ser alegada a qualquer momento e grau de jurisdição.	Quando territorial deve ser alegada em até 5 dias a contar do recebimento da notificação, utilizando-se da peça de Exceção de Incompetência Em Razão do Lugar, mais a frente será analisada.

1.1 Competência material

A competência em razão da matéria está prevista no art. 114 da CF:

> Art. 114. Compete à Justiça do Trabalho processar e julgar:
>
> I – as ações oriundas da relação de trabalho, abrangidos os entes de direito público externo e da administração pública direta e indireta da União, dos Estados, do Distrito Federal e dos Municípios;
>
> II – as ações que envolvam exercício do direito de greve;
>
> III – as ações sobre representação sindical, entre sindicatos, entre sindicatos e trabalhadores, e entre sindicatos e empregadores;

> IV – os mandados de segurança, *habeas corpus* e *habeas data*, quando o ato questionado envolver matéria sujeita à sua jurisdição;
>
> V – os conflitos de competência entre órgãos com jurisdição trabalhista, ressalvado o disposto no art. 102, I, *o*;
>
> VI – as ações de indenização por dano moral ou patrimonial, decorrentes da relação de trabalho;
>
> VII – as ações relativas às penalidades administrativas impostas aos empregadores pelos órgãos de fiscalização das relações de trabalho;
>
> VIII – a execução, de ofício, das contribuições sociais previstas no art. 195, I, *a*, e II, e seus acréscimos legais, decorrentes das sentenças que proferir;
>
> IX – outras controvérsias decorrentes da relação de trabalho, na forma da lei.
>
> § 1º Frustrada a negociação coletiva, as partes poderão eleger árbitros.
>
> § 2º Recusando-se qualquer das partes à negociação coletiva ou à arbitragem, é facultado às mesmas, de comum acordo, ajuizar dissídio coletivo de natureza econômica, podendo a Justiça do Trabalho decidir o conflito, respeitadas as disposições mínimas legais de proteção ao trabalho, bem como as convencionadas anteriormente.
>
> § 3º Em caso de greve em atividade essencial, com possibilidade de lesão do interesse público, o Ministério Público do Trabalho poderá ajuizar dissídio coletivo, competindo à Justiça do Trabalho decidir o conflito.

Em caso de uma relação estatutária, isto é, se o trabalhador for admitido por meio de um estatuto, como o Estatuto do Servidor Público Civil da União, do Estado ou do Município, não haverá relação de trabalho. Logo, a Justiça do Trabalho não será competente.

OBSERVAÇÃO: O STF Julgou improcedentes as Ações Diretas de Inconstitucionalidade nºs 3423, 3431, 3432, 3520 e 3392 que pleiteavam a declaração de inconstitucionalidade dos §§ 2º e 3º do art. 114 da CF. Logo, tais dispositivos constitucionais seguem inalterados.

* **Vitor é um ator mirim e precisa de autorização judicial para poder participar de uma peça cinematográfica como ator coadjuvante. Considerando a proibição de qualquer trabalho a menores de 16 anos, salvo na condição de aprendiz a partir dos 14. De quem é a competência para autorizar o trabalho?**

Não é da Justiça do Trabalho, porque não se iniciou a relação de trabalho, mas da Justiça Estadual, mediante autorização do juiz da infância e da juventude.

* **Se o Vitor participar da peça e algum daqueles direitos dele não for efetivamente cumprido, de quem é a competência?**

A competência é da Justiça do Trabalho, decorrente do descumprimento dos direitos presentes na CLT, decorrentes da relação de trabalho.

* **O empregado Regis teve concedido pelo INSS auxílio de doença, mas entende que deveria receber auxílio de doença acidentário. Logo, pretende a conversão do benefício. A competência é da Justiça do Trabalho?**

Não, porque a ação é em face do INSS, não se trata de discussão sobre a relação de trabalho.

ATENÇÃO

1. Compete à Justiça Estadual processar e julgar a ação de cobrança ajuizada por profissional liberal contra cliente (Súmula nº 363 do STJ).
2. A Súmula Vinculante nº 23 estabelece a Justiça do Trabalho como competente para processar e julgar ação possessória ajuizada em decorrência do exercício do direito de greve pelos trabalhadores da iniciativa privada.

1.2 Competência funcional

Diante disso, cumpre analisar a estrutura da Justiça do Trabalho:

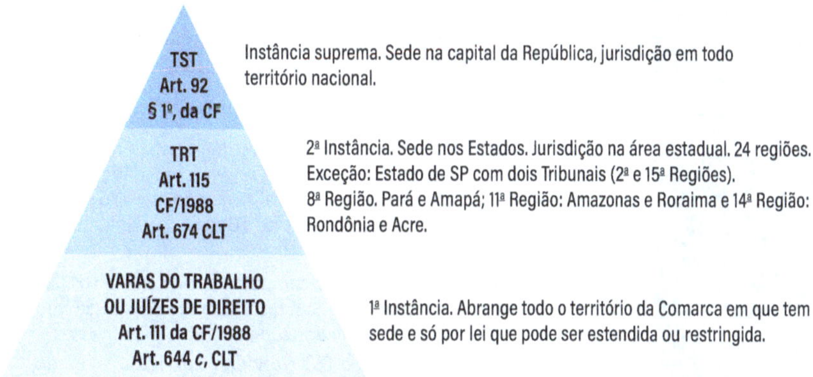

A competência funcional, também denominada de hierárquica ou interna, abrange os órgãos de 1º e 2º graus dentro do mesmo segmento do Judiciário.

- No primeiro grau de jurisdição, figura o Juiz do Trabalho, o qual presta a jurisdição em uma das Varas do Trabalho;
- Já no segundo grau, estão os Desembargadores, que exercem atividades nos Tribunais Regionais do Trabalho (TRTs). E no topo da estrutura da Justiça Trabalho, está o Tribunal Superior do Trabalho (TST), instância suprema com sede na capital da República, em Brasília, e jurisdição sobre todo o Brasil, ocupado por Ministros.

Sendo assim, a competência funcional pode ser originária ou recursal.

TST	Competências originária e recursal.
TRTs	Competências originária e recursal.
Varas	Competência originária.

TRIBUNAL REGIONAL DO TRABALHO (TRT)	
COMPETÊNCIA ORIGINÁRIA	**COMPETÊNCIA RECURSAL**
• Dissídios Coletivos; • Mandados de Segurança; • Ações Rescisórias; • *Habeas Corpus*; • Conflitos de Competência.	• Recurso Ordinário; • Agravo de Petição.

TRIBUNAL SUPERIOR DO TRABALHO (TST)	
COMPETÊNCIA ORIGINÁRIA	COMPETÊNCIA RECURSAL
• Dissídios Coletivos; • Mandados de Segurança; • Ações Rescisórias; • *Habeas Corpus;* • Conflitos de Competência.	• Recurso Ordinário; • Recurso de Revista.

Quanto aos componentes da Justiça do Trabalho, é importante destacar os dispositivos que conceituam e atribuem funções a cada um dos órgãos:

VARAS DO TRABALHO (arts. 652, 653 e 659 da CLT)	A jurisdição será exercida por um juiz singular. Ademais, vale destacar o art. 112 da CF que traz a possibilidade de o Juiz de Direito atuar como Juiz do Trabalho, nas comarcas não abrangidas por sua jurisdição, com recurso para o respectivo Tribunal Regional do Trabalho.
TRIBUNAIS REGIONAIS DO TRABALHO (arts. 678, 679 e 680 da CLT)	Nos termos do art. 115 da CF os TRTs compõem-se de, no mínimo, 7 Juízes, recrutados, quando possível, na respectiva região, com idade entre 30 a 70 anos, nomeados pelo Presidente da República, sendo que 1/5 será composto por Advogados e Membros do MP com mais de 10 anos de atividade.
TRIBUNAL SUPERIOR DO TRABALHO (art. 702 da CLT)	O art. 111-A da CF aduz que o TST é composto por 27 ministros (com idade entre 35 a 70 anos) e a sua nomeação é feita pelo Presidente da República após aprovação por maioria absoluta do Senado Federal. Conforme o Regimento Interno, o TST é dividido em: Tribunal Pleno, Órgão Especial, Seção Especializada em Dissídios Coletivos, Seção Especializada em Dissídios Individuais, dividida em duas subseções, e Turmas (atualmente são 8 Turmas).

Dentro do sistema jurídico e, por conta de suas divisões, pode vir a ocorrer conflito de competência, sob duas formas: positivo e negativo. O conflito de competência positivo acontece quando dois órgãos trabalhistas se dizem competentes para julgar uma mesma demanda. Já o negativo, dá-se quando nenhum órgão se manifesta como competente para solucionar a mesma questão.

CONFLITO DE COMPETÊNCIA POSITIVO	Dois órgãos trabalhistas se acham competentes para julgar a matéria.
CONFLITO DE COMPETÊNCIA NEGATIVO	Nenhum órgão trabalhista se diz competente para julgar a matéria.

Assim, diante dos conflitos, é necessário que um outro órgão da Justiça de Trabalho assuma o julgamento da matéria. Vejamos como se dá essa resolução:

ÓRGÃO JULGADOR			
	TST	STJ	STF
CONFLITO	TRT x TRT	Vara do Trabalho x Juiz de Direito VT x TJ VT x TRF	TST x Juiz de Direito Estadual ou Federal

ÓRGÃO JULGADOR			
	TST	STJ	STF
	TRT x Vara do Trabalho de outro TRT	TRT x TJ TRT x TRF TRT x Juiz de Direito	TST x TJ
	(Vara do Trabalho ou TRT) x (Vara da Justiça comum, TJ ou TRF)		TST x TRF

1.3 Competência territorial

O critério de competência territorial define o local do ajuizamento da ação, visando à proteção do empregado e à facilidade na colheita de provas. Assim, o art. 651 da CLT traz a regra geral de fixação que é o local da prestação de serviços e três exceções. Vejamos:

> Art. 651. A competência das Juntas de Conciliação e Julgamento é determinada pela localidade onde o empregado, reclamante ou reclamado, prestar serviços ao empregador, ainda que tenha sido contratado noutro local ou no estrangeiro.
>
> § 1º Quando for parte de dissídio agente ou viajante comercial, a competência será da Junta da localidade em que a empresa tenha agência ou filial e a esta o empregado esteja subordinado e, na falta, será competente a Junta da localização em que o empregado tenha domicílio ou a localidade mais próxima.
>
> § 2º A competência das Juntas de Conciliação e Julgamento, estabelecida neste artigo, estende-se aos dissídios ocorridos em agência ou filial no estrangeiro, desde que o empregado seja brasileiro e não haja convenção internacional dispondo em contrário.
>
> § 3º Em se tratando de empregador que promova realização de atividades fora do lugar do contrato de trabalho, é assegurado ao empregado apresentar reclamação no foro da celebração do contrato ou no da prestação dos respectivos serviços.

Competência territorial
- **Regra geral**
  - Local da prestação dos serviços - Art. 651, *caput*, da CLT
- **Exceções**
  - Agente ou viajante comercial - Art. 651, § 1º, da CLT
  - Brasileiro que trabalhou no exterior - Art. 651, § 2º, da CLT
  - Empresa itinerante - Art. 651, § 3º, da CLT

HIPÓTESE	COMPETÊNCIA TERRITORIAL
Regra geral	Local da prestação de serviços
Viajante ou Agente Comercial	1) Local da sede ou filial a que o empregado esteja subordinado; 2) Local do domicílio do empregado; 3) Localidade mais próxima.
Empregador que promova realização de atividades fora do lugar da contratação	1) Local da celebração do contrato; 2) Local da prestação dos serviços.

HIPÓTESE	COMPETÊNCIA TERRITORIAL
Empregado que trabalha no exterior	Para a Justiça do Trabalho ser competente para o processamento da demanda, faz-se necessário que: 1. O empregado seja brasileiro; 2. Não haja Convenção Internacional dispondo em contrário.

Considerando o tópico, é essencial mencionar o correto procedimento em caso de incompetência territorial. Esta ocorre quando o local escolhido para o processamento da reclamação trabalhista não está em conformidade com os critérios legais.

Assim, em observância ao art. 800 da CLT, após a distribuição da petição inicial e da devida notificação do reclamado, a parte terá 5 dias para apresentar uma exceção de incompetência territorial, que ocasionará a suspensão do processo. Vejamos o que dispõe o artigo:

> Art. 800. Apresentada exceção de incompetência territorial no prazo de cinco dias a contar da notificação, antes da audiência e em peça que sinalize a existência desta exceção, seguir-se-á o procedimento estabelecido neste artigo
>
> § 1º Protocolada a petição, será suspenso o processo e não se realizará a audiência a que se refere o art. 843 desta Consolidação até que se decida a exceção.
>
> § 2º Os autos serão imediatamente conclusos ao juiz, que intimará o reclamante e, se existentes, os litisconsortes, para manifestação no prazo comum de cinco dias.
>
> § 3º Se entender necessária a produção de prova oral, o juízo designará audiência, garantindo o direito de o excipiente e de suas testemunhas serem ouvidos, por carta precatória, no juízo que este houver indicado como competente;
>
> § 4º Decidida a exceção de incompetência territorial, o processo retomará seu curso, com a designação de audiência, a apresentação de defesa e a instrução processual perante o juízo competente.

ATENÇÃO

A Justiça do Trabalho tem como princípio a irrecorribilidade das decisões interlocutórias, reiterada pela Súmula nº 214 do TST.

Súmula 214 do TST. DECISÃO INTERLOCUTÓRIA IRRECORRIBILIDADE

Na Justiça do Trabalho, nos termos do art. 893, § 1º, da CLT, as decisões interlocutórias não ensejam recurso imediato, salvo nas hipóteses de decisão:

a) de Tribunal Regional do Trabalho contrária à Súmula ou Orientação Jurisprudencial do Tribunal Superior do Trabalho

b) suscetível de impugnação mediante recurso para o mesmo Tribunal

c) que acolhe exceção de incompetência territorial, com a remessa dos autos para Tribunal Regional distinto daquele a que se vincula o juízo excepcionado, consoante o disposto no art. 799, § 2º, da CLT;

Nesse sentido, quando acolhida a exceção de incompetência em razão do lugar e encaminhado o processo para jurisdição de outro TRT, conforme a súmula citada, caberá Recurso Ordinário contra esta decisão interlocutória. Isto porque, a medida judicial não põe fim ao processo, não resolve seu mérito, porém é terminativa, pois remete os autos para um TRT distinto daquele, no qual, foi protocolada a reclamação trabalhista.

2 ATOS PROCESSUAIS

O Processo é a sequência ordenada de atos processuais, provocado por um indivíduo mediante Petição Inicial (Reclamação). Estas são manifestações das vontades das partes, do juiz e dos órgãos auxiliares. Vejamos alguns desses atos ao decorrer do processo trabalhista:

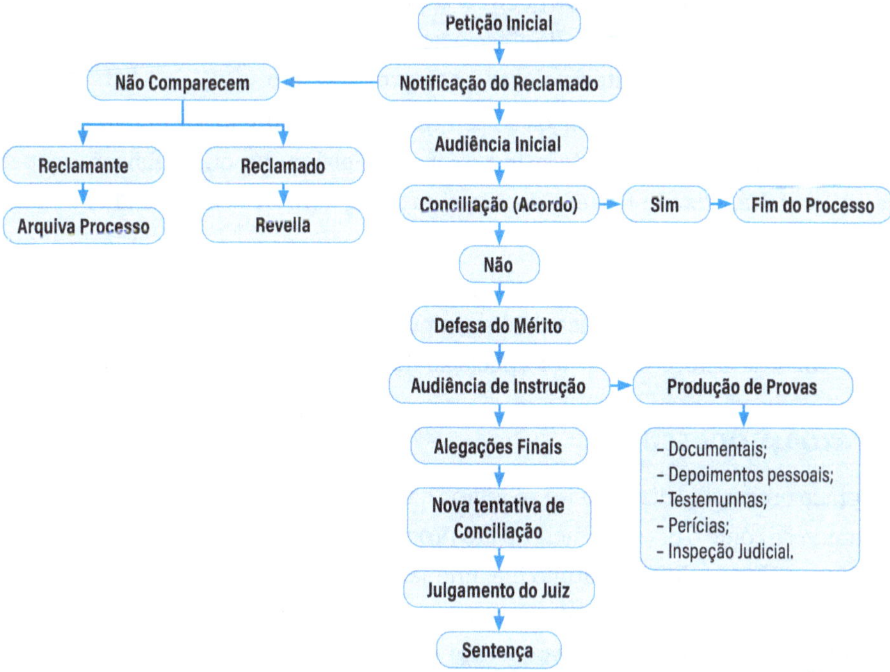

O art. 770 da CLT prevê que os atos processuais serão públicos, salvo quando o contrário determinar o interesse social, e deverão ser realizados das 6h às 20h.

ATOS ORDINATÓRIOS	Praticados em dias úteis das 6h às 20h.
ATOS EXCEPCIONAIS	Praticados fora dos dias e horários previstos.

ATENÇÃO
A penhora poderá ser realizada em domingos ou feriados, mediante autorização expressa do juiz ou presidente, sendo, pois, um exemplo de ato excepcional.

Quanto às audiências, estas deverão ser realizadas entre 8h e 18h, nos dias úteis, não podendo ultrapassar 05 horas seguidas de duração, salvo se for matéria urgente, de acordo com o art. 813 da CLT.

ATOS PROCESSUAIS	Das 6h às 20h.
INÍCIO DO HORÁRIO DA AUDIÊNCIA	Entre 8h e 18h.

2.1 Notificação do reclamado

O serventuário da Justiça do Trabalho, após receber a petição inicial, deverá expedir a notificação postal em até 48 horas do reclamado, mediante remessa aos Correios, que realizarão sua entrega.

A Súmula nº 16 do TST presume o recebimento da notificação em 48 horas, sendo uma presunção relativa (*iuris tantum*) que pode ser desconstruída pelo destinatário, conforme dispõe o próprio entendimento sumulado. Caso a notificação não seja recebida, ou seja, recebida fora do prazo, deverá o destinatário alegar e comprovar o fato.

Se o reclamado criar embaraços ao seu recebimento ou não for encontrado, a notificação deverá ser feita por edital, inserto no jornal oficial ou no que publicar o expediente forense, ou, na falta, afixado na sede da Junta ou Juízo, conforme o art. 841, § 1º, nos casos que se encaixem no rito ordinário.

Deve haver 05 dias de antecedência para a audiência, contados do recebimento. Caso o reclamado tenha natureza jurídica de direito público, o prazo será contado em quádruplo, sendo de 20 dias de antecedência, por aplicação do art. 1º, II, do Decreto-Lei nº 779/1969.

2.2 Prazos processuais

O prazo processual diz respeito ao tempo em que o ato deverá ser praticado. O início do prazo entende-se como o dia da ciência do ato processual, que será excluído por determinação do art. 775 da CLT, e incluído o último dia. Enquanto que o início da contagem do prazo é o dia útil seguinte ao que efetivamente começa a ser contado o prazo.

INÍCIO DO PRAZO	Dia da ciência do ato.
INÍCIO DA CONTAGEM DO PRAZO	Dia útil seguinte ao dia do começo do prazo

Vejamos um **EXEMPLO** para melhor fixação do conteúdo
No caso de uma sentença publicada dia 23-3 (sábado), o início do prazo para recorrer será no dia 25-3 (segunda), o dia útil mais próximo, e o início da contagem do prazo será dia 26-3 (terça).

Súmula nº 262 do TST. PRAZO JUDICIAL. NOTIFICAÇÃO OU INTIMAÇÃO EM SÁBADO. RECESSO FORENSE.

I - Intimada ou notificada a parte no sábado, o início do prazo se dará no primeiro dia útil imediato e a contagem, no subsequente.

II - O recesso forense e as férias coletivas dos Ministros do Tribunal Superior do Trabalho suspendem os prazos recursais.

A Fazenda Pública (União, Estados, DF, Municípios, Autarquias-Fundações que não explorem atividade econômica e Correios) terá prazos especiais. Os prazos de contestação e de recurso estão estipulados no Decreto-Lei nº 779/1969 que assenta:

> Art. 1º Nos processos perante a Justiça do Trabalho, constituem privilégio da União, dos Estados, do Distrito Federal, dos Municípios e das autarquias ou fundações de direito público federais, estaduais ou municipais que não explorem atividade econômica:
>
> [...].
>
> II – o quádruplo do prazo fixado no artigo 841, *in fine*, da Consolidação das Leis do Trabalho;
>
> III – o prazo em dobro para recurso.
>
> [...].

DEFESA	Prazo em quádruplo
RECURSO	Prazo em dobro

PRAZOS PARA A FAZENDA PÚBLICA

- **Defesa** — Prazo em quádruplo
  - Pelo menos 20 dias entre o recebimento da notificação e a realização da audiência – Art. 841 da CLT
- **Recurso** — Prazo em dobro
  - Não se aplica para as contrarrazões, que possuem prazo simples

ATENÇÃO!

- Esses privilégios em relação aos prazos **não se aplicam às empresas públicas e às sociedades de economia mista.**
- Além disso, os litisconsortes de com procuradores distintos **não gozaram de prazo em dobro para recorrer.**

OJ 310. SDI I. **LITISCONSORTES.** PROCURADORES DISTINTOS. **PRAZO EM DOBRO.** ART. 229, *CAPUT* E §§ 1º E 2º, DO CPC DE 2015. ART. 191 DO CPC DE 1973. INAPLICÁVEL AO PROCESSO DO TRABALHO.

Inaplicável ao processo do trabalho a norma contida no art. 229, *caput* e §§ 1º e 2º, do CPC de 2015 (art. 191 do CPC/1973), em razão de incompatibilidade com a celeridade que lhe é inerente.

PRAZOS	
PRESUNÇÃO DE RECEBIMENTO DA NOTIFICAÇÃO INICIAL	48 horas.
EXCEÇÃO DE INCOMPETÊNCIA TERRITORIAL	5 dias.
PRAZO MÍNIMO PARA QUE SEJA DESIGNADA A AUDIÊNCIA INICIAL	5 dias.

3 PARTES E PROCURADORES

3.1 Partes

As partes da demanda trabalhista são:

RECLAMANTE	Aquela que pede
RECLAMADO	Em face de quem se pede

Existe a possibilidade de litisconsórcio, isto é, a pluralidade de partes tanto no polo ativo como no polo passivo.

3.2 *Jus postulandi*

Os empregados e os empregadores possuem capacidade postulatória, isto é, poderão reclamar pessoalmente, sem o intermédio de advogado, perante a Justiça do Trabalho e acompanhar suas reclamações até o final, nos termos do art. 791 da CLT.

Essa capacidade citada é conhecida como *jus postulandi* e está delimitada na Súmula nº 425 do TST. Vejamos:

> Súmula nº 425 do TST. *JUS POSTULANDI* NA JUSTIÇA DO TRABALHO ALCANCE.
> O *jus postulandi* das partes, estabelecido no art. 791 da CLT, limita se às Varas do Trabalho e aos Tribunais Regionais do Trabalho, não alcançando a ação rescisória, a ação cautelar, o mandado de segurança e os recursos de competência do Tribunal Superior do Trabalho.

Nesse sentido, o reclamado ou reclamante precisam estar acompanhados de advogados nas seguintes situações:

1. Ação Rescisória;
2. Ação Cautelar;
3. Mandado de Segurança;
4. Recursos de competência do TST;
5. Homologação de acordo extrajudicial.

3.3 Representação por advogado

Em geral, as partes representadas por advogado assinam um documento chamado procuração em que conferem a estes poderes para atuar em nome de seus interesses. Trata-se, portanto, de um mandato expresso juntado no processo.

Além disso, existe a possibilidade de um mandado tácito, previsto na Súmula nº 383 do TST, nessa situação, os poderes de representação, para o foro geral, surgem com a inclusão do nome do advogado na Ata de Audiência. É importante destacar que nessa última modalidade não é permitido o substabelecimento.

Súmula nº 383 do TST. MANDATO. ARTS. 13 E 37 DO CPC. FASE RECURSAL. INAPLICABILIDADE
I - É inadmissível recurso firmado por advogado sem procuração juntada aos autos até o momento da sua interposição, salvo mandato tácito. Em caráter excepcional (art. 104 do CPC/2015), admite-se que o advogado, independentemente de intimação, exiba a procuração no prazo de 5 (cinco) dias após a interposição do recurso, prorrogável por igual período mediante despacho do juiz. Caso não a exiba, considera-se ineficaz o ato praticado e não se conhece do recurso.
II - Verificada a irregularidade de representação da parte em fase recursal, em procuração ou substabelecimento já constante dos autos, o relator ou o órgão competente para julgamento do recurso designará prazo de 5 (cinco) dias para que seja sanado o vício. Descumprida a determinação, o relator não conhecerá do recurso, se a providência couber ao recorrente, ou determinará o desentranhamento das contrarrazões, se a providência couber ao recorrido (art. 76, § 2º, do CPC/2015).

3.4 Honorários de sucumbência

Os honorários sucumbenciais são devidos ao advogado da parte vencedora no processo, **ainda que atue em causa própria,** inclusive na **reconvenção.**

Os honorários são fixados nos limites entre **5%** e **15%**, sobre o valor que resultar da liquidação da sentença, do proveito econômico obtido ou, não sendo possível mensurá-lo, sobre o valor atualizado da causa, conforme art. 791-A da CLT.

Ademais, são devidos também quando nas **ações contra a Fazenda Pública** e nas ações em que a parte estiver assistida ou substituída pelo **sindicato de sua categoria.**

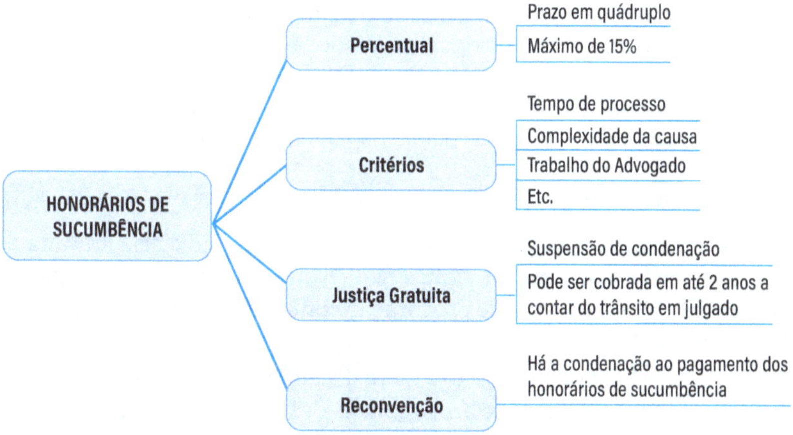

3.5 Honorários periciais e sucumbenciais – Beneficiário da justiça gratuita

O STF, na ADI 5.766, por maioria de votos, **declarou inconstitucionais** os dispositivos que:

- Estabelecem a **necessidade de pagamento de honorários periciais e advocatícios pela parte derrotada** (honorários de sucumbência), devidos ainda que a parte fosse beneficiária da Justiça gratuita (art. 790-B, *caput* e § 4º, da CLT);

- Autoriza o uso de créditos trabalhistas devidos ao beneficiário de justiça gratuita, em outro processo, para o pagamento desses honorários (art. 791-A, § 4º).

3.6 Gratuidade da justiça

No âmbito da Justiça do Trabalho, o benefício da Justiça Gratuita implica na isenção do pagamento de despesas processuais, sendo devido àqueles empregados que:

1) Perceberem salário igual ou inferior a 40 % do limite máximo dos benefícios do RGPS;
2) Comprovem que sua situação econômica lhe impede de demandar em juízo sem prejuízo próprio ou de sua família, como se extrai do art. 14, § 1º, da Lei nº 5.584/1970.

ATENÇÃO

Também é permitido o deferimento do benefício para pessoas jurídicas que demonstrarem a impossibilidade de arcar com as despesas do processo.

A gratuidade pode ser requerida em qualquer tempo e grau de jurisdição, desde que, na fase recursal, seja realizado o requerimento no prazo alusivo ao recurso. Outrossim, se indeferido o requerimento do benefício formulado, cumpre ao relator fixar prazo para que o recorrente efetue o preparo consoante o art. 99, § 7º, do CPC e como estabelece a OJ nº 269 da SDI 1 do TST.

> Art. 790. [...]
>
> § 3º É facultado aos juízes, órgãos julgadores e presidentes dos tribunais do trabalho de qualquer instância conceder, a requerimento ou de ofício, o benefício da justiça gratuita, inclusive quanto a traslados e instrumentos, àqueles que perceberem salário igual ou inferior a 40% (quarenta por cento) do limite máximo dos benefícios do Regime Geral de Previdência Social.
>
> § 4º O benefício da justiça gratuita será concedido à parte que comprovar insuficiência de recursos para o pagamento das custas do processo.

Súmula nº 463 do TST. ASSISTÊNCIA JUDICIÁRIA GRATUITA. COMPROVAÇÃO.

I - A partir de 26-6-2017, para a concessão da assistência judiciária gratuita à pessoa natural, basta a declaração de hipossuficiência econômica firmada pela parte ou por seu advogado, desde que munido de procuração com poderes específicos para esse fim (art. 105 do CPC de 2015).

II - No caso de pessoa jurídica, não basta a mera declaração: é necessária a demonstração cabal de impossibilidade de a parte arcar com as despesas do processo.

3.7 Pagamento de custas

O STF, na ADI 5.766, por maioria de votos, declarou constitucional o dispositivo do art. 844, § 2º, da CLT, que estabelece que, na hipótese de ausência do reclamante, este será condenado ao pagamento das custas, calculadas na forma do art. 789 da CLT, ainda que beneficiário da justiça gratuita, salvo se comprovar, no prazo de quinze dias, que a ausência ocorreu por motivo legalmente justificável.

3.8 Litigância de má-fé

A litigância de má-fé ocorre quando uma das partes em um processo age de modo abusivo, com intuito de prejudicar a outra parte, retardar o andamento do processo ou obter vantagens indevidas.

De ofício ou a requerimento, o juízo condenará o litigante de má-fé a pagar multa, que deverá ser superior a 1% e inferior a 10% do valor corrigido da causa, a indenizar a parte contrária pelos prejuízos que esta sofreu e a arcar com os honorários advocatícios e com todas as despesas que efetuou.

3.9 Testemunhas

Aplica-se a multa prevista no art. 793-D da CLT para os litigantes de má-fé, à testemunha que intencionalmente alterar a verdade dos fatos ou omitir fatos essenciais ao julgamento da causa.

> Art. 793-C. De ofício ou a requerimento, o juízo condenará o litigante de má-fé a pagar multa, que deverá ser superior a 1% (um por cento) e inferior a 10% (dez por cento) do valor corrigido da causa, a indenizar a parte contrária pelos prejuízos que esta sofreu e a arcar com os honorários advocatícios e com todas as despesas que efetuou.
>
> § 1º Quando forem dois ou mais os litigantes de má-fé, o juízo condenará cada um na proporção de seu respectivo interesse na causa ou solidariamente aqueles que se coligaram para lesar a parte contrária.
>
> § 2º Quando o valor da causa for irrisório ou inestimável, a multa poderá ser fixada em até duas vezes o limite máximo dos benefícios do Regime Geral de Previdência Social.
>
> § 3º O valor da indenização será fixado pelo juízo ou, caso não seja possível mensurá-lo, liquidado por arbitramento ou pelo procedimento comum, nos próprios autos.
>
> Art. 793-D. Aplica-se a multa prevista no art. 793-C desta Consolidação à testemunha que intencionalmente alterar a verdade dos fatos ou omitir fatos essenciais ao julgamento da causa.
>
> Parágrafo único. A execução da multa prevista neste artigo dar-se-á nos mesmos autos.

4 RECLAMAÇÃO TRABALHISTA

A petição inicial é o ato processual que inaugura o processo trabalhista, tem os seguintes requisitos, conforme o art. 840, § 1º, da CLT:

1. Designação do juízo;
2. Qualificação das partes;
3. Breve exposição dos fatos de que resulte o dissídio;
4. Pedido, que deverá ser certo, determinado e com indicação de seu valor;
5. Data;
6. Assinatura do reclamante ou de seu representante.

EMENDA À PETIÇÃO INICIAL	O juiz poderá determinar a emenda da petição, no prazo de 15 dias, quando não preenchidos os requisitos legais.

Além disso, a petição ainda pode ser escrita ou verbal. Nessa última modalidade, a reclamação será reduzida a termo em 2 vias datadas e assinadas pelo escrivão ou secretário, observado, no que couber, consoante o disposto no art. 840, § 1º, da CLT.

ADITAMENTO DA PETIÇÃO INICIAL	
ANTES DA CITAÇÃO	Ocorre independentemente da autorização do reclamado.
DEPOIS DA RESPOSTA DO RÉU	Só é possível com o seu consentimento.

ATENÇÃO

Em caso de múltiplas reclamações e havendo identidade de matéria poderão ser acumuladas num só processo quando tratarem de empregados da mesma empresa ou estabelecimento, vide o art. 842 da CLT.

Conforme a Súmula nº 293 do TST, a verificação mediante perícia de prestação de serviços em condições nocivas, considerado agente insalubre diverso do apontado na inicial, não prejudica o pedido de adicional de insalubridade.

4.1 Perempção trabalhista

A perempção no processo do trabalho é uma pena aplicada ao reclamante que perde o direito de ajuizar a ação trabalhista nos 6 meses seguintes. São duas as hipóteses. Vejamos:

1. Quando a reclamação for verbal e o reclamante não se apresentar no prazo de 5 dias ao juízo para reduzi-la a termo (art. 731 da CLT);
2. Quando o autor por duas vezes seguidas, der causa de arquivamento da reclamação por ausência injustificada à audiência inaugural dos processos (art. 732 da CLT).

5 AUDIÊNCIA

A audiência é o ato processual em que as partes são ouvidas e se colhem as demais provas. E, de acordo com o art. 813 da CLT, as audiências serão públicas e deverão ser realizadas na sede do Juízo ou Tribunal em dias úteis previamente fixados, entre 8h e 18h, não podendo ultrapassar 5h seguidas, salvo quando houver matéria urgente.

Se até 15 minutos após a hora marcada o juiz ou presidente não houver comparecido, os presentes poderão retirar-se, devendo o ocorrido constar do livro de registro das audiências.

ATENÇÃO!

Caso o juiz ainda esteja em outra audiência, as partes não podem se retirar sob pena de sofrerem as consequências previstas pelo não comparecimento.

Ainda sobre o comparecimento em audiência prevê a CLT:

> Art. 843. Na audiência de julgamento deverão estar presentes o reclamante e o reclamado, independentemente do comparecimento de seus representantes salvo, nos casos de Reclamatórias Plúrimas ou Ações de Cumprimento, quando os empregados poderão fazer-se representar pelo Sindicato de sua categoria.
>
> § 1º É facultado ao empregador fazer-se substituir pelo gerente, ou qualquer outro preposto que tenha conhecimento do fato, e cujas declarações obrigarão o proponente.
>
> § 2º Se por doença ou qualquer outro motivo poderoso, devidamente comprovado, não for possível ao empregado comparecer pessoalmente, poderá fazer-se representar por outro empregado que pertença à mesma profissão, ou pelo seu sindicato.
>
> § 3º O preposto a que se refere o § 1º deste artigo não precisa ser empregado da parte reclamada.

5.1 Ausência das partes

A ausência do reclamante ocasiona o arquivamento da reclamação, conforme o art. 844 da CLT. No mesmo sentido, o reclamante ausente será condenado ao pagamento das custas calculadas, ainda que beneficiário da justiça gratuita, salvo se comprovar ausência por motivo legalmente justificável num prazo de 15 dias. Importa destacar que o pagamento das custas nessa situação é condição para propositura de nova demanda.

Já o não comparecimento do reclamado importa revelia, além de confissão quanto à matéria de fato.

AUSÊNCIA DO RECLAMANTE	AUSÊNCIA DO RECLAMADO
Arquivamento + Pagamento de custas.	Revelia + Confissão.

ATENÇÃO!
Ainda que ausente o reclamado, presente o advogado na audiência, serão aceitos a contestação e os documentos eventualmente apresentados, conforme § 5º do art. 844, da CLT.

5.2 Revelia

Como visto anteriormente, a ausência do reclamado gera revelia, que é considerada como a inexistência de apresentação de resposta do réu, já que a contestação deve ser juntada no sistema eletrônico (PJE) até o dia da audiência, ou, não podendo, deverá ser feita por sustentação oral no prazo de 20 minutos. Com isso, a revelia importa nos seguintes efeitos:

1. Confissão ficta, consideram-se verdadeiros os fatos alegados pelo reclamante em desfavor do reclamado;
2. Impossibilidade de alteração do pedido;
3. Curso do prazo irá decorrer sem a intimação do réu;

4. Possibilidade de intervir no processo a qualquer momento;
5. Notificação de sentença por via postal.

Entretanto, vale ressaltar que a revelia não irá produzir seus efeitos, nos seguintes casos listados no § 4º do art. 844 do CLT:

> § 4º A revelia não produz o efeito mencionado no *caput* deste artigo se:
> I - havendo pluralidade de reclamados, algum deles contestar a ação;
> II - o litígio versar sobre direitos indisponíveis;
> III - a petição inicial não estiver acompanhada de instrumento que a lei considere indispensável à prova do ato;
> IV - as alegações de fato formuladas pelo reclamante forem inverossímeis ou estiverem em contradição com prova constante dos autos.
> § 5º Ainda que ausente o reclamado, presente o advogado na audiência, serão aceitos a contestação e os documentos eventualmente apresentados

Súmula nº 9 do TST.
A ausência do reclamante, quando adiada a instrução após contestada a ação em audiência, não importa arquivamento do processo.
Súmula nº 74 do TST. CONFISSÃO.
I - Aplica-se a confissão à parte que, expressamente intimada com aquela cominação, não comparecer à audiência em prosseguimento, na qual deveria depor;
II - A prova pré-constituída nos autos pode ser levada em conta para confronto com a confissão ficta [...], não implicando cerceamento de defesa o indeferimento de provas posteriores;
III - A vedação à produção de prova posterior pela parte confessa somente a ela se aplica, não afetando o exercício, pelo magistrado, do poder/dever de conduzir o processo.

5.3 Conciliação

De acordo com o art. 764 da CLT, os dissídios individuais ou coletivos submetidos à apreciação da Justiça do Trabalho estarão sempre sujeitos à conciliação, a qualquer momento e em qualquer grau de jurisdição.

Nos dissídios individuais, o Juiz buscará a conciliação em dois momentos obrigatórios:

1) No início da audiência, após a realização do pregão (art. 846 da CLT);
2) No final da audiência, após as razões finais (art. 850 da CLT).

O art. 846 da CLT prevê a possibilidade de conciliação durante audiências trabalhistas e, consequentemente, a lavratura de termo. Assim, este valerá como decisão irrecorrível, salvo para a previdência social quanto às contribuições que lhe forem devidas, tendo em vista o art. 831, parágrafo único, da CLT.

6 PROCEDIMENTOS NO PROCESSO DO TRABALHO

Os procedimentos ou ritos trabalhistas são os processos judiciais que tramitam perante a Justiça do Trabalho, são eles:

- Ordinário ou Comum;
- Sumaríssimo;
- Sumário;
- Especiais.

PROCEDIMENTOS TRABALHISTAS

SUMÁRIO	ATÉ 2 SALÁRIOS MÍNIMOS - ART. 3º DA LEI Nº 5.584/1970.
SUMARÍSSIMO	ATÉ 40 SALÁRIOS MÍNIMOS - ARTS. 852-A A 852-I DA CLT.
ORDINÁRIO	ACIMA DE 40 SALÁRIOS MÍNIMOS. CITAÇÃO POR EDITAL
ESPECIAIS	MANDADO DE SEGURANÇA (LEI Nº 12.016/2019); AÇÃO RESCISÓRIA (ART. 966 CPC/2015); INQUÉRITO JUDICIAL PARA APURAÇÃO DE FALTA GRAVE (ART. 853 DA CLT).

Passaremos a destrinchar, a seguir, as principais características de cada rito.

6.1 Procedimento sumário

- Comporta causas de valor até 2 salários mínimos;
- Cabe impulso de ofício, mas não é admitido recurso, exceto constitucional, isto é, cabe o Recurso Extraordinário para o STF, quando houve violação de preceito constitucional;
- É dispensado o registro dos depoimentos, constando apenas um resumo da conclusão deles;
- Nos exames periciais haverá apenas um único perito, devendo o parecer dos assistentes ser elaborado no mesmo prazo do laudo.

6.2 Procedimento sumaríssimo

- Encaixam-se causas no valor de até 40 salários mínimos, sendo excluídas as ações contra a Administração direta, autárquica e fundacional, assim, é cabível nos casos de sociedades de economia mista e empresas públicas;
- A petição inicial possui requisitos especiais, como o pedido certo e determinado e a indicação do valor;
- Não se admite citação por edital e o prazo máximo de apreciação da reclamação será de 15 dias;

- A audiência é una, ou seja, instrução e julgamento ocorrem na mesma data. Porém, havendo necessidade de fracionar ou interromper, o prazo para solução será de 30 dias;
- Todos os incidentes e exceções são decididos de plano;
- As testemunhas são limitadas a 2 para cada parte e devem comparecer espontaneamente, isto é, sem intimação. Só será deferida a intimação se a parte comprovar que a convidou. Não comparecendo intimada, o juiz poderá determinar sua imediata condução coercitiva;
- Cabe todo e qualquer recurso, inclusive o Extraordinário.
- Em caso de Recurso Ordinário este será imediatamente distribuído no Tribunal, tendo o Relator prazo de 10 dias para liberá-lo e a Secretaria deverá incluir em pauta de julgamento imediato, sem revisor;
- Será cabível Recurso de Revista se a decisão contrariar:
  1) Súmula do TST;
  2) Súmula vinculante do STF;
  3) Violação direta à CF.
- Na fase final da audiência, ocorre uma nova tentativa de acordo, sob pena de nulidade do processo.

Acerca da sentença prolatada no procedimento sumaríssimo, tem-se algumas especificidades:

- Está dispensado o relatório, de acordo com o art. 852-I da CLT;
- As partes serão intimadas na própria audiência;
- Em caso de acordo, a sentença será de extinção do processo com resolução de mérito, da qual as partes não poderão recorrer, por ausência de interesse recursal. Apenas será cabível a propositura de Ação Rescisória, única forma de impugnação da sentença, caso haja algum vício, como coação, simulação e outros descritos no art. 966 do CPC.

6.3 Procedimento ordinário

O rito ordinário é o procedimento que acontece de forma mais tradicional na Justiça do Trabalho. Ele começa por uma petição escrita e dirigida ao juiz da causa, requerendo a citação do reclamado, que poderá ser feita por edital.

O réu terá até a data da audiência para apresentar sua contestação. Caso não haja acordo, deverá ser observado o conteúdo do art. 847 da CLT:

> Art. 847. Não havendo acordo, o reclamado terá vinte minutos para aduzir sua defesa, após a leitura da reclamação, quando esta não for dispensada por ambas as partes.
>
> Parágrafo único A parte poderá apresentar defesa escrita pelo sistema de processo judicial eletrônico até a audiência

- O réu poderá oferecer contestação, exceção e reconvenção.
- As testemunhas são limitadas a 3 para cada parte e devem comparecer espontaneamente, isto é, sem intimação. Caso a testemunha se recuse a comparecer, a parte poderá indicar o fato ao juiz pedindo sua intimação pessoal. Não comparecendo a intimada, o juiz poderá determinar sua imediata condução coercitiva.

- Após a audiência de conciliação, se infrutífera, tem-se a fase de instrução do processo – após, o juiz poderá sentenciar o processo.
- Da sentença trabalhista, cabe recurso ordinário, nas hipóteses previstas no art. 895 da CLT.

DEFESA DO RÉU
Caso a parte não apresente defesa no sistema eletrônico (PJE) até a data da audiência, poderá fazer de forma oral por 20 minutos.

CONTESTAÇÃO	Peça apresentada pelo réu em resposta à reclamação trabalhista, na qual ele contesta todos os fatos e fundamentos jurídicos apresentados pelo autor.
RECONVENÇÃO	Peça proposta pelo réu, no mesmo prazo da contestação, na qual, formula uma nova demanda contra o autor. Faz-se necessário que a reconvenção possua conexão com a ação principal e o juiz seja competente para julgar ambas as ações.
EXCEÇÃO	Peça utilizada para contestar alguma questão processual ou de mérito que pode afetar o processo. Pode ser a exceção de incompetência, de ilegitimidade, dentre outras.

Súmula nº 18 do TST.
A compensação, na Justiça do Trabalho, está restrita a dívidas de natureza trabalhista.

ATENÇÃO
Oferecida a contestação, ainda que eletronicamente, o reclamante não poderá, sem o consentimento do reclamado, desistir da ação.

SUMÁRIO	SUMARÍSSIMO	ORDINÁRIO
Até 2 salários mínimos	Até 40 salários mínimos	+ de 40 salários mínimos ou ADM. Pública no polo passivo
	2 testemunhas (art. 852-H, § 2º, da CLT).	3 testemunhas (art. 821 da CLT).

7 PROVAS

Os meios de prova podem ser: testemunhal, documental, pericial, depoimento pessoal e inspeção judicial e estão elencados no art. 369 do CPC.

7.1 Prova documental

A juntada de provas documentais pode acontecer em momentos distintos para as partes:

- Na petição inicial para o autor, conforme o art. 320 do CPC;
- Na defesa para o réu, conforme o art. 336 do CPC.

> Art. 336. Incumbe ao réu alegar, na contestação, toda a matéria de defesa, expondo as razões de fato e de direito com que impugna o pedido do autor e especificando as provas que pretende produzir.

ATENÇÃO! 1. O art. 434 do CPC/2015 assenta que compete ao réu instruir a contestação com os documentos destinados a provar as suas alegações. 2. Bem como as partes podem, a qualquer tempo, juntar documentos novos, quando destinados a fazer prova de fatos ocorridos depois dos articulados ou para contrapô-los aos que foram produzidos nos autos. 3. Além de que sempre que uma das partes requerer a juntada de documento aos autos, o juiz ouvirá, a seu respeito, a outra parte, que disporá do prazo de 15 (quinze) dias para adotar qualquer das posturas indicadas no art. 436 do CPC/2015.

Súmula nº 8 do TST. JUNTADA DE DOCUMENTO.
A juntada de documentos na fase recursal só se justifica quando provado o justo impedimento para sua oportuna apresentação ou se referir a fato posterior à sentença.

7.2 Prova testemunhal

Com relação à prova testemunhal, a quantidade de testemunhas varia conforme o rito adotado:

- Rito Ordinário: 3 testemunhas (art. 821 da CLT);
- Rito Sumaríssimo: 2 testemunhas (art. 852-H, § 2º, da CLT);
- Inquérito para apuração de falta grave: 6 testemunhas (art. 821 da CLT, última parte).

NÚMERO DE TESTEMUNHAS	PROCEDIMENTO
2	Sumaríssimo
3	Ordinário
6	Inquérito para Apuração de Falta Grave

Merece destaque o fato de que o juiz irá organizar a colheita da prova testemunhal fazendo com que uma testemunha não seja ouvida pelas demais que ainda tenham que depor no processo.

Além disso, no rito sumaríssimo, as testemunhas devem comparecer à audiência independentemente de intimação. Só será deferida a intimação quando a testemunha, comprovadamente convidada, deixar de comparecer. Feita a intimação o não comparecimento acarretará sua condução coercitiva (art. 852-H, § 3º, da CLT).

Súmula nº 357 do TST. TESTEMUNHA AÇÃO CONTRA A MESMA RECLAMADA. SUSPEIÇÃO.
Não torna suspeita a testemunha o simples fato de estar litigando ou de ter litigado contra o mesmo empregador.

7.3 Contradita

A contradita ocorre quando uma das partes contesta a idoneidade ou imparcialidade de uma testemunha apresentada, buscando invalidar seu depoimento no processo.

> Art. 457, § 1º, CPC. É lícito à parte contraditar a testemunha, arguindo-lhe a incapacidade, o impedimento ou a suspeição [art. 447, CPC], bem como, caso a testemunha negue os fatos que lhe são imputados, provar a contradita com documentos ou com testemunhas, até 3 (três), apresentadas no ato e inquiridas em separado.

Sendo procedente a contradita, o juiz dispensará a testemunha ou lhe tomará o depoimento como informante.

7.4 Inspeção judicial

A inspeção judicial está regulamentada no art. 481 e seguintes do CPC e é realizada pelo Juiz sobre pessoas ou coisas. Busca esclarecer dúvidas sobre fatos constantes nos autos.

O Juiz atua ativamente na produção da prova, podendo ser realizada de ofício ou a requerimento das partes. Sendo assim, o juiz irá ao local onde se encontre a pessoa ou coisa quando:

> Art. 483 CPC. O juiz irá ao local onde se encontre a pessoa ou a coisa quando:
> I - julgar necessário para a melhor verificação ou interpretação dos fatos que deva observar;
> II - a coisa não puder ser apresentada em juízo sem consideráveis despesas ou graves dificuldades;
> III - determinar a reconstituição dos fatos [...].

7.5 Prova pericial

A prova pericial é aquela que pretende trazer elementos de convicção sobre fatos que dependem de conhecimento especializado ou técnico e será feita por um perito designado pelo juiz da demanda, podendo cada parte do processo indicar, ainda, um assistente pericial.

Em se tratando do assistente pericial, os honorários assistenciais ficam a cargo de quem nomeou o assistente, mesmo que seja vencedor no objeto da perícia.

Já nos honorários periciais, o pagamento cabe à parte sucumbente (vencida) na pretensão objeto da perícia.

HONORÁRIOS PERICIAIS	Pagos pela parte vencida no objeto da perícia.
HONORÁRIOS DO ASSISTENTE	Pagos pela parte que o contratou/indicou.

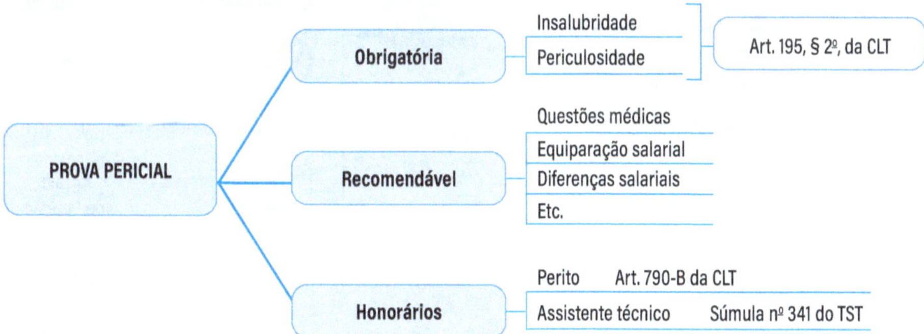

ATENÇÃO
O juízo não poderá exigir adiantamento de valores para realização de perícias, conforme previsão do art. 790-B, § 3º, da CLT

7.6 Depoimento pessoal

Depoimento pessoal é o ato processual que a parte manifesta sobre os fatos que constam na petição inicial ou descritos na defesa, com o objeto de obter a confissão.

7.7 Ônus da prova

REGRAS GERAIS DO ÔNUS DA PROVA	
RECLAMANTE	**RECLAMADO**
Fato constitutivo de seu direito.	Fato impeditivo, modificativo ou extintivo do direito do reclamante.

ATENÇÃO

Vamos conceituar o assunto com um simples **EXEMPLO** para melhor fixação.

O reclamante postula uma demanda afirmando que possui vínculo de emprego com a empresa X. No caso de haver controvérsia sobre esse fato, com a reclamada negando a existência de vínculo, o ônus da prova recai sobre o autor, que deverá demonstrar o fato constitutivo de seu direito, se valendo, por exemplo, da apresentação de registro de ponto eletrônico como prova. Porém, a situação seria diferente se na contestação a reclamada alegar que houve prestação de serviços, mas para outra empresa, excluindo o vínculo com ela, assim, assumirá o ônus da prova, pois alega um fato que modifica e extingue o direito do reclamante.

O juiz poderá atribuir o ônus da prova de modo diverso, nas seguintes hipóteses:

1. Previsão em lei;
2. Diante da peculiaridade das causas relacionadas à impossibilidade ou à excessiva dificuldade de cumprir o encargo ou à maior facilidade de obtenção da prova do fato contrário.

8 RECURSOS TRABALHISTAS

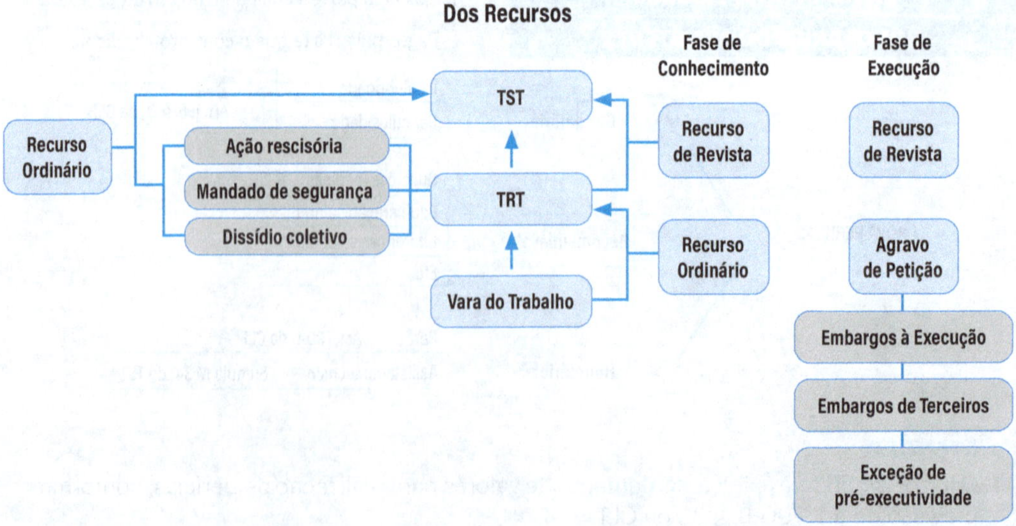

8.1 Teoria geral dos recursos

Recurso é o meio pelo qual a parte ou terceiro prejudicado requer a anulação, reforma, integração ou aclaração da decisão judicial dentro de uma mesma relação jurídica processual.

Uma peculiaridade do Processo do Trabalho é a irrecorribilidade imediata das decisões interlocutórias, conforme o art. 893, § 1º, da CLT.

> § 1º Os incidentes do processo são resolvidos pelo próprio juízo ou tribunal, admitindo-se a apreciação do merecimento das decisões interlocutórias somente em recurso da decisão definitiva.

A única exceção está definida pela Súmula nº 214 do TST:

Súmula nº 214 do TST. DECISÃO INTERLOCUTÓRIA IRRECORRIBILIDADE

Na Justiça do Trabalho, nos termos do art. 893, § 1º, da CLT, as decisões interlocutórias não ensejam recurso imediato, salvo nas hipóteses de decisão:

a) de Tribunal Regional do Trabalho contrária à Súmula ou Orientação Jurisprudencial do Tribunal Superior do Trabalho;
b) suscetível de impugnação mediante recurso para o mesmo Tribunal;
c) que acolhe exceção de incompetência territorial, com a remessa dos autos para Tribunal Regional distinto daquele a que se vincula o juízo excepcionado, consoante o disposto no art. 799, § 2º, da CLT.

Conforme previsto no art. 899 da CLT, os recursos trabalhistas possuem apenas efeito devolutivo, o que significa dizer que não possuem efeito suspensivo, ou seja, a interposição do recurso não suspende os efeitos da sentença atacada.

EXEMPLO: se um empregador é condenado ao pagamento de indenização a seu funcionário e, decide recorrer da decisão, ele ainda pode ser obrigado a efetuar o pagamento, mesmo enquanto o recurso estiver sendo analisado. Isso significa que a sentença continua produzindo seus efeitos, a menos que aquele obtenha uma decisão judicial específica suspendendo esses efeitos, durante a tramitação do recurso.

Súmula nº 414 do TST. MANDADO DE SEGURANÇA. TUTELA PROVISÓRIA CONCEDIDA ANTES OU NA SENTENÇA.

I - A tutela provisória concedida na sentença não comporta impugnação pela via do mandado de segurança, por ser impugnável mediante recurso ordinário. É admissível a obtenção de efeito suspensivo ao recurso ordinário mediante requerimento dirigido ao tribunal, ao relator ou ao presidente ou ao vice-presidente do tribunal recorrido, por aplicação subsidiária ao processo do trabalho do artigo 1.029 § 5º, do CPC de 2015;

II - No caso de a tutela provisória haver sido concedida ou indeferida antes da sentença, cabe mandado de segurança, em face da inexistência de recurso próprio;

III - A superveniência da sentença, nos autos originários, faz perder o objeto do mandado de segurança que impugnava a concessão ou o indeferimento da tutela provisória.

8.2 Pressupostos intrínsecos e extrínsecos dos recursos

Para a admissão de recursos é necessária a presença de alguns requisitos, que podem ser intrínsecos ou extrínsecos. Assim, tais pressupostos devem ser analisados pelo juízo *a quo* a fim de verificar a possibilidade de seguimento.

PRESSUPOSTOS INTRÍNSECOS	PRESSUPOSTOS EXTRÍNSECOS
Relacionam-se à pessoa do recorrente.	Estão ligados aos próprios recursos.
• Legitimidade; • Interesse; • Capacidade de recorrer.	• Previsão legal do recurso; • Adequação; • Tempestividade; • Preparo.

8.3 Preparo recursal

O Preparo Recursal é o valor necessário para que um recurso seja admitido e processado pelo Tribunal. Exige-se que o recorrente recolha as custas e realize o depósito recursal, sob pena de deserção.

As custas processuais correspondem ao valor que deve ser recolhido pela parte vencida no processo, no montante de 2% sobre o valor da causa. Já o depósito recursal somente será exigido quando o vencido for empregador, seus valores são definidos pelo TST, a depender do recurso.

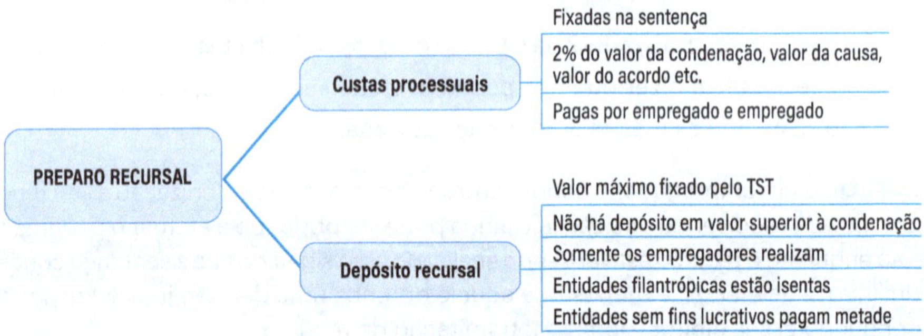

ATENÇÃO

O depósito recursal poderá ser substituído por Carta de Fiança ou Seguro Judicial e, deverá ser realizado em conta vinculada ao juízo, com correção pelos índices da poupança.

O Depósito recursal poderá ser substituído

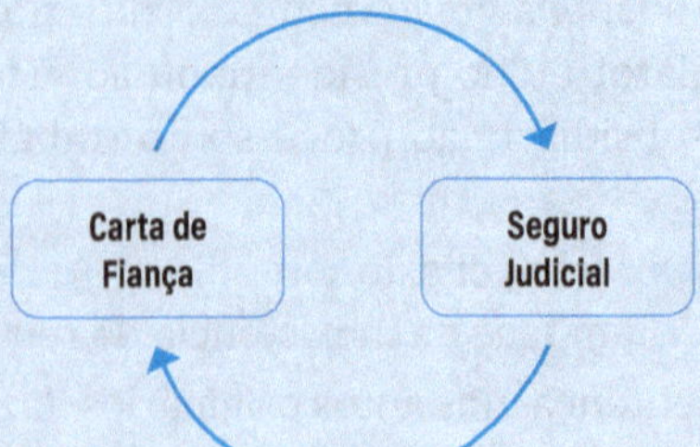

O depósito judicial pode ser feito da seguinte forma:

- **Isentos do Depósito Recursal** (Art. 899, § 10, CLT)
  - Beneficiários da justiça gratuita
  - Empresas em recuperação judicial
  - Entidades filantrópicas
  - Fazenda Pública/ MPT/Correios
  - Liquidação Judicial
- **Recolherão apenas 50% do valor do depósito recursal** (Art. 899, § 9º, CLT)
  - Entidades sem fins lucrativos
  - Empregadores domésticos
  - Microempreendedores individuais, Microempresas e empresas de pequeno porte

ATENÇÃO

SDI I OJ 140. DEPÓSITO RECURSAL E CUSTAS PROCESSUAIS. RECOLHIMENTO. INSUFICIENTE DESERÇÃO.

Em caso de recolhimento insuficiente das custas processuais ou do depósito recursal somente haverá deserção do recurso se, concedido o prazo de 5 dias previsto no § 2º do art. 1.007 do CPC de 2015 o recorrente não complementar e comprovar o valor devido.

Nesse sentido, uma parte inconformada com uma primeira decisão dada por um dos órgãos da Justiça de Trabalho, pode apresentar um recurso. O ordenamento jurídico prevê diversas espécies, como os Embargos de Declaração, o Recurso Ordinário, o Recurso de Revista, o Agravo de Instrumento, cada um com suas particularidades e requisitos específicos.

9 RECURSOS EM ESPÉCIE

9.1 Embargos de declaração

> Art. 897-A. Caberão embargos de declaração da sentença ou acórdão, no prazo de cinco dias, devendo seu julgamento ocorrer na primeira audiência ou sessão subsequente a sua apresentação, registrado na certidão, admitido efeito modificativo da decisão nos casos de omissão e contradição no julgado e manifesto equívoco no exame dos pressupostos extrínsecos do recurso.

- É cabível diante da omissão, contradição, erro material e manifesto equívoco no exame dos pressupostos extrínsecos do recurso.

- O prazo é de 5 dias úteis;
- Devem ser julgados na primeira audiência ou sessão subsequente.
- Possuem efeito modificativo.
- Os erros materiais poderão ser corrigidos de ofício ou a requerimento de qualquer das partes.
- Interrompem o prazo para interposição de outros recursos, por qualquer das partes, salvo quando intempestivos, irregular a representação da parte ou ausente a sua assinatura.
- Quando os embargos forem manifestamente protelatórios, o embargante deverá pagar multa não excedente a 2% sobre o valor atualizado da causa. Na reiteração a multa será elevada a até 10% sobre o valor atualizado da causa, e a interposição de qualquer recurso ficará condicionada ao depósito prévio do valor da multa, à exceção da Fazenda Pública e do beneficiário de gratuidade da justiça, que a recolherão ao final.
- Não serão admitidos novos embargos de declaração se os dois anteriores tiverem sido considerados protelatórios.

9.2 Recurso ordinário

- O Recurso Ordinário é interposto do Tribunal Regional do Trabalho (TRT) para o Tribunal Superior do Trabalho (TST) na competência recursal.
- Nas ações originárias do TRT, o recurso cabível é o RO para o TST, não o Recurso de Revista.
- O prazo para interpor é de 8 dias.
- No rito sumaríssimo, o processo tem uma dinâmica mais ágil, com distribuição imediata, relator único e prazo de 10 dias para análise e voto.

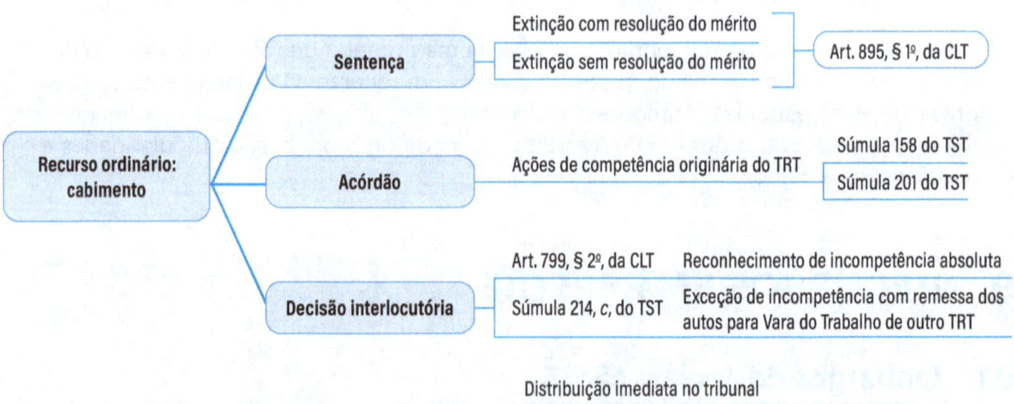

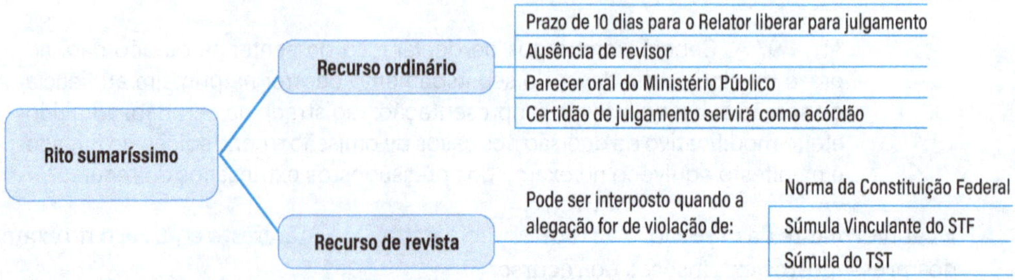

9.3 Recurso de revista

- Do Recurso Ordinário será proferido um acórdão que poderá ser objeto de Recurso de Revista, desde que o fundamento do recurso seja um dos previstos nas alíneas do próprio art. 896 da CLT, a saber:
  a) Divergência jurisprudencial entre TRTs em relação à lei federal, violação de súmula ou jurisprudência uniforme do TST, violação de súmula vinculante do STF;
  b) Divergência jurisprudencial entre TRTs em relação à lei estadual, convenção ou acordo coletivo, sentença normativa ou regulamento empresarial de observância obrigatória em área de mais de um tribunal;
  c) Violação de lei federal ou afronta direta e literal da Constituição Federal.
- Quanto à divergência jurisprudencial deve ser atual, não se podendo falar mais em divergência quando a matéria já tiver sido objeto de súmula do TST, do STF ou de jurisprudência dominante, na medida em que aquela já se mostraria pacificada;
- Quando interposto no Processo de Execução somente pode versar sobre afronta direta e literal da Constituição Federal.
- Se a ação for de rito sumaríssimo, os únicos fundamentos que poderão ser objeto do RR são:
  - Violação de lei federal;
  - Afronta à súmula do TST;
  - Súmula vinculante do STF.
- O TST possui entendimento no sentido de que não cabe violação à OJ do TST, mas tão somente às suas súmulas, conforme entendimento expresso na Súmula nº 442 daquele tribunal.
- A transcendência é um requisito de admissibilidade, traduzido como uma forma de selecionar os recursos mais importantes para gerar celeridade na apreciação e evitar de julgar os casos de menor relevância, que envolvem discussões corriqueiras e matérias sobre as quais há jurisprudência firmada.
- São indicadores da presença de transcendência:

ECONÔMICO	POLÍTICO	SOCIAL	JURÍDICO
Elevado valor da causa.	Desrespeito da instância recorrida à jurisprudência sumulada do TST ou do STF.	Postulação, por reclamante recorrente, de direito social constitucionalmente assegurado.	Existência de questão nova em torno da interpretação da legislação.

9.4 Agravo de petição

> Art. 897. Cabe agravo, no prazo de 8 (oito) dias:
> a) de petição, das decisões do Juiz ou Presidente, nas execuções [...];

- Previsto no art. 897, *a*, da CLT, o recurso é utilizado quando a parte quer impugnar uma decisão proferida na fase de execução;
- Pertinente diante de decisões que julgam os embargos à execução ou a exceção de pré-executividade;

- Deve ser interposto no prazo de 8 dias, sendo o recorrido intimado para apresentar contrarrazões no mesmo prazo;
- Há a necessidade de delimitação, justificada, da matéria e dos valores objeto de discordância ou seja, a informação clara dos capítulos da decisão e dos valores que estão sendo questionados por meio do recurso, cabendo a execução da parte que não é objeto do recurso, isto é, da parte considerada incontroversa.

9.5 Agravo de instrumento

- Agravo de instrumento não se presta à impugnação de decisões interlocutórias, como na legislação processual civil;
- Utilizado diante de decisão de inadmissão de outro recurso, isto é, "destranca" outro recurso, como nos termos do art. 897, *b*, da CLT.

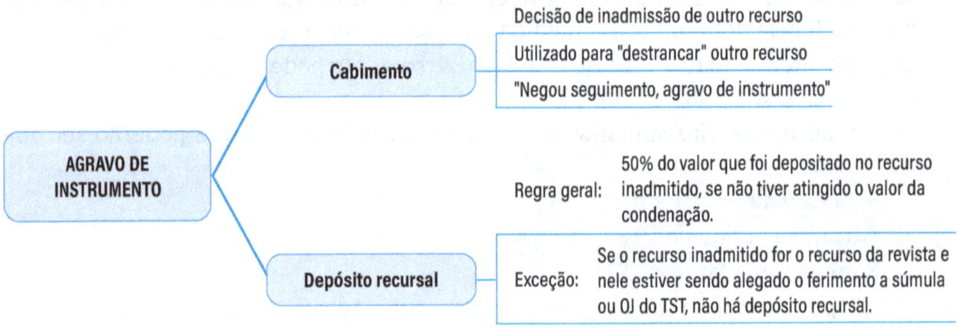

9.6 Embargos no TST

- Podem ser Embargos Infringentes ou Embargos de Divergência.

EMBARGOS INFRINGENTES	EMBARGOS DE DIVERGÊNCIA
Devem ser interpostos contra decisões não unânimes em julgamento de dissídios coletivos de competência originária do TST.	Cabíveis quando a decisão de Turma do TST que contrariar acórdão de outra turma do TST, acórdão da SDI, súmula do TST, orientação jurisprudencial do TST ou súmula vinculante do STF.
São julgados pela Seção de Dissídios Coletivos.	São julgados pela SDI - Seção de Dissídios Individuais.
O prazo de interposição será de 8 dias.	O prazo de interposição será de 8 dias.

ATENÇÃO

Se for instaurado um dissídio coletivo de competência do TST, julgado por decisão não unânime pela Seção de Dissídios Coletivos, poderá ser interposto o recurso de embargos infringentes para a própria SDC.

9.7 Recurso adesivo

- O Recurso Adesivo é compatível com o processo do trabalho;
- Não é uma espécie de recurso, mas é uma forma de interpor alguns. Ocorre quando as partes da demanda são parcialmente sucumbentes e uma delas recorre da decisão prolatada

enquanto a outra não recorre. Porém, no momento de apresentar as contrarrazões a parte que não recorreu aproveita a oportunidade e interpõe um recurso de forma adesiva.

- Sua interposição é no prazo de 8 dias;
- É cabível nas hipóteses de interposição de: i) Recurso Ordinário, ii) Agravo de Petição, iii) Recurso de Revista e iv) Embargos. Sendo desnecessário que a matéria nele veiculada esteja relacionada com a do recurso interposto pela parte contrária, conforme o conteúdo da Súmula nº 283 do TST.

Súmula nº 283 do TST.

Nos termos da Súmula nº 283 do TST, o recurso adesivo somente é compatível nas hipóteses de interposição de recurso ordinário, de agravo de petição, de revista e de embargos, sendo, pois, incabível na hipótese de agravo de instrumento.

Vejamos um **exemplo** para melhor fixação da matéria:

O reclamante ajuizou uma ação pleiteando uma indenização por danos morais sofridos durante seu trabalho na empresa X no valor de R$50.000,00. A sentença foi parcialmente procedente, condenando o reclamado ao pagamento de R$20.000,00. O autor como parte vencedora não interpôs nenhum recurso. Logo mais, o réu interpôs RO para recorrer da decisão, pois foi parte vencida. Por conseguinte, aproveitando a oportunidade o reclamante como não obteve sucesso em 100% da sua pretensão, pois queria 50 mil reais e foi deferido apenas 20 mil, no momento das contrarrazões interpôs RO de forma adesiva ao recurso proposto pelo reclamado.

ATENÇÃO

Se o recurso principal não for conhecido pelo magistrado ou a parte que interpôs este, dele desistir, o recurso adesivo perderá seu objeto.

RECURSO	PRAZO	CABIMENTO	CARACTERÍSTICAS
EMBARGOS DE DECLARAÇÃO	5 dias úteis.	Diante de obscuridade, contradição, omissão ou erro material.	Interrompe o prazo para interposição de outros recursos.
RECURSO ORDINÁRIO	8 dias úteis.	Opostos contra decisões dos juízes de primeira instância ou decisões de ações com competência originária do TRT.	Possui competência originária e recursal.
RECURSO DE REVISTA	8 dias úteis.	Opostos contra decisões dos Tribunais Regionais do Trabalho (TRTs).	Interposto perante o TST para revisão de decisões dos TRTs.
AGRAVO DE PETIÇÃO	8 dias úteis.	Interpostos contra decisões do juiz na fase de execução.	Pertinente diante de decisões que julgam os embargos à execução ou a exceção de pré-executividade.
AGRAVO DE INSTRUMENTO	8 dias úteis.	Interpostos contra decisões de inadmissão de recurso.	"Destranca" de recursos.

RECURSO	PRAZO	CABIMENTO	CARACTERÍSTICAS
EMBARGOS NO TST	8 dias úteis.	Interpostos contra acórdãos proferidos pelo TST em recursos de revista, embargos ou agravos.	Podem ser Embargos de Divergência ou Embargos Infringentes.

LIQUIDAÇÃO DE SENTENÇA

A Liquidação de Sentença é um procedimento realizado após a decisão judicial, necessário para apurar o valor exato da condenação.

O art. 879 da CLT define a liquidação da sentença:

> Art. 879. Sendo ilíquida a sentença exequenda, ordenar-se-á, previamente, a sua liquidação, que poderá ser feita por cálculo, por arbitramento ou por artigos.

Desse modo, existem as seguintes espécies de liquidação de sentença na Justiça do Trabalho:

POR CÁLCULOS	São realizados por simples cálculos matemáticos para determinar o valor exato a ser pago. Podem ser apresentados pelas partes ou feitos por serventuário da própria Justiça do Trabalho.
POR ARBITRAMENTO	A apuração do valor devido é feita por meio de perícia.
POR ARTIGOS	Também denominada Liquidação pelo procedimento comum, ocorre quando fatos novos, denominados artigos de liquidação, tornam-se objetos de conhecimento e provas perante o Judiciário. Assim, seguirá o procedimento ordinário, como contraditório, instrução e decisão sobre os novos fatos. Não pode ser iniciada de ofício.

Súmula nº 344 do STJ. A liquidação por forma diversa da estabelecida na sentença não ofende a coisa julgada.
Súmula nº 211 do TST. Os juros de mora e a correção monetária incluem-se na liquidação, ainda que omisso o pedido inicial ou a condenação.

A sentença de liquidação tem natureza de decisão interlocutória, assim, não é recorrível de forma imediata. Para sua impugnação é necessário interpor embargos à execução.

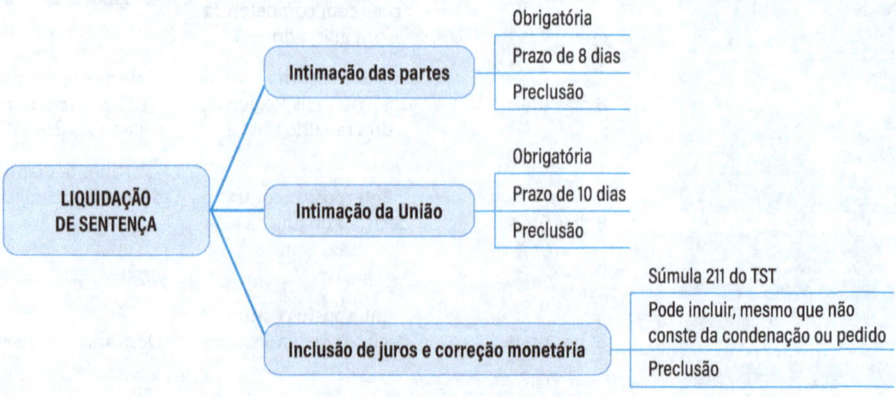

10 EXECUÇÃO

O Processo de Execução é a fase, na qual, se busca a efetivação da decisão, tornando real aquilo que foi reconhecido pelo Poder Judiciário. No caso de haver alguma lacuna na CLT, aplica-se a Lei de Execução Fiscal (Lei nº 6.830/1980), depois o CPC.

10.1 Título executivo

Para iniciar a Execução, será necessário um Título Executivo, documento que reconhece os elementos da obrigação, como:

- Liquidez: quando é determinado o valor e a natureza do que se deve;
- Certeza: quando não há controvérsia quanto à existência do crédito;
- Exigibilidade: quando o encargo está pronto para ser cobrado judicialmente, ou seja, o devedor já está em mora, não cumpriu sua obrigação nas condições acordadas.

O título executivo pode ser judicial ou extrajudicial:

TÍTULOS EXECUTIVOS JUDICIAIS	TÍTULOS EXECUTIVOS EXTRAJUDICIAIS
• Decisão com trânsito em julgado; • Decisão objeto de recurso sem efeito suspensivo; • Acordo não cumprido; • Sentença arbitral.	• Termos de Ajustamento de Conduta TAC firmado com o MPT; • Termos de Conciliação da Comissão de Conciliação Prévia; • Cheque e nota promissória emitidos em reconhecimento de dívida trabalhista. ATENÇÃO! No art. 13 de sua IN nº 39/2016, o TST entendeu que o cheque e a nota promissória não são títulos executivos trabalhistas, todavia, passam a ser se houver prova de que eles foram emitidos para pagamento de dívida trabalhista.

ATENÇÃO

Nos termos do art. 899 da CLT, os recursos trabalhistas não possuem efeito suspensivo imediato, sendo recebidos apenas no efeito devolutivo, permitindo o início da execução provisória da sentença.

10.2 Citação do executado

O executado é citado pelo Oficial de Justiça, de forma pessoal, para realizar, em 48 horas, uma das seguintes condutas:

O pagamento da quantia devida, resultando na extinção do processo diante da satisfação da obrigação.	O depósito da quantia devida ou a nomeação de bens à penhora, para garantir o juízo e possibilitar o prosseguimento do processo com a apresentação dos Embargos à Execução, conforme o art. 884 da CLT.

10.3 Inscrição do débito

Transcorridos 45 dias da citação do executado sem a garantia do juízo, será possível levar a decisão judicial transitada em julgado a protesto para a inscrição do nome do devedor em órgãos de proteção ao crédito ou no Banco Nacional de Devedores Trabalhistas (BNDT).

- **EXECUÇÃO POR QUANTIA CERTA**
  - **Pagamento**
    - Extinção do processo de execução
  - **Depósito em juízo da quantia**
    - Pode ser apresentada carta de fiança bancária
    - OJ 59 da SDI-2 do TST
  - **Nomeação de bens à penhora**
    - Deve seguir a ordem do art. 835 do CPC
    - A nomeação deve ser integral para garantir o juízo
  - **Penhora dos bens**
    - Ordem de penhora do art. 833 do CPC
    - Salário não pode ser penhorado: OJ 153 da SDI-2 do TST
    - Faturamento da empresa pode ser penhorado, em percentual razoável: OJ 93 da SDI-2 do TST

10.4 Execução provisória

Na execução provisória, a fase de conhecimento ainda não foi encerrada, restando pendente algum recurso não dotado de efeito suspensivo. Vejamos algumas características:

- É possível a realização de atos de constrição patrimonial do devedor, como a penhora, apesar de ainda não haver trânsito em julgado, porém não são realizados os atos de expropriação;
- Não é realizada de ofício, dependendo sempre de requerimento do exequente;
- Na ocorrência de prejuízos ao executado, o exequente deve indenizá-lo pelos danos causados;
- Determinações judiciais de penhora em dinheiro do executado para garantir crédito exequendo são legais, prioritárias e estão regulamentadas no art. 835 do CPC.

10.5 Embargos à execução

- Medida processual em que uma das partes impugna uma decisão judicial trabalhista na fase de execução;
- É necessária a garantia do juízo para sua interposição, podendo ser feito por: depósito da quantia correspondente à execução, seguro-garantia judicial ou nomeação de bens à penhora;
- O prazo para apresentação é de 05 dias úteis;
- Tem legitimidade para interpor o próprio executado e terceiros prejudicados pela execução;
- As matérias que podem ser alegadas variam entre excesso de execução, nulidades no processo de execução, falta de requisitos da decisão judicial e pagamento parcial ou integral da dívida, entre outros.

- Possui efeito suspensivo e devolutivo;
- Após a análise dos embargos à execução, o juiz proferirá uma decisão que pode acolhê--los ou rejeitá-los.

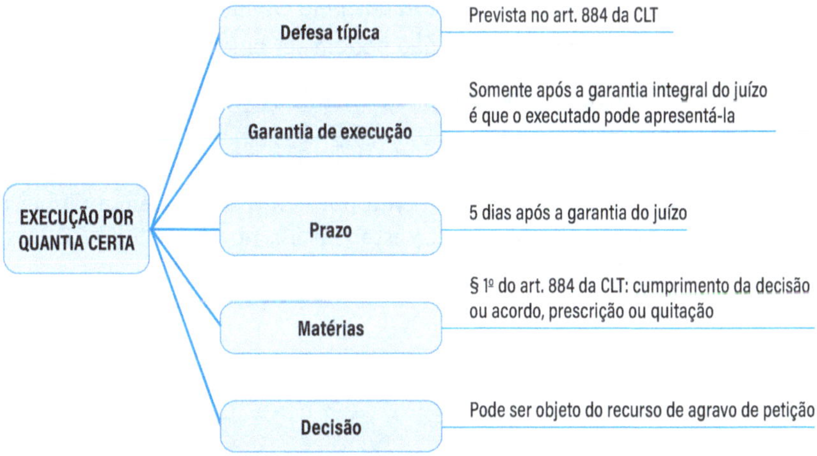

10.6 Exceção de pré-executividade

A Exceção de Pré-Executividade é uma espécie de defesa do executado não prevista em lei, mas reconhecida pela doutrina e jurisprudência devido à sua formação histórica no direito processual.

Na exceção em destaque:

- Só podem ser alegadas matérias de ordem pública, ou aquelas que não precisam de dilação probatória, como nulidade do título, incompetência absoluta, ausência de citação no processo de conhecimento, entre outras;
- Não há prazo estabelecido para a apresentação;
- Não é exigida garantia do juízo para sua interposição.

ATENÇÃO! A Fazenda Pública não precisa apresentar essa espécie de defesa, pois possui a prerrogativa de apresentar embargos à execução sem a necessidade de garantia do juízo.

Nos casos de:

IMPROCEDÊNCIA	PROCEDÊNCIA
Não cabe recurso, tendo em vista que é decisão de natureza interlocutória. Assim, o processo segue seu rito normal.	Cabe o recurso de Agravo de Petição, já que se trata de decisão na execução.

EMBARGOS DE EXECUÇÃO	EXCEÇÃO DE PRÉ-EXECUTIVIDADE
É necessário garantir o juízo para interposição.	Não é necessário garantir o juízo.
Podem ser alegadas todas e quaisquer matérias.	Só podem ser alegadas as matérias de ordem pública ou que não demandem dilação probatória.
Prazo de 5 dias para interposição.	Não tem prazo para apresentação.

10.7 Expropriação de bens

Se não efetuado o pagamento, depósito ou nomeação de bens no prazo de 48 horas (art. 880 da CLT), serão os bens do devedor penhorados pelo Oficial de Justiça, com as restrições do art. 833 do CPC, que trata dos bens que não podem ser objeto de penhora.

SDI II OJ 59. MANDADO DE SEGURANÇA. PENHORA. CARTA DE FIANÇA BANCÁRIA. SEGURO GARANTIA JUDICIAL.

A carta de fiança bancária e o seguro garantia judicial, desde que em valor não inferior ao do débito em execução, acrescido de trinta por cento, equivalem a dinheiro para efeito da gradação dos bens penhoráveis, estabelecida no art. 835 do CPC de 2015 (art. 655 do CPC de 1973).

ATENÇÃO

É permitida a penhora de salário quando o valor deste for superior a 50 salários mínimos, conforme o art. 833, § 2º, do CPC.

A penhora sobre a renda/faturamento da empresa, desde que seja um percentual razoável e que não existam outros bens passíveis de penhora, sejam insuficientes ou de difícil alienação.

Para realização da penhora, são indispensáveis a avaliação, a adjudicação, a arrematação e a remição.

AVALIAÇÃO	Realizada pelo Oficial de Justiça Avaliador.
ADJUDICAÇÃO	É o recebimento da coisa penhorada como forma de pagamento da execução", isto é, ao invés do bem ser vendido em leilão e transformado em dinheiro para pagamento do credor, entrega-se o próprio bem objeto da penhora.
ARREMATAÇÃO	É a realização do leilão, com a necessidade de publicação de Edital com antecedência mínima de 20 dias. Nesse caso, o arrematante deve garantir o lance com entrada equivalente a 20% do valor da compra, pagando o restante em 24 horas, sob pena de perda da entrada e retorno do bem para novo leilão.
REMIÇÃO	Trata-se do pagamento do valor total da condenação para extinguir a execução e livrar os bens constritos. A remição, portanto, deve ser total, não podendo remir um ou alguns bens, depositando o seu valor. O devedor deve depositar a quantia integral, extinguindo-se a execução.

Quando a execução for contra a massa falida, o art. 6º, II, da Lei nº 11.101/2005 prevê a suspensão do processo de execução trabalhista. Já o processo de conhecimento continua normalmente mesmo após a decretação da falência até a apuração do crédito devido;

Uma vez decretada a falência, será entregue ao credor uma certidão de crédito trabalhista para a realização de habilitação perante o Juízo Falimentar.

Art. 883-A. A decisão judicial transitada em julgado somente poderá ser levada a protesto, gerar inscrição do nome do executado em órgãos de proteção ao crédito ou no Banco Nacional de Devedores Trabalhistas (BNDT), nos termos da lei, depois de transcorrido o prazo de quarenta e cinco dias a contar da citação do executado, se não houver garantia do juízo.

✳ O faturamento da empresa pode ser objeto de penhora?

Sim, o faturamento de uma empresa pode ser objeto de penhora em uma execução trabalhista. O juiz deverá determinar um valor razoável em relação ao percentual daquele faturamento.

10.8 Desconsideração da Personalidade Jurídica (IDPJ)

O IDPJ é um incidente processual utilizado para desconsiderar a personalidade de pessoa jurídica e alcançar os bens de seus administradores ou sócios, quando houver abuso de direito, caracterizado pelo desvio de personalidade ou pela confusão patrimonial, sendo cabível nas fases de conhecimento e de execução.

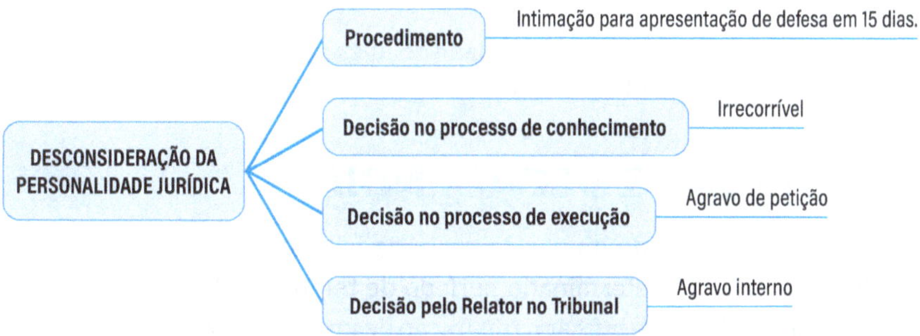

11 HOMOLOGAÇÃO DO ACORDO EXTRAJUDICIAL

Um acordo extrajudicial é um acordo feito entre as partes envolvidas em um conflito sem necessidade de intervenção do Estado-juiz, este irá apenas homologar o acordo para que seja conferida uma segurança jurídica aos assuntos tratados.

No contexto da Justiça Trabalhista, a homologação do acordo extrajudicial deve seguir os seguintes critérios:

- Obrigatoriedade da presença de advogados distintos das partes;
- Petição conjunta;
- É faculdade do juiz;
- Suspensão do prazo prescricional com a propositura da ação de homologação;
- Do seu indeferimento não cabe mandado de segurança, mas cabe recurso ordinário.

> Art. 855-B. O processo de homologação de acordo extrajudicial terá início por petição conjunta, sendo obrigatória a representação das partes por advogado.
>
> § 1º As partes não poderão ser representadas por advogado comum.
>
> § 2º Faculta-se ao trabalhador ser assistido pelo advogado do sindicato de sua categoria.
>
> Art. 855-C. O disposto neste Capítulo não prejudica o prazo estabelecido no § 6º do art. 477 desta Consolidação e não afasta a aplicação da multa prevista no § 8º art. 477 desta Consolidação.

> Art. 855-D. No prazo de quinze dias a contar da distribuição da petição, o juiz analisará o acordo, designará audiência se entender necessário e proferirá sentença.
>
> Art. 855-E. A petição de homologação de acordo extrajudicial suspende o prazo prescricional da ação quanto aos direitos nela especificados.
>
> Parágrafo único. O prazo prescricional voltará a fluir no dia útil seguinte ao do trânsito em julgado da decisão que negar a homologação do acordo.

Súmula nº 259 do TST. TERMO DE CONCILIAÇÃO. AÇÃO RESCISÓRIA.

Só por ação rescisória é impugnável o termo de conciliação previsto no parágrafo único do art. 831 da CLT.

Súmula nº 418 do TST. MANDADO DE SEGURANÇA VISANDO À HOMOLOGAÇÃO DE ACORDO.

A homologação de acordo constitui faculdade do juiz, inexistindo direito líquido e certo tutelável pela via do mandado de segurança.

12 PRESCRIÇÃO E DECADÊNCIA

A prescrição é a perda do direito da parte de ingressar com uma ação judicial para reivindicar direitos após um determinado período de tempo estabelecido em lei, isto é, um empregado ou empregador deve buscar a reparação de um direito trabalhista dentro do prazo prescricional estabelecido.

A decadência, por sua vez, é a perda do próprio direito de propor uma ação, após um determinado período, independentemente de ação judicial, ou seja, após um lapso temporal, a parte perde definitivamente o direito de ajuizar uma demanda.

PRESCRIÇÃO	Perda da exigibilidade do direito.
DECADÊNCIA	Perda do direito.

Um exemplo de prazo decadencial na seara trabalhista é o para a instauração de inquérito para apuração de falta grave, sendo de até trinta dias, contados da data da suspensão do empregado.

Sobre a prescrição, na Justiça do Trabalho existem dois tipos: bienal e quinquenal.

> Art. 11, CLT. A pretensão quanto a créditos resultantes das relações de trabalho prescreve em cinco anos para os trabalhadores urbanos e rurais, até o limite de dois anos após a extinção do contrato de trabalho.
>
> § 1º O disposto neste artigo não se aplica às ações que tenham por objeto anotações para fins de prova junto à Previdência Social [...].

Em relação à prescrição bienal, esta tem um prazo de dois anos contados a partir do término do contrato de trabalho ou da violação de um direito trabalhista. O empregado terá esse lapso temporal para ingressar com uma ação para reivindicar seus direitos.

Já a prescrição quinquenal, o trabalhador só poderá requerer os direitos relativos aos últimos 5 anos contados a partir do ajuizamento da ação.

Em resumo, o trabalhador terá dois anos a contar da cessação do contrato de trabalho para postular/ingressar com uma reclamação trabalhista e pleitear os direitos devidos relativos aos últimos cinco anos a contar do ajuizamento da ação.

> Vejamos um **EXEMPLO** para melhor fixação do tema:
> João foi demitido dia 1-4-2024 e ingressou com uma reclamação trabalhista no mesmo dia. Nesse caso, como o empregado reivindicou seus direitos de forma célere não será atingido pela prescrição bienal, porém João só poderá pleitear seus direitos relativos até o dia 1-4-2019, já que a prescrição quinquenal retroage em 5 anos.
> Se ele ingressar com uma ação em 1-4-2027, o direito estará precluso, pois terá transcorrido o prazo de 2 anos após o término do contrato (prescrição bienal).

PRESCRIÇÃO BIENAL	2 anos contados a partir do término do contrato.
PRESCRIÇÃO QUINQUENAL	Contada a partir do ajuizamento da ação e alcança os direitos relativos aos últimos 5 anos.

A prescrição intercorrente é a perda do direito de prosseguir com uma execução trabalhista devido à falta de movimentação processual por um período de tempo considerável, ou seja, já existe processo, mas ele está parado por 2 anos, geralmente devido à inércia ou negligência das partes envolvidas.

> Art. 11-A, CLT. Ocorre a prescrição intercorrente no processo do trabalho no prazo de dois anos.
> § 1º A fluência do prazo prescricional intercorrente inicia-se quando o exequente deixa de cumprir determinação judicial no curso da execução.
> § 2º A declaração da prescrição intercorrente pode ser requerida ou declarada de ofício em qualquer grau de jurisdição.

13 PROCEDIMENTOS ESPECIAIS

13.1 Inquérito para apuração de falta grave

A ação de conhecimento, de iniciativa do empregador, utilizada para rescindir o contrato de trabalho do empregado que possui estabilidade provisória. Como este só pode ser demitido diante de justa causa, há a necessidade de verificação desse requisito.

Aplica-se:

- Dirigente sindical conforme entendimento do TST externado na Súmula nº 379;
- Empregado portador da estabilidade decenal (art. 492 da CLT);
- Representante dos trabalhadores no Conselho Nacional da Previdência Social (art. 3º, § 7º, da Lei nº 8.213/1991);
- Diretores de cooperativas (art. 55 da Lei nº 5.764/1971).

> **ATENÇÃO**
> Dispensa de representantes dos trabalhadores na CIPA não exige a instauração do procedimento.

Apesar de ser uma "ação de procedimento especial", segue o rito ordinário, mas com uma série de particularidades, a saber:

PECULIARIDADES DO INQUÉRITO PARA APURAÇÃO DE FALTA GRAVE	
	A petição inicial deve ser obrigatoriamente escrita, conforme art. 853 da CLT;
	O prazo para ajuizamento é decadencial de 30 dias a contar da suspensão do empregado (Súmula nº 403 do STF).
	São permitidas 6 testemunhas por parte, conforme art. 821, parte final, da CLT.

ATENÇÃO

Se não houver a suspensão do empregado, o inquérito pode ser ajuizado a qualquer momento desde que observado o prazo prescricional de 2 anos.

13.2 Mandado de segurança

Recurso utilizado para a defesa de direito líquido e certo quando o responsável pela ilegalidade ou abuso de poder for autoridade pública ou agente de pessoa jurídica no exercício de atribuições do Poder Público.

A competência é compartilhada pelo:

VARAS DO TRABALHO	Quando o ato ilegal tiver sido realizado por autoridade externa à Justiça do Trabalho, como o Fiscal do Trabalho ou membro do Ministério Público do Trabalho.
TRTs	Quando o ato ilegal for realizado por Juiz do Trabalho ou membro do próprio TRT.
TST	Quando o ato ilegal for realizado por membro do próprio TST.

O prazo para ajuizamento é decadencial de 120 dias a contar da ciência do ato impugnado pelo interessado.

NÃO cabe Mandado de Segurança:

1) Contra ato judicial passível de recurso;
2) Contra decisão judicial com trânsito em julgado;
3) Contra decisão homologatória de acordo extrajudicial;
4) Para impugnar antecipação de tutela concedida em sentença.

TUTELA PROVISÓRIA CONCEDIDA NA SENTENÇA	Recurso Ordinário
TUTELA PROVISÓRIA CONCEDIDA OU INDEFERIDA ANTES DA SENTENÇA	Mandado de Segurança

Súmula nº 415 do TST. MANDADO DE SEGURANÇA. PETIÇÃO INICIAL. ART. 321 DO CPC DE 2015. ART. 284 DO CPC DE 1973. INAPLICABILIDADE.

Exigindo o mandado de segurança prova documental pré-constituída, inaplicável o art. 321 do CPC de 2015 (art. 284 do CPC de 1973) quando verificada, na petição inicial do *mandamus*, a ausência de documento indispensável ou de sua autenticação.

O procedimento no Mandado de Segurança abrange:

NOTIFICAÇÃO DA AUTORIDADE COATORA	A autoridade irá apresentar as suas informações (espécie de defesa) no prazo de 10 dias.
AUSÊNCIA DE REVELIA	A ausência de informações não importa em revelia, na medida em que, sendo o ato realizado por autoridade pública, goza de presunção de legalidade, devendo a sua ilegalidade ser comprovada por prova robusta.
PARECER DO MP	O Ministério Público deve apresentar parecer no prazo de 10 dias, na medida em que funciona na qualidade de fiscal da lei.
SENTENÇA	Dispõe o art. 12, parágrafo único, da Lei nº 12.016/2009 que a sentença deve ser proferida em 30 dias.
HONORÁRIOS DE SUCUMBÊNCIA	O art. 25 da Lei nº 12.016/2009 prevê que não haverá a condenação ao pagamento de honorários de sucumbência.
RECURSOS	Caberá Recurso Ordinário (art. 895, I, da CLT) da sentença proferida pela Vara do Trabalho nos mandados de segurança de sua competência, bem como recurso ordinário (art. 895, II, da CLT) do acórdão proferido pelo TRT no julgamento da ação de sua competência, conforme Súmula nº 201 do TST.

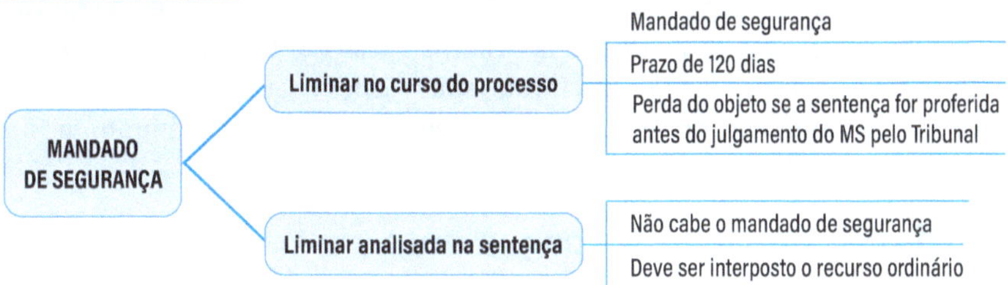

13.3 Ação rescisória

Prevista nos arts. 966 e ss. do CPC é utilizada para desconstituir a coisa julgada material que foi formada com algum vício grave reconhecido pelo legislador, tal como a utilização de prova falsa, julgamento proferido por Juiz impedido, decisão de mérito proferida por juízo absolutamente incompetente, dentre outras.

É indispensável a prova do trânsito em julgado da decisão rescindenda, sendo, ainda, ação que possui prazo decadencial de 2 anos a contar do trânsito em julgado da última decisão do processo.

A competência para o processamento e julgamento das ações rescisórias se dá nas seguintes hipóteses:

TRT	TST
1. Decisões de primeiro grau de jurisdição; 2. Decisões emanadas do próprio TRT, na medida em que todo tribunal possui competência para processar e julgar a ação rescisória de seus próprios julgados.	1. Decisão objeto da ação rescisória do próprio TST.

São hipóteses legais prevista no CPC:

HIPÓTESES DE AÇÃO RESCISÓRIA	Art. 966. A decisão de mérito, transitada em julgado, pode ser rescindida quando: I - se verificar que foi proferida por força de prevaricação, concussão ou corrupção do juiz; II - for proferida por juiz impedido ou por juízo absolutamente incompetente; III - resultar de dolo ou coação da parte vencedora em detrimento da parte vencida ou, ainda, de simulação ou colusão entre as partes, a fim de fraudar a lei; IV - ofender a coisa julgada; V - violar manifestamente norma jurídica; VI - for fundada em prova cuja falsidade tenha sido apurada em processo criminal ou venha a ser demonstrada na própria ação rescisória; VII - obtiver o autor, posteriormente ao trânsito em julgado, prova nova cuja existência ignorava ou de que não pôde fazer uso, capaz, por si só, de lhe assegurar pronunciamento favorável; VIII - for fundada em erro de fato verificável do exame dos autos [...].

ATENÇÃO

Para o ajuizamento da ação rescisória faz-se necessário um depósito prévio equivalente a 20% do valor da causa, a título de multa eventual. Esse depósito não será exigido da massa falida, da Administração Pública Direta, suas respectivas autarquias e fundações de direito público, MP, Defensoria Pública e os beneficiários da justiça gratuita.

13.4 Ação de consignação em pagamento

A consignação é o instrumento do direito material destinado à solução de obrigações. É utilizado quando uma das partes de uma relação jurídica, seja ele de natureza contratual ou legal, deseja realizar um pagamento, mas encontra obstáculos para fazê-lo de forma regular.

É hipótese de procedimento amparado na previsão de aplicação subsidiária, no Processo do Trabalho, de normativas previstas no procedimento cível, conforme previsão do art. 769 da CLT. Desse modo, a ação de consignação está fundamentada nos arts. 539 a 549 do CPC e arts. 334 a 345 do CC, sendo hipóteses de cabimento:

CABIMENTO DA AÇÃO DE CONSIGNAÇÃO EM PAGAMENTO	Se o credor não puder, ou, sem justa causa, recusar receber o pagamento, ou dar quitação na devida forma;
	Se o credor não for, nem mandar receber a coisa no lugar, tempo e condição devidos;
	Se o credor for incapaz de receber, for desconhecido, declarado ausente, ou residir em lugar incerto ou de acesso perigoso ou difícil;
	Se ocorrer dúvida sobre quem deva legitimamente receber o objeto do pagamento;
	Se pender litígio sobre o objeto do pagamento.

Na petição inicial, o autor requererá:

- O depósito da quantia ou da coisa devida, a ser efetivado no prazo de 5 dias contados do deferimento, ressalvada a hipótese do art. 539, § 3º, do CPC;
- Citação do réu para levantar o depósito ou oferecer a contestação.

14 DISSÍDIO COLETIVO

Trata-se de uma ação coletiva, geralmente ajuizada pelos sindicatos, para a defesa dos interesses da categoria, ajuizada quando não há consenso na negociação coletiva, conforme prescreve o art. 114, § 2º, da CF. Para ser exercido, depende do comum acordo, que é encarado como um requisito indispensável ao ajuizamento da ação.

A CF determina que, se as partes não chegarem a um consenso e não elegerem árbitros, poderá a questão ser levada ao Poder Judiciário para definição de novas condições de trabalho (natureza econômica) ou para interpretar dispositivos já existentes (natureza jurídica), sobre os quais há divergência entre os representantes dos trabalhadores e empregadores.

A sentença normativa será o provimento judicial acerca do conflito instaurado pelo dissídio e terá o prazo de vigência de 4 anos, conforme o art. 868, parágrafo único, da CLT.

DISSÍDIO INDIVIDUAL	Sentença	Norma individual e concreta.	Abrange apenas as partes.
DISSÍDIO COLETIVO	Sentença Normativa	Normas gerais e abstratas.	Abrange todos os membros da categoria.

Os pressupostos processuais específicos são:

COMPETÊNCIA	TRTs ou TST (competência originária).
NEGOCIAÇÃO PRÉVIA	A negociação coletiva é um requisito para o ajuizamento do dissídio coletivo, devendo o Poder Judiciário extinguir a ação sem resolução do mérito caso não haja prova do exaurimento da medida (art. 114, § 2º, da CF).
AUTORIZAÇÃO EM ASSEMBLEIA	Quórum de 2/3 dos participantes em primeira convocação e 1/3 deles em segunda convocação.
CONVOCAÇÃO PARA ASSEMBLEIA	O autor deverá juntar à petição inicial do dissídio o edital de convocação para a assembleia, bem como a ata da mesma, como forma de demonstrar que a categoria foi convocada para discutir sobre o assunto e que a deliberação daquela foi no sentido de ser ajuizada a ação, conforme a OJ nº 8 da SDC/TST.
COMUM ACORDO	O dissídio somente pode ser ajuizado por comum acordo entre as partes, podendo este ser expresso ou tácito sendo o último aceito pela jurisprudência dos tribunais, como a demonstração de que o sindicato suscitado não quer negociar ou "travou" a negociação, de acordo com o art. 114, § 2º, da CF alterado pela EC nº 45/2004.
ÉPOCA PRÓPRIA PARA O AJUIZAMENTO	O momento para o ajuizamento da ação é nos 60 dias anteriores ao término da vigência da norma coletiva atual, que pode ser uma convenção coletiva, um acordo coletivo ou uma sentença normativa. A importância de se ajuizar a ação no referido prazo é que a sentença normativa proferida no dissídio coletivo passa a produzir efeitos no dia imediato ao término do prazo.

A ação de cumprimento está regulamentada pelo art. 872 da CLT. Trata-se de uma demanda de conhecimento, de caráter condenatório, que tem por finalidade demonstrar que uma norma coletiva, acordo coletivo, convenção coletiva ou sentença normativa não estão sendo cumpridas e condenar o empregador a adimplir a obrigação.

> Súmula nº 286 do TST. SINDICATO. SUBSTITUIÇÃO PROCESSUAL. CONVENÇÃO E ACORDO COLETIVOS.
> A legitimidade do sindicato para propor ação de cumprimento estende-se também à observância de acordo ou de convenção coletivos.

A ação pode ser ajuizada pelo trabalhador ou pelo sindicato da categoria (legitimidade ativa concorrente). Já a legitimidade passiva é apenas do empregador, ou seja, apenas ele pode ser réu na ação de cumprimento, pois é ele o devedor da obrigação, quem está descumprindo a norma coletiva.
